高等职业教育船舶与海洋工程装备类专业新形态教材

船舶电气设备维护与检修

主　编　管　旭
副主编　韩彩娟　常　乐
参　编　王德智　赵婉君　冯海侠
主　审　王　宇

北京理工大学出版社
BEIJING INSTITUTE OF TECHNOLOGY PRESS

内容简介

本书是根据船舶电气设备的工作原理分析、维护、保养、检修的特点编写的，以现代工业企业及船舶生产典型实例为蓝本，通过校企合作按照“项目导向、任务驱动”的模式编写成“教、学、做一体化”的教材。全书共八个项目，主要涉及船舶电气设备概述、船舶电气设备故障分析与处理方法、船舶常用传感器与低压控制电器、船舶电动机的维护与检修、船舶辅机电气控制装置的维护、船舶交流电站的维护与故障处理、主机遥控系统的管理与维护、船舶报警装置的故障诊断与维修。内容详略得当，实用易学。

本书可作为轮机和船舶电气管理专业的教材和教学参考书、在职轮管人员的船舶电气设备维修培训或自学教材，也可供修造船厂电气技术人员使用。

图书在版编目（CIP）数据

船舶电气设备维护与检修 / 管旭主编. -- 北京：北京理工大学出版社，2022.3

ISBN 978-7-5763-1151-8

Ⅰ.①船…　Ⅱ.①管…　Ⅲ.①船用电气设备－维修　Ⅳ.①U672.3

中国版本图书馆CIP数据核字（2022）第045025号

出版发行 / 北京理工大学出版社有限责任公司
社　　址 / 北京市海淀区中关村南大街5号
邮　　编 / 100081
电　　话 / （010）68914775（总编室）
（010）82562903（教材售后服务热线）
（010）68944723（其他图书服务热线）
网　　址 / http://www.bitpress.com.cn
经　　销 / 全国各地新华书店
印　　刷 / 河北鑫彩博图印刷有限公司
开　　本 / 787毫米×1092毫米　1/16
印　　张 / 21.5
字　　数 / 573千字
版　　次 / 2022年3月第1版　2022年3月第1次印刷
定　　价 / 79.00元

责任编辑 / 阎少华
文案编辑 / 阎少华
责任校对 / 周瑞红
责任印制 / 边心超

前 言

随着船舶电气化、自动化程度的不断提高，船舶电气设备越来越复杂，对船舶电气自动化设备的管理要求也随之提高。本书是为培养适应船舶自动化要求，能熟练运用所学电气、电子及控制技术的专门人才，满足国际海事组织 STCW 公约中规定的操作级、管理级轮机员“电气、电子和控制系统”职能中“对电气、电子和控制设备进行维护、故障诊断和修理”的要求而编写的。

本书依据船舶电气设备管理技术要求及相关规范，结合船舶电气设备与系统的实际管理经验，全面系统地叙述了船舶电气设备的管理、操作、维修工艺和常见故障的诊断及排除方法。本书是由具有实船工作经验的企业人员和从事船舶电气专业教学多年的任课教师，根据多年实船工作经验，依据船舶电气设备维护与检修课程教学大纲合作编写的。本书内容主要包括船舶电气设备概述、船舶电气设备故障分析与处理方法、船舶常用传感器与低压控制电器、船舶电动机的维护与检修、船舶辅机电气控制装置的维护、船舶交流电站的维护与故障处理、主机遥控系统的管理与维护、船舶报警装置的故障诊断与维修八个项目。通过对以上内容的学习，学生可具备初步的对主要船舶电气设备故障排查的能力，能够较为系统地掌握船舶电气设备维修所需的电气方面的基本理论和技能，为将来从事专业工作打下基础。

本书内容全面、丰富，注重理论与实际应用相结合，突出实用性与针对性。参加本书编写工作的人员有主编渤海船舶职业学院管旭（编写项目一、项目二、项目三），副主编渤海船舶职业学院韩彩娟（编写项目五），副主编渤海船舶重工有限责任公司常乐（编写项目四中任务三和任务四），参编渤海船舶重工有限责任公司王德智（编写项目六）、渤海船舶职业学院赵婉君（编写项目四中任务一和任务二、项目七）、渤海船舶职业学院冯海侠（编写项目八）。全书由管旭统稿，由渤海船舶职业学院王宇担任主审。

本书在编写过程中，得到渤海船舶重工有限责任公司常乐的大力支持和帮助，同时也得到有关船舶修造公司、海事部门专家的帮助，在此一并表示感谢。限于编者经验和水平，书中难免存在疏漏与不足之处，恳请读者批评指正，以便修订时完善。

编 者

目 录 / Contents

01　项目一　船舶电气设备概述

【知识目标】

1. 了解船舶电气设备的基本配置；
2. 了解船舶电气系统的特点；
3. 了解指针式万用表工作原理；
4. 了解数字式万用表工作原理；
5. 了解示波器工作原理；
6. 了解绝缘电阻表工作原理；
7. 了解钳形表工作原理；
8. 了解短路侦察器工作原理。

【技能目标】

1. 能正确使用指针式万用表；
2. 能正确使用数字式万用表；
3. 能正确使用示波器；
4. 能正确使用绝缘电阻表；
5. 能正确使用钳形表；
6. 能正确使用短路侦察器。

【项目描述】

本项目主要介绍船舶电气设备的基本配置及电气系统特点，着重介绍常用仪器、仪表原理及正确使用方法。

【知识链接】

任务一　船舶电气设备的基本配置及电气系统特点

船舶电气设备与系统的设计、制造和安装需满足相关规范、规则和公约的有关规定。为推进装置服务的配套设备和对船舶安全必不可少的辅助电气设备必须经相关船舶检验部门及验船师检验合格和具有船舶检验合格证书，方能上船安装，本任务以一艘实习船为例简述船舶电气设备的基本配置及船舶电气系统的特点。

船舶电气设备的布置应尽可能留有易于到达并且安全的通道，以便进行设备的检查、维护和修理。所有电气设备的布置应尽可能不要经过有机械损伤危险或由于水、油、过热等引起危险的处所，若无法避免，则设备必须具有适当的结构和外壳。

一、船舶电气设备的基本配置

1. 线制

供电与配电系统由交流三相三线绝缘系统、交流单相双线绝缘系统和直流双线绝缘系统组成，见表 1-1。

表 1-1　船舶供电与配电系统线制

设备	额定电压	相数	频率	线制
发电机组	AC400 V	3PH	50 Hz	3 线
一般电力系统	AC380 V	3PH	50 Hz	3 线
厨房设备和洗衣机（大容量）	AC380 V	3PH	50 Hz	3 线
照明（主回路）	AC220 V	3PH	50 Hz	3 线
照明支路、厨房和洗衣设备（小型）	AC220 V	1PH	50 Hz	2 线
临时应急照明	DC24 V			2 线
航行设备和无线电设备	AC220 V	1PH	50 Hz	2 线
	DC24 V			2 线
内部通信、报警及自动化设备	AC220 V	1PH	50 Hz	2 线
	DC24 V			2 线

2. 电缆应用与安装

该实习船采用交联聚乙烯绝缘、氯丁橡胶护套、带编织成束阻燃、无卤、低烟、低毒船舶电缆。可移动设备则采用聚氯乙烯或氯丁橡胶护套软电缆或软电线。应急照明、临时应急照明、CO_2施放系统、火灾探测系统、水密门系统、通用报警系统等采用无卤、低烟、低毒船舶耐火电缆。

所有电缆的安装应按照船厂工艺标准并应满足中国船级社的要求。一般来说，成束敷设电缆应固定在钢质电缆托架上，电缆吊架或托架应为钢质并带防腐蚀涂层。电缆要用钢箍或尼龙绑扣固定，露天场所的电缆箍和绑扣应是不锈钢的。有机械损伤危险处所的电缆应穿管敷设或配钢质罩壳。敷设在机舱底层花钢板下面的电缆使用软管或镀锌连续钢管或配钢质罩壳保护以防油水浸泡和机械损伤。通过水密甲板、水密舱壁的电缆要使用水密填料函、电缆管或其他合适的方法。通过非水密甲板和舱壁或梁等的电缆，其位置选择应不损害船体强度。适当的衬套或边缘倒圆的围框用于电缆的保护。电缆应尽可能固定敷设在易于接近的位置。冷藏库内电缆的紧固应采用不锈钢扎带，电缆为明式敷设。贯穿钢质防火舱壁或甲板的电缆，应根据电缆根数及相应分隔的耐火等级分别采用电缆管或电缆框或填料函，并用阻燃材料做填充物来对电缆进行保护。凡在舱壁上敷有衬板及在顶部敷有吊顶的舱室和内走道，电缆应尽可能采用暗式敷设。安装在衬板外表面上的分支电缆应使用适用墙壁颜色的塑料罩盖遮蔽。所有电缆端头和连接端头要有永久性标识。电力电缆尽可能与通信电缆远距离敷设。

3. 初始电源

船舶配备三台柴油主发电机组，安装在辅机舱，每台发电机由柴油机驱动。另配一台轴带发电机，用于向全船各种用电负荷供电。在正常由一台发电机组供电的情况下，备用发电机组应在 30 s 内完成自动启动并接至主配电板，以确保供电的连续性。

一台应急柴油发电机组安装在应急发电机室。当主电源供电失效时应急发电机应在 45 s 内自动启动，向无线电设备、内部通信设备、航行设备、应急照明、舵机和应急消防泵、辅空压机等负载供电。

多台主发电机可以持续并联运行，而主发电机与轴带发电机之间只能进行短时并联转移负荷运行。

轴带发电机与柴油发电机之间的相互转换，将通过卸载的方式满足相关规范的要求。

在轴带发电机向柴油发电机转移时，通过自动电站的询问，如轴带发电机上的负载小于一台柴油发电机的容量（≤85%），启动一台柴油发电机后进行短暂的负载转移。如果轴带发电机上的负载大于一台柴油发电机的容量，先对空调卸载，再将轴带发电机上的剩余功率全部转移至一台柴油发电机上，然后轴带发电机与柴油发电机断开，启动第二台柴油发电机，待两台柴油发电机并车后人工将空调负载合上。

应急发电机内装有防潮加热器，在发电机停用期间工作。应急发电机配备一套自动电压调整器。

一旦出现主电源故障，应急发电机自动启动，并且自动供电给负载。在主电源恢复供电后，供电系统自动从应急发电机脱开而接至主发电机。应急发电机为手动停机。

4. 主配电板

主配电板安装在主机舱集控室。主配电板由主发电机屏、同步屏、轴带发电机屏组合控制屏、AC380 V 负载屏和 AC220 V 负载屏组成。

每台发电机都由三极空气开关保护，该开关具有欠压脱扣、过载逆时限脱扣、短延时脱扣和过电流瞬时脱扣等装置。主空气开关均为抽屉式。

主配电板具有优先脱扣功能（分二级卸载）。一旦发电机过载，在发电机主开关断开之前，使非重要设备自动断开：一级卸载 90%（一台空调冷水机组）；二级卸载 95%（厨房隔离变压器）。优先脱扣报警进入机舱自动化系统。

所有的馈电分路和接岸电分路由一个每极具有过载脱扣和瞬时脱扣的三极塑壳开关保护，但舵机电动机分路开关仅配备瞬时脱扣。

重要泵和机舱风机的启动器都组合在组合启动屏中。启动屏中每个单元都是固定式结构并配有塑壳式空气开关、电流表和小时计 400 V/230 V 变压器、接触器、热继电器、指示灯、按钮等。

5. 应急配电板

应急配电板的结构类似主配电板。应急发电机由一个三极空气开关（ACB）保护。应急发电机 ACB 和防潮加热器电路之间有连锁。

6. 岸电箱

岸电箱把 AC380 V、300 A、3PH、50 Hz 岸电接至主配电板。该岸电箱为防滴结构，配有 300 A 三极塑壳空气开关、连接端子、相序转换开关、电能表和相序指示器。该岸电箱为壁挂式，安装在室内。在岸电箱所在房间舱壁上，开一个带水密盖的孔，以便接岸电电缆。

7. 电工试验板

在电工间安装一个壁挂式电工试验板。电工试验板配有下列设备：AC380 V、3PH 和 AC220 V、1PH、10 A 试验端子各一套；自变压器 1 kV · A、DC24 V、10 A 试验端子一套；熔断器检验器一套；螺口型灯座 40 mm、27 mm、12 mm；插口型灯座 15 mm、22 mm 等各一只；40 W、20 W、8 W 荧光灯座各一套；AC220 V、15 A 水密插座和非水密插座各一个；非水密插座尽可能使用圆脚和扁平脚通用类型。

8．综合驾驶台

一座钢架结构的综合驾驶台安装在驾驶室。综合驾驶台包括下列设备：AC220 V 助航分电箱、DC24 V 助航分电箱、AC220 V 电源分电箱、航行灯控制板、信号灯控制板、白昼信号灯控制板、号笛控制单元、室外正常照明分电箱、室外应急照明分电箱、投光灯照明分电箱、声力电话（含直通和选通）、自动电话、通用报警控制单元、广播遥控单元（两套）、轮机员呼叫及延伸报警单元、主机及可调螺距控制单元、卫星导航仪 DGPS、综合信息显示器、舵角指示器、自动舵控制单元、电子海图、VDR 操作板、自动识别仪、声呐接收装置主控板、测深仪显示器、驾驶报警系统、罗经控制和显示单元、雷达显示器（两套）、刮水器控制单元、减摇鳍控制板、艏侧推主控板、舱底消防泵及应急阀的遥控板、甚高频无线电话（两套）、水密门驾驶台遥控板、主机启动空气压力表、消防总管压力表，另设调光开关等。

9．次级电源

次级电源包括变压器 2 台（1 台备用）、厨房隔离变压器（安放在空调器室）、蓄电池组和充放电板、通用蓄电池组（1 组）、机舱自动化用蓄电池组（1 组）、临时应急照明用蓄电池组（2 组，互为备用）、无线电蓄电池组（1 组）。无线电蓄电池组经由无线电台提供的自动充放电装置进行充放电，应急发电机启动蓄电池自带或另配，配救生艇充电用的电缆、插头、插座等，以及充放电板（DC24 V，3 块）。

10．配电系统

重要泵设备电动机和一路舵机电源由主配电板直接独立供电。这些泵设备驱动电动机的启动器组合在组合启动屏中，并连接至主配电板 AC380 V 汇流排上；另一路舵机电源、一台舱底消防泵等由应急配电板直接独立供电；小型电动机和日用电器可由直接连接到 AC380 V 或 AC220 V 负载屏的分配电箱供电；舱室和机舱的正常照明系统由主配电板 AC220 V 负载屏通过分配电箱供电；应急照明分配电箱和 AC220 V 无线电设备与航行仪器由应急配电板 AC220 V 负载屏供电；报警、内部通信设备和航行设备用的 DC24 V 电源由通用蓄电池充放电板供电；临时应急照明由充放电板供电，当应急配电板 AC22 V 汇流排失电时，能自动接通临时应急照明。

11．电力设备

一般电动机外壳的防护形式：露天放置的电动机为防水式（IP56）；在机舱、食品冷库、分油机间、厨房、洗衣间和类似处所的电动机及舵机、轴流风机的电动机为全封闭式（IP44）；其他电动机为防滴式（IP22）；甲板机械舵机及装设于露天甲板、机舱花钢板下的重要用途的电动机带防潮加热器。

所有的定子绕组要用绝缘漆进行特殊处理，以防止油和水侵蚀；除特殊用途的电动机绝缘应根据制造厂商标准外，一般来说，电动机采用 B 级绝缘。

除小型单相电动机可采用每极上有熔断器保护的开关且用手动控制外，一般使用磁力启动器控制；在可能情况下电动机均采用直接启动方式，但对于大于或等于 45 kW 的电动机（主配电板馈电）应采用降压启动方式（通常为星—三角或自耦变压器启动方式）；通常，启动器的控制回路应通过变压器与主电路隔离；每个启动器均应在面板的背面放置线路图；如果启动器处于电动机所在位置视线之外，要在相应电动机的附近设带自锁的启 / 停按钮。

机舱风机、燃油泵、滑油泵和其他类似油泵的紧急停止按钮安装在机舱外的进口处，在消防控制站设置一只应急切断箱。上述机舱风机和油泵也受机舱 CO_2 施放系统所控制。舱室风机紧急停止按钮安装在驾驶室和消防控制站厨房内风机，还应能在其门外附近予以停止。应急发电机室风机应能在应急发电机室门外紧急停止。

舵机电动机按相关规范的要求，电源一路来自主配电板，另一路来自应急配电板。电缆应远离敷设；所有重要的机舱辅机电动机和 7.5 kW 及以上的电动机，其磁力启动器上均配过载型电流表和运行小时计；在登艇处（左舷和右舷）安装机舱舱底泵应急停止按钮。

12．照明系统

该船照明系统可分为正常照明、应急照明和临时应急照明三种。正常照明电源由主配电板 AC220 V 汇流排供电，应急照明电源由应急配电板 AC220 V 汇流排供电，临时应急照明由充放电板供电。

该船由荧光灯、白炽灯、卤素灯和汞灯提供足够的照明；照明分电箱由主配电板或应急配电板供 AC220 V 三相电源，一般照明灯具由照明分电箱供 AC220 V 单相 50 Hz 电源；平时作为正常照明一部分的应急照明在主电源故障时由应急发电机供电，应急照明灯一般也是临时应急照明灯，临时应急照明由充放电板供电。

所有的照明灯具都要符合船舶要求，根据使用的位置可以是非防水式、防滴式、防水式和防爆式。通常，用于照明分路中的所有拨动开关和旋转开关都为双极型，插头和插座为三极型或双极型。

机舱舱顶灯通常由位于机舱内的照明分配电箱里的塑壳式空气开关控制；机舱集控室、分油机室、机修间和轮机及电气物料间等的顶灯由位于相应舱室门口的开关控制；舵机房、应急发电机室等机器处所的顶灯由相应舱室门口的开关控制；居住区域公共处所、储藏室等的顶灯通常由位于相应舱室门口处开关控制；内走道的照明灯由照明分配电箱中的塑壳式空气开关控制；外走道的照明灯由驾驶室控制；室外投光灯由设于驾驶室内的投光灯分电箱内的相应开关控制；蓄电池室和油漆间等的防爆灯由位于门外安全区域的相应开关控制。

一般居住区的开关是非防水型，机器处所、厨房、洗衣室、厕所等处的开关是防水型；一般开关是明装式结构，但在驾驶室、居住舱室、餐厅、机舱集控室等在钢壁外装设衬板的处所采用的是嵌入式开关；冷藏库和缓冲间的照明开关带红色指示灯，灯开时指示灯亮。

航行灯为双层灯具，接到带控制开关和指示灯模拟控制板上，控制板安装在驾驶室内的综合控制台上，具有声、光信号报警；航行灯控制板由三个独立回路供电：一路来自应急配电板的 AC220 V 馈电屏；一路来自 DC24 V 充放电板；另外一路来自 DC24 V 综合控制台供电，用于报警。

信号灯控制板由两个独立回路供电：一路来自主配电板；另一路来自应急配电板。

13．内部通信报警和测量系统

内部通信报警和测量系统配置直通式声力电话、自动电话、病房呼叫系统、机员呼叫系统；机舱设机舱综合报警灯板，报警项目有通用报警、火灾报警，CO_2 施放预报警、电话呼叫、机器故障、车钟信号、冷库误关报警系统、舵机报警等。

内部通信报警和测量系统还配备带自动雾笛控制装置的号笛一套。

在居住区域内的舱室、走道和梯道、机舱等处配一套可寻址式火灾探测和报警系统，控制及布置满足规范、法规要求。火灾报警板安装在驾控室，感温探头安装在厨房、机舱；感烟探头安装在居住区域内的舱室、走道和梯道、机舱、舵机舱及其他机械处所。火警按钮安装在走道进出口处、机舱集控室、机舱进出口、学员公共处所，舵机舱等处。火灾报警信号还输入轮机员呼叫系统。火灾报警板内安装应急蓄电池，当主电源故障时，应急蓄电池支持系统正常工作。

电气测量仪表有主机传令钟系统、舵角指示器等。

14．航行设备

航行设备配置罗经、测深仪、计程仪、雷达、卫星导航仪、风速风向仪指示器、航行数据记录仪（VDR）、电子海图、无线电设备、气象传真接收机等。

在罗经甲板上设一套反射式磁罗经，在驾驶室可通过反射镜确定方位，并提供自动操舵罗经信号功能，在磁罗经座上设一具方位罗盘，再备一具方位罗盘；两个主罗经及罗经切换单元位于航海设备室内，罗经控制和显示单元安装在综合驾驶台内，另配罗经复示器（分罗经）若干。

自动舵控制单元安装在综合驾驶台内；一套航向记录器安装在海图区用于接收记录来自陀螺罗经的航向信号；陀螺罗经输出的航向信号可发送至雷达、GPS、AIS、局域网和航行数据记录仪（VDR）。

15．自动化控制设备

在机舱集控室和驾驶室设有主推进系统遥控站，在机旁配有应急控制站，其优先顺序为机旁→集控室→驾驶室。

在驾驶室能对主机和可调螺距桨进行遥控，对主机应急停车。在集控室和机旁均设有主推进装置的遥控及机械式应急操纵系统。

在自动电站管理系统中，每台发电机组都能从集控室配电板上遥控启停（电站管理系统安装在配电板上）；在机旁手动启停。在电源故障后，再恢复供电时，重要负载按顺序重新启动。

另外，自动化控制系统还配置了燃油辅锅炉、焚烧炉、主空压机分油机主燃油黏度自动调节、舱柜液位遥测等自动控制设备。

二、船舶电气系统特点

1．电流种类

船舶供电系统有交流和直流两种电制。交流电制具有许多优点，被船舶广泛采用。目前，干货船、液货船、集装箱船、客船和科学调查船大多采用交流电制。只有一些特殊船舶和小型船舶还采用直流电制。

2．电压

目前，各种规范和规则对船舶供电系统的额定电压与最高电压均有明确的规定，具体要求可参阅《船舶电气设备系统设计》（IEC92-201：1994），低压船舶电压大多采用 380 V 或 440 V，中压船舶电压采用 1 000 ～ 10 000 V。

3．频率

船舶供电系统的频率，各规范均以 50 Hz 和 60 Hz 作为标准频率。这一规定不包括弱电设备所需的特殊频率及海上平台等特殊设备的频率。

4．配电系统

根据 IEC92-201：1994 的规定，直流配电系统和交流配电系统是有区别的，其规定如下：

（1）标准的直流配电系统主要有双线绝缘系统、以船体为回路的单线系统、一极接地的双线系统、中线接地但不以船体为回路的三线系统、中线接地并以船体为回路的三线系统。

（2）交流配电系统通常可分为一次配电系统和二次配电系统。标准的一次配电系统主要采用三相三线绝缘系统和中性点接地的三相三线系统，对于 500 V 及以下的所有电压，还可以采用中点接地，但不以船体为回路的三相四线系统、单相双线绝缘系统、一极接地的单相双线系统。标准的二次配电系统主要采用三相三线绝缘系统和中点接地的三相三线系统，对于 500 V 以下的所有二次配电系统还可以采用中点接地但不以船体为回路的三相四线系统、单相双线绝缘系统、一极接地的单相双线系统、对照明和插座供电使用的中线接地的单相双线系统、中线接地，但不以船体为回路的单相三线系统。

另外，各有关规范还有一些具体的规定，必须予以充分的重视。例如，中国船级社《钢质海船入级规范》规定：1 600 总吨及 1 600 总吨以上船舶的动力、电热及照明系统，均不采用利用船体作为回路的配电系统。又规定钢铝混合结构的船舶，严禁利用铝质部分作为导电回路。

对于油船、化学品船等液货船及其他特殊船舶，必须注意其配电系统的特殊要求，如油船可以采用的配电系统只限制在直流双线绝缘系统、交流单相双线绝缘系统和交流三相三线绝缘系统。

船舶供电系统的交流电压和频率可参阅 IEC92-201：1994。对于超过 1 000 V 的交流供电的有关限制，可参阅《船舶电气设备　第 503 部分：专辑　电压 1 kV 以上至不大于 15 kV 的交流供电系统》（IEC60092-503：2007）。

5．额定电压和额定频率

船舶电气设备的额定工作电压和额定工作电流组合，确定了船舶电气设备的用途，各种使用类别及相应的试验都与其有关。对于单极船舶电器，一般规定跨极两端（如触头断开位置）的电压为额定工作电压；对于多极船舶电器，一般以相间的电压为额定工作电压。船舶电器一般采用表 1-2 规定的额定工作电压和额定频率。

表 1-2　船舶电器额定工作电压和额定频率

电流种类	额定工作电压 /V	额定频率 /Hz
DC	12、24、36、110、220、440、750	
AC	24、36、（110）、220、660、380（440）	50 或（60）　50（60）

6．介电性能

电气设备的介电性能是电气设备的重要参数之一。船舶电力系统的绝缘配合建立在瞬时过电压被限制在规定的冲击耐受电压优先系数的基础上，外来的瞬时电压必须低于或限制在低于船舶电源系统规定的冲击耐受电压，而船舶电力系统中电器或设备产生的瞬时过电压也必须低于船舶电源系统规定的冲击耐受电压。因此，船舶低压电器用于船舶电源系统的条件如下：

（1）船舶低压电器的额定绝缘电压不应低于船舶电源系统的额定电压；

（2）船舶低压电器的额定冲击耐受电压不应低于船舶电源系统的额定冲击耐受电压；

（3）船舶低压电器产生的瞬时过电压不应高于船舶电源系统的额定冲击耐受电压。

船舶电器在设计时，一般要考虑适用多种船舶电源系统和适用一种或几种安装类别，因此，船舶电器的额定冲击耐受电压应按预期使用的多种电源系统中相对最高电压和最高安装类别确定。

7．附加要求

船舶电子式电气设备除满足一般通用要求外，还应满足下面附加要求：

（1）船舶电子设备的电子组件，应在 0 ℃～ 55 ℃的环境空气温度范围内正常工作。若预期安装在会出现特别高温的场所（如直接邻近主机、锅炉等位置），应做特殊考虑。如果安装在有发热器件的箱柜内，应保证在 +70 ℃温度时不失效。若预期安装在可能出现低温的处所，如露天甲板、无保温措施的甲板室内，应能在 −25 ℃温度下正常工作。

（2）所有自动化设备应能在下列相对湿度下正常工作：温度低于 +45 ℃时，湿度为 95%±3%；温度高于＋ 45 ℃时，湿度为 70%±3%。

8．船舶电力拖动系统的工作条件及防护要求

船舶工作的环境条件比陆地设备所处的环境条件差，船舶电气设备的损坏及绝缘性能与船舶航行的区域、空气温度、空气中的盐雾和油雾有直接关系，船舶的摇摆与振动也会造成电气设备的损坏。船舶环境条件的特殊性，决定了对船舶电气设备的特殊要求。对于船舶电力拖动控制设备的要求归纳起来有以下几点：

（1）可靠性和可维修性。根据船舶使用条件要求，船舶电气设备要做到寿命长且故障少，具有较高的可靠性与可维修性，以保证安全航行。设计时要有防止发生误动作与误操作的连锁机构，还要考虑到维护修理容易、更换零部件方便及适量的备品备件，因而，船舶电力拖动自动控制设备和系统采用冗余设计。多数装置具有备用设备和备用系统，遇到故障时，自动转换备用系统并迅速切除、隔离故障部分；重要设备多路供电、多种工作方式保证持续供电和连续运转；装置设计有必要的参数、状态、工况显示和报警系统；为了提高其维修性，能简单、快速地进行故障诊断，还要考虑设置必要的适用的维修通道等。

（2）环境适应性。船舶电气设备在下列环境条件下应能正常工作：

1）根据中国船级社《钢质海船入级规范》的要求，船舶航行于无限航区，其封闭处所内 0 ℃～ 45 ℃，开敞甲板 −25 ℃～ 45 ℃。除热带海区以外的有限航区，其封闭处所内 0 ℃～ 45 ℃，开敞甲板 −25 ℃～ 45 ℃。

2）对于应急电气设备、开关设备、电器和电子设备：纵倾纵摇≤±10°，横倾横摇≤±22.5°；除此以外的其他设备纵倾≤±5°，纵摇≤±7.5°，横倾≤±15°，横摇≤±22.5°。装载液化气体和化学品的船舶的应急电源，还应在船舶进水以至于最终横倾达 30° 的极限状态下能保持供电；纵倾、横倾可能同时会出现。

3）正常航行中产生的振动和冲击。

4）潮湿空气、盐雾、油雾、霉菌处所。

（3）标准化、通用性。为保证设备完好率和尽量减少备件，以减少体积和质量，要求设备及零部件通用性要好。应采用国家标准规定的标准化产品系列，同一用途的设备具有同一规格，以保证良好的互换性，提高经济效益。

（4）电源波动适应性。船舶电网电压或频率偏离额定值时，在规定允许波动值范围内应可靠地工作：

1）电压稳态变化值：±10%U_N。

2）电压瞬态变化值：±20%U_N，恢复时间为 1.5 s。

3）频率稳态变化值：±5%f_N。

4）频率瞬态变化值：±10%f_N，恢复时间为 1.5 s。

（5）电磁兼容性。设备采用适当措施后，可限制所产生干扰电压和电流不超过允许值，并保证电力拖动系统中电子装置在船舶电磁环境中正常工作。

（6）外壳防护等级。电气设备的外壳防护形式，应符合《外壳防护等级分类（IP 代码）》（IEC60529：2013）或与其等效的国家标准的规定。表示防护等级的标志由特征字母 IP 及后面两位数字组成。特征数字表示的防护等级规定，可参阅有关书籍。

【任务实施】

1．实施地点

教室、船舶电拖实训室。

2．实施所需器材

多媒体设备。

3．实施内容与步骤

（1）学生分组：4 人左右一组，指定组长。工作始终各组人员尽量固定。

（2）教师布置工作任务：教师根据学生记录结果及提问给予评价，填入表 1–3。

【评价标准】

表 1–3　任务评价表

理论项目			
项目内容		配分	得分
1. 简述船舶主配电板基本配置		30	
2. 简述船舶电力设备基本配置		30	
3. 简述船舶电气系统特点		40	
时间：1 学时	教师签字：	总分	

任务二　船舶电气设备维修的常用仪表及其使用

在进行电气故障诊断时，必须借助仪器、仪表来进行检测，依据检测的结果进行分析，判断出故障点，因此，本任务将着重介绍常用仪器、仪表原理及正确使用方法。

一、指针式万用表

（一）概述

万用表实际上是用一个比较灵敏的永磁动圈式直流电流表（如直流微安表），借助特制的步挡式转换开关，将一些电阻器、半导体整流器、电池等器件，连接成各种电路，以进行直流电流、电压、电阻和交流电压测量的仪表。另外，万用表刻度盘上还印制了测量音频输出电平的分贝（dB）刻度，它是使用交流电压的挡极进行测量的仪表。有些万用表外接 50 Hz 交流电源，并利用交流电压的合适挡，还可测一定范围的电容量和电感量。

万用表的技术性能主要是以灵敏度、测量范围和测量准确度等项目来表征，它的标志符号和具体指标大多刻在万用表的刻度盘上和开关板上。表 1–4 列出了万用表上常用的符号、数字及表示意义。

表 1–4　万用表上常用的符号、数字及表示意义

符号和数字	表示意义
⌒	直流电表的制式——永磁动圈式
➛+	交流电表的制式——交流式
Ω	测量直流电阻的刻度
DC 或 ⎓	测量直流电流或直流电压的刻度
AC 或～	测量交流电压的刻度
DB 或 dB	测量输出电平的刻度
2.5 或 -2.5	直流电流和直流电压的准确度为 2.5 级（±2.5%）
4.0 或～ 4.0	交流电压和输出电平的准确度为 4.0 级（±4%）
Ω2.5 或 2.5 Ω	直流电阻的准确度为 2.5 级（±2.5%）
20 000 Ω/V—	直流电压挡极的灵敏度为 20 000 Ω/V
5 000 Ω/V ～	交流电压挡极的灵敏度为 5 000 Ω/V
0 dB=1 mV 600 Ω	0 dB 的电功率基准
45 ～ 1 000 Hz	音频测量范围
↳3 kV 或★	机壳与电路的绝缘试验电压为 3 kV
Ⅲ	防外磁场的等级为三级（不超过满度值的 ±2.5%）

万用表的灵敏度 S 是用每伏特欧姆数（Ω/V）来表示的，即使用 1 V 电压使电流表通过满度值电流 I_0 所串接电阻值，其表示式为

$$S=\frac{1}{I_0}$$

如使用 100 A 直流微安表为“表头组件”的万用表，它的灵敏度 S 为

$$S=\frac{1}{100\times10^{-6}\ \text{A}}=10\times10^{3}\ \Omega/\text{V}=10\ \text{k}\Omega/\text{V}$$

由此可见，万用表的 Ω/V 数值越大，说明“表头”组件的灵敏度越高（一般万用表的灵敏度 S 约为 5 kΩ/V）。

（二）指针式万用表的使用方法与技巧

1. 交直流电压测试

（1）选择对应交、直流电压量程：在未知被测量大约值时，先用大量程试测、估计，然后选择合适的量程，即尽量使指针指在 2/3 左右的量程，保证读数的准确度。

（2）连接测试电路：通过表笔与被测电路并联，若测直流电压，应把红表笔接被测电路的正端，黑表笔接被测电路的负端（不宜接反）。在被测直流电路极性不明时，要选用大量程，用表笔很快地试触电路，观察指针偏转方向，判明极性，然后选择合适量程测试。

（3）读数：根据表头指针指在相应刻度线上的位置和所选量程获得对应的读数。

2. 直流电流的测试

（1）选择量程：选择量程的要求与测量直流电压时相同。

（2）连接被测电路：万用表与被测电路串联，红表笔接电流流入方向，黑表笔接电流流出方向，在表头上做出指示。

（3）读数：根据表头指针指在相应刻度线上的位置和所选量程获得对应的读数。

3．音频电平的测试

（1）此时把红表笔插入“DB”插口。

（2）选择量程，具体参见“测交、直流电压”的项。

（3）连接被测电路：万用表与被测电路并联。

（4）读数：根据所选量程和指针所指的对应刻度线（−10 ～ 20 dB）上的位置，确定被测电平值。如果选用 10 V 挡量程时，直接由 −10 ～ +20 dB 刻度线读数；如果选用 50 V 挡量程时，为表头读数 dB 值加上 +14 dB；如果选用 250 V 量程时，为表头读数 dB 值加上 28 dB，具体可见表头下角的“～ −dB 表”。

4．直流电阻的测试

（1）选择合适量程：选择开关上各挡电阻值的倍数，具体要求与测电压相似。

（2）表头调零：在选定量程后，将两表笔碰在一起，使表头指在零位置上，若不在零位置，可通过调整旋钮，使指针指在零位置上，若调节旋钮达不到零位置，说明电池电压过低，应更换电池了。需要注意的是，每切换一挡量程，都必须进行欧姆调零。

（3）连接测试电路或元器件：表笔与被测电路元器件并联。必须注意，在测电路电阻时，必须切断电路电源，若电路中有大电容必须先使其放电，然后测量；对测试大阻值元器件时，两手不能触及元器件或表头的导电棒，以免影响测量准确度。

（4）读数：根据表头指示读数乘上量程值，即得电阻值。

5．电容器的测试

（1）漏电的检查：用万用表的最高电阻量程（$R\times1$ kΩ 或 $R\times10$ kΩ）进行测试；万用表调零后，当表笔一搭上两个电容器引线，表示指针很快偏转到零位置，然后慢慢地回到电阻为无穷大（∞）处。如果指针回不到无穷大（∞）处，则表头指针所示的读数乘上量程，即电容器的漏电电阻。一般电容器的漏电阻值在几十至几百兆欧（电解电容器除外）。进行测量时两手不得触及表笔导电棒。

（2）电容量的测试：用万用表的电阻挡来判别电容量大小或是否减少；选择电阻挡合适量程，两表笔搭在电容器的引线上，指针很快向零方向偏转或到零位置，然后慢慢地向回到电阻无穷大方向，若回复的速度很慢，而且向零方向偏转越大，说明电容量大；反之，电容量小或电容变质。也可以用新的同型号、同容量电容器与其做比较，若被比较的电容器是好的，其偏转幅度、回复速度应基本相同，否则被比较的电容器变质。需要注意的是，小容量的电容器（几 pF 至几千 pF），用 $R\times1$ kΩ、$R\times10$ kΩ 挡测量时，指针是不动的，即阻值无穷大。容量在 0.01 ～ 0.47 μF 的电容器，指针会轻微向右摆，充电完毕后表针又回到无穷大。

电容量越大，指针向右摆动越大。当指针向右摆动很大或到达零处，并停在那里时，说明电容已被击穿或短路。如果表针向右摆动后，回不到无穷大，说明电容漏电，漏电阻大，电容的性能好；当漏电阻太小时，电容就不能用了。如果把两个表笔对调进行测量，得到的反向电阻值与刚刚正向测量的电阻值不相等，则此电容可能是电解电容。若正向测量的电阻比反向测量的电阻大，则正向电阻是电解电容的实际漏电阻，此时，黑表笔接电解电容的正极。

（3）电解电容器极性判别：可根据电解电容在正接时漏电小、反接时漏电大的特点来判别。若漏电大时，黑表笔所搭的一端是电容器的“−”端，红表笔搭的是电容器的“+”端。

6. 二极管的测试

二极管的测试是利用二极管的单向导电性能，即二极管具有正向电阻值很小，反向电阻值很大。用 $R\times100\ \Omega$ 或 $R\times1\ \mathrm{k\Omega}$ 的电阻挡来测量：正向电阻一般都比较小，而反向电阻比较大。同时，也可用正、反电阻来判别二极管的极性，当测得的电阻值很小时，黑表笔所搭的一端为“+”端，而红表笔所搭的一端为“−”端。若测得正、反向电阻值都很大，说明管子内部断路，若测得正、反向电阻值都很小，甚至为 0，说明管子击穿，这两种情况下管子都已损坏，不能使用。

7. 晶体管的测试

（1）管型（PNP 型和 NPN 型）判别：因为晶体管内部有两个 PN 结，即发射结和集电结，就可以利用 PN 结的单向导电性，通过测两个 PN 结的正、反向电阻来判别是 PNP 型管还是 NPN 型管，而且可以判别基极；测量方法：用万用表选择 $R\times100\ \Omega$ 挡或 $R\times1\ \mathrm{k\Omega}$ 挡，红表笔任意接触被测晶体管的某一个管脚，黑表笔分别接触另外两个管脚，均测得有几百欧的低电阻，则被测管为 PNP 型管，而且，红表笔的接触的管脚为基极 b。如果与上述相反（以黑表笔接触一个管脚），测得两个阻值均为几百欧到几千欧，则被测管为 NPN 管，并且，黑表笔接触的管脚为基极 b。

（2）发射极 e、集电极 c 的判别：对于有 h_{FE} 挡的万用表，由（1）测出基极 b，这里只需把两个管脚插入万用表的 e、c 极插座中，测得一个 h_{FE} 值，再交换两个已知脚，又可测得 h_{FE} 值。比较两个 h_{FE} 值，大的那一次是管脚与坐标极性一致。

（3）管子质量好坏的判别：一般来说，晶体管质量的好坏，可以从两个 PN 结的正、反向电阻大小，h_{FE} 电流放大系统来判别。选择 $R\times100\ \Omega$ 挡或 $R\times1\ \mathrm{k\Omega}$ 挡，测量发射结和集电结电阻，质量好的中、小功率晶体管，对于硅管发射结、集电结的正、反向电阻为几百欧至 1 kΩ，反向电阻为几百千欧以上。

对于 NPN 管，黑表笔接触 c 极，红表笔接触 e 极，一般 e、c 极间电阻值为 50 kΩ 以上（30 k～50 kΩ 间还可使用），而对于 PNP 管，把表笔对调测。若测得发射结、集电结的正向电阻值为无穷大，说明发射结或集电结内部开路；若测得阻值为零或很小，说明管子击穿或损坏。

8. 晶闸管的测试

（1）电极判别：一般对大功率晶闸管（SCR）而言，门极 G 引线比较细，而对于小功率晶闸管，很难从外表来判别，可以查找手册或测试。万用表选择 $R\times1\ \mathrm{k\Omega}$ 挡，并将晶闸管其中一个电极假定为 G 极，与黑表笔接触，然后用红表笔分别接触，余下两个极。若有一次出现正向导通，则假定的门极 G 是正确的，而导通那次红表笔所接触的是阴极 K，余下的一极为阳极 A，如果两次均不导通，说明 G 极假定错误，可重新假定 G 极。

（2）极间电阻测量：用 $R\times1\ \mathrm{k\Omega}$ 挡或 $R\times10\ \mathrm{k\Omega}$ 挡，测阳极 A 和阴极 K，测得电阻都应在几百千欧以上，才属正常；用 $R\times10\ \Omega$ 挡或 $R\times100\ \Omega$ 挡测门极 G 和阴极 K 正、反向电阻，正向电阻为几欧或几百欧，而反向电阻要比正向电阻明显大一些（有几百欧姆），就可认为正常，如果测得正向电阻近似等于零或大于数千欧，说明晶闸管已损坏。

9. 使用注意事项

（1）测量前，应把万用表水平放置；

（2）按物理量来选择转换开关位置，按被测量大小来选择量程，不知其大小，由大量程切换到合适量程；

（3）要先看转换开关位置，后测量；

（4）用毕，把转换开关置在交流电压 500 V 挡。

二、数字式万用表

（一）数字式万用表的工作原理

目前，数字式万用表的品种、型号有很多，但是，普及型的数字式万用表的电路构成、装配结构、性能指标大同小异。其电路结构如图 1-1 所示。其中，转换开关是用来选择万用表测试功能，一般的数字式万用表可以测量直流电压（DCV）、交流电压（ACV）、直流电流（DCA）、交流电流（ACA）、电阻（Ω），二极管的正向压降（VF）、晶体管的共发射极电流的放大倍数（h_{FE}）及电容等。I/V 交换器是把电流信号变换为直流（DCV）信号；AC/DC 变换器是把交流（AC）变换为直流电压（DCV）信号；C/V 变换器是把电容信号变换为直流电压信号；Ω/V 变换器是把电阻信号变换为直流电压（DCV）信号；A/D 变换器是把直流电压模拟信号变为数字量的数字脉冲信号；显示器为液晶显示器。

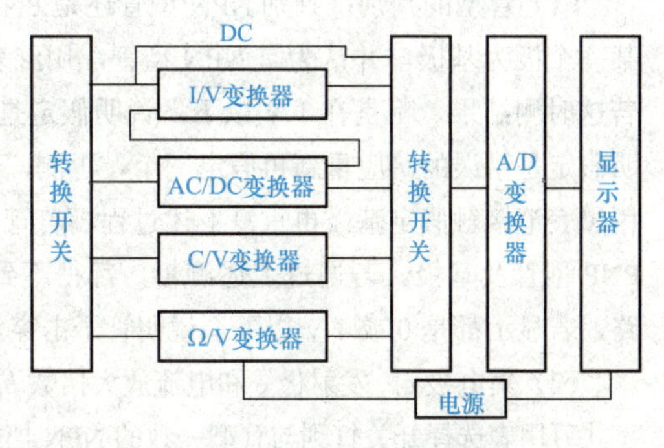

图 1-1　数字式万用表的电路结构

数字式万用表的工作原理是通过选择开关，把所要测量的信号取进来，以测量交流电流为例，功能挡选在 ACA，首先通过交流 / 直流转换器（AC/DC）变为直流电流信号，把这个直流电流信号再通过电流变换器变为模 / 数转换器所要求的直流电压（DCV）信号，把这个直流电压信号通过模 / 数转换器（A/D），转换为数字量，这个数字量就在显示器上显示出。显示器上的读数就是被测的交流电流值。所以，实际上，数字式万用表就是把指针式万用表的有关被测量转换为直流电压信号，再把这个模拟的电压信号转换为数字量，以数字量方式显示出来。用模 / 数转换器和显示器取代了指针结构。

数字式万用表的装配结构很简单，像 DT860 型数字式万用表，内部有一块 80 个脚的大规模集成电路（UL IC）NJU9207F 和一块双运算放大器，NJU7002M 及选择开关，必要的外围电路。整个数字万用表具有结构紧凑、体积小巧的特点。

作为使用者而言，关心的是如何正确使用，不是内部结构及具体电路组成，而且数字式万用表故障在船上除外围电路元器件失效可修复外，集成芯片和液晶损坏都无条件修复。

（二）数字式万用表的使用方法

数字式万用表的使用方法与指针式万用表的使用方法基本相同，不同的是，数字式万用表使用时，必须先接通电源开关，使用后，对于无自动关断电源功能的数字式万用表必须关断电源。用数字式万用表测电压、电流、电阻与指针式万用表使用方法大体上是一样的，这里不再重复，下面介绍用数字式万用表测量电容、二极管正向压降、晶体管的 h_{FE} 的方法。

1. 电容测试

将选择开关打到电容（CAP）合适量程后，待测电容直接插入电容“X”或“CAP”插孔中，显示读数。但需要注意的是，在测较大电容时，需待读数稳定后，读取才比较准确。

2. 二极管测试

将黑表笔插入“COM”插孔，红表笔插入“Ω”或“V/Ω”插孔。此时，红表笔“+”（与指针式万用表正好相反），黑表笔极性为“—”。然后把选择开关打到测二极挡，并把表笔接到被测二极管，若显示 1 V 以下，为该二极管的正向压降；若显示溢出符号，说明二极管反向截止，此时，应把表笔对调，就可以测得二极管正向压降，并且判别了二极管的极性。若正、反两次测量，显示都为“0”，说明该二极管击穿；若正、反两次测量，显示都为溢出符号，说明该二极管内部开路。

3．晶体管测试

（1）管型的判别：判别 NPN 型管还是 PNP 型管时，将数字式万用表选择在测二极管挡，假设某一个极为基极，并认为是 NPN 型管，用红表笔接触在这个假定极，分别用黑表笔接另两个极，若这时测结果，都是在 1 V 以下，说明假定是正确的。且知道是 NPN 型管和一个基极。否则，说明假定是错误的。应重新再假定一个，再测，若三个管脚都分别假定过，测不到上述结果，此时应用黑表笔接触假定基极再重复上述过程，若管子正常，就会测得上述结果，而且可知道此被测管为 PNP 型管及基极。若通过上述测量，都得不到上述结果，都是显示溢出符号，说明管子内部有开路，若显示都是 0 或 1 V 以下，说明管子击穿。

（2）集电极 c、发射极 e 和电流放大倍数 h_{FE} 测试：由（1）判别出管型和基极 b 的基础上，把数字式万用表选择开关打到与管型一致的 NPN 挡或 PNP 挡，再把被测管的基极 b 插入 h_{FE} 插座 B 插孔，其余两个管脚分别插入 C 插孔和 E 插孔，测出 h_{FE} 值，然后，把 C 插孔和 E 插孔的管脚对调，再测一次，两次测量中，得到 h_{FE} 值较大的一次时的管脚极与插孔对应的极性，而且较大的 h_{FE} 值就是该管子的电流放大倍数。若两次测得 h_{FE} 都相差不大，而且很小或都较大，说明管子性质失效，不能用。

（3）晶体管性能的判别：将数字式万用表置于二极管挡。对于 NPN 管，当红表笔接 b 极，黑表笔接 e、c 极时，对性能良好的硅管，显示值一般为 0.5 ～ 0.7 V，少数在 1 V 左右，对于性能良好的锗管，显示一般为 0.1 ～ 0.35 V。若黑表笔接 e 极，显示值为零，说明发射结内部有短路，若显示溢出，说明发射内部有开路，同理，若黑表笔接触集电极 c，显示为 0，说明它已击穿，若显示溢出，说明它已开路。对于 PNP 型管，只需把表笔对调，检测方法同上。

4．使用、保养注意事项

由于数字式万用表是一个电子仪表，其使用、保养应注意以下几点：

（1）不要随便拆卸、更换线路。

（2）应避免强烈撞击，以免损坏外壳及内部元器件。应保持干燥，不能被雨水淋浸。

（3）不要接高于规定测试的最大量程；应按说明书，如数字式万用表的最大量程有直流电压为 1 000 V 和交流电压为 700 V 的。

（4）不要用电阻挡去测电流、电压。

（5）在未装好电池，不要使用。

（6）在切换量程开关时，应使表笔与被测电路脱开。

（7）更换电池或熔丝时，应将“POWER”开关断开，并把表笔分开，同时注意电池极性，更换熔丝时，还应注意与原型号相符。

三、示波器

在使用示波器进行测试工作之前，必须阅读其技术说明书。对照说明书熟悉前、后面板的开关、按键、旋钮、指示灯、接口、插座。只有通晓其使用方法、功能作用后，才会正确使用。一般来说，示波器的使用方法如下：

（1）检查电源电压是否与示波器电源电压相符合。

（2）接通电源后，对于 CRT 管的示波器需预热 5 min 左右，以保证示波管灯丝的预热，对于

LCD 液晶显示屏，就不要预热，同时，使晶体管、集成电路、CRT 和其他电子元器件都接近或达到正常工作温度，才开始调节和观测。

（3）调节“辉度”旋钮，使其亮度合适；调节“Y 轴位置”和“X 轴位置”旋钮，使电子束在适当中间位置；调节“X 轴扫描”时间因数旋钮（扫描旋钮）与“X 轴增幅”（水平放大扩展）旋钮，使“时间基线”适当拉长或缩短。对于数字式示波器，只需按下“AUTO”TIME/DIV 开关，信号被检测，扫描时间范围自动改变，在荧光屏（CRT）可显示 1～4 个波形。

（4）选择触发（或同步）信号来源与极性。若触发信号是外接，就把开关打到外接位置，若为内部，就打到内部位置；将触发（或同步）信号极性开关置于 + 挡或 – 挡。

（5）选择 Y 轴耦合方式：根据被测信号频率的高、低，将 Y 轴输入耦合方式“AC– 地 –DC”开关置于 AC 或 DC。

（6）输入被测信号：被测信号由探头衰减后（或由同轴电缆不衰减直接输入，但此时的输入阻抗降低，输入电容增大），通过 Y 轴输入端输入示波器。

（7）选择 Y 轴灵敏度：根据被测信号的大约峰值，将 Y 轴灵敏度选择 V/DIV 开关（或 Y 轴衰减开关）置于合适挡位。然后调节 Y 轴灵敏度微调旋钮，使屏幕上呈现所需高度的波形。

（8）选择扫描速度：对于没有自动扫描跟踪的示波器，被测信号输入后，显示器上波形不稳定，甚至没有波形，这时根据被测信号周期（或频率）的大约值，将 X 轴扫描速度 T/DIV（或扫描范围）开关置于合适挡位，然后必要时再适当调节扫描速度 T/DIV 微调（或扫描微调）旋钮，使显示器上显示测试所需要的周期数的波形，如果需要观察的是信号的边沿部分，如晶闸管两端波形，则扫描速度 T/DIV 开关应置于最快扫描挡。

（9）调整显示波形的宽窄：在观察被测信号随时间变化的波形时，先将“X 轴衰减”旋钮置于“连续”或“触发”位置，然后旋转“扫描频率”（范围）旋钮，使之和输入信号的频率相适应。若波形过密，即波形数目过多，则扫描频率选得过小，应适当提高；反之，波形过稀，应适当降低扫描频率。

旋转“X 轴增幅”旋钮，以调整显示波形的横向宽度，一般调至波形的左右两端接近荧光屏的边缘，波形比较合适。

如果观察的信号不是随时间变化的波形，而是随另一电量变化的波形，这时当另一电量从 X 轴输入，并根据输入电压的大小，选取适当的“X 轴衰减”位置。这时就不再需要调节扫描旋钮。

（10）触发（或同步）扫描：缓缓调节触发电平（或同步）旋钮，屏幕上显示出稳定的波形，根据观察需要，适当调节电平旋钮，以显示相应起始位置的波形。

总之，不同厂家、不同型号的示波器使用方法和步骤有所不同，读者应仔细阅读自己手头示波器对应的使用说明书，正确使用示波器。

现在有电工测量智能式仪表，把万用表和示波器集成一起，使用更方便了。读者应仔细阅读智能式仪表的使用说明书，正确使用智能式仪表。

四、绝缘电阻表

绝缘电阻表（俗称兆欧表）是一种用来测量绝缘电阻的常用仪表，是船舶电气设备绝缘检查和维修不可缺少的仪器。电气线路和设备的绝缘好坏，是用绝缘材料的绝缘电阻大小来表示的。测量绝缘电阻的大小的原理与测一般电阻大小原理相同，即在电阻两端加上一个固定的电压，若流过的电流越小，则被测电阻就越大。因此，实际上是电流的测量，只是电表的刻度标注的是相应的电阻值，绝缘电阻的阻值通常以兆欧（MΩ）为单位，因此，测量绝缘电阻的仪表称为兆欧表或梅格（Megohm）表。它由电源和测量两部分组成。电源是一个手摇永磁式直流高压发电机，但也有用手摇交流发电机经倍压整流后获得直流高压。对不同工作电压的线路和设备，其绝缘电阻和测量应选用不同等级电压绝缘电阻表。一般来说，工作电压高的线路和设备，测量绝缘的绝缘电阻表的电压也相应高。绝缘电阻表的电压有 100 V、250 V、500 V、1 000 V 等多种。线路或设备的工作电压小于 100 V，选用 250 V 的绝缘电阻表；工作电压为 100 ～ 500 V，选用 500 V 的绝缘电阻表。测量机构是一个磁电系比流计，其转动部分是安装在转轴上的两个互成一定角度的线圈 W_U 及 W_I，转轴上端装有指针，如图 1–2 所示。转动部分没有产生反作用力矩的游丝。因此，当两线圈无电流时，指针没有固定位置。

从图 1–2 中可见，线圈 W_I 通过限流电阻 $1R_C$ 跨接到发电机 G 的两端，称为电压线圈。当发电机电压一定时，流过电压线圈的电流 I_{WI} 也一定。线圈 W_U 与电阻 $2R_C$ 及被测电阻 R_X 串联再接到发电机两端。显然，通过线圈 W_U 的电流 I_{WU} 与被测电阻 R_X 大小成反比。线圈 W_U 称为电流线圈。由于内部的连接，两个线圈通电后在共同的磁场作用下产生两个互为相反方向上的力矩。电压线圈 W_I 产生的力矩是逆时针方向。而电流线圈 W_U 产生的力矩方向则相反，且大小与 I_{WU} 成正比。

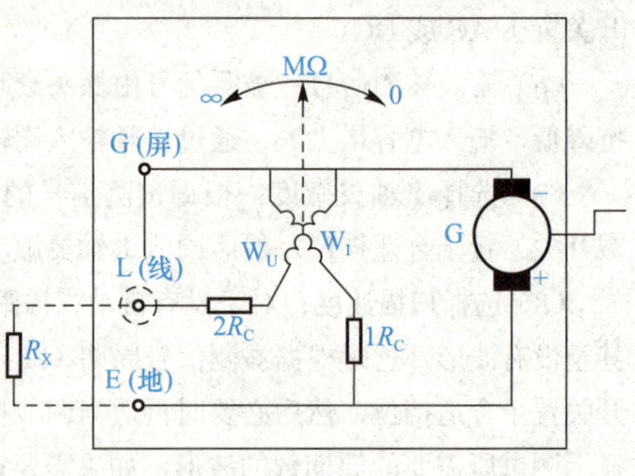

图 1–2　绝缘电阻表

当“L”“E”两接线柱开路时，I_{WU}=0，只有电压线圈中有电流 I_{WI}，指针逆时针方向偏转到最大位置，即“∞”。

当“L”“E”短路时，I_{WU} 为最大，这时，指针顺时针方向偏转到最大位置，刻度为“0”。

当“L”“E”两接线柱接上被测绝缘电阻 R_X 为“0”与“∞”之间任何数时，指针就停留在由通过两线圈中的电流 I_{WU} 和 I_{WI} 的比值决定的位置，指针所指刻度就是被测绝缘电阻值。

绝缘电阻表除上述的两个接线柱外，通常还有一个保护接柱“G”（Guard），它与手摇发电机的“–”相连，一般测量不用。只有当被测绝缘表面漏电比较严重时，才将它接到被测绝缘体的保护环上。

目前使用数字绝缘电阻表也已比较普遍了。

使用绝缘电阻表测量设备或线路的绝缘时，必须注意以下事项：

（1）被测设备或线路必须脱离电源，必要时要先放电，以保护仪表和人身安全。

（2）根据被测设备或线路的工作电压，选用一定电压等级的绝缘电阻表，保证测量的可靠性。

（3）绝缘电阻表在接线之前，应检查仪表本身是否良好。检查方法：分别将接线柱“L”与“E”短接和开路，转动手柄，观察指针是否能分别指向“0”和“∞”，若不能，说明该表存在故障。

（4）测量用的连接线应各自单独分离，不能绞在一起，更不能使用绞线。

（5）摇动手柄应由慢逐渐到快，并保护均匀，转速在 120 r/min 或略高。一般在指针稳定后再读取测量数据。

（6）对于有半导体器件的设备绝缘测量，应采取适当措施，防止它们被击穿。

（7）在绝缘电阻表未停止摆动和被测对象未进行放电前，不可用手碰触测量线头，以防触电。

（8）绝缘电阻表的刻度为对数分布，是不均匀的，读取数值时应注意。

（9）注意接线柱“G”的正确使用。

绝缘电阻表的故障可分为两大类，一类是电源故障（发电机故障），另一类是测量指示表的故障。常见故障比较多，需视具体故障具体分析，参照绝缘电阻表的原理，不难找出故障元器件，并加以排除。

五、钳形表

钳形表是一种互感整流式仪表。其由直流微安表、整流器、步挡式切换开关、电流互感器等组成。其原理电路如图 1–3 所示。钳形表的互感器一次电流 I_1 的绕组 W_1 并不是绕在互感器的环形铁芯上，而是利用被测量的载流导线。固定在铁芯上的是二次电流 I_2 的绕组 W_2。进行测量时，张开环形铁芯的活动部分（环形铁芯有一处断截面可以移动）夹入载流导线。环形铁芯闭合，即成为互感器。二次电流的数值是随被测载流导线的电流 I_1 的大小成正比。经过分流、整流，进入测量机构指示出一次电流的读数（仪表刻度盘是按一次电流的数值来定点刻度的）。

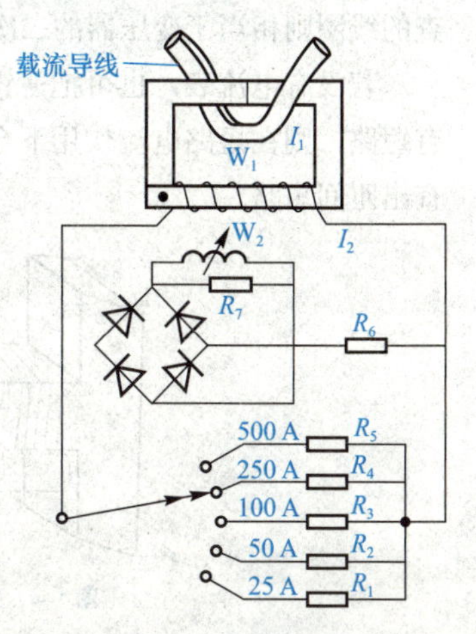

图 1–3　钳形表原理电路

（一）钳形表的使用及注意事项

（1）测量前应先估计被测电流的大小，选择合适的量程，或先选用较大量程，然后视被测电流的大小减小量程。切换量程时应脱开被测量电路。

（2）测量时，被测载流导线应处于钳臂包围空间的中央，以免产生误差，对于三芯电缆，应分别测量各芯线的电流，不能将三个芯线同置于钳形表钳臂包围空间之中，否则，对三相平衡负载来说，钳形表将无法读数，对于二芯电缆的测量也同样存在这种情况。

如果在测量大电流后立即测量小电流，则应先将钳口张开、闭合数次，以消除铁芯中的剩磁。

（3）为了测量准确，钳口的闭合面应保证很好接合。如有杂声，可将钳口重新张开、闭合。如果杂声依然存在，应检查钳口吻合面有无污垢、杂物或生锈，将其清除干净，杂声便可消失。

（4）测量小于 5 A 以下电流时，为了得到较准确的读数，在导线足够长的情况下，可将被测导线多绕几圈，然后圈入钳臂进行测量。所得读数除以钳臂内的导线根数，即是导线中的实际电流值。

（5）测量完毕，即将量程换到最大电流挡，以免再次使用时，由于未经选择量程而造成电流表损坏。

（二）钳形表常见故障检修

钳形表是维修作业时携带的测量仪表，碰撞损坏和机械故障较多。常见的故障如下：

（1）无指示：造成该故障的原因是微安电流表损坏、整流器开路、温度补偿电阻开路及二次绕组断路等。检查方法：先检查补偿电阻、二次绕组，后检查整流器和表头。

（2）误差大：造成该故障的原因是测量机构轴尖磨损、平衡不好，环形铁芯断截面闭合不重合，断平面上有污物黏附闭合不紧，仪表测量机构中磁钢磁性衰减，氧化铜整流器参数变化等原因。检修方法：对应故障原因采取对应的修理方法，其他一切都正常，可以通过调整补偿电阻 R_6 和分流电阻，使其各量程的误差率一致。应该指出，这种互感整流式仪表的准确度都不高，一般为 2.5 级或 3 级。

六、短路侦察器

短路侦察器是检查绕组匝间短路专用的开口变压器。其形状如图 1–4 所示。铁芯端部具有一定的弧形，以便能与发电机铁芯较好地吻合。其工作原理与变压器工作原理相似。检查时把短路侦察器的 I 形开口，放在定子内孔要检查线圈所在的槽口上，然后把短路侦察器的线圈串入电流表接向交流电源。这时，H 形铁芯与定子槽构成磁通回路。侦察器的线圈相当于变压器的一次侧，而被检查的线圈则相当于变压器的二次侧。若被检查的线圈有短路，即可使电流表的指示值变大。

若没有电流表，也可把薄铁片（如钢锯条）放在被检查线圈的另一边槽口上，若被检查的线圈有短路，则在短路电流作用下会产生磁通使铁片振动，发出振动声，如图 1–5 所示。这样很容易检查出匝间短路。

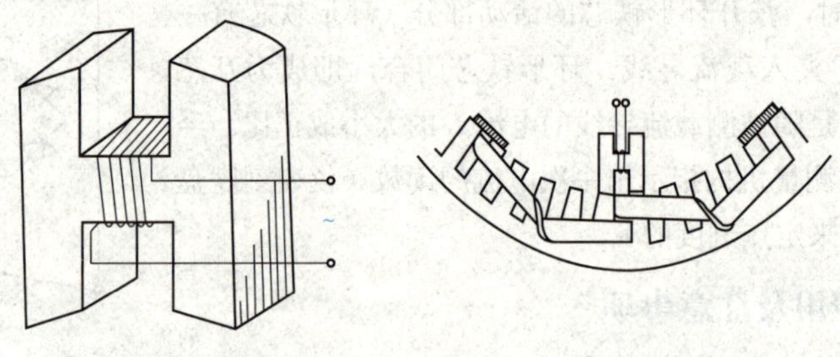

图 1–4 短路侦察器　　图 1–5 短路侦察器的使用

1. 短路侦察器的使用及注意事项

（1）电动机定子绕组△连接，在检查前要拆开，每相两端头不能相碰形成回路。

（2）定子绕组为多路并联时，要把各并联支路拆开。

（3）在双层绕组中，一个槽内嵌有不同线圈的两条边，要确定究竟是哪一个线圈有匝间短路，应把铁片分别放在左边和右边都相距一个节距的槽口上检测，如图 1–5 所示。

（4）检查直流电动机电枢绕组时，必须焊开换向器的连线，使电枢绕组不成闭合回路。

（5）使用短路侦察器时，应先将铁芯放在槽口上方，使铁芯闭合再接电源，以免由于电流过大而烧坏短路侦察器的线圈。

2. 自行绕制

在船上如果短路侦察器受损坏或丢失时，就得进行自行设计绕制。为此，简述自行设计的有关计算。

绕制短路侦察器的简单计算步骤如下：

（1）铁芯截面面积。

$$A = 1.25\sqrt{P}$$

式中 A——短路侦察器铁芯截面面积（cm^2）；

P——短路侦察器的容量（V · A）。

1 ～ 50 kW 的电动机检查，取 P 为 20 ～ 100 V · A。

50 ～ 100 kW 的电动机检查，取 P 为 100 ～ 1 000 V · A。

（2）励磁绕组每伏匝数。

$$N_C = \frac{45}{BA}$$

式中 N_C——每伏匝数；

B——铁芯中磁通密度（T），一般取 B=1.3 ～ 1.4 T。此值不可取太低，否则将使短路侦察器不灵敏。

（3）励磁绕组总匝数。

$$N=N_C \cdot U$$

式中 N——总匝数；

U——短路侦察器的电源电压（V）。

（4）励磁绕组电流。

$$I=\frac{P}{U}$$

式中 I——励磁绕组电流有效值（A）。

（5）励磁绕组导线直径。

$$d=0.9\sqrt{I}$$

式中 d——无绝缘的导线直径（mm）。

（6）铁芯窗口面积。

$$S=ch$$

式中 S——铁芯窗口面积（cm^2）；

c——铁芯窗口的宽度（cm）（约等于发电机定子槽宽）；

h——铁芯窗口的高度（cm）（根据励磁绕组的高度决定）。

有以上基本数据后，可自行安排线圈层数、绝缘厚度，再计算出短路侦察器其他部分的尺寸。

【任务实施】

1. 实施地点

教室、电工实训室。

2. 实施所需器材

多媒体设备、指针式万用表、数字式万用表、示波器、绝缘电阻表、钳形表、短路侦察器、电阻、二极管、晶体管、电容器、晶闸管、晶体管、直流稳压电源、交流电源、开关、导线若干。

3. 实施内容与步骤

（1）学生分组：4 人左右一组，指定组长。工作始终各组人员尽量固定。

（2）教师布置工作任务。教师根据学生记录结果及提问给予评价，填入表 1–5。

【评价标准】

表 1–5　任务评价表

实践项目		
项目内容	配分	得分
1. 正确使用指针式万用表进行测量	20	
2. 正确使用数字式万用表进行测量	20	

续表

实践项目			
3. 正确使用示波器		15	
4. 正确使用绝缘电阻表		15	
5. 正确使用钳形表		15	
6. 正确使用短路侦察器		15	
时间：1学时	教师签字：	总分	

思考题

1-1 简述船舶主配电板基本配置。

1-2 简述船舶电力设备基本配置。

1-3 简述船舶电气系统特点。

1-4 简述指针式万用表测试交、直流电压使用方法与技巧。

1-5 简述指针式万用表测试晶闸管测试使用方法与技巧。

1-6 简述数字式万用表工作原理。

1-7 简述数字式万用表测试晶体管使用方法与技巧。

1-8 简述示波器的使用方法。

1-9 简述使用绝缘电阻表测量设备或线路的绝缘时注意事项。

1-10 简述钳形表使用及注意事项。

1-11 简述短路侦察器使用及注意事项。

02 项目二　船舶电气设备故障分析与处理方法

【知识目标】

1. 掌握船舶电气系统故障模式；
2. 掌握船舶电气设备故障分析的一般方法；
3. 掌握故障树分析法；
4. 掌握故障模式与影响分析方法；
5. 掌握船舶电气设备故障处理的一般方法；
6. 掌握船舶电子设备的故障分析方法。

【技能目标】

能修理船舶电子设备。

【项目描述】

本项目主要包括船舶电气系统故障模式及分析的一般方法、故障树分析法、故障模式与影响分析方法、船舶电气设备故障处理的一般方法与船舶电子设备的故障分析及修理方法几个方面的内容。

【知识链接】

任务一　船舶电气系统故障模式及分析的一般方法

一、船舶电气设备故障

船舶电气设备在长期运行过程中，由于受到内在因素（如设计、材料制造、安装工艺等）和外部条件（如负荷突变、维护管理不到位、机舱环境异常、恶劣海况等）的影响，可能使电气设备的使用性能或技术状态不断下降。电气设备的功能部分或全部丧失。最终导致故障发生。

船舶电气设备故障是船舶电气设备系统或船舶电气设备系统的一部分不能或将不能完成预定功能的事件或状态（称为失效）。船舶电气设备故障模式是故障的表现形式，如短路、开路、过载等。一般在分析船舶电气设备故障时，往往从故障现象入手，进而找出故障原因。确定故障模式是分析和解决故障的基础。

船舶电气设备的故障与船舶电气设备所属系统的规定功能和规定条件密切相关，在确定具体的系统故障模式时，首先明确系统在规定的条件下丧失规定功能的判别准则，即系统的故障判据，这样才能明确船舶电气设备的某种非正常状态是否为该船舶电气设备的故障模式。

在确定故障模式时，应注意区分两类不同性质的故障，即功能故障和潜在故障。

功能故障是指船舶电气设备或船舶电气设备的一部分不能完成预定功能的事件或状态，即指船舶电气设备或船舶电气设备的一部分突然、彻底地丧失了规定的功能。

潜在故障是指船舶电气设备或船舶电气设备的一部分将不能完成预定功能的事件或状态。潜在故障是一种指示功能故障将要发生的一种可鉴别（人工观察或仪器检测）的状态。例如，电动机轴承磨损到一定程度（可鉴别的状态），即发生停机故障（功能故障）。

并不是所有的故障都经历潜在故障再到功能故障这一变化过程。在确定故障模式时，应区分潜在故障模式与功能故障模式，并应区分船舶电气设备是在哪一种功能下出现的故障。

船舶电气设备的故障模式是多种多样的，故障发生原因主要有直接导致故障（或引起使设备品质降低进而发展为故障）发生的物理或化学过程、设计缺陷、零件使用不当或其他过程，同时，还应考虑相关设备的故障原因。故障通常可分为机械故障和电气故障两类。

船舶电气管理人员必须熟练掌握设备的工作原理，了解各部件出现故障时所表现的特征，具备足够的设备管理维修经验，才能有效、快速地排除故障。

（一）机械故障及成因

机械设备在使用过程中与周围介质及组成元件间产生互相作用，导致受载、磨损、发热，产生物理或化学变化，使零件的尺寸、配合间隙、相互位置及物理量等发生变化，改变了设备的初始状况。随着使用时间的延长，机械设备的技术状况日渐变差，致使部分或全部丧失工作能力的现象。机械故障成因主要有三个：一是由于机械本身。在工作过程中，组成元件间相互作用的结果，导致机件磨损、塑性变形、疲劳破坏。二是使用维护或保管不当。如机械设备工作环境条件恶劣，造成机件的腐蚀损坏。三是偶然的因素。技术状况变差，发展成故障。

机械设备发生故障的规律一般可分为三个阶段，即早期故障期、偶然故障期、耗损故障期。

（1）早期故障期，是指新的或大修后的机械设备的走合期。在此阶段的特征是初始投入使用，故障率较高，而后随着使用时间延长（在走合期内不断维护），其故障率下降。

（2）偶然故障期，是指机械设备走合期结束后，转入正常使用的有效寿命期。此阶段在正确维护和使用的条件下，没有特定的故障起主导作用，发生故障也是偶然的。按规定进行定期维护，并保证维护质量，一般不应发生故障，即使发生故障，也多是维护检查时难以发现的故障隐患，在作业时出现了意想不到的故障，这个阶段的故障发生率较低。

（3）耗损故障期，是指机械设备的零件达到使用极限期。这个阶段因零件达到使用极限，往往故障率较高。

（二）电气设备故障成因

电气设备故障成因和机械故障成因不同，故障现象各种各样，但引起故障的根本原因反映到电路上则主要有以下几种：

（1）该通的不通：要求接通的接点接触不良或断开、线圈断线等。

（2）该断的不断：要求断开的地方没有断开，主要表现为短路、接地、触头熔焊、线圈短路、绝缘电阻过小等。

（3）电源参数不正常：表现为失压、缺相、电压过低等。

（4）元件参数变化过大：如电阻值过大或过小，各种参数整定不当等。

（5）关联设备故障或工作不正常：致使相关保护环节动作。

排除故障的第一步，也是最重要的一步，是在熟悉电路工作原理的基础上查明故障点。首先应根据故障现象确定故障在主电路还是在控制电路、开路故障还是短路故障，然后确定故障的具体位置，并根据实际情况按先易后难的顺序逐步排除故障。

二、船舶电气设备故障分析的一般方法

船舶电气设备故障发生后，对于一般的电气设备故障来说，电气设备管理人员须针对电气设备的故障现象并结合设备及系统的工作原理进行综合分析，判断电气设备的故障点（或故障零部件），找出故障原因并加以排除。检查与分析步骤可归纳为弄清楚故障现象；查看电气线路图和说明书；分析故障原因；确定检查部位；拆卸元器件（拆卸之前各接线头应做好标记）；确定故障；修理并排除故障；装复试验。

（一）直观法

通过“问、看、听、摸、闻”来发现异常情况，从而找出故障电路和故障所在部位。

（1）问：向现场操作人员了解故障发生前后的情况。如故障发生前是否过载、频繁启动和停止；故障发生时是否有异常声响、振动、冒烟、冒火等现象，有无相关报警信号、监测仪表显示的相关运行参数是否正常等。

（2）看：根据设备故障现象仔细察看各种电器元件的外观变化情况。如看触点是否烧熔、氧化，熔断器熔体熔断指示器是否跳出，热继电器是否脱扣，导线和线圈是否烧焦，热继电器整定值是否合适，瞬时动作整定电流是否符合要求等。

（3）听：主要听有关电器在故障发生前后声音有无差异。如听电动机启动时是否只“嗡嗡”响而不转；接触器线圈得电后是否噪声很大等。

（4）摸：故障发生后，断开电源，用手触摸或轻轻推拉导线及电器的某些部位，以察觉异常变化。如触摸电动机、自耦变压器和电磁线圈表面，感觉温度是否过高；轻拉导线，看连接是否松动；轻推电器活动机构，看移动是否灵活等；

（5）闻：故障出现后，断开电源，将鼻子靠近电动机、自耦变压器、继电器、接触器、绝缘导线等处，闻是否有焦味。如有焦味，则表明电器绝缘层已被烧坏，主要由过载、短路或三相电流严重不平衡等故障造成。

（二）比较法

若怀疑故障是由于某电器元件或某块电路板引起的，在确认不会造成新的故障发生的前提下，可把认为有问题的电器元件或电路板取下，用新的或确认无故障的同一型号的元件或电路板替换可疑的部件。如果换件后故障消失，则认为判断正确；反之需要继续查找。船上易损的电器元件或重要的电路板往往都有备用件，一旦有故障马上换上一块就解决问题，故障件可以慢慢查找修复，这也是一种快速排除故障的方法。

（三）短路法

控制环节电路都由开关或继电器、接触器触点组合而成。当怀疑某个触点有故障时，可以用导线（船上都备有鳄鱼夹）把该触点短接，此时，若故障消失，则证明判断正确，说明该触点接触不良或已损坏。但是要牢记，当发现故障点做完试验后应立即拆除短接线，不允许用导线代替开关或开关触点。

（四）经验法

根据电气设备日常运行维护记录、各类设备故障的记录及管理人员处理故障的实践经验快速排除故障。

（五）状态法

发生故障时，根据电气设备所处的状态进行分析的方法，称为状态法。电气设备的运行过程可分解成若干个连续的阶段，这些阶段也可称为状态。任何电气设备都在一定的状态下工作，如电动机工作过程可以分解成启动、运转、正转、反转、高速、低速、制动停止等工作状态。电气故障总是发生于某一状态，而在这一状态中，各种元件又处于什么状态，这正是分析故障的重要依据。例如，电动机启动时，哪些元件工作，哪些触点闭合等，因而，检修电动机启动故障时只需要注意这些元件的工作状态，状态划分得越细，对检修电气故障越有利。对一种设备或装置，其中的部件和零件可能处于不同的运行状态，查找其中的电气故障时必须将各种运行状态区分清楚。

（六）读图法

电气图（电气原理图）是用以描述电气装置的构成、原理、功能的工具。检修电气故障常常需要将实物和电气图对照进行。故障发生后通过对电气图进行阅读分析，理解设备和装置的工作原理及工作过程，结合设备布置图和接线图进行设备与装置电气故障的原因分析及检修。

任务二　故障树分析法

一、故障树分析法的特点

故障树分析法是一种图形演绎法。它以系统的故障（最不希望发生的事件）为分析对象，用图形表示出其发生原因（直接的、间接的、硬件的、软件的、环境的、人为的）之间的逻辑关系。该图形好像是一棵倒置的树，故称故障树。根据故障树分析系统发生故障的各种可能途径（故障模式）和可靠性特性指标（系统失效率等）的方法，称为故障树分析法。

在故障树分析法中，将要分析的系统故障事件叫作顶事件，将不能再分解的基本事件叫作底事件，而其他事件叫作中间事件。顶事件可能是整个系统发生的不希望事件，或某个子系统局部发生的不希望事件。故障树分析法具有以下特点：

（1）直观性强。故障树分析法是一种图形演绎法，它能把系统的故障和导致该故障发生的各种因素形象地表现为故障谱。从上往下看，可以看出系统故障与哪些单元有关系；从下往上看，可以看出单元故障对系统故障的影响，有什么影响，影响的途径是怎样的，影响的程度如何等。

（2）灵活性大。故障树分析法不仅可以反映系统内的故障关系，而且能反映出系统外部的因素（环境因素和人为决策错误）对系统故障的影响。

（3）通用性好。可以使设计者在设计阶段弄清楚系统的故障模式、成功模式，发现单元故障的危害性、重要度，及时发现系统的薄弱环节，因此，能及时地修改设计避免严重的返工，避免研制阶段产生的不安全因素，争取首次设计成功，从而缩短研制周期，节省资源。

（4）建“树”复杂。需要具有丰富经验的工程技术人员参加，而且不同的人所建的“树”在表现形式上不会完全相同。但是，最后得出的正确故障方程只有一个。

（5）工作量大，耗费人力、物力较多，容易导致错漏，对复杂系统的建“树”还存在一定的困难，有时建“树”时间很长。

（6）由于元件失效率的近似性，大小概率事件的取舍，在一定程度上也影响了故障树分析结果的准确性。

二、故障树分析法的基本步骤

故障树分析法的基本步骤，通常因评价对象、分析目的、精细程度等的不同而异，但一般可以按以下步骤进行。

1．广泛收集并分析有关技术资料

由于故障树是以直接原因描述顶事件、中间事件、底事件的逻辑关系，所以，建“树”前必须详细地了解系统的工作原理、工作过程、基本元件失效率、故障维修等各方面的情况。只有这样，才能在建“树”时抓住系统最不希望发生的事件进行分析。

2．确定顶事件及边界条件

故障树分析法是一种针对一个特别不希望发生的事件的演绎失效分析，它提供了寻找这一事件发生原因的方法。这个不希望发生事件便构成了系统故障树的顶事件。仔细地选择顶事件对于故障树分析是很重要的。如果顶事件选得太一般，分析起来就会难以控制；如果选得太特殊，分析结果就不能对系统提供一个全面的评价。同时，边界条件的选择决定了分析的广度和深度，因此，在建“树”时，必须合理选择顶事件和边界条件。

3．人工建“树”

建“树”过程是故障树分析法的主要步骤。建“树”时，要在吃透系统结构原理及功能的基础上，遵循建“树”规则，一步一步地把造成顶事件发生的所有事件用图形表示出来。在分析过程中，要不断地回答“这一事件是怎么发生的”这一问题，使“树”不断生长，直到不再扩展出新的“树枝”（事件）为止，这一最终事件就是底事件。要避免跨越中间事件，也不要提前简化。

4．故障树简化

为了便于定性、定量分析，必须对所建造的故障树进行简化。简化的标准是去掉逻辑多余事件，用简单的逻辑关系将事件表示出来。故障树简化可分为人工简化和计算机简化。

5．故障树评价

对故障树进行简化后，就可以根据故障树对整个系统进行评价，从中得出定性和定量分析的结果。

通过定性分析，可以得出三个主要结果：一是故障树的最小割集；二是定性的部件重要度；三是共因（或共模）敏感性。其中，共因（或共模）敏感性分析是针对安全性分析而进行的，它对于管理人员来说没有使用价值，因此，本节不进行这方面的分析。

通过定量分析，也可以得出三个主要结果：一是系统和割集的失效概率；二是定量重要度（关键重要度）；三是灵敏度的评价。其中，灵敏度的评价主要是为系统的改进设计提供依据，对于管理人员来说没有使用价值，因此本节也不考虑。

6．实用树及故障查找流程图的编制

根据定性定量分析的结果，也即根据部件的定性重要度和定量重要度，结合实际工作经验及系

统工作显示仪器等，可以编制出实用树及故障查找流程图，供维修人员使用，以便快速查找故障点，对故障设备进行维修，从而保证系统的正常运行。

三、故障树中采用的符号及含义

1. 初级事件

故障树的初级事件是指那些由于各种原因不能进一步分解的事件。如果要计算顶事件的概率，这些事件就必须给定。初级事件共有四种类型。图形符号如图 2–1 所示。

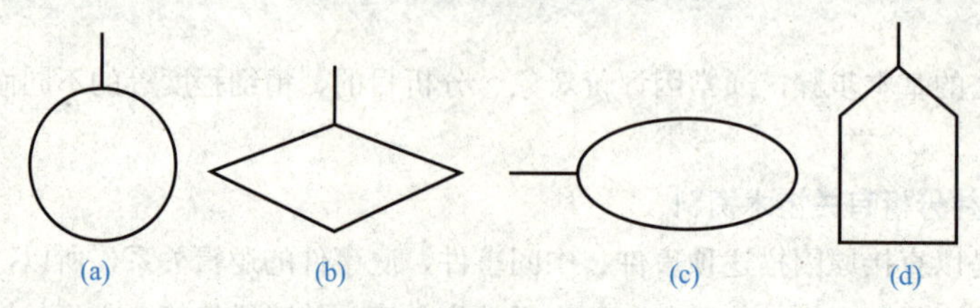

图 2–1　初级事件图形符号

（a）基本事件；（b）未展开的事件；（c）条件事件；（d）外部事件

（1）基本事件。圆形用来表示不用进一步展开的基本初始故障事件。换而言之，它意味着事件已经达到了适当的分解极限。

（2）未展开的事件。菱形表示一个未展开的特定故障事件。未展开的原因是对事件本身推理得不够透彻，或是缺少与该事件有关的信息。

（3）条件事件。椭圆用来记录加于逻辑门的条件或限制。它基本上是和“禁门”与“顺序与门”一起使用的。

（4）外部事件。房形符号用来表示正常希望发生的事件，如动态系统中的状态变化。这样，房形符号就表示其本身并无故障的事件。

2. 中间事件

因逻辑门的一个或多个事件发生而发生的输出故障事件叫作中间事件。所有中间事件均用长方形表示，图形符号如图 2–2 所示。

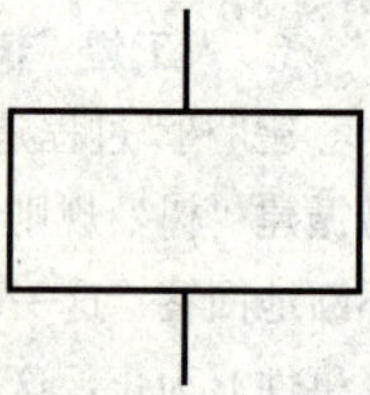

图 2–2　中间事件图形符号

3. 门

故障树有两种基本类型的门，即或门和与门。所有其他门均是这两种门的特殊情况。门的图形符号如图 2–3 所示。

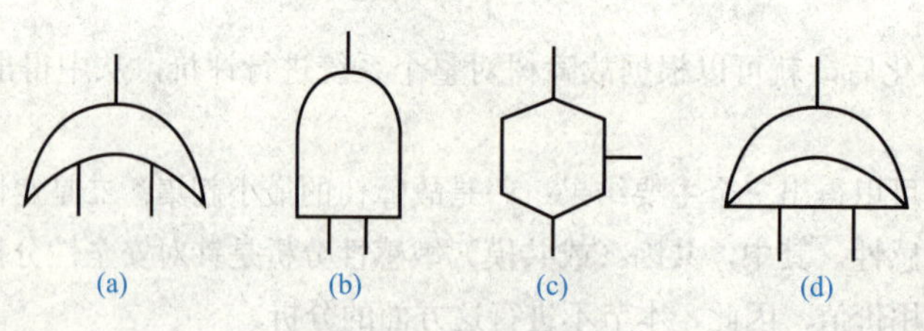

图 2–3　门的图形符号

(a) 或门；(b) 与门；(c) 禁门；(d) 异或门

（1）或门。或门表示当一个或多个输入事件发生时输出事件发生。其输入事件数不限。图 2–4 所示为一个典型的三输入事件或门。当紧急停车电磁阀、停车电磁阀和调速器的电磁断油控制器中的任何一个故障动作时，主机将不能喷油。

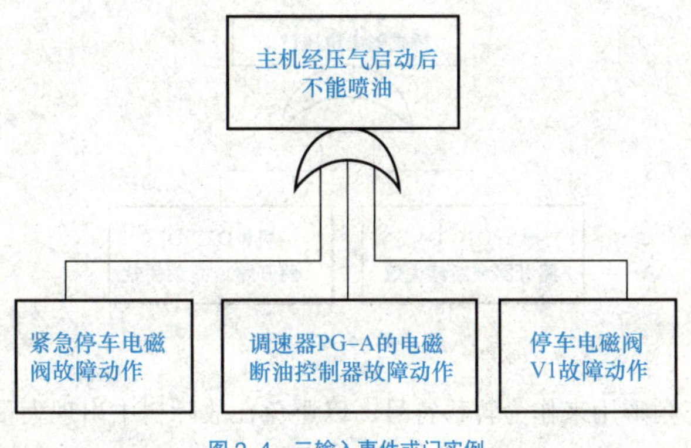

图 2-4　三输入事件或门实例

（2）与门。与门表示只有所有输入故障都发生时，输出故障才发生。其输入故障数不限。图 2-5 所示为一个典型的三输入事件与门。当紧急停车电磁阀、停车电磁阀和调速器的电磁断油控制器均不能工作时，主机将不能停车。

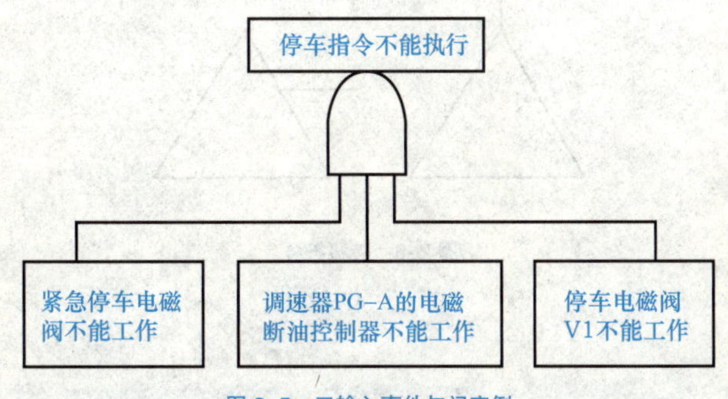

图 2-5　三输入事件与门实例

与门和或门相反，它表示输入和输出之间的一种因果关系，即所有输入故障共同表示了输出故障的原因。或门并不表示任何输入故障来源的信息。

（3）禁门。用六边形表示的禁门是与门的一种特殊情况。输出是由单个输入引起的，但是在输入产生输出之前，必须满足某种适当的条件。这个必须存在的条件就是条件输入。条件输入在禁门右边的椭圆内注明。图 2-6 所示为禁门应用的一个实例。

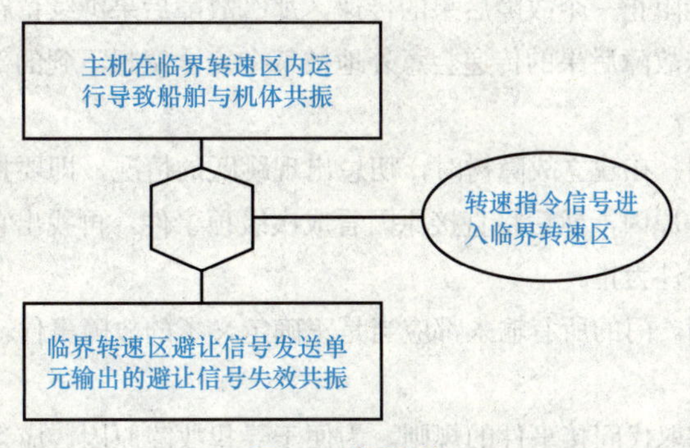

图 2-6　禁门实例

（4）异或门。异或门是或门的一种特殊情况，仅当输入事件中的单个事件发生时输出才会发生。图 2-7 所示为异或门应用的一个实例。

异或门与一般门的不同点在于它排除了两个输入同时发生的情况。

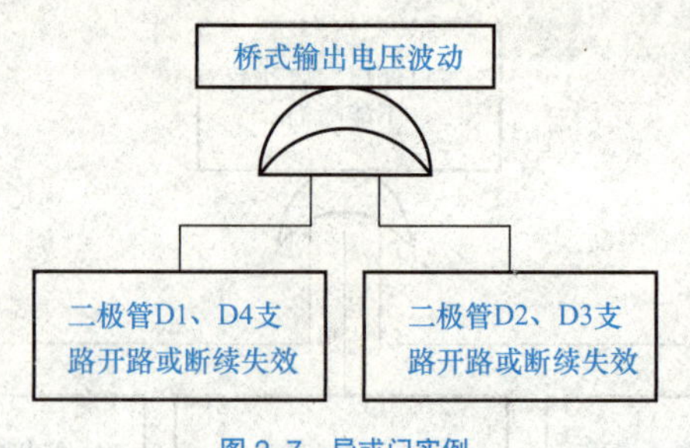

图 2-7　异或门实例

（5）转移符号。三角形用来作为转移符号，以避免在故障树中出现大量的重复。转移符号如图 2-8 所示。从三角形顶点引入一线表示“转入”，而从边上引出一线表示“转出”。接到一个门上的“转入”将与其相应的“转出”相连接。这个“转出”（可能在另一页）将包含故障树中描述该门输入的另一部分。

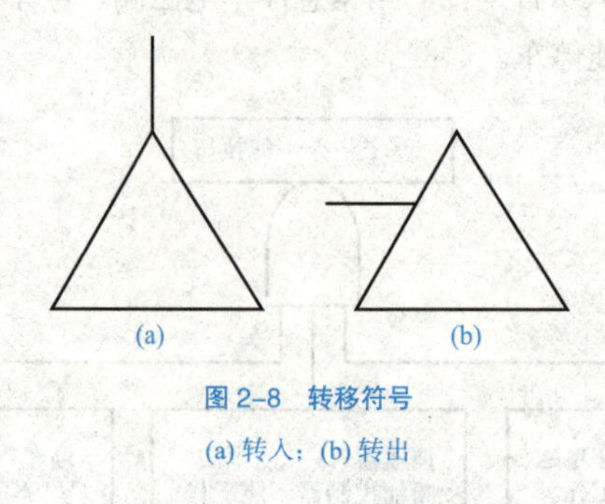

图 2-8　转移符号

(a) 转入；(b) 转出

四、故障树的建“树”规则及注意事项

在故障树的建立过程中，必须遵循一定的规则及注意事项，现将它们总结如下：

（1）在方框中填写故障说明时，要精确地说明是什么故障及故障是在何种条件下发生的。如说“主机经压气启动后不能喷油”而不能说“主机不能喷油”。

（2）无奇迹规则。如果一个部件正常传递了一个故障后果，那么假定这个部件是正常工作的；如果一个部件正常工作能阻止一个故障后果的传递，那么故障后果继续留在树上，其正常工作肯定要被故障破坏；一个特殊故障后果的传递会意外地被某个完全意想不到的部件失效止住，要做的正确假设是该部件工作正常。

（3）找直接原因规则。在建立故障树时，切忌出现跳跃的情况，即要找出顶事件出现的直接原因，并不是顶事件的基本原因，然后将直接原因看成次级顶事件，再找出它的直接原因……依次一直找下去，直至找到底事件为止。

（4）避免门连门原则。门的所有输入都应当是正确定义了的故障事件，任何门不能与其他门直接相连。

（5）关于用直接事件取代间接事件的规则。为便于寻找故障原因，应当用等价的比较具体的或比较直接的事件取代比较抽象的或比较间接的事件。

（6）找出造成事件的不同原因。例如，“主机不能正常启动”用“主机不能进行压气启动”和“主机经压气启动后不能喷油”来代替。

（7）关于故障事件的分类。应按定义判定它是“系统性故障”还是“单元性故障”，如果属于后者，则必须跟一个或门，并且寻找部件失效、次级失效或指令失效模式。

（8）将故障事件所包含的各种更基本的事件作为故障条件下逻辑门的输入条件。逻辑门的类型视情况而定。

任务三 故障模式与影响分析方法

国际海事组织（IMO）已决定在海事界引入全面安全评估（Formal Safety Assessment，FSA），作为一项战略，FSA 将在安全规则制定、船舶安全营运管理、船舶设计中得到越来越广泛的应用。其中，故障模式和影响分析（Failure Mode and Effects Analysis，FMEA）已经成为国内及国际船舶规范要求的分析技术。国际海事组织（IMO）制定的《2000 年国际高速船安全规则》和我国政府制定的《船舶与海上设施法定检验规则》强制要求在设计、建造、检验高速船舶时，必须采用 FMEA 技术。FMEA 就是通过对一个系统的功能或硬件的分析，来判断每个潜在的故障对系统的影响，提出补偿或减轻故障后果的措施的分析方法。

一、FMEA 的特点

故障模式与影响分析是特别适合用来评价机械和电气系统硬件可靠性的分析方法，由于它针对设备的故障模式进行系统的分析，所以也经常作为优化系统维护计划的工具，并有效地用来收集解决系统故障的信息。

FMEA 技术是一项基于系统中设备和其组成环节的可靠性来进行分析的技术。但是，由于船舶机电设备和系统的特殊性（船舶设备是订货生产，产品型号更新快、数量少，各船设备配备各异，设备工作环境变化大，个人操作差异等），很难统计其可靠性。因此，有相当一部分设备的可靠性需要通过经验确定。

（1）FMEA 是一种高度系统化、结构化的评估部件故障模式的工具，由工作组对系统进行综合分析评价，以确保采用适当的措施防止故障的发生。

（2）FMEA 可以根据需要采用系统级或部件级的评估技术。

（3）FMEA 可适用任何经过良好定义的系统。

（4）FMEA 有时可由专家通过审查和现场检查单独完成，但对于如船舶电力系统这样的复杂系统，需要有具备不同背景和经验的多学科的工作组，通过审查系统技术文件和现场检查，召开讨论会议来完成。

（5）FMEA 可以定性地给出潜在的故障模式、原因、影响，同时给出降低风险的建议。

（6）FMEA 可以给出定量的故障频率或估计的不精确次序。

二、故障模式与影响分析的内容及应用的程序

FMEA 主要被用来进行评价船舶各类设备及其备用系统设备的有效性和必要性，预先识别系统的可能危险性并相应给出必需的改进（或维修）措施。明确对控制系统的特别要求来限制由于单一故障

可能导致的影响船舶安全的系统故障的发生，对系统的薄弱环节给出详细的技术说明及应对措施。

FMEA 是建立在单个概念基础上的。据此在系统功能体系的各个状态的每个系统的任一时刻，假定其他可能由于一个原因发生故障，该假定故障的影响按其严重性进行分析和分类。这些影响可以包括在其他程度上的次级故障（或多重故障）。任何可引起船舶灾难性后果的故障模式应通过系统或设备冗余加以防范。除非这种故障的概率为极不可能，或对于引起危险后果的故障模式可以接受纠正措施来代替。

运用 FMEA 的基本技术，以某船电力系统分析为例，分析的内容与应用的程序如下。

1．定义要分析的系统

清楚地定义和风险相关的信息是做好 FMEA 的基础。

（1）功能。因为所有的风险评估都关系到系统是如何无法达到预期功能的，所以明确定义系统的功能是重要的第一步。

（2）边界条件。很少有几个系统是独立的，大多数系统和其他系统相互联系或相互作用，清楚地定义边界，特别是和支持系统（如电力、液压气控系统）的边界，可以防止边界的关键因素被漏掉或错误地重复考虑。

（3）确定分析问题的范围。故障的影响可能包括多个方面，诸如安全问题、环境问题、经济问题等，这里通常需要考虑的主要是安全问题，其次是环境问题。

（4）采用适当的 FMEA 分析方法。

1）基于部件分析法（由底及顶）。通常主要集中在系统中基本元件的潜在故障模式分析中，是一种最低级别的分析方法。其适用系统中每个部件的故障模式都需要分析的情况。但如果系统比较复杂，或者没有必要分析全部元件，或者在做 FMEA 时整个系统还没有最后确定的系统不宜直接采用这种方法。

2）基于功能分析法（由顶及底）。主要用于复杂系统的分析，每个继承级别的详细分析仅仅集中在几个重要的贡献因素中。这种方法关注系统功能的失效而不是个别设备的故障。基于功能分析法在分析特定的几种故障而不是每个元件故障时特别有效。

3）混合法。FMEA 可以首先采用功能分析法，然后对那些直接功能失效的部件进行重点的故障分析。对于船舶电力系统 FMEA 研究，建议采用这种方法。首先进行船舶电力系统级别的功能故障分析，然后，对那些功能分析失败，可能产生危险后果，且没有满足要求的备用系统的，再进行设备级别的故障模式和影响分析。

根据选用的分析方法和级别，对功能故障和部件故障的识别与描述的侧重点也是有区别的。常见的功能故障模式有规定的时间内未能启动停止断续运行结构故障不稳定运行等。部件故障的描述常使用部件的损坏模式，如柴油机的高压油管的故障模式常有管子裂纹、密封圈破裂失效、螺纹磨损、阻塞、泄漏、卡死、污染、功能故障等；电气部件的故障模式常有开路、短路、断路、参数飘移、接触不良、老化、漏电、触点黏合等。

故障模式通常具有不止一个原因，对每个可能的独立的原因都应加以标识，然后分析相应的可能后果。对于具有备用系统或部件的，也可能引起有害后果，除非备用系统在规定的短时间内立即可用。

对于基于部件的 FMEA，故障的原因常常是更低一级分析的故障模式，或者是人为因素，或者是外部事件。对于基于功能的 FMEA，故障的原因也是低一级的功能失效。

2．分析程序

（1）评估每种模式对系统的影响。故障模式所造成的后果可分为局部后果、对高一级系统的后果和末端后果三种。

（2）确定故障探测方法。在进行 FMEA 时，如果故障是可探测的，则可仅对该单个故障进行分析；如果故障是不可探测的，而且发生故障后系统能继续运行，那么分析就应扩大到可能出现的下一个故障。

（3）确定故障模式的纠正措施。纠正措施是为防止故障后果的发生或后果扩散而采用的措施，包括使用备用设备、限制使用故障系统、操作程序、管理控制等。

（4）评定引起危险后果或灾难后果的概率。定量的 FMEA 方法需要对故障发生的概率做出评估，通常称为故障模式和危害程度分析。其给出故障的危害程度和发生的概率，然后通过风险矩阵评价故障的可接受程度。对没有采用纠正措施的故障应进行此项分析。鉴于船舶领域缺少 FMEA 的经验，很难找到准确的概率资料，特别是灾难数据的积累更需要一个长期的过程，有必要进行调查研究尽可能地掌握准确数据或定性地给出概率类别。

3. 船舶系统故障模式与影响的分析示例

进行故障模式与影响分析的系统名称确定为某船电力系统，其功能是为船舶提供动力及照明电源，系统自身有必要的安全保护环节，可连续工作。船舶电力系统由发电机、主配电板、动力负载（拖动系统）、照明负载等分系统组成。发电机分系统为船舶电力系统提供电能。主配电板分系统的作用是将发电机分系统为船舶电力系统提供的电能，根据需要接通或断开电路（手动或自动）；当电力系统发生故障时，保护装置能按要求动作，切除故障设备或网络，并发出报警信号；测量和显示运行中各个电气参数，如电压、电流、功率等；对电站的电压、频率及并联运行的各发电机组的功率分配进行调整；对船舶电力系统的各种工作状态进行信号显示。动力负载（拖动系统）和照明负载系统是保证船舶在各种工况下正常工作的支持系统。该船舶电力系统 FMEA 的分析级别：由于约定 FMEA 的最高层次是船舶系统，二级系统是船舶电力系统，FMEA 的最低级别是组成船舶电力系统的和对船舶电力系统有关键影响的分系统。

该船舶电力系统故障的严重性级别的界定：一级——灾难性的，可能造成人身伤亡或全系统损坏；二级——严重性的，可能造成严重伤害，使系统发生故障，不能工作；三级——一般的，可能造成一般损害，使系统性能下降；四级——次要的，不会对系统造成损害，但可能需要进行计划外的维修。

该船舶电力系统故障模式发生的概率等级的划分一般规定如下：

A 级（经常发生）：在产品工作期间，该故障模式发生的概率为高概率。即单一故障模式发生概率大于产品在该故障期间的总故障率的 20%。

B 级（很可能发生）；在产品工作期间，该故障模式发生的概率为中等概率。即单一故障模式发生概率大于产品在该故障期间的总故障率的 10%，但小于 20%。

C 级（偶然发生）：在产品工作期间，该故障模式不常发生。即发生的概率大于产品在该期间的总故障率的 1%，但小于 10%。

D 级（很少发生）：在产品工作期间，该故障模式不大可能发生。即发生的概率大于产品在该期间的总故障率的 0.1%，但小于 1%。

E 级（极不可能发生）：在产品工作期间，该故障模式发生的概率几乎为零。即发生的概率小于产品在该故障期间的总故障率的 0.1%。

该船舶电力系统危险性分析的依据如下：

A 级：对发电机分系统和总配电板分系统，无论其故障模式发生的概率属于任何等级，只要该故障模式发生，最终影响（这里指潜在的故障模式对约定最高层次，即船舶系统的影响，下同）将直接危及船舶及人身的安全。

B 级：故障模式对各自分系统有影响，只用故障的严重性来确定该故障模式的危害程度是不够的，还必须了解这种故障模式发生的概率，主要是指动力负载（拖动系统）、照明负载等分系统中对主推进系统有影响的子系统，其最终影响将可能直接或间接危及船舶及人身的安全。

C 级：故障模式对各自分系统有影响，其最终影响不可能直接或间接危及船舶及人身的安全。

依据上述的相关定义和系统故障模式填写 FMEA 表格，见表 2–1。

表 2–1　船舶电力系统的 FMEA 表格（D01 部分）

系统名称：船舶电力系数　　制作：　　分析日期：

系统任务：　　发布日期：　　变更日期：

责任人：　　实施：

<table>
<tr><th>识别字</th><th>名称</th><th>功能</th><th>任务阶段与工作模式</th><th>故障模式</th><th>故障原理</th><th>故障影响</th><th>检查方法</th><th>补救措施</th><th>严重性级别</th><th>故障发生概率</th><th>危害性级别</th></tr>
<tr><td rowspan="6">D01</td><td rowspan="6">主配电盘</td><td rowspan="6">用来控制和检测主发电机的工作，并将主发电机送出的电能向全船进行分配</td><td rowspan="6">对电力系统提供运行支持</td><td rowspan="2">电力系统发生过载</td><td>负荷过大</td><td rowspan="2">全船（或单台发电机）不能供电</td><td>查看功率表</td><td>切除部分次要负载</td><td rowspan="2">1</td><td rowspan="2">C 级</td><td rowspan="2">A 级</td></tr>
<tr><td>并联运行时，其中一台机组出故障</td><td>查看功率</td><td>切除部分次要负载</td></tr>
<tr><td rowspan="2">电力系统发生欠压（失压）</td><td>调速器或燃油系统故障</td><td rowspan="2">全船（或单台发电机）不能供电</td><td>查看频率表和电压表</td><td>修复或更新或启动备用机组</td><td rowspan="2">1</td><td rowspan="2">C 级</td><td rowspan="2">A 级</td></tr>
<tr><td>调压器故障</td><td>查看电压表</td><td>修复或更新或启动备用机组</td></tr>
<tr><td rowspan="2">电力系统出现逆功率</td><td>并车操作合闸时刻掌握不当</td><td rowspan="2">全船（或单台发电机）不能供电</td><td>查看逆功率继电器</td><td>重新操作或启动备用机组</td><td rowspan="2">1</td><td rowspan="2">C 级</td><td rowspan="2">A 级</td></tr>
<tr><td>并联时其中一台柴油机调速器损坏或燃油中断</td><td>查看逆功率继电器</td><td>启动备用机组</td></tr>
<tr><td colspan="12">注：表 2–1 是船舶电力系统的 FMEA 表格，在表格中，对每种故障模式和原因都进行了编码。故障影响是指每种潜在的故障模式对产品的功能或状态所引起的各种后果，并对其加以评估</td></tr>
</table>

任务四　船舶电子设备的故障分析及修理方法

一、船舶电气设备故障处理的一般方法

（一）观察和调查故障现象

电气故障现象是多种多样的。例如，同一类故障可能有不同的故障现象，不同类故障可能有同种故障现象，这种故障现象的同一性和多样性，给查找故障带来困难。但是，故障现象是检修电气故障的基本依据，是电气故障检修的起点，因而，要对故障现象进行仔细观察、分析；如果条件具备，尽可能地让故障重现，从而找出故障现象中最主要的、最典型的方面，弄清楚故障发生的时间、地点、环境等。

观察和调查的内容应主要包括以下几项：

（1）发生了什么故障？在什么情况下发生的？什么时候发生的？

（2）设备已经运行了多长时间？

（3）有何异常现象？有何声响或光报警信号等？有无烟气或异味？有无误操作？

（4）控制系统操作是否正常？操作程序有无变动？在操作时是否有特殊困难或异常？零件有无卡阻或损伤？各种导线有否松动破裂、擦伤或烧毁？

（5）设备运行参数有何变化？有无明显的干扰信号？有无明显的损坏信号？

（6）检查所有仪表读数是否正常，如电压、频率、电流等。

（7）检查报警装置及连锁装置、打印输出或显示器是否正常。

（8）借助测试仪器，通过测量其电压、电流或电阻进行分析判断。

（二）熟悉电路原理，确定检修方案

当一台设备的电气系统发生故障时，不要急于动手拆卸，首先要了解该电气设备产生故障的现象、经过、范围、原因，熟悉该设备及电气系统的基本工作原理，分析各个具体电路，弄清楚电路中各级之间的相互联系及信号在电路中的来龙去脉，结合实际经验，经过周密思考，确定一个科学的检修方案。

1．先机械，后电路

电气设备都以电气—机械原理为基础，特别是机电一体化的自动化设备，机械和电子在功能上有机配合，是一个整体的两个部分。往往机械部件出现故障而影响电气系统，使许多电气部件的功能不起作用。因此不要被表面现象迷惑，电气系统出现故障并不全部是电气本身问题，有可能是机械部件出现故障所造成的。因此，先检修机械系统所产生的故障，再排除电气部分的故障，往往会收到事半功倍的效果。

2．先简单，后复杂

检修故障要先用最简单易行、自己最擅长的方法去处理，再用复杂、精确的方法。

所谓先易后难，就是对设备比较容易检查的部分先检查。例如，首先用万用表测量控制回路是

否正常，电源保险丝是否熔断。对于确定要拆检的各个部位，应按照引起故障发生的可能性，以及拆检的简易与复杂程度，确定拆检的先后顺序。通常做法是先拆简易的，后拆复杂的；先拆可能性大的，后拆可能性小的。

3. 先动后静

所谓先动后静，就是对设备经常处在运行状态的部分先检查，如断路器、隔离开关、熔丝、接点及机械运动部分等，其他部分后拆。

4. 先检修通病，后攻疑难杂症

电气设备容易产生相同类型的故障，即“通病”。由于通病比较常见，人们积累的处理经验较丰富，因此可快速排除故障。这样就可以集中精力和时间排除比较少见、难度大、古怪的疑难杂症，简化步骤，缩小范围，提高检修速度。

5. 先外部测试检查，后内部处理

先外部，后内部。由于外部环境恶劣，因此故障发生率比较高，例如，对于一些安装在机器处所的执行机构、动作元件、浮子、限位开关、感应探头、传感器等，就是在不拆卸电气设备的情况下，利用电气设备面板上的开关、旋钮、按钮等进行测试检查，缩小故障范围。先排除外部部件引起的故障，再检修内部故障，尽量避免不必要的拆卸。

6. 先不通电测量，后通电测试

首先在不通电的情况下，对电气设备进行检修；然后在通电情况下，对电气设备进行检修。对许多发生故障的电气设备检修时，不能立即通电，否则会人为扩大故障范围，烧毁更多的元器件，造成不应有的损失。因此，在故障设备通电前，先进行电阻测量，采取必要的措施后方能通电检修。

7. 先公用电路，后专用电路

任何电气系统的公用电路出现故障，其能量、信息就无法传送、分配到各具体专用电路。例如，一个电气设备的电源单元出现故障，整个系统就无法正常运转，向各种专用电路传递的能量、信息就不可能实现。因此，遵循先公用电路后专用电路的顺序，就能快速、准确地排除电气设备的故障。

（三）安全措施

在检修电气故障时，严格遵守电气安全操作规程是前提。另外，还应注意以下几点：

（1）检修故障时，必须切断电源，并挂上警告牌，防止有人不知情况而误送电引发事故。绝对不允许带电打开电气护罩。

（2）在检修时，必须保证足够的照明，为了检查维修方便需用手提灯时，电压要控制在安全电压的范围之内，并且在灯泡外加防护罩。

（3）在检修过程中，特殊情况需要带电测试或检修时，必须确认带电部件附近无其他工作人员，方能送电。

（4）在带电检修时，必须有专人在旁看护，并做好一旦发生危险立即切断电源的准备。

（四）总结经验，提高效率

电气设备的故障五花八门，千奇百怪。任何一台有故障的电气设备检修完成，应该把故障现象、原因、检修经过、技巧、体会记录在专用笔记本上，学习掌握各种新型电气设备的理论知识，熟悉其工作原理，积累维修经验。

二、船舶电子设备的故障分析及修理方法

（一）概述

随着船舶电气化和自动化程度不断提高，用于船上的电子设备与日俱增。作为船上电气维修人员，必须掌握电子设备故障分析方法及维修技能。由于电子设备线路复杂，元器件数量多，型号规格也多。所以，电子设备故障分析和修理有其独特之处，在这里简单介绍分析电子设备故障原因的几个方法。

（二）船舶电子设备的故障分析方法

1. 不通电观察法

电子设备发生故障，主要是由于电阻、电容、电感等电路元件和晶体管、集成电路等电子器件，以及变压器、开关、熔丝管等部件的损坏而引起的，也可能是由于电路的或机械的连线或触点不良造成的。其中如电阻烧坏，通过电容器漏液或炸裂，电源变压器损坏，开关滑位，电路断线，插件松脱等迹象都容易发现。因此，在检查电子设备时，应在不通电的情况下，观察电子设备上的开关、旋钮、插口、接线柱等有无松脱、滑位、断线等问题，打开电子设备外壳盖板，观察内部的元器件、插件、电源变压器电路连线等，有无烧焦、漏液、发霉、击穿、开断等现象。

应当指出，在修理时不能单纯地调换已损坏的器件，应当进一步查对电子设备的电路原理图，弄清楚损坏元器件的部位和作用，从而分析导致损坏的原因及其可能波及的范围，查出导致故障发生的真正原因，发现其他损坏的元器件，这样才算完全修好设备。否则，真正的故障因素没有排除，设备开机使用后，更新的元器件一定又会损坏。

2. 通电观察法

在不通电观察中未能发现故障原因时，可以采用“通电观察法”进行检查。为了避免设备故障扩大，以及便于重复观察，必须使用自耦变压器（交流 0 ～ 240 V，500 V · A，若设备供电电源为直流电源，还需加整流装置，变为直流 0 ～ 240 V）逐步加压供电，在调压自耦变压器输出端，应串接一个适当量程的电流表和并联电压表，通电观察时，应先把电子设备的开关合上，然后从“0”V开始逐步加压，这时注意所加电压和设备内部有无异常现象发生。

通电观察法特别适用检查跳火、冒烟、异味、烧熔丝等故障现象。这些故障常发生在电子设备的整流电路部分，通电观察时，首先应注意整流部分、电解电容器有无“吱吱”声，或者电源变压器、电阻器等元器件是否发生发烫、发臭、发黑、冒烟、跳火等现象，一旦发生，应立即切断电源。如果一时看不清已损坏的元器件，可重复上述过程。一旦查出损坏的元器件，应进一步查对电子设备的电路原理图，分析元器件损坏的原因，以及可能波及范围，然后拟订下一步的测试方案。

3. 对症下药法

在电子设备的说明书中，大多有比较完整的维修与调试资料。如各级电器的工作电压数据表、波形图及常见故障现象、原因、检修方法对照表等，这对于电子设备检修者都是很有价值的参考资料。因此，在检修电子设备时，可根据现象，参照现有资料对症下药，以加快电子设备的修复。

4. 参数测试法

电子设备发生故障时，设备有关电路的参数都会发生变化。只要测试到这种变化，就可知道故障发生的部位。所以，运用仪器、仪表测试被检电子设备电路中的有关参数（如电压、电流、电阻等）测得元器件参数，是一种分析故障原因的有效方法。具体方法有两种：通常在通电状态且不会扩大故障的情况下，使用测试电路中的有关部分电压参数甚至电流参数；在不允许进行通电试验

时，测试电路的电阻值。下面分别介绍这两种方法。

（1）电压测量法。检查电子设备内部各部分是否正常，是分析故障原因的基础。因此，检修电子设备时，应先测量待修电子设备中各部分的直流电压是否正常。即使在已经确定故障所在的电路部位时，也需要进一步测量有关电路中的晶体管、集成电路各引脚的工作电压是否正常，这对于发现与分析故障的原因和损坏的元器件，很有帮助。电压测量法是检查电子设备故障原因的基本方法。比较完善的电子设备的电路原理图上都标注有主要部位的工作电压值，在检修过程中，经常需要对照电子设备说明书中给出的电压数据，进行必要的直流电压测量，这样就能很快地查明故障的产生原因和损坏的元器件。如果没有既有的电压数器可供参照，也应当根据电路的工作原理加以分析和估计。

（2）电阻测量法。在检修电子设备时，经常发现由于电路元器件的插脚或滑动触点接触不良，或个别接点虚焊，或电阻变值，以及电容器漏电等，从而导致故障发生。这些问题都需要在待修设备不通电的情况下，采用“电阻测量法”进行检查，以寻找故障所在。

对于接触电阻或通路电阻的测量，要使用万用表的最小电阻挡，即“$R\times1\ \Omega$”挡，对于连接在电路中的电容器件的测试，要考虑到被测元器件及其电路之间的连接关系。如果没有其他回路的连接，则可用万用表相应的电阻挡直接在待测电阻的两端选行测量，否则应脱焊被测电阻的一段，然后才能进行正确测量。对于高阻值电阻元件的测试，应防止手指碰触测试棒的金属探针，以免影响测试结果，而引起错觉。对于整流输出短路情况，也可用测量负载电阻的阻值加以判断。

对于电容器的漏电程度、绝缘击穿及电容量变值等情况，一般都可采用电阻测量法进行检查，但被测电容一端必须脱焊。在检测电解电容器时，应注意万用表测电阻挡的调试棒极性不能接错，即红表笔为“-”电压端、黑表笔为“+”电压端。若使用数字万用表测量电容值，则会得到更准确的数值（后同）。

对于电感线圈和变压器绕组的通断，也可采用“电阻测量法”进行检查。

在缺少专门的晶体管测试仪器的情况下，经常采用“电阻测量法”来粗略地判断各种晶体管的好坏，即使用万用表的适当测电阻挡来检测晶体管 P-N 结的正反向电阻的大小，以及检测和应用 I_{ceo}、I_{cbo} 和 I_c 的电阻指示值，并加以比较或估算。比如 P-N 结构的正、反向电阻应都很小，表明晶体管已击穿短路；反之，正、反向电阻都很大，表明晶体管已烧坏断路等。

5．波形观测法

在检修电子设备中，常常使用电子示波器来观测待修电子设备的各级电路的输入和输出信号波形，可以迅速地发现产生故障的部位，有助于故障原因分析，进一步确定检修的方法与步骤。

6．分割测试法

有些电子设备的组成电路比较复杂，涉及器件很多，并且互相牵制、多方影响。在检修这类电子设备时，常常采用分割电路的方法，即电路连接的一端脱焊，或者取出有关插板，观察对其故障现象的影响，或者单独测试被分割电路的功能，这样就能发现问题所在之处，便于进一步检查故障产生的原因。

7．元器件替代法

在检修电子设备时，通常使用相同型号、相同规格、相同结构的元器件、印制电路板、单元插接部件来替代有疑问的部分，以便观测对故障现象的影响。如果故障现象消失了。表明被替代的部分存在问题，然后进行脱焊更新，或者进一步检查故障的原因。这种方法，在船上经常使用，对于有些电子设备来不及弄清楚发生故障的原因，必须快速修复，才能保证船舶安全航行。所以，这种替代法最为有效，然后把故障部件修复，作为备件。

8. 整机比较法

在检修电子设备时，需要有电路正常时的工作点电压数值和工作波形图作为参考，以便采用电压测量法和波形观测法来比较其差异而发现问题。因此，在缺少有关资料，并且已使用多种检测方法仍难以分析故障发生的原因，或者难以确定存在问题的部位时，通常采用整机比较法。即利用同一类型的完好的电子设备，对可能存在故障的部分，进行工作点测定和波形观测，以比较两台设备的差别，往往就会发现问题，并有助于故障原因的分析。特别是对于检修复杂的电子设备在没有有关资料的情况下颇有成效。

9. 电容旁路法

电容旁路法是利用适当电容量且耐压的电容器，对被检电子设备电路的某一部分进行交流旁路检查的一种方法，是一种比较简便的迅速排除干扰而引起故障的方法。由于船上空间小，相互干扰很严重，干扰源很多。一旦一些滤波抗干扰电容变值，就会使设备无法正常工作，在查不到元器件失效的情况下，设备时好时坏（如报警设备时常设报警），这时应考虑是否有干扰源闯入，就可用适当容量和耐压电容器，对电源电路相关点（如滤波电容器等处）进行旁路。通过电容器的旁路，就能排除由于电源引起的干扰和噪声，又如对于报警传感器来的信号，通过旁路就可消除交流信号干扰，特别是工频干扰。对于多级放大电路很容易产生寄生振荡。一旦发生寄生振荡，电子设备就无法正常工作或噪声很大，为了消除这种寄生振荡也可以用适当容量和耐压的电容，由多级放大电路后级向前级逐级进行旁路检查。如果在某一级的输入端旁路，寄生振荡消失了，那么可以肯定寄生振荡故障就发生在这一级或前一级；然后，加防振电阻或其他方法等措施来消除故障。

应当指出，电子设备故障分析方法，除上述 9 种外，还有信号寻迹法、信号注入法等。由于篇幅有限，再加上船上维修仪器等条件的限制，这两种方法使用不多。这里就不再介绍，请读者参阅有关电子设备维修书籍。

以上介绍了 9 种分析检测电子设备故障的方法，究竟采用哪种方法好呢？这要视待修电子设备本身的复杂程度和故障的现象等情况而定。而且分析检测电子设备故障原因时，可以采用多种方法综合进行，直至找到故障原因为止。

（三）船舶电子设备的修理方法

电子设备的故障元器件找到后，一般用原型号规格的元器件来更换。但是，由于船舶的自动化电子装置生产厂家很多，更新换代也很快，这给维修带来了很大的困难，有时找到了故障元器件，却找不到原型号元器件来更换。为此，就得用国产元器件来修理或取代国外的元器件。常用的方法如下。

1. 晶体管的更换

船舶自动化电子设备中晶体管应用非常多，因晶体管的问题造成设备出现故障是常见的现象。自动化电子设备中以欧洲和日本制造为多，元器件也多是它们的产品。要替换它们，就要知道这些国家对元器件的命名规定。知道了要替换的管子的型号，就可查阅有关手册，找到其参数，从而确定相应的国产元器件。但有的往往查不到，遇到这种情况，首先要分析该元器件在电路中所起的作用，测算出主要参数（可据图分析），由此来确定替代的国产元器件。选用晶体管时，不要求每项参数都与原装件一致，以下面几项要求为主。

（1）材料相同，即锗管替代锗管，硅管替代硅管。

（2）极性相同，即 NPN 替代 NPN，PNP 替代 PNP。

（3）种类相同，即整流管替代整流管，功率管替代功率管，晶闸管替代晶闸管，开关管替代开关管。

（4）主要参数相近，国产元器件参数常要大于或等于被更换元器件的主要参数。

（5）如无法测出原管子的参数，可按原管子的形状，只要位置能放下，尽可能选用主要参数，特别是耐压和电流值较大的国产元器件，须采用多种型号管子逐一更换，以工作状态最佳的那只为准。晶体管的代换比较简单，但一定要注意使用高可靠性的国产件，否则会失去意义。

元器件的损坏通常有两种原因，即过热和过电压击穿。元器件的发热由环境温度、自身功耗和散热能力决定。环境温度和散热能力是一定的，要减少元器件发热，就要降低元器件自身功耗。而原电路中电压和通过元器件的电流是定值，要减小元器件发热，对二极管、晶闸管就要提高最大工作电流的档次；对晶体管要选择 I_{cm} 或 P_{cm} 大的，使元器件作电流减额运行。电流减额幅度按下式计算：

$$S_1 = \frac{I}{I_m}$$

式中 I——通过元器件的实际电流；

I_m——元器件允许通过的最大电流。

晶体管取 $0.7 < S_1 \leqslant 0.9$（也可取 0.5 ～ 0.8），二极管、晶闸管一般取 $0.4 < S_1 \leqslant 0.5$，据此即可确定元器件的 I_m（或 P_{cm}）。

要防止过电压击穿应选择高耐压元器件，使其做电压减额运行。电压减额幅度按下式计算：

$$S_U = \frac{U}{U_m}$$

式中 U——实际使用电压；

U_m——元器件最高允许电压。

二极管、晶闸管一般取 $0.5 < S_U \leqslant 0.6$，晶体管取 $0.3 < S_U \leqslant 0.4$，据此可确定元器件电压档次。除提高元器件耐压外，还要防止浪涌电压。尽管浪涌电压持续时间很短，但破坏性很大。如果原电路中有保护元器件，应尽量保持其良好，并注意和国产元器件的匹配；如没有，以尽量增加，如采用 MYH1 氧化锌压敏电阻或 MYW-1 稳压压敏电阻等。

2. 集成电路（IC）的代换

设备中的 IC 的应用很广泛，常见的有线性电路（运算放大器μA741、μA709）、逻辑电路（TTL74 系列、CMOS4000 系列）。同类型晶体管的代换，根据国外元器件的命名，确定相应的国产元器件。同类型同型号代换很方便，但有时找不到相应的国产元器件，就要分析元器件在电路中的作用、功能和主要参数，以此来选择合适的国产元器件。

如某轮一设备采用运算放大器，如图 2-9（a）所示。型号为 SN52709，可用国产 F709 直接代替。但因各种原因找不到 F709 时，可考虑其他型号器件。国产 F007 与 F709 性能较近，但两者外围电路不同。F007 不需外接补偿元件，如图 2-9（b）所示。用 F007 代 SN52709 只要将 F007 的 1、5、8 脚悬空，其余对位焊接好即可。

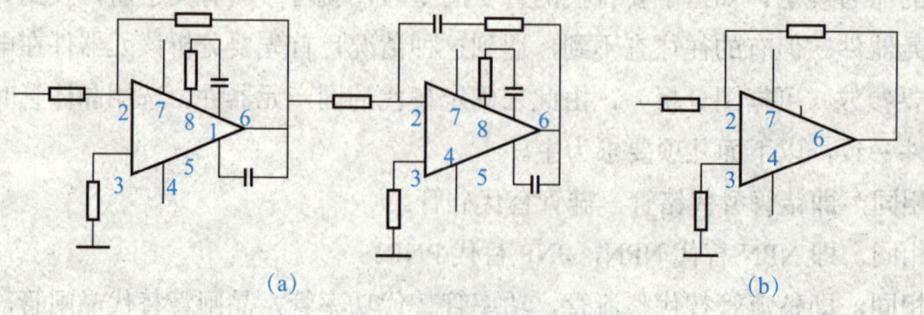

图 2-9 某轮一设备采用运算放大器

（a）运算放大器；（b）F007

除上述外，还会有不同种类不同型号的 IC 互换。如在一次检修中，某设备上有两种 IC 器件分别为 MC672、MC660，电阻电压为 15 V。据检查，为摩托罗拉公司生产的 HTL 器件，国内虽有类似产品，但市场上很少见到，只能用其他器件代替。

CMOS 器件可直接与 HTL 配用。MC672 功能图如图 2-10（a）所示。这是一片四个 2 输入与非门，国产 C036 与它对应，但这是我国早期产品，现已见不到，只有 CC4011，如图 2-10（b）所示。它的引线与 MC672 不同。这时只要将原电路板印制线 4、6、8、10 线割断，再用导线将其对接，CC4011 仍焊接在原 MC672 的位置，如图 2-10（c）所示。

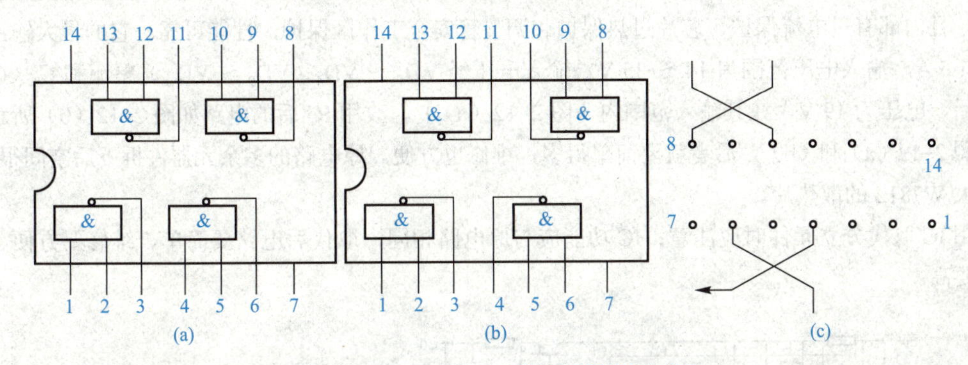

图 2-10　MC672、CC4011 管脚布局和替代安装图

（a）MC672 管脚；（b）CC4011 管脚；（c）替代安装

MC660 是带扩展的双 4 输入与非门，3、11 脚为扩展端，功能如图 2-11（a）所示。电路中每单元需 5 个输入端，扩展端被用上，成为双 5 输入与非门，CMOS 中无此类型产品，只有如图 2-11（b）所示的双 4 输入与非门 CC4012，且管脚引线不同，要使用它只有改电路。改动时将原 MC660 在印制电路板上的 1、13 脚印制线从根部割断，用导线 a、b 将底板的 1、6 脚，8、13 脚连接起来；再将 1、2、12、13 脚印制线也割断，串入二极管 VD_1 ～ VD_4，并将 VD_1、VD_2 的正极，VD_3、VD_4 的正极连接后串入电阻 R_1、R_2（用 2.7 kΩ）接到电源“+”端，即 IC 的 14 脚，如图 2-11（c）所示。这样 CC4012 与 MC660 功能就相同了。

类似这种情况较多，有时还会遇到 TTL 和 CMOS 间的互换，但它们使用的电源不同，TTL 为 5 V，CMOS 为 3 ～ 18 V，互换时要注意电平的匹配。

使用国产 IC 也要注意可靠性，要尽可能选用质量好和温度档次高的产品。在同一温度档次下，选自身功耗小的产品。如前述示例中，用 F007 取代 SN52709 就比用 F709 效果好，且 F007 有短路保护和失调电流调整功能，不用外接补偿元件，这就大大提高了可靠性。

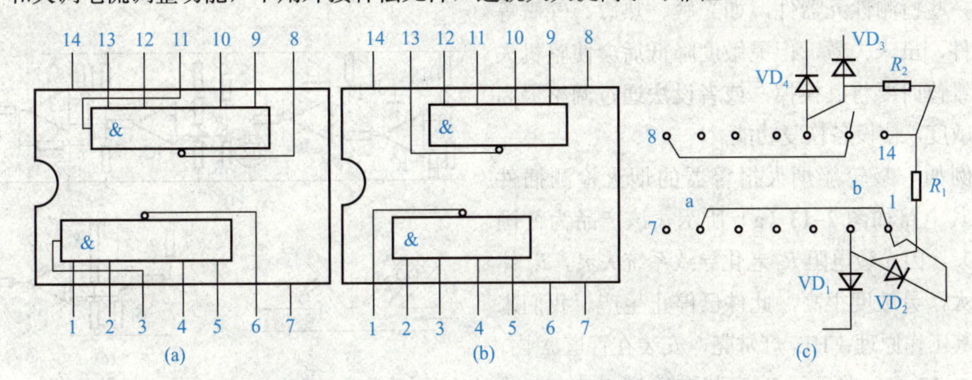

图 2-11　MC660、CC4012 管脚分布和替代安装图

（a）MC660 管脚分布；（b）CC4012 管脚分布；（c）替代安装

3. 用集成电路取代分立元件

有的设备某一插件电路全由分立元件组成，这些分立元件的组合仅相当于一只 IC 的作用，且分立元件修理又很不方便，可用 IC 来取代。如功率放大器集成电路 TDA2030、TBS800 等和由分立元件组成的功率放大电路性能相同，且使用方便，外接元器件也少。

例如，某轮一设备的稳压电源电路为分立元件，结构复杂、元器件多、板面排列又密，且用树脂涂覆表面，修理很困难。具体电路如图 2–12（a）所示。它的输出电压为 +12 V，负载电流约为 650 mA，据此可选用国产 W7812 集成块。W7812 三端固定（输入、输出及公共端），不需外接元器件，且内部有过电流保护、芯片过热保护和调整管安全工作区保护，性能可靠。它的最大输出电流为 1.5 A，输入电压范围为 14 ～ 35 V。输入电压经 VD_1 ～ VD_4（VD_9 ～ VD_{12}）整流和 C_3（C_4）滤波后，电压为 19 V，在其输入范围内［图 2–12（a）］。改用 IC 后的电路如图 2–12（b）所示。比较图 2–12（a）和（b），后者就要简单得多，维修也方便。原电路的多余元器件拆下后空间很大，可加大 W7812 的散热片。

用 IC 取代分立元件时应注意：IC 功能应与原电路相同，取代后电路要简单、维修要方便、可靠性要高。

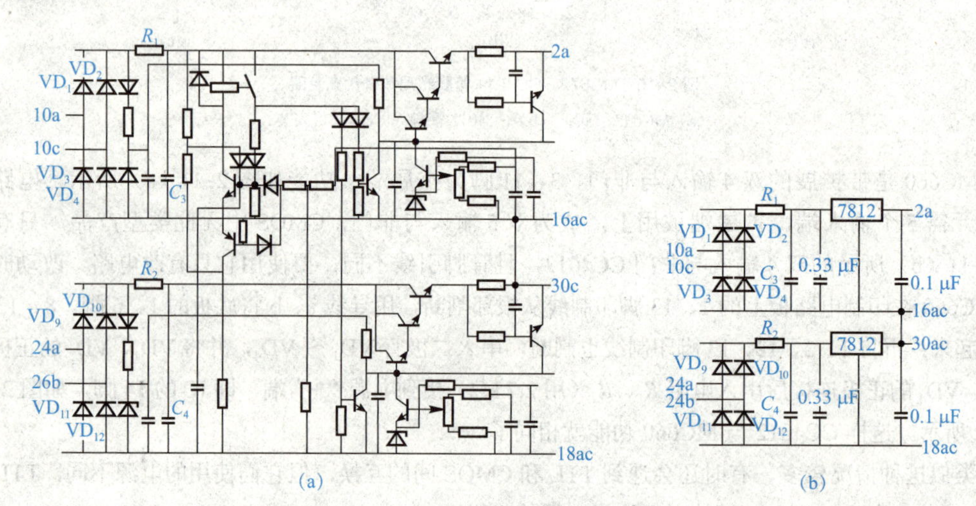

图 2–12　某轮一设备的稳压电源电路图

（a）分立元件的稳压电源电路；（b）IC 元件的稳压电源电路

4. 老化元器件的利用

一些检测性元器件，如光敏、热敏、气敏等元器件，虽未失效，但灵敏度降低后会使整机失灵，维修时要将其换掉，或者设法通过调整提高其灵敏度，使设备恢复功能。

例如，某轮船烟火报警器的烟火检测插件板，其电路如图 2–13（a）所示（该产品为德国生产），因光敏电阻 R_g 老化导致系统失灵，R_g 体积较大，灵敏度很高，此件已停止生产。我们来分析其工作原理：HL_1 灯常亮，安装在管道 A 内，如图 2–13（b）所示，R_g 安装在管道 B 内，C 是烟道，里面涂上一种不反光的黑色物质。无烟时，

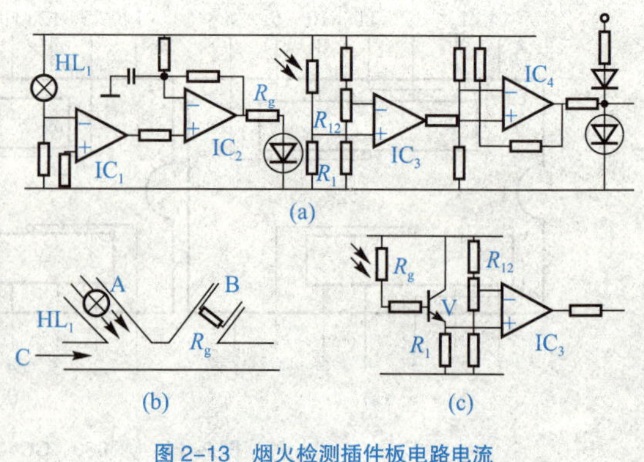

图 2–13　烟火检测插件板电路电流

（a）总电路；（b）剖面示意；（c）电流放大环节

HL_1 发出的光照不到 R_g 上，R_g 阻值无穷大，在图 2-13（a）中 IC_4 输出低电位。当有烟进入 C 管后，烟与管内黑色物质相比可以反射光，R_g 接收到反射光后，阻值减小，IC_3、IC_4 输出高电位，控制报警。由此可见，靠烟尘反光是很微弱的，R_g 要把这微弱的光反映出来，灵敏度要相当高。正常情况下，调节 R_{12} 可以改变检测电路的灵敏度，当 R_g 的灵敏度降低后，调节 R_1 就失效。要提高电路的灵敏度，就要提高 R_g 的灵敏度，既在 R_g 后面加一电流放大环节，如图 2-13（c）所示。这样，检测电路的灵敏度就会大大提高。为防止灵敏度过高，可把 R_1 减小一些。经过适当的调整后使整机恢复正常工作。

上述这种情况较常见，如半导体感温器、传感器等，灵敏度降低后就可采用这一办法。

其他类似情况只要具体分析电路，就能找到与之相应的办法。

5．自行改制插件

在修理中常会遇到“封闭式”插件，即电路板用树脂或其他材料封起来。这种电路有的有图样且能设法打开方能进行修理，而有的既无法打开又没有图样，这种情况若系统不复杂，且能根据整机原理推断出这一电路的概况，就可自行改制这部分电路。

图 2-14 所示为某轮船晶闸管起重机的晶闸管触发系统（这是根据实物测绘制出的）。该系统无原理图，电路图中实线框是用环氧树脂封住的电路，表面只有两个旋钮，用以调节晶闸管触发角。实测图 2-14 所示的数据：变压器为 380 V/12 V，3 ～ 4 端为控制端电压（0 ～ 5 V），晶闸管交流侧电压为 252 V，直流输出为 0 ～ 100 V（这部分图中未绘制出）。据这些数据可以确定类似框内的电路。用国产 KC04 集成电路组成触发电路就能满足要求。脉冲变压器仍利用原来的，具体电路如图 2-15 所示。调节 R_k、R_y、R_p 可实现控制电压 0 ～ 5 V，晶闸管输出 0 ～ 100 V。调节 R_7、C_2 可以改变触发脉冲宽度。原变压器不能使用，将其改用 380 V/36 V、5 W 的控制变压器，其验出接入一个同步电阻 R_4（kΩ），按下式计算：

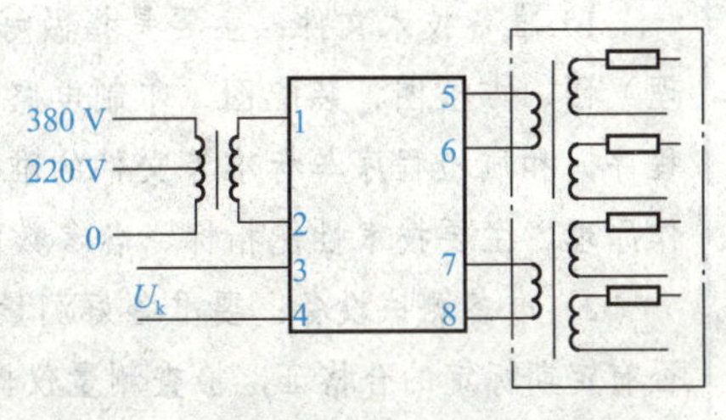

图 2-14　某轮船晶闸管起重机的晶闸管触发系统

$$R_4 = \frac{\text{同步电压}}{2 \sim 3}$$

KC04 适合在单相、三相全控桥式电路中做双路脉冲移相触发，具有输出负载能力大、移相性能好、移相范围宽、对电压同步要求低等特点，完全可以取代图 2-14 框中的电路。KC04 最好选择温度范围为 -55 ℃～ 125 ℃的 Ⅰ 类产品。

应当指出，本项目所介绍的是常用的故障诊断方法，属于离线故障诊断，另外，还有在线故障诊断方法，如模型诊断方法、模糊神经网络诊断仪等。读者可参阅有关书籍。

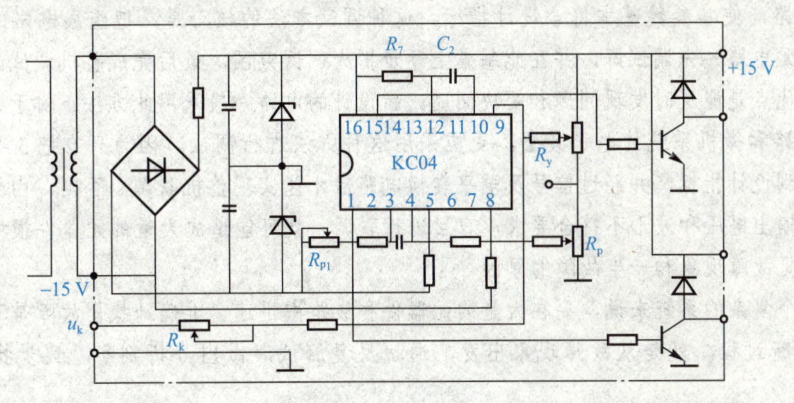

图 2-15　KC04 集成电路组成触发电路

【任务实施】

电子产品的调试

一、调试的准备

（1）素质准备。对调试人员的知识能力素质的基本要求如下：

1）明确电路调试的目的和要求达到的技术性能指标。

2）能够掌握正确的使用方法和测试方法，熟练使用测量仪器和测试设备。

3）掌握一定的调整和测试电子电路的调试方法。

4）能够运用电子电路的基础理论分析处理测试数据和排除调试中的故障。

5）能够在调试完毕后写出调试总结并提出改进意见。

（2）手段准备。

1）准备技术文件：主要是指做好技术文件、工艺文件和质量管理文件的准备，如电路（原理）图、方框图、装配图、印制电路板图、印制电路板装配图、零件图、调试工艺（参数表和程序）和质检程序与标准等文件的准备。要求掌握上述各技术文件的内容，了解电路的基本工作原理、主要技术性能指标、各参数的调试方法和步骤等。

2）准备测试设备：要准备好测量仪器和测试设备，检查它们是否处于良好的工作状态，是否有定期标定的合格证，检查测量仪器和测试设备的功能选择开关、量程挡位是否处于正确的位置，尤其要注意测量仪器和测试设备的精度是否符合技术文件规定的要求，能否满足测试精度的需要。

3）准备被调试电路：调试前要检查被调试电路是否按电路设计要求正确安装连接，有无虚焊、脱焊、漏焊等现象，检查元器件的好坏及其性能指标，检查被调试设备的功能选择开关、量程挡位和其他面板元器件是否安装在正确的位置。经检查无误后方可按调试操作程序进行通电调试。

二、调试方法

调试包括测试和调整两个方面。所谓电子电路的调试，是以达到电路设计指标为目的而进行的一系列“测量—判断—调整—再测量”的反复进行过程。为了使调试顺利进行，设计的电路图上应当标明各点的电位值，相应的波形图及其主要数据。

调试方法通常采用先分调后联调（总调）。

任何复杂电路都是由一些基本单元电路组成的，因此，调试时可以循着信号的流程，逐级调整各单元电路，使其参数基本符合设计指标。这种调试方法的核心是，把组成电路的各功能块（或基本单元电路）先调试好，并在此基础上逐步扩大调试范围，最后完成整机调试。采用先分调后联调的优点是能及时发现问题和解决问题。新设计的电路一般采用此方法。对于包括模拟电路、数字电路和微机系统的电子装置，更应采用这种方法进行调试。因为只有把 3 部分分开调试，分别达到设计指标，并经过信号及电平转换电路后才能实现整机联调。否则，由于各电路要求的输入、输出电压和波形不符合要求，盲目进行联调，就可能造成大量的元器件损坏。

三、常见故障现象和产生故障的原因

对于一个复杂的系统来说，要在大量的元器件和线路中迅速、准确地找出故障是不容易的。一般故障诊断过程，就是从故障现象出发，通过反复测试，做出分析判断，逐步找出故障的过程。

1. 常见的故障现象

（1）放大电路没有输入信号，而有输出波形。

（2）放大电路有输入信号，但没有输出波形，或者波形异常。

（3）串联稳压电源无电压输出，或输出电压过高且不能调整，或输出稳压性能变坏、输出电压不稳定等。

（4）振荡电路不产生振荡。

（5）计数器输出波形不稳，或不能正确计数。

（6）收音机中出现“嗡嗡”交流声、“啪啪”的汽船声和炒豆声等。

（7）发射机中出现频率不稳，或输出功率小甚至无输出，或反射大，作用距离小等。以上是最常见的一些故障现象，还有很多奇怪的现象，在这里就不一一列举了。

2. 产生故障的原因

产生故障的原因有很多，情况也很复杂，有的是一种原因引起的简单故障，有的是多种原因相互作用引起的复杂故障。因此，引起故障的原因很难简单分类。这里只能进行一些粗略的分析。

（1）对于定型产品使用一段时间后出现故障，故障原因可能是元器件损坏，连线发生短路或断路（如焊点虚焊，接插件接触不良，可变电阻器、电位器、半可变电阻等接触不良，接触面表面镀层氧化等），或使用条件发生变化（如电网电压波动，过冷或过热的工作环境等）影响电子设备的正常运行。

（2）对于新设计安装的电路来说，故障原因可能是：实际电路与设计的原理图不符；元器件使用不当或损坏；设计的电路本身就存在某些严重缺点，不满足技术要求；连线发生短路或断路等。

（3）仪器使用不正确引起的故障，如示波器使用不正确而造成的波形异常或无波形，共地问题处理不当而引入的干扰等。

（4）各种干扰引起的故障。

思考题

2-1 简述船舶电气设备故障分析的一般方法。

2-2 简述故障树分析法的特点。

2-3 简述故障树分析法的基本步骤。

2-4 简述故障树的建“树”规则及注意事项。

2-5 简述 FMEA 特点。

2-6 以某船电力系统分析为例，运用 FMEA 的基本技术，简述分析的内容与应用的程序。

2-7 简述船舶电子设备的故障分析方法。

2-8 简述船舶电子设备的修理方法。

03 项目三　船舶常用传感器与低压控制电器

【知识目标】

1. 掌握船舶常用传感器工作原理及故障分析方法；
2. 掌握船舶常用低压控制电器工作原理及故障分析方法；
3. 掌握 PLC 可编程控制器工作原理及故障分析方法。

【技能目标】

1. 能维护和修理船舶常用传感器；
2. 能维护和修理船舶常用低压控制电器；
3. 能维护和修理 PLC 可编程控制器。

【项目描述】

本项目主要包括船舶常用传感器、船舶常用低压控制电器、可编程逻辑控制器的工作原理及修理维护等内容。

【知识链接】

任务一　船舶常用传感器

一、概述

传感器是以一定的精确度将被测量的各种运行参数（如位移、力、加速度、温度、湿度等）转换为与之有确定对应关系的、易于精确处理和测量的某种物理量（如电量）的测量部件或装置。传感器不但应该对被测量敏感，而且具有把它对被测量的响应传送出去的功能。也就是说，传感器不只是一般的敏感元件，它的输出响应必须是易于传送的物理量。例如，弹性膜盒的输出响应是形变，是微小的几何量，不便于向远方传送。如果把膜盒中心的位移转变为电容极板的间隙变化，就成为输出响应是电容量的压力传感器。由于电信号最便于传送，所以绝大多数传感器的输出是电量的形式，如电压、电流、电阻、电感、电容、频率等。

传感器对于一个控制系统的性能起着重要的作用，可靠、灵敏的传感器是系统能实现自动控制的前提。在机电设备的控制系统中有各种不同的物理量（如位移、压力、速度等）需要控制和监测，需要传感器对机电设备的各种原始参数进行精确、可靠的检测，并将检测结果输出送至调节器或显示仪表。

传感器通常散装在机舱的各种机器设备中，对各机器设备的运行状态进行监测。由计算机、执行机构、执行机构内部反馈构成的控制系统，称为开环控制；由计算机、执行机构、执行机构内部反馈、执行效果外部传感器信息反馈构成的控制系统，称为闭环控制。传感器在发送信号后，经过信息变换，由显示单元显示它的检测结果。

图 3–1 中给出了某船机舱微机监控系统典型组成框图的实例。在该微机监控系统中，传感器输出的信号经过信息变换、输入接口，成为微机的信息输入源，微机经过比较、放大、调节处理后给定决策，其输出的指令信号通过输出接口、执行机构，进行对监控对象的控制，形成一个闭环，控制设备的正常运行。

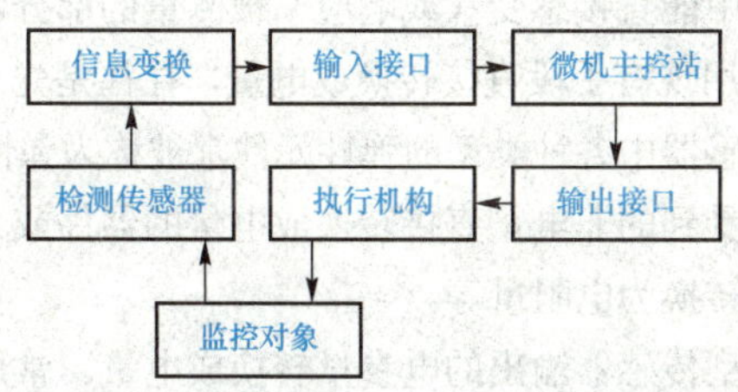

图 3–1　某船机舱微机监控系统的基本组成框图

传感器输出信息可以分成两大类：一类是模拟量，其输出信息具有随时间改变发生连续变化或以无限小的阶跃量变化的特点，也即电流或电压的大小变化模拟被测量物理量的大小。例如，对温度、压力、流量等参数进行检测而得出电压、电流等电子模拟量信号；另一类是开关量（或数字量），常常与参数敏感元件配套使用的电触点切换开关就是开关量（或数字量），这个切换开关成为控制电路中的一个“开—合”控制环节，借此发送开关量电信号。例如，一个常用的压力开关，它主要是由开关壳体、弹性膜片、传动杠杆和电触点组成的。气压从管路上输入，使膜片产生相应的变形，气压的压力可以是连续的，但只要它没有超过设定值，电触点开关始终保持断开状态，控制线路就起不了作用。如果压力越限，膜片的变形已经足以通过传动杠杆使电触点闭合，控制线路就立即起作用，那么从传递信号的性质来看，这个电触点开关就是一个把模拟量转换成开关量的转换环节，只能输出以“0”“1”来表示的电信号。

对于模拟量输出信息来说，虽然传感器本身就是一个信息变换环节，但是它所给出的信息通常还存在不规范、数量级低等问题。因此，常常把外加的变换环节同传感器串联起来，以便获得“0 ～ 10 mA 或 4 ～ 20 mA”的直流电流信号、0 ～ 10 V 的直流电压信号和 0.02 ～ 0.1 MPa 的气压信号等规范化的信号。

变送器是从传感器发展而来的，凡能输出标准信号的传感器就称为变送器。标准信号是物理量的形式和数值范围都符合国际标准的信号，如直流 4 ～ 20 mA。有了统一的信号形式和数值范围，就便于把各种变送器和其他仪表组成检测系统或调节系统。输出为非标准信号的传感器，必须和特定的仪表或装置配套，才能实现检测或调节功能。为了加强通用性和灵活性，某些传感器的输出可以靠转换器把非标准信号转换成标准信号，使之与带有标准信号的输入电路或接口的仪表配套。不同的标准信号也可借助转换器互相转换。例如，利用气 – 电转换器，能把 20 ～ 100 kPa 的空气压力转换成 0 ～ 10 mA 的直流电流。

二、传感器的组成与分类

（一）传感器的组成

传感器通常由敏感元件、转换元件及转换电路组成，如图 3–2 所示。

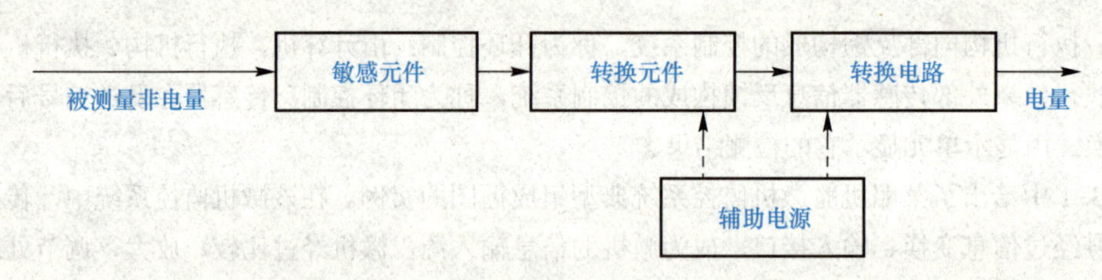

图 3-2 传感器的组成

（1）敏感元件是指传感器中能直接感受（或响应）被测量的部分。在完成非电量到电量的变换时，并非所有的非电量都能利用现有手段直接转换成电量，往往是先变换为另一种易于变成电量的非电量，然后转换成电量。传感器中各种类型的弹性元件常被称为弹性敏感元件。

（2）转换元件是指能将感受到的非电量直接转换成电量的器件或元件。如光电池将光的变化量转换为电势，应变片将应变量转换为电阻量等。

（3）转换电路是指将无源型传感器输出的电参量转换成电量。常用的转换电路有电桥电路、脉冲调宽电路、谐振电路等，它们将电阻、电容、电感等电参量转换成电压、电流或频率。需要指出的是，并非所有的传感器都包括以上部分，有些传感器的敏感元件和转换元件可合二为一，如压电晶体、光电器件等。有些传感器的转换元件能直接输出电信号而无须转换电路，如热电偶、光电池等。

（4）辅助电源为无源传感器的转换电路提供电源。

2. 传感器的分类

传感器的种类有很多，其原理各异，检测对象五花八门，给分类工作带来一定困难，通常按下列原则进行分类：

（1）按输入量分类。输入量即被测对象，按此方法分类，传感器可分为物理量传感器、化学量传感器和生物量传感器三大类。其中，物理量传感器又可分为温度传感器、压力传感器、位移传感器等。这种分类方法给使用者提供了方便，便于根据被测对象选择所需要的传感器。

（2）按转换原理分类。按传感器的转换原理，传感器可分为结构型、物性型和复合型三大类。

1）结构型传感器是利用机械构件（如金属膜片等）在动力场或电磁场的作用下产生变形或位移，将外界被测参数转换成相应的电阻、电感、电容等物理量。其是利用物理学运动定律或电磁定律实现转换的。

2）物性型传感器是利用材料的固态物理特性及其各种物理、化学效应（物质定律，如胡克定律、欧姆定律等）实现非电量的转换。其是以半导体、电介质、铁电体等作为敏感材料的固态器件。

3）复合型传感器是由结构型传感器和物性型传感器组合而成的，兼有两者的特征，如电阻式、电感式、电容式、压电式、光电式、热敏式、气敏式、湿敏式、磁敏式等。这种分类方法清楚地指明了传感器的原理，便于学习和研究。

（3）按输出信号的形式分类。按输出信号的形式，传感器可分为开关式（数字式）和模拟式。

（4）按输入和输出的特性分类。按输入和输出的特性，传感器可分为线性和非线性两类。

（5）按能量转换的方式分类。按能量转换的方式，传感器可分为有源型和无源型两类。有源型也称能量转换型或发电型，它把非电量直接变成电压量、电流量、电荷量等，如磁电式、压电式、光电式、热电偶等；无源型也称能量控制型或参数型，它把非电量变成电阻、电容、电感等量。这种分类方法便于选择测量电路。

三、传感器的检测精度与主要技术要求

在机舱自动化装置中，传感器问题总是首先遇到的问题，并且无论在数量还是样式方面，传感器都是很多的，必须掌握有关传感器的知识，做好管理工作。

1. 传感器的主要技术要求

在中国船级社《钢质海船入级规范》中根据船舶设备的特点及其独特要求，专门对检测传感器提出了以下一些要求，轮机人员有必要熟悉并贯彻船级社规范的要求。

（1）传感器应能长期稳定地正常工作，其量程及频率特性（若适用时）应与被测参数预计的最大变化范围及变化速率相适应，并应具有适当的精度和灵敏度。

（2）传感器应在其安装位置对环境条件有良好的适应性。传感器应坚固耐用，且应具有良好的机械保护、可靠的电气连接和良好的绝缘性能。

（3）传感器的安装位置应能正确反映被监测参数，并易于接近、测试和拆装。为便于维修和更换，传感器应加装防护套。在难以接近和拆装的特殊部位，还应另外配装 1 个备用传感器。

（4）鉴于机舱内用于不同目的的传感器数量比较多，为分清工作中的主次关系，船检对于设置传感器的数量列出以下 3 种类别。

1）a 类：用于实施停止运行安保措施的传感器，单独进行设置，而且在故障排除后不经人工复位，该设备不允许再投入运行，如主机紧急停车、锅炉紧急停炉、紧急切断用电设备源等。

2）b 类：允许暂时调节到勉强运行状态的传感器，若无特殊的规定，这类传感器允许与用于显示、报警的传感器合用 1 个。

3）c 类：能自动启用备用设备以恢复正常运行的传感器，这类传感器既能起到安保作用，又能发出报警信号。

检测技术在快速发展过程中，又不断地提出新问题，通常看到的监控系统中，一个报警通道总是与一个传感器相对应。但是现在一些先进的系统中，由于系统采用智能化设计，能够对设备的多个检测参数进行综合分析，某个报警通道可能要求多个传感器提供检测信息，而一个传感器又可以为多个通道同时提供检测信息。另外，在微机系统中，可以设置若干内部通道以应对微机内部计算、处理的检测需要，根据这些内部通道的状态变化可对系统的工作情况进行分析，查找原因，排除故障。

2. 传感器的检测精度和误差

工况参数是一个客观的实际存在，传感器在检测过程中给出的是测量值，人们总是希望测量值就是实际值，使监控系统的工作从第一个环节开始就是完全可靠的。但是由于各种原因，这两者之间总是会有一个差值，从而就引导出关于传感器检测精度和误差的一些概念。

（1）绝对误差：是指测量值与实际值之间存在差值的绝对值。在实际工作中，由于没有太大意义，因此这个概念用得不多。

（2）相对误差：是指检测所得绝对误差与实际值之间比值的百分数。这个表达方式具有实用意义，它可以描述传感器工作的准确程度。

（3）基本误差：是指检测所得最大绝对误差与全部量程之间比值的百分数，是传感器的一个基本质量指标。

（4）精度：与基本误差的比值关系是相同的，就是不用百分数符号，精度越高，则其基本误差越低。

（5）回差：在参数增大、减小过程中，对同一个测试点所得出的测量值可能不同，所谓回差，就是这个差值的绝对值与全量程之间比值的百分数。

（6）灵敏度：这是工况参数发生多大改变才会使传感器输出信号发生变化的一个指标。

（7）复现性：是指在同一个检测环境里，传感器在各测试点所得出测量值无论重复多少次，都应该有同样测量结果的一个质量指标。如果出现差值，它应低于其基本误差。复现性又被称为稳定性，是评定传感器质量的一项重要内容。

显然，传感器总会存在一些这样或那样的不足，尽管计算机的计算十分精确，但无法消除传感器检测所引入的误差。也就是说，系统监控的质量往往最初是由传感器确定的，因而要引起极大的关注。

四、温度传感器

在船舶机舱的自动调节和监测、报警系统中，需要监测的温度测点很多，在全部测点中，温度测点占有很大比例，如主机各缸的排气温度、冷却水入口温度、燃油和滑油入口温度、主要辅机轴承温度及机舱环境温度等。这些温度参数的感知、变换，需要用温度传感器和温度发、变送器来完成。

常用的温度传感器有热电阻式、热电偶式及热敏电阻式三种，下面介绍前两种。

1. 热电阻式温度传感器

热电阻式温度传感器常用于对主、副机的燃油、滑油、冷却水、轴承等温度的监测。热电阻中的铂电阻也常用于主、副机排烟温度的监测。

热电阻式温度传感器是利用金属材料电阻随温度升高而增大，且在检测范围内它们之间保持良好线性关系的特性制造的。

热电阻由电阻体、绝缘体、保护套管和接线盒 4 部分组成。常用铜丝或铂丝双线并绕在绝缘骨架上，再把它插入保护套管，安装在要检测的管路或设备中。

常用的热电阻温度传感器有铜电阻和铂电阻两大类。铜电阻在 -50 ℃～ 150 ℃范围内，其电阻值与被测温度之间具有良好的线性关系。铜电阻在高温下易氧化，实际使用时，最适合在 -50 ℃～ 80 ℃范围内测量温度，很少用于测量超过 100 ℃的温度。船上冷却水的温度一般为 40 ℃～ 60 ℃，用铜电阻来测量非常适合。铂电阻具有较宽的测温范围，可以在 -22 ℃～ 850 ℃范围内测量温度。

当被测温度变化时，热电阻的阻值也随之发生变化，而在自动调节和监测系统中所需要的是随温度变化的电流、电压等。为了获得反映被测温度的电流、电压信号，并使之有足够的信号幅度和测量精度，需要通过一定形式的电路来进行再次变换和放大。

图 3-3 是一种将被测温度变化转换成其阻值变化，再由电桥将电阻值的变化转换成输出电压变化的测温电路。该电路的输出电压可直接用于推动温度指示仪表以指示被测温度，也可以作为调节或监测系统的输入电压信号。图 3-3 中热电阻 R_t 是测温电桥的一个桥臂，在实际使用时放在测温现场，而电桥电路放在集控室，两者相距较远。连接热电阻的两根导线的电阻会随环境温度的变化引起一定的测量误差。

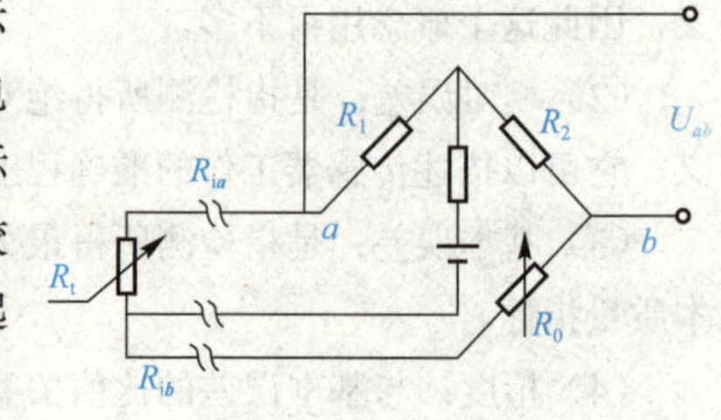

图 3-3　热电阻式三线制测温电桥原理

为了减少以致消除引线电阻随温度变化所产生的误差，

在实际测量电路中往往把“两线制”接法改为“三线制”，如图 3-3 所示。这时图中 R_{ia} 和 R_{ib} 不再同属热电阻 R_t 的同一桥臂，而是分属两个相邻的桥臂。这样当环境温度变化时，这两根导线电阻的变化可互相抵消，实现了对环境温度变化的补偿。R_0 是调零电位器，当测量温度为 0 ℃时，调整 R_0 使桥路输出 $U_{ab}=0$。

2. 热电偶式温度传感器

在船上检测高温的场合，如主机排烟温度等，一般都采用热电偶式温度传感器。常用的热电偶有铂锗—铂热电偶、镍铬—镍热电偶。机舱中检测排烟温度常用镍铬—镍热电偶。热电偶是目前接触式测温中应用最为广泛的温度传感器。微型热电偶适合动态快速测量。

热电偶是由两根不同的金属导线或半导体材料焊接而成的。焊接端称为热端，与导线接端称为冷端。热端插在需要测温的地点，冷端置于室温。若热、冷两端温度不同，在热电偶回路中，会产生热电势 e。当冷端温度不变时，其热电势 e 随热端温度的升高而增大。

在实际应用时，热电偶总是要和电路或负载相连接，因而，在热电偶回路中，总是要连接第三种导体，在接入第三种导体时，只要接入导体和热电偶冷、热端温度相同，则不会对热电偶的输出电势产生影响。

热电偶的总输出电势和它的热端与冷端的温差在一定的范围内成近似的正比关系。当冷端温度保持不变时，e 和热端温度成近似的正比关系。当热电偶的热端和冷端温度相同时，其输出电势 e 为零。

在测温范围较大时，热电偶的输出电势 e 和被测温度之间存在 6% 的非线性误差。

不同的材料制成的热电偶，其测温范围不同。表 3-1 列举了几种常用的热电偶的最高工作温度及对应于此温度工作时的热电势。

热电偶式温度传感器使用时应注意以下几项：

（1）热电偶的热端应插入被测温的介质，且应有一定的插入深度。

（2）在测量精度要求较高时，热电偶的冷端温度应保持在恒定温度不变，否则应采取相应的冷端温度补偿措施，才能获得较好的测量结果。

（3）接线时，注意热电偶元件的正、负极性，以免接错。

几种常用热电偶最高工作温度及对应热电势见表 3-1。

表 3-1　几种常用的热电偶的最高工作温度及对应热电势

热电偶	最高工作温度 /℃	对应的热电势 /mV
铜—铜镍合金	350	17.1
铁—钴	600	37.4
铬—铜	600	49.0
镍铬—镍	1 000	36.7
铬铜—铝铜	1 000	41.31
铂锗—铂	1 300	13.15

从表 3-1 中可以看出，热电偶输出的热电势是微弱的（毫伏级）电势信号。直接将灵敏的检流计串入热电偶回路，可以直接指示被测温度，但要求指示仪表的灵敏度要足够高。这种电路没有冷端补偿和非线性补偿作用，因而，测量精度不高。为获得较高的测量精度和输出标准的 4 ～ 20 mA 或 1 ～ 5 V 直流电信号，常需要采用热电偶测温电路。

图 3-4 所示是一种常见的具有冷端温度补偿作用的热电偶温度发送器原理电路。它由热电偶元件和冷端补偿电桥电路组成。由于冷端温度是随室温变化的，若热端测量温度不变而室温升高，则因热、冷端温差减小使热电势 e 也减小，这就降低了测量的精度。为了消除冷端温度变化对测量精度的影响，一般要采用冷端温度补偿措施，其中，R_0、R_1 和 R_2 是锰铜丝绕制好的电阻，它们的电阻值基本上不随温度变化。R_{cu} 是铜丝绕制的补偿电阻，其电阻值随温度升高而增大。温度补偿电桥的输出电压为 U_{ab}，与热电偶输出的热电势 e 串联。这时，热电偶传感器输出电压 $U_o=U_e+U_{ab}$。假定热端温度不变而冷端室温升高，这时，热电势 e 要减小，而桥路 R_0、R_1、R_2 电阻值基本不变，R_{cu} 要增大，致使 a 点电位升高，故 U_{ab} 升高。由于冷端室温升高后，e 和 U_{ab} 都一升一降，故可维持 U_o 基本不变。

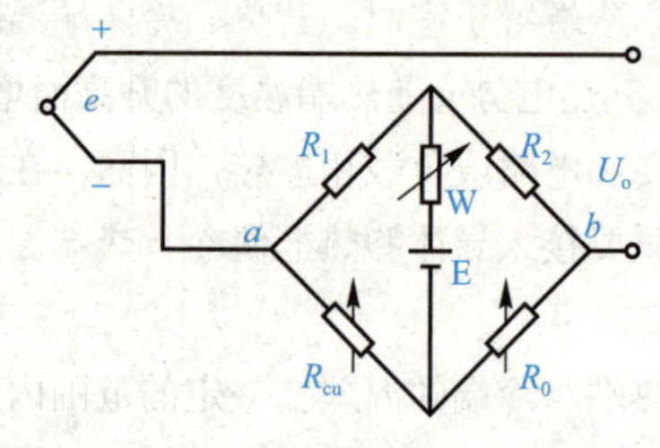

图 3-4　冷端温度补偿电路

五、压力传感器

船舶机舱内需要进行压力监测或调节的部位有很多，如控制空气压力、启动空气压力、主机各缸冷水入口压力、主机燃油、滑油入口压力、各种泵的出口压力等。感知被测压力并将它们转换成符合显示、监测、记录、调节系统所要求的电信号的任务，由压力传感器、压力测量电路或压力继电器来完成。

能感知压力变化的传感元件有很多，原理也不尽相同，但目前船上使用较多的压力传感器主要有弹性元件和电阻应变片两类。

测压弹性元件主要有弹簧管、波纹管、金属或非金属膜片等。弹性元件的基本测压原理是在被测压力的作用下，弹性元件产生弹性变形，在弹性限度内，弹性变形量和被测压力或压差成正比。电阻应变片（或称金属应变片）是另一种类型的传感器，是由直径为一定尺寸的铜镍或镍铬等金属丝绕制成栅状，用胶粘剂粘在基板上，两端焊接镀银或镀锡铜线作为引出线构成的。

1．弹簧管压力传感器

弹簧管又称波登管，是各种弯成 C 形的空心管，它把压力变成自由端的位移。波登管的直径一般为 12 ～ 160 mm，测量范围为 10^2 ～ 10^7 Pa。

弹簧管压力传感器是由弹簧管、传动机构、电位器及测量电桥组成的，如图 3-5 所示。滑针把电位器分成两部分，一部分串联在 R_4 的桥臂上；另一部分串联在 R_2 的桥臂上。当所测量的压力变化时，通过弹簧管和位移传动机构使滑针绕轴转动，改变两个相邻桥臂的电阻值，使测量电桥输出的电压信号 U_{ab} 与输入的压力变化成比例。

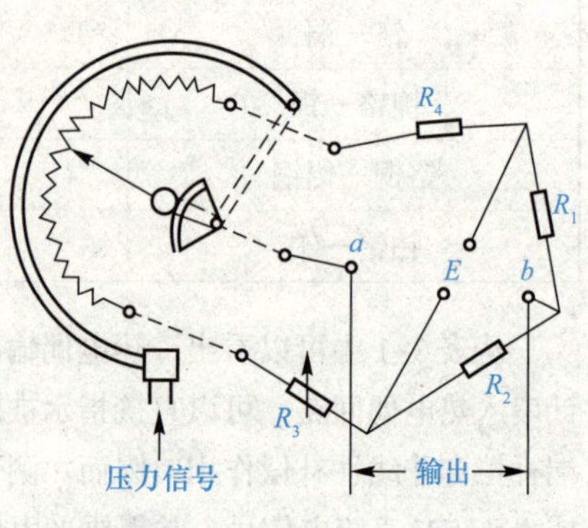

图 3-5　弹簧管压力传感器

由于包括弹簧管在内的弹性敏感元件均存在弹性滞后效应，因此，这种传感器大多用于测量静态压力信号，不宜用于测量瞬间变化的动态压力。

2. 金属应变片压力传感器

金属应变片是另一种类型的传感器。电阻丝在外力作用下发生机械变形时，其电阻发生变化，叫作电阻应变效应。应变片粘贴在压力传感器的测量部分。应变片具有一定的电阻值；它作为测量电桥的一个桥臂，如图 3-6 所示。在测量压力为零时，调整 R_4 的电阻值使电桥处于平衡状态，输出电压 u=0。当测量压力增大时，应变片要弯曲变形，栅状金属丝被拉长使其电阻增大，电桥失去平衡，并输出一个与测量压力成比例的电压信号。金属应变片常用于检测船舶柴油机气缸的爆炸压力。

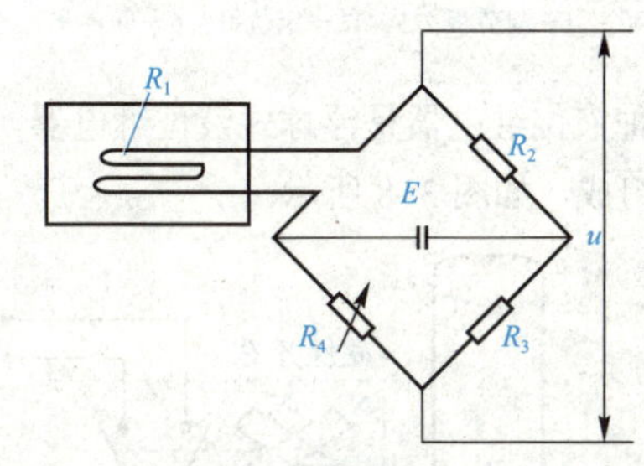

图 3-6 金属应变片压力传感器

六、液位的检测与变送

船舶上需要对液位进行监测和调节的场所有很多，如各种油舱、油柜的液面高度，各种水舱、水柜、锅炉的液面高度等。在油船上，还需要对货物油舱的液位进行监测。

对液位的监测和调节常有两种情况：一是“双位”监测或调节；二是连续监测或调节。前者只要获得高位和低位两个开关量信息即可，而后者需要获得和液位成正比的连续变化的电流或电压信号。

能检测液位变化的装置有很多，工作原理各不相同。其主要类型有浮子式、电极棒式、静压式、变浮力式（沉筒式）、电容式、超声波式等。液位传感器种类有很多，这里只介绍液位继电器、变浮力式液位传感器和吹气式液位传感器。

1. 液位继电器

液位继电器又称液位开关，用于对设定的液位高、低限进行监测，输出相应的开关量信号。常用于船舶辅锅炉自动给水控制或锅炉低水位报警监测系统。

图 3-7 所示为 TYF 型液位继电器的结构原理。浮子 1 浮于液面上，可随液面升降而绕支点 2 上下摆动。调节板 4 也可绕支点 2 转动，它的一端装有永久磁铁 3，当液位降低到低限时，浮子下移到低限位置，浮子杆绕支点 2 顺时针转动碰到调节板上的定位钉 5。带动调节板 4 顺时针转动，使磁铁 3 上摆，排斥液柜外的同性永久磁板 6，使其绕支点 10 顺时针摆动，推动动触头 8 上移，使动触头 8 和静触头 7 闭合而与静触头 9 断开，表示水位处于低限状态。当液位上升时，在上升到给定高限之前，虽然浮子绕支点 2 逆时针转动，但是因浮子杆与定位钉 11 不接触，故调节板 4 不动，不会改变开关触点的状态。直到液位上升至高限后，浮子杆才与定位钉 11 相碰并带动调节板 4 逆时针转动到一定位置，使永久磁铁 3 下移到极限位置，排斥同性永久磁板 6 上移，使动触头 8 与静触头 9 闭合而动触头 8 与静触头 7 断开，表示水位已达到高限。

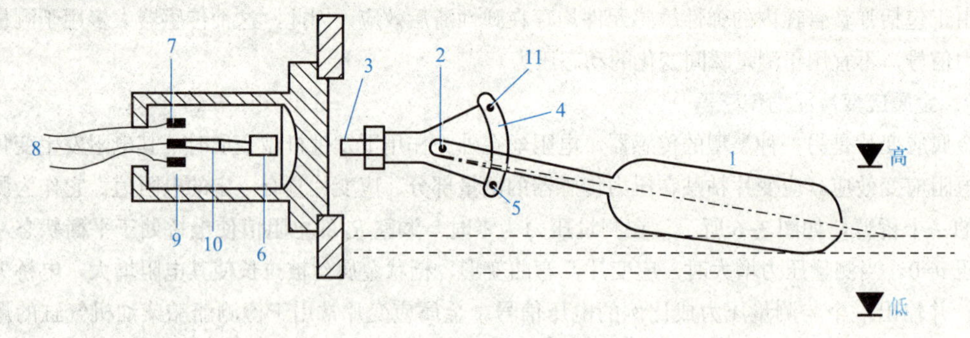

图 3–7　TYF 型液位继电器的结构原理

1—浮子；2、10—支点；3—永久磁铁；4—调节板；5、11—定位钉；6—同性永久磁板；7、9—静触头；8—动触头

目前，在船上使用较多的一种液位继电器是浮球式液位继电器。其由浮球室、浮球及传动杆、棒状永久磁铁和磁性开关等部分组成，如图 3–8 所示。

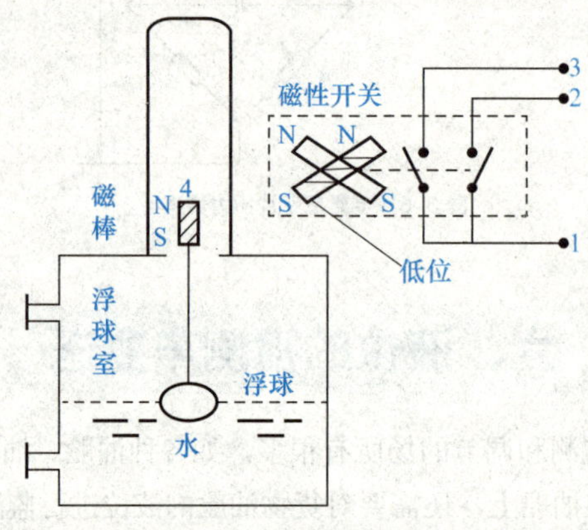

图 3–8　浮球式液位继电器

1、2、3—开关触点；4—磁棒

当液位较低、磁棒 4 在磁性开关的下方时，这时，开关触点 1、2 闭合，1、3 断开。当液位上升时，浮球室中的浮球随之上升，通过传动杆带动磁棒 4 上移，它的 N 极先和磁性开关的小磁铁接近。按照磁铁同性相斥、异性相吸的特性，这时，小磁铁的位置不变，磁性开关的触点状态也保持原状态不变，而当液位再上升使磁棒 4 的 S 极接近磁性开关中的小磁铁时，则由于小磁铁的 N 极受吸引、S 极受排斥，使开关触点动作，1、2 断开，1、3 闭合。若液位继续上升，小磁铁的位置和开关触点的状态均保持不变。这一开关量信号表示液位处于高限状态。当液位从高限下降时，磁棒 4 的 S 极先接近磁性开关中的小磁铁，这时，小磁铁的位置和开关触点的状态不变。直到液位下降到低限值时，磁棒 4 的 N 极接近磁性开关中的小磁铁，小磁铁的位置才恢复到图中所示的低限状态。

浮球式液位继电器常用于船舶辅锅炉自动给水控制和低水位报警系统。

2．变浮力液位传感器

变浮力液位传感器原理如图 3–9 所示。其由浮筒、弹簧和差动变压器组成。当水位变化时，浮筒浸没在水中的体积发生变化，浮筒的浮力也随之变化（W 是浮筒重力）。于是，浮筒会克服弹簧的张力使铁芯在差动变压器中移位 ΔY。这样，差动变压器就会输出一个与液位成比例的电压信号，此电压信号经整流后输出。

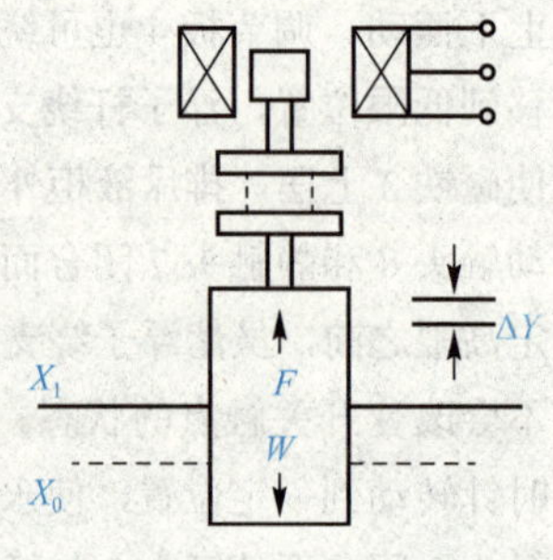

图 3–9　变浮力液位传感器原理

在测量液位处于下限时，可调整差压变送器中铁芯的位置，使铁芯处于居中的部位，相应的输出电势为零。液位升高，浮筒排开液体的体积增大，浮力也随之增大，原来的平衡关系被破坏，经过力的比较，可以建立起新的力的平衡。这个比较过程所生成浮筒的位移就直接带动差动变压器的铁芯使它上移，从而使差动变压器的输出电压随液位升高而成比例增大。

3. 吹气式液位传感器

吹气式液位传感器属于静压式液位传感器。吹气式液位传感器结构原理如图 3-10 所示。其是由过滤减压阀 1、节流阀 2、导管 3、平衡气室 4 及压力变送器 5 等元件组成的。调整节流阀 2 使液位在最高位置时，平衡气室中有微量气泡逸出。这样，导管 3 中的压力始终与平衡气室压力相等。平衡气室的压力就是液位的静压力，即与液位高度成比例，因此，当液位变化时，导管内的压力也随之变化，经变送器输出的气压信号与液位高度成比例。

吹气式液位传感器的液位—压力转换部分的基本原理：根据液体中某点的静压力 p 与该点对液面的深度成正比的原理，将液位 H 变换成与之成正比的静压力 p，即 $p=H\cdot\gamma$（式中，γ 为液体的相对密度）。然后再用压力变送器将此静压力 p 成正比地转换成变送器的输出电流 I_o 或输出电压 U_o。

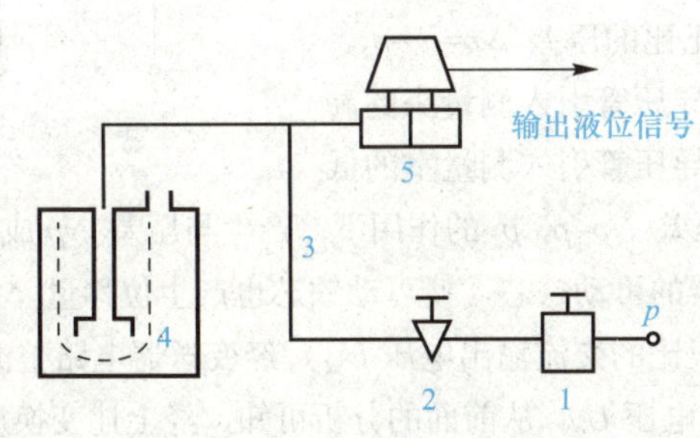

图 3-10　吹气式液位传感器结构原理

1—过滤减压阀；2—节流阀；3—导管；4—平衡气室；5—压力变送器

七、流量的检测与变送

流量一般指的是单位时间内流过管道某截面的液体或气体的体积。常用单位是 m^3/h 或 L/min。船舶上常需测量燃油、滑油、淡水等的流量，油船上需测量货物油的流量。某些设有排油监控装置的船上，还需测出污水的排量等。

测量流量的装量是流量计。船舶上常用的类型有差压式、容积式、电磁式流量计等。

1. 容积式流量传感器

容积式流量传感器主要用来检测油和水的流量。其由检测齿轮 1、转轴 2、永久磁铁 3 和干继电器 4 等部件组成，如图 3-11 所示。

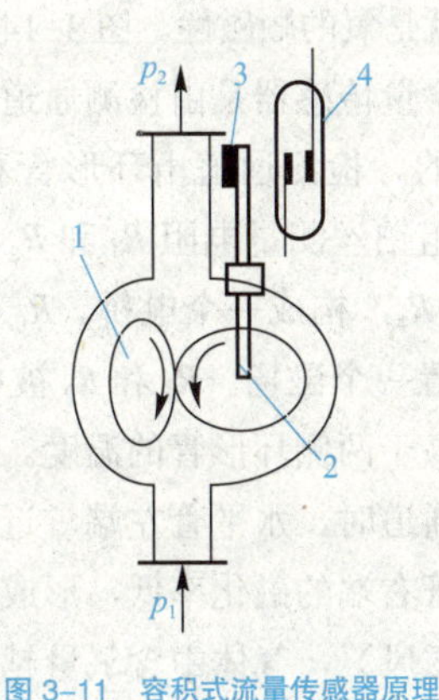

图 3-11　容积式流量传感器原理

1—检测齿轮；2—转轴；3—永久磁铁；4—干继电器

当流体自下向上流动时，由于存在摩擦力，因此有压力损失，使进口流体压力 p_1 大于出口流体压力 p_2。检测齿轮在压差作用下产生作用力矩而转动；通过的流量越大，齿轮转速越快。内轮转动经转轴 2 上端的永久磁铁 3 驱动干继电器 4 使其触点闭合和断开，从而输出反映流量大小的不同频率的电脉冲信号。

2. 电磁式流量传感器

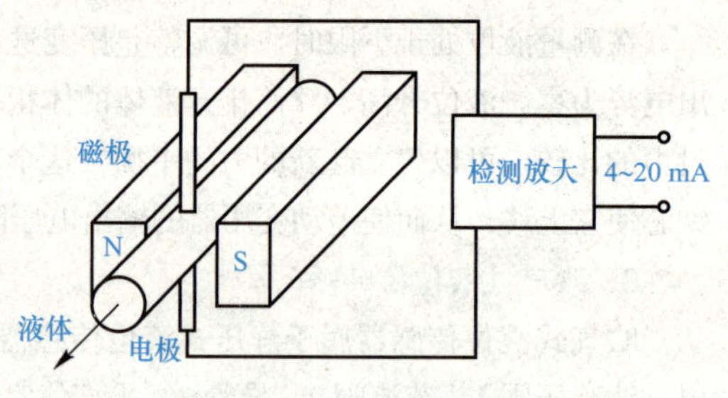

图 3-12 电磁式流量传感器原理

因为电磁式流量传感器是根据电磁感应原理来检测流量的，所以只适合测量导电液体的流量。其主要由一对磁极、一对电极和检测放大电路组成。其原理如图 3-12 所示。一对磁极置于导管两侧，用于产生磁场。导电流体在磁场中垂直于磁通方向流动时，切割磁力线，于是在两个电极上产生感应电势，其电势的大小与液体的体积流量成比例，感应电势经放大后输出。

3. 差压式流量传感器

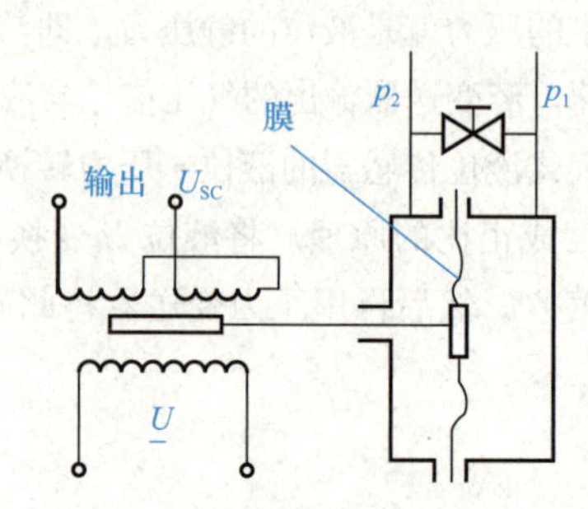

图 3-13 压差式流量传感器原理

差压式流量传感器原理如图 3-13 所示。电路与前面所述的压力变送器有关部分相同。它的基本工作原理：当被测流体流过节流孔板时，在节流孔板的两边产生与流量的平方成正比的压差 $\Delta p=p_1-p_2$。节流孔板高压侧的压力 p_1 经导压管引入测量头的高压容室，低压侧的压力 p_2 经导压管引入测量室的低压容室，测量头中的膜片在压差 $\Delta p=p_1-p_2$ 的作用下，产生与压差 Δp 成正比的微小位移量 ΔX，经非磁性连杆传递给差动变压器的可动铁芯，使可动铁芯也产生位移量 ΔX，于是，差动变压器的副边产生幅值与位移量 ΔX 成正比的交流输出电压 U_{SC}，经变送器电路整流、线性放大后，便可输出 U_{SC} 和输出成正比的电流 I_o 或电压 U_o。从前面的分析可知，经上述变换后，差压式流量传感器便可输出与流量 Q 的平方成正比的电流 I_o 或电压 U_o。

八、氧含量传感器

氧含量传感器用于检测油船封舱惰性气体中的氧含量，以防止油舱发生爆炸事故。氧含量传感器是根据氧的顺磁性质工作的，大多数采用热磁式。

对一般气体来说，由于分子热运动，每个分子磁极的方向是不确定的，且对磁场无反应。唯独氧分子不同，它们遇到磁场作用时，要向磁场里面运动且分子的磁极方向顺着磁场方向有序地排列，这就是氧的顺磁性。图 3-14 所示为根据氧的顺磁性原理制成的热磁式氧含量传感器原理图。

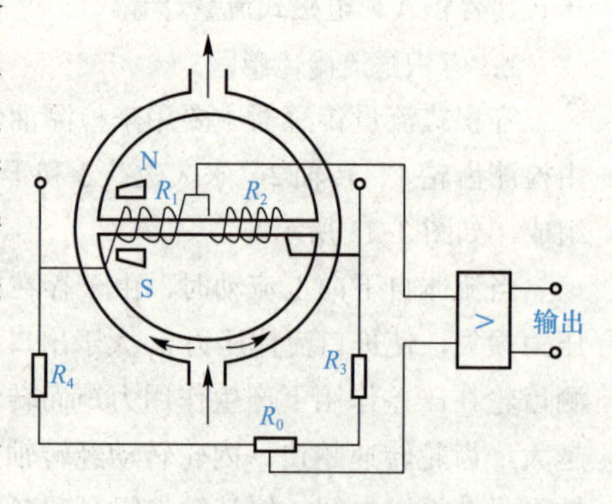

图 3-14 热磁式氧含量传感器原理

氧含量传感器是由检测通道、磁极、电桥及放大电路等组成的。检测通道由环形管和水平管组成，水平管上绕有两组铂丝测量电阻 R_1 和 R_2，它们与锰铜丝绕制的电阻 R_3 和 R_4，构成一个电桥。R_0 是调零电位器。在水平管左端放置一个磁场。R_1 和 R_2 被电桥电源加热，使水平管的温度高于两侧环形管的温度。当含有氧气的测量气体进入检测通道时，水平管左端靠近磁场，氧气的磁化率高，而水平管右端的磁化率低，形成了一个从左向右的排斥力（称为磁风），气体中含氧量越多，这个磁风越大。当磁风存在时，它要从电阻 R_1 和 R_2 带走热量，由于冷的气体

先经过 R_1，故从 R_1 带走的热量较多，使 R_1 的温度比 R_2 低，则 R_1 的电阻值比 R_2 小。气体中氧含量越多、R_1 的电阻值比 R_2 小得越多，电桥输出的不平衡电压信号也就越大。经差动放大后，其输出电压也就越大。

九、二氧化碳含量传感器

二氧化碳含量传感器主要用于检测锅炉中排放的二氧化碳含量，以监测锅炉的燃烧情况，也可用于检测冷藏舱中二氧化碳的含量。船舶二氧化碳含量传感器多采用热导式，它是利用二氧化碳的气体导热率小于纯空气的导热率的特性制成的，如图 3-15 所示。由采样陶瓷过滤器 1、凝水罐 2、冷却器 3、过滤器 4、测量气室 5、标准气室 6、抽气泵及测量电桥等组成，测量气室放置两组铂丝电阻 R_1 和 R_3，室内有被测气体通过；标准气室内也放置了两组铂丝电阻 R_2 和 R_4，室内为空气，电阻丝均被电源加热，在常温下，纯空气的导热率大于二氧化碳导热率。由于导热率不同，R_2 和 R_4 经含纯空气的散热量比 R_1 和 R_3 经含二氧化碳气体的散热量大，则由于电阻温度不同，其电阻值不同，这样，电桥将输出一个与二氧化碳含量成比例的电压信号。

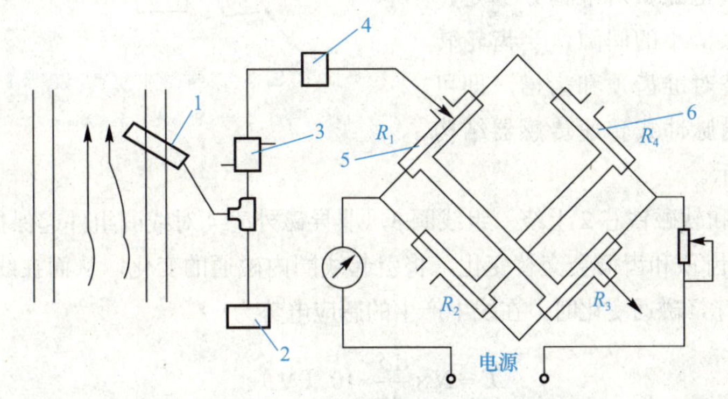

图 3-15　二氧化碳含量传感器原理图

1—采样陶瓷过滤器；2—凝水罐；3—冷却器；4—过滤器；5—测量气室；6—标准气室

十、转速的检测

在机舱中需要检测转速的设备有主机、发电机的原动机及废气透平增压器等。检测主机转速可用测速电动机和磁脉冲式传感器。检测发电机的原动机及废气透平增压器的转速，由于转速较高，一般常用磁脉冲传感器。

1. 测速发电机

测速发电机是把所测量的转速信号直接用发电机输出的电压信号来表示。测速发电机有直流和交流两种形式。

直流测速发电机输出的直流电压信号 U 与主机转速 n 成正比例，即 $U=K \cdot n$。式中，K 是比例系数，U 的大小反映了主机转速的高低，U 的极性反映了主机的转向。直流测速发电机电路简单，但由于存在电刷等元件易引起故障，故新型的船舶中较多地采用交流测速发电机。交流测速发电机输出的电压信号的极性是交变的，需要对它进行相敏整流，滤波后变成直流电压信号。同样，该电压信号的大小反映主机转速的高低，其极性反映了主机转向。

测速发电机测得的转速信号可送至转速表指示主机的转速和转向。但作为转速的反馈信号和逻辑信号不能使用负向电压的转速信号，还需经整流把倒车负极性电压转变为正极性电压信号，如图 3-16 所示。

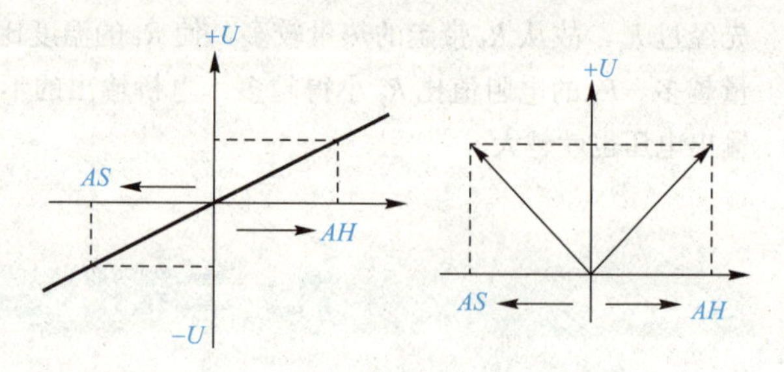

图 3-16 整流后正、倒车转速对应的电压信号

2. 磁脉冲式转速传感器

磁脉冲式转速传感器属于非接触式测速器件，它没有相互摩擦的运动部件，故这种传感器使用寿命长、检测精度高。

磁脉冲式转速传感器是由磁头、脉冲整形放大电路、频率-电压转换电路及滤波电路组成。磁头是产生脉冲信号的部件。它所产生脉冲信号的频率与转速成正比例，在主机凸轮轴上安装一个齿轮（可利用盘车的齿轮）把磁头对准齿顶固定，磁头与齿顶之间保留小的间隙，当齿轮转动时，磁头将交替对准齿顶和齿槽，即可输出脉冲信号。磁脉冲式转速传感器结构原理如图 3-17 所示。

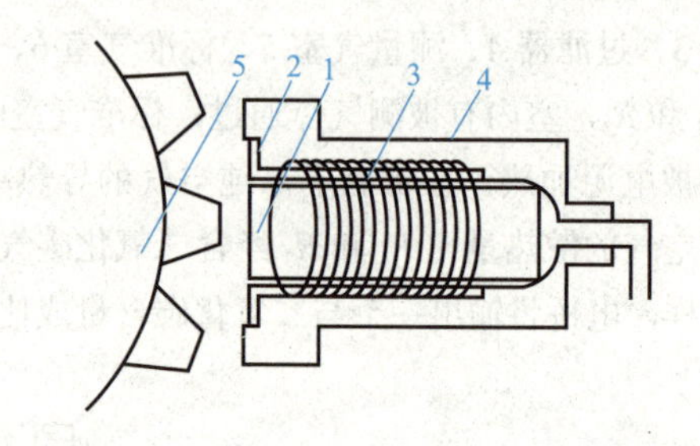

图 3-17 磁脉冲式转速传感器结构原理图

1—永久磁铁；2—软磁铁芯；3—线圈；4—非导磁外壳；5—齿轮

在永久磁铁 1 和软磁铁芯 2 上绕一组线圈 3，非导磁外壳 4 对线圈组件起保护作用。当齿轮 5 转动时，磁头对准齿顶和齿槽会交替变化，将引起线圈内磁通的变化，从而在线圈内产生感应电势。根据磁感应定律，磁通变化时，在线中产生的感应电势为

$$E=N\times\frac{\mathrm{d}\phi}{\mathrm{d}t}\times10^{-8}(\mathrm{V})$$

式中，N 为线圈匝数，$\frac{\mathrm{d}\phi}{\mathrm{d}t}$ 为磁通变化率；$\mathrm{d}\phi$ 为每转过一个齿（从齿顶到齿槽）通过线圈磁通的变化量，$\mathrm{d}t$ 是转过一个齿所需的时间。

设有效磁通密度变化量为 ΔB（从齿顶到齿槽单位面积磁通的变化量），软铁芯的截面面积为 A，则 $\mathrm{d}\phi=\Delta B\cdot A$。设齿轮齿数为 Z，主机转速为 n，则每转过一个齿所需时间 $\Delta t=60/(Z\cdot n)$，则有

$$E=N\times\frac{\Delta B\cdot A\cdot Z\cdot n}{60}\times10^{-8}=K\cdot\Delta B\cdot n\ (\mathrm{V})$$

式中，ΔB 与磁头和齿顶之间的间隙大小有关，间隙越小，ΔB 越大。当磁头安装好后，ΔB 是常数，同时，N、A、Z 都为常数，这样，感应电势 E 就与转速成比例。但是，在实际中不是用 E 值的大小来表示转速而是用 E 的变化频率。磁头每转过一个齿，线圈中磁通就变化一次，每秒磁通变化次数称为磁通变化率 $f=Z\cdot n/60$（Hz）。磁通的变化率就是感应电势 E 的变化率，从而可由测得感应电势 E 的变化率来获得转速信号。

磁头所得到的感应电势的脉冲信号较弱，其波形也不理想，所以要把磁头输出的脉冲信号送入整形放大电路，使其成为同频率的具有较大幅值的矩形波，再把该矩形波送到如图 3-18 所示的频率-电压转换器电路，把它转换成与矩形波频率成比例的直流电压信号来表示主机的转速。首先把放大整形后的矩形波送至微分电路，产生同频率的一系列尖峰脉冲。用该尖峰脉冲信号去触发单稳

态电路，可获得脉冲宽度和幅值均为恒定的矩形波。这一系列矩形波的宽度为 t_k，幅值为 U_m，周期为 T，它的直流分量 U_n 就是在一个周期内的平均值，即 $U_n=U_m\cdot t_k/T=U_m\cdot t_k\cdot f(1/T)$。对于单稳态触发器来说，$U_m$ 取决于单稳态电路的电源电压，t_k 取决于单稳态电路阻容环节的时间常数（是常数），可见直流分量 U_n 与脉冲频率 f 成正比。于是就把频率信号转换成电压信号，也就是把转速 n 转换成电压信号 U_n，U_n 的大小就反映了转速的高低，两者之间为线性关系。

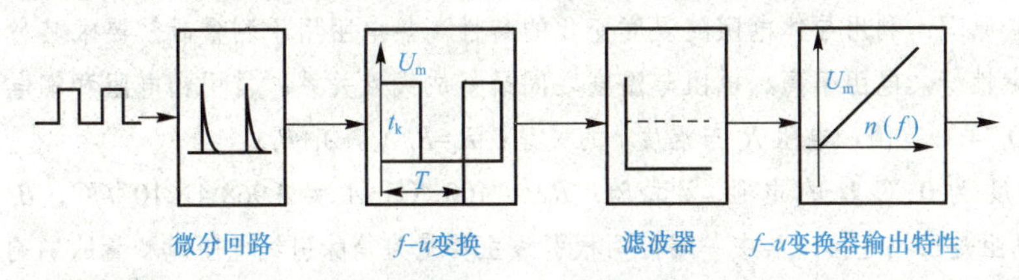

图 3-18　频率 - 电压转换器原理

为了检测主机的转向，需要安装两个磁脉冲传感器，且它们之间相差 1/4 或 3/4 个周期。这两个磁头所获得的脉冲信号经整形放大后，分别送至 D 触发器的 D 端和时钟脉冲 CP 端，由触发器输出端 Q 和 $\overline{Q}$ 端的状态来表示主机的转向。图 3-19 所示为用磁脉冲传感器检测主机转向原理。当齿轮如图示正车方向转动时，D 触发器的 D 端的正脉冲总比 CP 端超前 1/4（或 3/4）个周期，即 CP 端正脉冲到来时，D 端总是 1 信号，故触发器端保持 1 信号，$\overline{Q}$ 端为 0，表示主机在正车方向运行；当主机在倒车方向运行时，D 触发器 CP 端正脉冲总是超前 D 端 1/4（或 3/4）个周期。即 CP 端正脉冲到来时，D 端必定为 0 信号，所以，触发器输出端 Q 保持 0 信号，$\overline{Q}$ 端保持 1 信号，表示主机倒车运行。

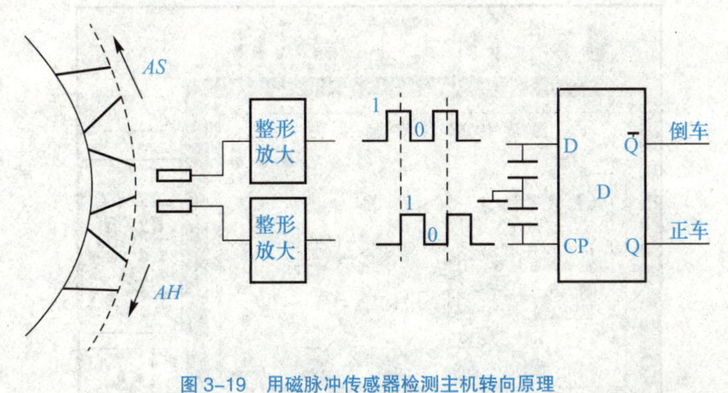

图 3-19　用磁脉冲传感器检测主机转向原理

十一、扭矩传感器

扭矩传感器用来检测主机的有效功率（轴功率）。其工作原理是轴的扭矩与轴的扭转角成比例，扭矩传感器有多种结构类型。这里仅介绍一种相位差式扭矩传感器，其原理如图 3-20 所示。在主轴上安装两个齿轮及两个磁脉冲传感器。在主轴扭矩为零时，两个齿轮的齿顶和齿槽从轴线方向看是重合的。当主轴受到扭矩作用时，两个齿轮牙齿错开，两磁脉冲传感器输出的矩形波就存在相位差，通过检测这个相位差来反映主轴所受扭矩的大小，显然，相位差越大，扭矩也就越大。

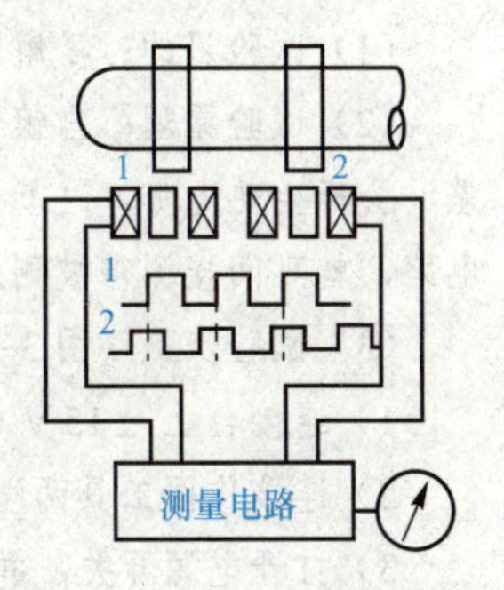

图 3-20　相位差式扭矩传感器原理

【任务实施】

铂电阻温度特性仿真

（1）试验目的：了解铂电阻的特性与应用。

（2）试验原理：利用导体电阻随温度变化的特性。热电阻用于测量时，要求其材料电阻温度系数大，稳定性好，电阻率高，电阻与温度之间最好成线性关系。常用铂电阻和铜电阻，铂电阻在 0 ℃～630.74 ℃范围，电阻 R_t 与温度 t 的关系：$R_t=R_0$（$1+A_t+B_t$）

R_0 为温度为 0 ℃时的电阻。试验：$R_0=100$ ℃，$A_t=3.968\,4\times10^{-2}$/℃，$B_t=-5.847\times10^{-7}$/℃，铂电阻是三线连接，其中一端接两根引线主要是为消除引线电阻对测量的影响。

（3）试验步骤（图 3-21）：

1）连接台上 ±15 V 电源线和底线。

2）连接作图工具两端到 U_{o2} 输出端口，并单击图标，弹出作图工具窗口。

3）打开电源开关，并调节 R_{w4}，将 Y 轴上的红点原点调零。

4）调好后，自动完成部分接线，打开智能调节仪的温度开关和电源开关。

5）连接台上的正 5 V 电源线和地线（参考仿真软件使用说明书）。

6）调节温度源显示表的“+”“-”，则输出波形。

7）试验做好后，可以单击保存或清除图标，来保存或清除保存的波形。

8）要重新做试验则单击电源开关的“关”按钮，要返回主菜单则单击“返回菜单”按钮。

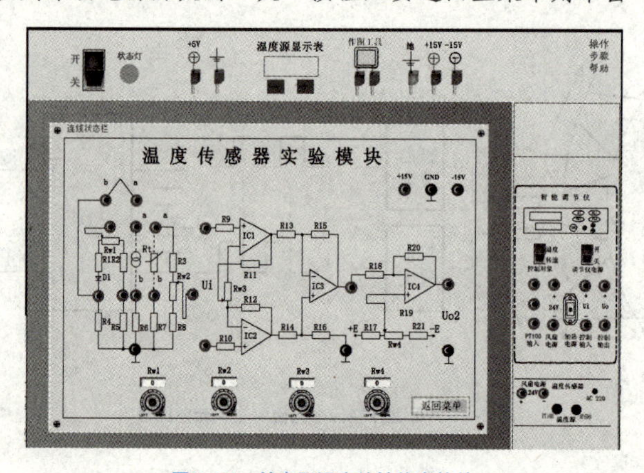

图 3-21　铂电阻温度特性仿真软件

热电偶测温试验

（1）试验目的：了解热电偶测温特性与应用。

（2）试验原理：当镍铬—镍硅（镍铝）两种不同的金属组成回路时，产生的两个接点有温度差，会产生热电势，这就是热电效应。温度高的接点就是工作端，将其置于被测温度场配以相应电路，就可间接测得被测温度值。

（3）试验步骤（图 3-22）：

1）连接台上 ±15 V 电源线和底线。

2）连接作图工具两端到 U_{o2} 输出端口，并单点击图标，弹出作图工具窗口。

3）打开电源开关，并调节 R_{w4}，将 Y 轴上的红点原点调零。

4）调好后，自动完成部分接线，打开智能调节仪的温度开关和电源开关。

5）调节温度源显示表的“+”“-”，则输出波形。

6）试验做好后，可以单击保存或清除图标，来保存或清除保存的波形。

7）要重新做试验则单击电源开关的“关”按钮，要返回主菜单则单击“返回菜单”按钮。

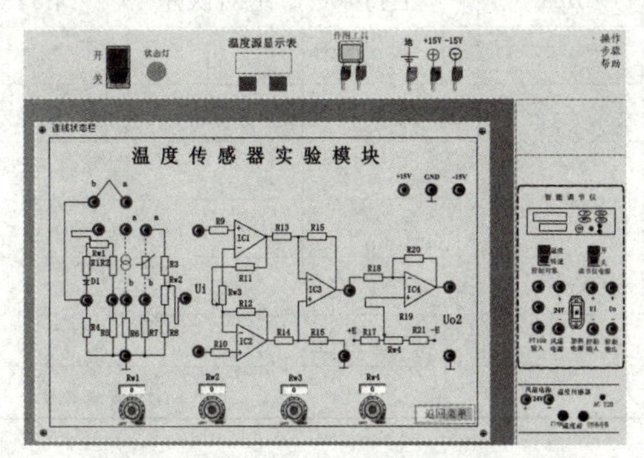

图 3-22　K 型热电偶温度特性仿真软件

差压变送器的校验

（1）准备标准压力信号发生器、标准电流表、电阻箱（或 250Ω 电阻）、DC24V 电源、连接件及导线等。

（2）将差压变送器按图 3-23 接线，检查线路是否正确。

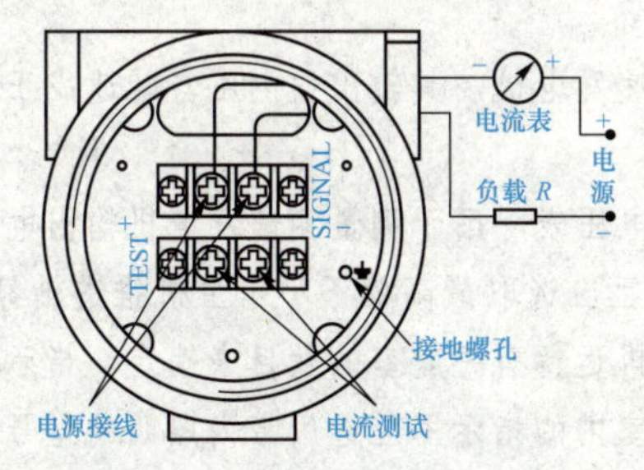

图 3-23　差压变送器校验接线图

（3）将差压变送器正、负压室开放通大气，接通电源稳定 3 min 后，将阻尼时间置于最小，此时，差压变送器输出应为 4 mA，否则调整零点螺钉，使之输出为 4 mA。

（4）给差压变送器正压室输入量程上限压力，负压室通大气，变送器输出应为 20 mA，若有偏差，调整量程螺钉，使之输出为 20 mA。

（5）重复步骤（3）、（4），直到符合要求为止。

（6）将差压变送器测量范围分为 4 等份，按 0%、25%、50%、75%、100% 逐点输入压力信号，变送器的输出信号应在误差允许范围内。若超差，反复调整零点、量程零点，直至符合要求。

（7）将校验数据填入表 3-2 所示的校验单，并计算出变送器的最大绝对误差和最大变差，再根据仪表量程计算出仪表的允许误差和精度等级，判断仪表是否合格，给出校验结论。

表 3-2　差压变送器校验单

仪表名称		精确度		出厂编号	
制造厂		最大工作压力		出厂量程	

续表

输入		输出					
		标准值	实测值 /mA				
%	kPa	mA	上行	绝对误差	下行	绝对误差	变差
备注：							
校验人：				年　月　日			

主机转速监测系统认识及转速表系统调整

1．电动转速表系统组成

船舶在海上航行时，为了使驾驶人员和机舱工作人员及时了解船舶主机的转速，在机舱、驾驶室、轮机长室均装有远距离测量主机转速的仪表，称为电动转速表。其是通过电气装置将主机的转速在各个操纵位置上用电表的形式显示出来的仪表，由转速传感器、指示器、链条和链轮等组成。

（1）转速传感器是直流测速发电机，其输出的电压与转速成正比，数量须根据主机推进轴的根数确定。

（2）指示器是磁电式直流电压表，用于测量测速发电机输出电压。其刻度不是电压值，而是主机推进轴每分钟的转速值，且应选取最高值不小于主机推进轴额定转速的110%。转速指示器的数量须根据操机部位及与主机运行有关舱室的数目来确定。指示器通常安装在驾驶室、主机操纵台旁、轮机长室等，在驾驶室内的指示器应选用带内照明的型号，并考虑尽量远离磁罗经。接线时不可将照明电源线与测速电压线接错，否则会烧坏表头，连接指示器与传感器的电缆线阻值不应超过100 Ω。

（3）链条和链轮是用来连接发电机转子轴和主机推进轴的附件。链轮可分为可拆链轮和不可拆的整体链轮。可拆链轮安装在主机推进轴上；整体链轮安装在发电机轴上。

根据转速传感器的原理，在电压表上刻以每分钟的转速值，则主机推进轴的每分钟转数在电压表上就可以得到相应的读数。但因船上指示器在多个部位和舱室，它们与发电机的距离各不相等，各个指示器的压降就不相等。这样，同样的转速在不同指示器上的转速值也不同，这是不符合事实的。为了使并接在同一个发电机的几个指示器安装在不同距离时，都能显示出一致的转速，在各个指示器内装有调整电阻 R，以便给距发电机较远的指示器加入较小的电阻值，而给距发电机较近的指示器加入较大的电阻值，于是各指示器的端电压相等，指示出一致的读数。

2．电动转速表系统调整

电动转速表系统用于指挥部位、操机部位检查主机推进轴的转速，借以确定船舶的速度。该系统的调试可分为内场调试和外场调试。内场调试是该系统在出厂前进行试验和调试，外场调试即码头及航行试验，在此重点介绍外场调试方法。

（1）试验前检查绝缘电阻及测速发电机的安装质量。

（2）主机开机后，在各转速位置上校验系统的指示器误差。首先用机械方法测定主机转速实际值，然后与各指示器读数进行比较，计算出各点误差。误差计算公式为

$$误差=\frac{指示器显示值-实际值}{实际值}\times 100\% \quad（误差应小于 \pm 1\%）$$

（3）未经内场调试的电动机转速表可在码头试验时开动主机进行调整。

1）调整传感器的内磁环，使发出的电压 U 符合下式：

$$U=\frac{主机转速实际值}{转速指示器限量值}\times 发电机额定电压$$

若电压 U 与转速 n 的关系无法调整至上述要求，则传感器有故障，应拆检修理。

2）若几个指示器读数相同，但与转速实际值误差稍大于允许值，可再微调发送器分磁环减小误差。

3）若几个指示器读数各不相同，应调整每个指示器的调整电阻 R，使读数与主机转速实际值相同。

（4）已做内场调试的电动转速表在船上安装后一般不必重新调整，即可满足技术要求，但在码头试验或航行试验中应进行误差测定，若最大误差大于规定值，应在船上重新进行调整。

任务二　船舶常用低压控制电器的维护

船舶低压电器种类有很多，根据控制对象不同可分为控制电器和配电电器两大类。

本任务主要内容包括船舶接触器、继电器、断路器的维护保养和故障检修。

一、电器的分类和型号命名

（一）低压电器分类

船舶的电力系统一般都是低压系统，因此，船舶电器一般都是低压电器，低压电器的种类有很多。根据控制对象不同可分以下两种。

1. 控制电器

控制电器主要用于电力传动系统，它应具有工作准确可靠、操作频率高、寿命长和尺寸小等特点。控制电器有接触器、各种继电器、行程开关、主令器、变阻器、电磁铁等。

2. 配电电器

配电电器主要用于低压电力系统及动力装置，它能在故障情况下可靠操作，在发生短路故障时，应具有热稳定性和电动稳定性。配电电器有断路器、熔断器、刀开关、转换开关等。

（二）低压电器型号命名法

低压电器型号一律采用汉语拼音字母及阿拉伯数字来表示（表 3-3 ～表 3-5），其格式如下：

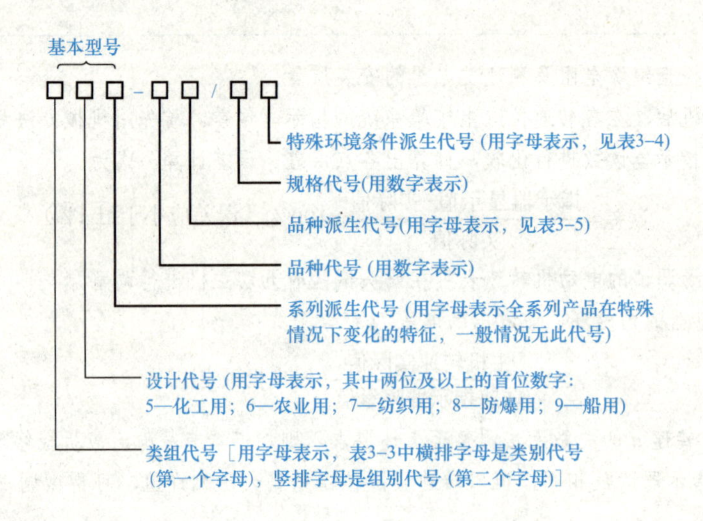

表 3–3 低压电器产品型号类组代号

代号	H	R	D	K	C	Q	J	L	Z	B	T	M	A
名称	刀开关、隔离器及熔断组合电器	熔断器	断路器	控制器	接触器	启动器	控制继电器	主令电器	电阻器	变阻器	调整器	电磁铁	其他
A						按钮式		按钮					
B									板形元件				保护器
C		插入式				电磁式			冲片元件	旋臂式			插销
D	刀开关、隔离器						漏电		铁铬铝带形元件		电压		信号灯
G	熔断器或隔离器			鼓形	高压				管形元件				
H	负荷开关（封闭式）	汇流排式											接线盒
J					交流	减压		接近开关					交流接触器节电器
K	负荷开关（开启式）				真空			主令控制器					
L		螺旋式					电流			励磁			电铃
M		密闭管式	灭磁		灭磁								
P				平面	中频		频率			频敏			
Q										走动		牵引	
R	熔断器式刀开关						热			非线性电力电阻			
S	转换隔离器	半导体元件保护（快速）	快速		时间	手动	时间	主令开关	烧结元件	石墨		三相	
T		有填料封闭管式		凸轮	通用		通用	足踏开关	铸铁元件	启动调整			
U						油浸		旋钮		油浸启动			
W			万能式			无触头	温度	万能转换开关		液体启动		起重	
X		熔断信号器				星三角		行程开关	电阻器	滑线式			
Y	其他	其他	其他	其他	其他	其他	其他	超速开关	硅碳电阻元件	其他		液压	
Z	组合开关	自复	塑料外壳式		直流	综合	中间					制动	

表 3-4　低电压器型号的特殊环境条件派生代号

派生字母	代表意义	派生字母	代表意义
T	按临时措施制造	G	高原、高电热、高通断能力
TH	湿热带	H	船舶
TA	干热带	F	化工防腐用

表 3-5　低压电器型号的通用派生代号

派生字母	代表意义
A、B、C、D、E…	结构设计稍有改进或变化
J	交流、防溅型、较高通断能力型、节电型
Z	直流、防振、正向、重任务、自动复位组合式、中性接线柱式
W	失压、无极性、外销用、无灭弧装置
N	可逆、逆向
S	三相、双线圈、防水式、手动复位、三个电源、有锁住机构、塑料熔管式、保持式
P	单相、电压的、防滴式、电磁复位、两个电源、电动机操作
K	开启式
H	保护式、带缓冲装置
M	灭磁、母线式、密封式
Q	防尘式、手车式、柜式
L	电流的、板式、漏电保护、单独安装式
F	高返回、带分励脱扣、多纵缝灭弧结构式、防护盖式
X	限流

二、接触器的维修

（一）接触器的维护

船舶各种辅助机械的动力多是由电动机来驱动的，电动机都是由接触器来控制的，因而，接触器在船上用量很大。接触器的维护已成为电管人员经常性的工作，只有通过良好的维护和检修，才能保护接触器可靠性，延长其使用寿命。接触器的维护工作通常包括下列几个方面：

（1）保持接触器清洁：清除接触器零件上堆积的粉尘、油垢等污物。因为这些污垢堆积过多会使运动系统卡住，机械磨损加大，特别是甲板面上的起货机控制箱内的接触器，经常处于装、卸货的粉尘中，应经常进行清洁。一般清洁的方法有用压缩空气吹、用毛刷刷，然后用清洁剂或酒精棉布擦净油垢，或用喷雾式电气清洁剂清洁。

（2）定期检查接触器所有紧固螺钉及紧固件。特别是静触头的紧固和接线端头紧固。若松动会引起接触不良，增大接触电阻，造成局部过热、断相、相间短路等故障。其他部分松动有可能造成机械卡死。

（3）定期手动检查接触器运行机构的运动是否灵活，并在转轴（若有轴承）内注入少量滑油。

（4）定期检查调整接触器触头的压力、开距、超行程，应调整各相触头同时接触。

（5）定期检查接触器线圈是否牢固地安装在铁芯上，温升是否过高，使用前应用绝缘电阻表检测线圈绝缘电阻，而且相间、对地绝缘电阻应大于 1 MΩ。

（二）接触器的检修

1. 灭弧罩的检修

小心取下灭弧罩，用毛刷或竹板清除罩内脱落物及触头拉弧后产生的金属簇粒，灭弧罩破裂、缺损或严重碳化，应及时更换。栅片或灭弧罩发生烧损变形严重或栅片松脱，也应更换新罩。

2. 主触头的检修

对于铜质触头，发现变色或相邻的绝缘零件烧焦，散发烧焦味时，表明铜触头已经接触不良，产生过热。此时，应检查并调整触头开距、超行程及触头接触情况，并手动或缺载情况下通电操作几次，把静、动触头的氧化膜清除掉，若清除不掉，可用 0 号砂纸或小细锉轻轻地修整触头接触面，然后用电气清洁剂喷洗，用干净破棉布擦干。若发生长期工作制接触器触头过热或熔焊在一起时，则应改选用额定电流大一级的接触器。

对于银或银合金触头，若触头表面上变黑或轻微拉毛，可不清理。若发生触头温升过高时，就应把这些氧化物清除掉，把毛刺锉平。对于烧损严重，开焊、脱落或磨损到原厚度的 1/3 的触头，可更换新触头。

3. 铁芯的检修

应检查铁芯表面是否有油垢、生锈，若有，应清除油垢、铁锈，保持铁芯触头面净洁，检查短路环是否断裂或脱落，若短路环损坏，应及时修复或更换短路环，或者更换整个铁芯。

4. 线圈的检修

应检查线圈引线与导线是否脱焊或断路；检查线圈温升，若线圈外表层颜色老化变深，说明湿度高于 65 ℃，这时应查明原因，若发生线圈断路，故障在表层，可拆下线圈后拆除断匝，然后用相同漆包线补齐断匝，并焊牢即可。焊头处应用砂纸打去漆皮，然后涂上中性焊剂，焊牢并焊压平，用黄蜡绸包好，做好绝缘处理，在深层或内接触头处发生断路或断匝，只能重新绕制。

重新绕制线圈步骤如下：

（1）拆下已损坏的原线圈。

（2）把原线圈连同线圈框架安装在绕线机上（注意：拆出线时，能带动绕线机顺时针方向转动），把绕线机上长、短指针调零，然后拆线，若线圈烧焦，可用喷灯边加热边拆线，拆完线，绕线机上长、短指针读数就是原线圈的匝数。若损伤严重，烧毁后无法在绕线机拆线计数（特别是线径很细而又绕结严重），又无处查找对应线圈匝数时，可按下列来估算匝数：

1）交流线圈：

$$N=45\frac{U}{BA}$$

式中 N——线圈匝数；

A——原有铁芯截面面积（cm^2）；

B——磁通密度（T），通常可取 0.9 ～ 1.2 T，大容量接触器取较低值，小容量接触器取较高值；

U——线圈额定电压（V）。

2）直流线圈：

$$N=\frac{A}{\frac{\pi}{4}d^2}K$$

式中　N——线圈匝数；

A——原线圈横断面面积（$A=\frac{b-a}{2}L$，如图 3-24 所示）；

d——线径（包括绝层）（mm）；

K——充填系数，K=0.3 ～ 0.5。

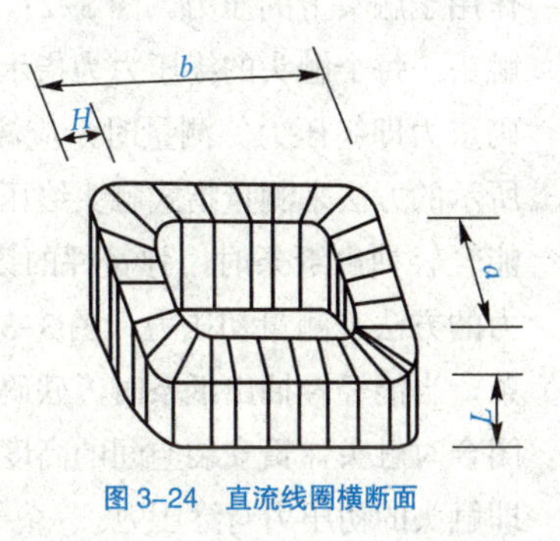

图 3-24　直流线圈横断面

（3）用千分尺测出线径（注意应去掉漆皮），选取相同线径同型号的漆包线，若不知其原线圈漆包线型号，船上一般可选用 QZ 聚酯漆包线，甲板面上的接触器线圈，可选择 QH 环氧漆包线。

（4）把原线框架处理干净，垫上一层绝缘薄膜，就可进行绕线，绕线时，应使线排列均匀，不交叉，不打结。

（5）吸力试验：把绕好的线圈套在铁芯上，进行吸力试验。对于交流线圈，若吸力太大，应增加线圈匝数；若吸力过小，应减少匝数。对于直流线圈，正好相反。

（6）浸漆、烘干：先将线圈加热至 105 ℃～ 110 ℃，烘干 3 h，然后冷却到 60 ℃～ 70 ℃，浸渍环氧酯漆或聚酯浸渍漆 4 h，取出后滴净，把框架内孔残漆擦除，在 110 ℃～ 120 ℃进行烘干 10 h 即可。

（7）装配、接线：按照要求配于铁芯上，并接好电源引线。

（三）检修后的检验

接触器检修后或容量比较大的接触器定期检验的内容包括以下几个方面。

1．测量主触头与连锁触头的开距和超程

触头的开距是指触头在完全分开时动、静触头间的最小距离。触头的超程是触头完全闭合时，将静触头取走后，动触头从接触处发生的位移。直动式桥式触头与转动式指式触头的开距与超程如图 3-25、图 3-26 所示。开距与超程用卡尺、内卡钳、塞尺或专用样板等量具测量。测量转动式指式触头超程时，将静触头卸下，测量动触头在接触处发生的位移，也可以测量动触头与支架间间隙，再进行换算。

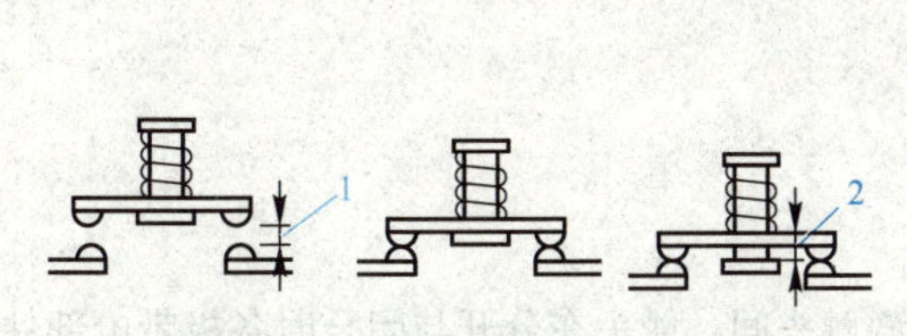

图 3-25　直动式桥式触头的开距与超程

1—开距；2—超程

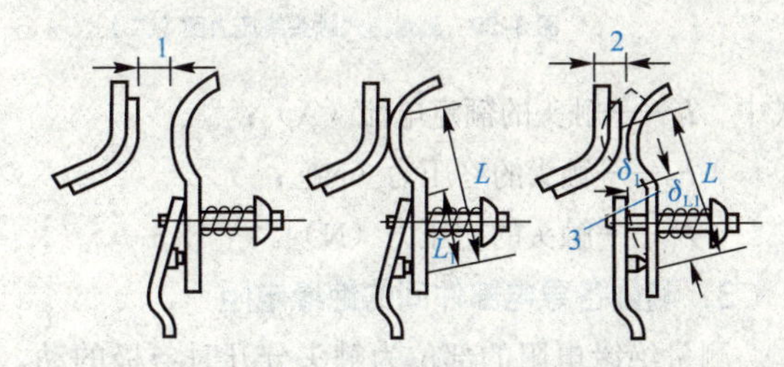

图 3-26　转动式指式触头的开距与超程

1—开距；2—超程；3—测量处

在图 3-26 中，L_1 为测量点到支点间距离，L 为动触头处到支点间距离，则触头的超程 δ 为

$$\delta=\delta_1\frac{L}{L_1}$$

2．测量主触头与连锁触头的初压力和终压力

触头的初压力是指动、静触头刚接触时作用于触头上的压力；触头的终压力是指触头完全闭合作用于触头上的压力。图 3–27、图 3–28 所示分别为测量桥式触头与指式触头终压力图。对于桥式触头，每个触头的终压力为指示灯刚熄灭时砝码重力的一半。对于指式触头，当指示灯刚熄灭时砝码重力即终压力。测量时，应注意把拉力方向调整到垂直于触头接触线，另外，还可以用图 3–29 所示的方法来测量指式触头终压力。关合磁系统，使触头完全闭合，在其间垫入厚度不大的纸，当能轻轻抽出纸条时，弹簧秤的读数即触头终压力。触头初压力在触头分开时测量，可采用测终压力的方法来测量初压力。图 3–30 所示为测量指式触头初压力的示意。在动触头及其支架间夹入纸条，当能轻轻抽出纸条时，砝码的重力（或弹簧秤的读数）即触头的初压力。也可测量触头分开与闭合时触头弹簧安装空间的高度，然后卸下弹簧，在弹簧测力计上测量弹簧在相应高度下的压力，即触头的初压力与终压力。

测得初压力、终压力的值，应符合产品目录的数据，若无原始数据，可按下式计算：

$$F_Z = 9.8 \times 2.25 \frac{I_N}{100}$$

$$F_C = 0.5 F_Z$$

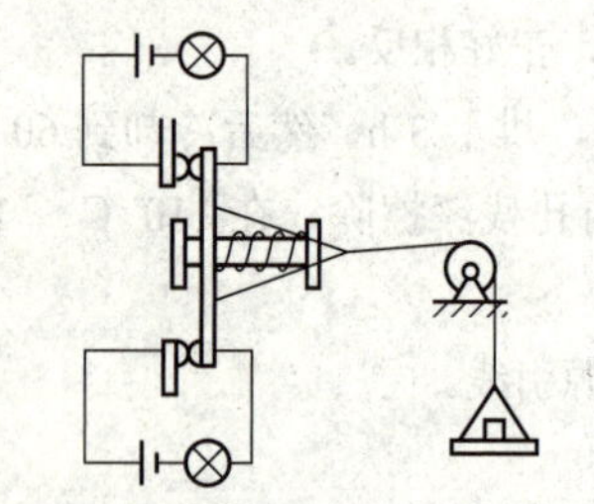

图 3–27　测量桥式触头终压力图

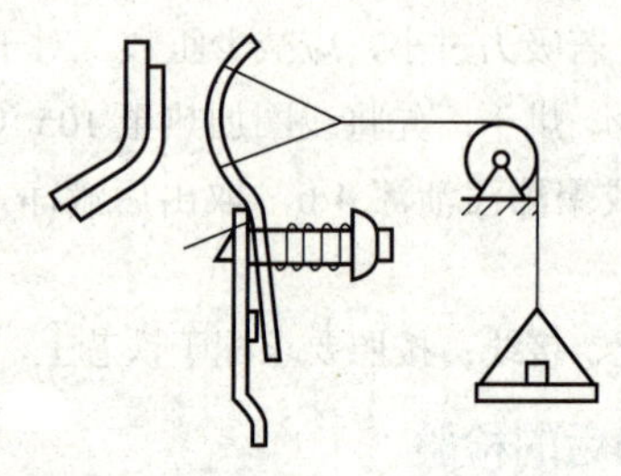

图 3–28　测量指式触头终压力图（一）

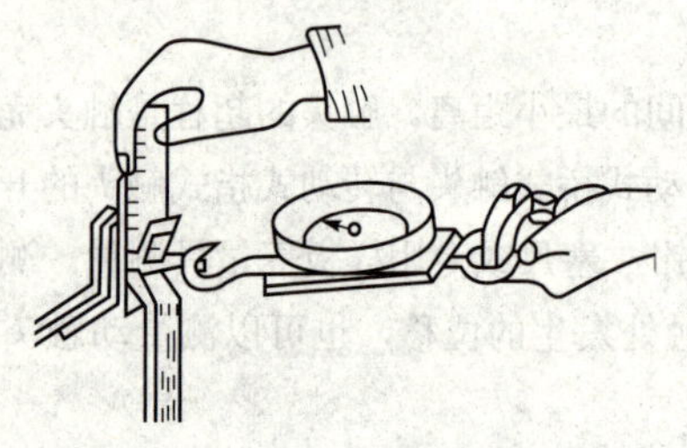

图 3–29　测量指式触头终压力图（二）

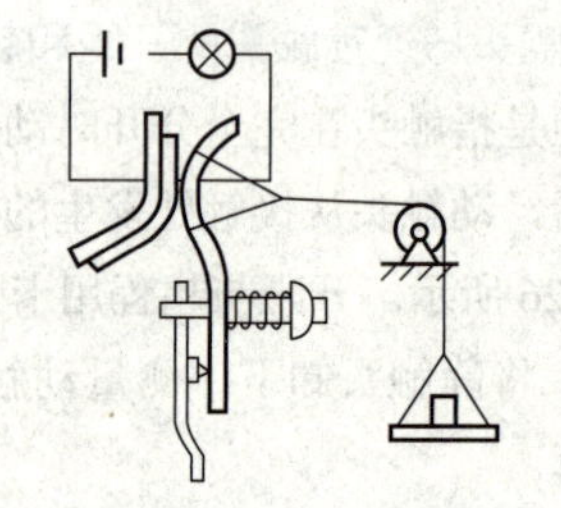

图 3–30　测量指式触头初压力图

式中　I_N——触头的额定电流（A）；

F_Z——触头的终压力（N）；

F_C——触头的初压力（N）。

3．测量各导电部件间的绝缘电阻

测量绝缘电阻的部位为触头分开时各极的动、静触头间，触头在分开与闭合时各极带电部件间，线圈引线与铁芯间，各带电部件与地间等。测量绝缘电阻常用绝缘电阻表来测量。在测量时应根据接触器的额定电压来选用绝缘电阻表的电压等级。

4．线圈试验

测量交流线圈的匝数，或测量动铁芯闭合时线圈中的工作电流或损耗功率。测量直流线圈电阻。

（四）接触器的常见故障分析及处理方法

接触器常见的各种故障现象、产生故障的可能原因及处理方法见表 3-6。

表 3-6　接触器常见的故障分析及处理方法

故障现象	故障原因	处理方法
1. 按下启动按钮，接触器吸不上或吸力不足，伴有嗡鸣声	（1）电源电压过低或波动大 （2）操作电源容量不足 （3）线圈内部有短路 （4）运动部分卡阻，弹簧反力过大，转轴锈蚀或歪斜 （5）线圈的额定电压高于线路额定电压 （6）触头开距太大（衔铁气隙太大）	（1）用万用表测量线圈两端电压，是否低于产品规定 85% 额定电压 （2）更换操作电源 （3）更换线圈 （4）卸下灭弧罩后，按动动铁芯，看是否能灵活带动触头，如不灵活，排除相应故障，拆下有关零件去锈加油，紧固校正或更换变形或损坏零件 （5）更换与线路额定电压一样的线圈 （6）调整衔铁气隙
2. 接触器吸不上	（1）电源断线 （2）线圈断路 （3）运动部分卡死	（1）用万用表测线圈两端是否有电压，若没有电压，说明电源断线，此时查找线路，若有电压，说明线圈断路 （2）断电后，用万用表测线圈电阻，判断是否开路后，决定是否更换线圈 （3）按 1 的第（4）方法处理
3. 按下停止按钮，接触器不释放或释放缓慢	（1）衔铁的反力弹簧失效或缺损 （2）触头熔焊 （3）运动部件被卡住，转轴锈蚀或歪斜 （4）铁芯极面有油泥粘着	（1）更换或调整反动弹簧，但注意不要过大 （2）打开触头，用细锉修整毛刺或更换触头，若经常发生熔焊，则应调换大一级电流的接触器 （3）按 1 的第（4）方法处理 （4）清除极面油泥
4. 线圈发热或烧损	（1）电源电压过高（$>1.1U_N$）或过低（$<0.85U_N$） （2）线圈技术参数（如额定电压、频率、线圈过通电率等）与实际使用条件不符合 （3）线圈内部局部短路 （4）操作频率过高 （5）使用环境特殊，如空气潮湿，含有腐蚀性气体或环境温度过高 （6）运动部件卡住，长时间通电	（1）调整电源电压 （2）选择与实际工作条件相应的线圈或接触器 （3）更换线圈（用电阻比较法判定是否内部短路） （4）选择大一级电流的接触器更换之 （5）采用适应于特殊条件的接触器 （6）按 1 的第（4）方法处理

续表

故障现象	故障原因	处理方法
5. 电磁铁（交流）噪声大	（1）电源电压低 （2）触头弹簧压力过大或超程过大 （3）衔铁歪斜或机械卡阻，使铁芯不能吸平、吸牢 （4）铁芯极面有异物（如油垢、尘泥）或接触不良 （5）短路环断裂或脱开	（1）调整电源电压，至（0.85～1.10）U_N （2）调整触头弹簧及超程 （3）排除机械卡阻故障，校正衔铁位置 （4）清理极面，调整铁芯使其接触良好 （5）用铜焊接好或更换短路环
6. 触头熔焊	（1）触头容量过小 （2）负载短路 （3）吸力不足 （4）触头表面严重烧损造成接触不良或有毛刺、金属颗粒等 （5）触头弹簧压力过小 （6）操作过频繁或过载使用	（1）选择合适的接触器 （2）排除负载短路故障后，更换触头 （3）检查电源电压是否低于 85%U_N，排除机械阻力 （4）修理触头表面或更新 （5）更换或修复触头弹簧，调整触头压力，使之符合标准 （6）调换合适的接触器
7. 触头过热或灼伤	（1）触头弹簧压力不足或超行程过小 （2）触头接触不良 （3）触头严重磨损及开焊 （4）操作过于频繁或电流过大，触头容量不足 （5）环境温度过高或使用在密闭的控制箱内	（1）调整弹簧压力及超行程到规定值 （2）清理触头表面，整修表面，紧固触头与导电板 （3）触头磨损到原厚度的 1/3 或脱焊，更换新触头 （4）选大容量的接触器 （5）接触器应降容使用
8. 触头过度磨损	（1）操作过于频繁，工作电流过大 （2）三相触头不同步 （3）负载侧短路	（1）接触器应降容使用或选用适用频繁操作的工作电流相应的接触器 （2）调整触头使之同步 （3）排除短路故障后，更换触头

三、继电器的维修

继电器是当激励输入量的变化达到整定值时，在电气输出电路中，使被控制量发生预定的阶跃变化的开关电器。在控制线路中，继电器被用来改变控制线路的状态，以实现既定的程序，达到预定的控制目的。在保护线路中，它被用来测被控量，当被控量达到保护整定值时，就给保护线路一个阶跃信号，使保护线路动作，从而保护对象。因此，继电器就由感测部分和执行部分两大部分组成。前者反映继电器的输入量，如电磁式继电器的线圈，热继电器的双金属片，压力继电器的气囊等；后者产生输出量，如一般继电器的触头。

按继电器的使用来分，继电器可分为控制继电器和保护继电器两种；按输入信号的性质来分，继电器可分为电压继电器、电流继电器、功率继电器、温度继电器、压力继电器和水位继电器等；按感测元件来分，继电器可分为电磁式继电器、感应式继电器、热继电器和半导体式继电器等；另外，继电器按输出形式可分为有触头的继电器和无触头的继电器两大类。

船上使用的继电器种类也有很多，有控制继电器，如起货机控制系统、锅炉控制系统；有保护继电器，如柴油发电机组的保护、主机的保护等。它们的输入有电量的，也有非电量的。合理地选用维护、检修继电器才能发挥继电器的功能，否则就达不到预定的目的。

（一）电磁式继电器的维修

电磁式继电器的结构与接触器基本相似。继电器线圈通过的是电量，如电压继电器、电流继电器、时间继电器、中间继电器等。其维护内容如下：

（1）经常保持继电器清洁，接线螺钉应拧紧，保证接触良好。

（2）检查继电器触头参数，如触头压力、超程、开距等应符合使用说明书的规定，触头上不得涂滑油。

（3）检查动铁芯与铁芯接触是否紧密，接触处的尘埃和污垢必须清除干净，保证其动作值的准确性。

（4）检查时间继电器的延时是否准确有效。

（5）检修，一般都采用整体部件更换，如电压继电器的线圈损坏，只能更换同型号的线圈，自行绕制匝数不准，就会影响它的动作值。特别是用于保护线路的保护继电器，要求的加工精度都比较高，船上一般无法做到。然而，像中间继电器，它起着扩大触头容量和对数的作用，它的构造与接触器相同，它的故障分析和处理可参见接触器的检修方法进行。

（二）热继电器的维修

热继电器在船上用量很大，一般小型电动机的过载保护都由它来完成。先看一个例子：某轮重油驳运泵电动机，其铭牌数据 P_N=14.7 kW（20 马力），I_N=29 A，U_N=440 V，f_N=60 Hz。某一航次在北方港口，由于重油加热不足，造成泵体内结蜡，刚开始运行一段时间就过载，热继电器动作。待复位后，再启动又能正常运行一段时间，这种过程反复多次。机工就把热继电器的整定值调到 2。这时，热继电器不动作，而熔丝熔断。又随意把熔断件换成规格为 60 A 的。最终，热继电器不动作，熔断器也不熔断，而电动机内部冒烟了。这个例子说明，对于热继电器的正确使用维护和管理，是必要的，否则就失去了它的保护功能。上例中，热继电器的整定值应为 1.15 ～ 1.3，熔丝应先为 35 A。而过载时的实际电流为 40 A。若正确使用，热继电器能够保护该电动机。因此，热继电器的维护内容如下：

（1）检查热继电器热元件的额定电流值或刻度盘值是否与电动机的额定电流值相符合，一般选择热继电器的额定电流与电动机的额定电流相同，其整定值应整定为 1.15 ～ 1.3。

（2）要保护热继电器清洁，动作机构应灵活、可靠，复位按键应有效，内部调整部件不得有松动。一般，热继电器在出厂前都进行校验，可调部分都标有标记。一般不得轻易去调节，非得要调整，必须进行试验。

（3）热继电器的接线端子与引线应保持良好的接触，否则接触电阻产生热量会造成其动作值误差。触头必须接触良好。

（4）定期检查元件是否良好，不得将发热元件卸下，不得使用螺钉旋具撬双金属片，对于已通过巨大短路电流的热继电器，若发现双金属片长久性变形，一般更换同型号的热继电器，不得自行校正双金属片。

热继电器常见故障与检修方法见表 3-7。

表 3-7　热继电器常见方法故障与检修方法

故障现象	可能原因	处理方法
热继器误动作	（1）整定值偏小 （2）电动机启动时间过长 （3）操作过于频繁 （4）环境温度变化太大 （5）热继电器可调整部件松动 （6）双金属片变形	（1）旋转电流调节旋钮，调整整定电流为电动机额定电流值 （2）缩短电动机启动时间 （3）限制并减少操作频率 （4）改善使用环境 （5）紧固松动部分 （6）更换热继电器
热继电器不动作	（1）整定值偏大 （2）热元件烧毁 （3）动作机构卡阻 （4）灰尘堆积或生锈传动机构磨损变形 （5）可调整部件损坏或未对准刻度	（1）按电动机额定电流重新整定 （2）更换热继电器 （3）打开热继电器盖板，排除故障，并手动试验，动作应灵活 （4）清除灰尘和铁锈或更换热继电器 （5）更换热继电器
热继电器接入后，主电路不通	（1）热元件烧毁 （2）外接线螺钉未拧紧	（1）更换热继电器 （2）拧紧外接线螺钉
热继电器控制电路不通	（1）热继电器没有复位 （2）触头烧毁或动触片弹性消失，造成动、静触头接触不良或不能接触 （3）刻度盘或调整螺钉转到不合适位置将触头顶开	（1）复位 （2）更换动触片及烧毁触头 （3）调整刻度盘或调整螺钉
热继电器不能复位	（1）再扣与脱扣时间间隔太短 （2）复位片簧折断	（1）5 min 左右进行手动复位再扣 （2）更换热继电器

（三）非电量继电器

在船舶上，常用非电量继电器有温度继电器、压力继电器，它们既可作为控制电器，又可作为保护电器，如温度继电器用于冷却水温报警，就是一个保护电器，同样，压力继电器也可作为控制电器，如用于辅锅炉的自动控制蒸汽压力，就是一个控制电器，如用于监视主机滑油压力，就是保护电器。所以，温度、压力继电器在船舶中用量比较大，电气管理人员应合理选用、维护，才能使它可靠工作。经常维护的内容如下：

（1）对于温度继电器，其感温元件应与被控对象的热源有良好接触，特别是主辅柴油机冷却水温度监控用的温度继电器的探棒应与测量孔壁有良好接触，否则会引起动作误差。

（2）对于压力继电器，取样导管应符合说明书要求，应密封，防止泄漏。

（3）应保持触头清洁，动作可靠。由于这些继电器安装的环境条件比较恶劣，安装在高湿、多油泥、振动比较大的地方，应经常检查引线是否牢固，接线是否接牢，导线是否老化、破损等。

（4）对于温度、压力继电器起保护作用的，不能轻易调整动作值，需要调节时，在调节后应做动作值试验，以确保对象的安全。

（5）对于温度、压力继电器起控制电器作用的，应合理调节返回系数，若返回系数太大，使设备启、停过于频繁，将缩短设备寿命；若返回系数太小，不能保证被控对象输出在一定范围内变化，所以要仔细、反复调节。

（6）对于保护电器，应每年进行一次校验试验，确保它的工作可靠。温度、压力继电器的损坏，一般在船上是无条件修复的，大多更换整个继电器。

（四）晶体管继电器

晶体管继电器具有精度高、体积小、延时时间范围广、耐冲击、耐振动、调节方便和寿命长等优点，所以发展很快。晶体管继电器的组成如下。

1．电压变换电路

电压变换电路的功能是把被控制的物理量转换为电压量，如过电流晶体管继电器，就得把电流转化为电压信号，而且保持线性关系，即 $U=KI$，又如电动机过载保护的晶体管继电器，它的电压变换就是把功率转化为电压，即 $U=KP$，总之，它的作用就是把输入 X 转换为电压信号，并保持线性关系，即 $U=KX$；由于它的电路也是多种多样的，对于 X 为非电量的，有时都比较精密，一般船上都比较难修理，而且没有相应的测试手段，一般都得送到专门的厂家检修，船上的处理采用替代法。对于 X 为电量的，如电流、电压、功率、频率这些晶体管继电器，一般按电子设备的检修方法都能检修好。

2．整流电路

整流电路是把电压变换电路输出的交流弱电压转换为直流的晶体管继电器中监幅电路所能接受的弱电压。为了提高转换精度，有的采用裂相整流技术，它的作用是交流电压整流输出直流电压，并保持成比例关系。应当指出，电压变换电路输出的弱电压信号，就没有整流电路，往往这种直接输出直流电压信号很弱，这时，取代它的是一种直流放大电路。

3．监幅电路

监幅电路的功能：判断当输入信号达到整定值时，监幅电路有输出，否则无输出。这种监幅电路多半是采用稳压管、施密特电路等。

4．延时电路

延时电路的功能是延时，它一般是采用电容 C 的充电、放电延时来达到目的。一般来说，从电路参数看，除滤波电容外，这时，电容量比较大，所以，电路中有无延时电路很好判断。现在已经有晶体管时间继电器，我国的系列产品有 JS13、JS20 等。

5．执行电路

执行电路可分为有触点（电磁式小型继电器）和无触点［晶闸管（SCR）、开关晶体管］两大类。

一般一个晶体管继电器均由以上 5 个部分组成。它的具体电路也是多种多样的，所以无法举例说明具体故障的检修方法。但是，它的故障分析方法与电子设备的检修方法相同，可以参照电子设备检修的有关内容，这里不再赘述。

晶体管继电器一般不用特别维护，只需保持印制电路板和元器件清洁，以及元器件散热良好。

四、断路器的维修

（一）断路器的维护

断路器原称自动空气断路器，船舶上使用的断路器有万能式（DW）断路器和塑壳式（DZ）断路器。

万能式断路器用于发电机主开关，作为发电机投入电网的控制部件。在非正常运行情况，又可保护发电机，如过载。当电网短路、发电机欠电压时，能自动从电网上断开发电机，所以它既是一种开关电器，又是一种保护电器。而塑壳式断路器，一般用作支路、负载屏照明屏或箱的开关器，根据不同型号，也具有不同的保护功能，如过载保护、短路保护或两者都有，有的还带有漏电保护等功能。

断路器在船舶电力系统中占有重要的位置。若发电机主开关失效，对应的这套发电机组也失效，若支路断路器失效，这一支路也就失电。所以，对断路器维护并及时排除故障是必要的，通常，半年进行一次全面维护与检修，主要内容如下：

（1）清除断路器上的灰尘、油垢等，以保证断路器良好绝缘。

（2）取入灭弧罩、检查灭弧栅片的完整性及清除表面的烟灰和金属细末，外罩应完整无损，若有破损，应更换。

（3）检查触头表面，用电气清洁剂擦除表面的烟迹或尘埃，若有毛刺、颗粒，用细锉或细砂布打平接触面。烧伤严重的或打平后只剩下原厚度 1/3 的，可考虑更换触头。

（4）检查触头的各个参数（开距、超程、初压力、终压力），并检查三相触头是否同时闭合，若不能同时闭合，应调节三相触头位置和弹簧压力，使其同时闭合和接触压力一致。

（5）检查脱扣器的动铁芯和拉簧活动是否正常，动作是否灵活，电磁铁工作极面应清洁、平整、光滑无锈蚀、无毛刺和污垢。

（6）每 4 ～ 5 年对主开关进行效能效验。欠电压、过载、短路、逆功等保护试验，并获得船检有关部门的认可。对于带有试验按钮的半导体脱扣器的主开关，在使用前，应用试验按钮检查其动作情况。

（7）检查紧固机构，若有松动，应拧紧。检查活动部分，应当灵活，不应有卡阻现象，并对活动部件添加滑油，不能加得过多或滴在触头或其他部件上。

（二）断路器的常见故障检修

断路器常见故障的原因和处理方法见表 3–8。

表 3–8　断路器常见故障的原因和处理方法

故障现象	故障原因	处理方法
1. 手动操作断路器，触头不能闭合	（1）失压脱扣器无电压或线圈烧坏 （2）储能弹簧变形，导致闭合力减小 （3）反作用弹簧力过大 （4）机构不能复位再扣	（1）检查电路，施加电压或更换线圈 （2）更换储能弹簧 （3）重新调整 （4）调整再扣接触面至规定值

续表

故障现象	故障原因	处理方法
2. 电动操作断路器，触头不能闭合	（1）操作电源电压不符合要求 （2）电源容量不够 （3）电磁铁拉杆行程不够 （4）电动机操作定位开关失灵 （5）控制器中整流管或电容器损坏	（1）更换电源 （2）增大操作电源容量 （3）重新调整或更换拉杆 （4）重新调整 （5）更换整流管或电容器
3. 有一相触头不能闭合	（1）一般为断路器的一相连杆断裂 （2）限流开关脱开机构的可拆连杆间的角度变大	（1）更换连杆 （2）调整至原技术条件规定要求下
4. 分励脱扣器不能使断路器分断	（1）线圈短路 （2）电源电压太低 （3）再扣时接触面太大 （4）螺钉松动	（1）更换线圈 （2）更换电源电压或升高电压 （3）重新调整 （4）拧紧螺钉
5. 失电压脱扣器不能使断路器分断	（1）反力弹簧变小 （2）如储能释放时储能弹簧拉力不够 （3）机构卡死	（1）调整弹簧 （2）调整储能弹簧 （3）消除卡死原因
6. 启动电动机时断路器立即分断	过电流脱扣器瞬时动作整定电流太小	调整过电流脱扣器瞬时整定弹簧
7. 断路器闭合后（约 1 h）自动分断	（1）过电流脱扣器长延时整定值不对 （2）热元件或半导体延时电路元件变质	（1）重新调整 （2）更换热元件或半导体延时电路元件
8. 失电压脱扣器有噪声	（1）反力弹簧力太大 （2）铁芯工作面有油污 （3）短路环断裂	（1）重新调整 （2）清除油污 （3）更换衔铁或铁芯
9. 断路器温升过高	（1）触头压力过分降低 （2）触头表面过分磨损或接触不良 （3）两个导电件连接螺钉松动	（1）调整触头压力或更换弹簧 （2）更换触头或清洁接触面 （3）拧紧螺钉

续表

故障现象	故障原因	处理方法
10. 辅助开关发生故障	（1）辅助开关动触头桥卡死或脱落 （2）辅助开关传动杆断裂或滚轮脱落	（1）拨正或重新装好动触头桥 （2）更换传动杆和滚轮或更换整个辅助开关
11. 半导体过电流脱扣器误动作，使断路器断开	在查明故障后，确认半导体脱扣器本身无损坏时，大多数情况可能是外界电磁干扰	仔细寻找故障原因，如果邻近有大电磁铁在操作，则接触器的分断，电焊等应予以隔离或更换线路

【例 3–1】 某轮船在一次厂修中，进行检修 2 号主发电机的主开关，由于机械装配质量问题，三相触头中，有一相没有闭合，造成电网失相故障。

【例 3–2】 某轮船 3 号发电机主开关，运行了一段时间就自动跳闸。进行解体检查没有发现异常现象。装复再用，故障没有排除。与 1 号、2 号主开关比较，发现失压线圈的噪声比较大。更换一个失压线圈，故障排除。原因是失压线圈内部有局部短路，造成吸力减小，同时，短路的热量传递给铁芯，铁芯受热后，导磁系统发生变化，也造成了吸力下降，所以，它需要一段时间，才使脱扣器动作。这种故障现象很像由冲击负荷造成的，应加以区分。

【例 3–3】 DW95 船舶断路器的检修。首先检查开关的机械部分，脱扣器板外的大电容、线圈、接触器，然后检查脱扣器板。开关的故障常常发生在脱扣器板上。检查的方法是眼观、手摸、测量。用万用表测量各测量孔的电压，与表 3–9 对照，不符合说明有故障。

表 3–9 测试孔 1 对应其他测试孔电压数据

测试孔	①②	①③	①④	①⑤	①⑥
正常	24 V	随负载而定	0.5 V	0.25 V	0.25 V
动作	24 V	随负载而定	19.8 V	14.6 V	13.8 V

查看脱扣器板上的元器件有无烧灼的痕迹，有无线头脱落、虚焊等现象。若没有，通电试验，用手摸半导体器件有无不正常的发烫现象，要特别注意几个施密特触发器的第二个晶体管，因为这几个元器件在开关工作时一直处于饱和导通状态，根据经验属易损元器件，往往造成元器件发烫而损坏。没有摸到发烫严重的元器件，就得测量所怀疑有故障的部分，一般按照从后向前顺序进行测量。表 3–10 列出了主要元件在静态和开关动作状态下各管脚电位，供检修时参考。

表 3–10 在静态和开关动状态下各管脚电位 V

项目		长延时		短延时		瞬时		欠电压	稳压源	触发电路	
		V_1	V_5	V_5	V_5	V_5	V_{76}	V_7	V_8	V_T	SCR
U_b	正常	0.25	0.25	0.20	0.85	0	1.3	0.7	24	b_1=24	$U_{控}$
	动作	0.67	0.1	0.7	0.25	0.5	1.3	0.2	24	b_1=24	—
U_e	正常	0.1	0.07	0.1	0.1	0.5	0.5	0	24	0.25	$U_{阴}$=50
	动作	0.1	0.07	0.1	0.1	0.5	0.5	0	24	13.8	—
U_c	正常	0.75	0.75	0.85	0.25	1.3	0.53	0	36	b_2=0.5	$U_{阴}$=0
	动作	0.1	19.8	0.25	14.6	1.3	0.5	10.5	36	b_2=0.5	—

五、常用熔断器

熔断器是一种保安电器，广泛应用于电网和用电设备保护。当电网或用电设备发生过载和短路时，熔断器通过电流熔化熔体而自动切断电路，避免电网或用电设备损坏，阻止短路故障蔓延。

（一）船舶熔断器

船舶常用熔断器的类型、规格和用途见表 3-11。

表 3-11　常用熔断器的类型、规格和用途

系列名称	主要规格	用途及说明
RL93	电压：380 V 电流：6 ～ 600 A	用于电路做过载或短路保护元件，为螺旋式
RM10	电压：500 V 电流：15 ～ 600 A	用于电路中做过载或短路保护元件
RSO	电压：250 ～ 900 V 电流：30 ～ 480 A	做半导体整流器或由该类元件组成的成套装置的短路保护和某些适当的过载保护
RS3	电压：250 V、500 V、750 V 电流：10 ～ 300 A	用于晶闸管整流器或由该元件组成的成套装置的内部短路保护与某些不允许过电流的过载保护
RLS	电压：500 V 电流：10 A、50 A	用于硅整流器件、晶闸管整流器件或由该类器件组成的成套装置的内部短路保护与某些不允许过电流的过载保护
BX	电压：250 V 电流：1 ～ 5 A	用于保护电气和无线电装置，做过载保护和短路保护

（二）熔断器选用的计算

为了熔断器能够真正起到防止故障出现的作用，必须进行正确的选择，否则达不到保护的目的。

（1）在只有照明、电热设备的电路中，熔体的额定电流 $I_{FU\text{-}N}$ 等于或稍大于总负载的额定电流，即

$$I_{FU\text{-}N} \geqslant \sum I$$

（2）在单台异步电动机直接启动的电路中，因考虑电动机启动电流，熔体（或熔片）额定电流 $I_{FU\text{-}N}$ 可取电动机额定电流 $I_{M\text{-}N}$ 的 1.5 ～ 2 倍，即

$$I_{FU\text{-}N}=（1.5 \sim 2）I_{M\text{-}N}$$

（3）在轻载、不频繁启动的电动机电路中，熔体的额定电流 $I_{FU\text{-}N}$ 可取电动机额定电流 $I_{M\text{-}N}$ 的 2.5 ～ 4 倍，即

$$I_{FU\text{-}N}=（2.5 \sim 4）I_{M\text{-}N}$$

（4）在重载、频繁启动的电动机电路中，熔体的额定电流 $I_{FU\text{-}N}$ 可取电动机额定电流 $I_{M\text{-}N}$ 的 3 ～ 6 倍，即

$$I_{FU\text{-}N}=(3\sim6)I_{M\text{-}N}$$

（5）在多台异步电动机直接启动的电路中，熔体的额定电路可按下式计算，即

$$I_{FU\text{-}N}=(1.5\sim2.5)I_{M\text{-}Nmax}+\sum I_{M\text{-}N}+\text{余量}$$

可见，熔断器只能作为电动机短路保护，不宜作为电动机过载保护。

（三）熔断器更换须知

在更换熔断器时，必须注意以下几点：

（1）一般应在不带电的情况下取出熔断器管进行更换，有些熔断器是允许在带电情况下取下的，但应将负载切断，以免发生危险。

（2）在熔体熔断后，特别是在分断极限电流后，往往有熔渣熔化在上面，所以在换装新熔体前，必须仔细擦净管内表面和接触面上的熔渣、烟灰和尘埃等。

熔断器是在一般的过载电流下熔断还是在分断极限电流时熔断，通常不易区分，而只能凭经验判断，凡熔断器熔断时，响声不大，熔体只在一两处熔断，管子的内壁没有烧焦现象，也没有大量的熔体蒸气附着在管壁，这是在一般的过载电流下熔断的。凡熔断器的熔断时响声特别大，有时看见两端有火光，管内熔体断成许多小段，管子的内壁有大量的熔体蒸气附着，有时管壁有烧焦现象，这样就可能是在分断极限电流时熔断的，说明线路有短路故障，应排除故障，再更换熔断件。

（3）在换装熔断器时，必须注意熔体的电流值和熔体的片数，并要使熔体和原熔体相同，不应随意更换凑合使用。快速熔体不能使用普通的熔断器的熔体代替。

（4）在换装熔体时，应注意不要将熔体折伤和扭伤，因为熔体比较软而易断，容易发生裂痕或减小截面面积，降低电流值。

（5）对于封闭管式熔断器，管子不能使用其他绝缘管代替，否则容易炸裂管子，发生人身伤害事故；也不可以在熔断管上钻孔，因为钻孔会造成灭弧困难，可能会喷出高温金属和气体，这对人身和周围设备是十分危险的。

【任务实施】

常用低压电器故障处理

1. 接触器的故障处理

（1）触头断相。由于某相触头接触不好或连接螺钉松脱，使电动机缺相运行。

（2）触头熔焊。由于接触器操作频率过高、过载使用、带负载侧短路等，使得两相或三相触头由于过载电流大引起熔焊现象。

（3）相间短路。接触器的正、反转连锁失灵，或因误动作使两个接触器同时投入运行而造成相间短路；或因接触器动作过快，转换时间短，在转换过程中发生电弧短路。

（4）接触器的维护。定期检查接触器各部件工作情况，如有损坏要及时更换或修理；可动部分不能卡住，活动要灵活，紧固件无松脱；触头表面部分与铁芯极面要保持清洁，如有油垢，要及时清洗；触头接触面烧毛时，要及时修整。触头严重磨损时，应及时更换。

2. 热继电器的故障处理

（1）热元件烧断。发生此类故障的原因可能是热继电器动作频率太高、负载侧发生短路等。

（2）热继电器误动作。故障原因：一是整定值偏小，以致未过载就动作，或电动机启动时间

过长，使热继电器在启动过程中动作；二是操作频率太高，使热元件经常受到冲击电流的冲击；三是使用场合有强烈的冲击及振动，使其动作机构松动而脱扣。

（3）热继电器不动作。通常是电流整定值偏大，以致过载很久，仍不动作。

（4）热继电器的维护。使用时间久，应定期校验其动作可靠性。

3．时间继电器的故障处理

电磁系统和触头系统的故障处理与接触器的维修所述相同，其余的故障主要是延时不准确。当延时与设定误差较大时，试验几次调整好提前或落后的时间量即可。

4．速度继电器的故障处理

一般表现为电动机停车时不能制动停转。这种故障除触头接触不良外，还可能是胶木摆杆断裂，使触头不能动作，或调整螺钉调整不当引起的。

5．自动开关的故障处理

（1）手动操作的自动开关不能合闸。可能的故障原因有失压脱扣器线圈开路、线圈引线接触不良、储能弹簧变形、损坏或线路无电。

（2）电动操作的自动开关不能合闸。不能合闸的原因有操作电源不合要求、电磁铁损坏或行程不够、操作电动机损坏或电动机定位开关失灵。

（3）失压脱扣器不能使自动开关分闸。可能的原因有反作用弹簧弹力太大或储能弹簧弹力太小、传动机构卡死、不能动作。

（4）启动电动机时自动掉闸。可能的原因有过载脱扣装置瞬时动作整定电流调得太小。

（5）工作一段时间后自动掉闸。可能的原因有过载脱扣装置长延时整定值调得太短，应重调；或者是热元件或延时电路元件损坏，应检查更换。

（6）自动开关动作后常开主触头不能同时闭合。

（7）辅助触头不能闭合。

常用低压电器选用项目评价表见表 3–12。

表 3–12　常用低压电器选用项目评价表

姓名＿＿＿＿＿　班级＿＿＿＿＿　学号＿＿＿＿＿　总得分＿＿＿＿＿

<table>
<tr><td>项目编号</td><td>1</td><td>项目选题</td><td></td><td>考核时间</td><td></td></tr>
<tr><td colspan="3">技能训练考核内容（100 分）</td><td colspan="2">考核标准</td><td>得分</td></tr>
<tr><td colspan="3">器件识别（25 分）</td><td colspan="2">能够正确识别各种器件，识别错误、名称错误一次扣 5 分</td><td></td></tr>
<tr><td colspan="3">器件组装与拆卸（25 分）</td><td colspan="2">按顺序正确拆装电器元件，顺序不对、工具使用不当一次损坏元件，每个扣 5 分</td><td></td></tr>
<tr><td colspan="3">检测与通电调试（30 分）</td><td colspan="2">通电前检测数据正确，错误一次扣 5 分，通电后运行及调试，一次不成功扣 10 分</td><td></td></tr>
<tr><td colspan="3">项目实训报告（20 分）</td><td colspan="2">字迹清晰、内容完整、结论正确一处不合格扣 2 ～ 5 分</td><td></td></tr>
<tr><td>完成日期</td><td colspan="3">年　月　日</td><td>指导教师签字</td><td></td></tr>
</table>

任务三　可编程逻辑控制器

在20世纪60年代末，随着半导体技术的发展，出现了单片机。美国GOULD公司在单片机的基础上加上适当的输入、输出接口，研制出了可编程逻辑控制器（Programmable Logic Controller，PLC），又称可编程控制器PC（Programmable Controller）。它首先应用在汽车工业上，用来代替原来的继电器组成的控制回路。

由于汽车工业的自动流水线有时需要根据设计的变化来修改控制系统，最早使用继电器组成的控制回路应用的元件很多，成本高，修改起来十分困难，调试也很困难。而使用了可编程逻辑控制器后，将预先修改好的程序装载入PLC也只需几分钟的时间，而且它具有改型容易、造价低、体积小、可靠性高等优点，所以，很快在其他领域广泛推广。

现在，世界上有很多大的工业公司都开发和生产自己的PLC产品，比较著名的有美国的GOULD公司、日本的欧姆龙公司、德国的西门子公司。它们的产品工作原理基本相同，但每个公司的编程语言是不同的。下面以德国西门子公司的产品为例，对PLC硬件组成和编程方法进行介绍。

一、可编程逻辑控制器的硬件

PLC的硬件，随厂家的不同、功能强弱不同，差异很大。但是其组成的基本原理大同小异，都是由单片机与接口电路组成的。有的PLC将这两部分组成一体，其体积较小，功能相对较弱。如西门子的ST-200系列产品。有的PLC分为几部分，这种产品体积大、功能较强，如西门子的S5-100系列、欧姆龙的C200H系列。

CPU是PLC的核心元件，负责实现用户程序的执行，也负责执行进程的控制。随着技术的发展，CPU采用的芯片由原来的MS48、MS031等发展到现在的16位机芯片甚至32位机芯片，提高了处理速度，人们还专门研制了位处理器作为协处理器。

接口电路主要由移位寄存器和外围接口组成。移位寄存器负责把CPU和外围电路连接起来；外围接口又可分为输入接口和输出接口。输入接口将采集的模拟量信号或开关量信号转换为数字信号存入移位寄存器，交给CPU处理；输出接口把CPU处理好的数字信号转换成模拟信号或开关信号输出。输出接口输出的开关信号有的采用继电器，有的采用半导体开关器件。

下面以西门子S系列为例介绍CPU模块和输入输出模块。

CPU是PLC的核心单元，其性能决定了PLC的整体性能，所以，以表3-13对S5-100系列CPU主要性能进行比较。

表3-13　S5-100系列CPU主要性能

技术规范 CPU	CPU100	CPU102	CPU103
处理器	一个标准处理器	一个标准处理器	一个标准处理器+ 一个STEP5协处理器
内存（编程语言）	1 k	2 k	10 k
EEPROM子模块	1 k	2 k	10 k

续表

技术规范 CPU	CPU100	CPU102	CPU103
平均执行时间 /（ms · 千语句 $^{-1}$）	80	7	0.8
扫描周期检测时间 /ms	350	350	500（可变）
标志位	1 024	1 024	2 048
定时器 / 个	16	32	128
计数器 / 个	16	32	128
数值量输入输出允许 / 个	128	256	256
模拟量输入输出允许 / 个	8	16	32
功能块能否带参数	否	否	能

从表 3-13 中可以看出，不同的 CPU 模块，其性能差别很大，使用 PLC 时最主要考虑的是以下几个方面。

1. 输入、输出点数

输入、输出点数是 PLC 使用者首先考虑的问题。一般选用的 PLC 所允许的输入、输出点数要大于或等于控制电路所需的开关量。例如，后面要介绍 35 000 t 油轮组合控制屏的 CPU 要控制 11 组泵的切换，每组有两台泵，每台泵 4 个输入点、6 个输出点加上一些其他公共信号。输入、输出点数总共要 120 点以上，它选择的是 256 点输入、输出，CPU102 可以满足要求。

2. 编程语句数

编程语句数是 CPU 选择的决定性条件，一般要求实际编程语句数小于 CPU 允许数。以 35 000 t 油轮组合屏为例，每组泵用语句 200 条，11 组泵需 2 000 多条语句，经压缩为 1 998 条语句完成，所以选用 CPU102。

3. 运行速度

一般场合的使用问题不大，但是在需要及时处理的场合就必须考虑。

4. 计数器和定时器的使用数量

同前几个条件，计数器和定时器的使用数量要小于 CPU 的允许数量。以 35 000 t 油轮为例，使用定时器数量 30 个，CPU102 允许的定时器数量 32 个可以满足条件。

以上是选择 CPU 的几个重要条件，使用时可以参照设备手册操作说明。

输入、输出模块的种类有很多，大致可分为数字量输入、输出模块、模拟量输入输出模块。另外，还有一些功能模块如比较模块、计时器模块、仿真器模块、计数器模块、诊断模块等。其中，模拟量输入、输出模块和功能模块由于造价较高，并不是经常能够看到。如要学习这两种模块，可参照 PLC 的使用手册，这里就不再一一介绍。下面介绍数字量输入、输出模块。

开关量输入模块品种很多，以输入电压的不同可分为直流和交流。直流包括 5 V、24 V、24 ～ 60 V 等，交流包括 24 V、110 V、220 V 等。从输入电路和总线是否隔离来区分，有采用光电隔离的，也有采用非隔离的。从点数上分，有 4 点、8 点等。选用原则是根据实际需要，尽量统一型号规格，如果 CPU 与输入、输出模块采用同一电源，可不选用光电隔离模块。这样就节省了开支，降低了成本。至于是 4 输入，还是 8 输入，可根据实际选用。但带有中断功能时，必须选用 4 输入模块。

数字输出模块品种也相当多，根据输出采用的电路可分为继电器输出和晶闸管输出等。根据输出电路是否和总线有隔离的角度，又可分为光电隔离模块和无隔离模块，选取时可参照输入模块选取方法。

总线模块是连接 CPU 与输入输出模块的桥梁，所有输入输出模块均安装在总线模块上。除有些数字量输入、输出模块（如 S5 系列中的 6ES5451-8MA11、6ES5490-8MA11、6ES5482-8MA11、6ES5490-8MA11）外，绝大多数的外部接线安装在总线模块上。这样连线便于更换模块。总线模块根据安装的实际情况，单排的可应用 S5345 模块连接，多排的可应用 S5316 模块连接。为了方便 PLC 元件在工作时对散热器降温，尽量采取水平安装。采用垂直安装时空气只能在模块的顶边和底边流动，散热条件不好，设备允许使用的环境温度也会相应降低。

PLC 的多数部件都安装标准导轨上，首先将电源模块安装在导轨的最左边，中央处理单元靠在电源模块的右边。接下来安装总线单元，将总线单元夹子中的扁平线拉出，与其左侧的 CPU 插座相连接，再将总线单元的扁平线与其本身的插座连接。带有中断功能的总线模块必须靠紧 CPU 模块安装。多排安装的要将产生发热的 CPU 安装在最下一排，模块序号是自左向右顺序排列。

然后将每排总线模块用带插头的电缆连接，由带有 CPU 的一排的“CUT”插座和第一扩展排的“IN”插座相连。第一扩展排的“OUT”插座和第二扩展排的“IN”插座相连，以此类推。至于各种模块的安装和固定，由于每个公司的产品安装和固定的方式不大相同，这里不再一一阐述，需要时可参考有关资料。

二、可编程逻辑控制器的软件

PLC 的编程语言是随时间的发展在不断升级的。梯形图是 PLC 最常采用的编程语言，也是最容易掌握的语言。它与电气工程师经常使用的电路图极为相似，因而，最容易为电气工程师们接受。

在继电器控制回路中，经常看到这些元件，如常开触点、常闭触点和继电器动作线圈，在梯形图中也有这三种元件。这三种逻辑元件在梯形图中标号如下：

常开触点：─| |─

常闭触点：─|/|─

线圈：─( )─

如图 3-31 所示，梯形图中每个接点的上方都有一个标注，其中 I 表示为输入端口，M 或 F 表示中间继电器，Q 表示输出继电器，T 表示计时器，C 表示计数器。

以上一段程序表达的意思为当输入模块 0.0 点闭合的，中间继电器 0.1 点是闭合的，输入模块点 0.1 是断开时输出模块的 0.0 闭合。

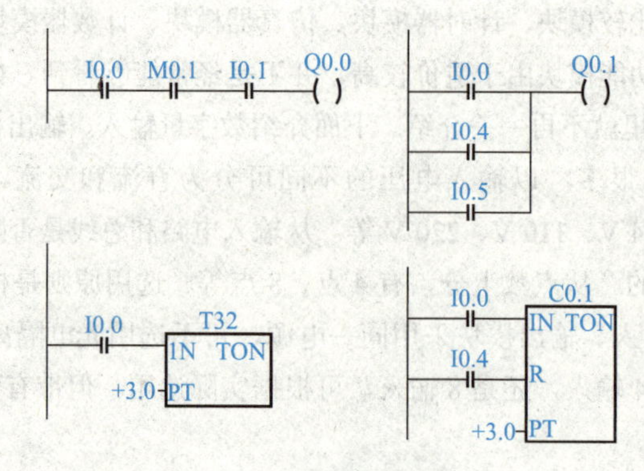

图 3-31 梯形图编程序

由于梯形图是最早的编程语言，只能编写十分简单的程序，很多稍复杂的程序就不能用梯形图来编制。现在一般用专门的编程语言，如西门子 S5 系列使用的编程语言是 STEP5，欧姆龙 C200H 系列使用的 LSS（IBM XTAT 编程软件）。语言功能十分强大，基本能满足编程需要。

高级编程语言一般使用结构化编程。结构化编程是把一个复杂的编程任务分解成相对简单的模块，即子程序，每个模块完成一部分编程任务。这些小的程序块完成后再把它们组织到一起成为一个完整的程序。这种编程给编制和调试带来很大方便。这些小的程序块一般有组织块（OBX）、程序块（PBX）、顺序块（SBX）、功能块（FBX）、数据块等。而这些块又是由“与”“或”“非”“计数器”“计时器”等组成。

PLC 的数据处理是由 CPU 来完成的，如图 3-32 所示。CPU 一般包含 RAM、ROM、ALU 和处理器几个部分。RAM 包括程序存储器、过程 I/O 映像（输出映像 PIQ、输入映像 PID、计时器、计数器、标志），ROM 是操作系统；ALU 是运算器，它是由累加器 1、2 和累加器 RLO 组成的。另外，还有存储子模板、串口与 CPU 相连。存储子模板可将控制程序存储起来，当 CPU 程序存储器出现问题时可以调用。串口是连接编程器、操作面板或局域网的插口。另外，CPU 和 I/O 模板之间是通过 I/O 总线进行信息交换的，总线单元的每个槽都设置了移位寄存器，数据就是通过这些移位器进行传输的。

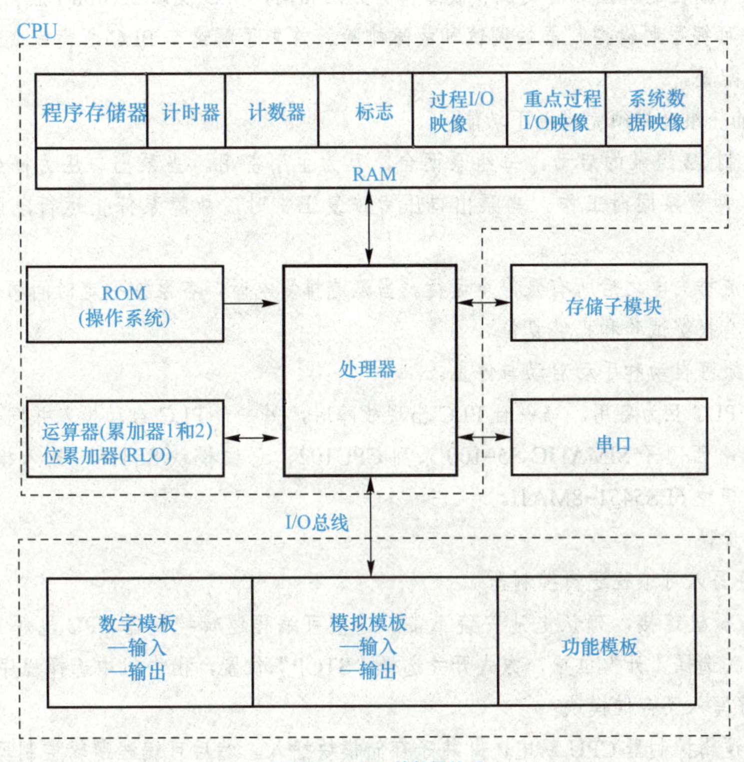

图 3-32　PLC 的数据处理

在 PLC 开机后，先进行数据扫描，即输入模板的数据进入输入映像区、输出映像区的数据传输到输出模板。最后进行程序扫描，程序扫描在通常情况下是循环的，控制语句从程序存储器中一句一句地被调出并被执行。过程输入映像中的信息、标志、现行时间值、计数值被用于执行中的控制语句，而运算的结果被写入输出映像 PIQ。PIQ 中的数据被传送到输出模块，同时，PII 输入映像中写入由输出模块送来的新数据。在循环扫描过程中，在控制程序执行之前要先触发一个扫描时间触发器。它的作用是监视触发器本身在监视时间内是否运行。如果没有启动，PLC自动进入“STOP”状态，输出禁止。监视时间是指输入信号的改变到相应的输出信号改变之间的时间。它包括了输入模块的延时、程序扫描延时、数据循环延时、系统处理时间、编程接口限制时间。监视时间对于不同型号的PLC是不同的，有的较新的机型监视时间可以改变，但一般的监视时间都比较短（几百毫秒）。

了解了PLC的工作过程，还要了解程序是如何写入PLC的。程序装载有两种方法：一是使用编程器PG如西门子S5-605U、欧姆龙C200HI-PRO27-E等；二是使用编程软件如西门子STEP5、欧姆龙XTAT等。使用编程器时要注意，有的编程器只能在线使用，因为它的电源是由可编程控制器提供的。由于编程器具有体积小、携带方便的特点，所以在现场施工和修改时被经常采用。但在设计时比较多的是使用编程软件。由于PLC的生产厂家很多，所以使用的编程器和编程软件也不相同，这里就不一一介绍了。

【任务实施】

可编程逻辑控制器的调试和故障排除

由于大多可编程逻辑控制器调试和故障排除方法相同，所以仅以35 000 t油轮组合屏的泵切换为例来了解可编程逻辑控制器的调试和故障排除。首先了解这套PLC所需完成的功能，其次了解它的硬件配置。

35 000 t油轮组合屏须完成以下功能：

（1）要控制12组泵的启动。每组泵两台，互为主用备用。当泵出口压力降到切换值时，备用泵启动，两台泵同时工作。当泵出口压力恢复正常时，故障泵停止运行，同时给出故障报警。

（2）主汇流排失电之后所有泵停止运行。当汇流排复电时，各泵按一定时间顺序启动。

（3）要求有报警试验和报警复位。

（4）每台泵可自动和手动启动与停止。

（5）两套PLC互为备用。当一台PLC出现故障时，另一台PLC自动投入并发出报警。

硬件配置：西门子SIMATIC S5-100系列CPU102、总线模块S5316、输入模块6ES5421-8MA12、输出模块6ES5451-8MA1l。

一、调试步骤

1．将程序写入可编程逻辑控制器

将PLC与微机连接，确认电池安装正常，连接可编程逻辑控制器CPU电源并确认工作正常。将电源开关选择“开”位置，方式开关选择“STOP”位置，由微机中选择程序写入PLC。

2．将程序写入子存储模块

将可编程逻辑控制器CPU断电，并将子存储模块插入。然后可编程逻辑控制器CPU复电，按下方式开关选择“COPY”3 s以上，当红灯闪时放开方式开关。这时，程序装入EEPROM中并在CPU RAM中编译，结束后红灯常亮不再闪烁。

3．将可编程控制器中的程序运行

当PLC所有硬件安装结束后，检查电源是否正确，检查外部信号线无误，将CPU和输入、输出模块送电，将方式开关选择在“RUN”位置。这时，方式指示灯“RUN”亮，程序开始运行。

4. 检查输入、输出模块指示是否与外部信号一致

在每个输入、输出模块的表面都有一排指示灯，当输入和输出信号发生变化时，指示灯都会给出指示。可根据指示灯的指示判断是输入、输出模块有问题还是外部接线有问题。

二、故障排除

PLC 发生故障时按以下步骤检查：

（1）PLC 发生故障时，首先检查 CPU 模块及各输入、输出模块的 1、2 接线端子是否有 24 V 电源。

（2）检查输入模块的指示灯是否与对应的输入信号相对应。如不对应，可用同型号的模块替换。替换输入模块后仍然不对应，更换该模块下的总线模块。

（3）检查输出模块的指示灯是否与应该输出的信号相对应。如不对应，可用同型号的模块替换。

（4）如果输出模块指示灯亮，而对应的泵不启动，检查输出外电路。

（5）如果从某一模块后其他模块均无指示，更换第一个无指示的总线模块。更换时注意把总线模块上的凸槽旋转到与换下来的相一致。

（6）如果 CPU 的 RUN-STOP-COPY 开关拨到“RUN”位置，PLC 不运行，应仔细检查总线模块与 CPU、总线模块与总线模块之间的插头是否接好。接线无问题，可将 EEPROM 程序重装。步骤：将可编程逻辑控制器电池取出，CPU 电源断掉，装入电池，CPU 复电，红灯开始闪烁，程序装入，结束后红灯常亮不再闪烁。

（7）如果仍然不能运行，则更换 CPU 模块，重装程序。重装程序后，不要忘记在通电前装回电池。

思考题

3-1 传感器按输出信息可以分成哪两大类？

3-2 简述传感器组成。

3-3 简述常用的温度传感器。

3-4 接触器检修后或容量比较大的接触器定期检验的内容包括哪几个方面？

3-5 简述电磁式继电器的维修。

3-6 简述熔断器选用的计算。

3-7 简述 PLC 的工作过程。

04 项目四　船舶电动机的维护与检修

【知识目标】

1. 了解船舶电动机的维护要求；
2. 掌握船舶异步电动机工作原理及故障分析方法；
3. 掌握船舶直流电动机工作原理及故障分析方法；
4. 掌握船舶变压器常见故障分析方法。

【技能目标】

1. 能维护和修理船舶异步电动机；
2. 能维护和修理船舶直流电动机；
3. 能维护和修理船舶变压器。

【项目描述】

本项目主要介绍船舶电动机的维护要求、船舶异步电动机常见故障检修、船舶直流电动机常见故障及排除方法、船舶变压器常见故障分析与维修等内容。

【知识链接】

任务一　船舶电动机的维护要求

一、日常维护要求

一般清洁是电动机日常维护保养工作的基本内容。其包括对电动机本身和对电动机安装环境的清洁工作。

清洁电动机要注意清除外表污物，以保证电动机正常运转和散热。封闭式电动机要使通风沟槽保持清洁，风扇上的孔洞透气良好。防护式电动机除保持外表清洁外，还要注意通风孔道的畅通。在不拆卸端盖的情况下，可对防护式电动机绕组端部进行擦拭或吹拂，尽可能保持清洁，以免有害物质腐蚀绝缘材料。直流电动机有电刷磨损，一般清洁时，要用手风箱（皮老虎）或手提电动吹风机吹去绕组端部和换向附近的电刷粉末及灰尘等，以保持绕组及电动机内部的清洁。

轴承的维护工作主要是添油、换油、监测轴承温度和监听运转声音是否正常。

二、运行中的维护要求

为了保证设备正常工作，船舶电气维修管理人员应及时发现电动机故障并迅速排除。为此要经常监测电动机的运行情况。

1．监测电源电压

电动机端电压必须保持额定值，电压过高或过低都会引起电枢电流、转矩和温升的变化。要求电源电压数值与额定值相差不超过 5%，三相电压不平衡程度不得超过 ±5%。

2．监测电动机电枢电流

电动机运行时，电枢电流应在额定值以内。三相异步电动机电流应平衡，其不平衡度允许在 ±10% 以内。船舶电动机铭牌上的额定电流，是指环境温度为 45 ℃时，在此电流下运行，其温升不超过允许值。如果环境温度超过 45 ℃，电动机长期运行允许的电流就要比铭牌数据小。

3．监测电动机的温升

在额定情况下的电动机，其温升不应超过允许值。若温升超过允许值，则表明电动机或控制设备和负载等有问题，必须查明原因、排除故障后，才能继续运行。监测温升可以用温度计也可凭经验判断。

4．监听电动机运行时的声音

正常运行的电动机，由于轴承摩擦，铁芯反复磁化和风扇转动等，会产生一种均匀连续不断的声音。安装合格的电动机在正常情况下不会振动。当电动机有故障或机械部件不正常时，电动机的声音异常，并发生振动。

5．监测换向火花

直流电动机的各种故障绝大多数在换向火花上反映出来，换向火花的颜色、大小最能说明直流电动机的运转情况。正常运行的电动机的换向火花应符合规定的等级。若火花过大，则表明电动机或负载有某种故障，应停车检查。

三、电动机大修后的验收要求

1．外观检查

通电前必须检查电动机的装配质量。电动机各部件应安装正确，螺钉紧固。转子转动应灵活自如，可用千分表检查轴的径向偏摆及轴向游隙，其误差应符合要求或不大于修理前的数值。检查引出线及线端标志是否牢固、清楚。

直流电动机还须检查电刷与换向器的接触面是否符合要求，在光亮处观察其接触面不应小于 70%。检查电刷压力时，可用弹簧秤，一般电化石墨电刷的压力在 2.45 MPa 左右即可，也可根据经验判断，另外，还应涂红漆。最后检查机壳表面喷涂质量。

2．测量绝缘电阻

用兆欧表测量大修后或新的电动机冷态绝缘电阻。异步电动机各相对绝缘电阻和相间绝缘电阻不得低于 5 MΩ。多速异步电动机应逐个测量各绕组对地及相间绝缘电阻。直流电动机各绕组之间和各绕组对地的绝缘电阻不得低于 5 MΩ。

3．耐压试验

电动机更换全部定子绕组之后，有条件的应进行耐压试验，测定绕组对地和各绕组之间绝缘强度。额定电压为 380 V，额定功率在 1 kW 以上的电动机，试验电压有效值为 1 760 V，频率为

50 Hz；额定电压为 380 V，额定功率小于 1 kW 的电动机，试验电压为 1 260 V，频率为 50 Hz。绕组应能承受试验电压 1 min。

4. 空载试验

试验前用电桥测量三相绕组的电阻是否相等，各相相差数值应不超过 ±5%。在开始空载试验时，首先进行点动，以便检查转向是否满足机械负载要求。若转向相反，对于交流电动机，调换二相接线；对于直流电动机，励磁二线对调。定子绕组加三相平衡额定电压启动，并空载运行 0.5 h。用钳形表分别测量三相电流，看是否平衡，各相相差应不超过 ±10%，空载电流与额定电流的比值是否符合大修前该电动机正常运行时的数值。通常，空载电流为额定电流的 25% ~ 40%。如果空载电流过大，电动机负载能力将减小，若仍拖动原来负荷，电流将超过额定值，导致电动机温升过高。

直流电动机的空载电流应小于额定电流的 5%。

用转速表测量电动机的转速，一般应不低于大修前的数值，对新装电动机，其转速应与铭牌标称值一样。在电动机转动时应观察有无定子、转子相擦，风扇与风罩相碰等现象；监听电动机运行时有无异常的声音等。

直流电动机还需检查空载下的换向火花。空载运行时应没有火花，否则应检查电刷位置，电刷与换向器的接触，电刷是否跳动等情况。

5. 负载试验与温升的测定

空载试验一切正常之后，可进行负载试验，逐渐增加电动机的负载，每增加 15% 测定一次电枢电流和转速直至增加到额定负载为止。

如果要测量稳定温升，则负载运行时间不少于 4 h。绕组的平均温升可在吊孔中插入温度计测量。温升值不应超过该电动机绝缘等级所允许的最高温升。

电动机负载运行时轴承温度不超过 95 ℃，若温度过高，就应仔细检查轴承质量和润滑脂的牌号是否符合要求，同时，还应检查电动机与被拖动的负载机械方面有无异常。

负载试验应考虑到电动机铭牌规定的定额，若不是连续工作的电动机，应按定额进行负载试验。

【任务实施】

1. 实施地点

教室、电动机实训室。

2. 实施所需器材

多媒体设备。

3. 实施内容与步骤

（1）学生分组：4 人左右一组，指定组长。工作始终各组人员尽量固定。

（2）教师布置工作任务。教师根据学生记录结果及提问给予评价，填入表 4-1。

【评价标准】

表 4-1　任务评价表

理论项目		
项目内容	配分	得分
1. 船舶电动机日常维护要求有哪些？	30	

续表

理论项目			
2. 船舶电动机运行中的维护要求涉及哪些方面？		30	
3. 电动机大修后的验收要求有哪些？		40	
时间：1 学时	教师签字：	总分	

任务二　船舶异步电动机常见故障检修

一、三相异步电动机常见故障原因分析

由于船舶使用的三相异步电动机大多数是鼠笼式，下面均以这种电动机为对象来分析，而且仅对电动机本身而言，采用故障树的方法来分析。

1. 不能启动

采用故障树 FTA 分析法，可建立如图 4-1 所示的故障树。从故障树可见异步电动机“不能启动”有 8 个原因。检查按照由简到繁、由表及里的原则进行。首先看是否有电源，其次看机械方面，轴是否卡死，负载是否过大。如果以上都没有问题，再检查电动机本身是否发生故障。

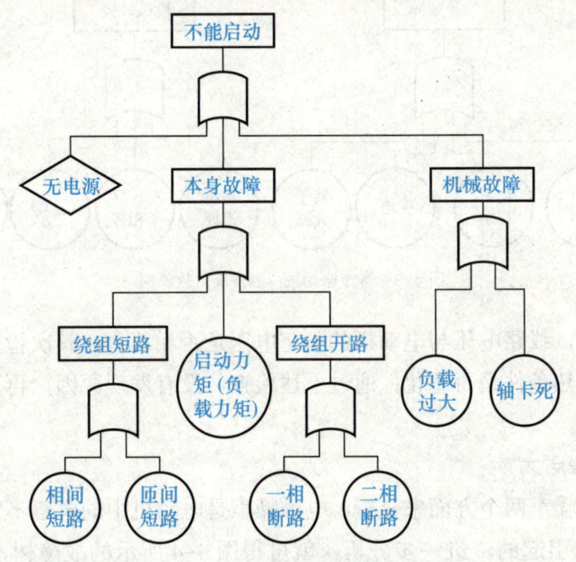

图 4-1　异步电动机“不能启动”故障树

2. 电动机启动后转速低

异步电动机“转速低”故障树如图 4-2 所示。导致该故障的可能原因有 7 个。检查的步骤：首先检查电压是否过低，电源是否缺相，线路是否把三角形接法接成星形接法；其次检查负荷是否过大；这些情况需进一步检查。

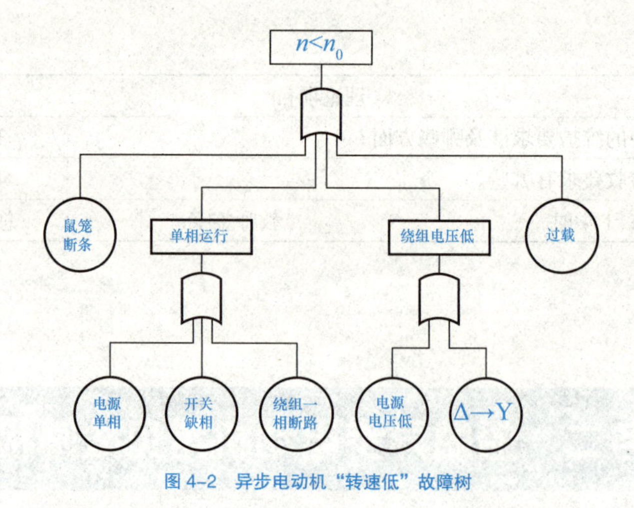

图 4–2　异步电动机“转速低”故障树

3．电动机温升高

从电源、电动机本身、机械和散热 4 个方面来分析，可以建立其故障树，如图 4–3 所示，由故障树可知，可导致该故障的因素有 12 个。检查的步骤如下：

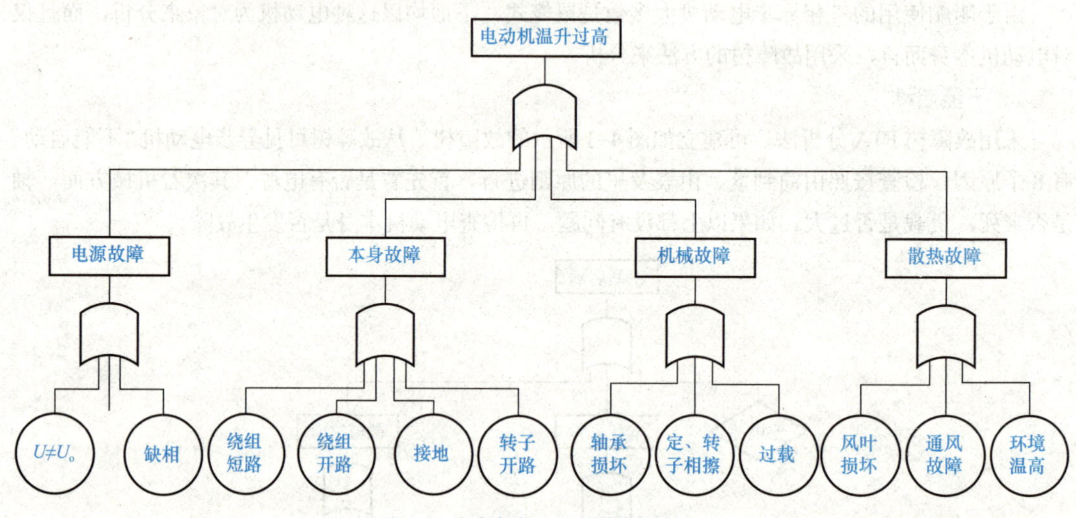

图 4–3　异步电动机“温升高”故障树

首先检查是否缺相，线路电压与电动机的额定电压是否相符合；其次检查机械方面是否长期过载、噪声是否很大、散热条件是否恶化；通过上述检查，没有发现原因，再进一步检查电动机本身可导致温升过高的因素。

4．电动机运行时噪声大

从电磁噪声和机械噪声两个方面来分析。电磁噪声是电动机中的电磁不对称引起的，而机械噪声是由电动机机械部分引起的。进一步分析，就可得图 4–4 所示的故障树，可导致该故障的因素有 16 个。检查步骤：首先判别该噪声是电磁噪声还是机械噪声，或者两者都存在。判别的方法：在空载试验时切除电源，若噪声立即消失，说明是由电磁不对称引起的电磁噪声；若只有当转速下降到一定时噪声才消失，而且噪声大小随转速减小而明显减小，说明是由机械方面引起的；若切除电源，噪声只是减弱，说明既有电磁噪声，又有机械噪声。这时，说明噪声不是由电流不对称引起的，而是由气隙不均引起的。根据判断结果再进一步检查。

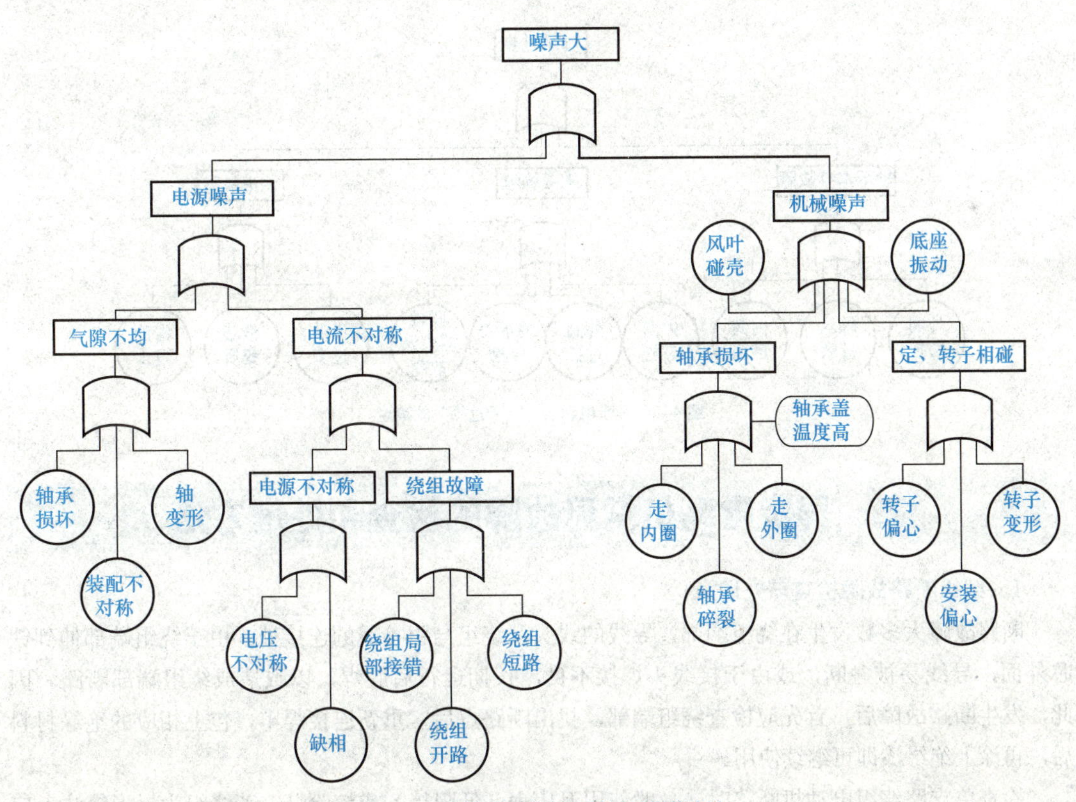

图 4–4 异步电动机“运行时噪声大”故障树

5. 电动机运行时振动过大

电动机的振动是由电磁不对称引起或机械方面引起的，从这两个方面入手分析，可建立其故障树，如图 4–5 所示。由 7 个原因可造成该故障，检查步骤：首先判别振动是电磁不对称引起的还是机械方面引起的，判别的方法：在空载运行情况下切断电动机电源，如果振动消失，说明是由电磁不对称引起的；如果只有当转速下降到一定时，振动才能减轻或消失，说明是由机械故障引起的。根据判别结果再进一步按故障树上的分支进行检查。

6. 轴承过热

从轴承本身故障、润滑故障和安装故障 3 个方面来分析，可建立故障树，如图 4–6 所示。可能导致该故障的因素有 10 个。检查步骤：当电动机转动运行达到额定转速时，首先听是否伴有噪声，如果没有，说明润滑方面故障；如果有噪声，把联轴器脱离，这时电动机空载运行。若这时噪声消失，说明联轴器安装不良；如仍然存在且振动，说明轴或轴承本身故障，需要解体检查。

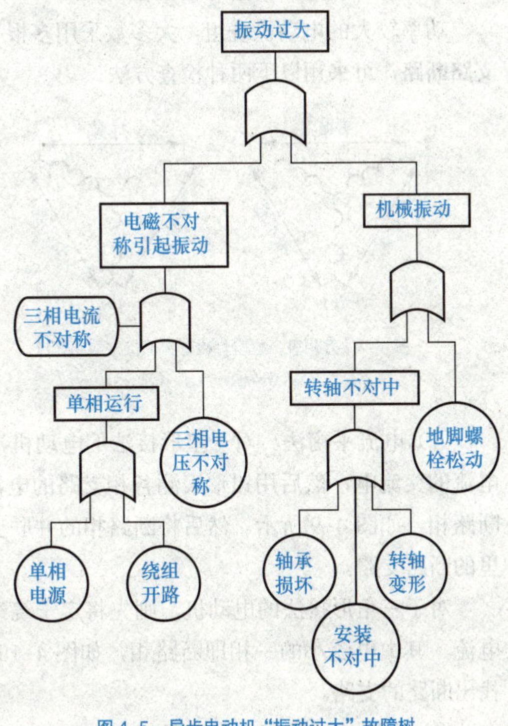

图 4–5 异步电动机“振动过大”故障树

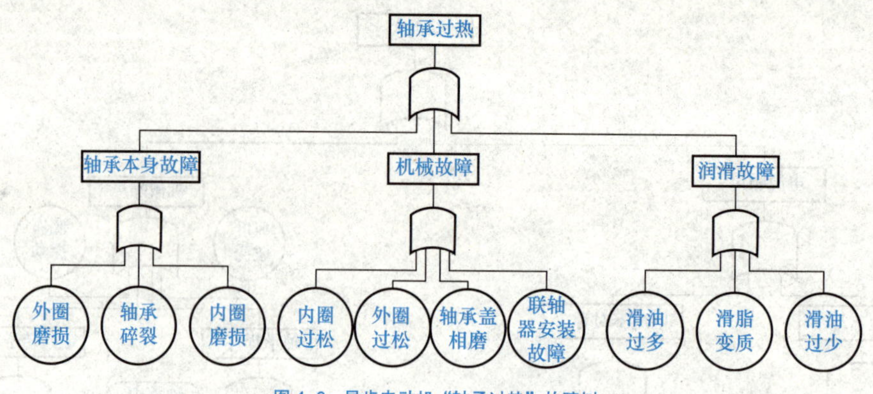

图 4-6　异步电动机“轴承过热”故障树

二、异步电动机常见故障的检查和处理方法

1. 绕组断路故障检查与处理

断路故障大多数发生在绕组端部，导线的线头及绕组与引接线的连接处。由于绕组端部伸到铁芯外面，导线易被碰断，或由于接线头焊接不良，长期运行后脱焊，以致造成绕组端部断路。因此，发生断路故障后，首先应检查绕组端部，找出断路点后，重新连接焊牢，包上相应的绝缘材料后，再涂上绝缘漆即可继续使用。

检查单支路绕组电动机断路时，一般使用万用表（低阻挡）或校验灯。若绕组为星形接法，应分别测量每相绕组，如图 4-7 所示。断相时表不通或灯不亮。若绕组为三角形接法，需将三相绕组接头拆开后，再分别测量每相绕组，如图 4-8 所示。断相时，表不通或灯不亮。

功率较大的电动机绕组，大多数采用多根导线并绕或多路并联，若其中一根（或几根）或一个支路断路，可采用以下两种检查方法：

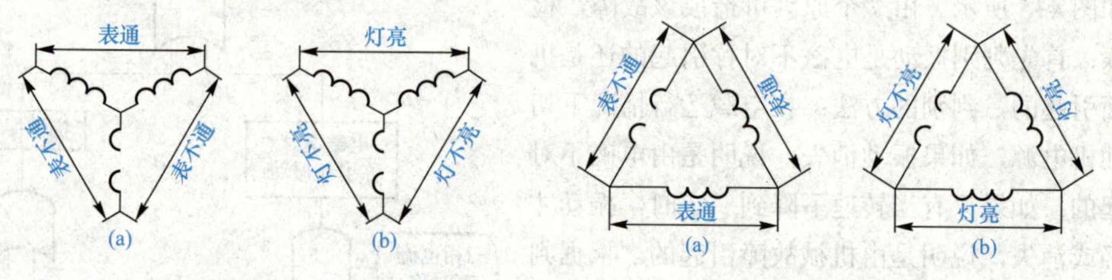

图 4-7　万用表、校验灯检查星形接法绕组断路

（a）万用表检查；（b）校验灯检查

图 4-8　万用表、校验灯检查三角形接法绕组断路

（a）万用表检查；（b）校验灯检查

（1）电流平衡法。对于星形接法的电动机，可将三相绕组并联后，用自耦变压器提供低电压大电流的交流电，然后用钳形表测各相支路的电流，如果三相电流相差 5% 以上时，电流小的一相为断路相，如图 4-9 所示。然后将断路相的并联支路拆开，逐路检查，表不通或灯不亮的即为断路相里的断路支路。

对于三角形接法的电动机，则先将定子绕组的接点拆开，再逐相通入低电压的交流电。测量其电流，其中电流小的一相即断路相，如图 4-10 所示。然后将断路相的并联支路拆开，逐路检查，找出断路的支路。

（2）电阻法。采用电桥测量三相绕组的电阻，若电阻值相差 5% 以上，电阻较大的一相绕组，可能有断路故障。

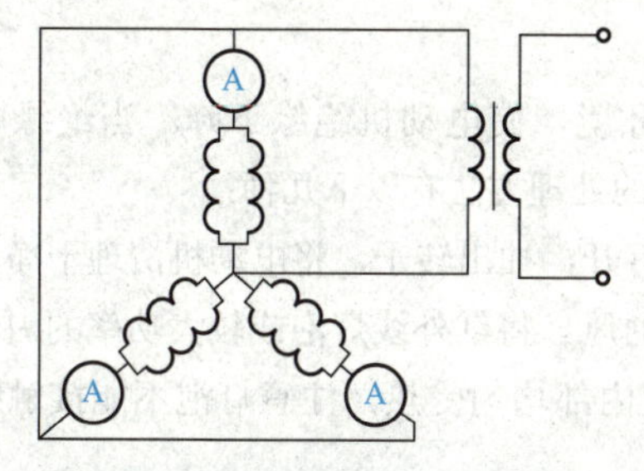

图 4-9　电流平衡法检查多路并联星形接法绕组断路

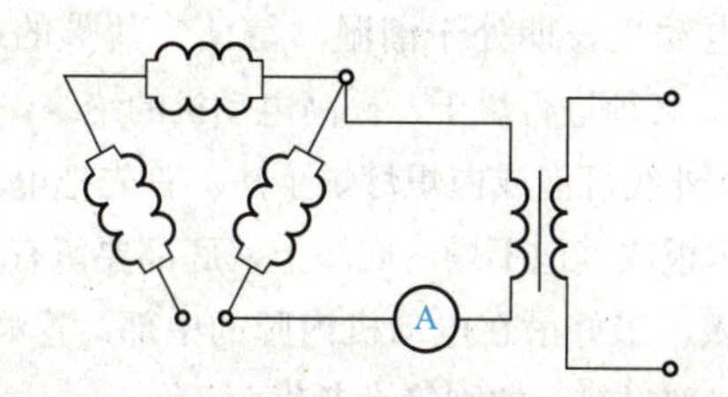

图 4-10　电流平衡法检查多路并联三角形接法绕组断路

2. 绕组短路故障检查与处理

定子绕组的短路故障主要是匝间短路和相间短路。

（1）匝间短路。在正常情况下，导线表面都有绝缘层，所以匝之间是绝缘的。电流只能一匝一匝地通过。如果线圈中相邻的两个线匝绝缘破裂而短路，交变磁通穿过被短路线匝回路，将产生感应电势，由于短路线匝的电阻很小，因此在闭合回路中产生很大的电流，它将超过额定电流的若干倍，而将这一线匝或几线匝烧焦。

（2）相间短路。三相绕组之间因绝缘损坏而造成的短路称为相间短路。相间短路会造成很大的短路电流，在短路处产生高热，熔断导线。

（3）检查与处理方法。检查绕组间距和相间短路的方法有以下几种：

1）用兆欧表或万用表测量相间绝缘电阻，如果绝缘电阻值很低，就说明该两相绕组短路。

2）用电流平衡法，如图 4-9 和图 4-10 所示，分别测量三相绕组电流，电流大的存在匝间短路相。

3）用电桥测量三相绕组的电阻，电阻值较小的一相为匝间短路相。

4）用短路侦察器检查，将短路侦察器放在定子铁芯槽口后接通交流电源，沿着铁芯内圆逐槽移动，当它经过短路绕组时，短路绕组即成为变压器的二次绕组。如在短路侦察器绕组中串联一电流表，此时电流表会指出较大的电流。如果没有合适的电流表，也可用 0.5 mm 厚的钢片或锯条放在被测绕组的另一线圈边所在的槽口上面，如果被测绕组短路，则钢片会产生振动。对于多并联的绕组，必须把各支路拆开，才能用短路侦察器测试，否则绕组支路中有环流，无法分清哪个槽的绕组有匝间短路。

绕组短路故障的处理方法：如果短路点在槽内，则将该槽绕组加热软化后翻出，换上新的槽绝缘，将导线的短路部位用绝缘材料包好，然后重新嵌入槽内，再按上述方法进行检查。一般绕组短路故障出现后须进行厂修或更换电动机。

3. 绕组接地故障检查与处理

异步电动机由于长期过载运行，定子、转子相擦，振动过大，受潮等原因，都会引起绝缘性能降低、老化或机械损伤而产生定子绕组接地故障。电动机更换定子绕组时，槽绝缘被损坏或绝缘未垫好，也会产生定子绕组接地故障。

检查定子绕组接地的方法有很多。可用兆欧表、万用表和校验灯来检查，只要有一相对地绝缘为零，就说明有接地故障，应把电动机解体，先用肉眼察看接地那一相定子绕组绝缘物。如果发现绝缘有焦痕或破裂，即接地点。如果找不到破裂或焦痕，则要用校验灯检查。这时，接地点可能冒烟或有火花发生。如有条件，可将接地的那一相定子绕组接上单相调压器，将电压逐渐升高到 500～1 000 V 时，接地点就会明显跳火。若没有单相调压器，也可以用 500 V 或 1 000 V 兆欧表检查。

绕组接地故障出现后可采取提高电动机绝缘的方法进行处理或进行厂修。

4. 电动机受潮的处理方法

船舶电动机长期处于潮湿、霉菌、盐雾的恶劣环境，使电动机绝缘下降。当绝缘电阻低于0.5 MΩ时，必须进行烘干，提高电动机的绝缘。常用的处理方法有以下几种：

（1）红外线灯泡或白炽灯烘干法。首先把电动机拆开，抽出转子，将电动机清理干净，把定子竖立放在木板或其他干燥的底座上，底部要留有空隙通风。将红外线灯泡或较大功率的白炽灯从端盖孔中吊入，最好吊在电动机内膛的中部，这样可使内部均匀受热。注意灯泡不能接触线圈和铁芯，防止局部过热，加剧绝缘老化。

（2）烘箱烘干法。将解体后的电动机定子放入烘箱烘干，烘干时必须通风，注意控制温度，不能超过允许值，并做好记录。

（3）主机或锅炉废热风烘干法。利用锅炉或主机的废热风吹入电动机进行干燥。这种方法既简单又节省能源。

（4）电流烘干法。抽出电动机的转子，在电动机的定子绕组上输入交流电流。可通过调压器调节输入的电压从而调节烘干电流的大小。一般，开始时将电流调到30%的电动机额定电流值，然后逐渐增大，根据所需的干燥温度，通常可将每相绕组的烘烤电流控制在其额定电流值的60%左右。由于各种电动机的体积、烘烤条件不尽相同，通电以3～4 h，绕组温度达70 ℃～80 ℃为宜。电流烘干法技术要求较高，一定要在搞清楚具体操作方法后方能开始烘干，严防烧毁电动机。

若电动机被海水浸泡而引起绝缘下降，首先要用淡水及时冲洗，必要时可解体电动机后浸入加热淡水中清洗干净再实施烘干。

电动机干燥的温度与电动机的绝缘等级有关，要限制烘干温度，E级绝缘烘干温度不得超过120 ℃，B级绝缘不超过130 ℃。在烘干过程中，当电动机的绝缘电阻达到5 MΩ以上，而且在最后3 h内不再变化时，可停止烘干。应当指出，有的电动机绝缘老化或绕组损坏而导致绝缘能降低，烘干不能使绝缘提高，这时必须更换绕组或采取其他措施。

【任务实施】

定子绕组端部断路故障的检修训练

1. 实施地点

教室、电动机实训室。

2. 实施所需器材

（1）多媒体设备；

（2）工具、仪器仪表及材料见表4–2。

表4–2 所需工具、仪器仪表及材料

序号	名称	型号与规格	单位	数量	备注
1	三相异步电动机	Y160M—4	台	5	
2	故障检修专用工具	配套自定	套	5	
3	助手	配初级工助手	人	5	
4	起重设备	配套自定	台	5	
5	故障排除专用材料、备件及测试仪表	配套自定	套	5	

续表

序号	名称	型号与规格	单位	数量	备注
6	电气通用工具	验电笔、钢丝钳、螺钉旋具（一字形和十字形）、电工刀、尖嘴钳、活络扳手、剥线钳	套	5	
7	变压器	220 V/36 V			
8	低压校验灯	36 V			
9	万用表	自定	块	5	
10	兆欧表	自定	台	5	
11	圆珠笔	自定	支	5	
12	劳保用品	绝缘鞋、工作服等	套	5	

3. 实施内容与步骤

（1）学生分组：4人左右一组，指定组长。工作始终各组人员尽量固定。

（2）教师布置工作任务。学生了解工作内容，明确工作目标，制定实施方案。引导问题：

1）用万用表检查绕组断路的接线方法是什么？

2）用校验灯检查绕组断路的接线方法是什么？

（3）拆开电动机，将出线盒内的接线片拆下（△形连接）。

（4）用万用表或校验灯查处断路的一相绕组。

（5）逐步缩小断路故障范围，最后找出故障所在的线圈。

（6）将定子绕组放在烘箱内加热，使线圈的绝缘软化，再设法找出故障点，断路故障一般发生在线圈之间的连接线处或铁芯槽口处。

（7）视故障实际情况进行处理。如断路点发生在端部，则可将断路处恢复加焊后再进行绝缘处理；如断路点发生在槽口处或槽内，则一般可拆除故障线圈，用穿绕修补法进行修理或者重新绕制。

（8）将绕组及电动机复原。

【评价标准】

教师根据学生训练记录结果及提问，给予评价，填入表4–3。

表4–3 任务评价表

项目内容	考核要求	评分标准	配分	扣分	得分
故障分析	根据故障现象，分析故障原因，思路正确；判明故障部位；采取有针对性的处理方法进行故障部位的修复	故障分析思路不够清晰，扣15分；确定最小的故障范围，每个故障点扣10分	30		
故障排除	正确使用工具和仪表；找出故障点并排除故障；排除故障时要遵守电动机检修的有关工艺要求；根据故障情况进行电气试验	找不出故障点，扣15分；不能排除故障，扣15分；排除故障方法不正确，扣15分；根据故障情况不会进行电气试验，扣15分	35		

续表

项目内容	考核要求	评分标准	配分	扣分	得分
其他	操作如有失误，要从此项总分中扣分	排除故障时，产生新的故障后不能自行修复，每个故障从本项总分中扣 10 分：已经修复，每个故障从本项总分中扣 5 分；损坏电动机，从本项总分中扣 4 ～ 10 分	15		
工具的整理与环境清洁	要求工具码放整齐、工作台周围无杂物	工具码放不整齐 1 件扣 1 分；有杂物 1 件扣 1 分	10		
安全文明生产	安全操作规程遵守情况、纪律遵守情况	每违反一次，扣 5 分	10		
工时：4 学时		合计			
		教师签字			
注：各项配分扣完为止					

任务三　船舶直流电动机常见故障及排除方法

一、电刷下火花过大

直流电动机的很多故障都能从电刷下的火花情况反映出来，产生火花的主要原因和处理方法如下。

1．电动机过载

当电动机过载时，电刷单位面积的电流大，引起换向困难，造成电刷下火花过大。处理时应根据引起电动机过载的原因进行解决。

2．电刷与换向器接触不良

换向器表面太脏，电刷弹簧太小，电刷与刷握间隙配合太紧，有卡阻现象存在。处理时，应把电刷侧面磨掉一些，注意不能太松，另外，应保证电刷与换向器的接触面大于 70% 以上。

3．刷握松动，电刷排列不成直线

电动机在运行中如果电刷不成直线，会影响换向。电刷位置偏差越大，火花越大。通过对电刷位置偏差进行调整来处理。

4．电枢振动

电枢振动是由于电枢与各磁极间的间隙不均匀，造成磁系统不均匀而产生的，这样造成电枢绕组各支路内的电压不同，其内部产生的均压电流使电刷产生火花。造成这种间隙不均匀的原因可能是以下几种情况：

（1）磁极安装不当，如丢失或忘记安装垫片或磁极松动；

（2）轴承磨损或损坏；

（3）电动机与负载轴线没有对中。

处理时，应查明具体原因再进行适当处理。

5．换向片间短路

如果换向器沟槽中填满电刷粉末或换向器铜粉，就会形成换向片间短路。若换向片间的绝缘云母脱落或被腐蚀，也会造成换向片间短路。在检修换向器（拉槽）时形成的毛刺没有及时打磨光滑，也会造成换向片间短路。所以，应经常维护换向器，保持换向片清洁、光滑。

6．电刷位置不在中性线上

由于修理过程中移动刷架或刷架螺栓松动，换向过程不发生在零电势元件上，那么电刷下就产生火花。必须重新调节中性点，方法如下：

（1）感应法：按图 4–11 接线，当转子静止时，将毫伏表接到相邻的两组电刷上（电刷与换向器接触要良好），励磁绕组经按钮 SB 接入 3 V 的直流电源上。当不断地按动按钮，若指针不断摆动，说明电刷不在几何中性线上，这时应移动刷架，当毫伏表指针不动时，电刷已调到几何中性线上，最后固定刷架。

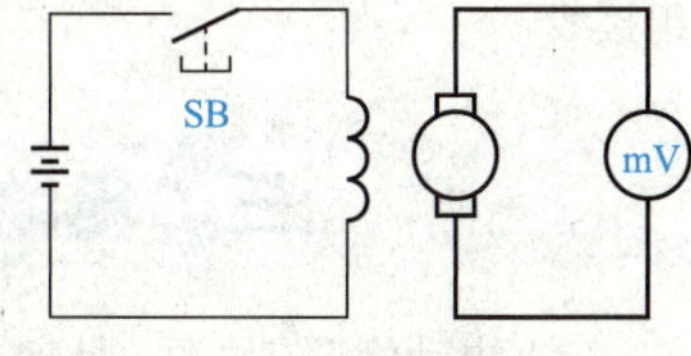

图 4–11 感应法

（2）试转法：对于可逆的直流电动机进行正、反试验。试验时用他励方式，在外加电压、励磁电流、负荷都保持不变的情况下，使电动机正转测其转速，然后反转测其转速，若正、反方向转速不相等，应转动刷架再试验，一直调整到正、反转速相等为止，这时，电刷位置即在几何中性线上，最后固定刷架。

7．换向极线圈接反

一旦换向极线圈接反就失去改善直流电动机的换向作用，使其运转时换向更困难，在电刷下产生更大的火花。判断的方法是取出电枢，把“正、负”电刷成对用导线短接，电动机通入低压直流电源。用小磁针试验换向极极性。发电机的换向极与沿着转向的前一个主极极性相同；电动机的换向极与沿着转向的前一个主极极性相反（发电机：n–N–s–S；电动机：n–S–s–N，其中大字母为主极极性，小字母为换向极极性）。

8．换向极磁场补偿不当

若换向极磁场太强，补偿电枢反应过强，就会产生绿色针状火花；若换向极磁场太弱也会产生火花。处理方法是进厂进行调整。

9．换向片损坏

换向片间云母凸出，造成电刷与换向器接触不良，造成跳火现象。处理方法是应进厂进行调整。

10．电枢绕组与换向器脱焊

用电桥逐一测量相邻两片换向片间电阻，如测到某两片间的电阻大于其他任意两片的电阻，说明这两片间的绕组已经脱焊或断线。处理方法是修复脱焊或断线。

二、直流发电机不建压或电压低

1．自励式直流发电机不建压原因与处理方法

（1）没有剩磁，处理方法是对励磁进行充磁，充磁时须注意极性要正确。

（2）励磁线圈接反，处理方法是调整励磁线圈正确接线后，进行充磁，充磁时须注意极性要正确。

（3）励磁绕组及调压器发生断路故障，处理方法是更换备件或进厂修理。

（4）转向相反，处理方法是根据产品说明书调整转向。

2．电压低的原因与处理方法

（1）励磁电流过小，处理方法是调整励磁绕组或调压器或进厂修理。

（2）电枢线圈匝间短路，处理方法是查明短路点或进厂修理。

（3）换向片间短路，处理方法是查明短路点并修复或进厂修理。

（4）电刷不在中性点位置或电刷与换向器接触不良，处理方法是重新调节电刷中性点位置。

（5）转速低于额定值，处理方法是根据产品说明书调整转速。

（6）当发电机接上负载后，负载越大电压越低，说明串激绕组接反等，处理方法是调整串激绕组接线。

三、电动机不能启动的原因与处理方法

（1）电动机没有电源，处理方法是根据电源故障的原因进行解决。

（2）电源电压太低或启动电阻太大，启动力矩小于负载力矩，而造成堵转不能启动，处理方法是根据产品技术指标调整电源电压或启动电阻。

（3）电刷卡住没有与换向器接触或接触电阻太大，处理方法是调整电刷。

（4）励磁回路开路，处理方法是找出励磁回路开路原因并解决。

四、电动机转速高的原因与处理方法

根据电势平衡方程，在外加额定电压时，电动机转速会升高，主要原因为有效磁通减小。

（1）励磁回路电阻增大，处理方法是根据产品技术指标调整励磁回路电阻。

（2）串激电动机在轻载时启动，处理方法是根据产品技术指标设定串激电动机在启动时的适当负载。

（3）积复激电动机的串激绕组接反，处理方法是根据产品技术指标调整励磁回路串激绕组接线。

（4）并联励磁绕组有一路断路，处理方法是查明并联励磁绕组断路原因并修复。

五、电动机转速低的原因与处理方法

（1）外加电源电压低于额定值，处理方法是根据产品技术指标调整外加电源电压。

（2）电刷不在中性线上，处理方法是重新调节电刷中性点位置。

（3）电枢绕组短路或接地，处理方法是查明电枢绕组短路或接地原因并修复。

六、电枢绕组过热烧毁的原因与处理方法

电枢绕组过热的根本原因是过流。

（1）长期过载，处理方法是分析过载原因并解决。

（2）电枢绕组短路或换向极线圈短路，处理方法是分析、查明绕组短路原因并解决。

（3）负载不变时，外加电压低于额定值，处理方法是根据产品技术指标调整外加电源电压。

（4）发电机外部负载发生短路，造成电流过大，处理方法是分析查明短路原因并解决。

（5）电动机正、反启动过于频繁，处理方法是分析、查明原因并解决。

（6）定子、转子相摩擦，造成阻力矩增大等，处理方法是进厂修复。

七、磁场线圈过热的原因与处理方法

发电机转速过低或人为错误地把复励线圈接反，造成端电压下降；人为调整励磁电压，造成励磁线圈过流，引起磁场线圈过热；并励绕组部分短路。处理方法是根据产品技术指标重新调整复励线圈接线或调整励磁电压；分析、查明绕组短路原因并解决。

八、电枢振动大的原因与处理方法

（1）电枢平衡未校好，处理方法是根据产品技术指标调整电枢平衡或进厂修复。

（2）轴承磨损或损坏，处理方法是进行电动机解体，更换磨损或损坏轴承。

（3）检修时风叶安装位置偏移成平衡块移动，处理方法是进行电动机解体重装。

（4）定子与转子相摩擦，处理方法是进行电动机解体重装或进厂修复。

（5）底脚螺栓松动等，处理方法是进行机械“校中”矫正并紧固底脚螺栓。

（6）电枢间隙不均匀等，处理方法是进厂修复。

【任务实施】

直流电动机的故障查找及测试

1．实施地点

教室、电动机实训室。

2．实施所需器材

（1）多媒体设备；

（2）工具及材料常用电工工具、直流电动机、直流毫伏表、3 V 直流电源等。

3．实施内容与步骤

（1）电枢绕组接地故障的检查。将低压直流表接到相隔 $K/4$ 或 $K/2$ 的两片换向片上（可用胶带纸将接头粘在换向片上），注意一个接头只能和一片换向片接触。将直流毫伏表一端接转轴，另一端依次与换向片接触，观察毫伏表的读数，来判断该换向片或所接的绕组元件有无接地故障。判断是绕组元件接地还是换向片接地的方法如下：

1）用电烙铁将绕组元件从换向片升高片处焊下来。

2）用万用表或校验灯判定故障部分。

（2）电枢绕组短路故障的检查。

1）将低压直流电源接到相应的换向片上。

2）用直流毫伏表依次测量并记录相邻两片换向片上的电压。

3）若读数很小或为零，则接在该两片换向片上的绕组元件短路或换向片片间短路。

4）判定故障部分，可参照“接地故障”判定方法进行。

（3）电枢绕组断路故障的检查。

1）同前法将低压直流电源接到相应的换向片上。

2）用直流毫伏表依次测量并记录相邻两片换向片上的电压。

3）若相邻两片换向片上的电压基本相等，则表明电枢绕组无断路故障。

4）若电压表读数明显增大，则接在这两片换向片上的绕组元件断路。

（4）针对所发生的故障进行检修。

（5）重新装配电动机。

（6）测试。

1）用指南针检查换向极绕组极性，如接反，改正接法。如图 4–12 所示，对电动机，换向极极性与顺着电枢转向的下一个主磁极极性相反；对发电机，换向极极性与顺着电枢转向的下一个主磁极极性相同。

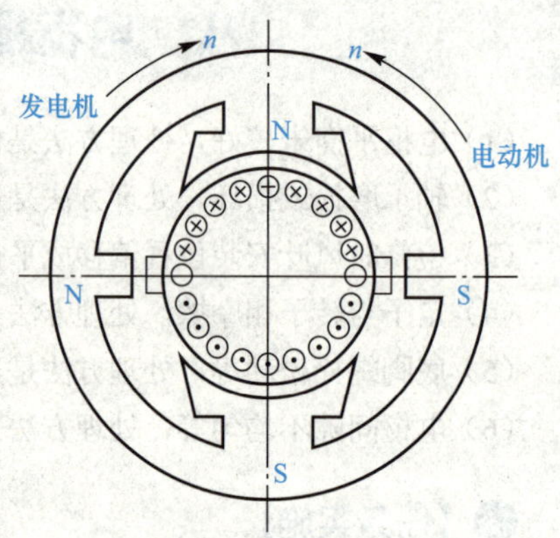

图 4–12　换向极绕组极性

2）测量绝缘电阻。如图 4–13 所示，对低压电动机，将 500 V 的兆欧表的一端接在电枢轴（或机壳）上，另一端分别接在电枢绕组、换向片上，以 120 r/min 的转速摇动 1 min 后读出其指针指示的数值，测量出电枢绕组对机壳、换向片对地的绝缘电阻值。

电动机在冷态时，其绝缘电阻值应按绕组的额定电压大小来计算，要求不低于 1 MΩ/kV，一般额定电压为 500 V 以下的电动机在热态时（绕组温升接近额定温升时），绝缘电阻不应低于 0.5 MΩ。

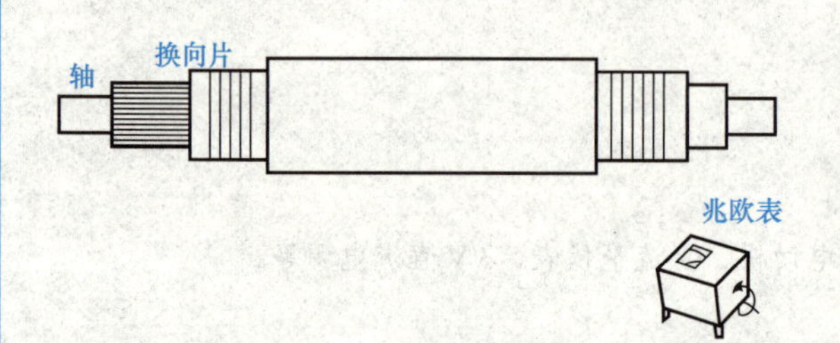

(a)

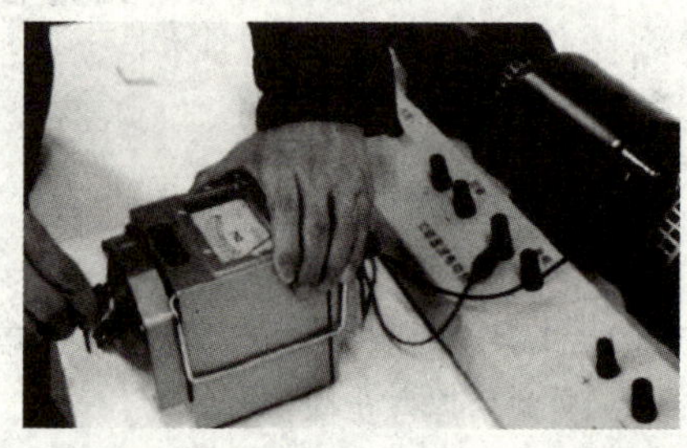

(b)

图 4–13　测量直流电动机绝缘电阻

（a）接电枢测绝缘电阻；（b）测量直流电机绝缘电阻

3）测量绕组的直流电阻常用电桥法和电流表电压表法两种方法，实训时用后者。

电流表、电压表法测量小电阻值按图 4–14 所示接线，图中 R 为被测电阻，R_p 为调节电阻器。

由于被测电阻值小，电流表的内阻将影响测量精度，用此法接线时，电压表测量得到的电压值不包含电流表上的电压降，故测量较精确。此时被测电阻 R 为

$$R=\frac{U}{I}$$

由于有一小部分电流被电压表分路，故电流表中读出的电流大于流过被测电阻 R 上的电流，因此测出的电阻值比实际电阻偏小。精确的电阻可用下式计算：

$$R=\frac{U}{I-U/R_V}$$

式中，R_v 为电压表的内阻。测量大电阻按图 4–15 所示接线。

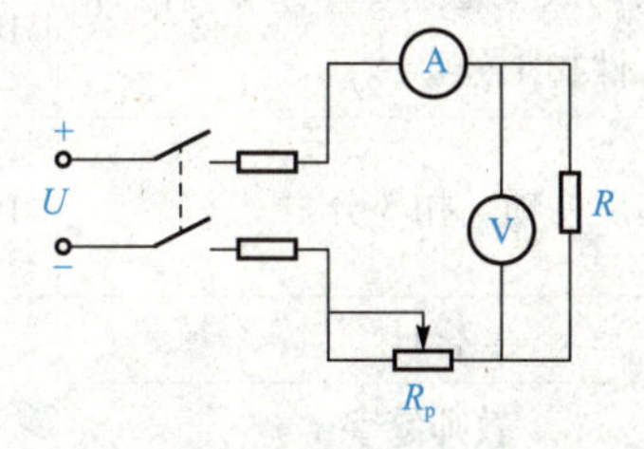

图 4–14　测量小电阻值接线图

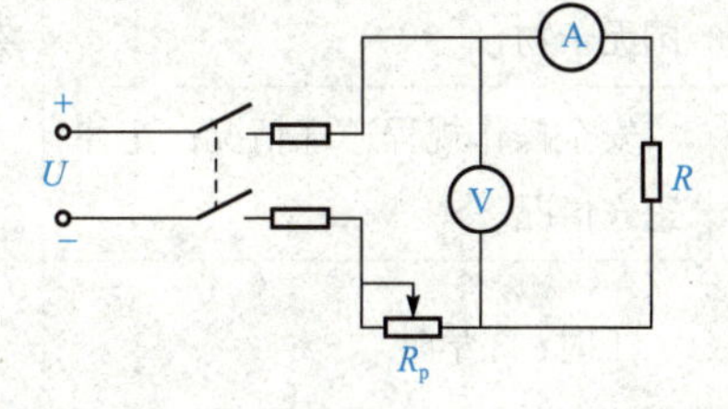

图 4–15　测量大电阻值接线图

若考虑电流表内阻 R_A，则被测量电阻可用下式计算：

$$R=\frac{U-IR_A}{I}$$

无论用何种方法测得的绕组直流电阻都应换算到标准温度为 15 ℃时的电阻。其换算公式为

$$R_{15}=\frac{R_\theta}{1+\alpha(\theta+15)}$$

式中　R_{15}——绕组在温度为 15 ℃时电阻值（Ω）；

R_θ——绕组在温度为 θ 时电阻值（Ω）

α——绕组导体的温度系数，铜的 α=0.004，铝的 α=0.003 85；

θ——测量电阻时绕组的实际温度（℃）。

一般要求测得的电阻值 R_{15} 和电动机出厂值比较，不超过 ±2%。

4）负载试验安装好电动机，让电动机在额定电压、额定电流、额定转速下，带上额定负载，按定额运行一定的时间。观察电动机的运行状况是否良好，换向火花是否在允许范围之内。换向器上没有黑痕及电刷上没有灼痕，运行平稳、无噪声和振动为正常。

【评价标准】

评分标准见表 4–4。

表 4–4　任务评价表

项目内容	考核要求	评分标准	配分	扣分	得分
电路接线	认真接线，要求接线正确	接线错误，扣 20 分	20		
仪表使用	仪表使用方法正确；不能损坏仪器、仪表	使用方法不正确，每次扣 5 分；损坏仪器、仪表，扣 20 分	20		
故障检查	故障检查方法正确；能够正确地进行故障判断	检查方法不正确，每次扣 5 分；故障判断错误，每次扣 5 分	20		

续表

项目内容	考核要求	评分标准	配分	扣分	得分
测试	测试方法正确，能够得到正确测量结果	测试方法不正确，每次扣5分；测试结果不正确，每次扣5分	20		
工具的整理与环境清洁	要求工具码放整齐、工作台周围无杂物	工具码放不整齐1件扣1分；有杂物1件扣1分	10		
安全、文明生产	安全操作规程遵守情况；纪律遵守情况	每违反一项，扣5分	10		
工时：2学时		合计			
		教师签字			

任务四　船舶变压器常见故障分析与维修

船舶用于照明供电的三相变压器采用干式、三芯式。变压器的冷却介质是空气。变压器使用时须注意当供电的电路发生短路和过载时应迅速切断供电，避免损害变压器。

一、照明变压器运行中的常见问题

1．变压器空载运行

变压器空载（次级不接负载）时，初级电流只是用来励磁的。变压器绕组（线圈）是个大电感，空载励磁电流的功率因数很低。在空载的情况下接通初级电源，将产生超过额定电流数十倍的冲击励磁电流，但持续0.18 s左右即消失，是正常的，保护不应动作。如果塑壳断路器选用不当，开关合闸时会跳闸。

2．变压器次级短路

变压器次级短路会在初级产生超过额定电流数十倍的电流。

3．切断变压器一次侧电源开关

切断变压器一次侧电源开关瞬间会产生过电压。

4．变压器并联运行

《钢质海船入级规范》允许两台（或更多）照明变压器并联运行。并联运行的变压器，除对变压器本身的连接组别、阻抗电压等有要求外，还要求在电路上对二次侧采取隔离措施。原因如下：

（1）设计时就要求一台照明变压器的容量足以保证全船的需要；

（2）由于变压器制造上的差异和馈电线路的差异，并联运行变压器的负载分配是不可能平衡的，而不平衡又是无法调节的；

（3）从安全考虑，主配电板的主汇流排用隔离开关（器）至少分成两段，两台照明变压器分别由两端汇流排供电，当隔离开关分断做分区供电时，两台变压器的一次侧不是同一电压和频率，二次侧是不允许并联的。

二、照明变压器运行中的保护环节

1. 照明变压器的短路和过载保护

对一台变压器来说，其控制器件除控制投入和退出运行的开关外，还有实施过载和短路保护的器件。

一般照明变压器的初级用断路器做开关控制。塑壳式断路器一般都具有带电磁脱扣（瞬动）和热脱扣（过载）保护器件。图 4–16 所示为采用塑壳断路器控制的三种保护电路形式。图 4–16（a）所示为用断路器本身的电磁脱扣做短路保护，热脱扣做过载保护。但用一般的塑壳断路器来保护变压器，无法兼顾短路和过载保护。图 4–16（b）所示为用断路器本身的电磁脱扣做短路保护，外加热继电器做过载保护，通过断路器的分励脱扣线圈 SHT 执行，热继电器设在变压器的初级。图 4–16（c）与图 4–16（b）相同，不同的是热继电器设在变压器的次级。一般采用图 4–16（b）和图 4–16（c）两种方式。

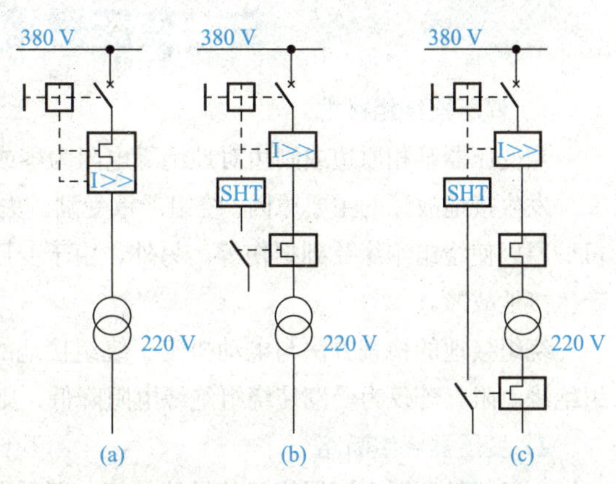

图 4–16　变压器的初级保护电路

（a）热脱扣做过载保护；（b）热继电器做过载保护（变压器初级）；（c）热继电器做过载保护（变压器次级）

电气连锁采用失压脱扣，电网断电后开关脱扣分断，恢复供电需要人工操作再合闸，使用时一般都要求采用分励脱扣。单主电站主汇流排如果采用隔离器，大多数情况下隔离器是不分断的，同规格、同容量的两台三相变压器，只要接线相位一致，产生瞬时并联是允许的。采用分励脱扣的电气连锁的要求如下：

（1）变压器初级开关分断，次级开关也应分断；

（2）一台变压器次级开关合闸，另一台次级开关应分断。

若采用断路器（手柄操作），供电电路产生故障，需要手动操作转换到备用供电电路，为了实现自动转换，可以采用接触器或电动操作断路器替代手动断路器。

2. 照明母线电源自动转换

图 4–17 所示为某船使用的照明母线电源自动转换电路。照明母线电源采用接触器自动转换。变压器初级开关是带电磁脱扣做短路保护的塑壳断路器 ACB1 和 ACB2，次级用热继电器 F11 和 F21 做过载保护。

两台三相变压器 1 号（T_1）和 2 号（T_2）互为备用，用选择开关 S_3 来设定。S_3 设 3 个位置：“1 用 2 备”“断”和“2 用 1 备”。

变压器次级用接触器做开关，执行自动转换。

自动转换由接触器互锁（常闭触头）来实现，即 1 个接触器释放另 1 个吸合。用互

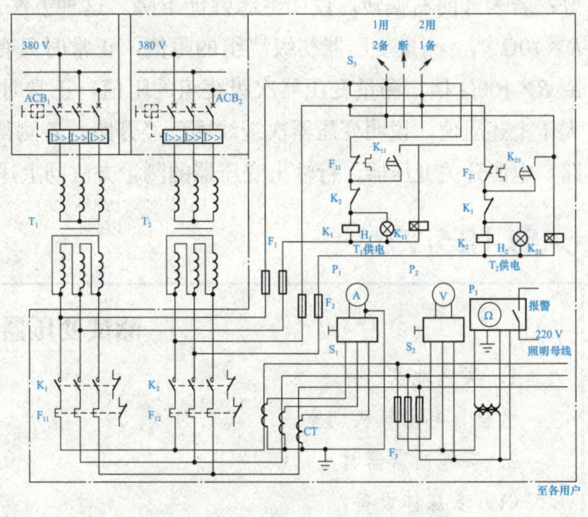

图 4–17　照明母线电源自动转换电路

锁实现自动转换会产生 2 个接触器的动作竞争，为此，作为备用的需要延时动作。

例如，当 S_3 从“断”位设置到“1 用 2 备”时，K_1 立即动作，接通 1 号变压器向照明母线供电。同时，时间继电器 K_{21} 被启动，经 1 ～ 2 s 延时动作，输出为接触器 K_2 的动作做好准备。如果 K_1 因故释放，则常闭触头闭合，K_2 动作，接通 2 号变压器向照明母线供电，完成电源自动转换。供电接触器的释放一般是由故障引起的，发生故障会发出警报，通知值班人员处理。

三、变压器常见故障与处理

1. 变压器绕组接地

当变压器某相原边或副边对地绝缘电阻为零或接近零时，即可认为发生接地故障。

发生接地故障的主要原因：绕组严重受潮，失去绝缘能力；绕组绝缘材料老化使绝缘电阻下降；机械原因使绕组绝缘受到损伤等。另外，由于变压器引线碰壳，引出线端子处积存污垢和水分也会产生接地故障。

绕组接地的检查方法与电动机定子绕组接地的检查方法相似，用校验灯或 500 V 兆欧表测量绕组绝缘电阻。若仅为受潮使绕组绝缘电阻降低，则必须进行烘干。

2. 变压器绕组断路

一般船舶照明变压器绕组的导线较粗，不易发生断路。断路的原因常常是由于接线螺钉松脱或焊接处发热脱焊。

3. 变压器绕组短路

变压器绕组短路主要是绕组匝间短路。绕组匝间短路常见产生的原因多为导线局部受力使绝缘强度减弱，在电磁力和发热作用下逐渐发展而成。另外，在维护保养中，常发生绕组绝缘被碰伤而产生短路的现象。故障现象表现为变压器严重发热，有焦味或冒烟，测量三相电流时可以发现严重的不平衡，这时必须停止运行，进行检查修理。

4. 变压器的绝缘性能检测

变压器有初级、次级两个绕组或两个以上绕组，外观检查方法同电感线圈，这里不再重复叙述。

变压器的绝缘性能的好坏，可用万用表的 $R\times10$ kΩ 挡测量，方法：一支表笔搭在铁芯上，另一支表笔分别接触初级、次级绕组的每个引脚，此时表针不动，阻值为无穷大，说明绝缘性良好；若表针向右偏转，说明绝缘性能下降。这种方法适用于降压变压器。用万用表的 $R\times1\Omega$ 挡或 $R\times10\Omega$ 挡，测量变压器初级绕组的阻值，正常时只有几欧姆至几十欧姆；用万用表的 $R\times10\Omega$ 挡或 $R\times100\Omega$ 挡，测量变压器次级绕组的阻值，正常时只有几十欧姆至几百欧姆。若测得的阻值远大于上述阻值，说明变压器次级线圈已经开路。若测得的阻值等于零，说明变压器次级线圈已经短路。电源开关变压器、行输出变压器的测量方法同上述一致。

【任务实施】

测试变压器的特性

1. 实施地点

教室、电动机实训室。

2. 实施所需器材

（1）多媒体设备；

（2）50～100 V·A 单相变压器 10 台，相应数量的电压表、电流表及功率表、开关、连接导线等。

3．实施内容与步骤

（1）学生分组：4 人左右一组，指定组长。工作始终各组人员尽量固定。

（2）教师布置工作任务。学生了解工作内容，明确工作目标，制定实施方案。引导问题：

1）变压器测试项目主要有哪几个？

2）什么是变压器的空载运行？变压器空载测试的目的是什么？

3）什么是变压器的短路运行？变压器短路测试的目的是什么？

4）什么是变压器的负载运行？变压器的输出电压与负载大小有什么关系？

（3）教师通过图片、实物或多媒体分析演示让学生了解变压器测试原理、线路与方法，或指导学生自学。

（4）实际进行变压器空载测试、短路测试及运行特性测试。

1）变压器空载测试。

①按图 4-18 接线，同学先自检，经教师复检确认后，进行变压器空载测试，结果记入表 4-5。

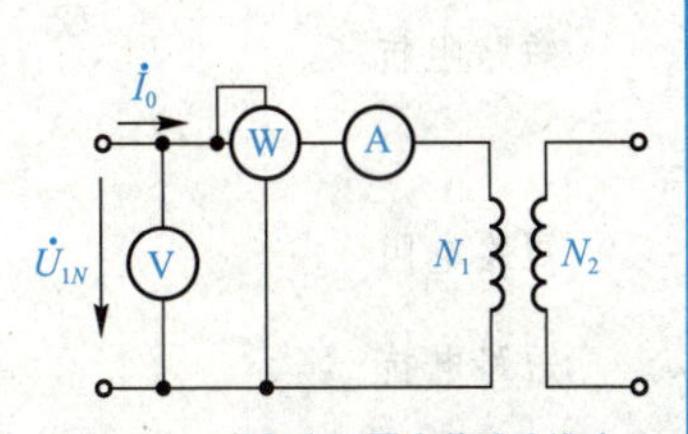

图 4-18 单相变压器空载试验线路

表 4-5 变压器空载试验记录表

试验变压器铭牌记录							
型号			额定电压 /V			额定电流 /A	
测试记录				计算结果			
原边电压 U_1/V	副边电压 U_{20}/V	空载电流 I_0/A	空载损耗 P_0/W	变比 K	空载电阻 R_m/Ω	空载电抗 X_m/Ω	空载阻抗 Z_m/Ω

②按下列公式计算，结果记入表 4-5。

变比
$$K=\frac{U_{1N}}{U_{20}}$$

空载电阻
$$R_m\approx R_0=\frac{P_0}{I_0^2}$$

空载阻抗
$$Z_m\approx Z_0=\frac{U_{1N}}{I_0}$$

空载电抗
$$X_m=\sqrt{Z_m^2-R_m^2}$$

空载电流百分值
$$I_0\%=\frac{I_0}{I_{1N}}\times 100\%$$

2）变压器短路测试。

①按图 4-19 接线，同学先自检，经教师复检确认后，进行变压器短路测试，结果记入表 4-6。

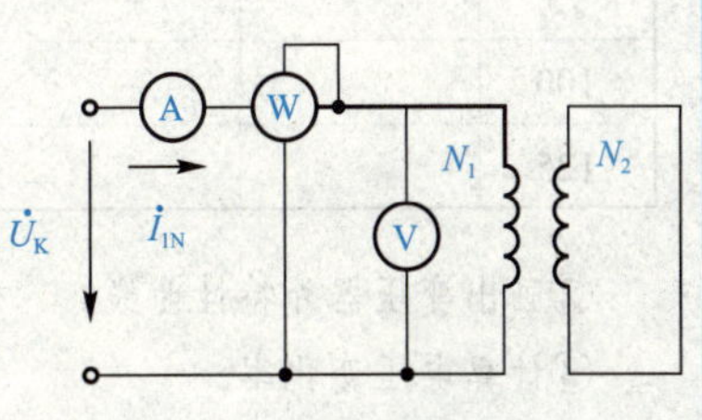

图 4-19 单相变压器短路试验线路

表 4-6　变压器短路试验记录表

试验变压器铭牌记录						
型号		额定电压 /V			额定电流 /A	
测试记录				计算结果		
原边电压 U_1/V	短路电压 U_k/V	短路电流 I_k/A	短路损耗 P_k/W	短路电阻 R_k/Ω	短路电抗 X_k/Ω	短路阻抗 Z_k/Ω

②按下列公式计算，结果记入表 4-6。

短路阻抗

$$Z_k = \frac{U_k}{I_{1N}}$$

短路电阻

$$R_k = \frac{P_{kN}}{I_{1N}^2}$$

短路电抗

$$X_k = \sqrt{Z_k^2 - R_k^2}$$

3）变压器运行特性测试。

①按图 4-20 接线，同学先自检，经教师复检确认后，进行变压器运行特性测试，结果记入表 4-7。

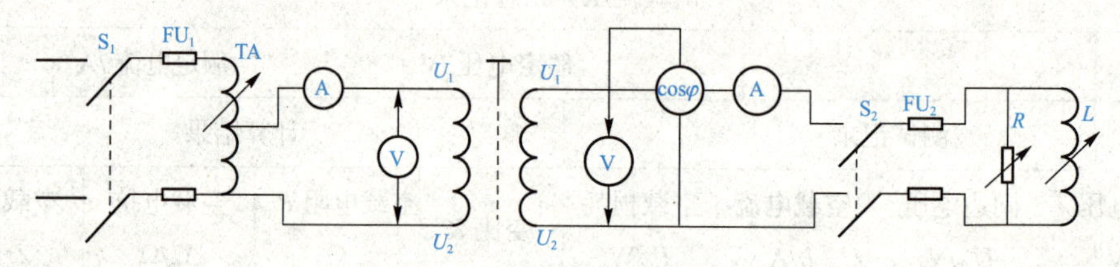

图 4-20　变压器负载试验电路图

表 4-7　变压器运行特性测试记录

试验变压器铭牌记录					
型号		额定电压 /V			额定电流 /A
测试记录					画变压器外特性曲线
负载 /W	原边电压 U_1/V	副边电压 U_2/V	原边电流 I_1/A	副边电流 I_2/A	U_2 0 → I_2
25					
50					
75					
100					
125					

②画出变压器外特性曲线。

③计算电压变化率。

$$\Delta U\% = \frac{U_{2N} - U_2}{U_{2N}} \times 100\%$$

④分析电压变化率是否在规定范围内。

4）注意事项。

①空载测试时，一般在低压侧进行，并使用低功率因数功率表。

②短路测试时，一般在高压侧加电压，将低压侧短接。升电压时，要密切注意电流表数值，达到加压侧电流的额定值即可。

③负载测试时，尽量使每组负荷差距大些，以示曲线平滑。

④接线完成后，须经指导教师检查并同意送电后，方可进行试验。

⑤试验过程中，接线换表等必须切断电源。严禁带电接线或换表。

【评价标准】

教师根据学生观察记录结果及提问，按表4-8给予评价。

表4-8　任务评价表

项目内容	考核要求	评分标准	配分	扣分	得分
测试电路的连接	看懂电路图，并能够根据电路图连接电源、电路、正确连接变压器	电源电路的连接不正确扣20分；变压器的连接不正确扣10分	30		
性能参数的测试与计算	能正确使用电压表、电流表及功率表；能正确计算参数值	不能正确使用电压表、电流表及功率表扣20分；不能正确计算参数值扣20分	40		
工具的整理与环境清洁	要求工具码放整齐；工作台周围无杂物	工具码放不整齐1件扣1分；有杂物1件扣1分	10		
安全文明生产	按操作规程遵守情况、纪律遵守情况	每违反一次，扣5分	20		
工时：1学时		总分			
		教师签字			

思考题

4-1 船舶电动机日常维护要求有哪些？

4-2 船舶电动机运行中的维护要求涉及哪些方面？

4-3 电动机大修后的验收要求有哪些？

4-4 三相异步电动机常见故障有哪些？

4-5 简述异步电动机常见故障的检查和处理方法。

4-6 简述直流电动机电刷下火花过大的原因与处理方法。

4-7 简述直流电动机不能启动的原因与处理方法。

4-8 简述照明变压器运行中的常见问题。

4-9 简述变压器的常见故障与处理方法。

05 项目五　船舶辅机电气控制装置的维护

【知识目标】

1. 掌握电气线路控制图的读图方法；
2. 掌握电气控制电路图的读图方法及一般故障的检查方法；
3. 掌握船舶起货机电气系统的电气原理及故障分析方法；
4. 掌握船舶锚机、绞缆机电气系统的电气原理及故障分析方法；
5. 掌握船舶舵机电气控制系统的电气原理及故障分析方法；
6. 掌握船舶辅锅炉电气控制系统的电气原理及故障分析方法；
7. 掌握船舶空调、冷藏设备、冷藏集装箱电气控制电路的电气原理及故障分析方法。

【技能目标】

1. 能对船舶起货机电气系统进行维护；
2. 能对船舶锚机、绞缆机电气系统进行维护；
3. 能对船舶舵机电气控制系统进行维护；
4. 能对船舶辅锅炉电气控制系统进行维护；
5. 能对船舶空调、冷藏设备、冷藏集装箱电气控制进行维护。

【项目描述】

本项目主要介绍电气线路控制图的读图方法、电气控制电路图的读图方法及一般故障的检查方法、船舶起货机、锚机、绞缆机舵机、辅锅炉、空调、冷藏设备、冷藏集装箱电气控制电路的管理、维护和检修方法。

【知识链接】

任务一　电气线路控制图的读图方法

由于船舶辅机服务对象的多样性、特定要求的复杂性，又由于可能以多种工作方式来完成所规定的任务，再加上科学技术进步使各种机型与控制方法不断发展，所以船舶辅机的种类繁多。

继电器—接触器控制线路主要由控制电器和执行元件组成。控制电器在线路中承担着信号元件和控制元件的作用。信号元件用以开关信息的发令、检测与变换，作为系统的主令控制信号，这类元件包括主令电器、信号继电器等。控制元件将信号元件的开关信息进行逻辑运算并加以传递，以控制执行元件按要求进行工作，控制元件包括继电器、接触器等。执行元件用以操纵机械的执行机构，这类元件包括电动机、电磁阀、电磁铁等。为了满足一定的控制要求，上述元件必须用导线按一定的规律连接成电气控制线路图。

为了便于阅读和理解电气控制线路图，国家颁布了统一的图形和文字符号。图形符号用来表示控制线路中各个器件和部件，它是逐步演变过来的，各国的图形符号有所差异，但由于象形和习惯，有些类似。

文字符号为电气控制线路各种器械或部件提供字母代码和功能字母代码。《技术产品及技术产品文件结构原则　字母代码　按项目用途和任务划分的主类和子类》（GB/T 20939—2007）规定了电气工程图中的文字符号，它分为基本文字符号和辅助文字符号。基本文字符号有单字母符号和双字母符号。单字母符号表示电气设备、装置和元件的大类，例如 K 为继电器类元件这一大类；双字母符号由一个表示大类的单字母与另一个表示器件某些特性的字母组成，例如 KT 即表示继电器类器件中的时间继电器，KM 表示继电器类器件中的接触器。辅助文字符号用来进一步表示电气设备、装置和元件的功能、状态和特征。表 5-1 为常用电气图形、文字符号新旧对照表。

表 5-1　常用电气图形、文字符号新旧对照表

<table>
<tr><th colspan="2" rowspan="2">名称</th><th colspan="2">新标准</th><th colspan="2">旧标准</th></tr>
<tr><th>图形符号</th><th>文字符号</th><th>图形符号</th><th>文字符号</th></tr>
<tr><td colspan="2">一般三极电源开关</td><td>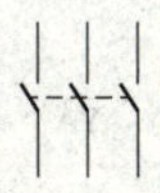</td><td>QK</td><td>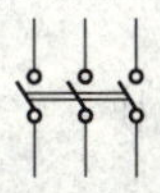</td><td>K</td></tr>
<tr><td colspan="2">低压断路器</td><td>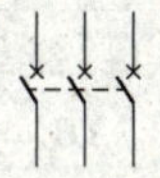</td><td>QF</td><td>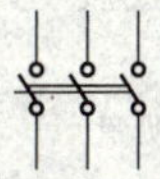</td><td>UZ</td></tr>
<tr><td rowspan="3">位置开关</td><td>常开触头</td><td></td><td rowspan="3">SQ</td><td>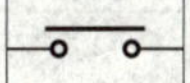</td><td rowspan="3">XK</td></tr>
<tr><td>常闭触头</td><td></td><td>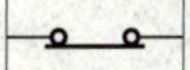</td></tr>
<tr><td>复合触头</td><td></td><td>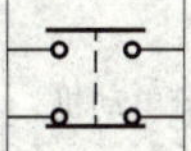</td></tr>
<tr><td colspan="2">熔断器</td><td>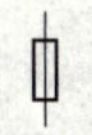</td><td>FU</td><td></td><td>RD</td></tr>
<tr><td rowspan="3">按钮</td><td>启动</td><td></td><td rowspan="3">SB</td><td>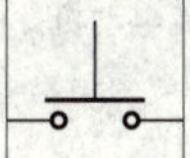</td><td>QA</td></tr>
<tr><td>停止</td><td></td><td>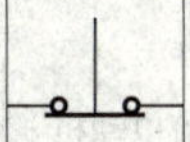</td><td>TA</td></tr>
<tr><td>复合</td><td>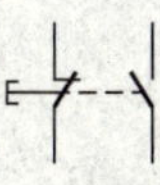</td><td>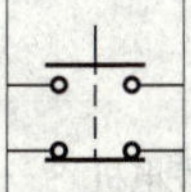</td><td>AN</td></tr>
<tr><td colspan="2">线圈</td><td>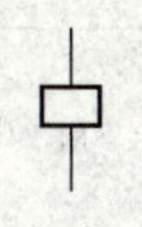</td><td>KM</td><td>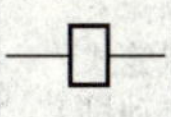</td><td>C</td></tr>
</table>

<table>
<tr><th colspan="2" rowspan="2">名称</th><th colspan="2">新标准</th><th colspan="2">旧标准</th></tr>
<tr><th>图形符号</th><th>文字符号</th><th>图形符号</th><th>文字符号</th></tr>
<tr><td rowspan="3">接触器</td><td>主触头</td><td></td><td rowspan="3">KM</td><td rowspan="3">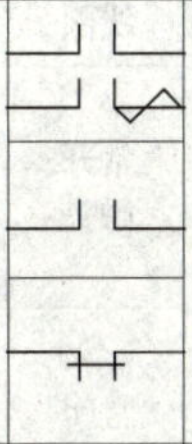</td><td rowspan="3">C</td></tr>
<tr><td>常开辅助触头</td><td></td></tr>
<tr><td>常闭辅助触头</td><td>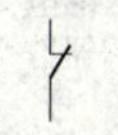</td></tr>
<tr><td rowspan="2">速度继电器</td><td>常开触头</td><td>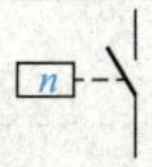</td><td rowspan="2">KS</td><td>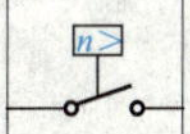</td><td rowspan="2">SDJ</td></tr>
<tr><td>常闭触头</td><td>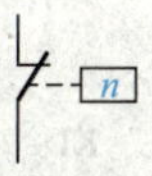</td><td>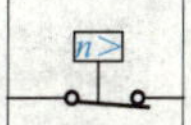</td></tr>
<tr><td rowspan="5">时间继电器</td><td>线圈</td><td>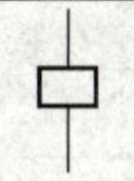</td><td rowspan="5">KT</td><td>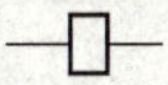</td><td rowspan="5">SJ</td></tr>
<tr><td>常开延时闭合触头</td><td>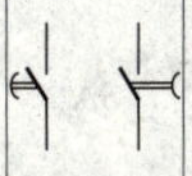</td><td>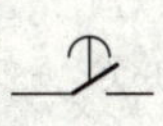</td></tr>
<tr><td>常闭延时打开触头</td><td>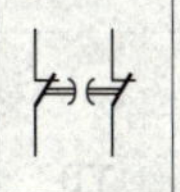</td><td></td></tr>
<tr><td>常闭延时闭合触头</td><td>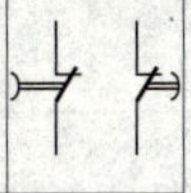</td><td>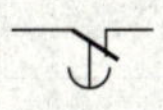</td></tr>
<tr><td>常开延时打开触头</td><td>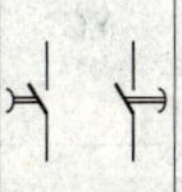</td><td></td></tr>
<tr><td>热继电器</td><td>热元件</td><td>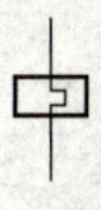</td><td>FR</td><td></td><td>RJ</td></tr>
</table>

续表

名称		新标准		旧标准	
		图形符号	文字符号	图形符号	文字符号
热继电器	常闭触头		FR		RJ
其他继电器	中间继电器线圈		KA		ZJ
	欠电压继电器线圈	<1	KU		QYJ
	过电流继电器线圈	>1	KI		GLJ
	常开触头		相应继电器符号		相应继电器符号
	常闭触头				
	欠电流继电器线圈	<1	KI	与新标准相同	QLJ
转换开关			SA	与新标准相同	HK
制动电磁铁			YB		DT
电磁离合器			YC		CH
电位器			RP	与新标准相同	W

名称	新标准		旧标准	
	图形符号	文字符号	图形符号	文字符号
桥式整流装置		VC		ZL
照明灯		EL		ZD
信号灯		HL		XD
电阻器	或	R		R
接插器		X		CZ
电磁铁		YA		DT
电磁吸盘		YH		DX
串励直流电动机	M	M		ZD
并励直流电动机	M			
他励直流电动机	M			
复励直流电动机	M			
直流发电机	G	G	F	ZF
三相鼠笼式异步电动机	M 3~	M		D

续表

名称	新标准		旧标准	
	图形符号	文字符号	图形符号	文字符号
三相绕线式异步电动机		M		D
单相变压器				B
整流变压器		T		ZLB
照明变压器				ZB
控制电路电源用变压器		TC		B
三相自耦变压器		T		ZOB
半导体二极管		V		D

名称	新标准		旧标准	
	图形符号	文字符号	图形符号	文字符号
PNP 型三极管				T
NPN 型三极管		V		T
晶闸管（阴极侧受控）				SCR

为了便于设计、阅读、安装和维修，电气线路图可绘制成不同的形式。图 5-1（a）所示是一个液位控制的电动机自动启动、停止控制系统示意。图中在水箱上部安装一个液位继电器 SL，作为系统的液位检测元件，当水位达高限位或低限位时，继电器触头相应断开或接通，通过控制元件线路接触器 KM 传递后使执行器件电动机停止或运转。显然，这样的系统示意无论从电路角度分析工作原理或从工艺角度安装维修或安装敷设电缆都是不方便的，随着系统复杂程度的提高，更是如此。因此，根据不同使用要求，电气线路图通常绘制成电路图（原理线路图）、电器元件布置图、电气安装接线图 3 种不同形式。

一、电路图

电路图又称原理线路图，或简称原理图，是电气线路图的主要形式。将图 5-1（a）所示的控制系统示意画成电路图，如图 5-1（b）所示。电路图用以说明控制系统的作用原理，图中应按规定的图形符号画出整个控制系统的电动机、控制电器和其他器件，并用电路表示出各种电气元件本身的作用及元件间的相互关系。电路图按通过的电流的不同分为主电路和控制电路。主电路包括电动机的电枢电路，接触器的主触点及电流继电器的线圈等通过大电流的电路；控制电路包括接触器和电压继电器的线圈，接触器的辅助触点，继电器和其他控制电器的触点及自动装置的其他部件。控制电路中还包括信号电路、保护电路及各种连锁电路等。

由图 5-1（b）表示的特征并做进一步推广，可将电路图的特征及其绘制规则归纳为以下几点：

（1）电路图应以规定的图形和文字符号表示出控制系统中的全部电动机、电器和其他器械的带电部件或它们之间的电气联系。

（2）电路图中主电路和控制电路分两部分分别绘制，图中器件的各个部件及其连线，以便于阅读和分析原理的原则进行安排，同一器件的不同部件可以画在电路的不同部位，不必考虑它们的实际位置。为了表明属于同一器件，不同部位的这些部件应以相同的文字符号表示。

（3）图中电器触点的开闭状态均以吸引线圈未通电，衔铁未吸合、手柄置于零位、按钮没有受到外力作用、生产机械处于原始位置为原态。例如，衔铁未吸合时，触点呈“开断”状为常开触点，触点呈“闭合”状为常闭触点。

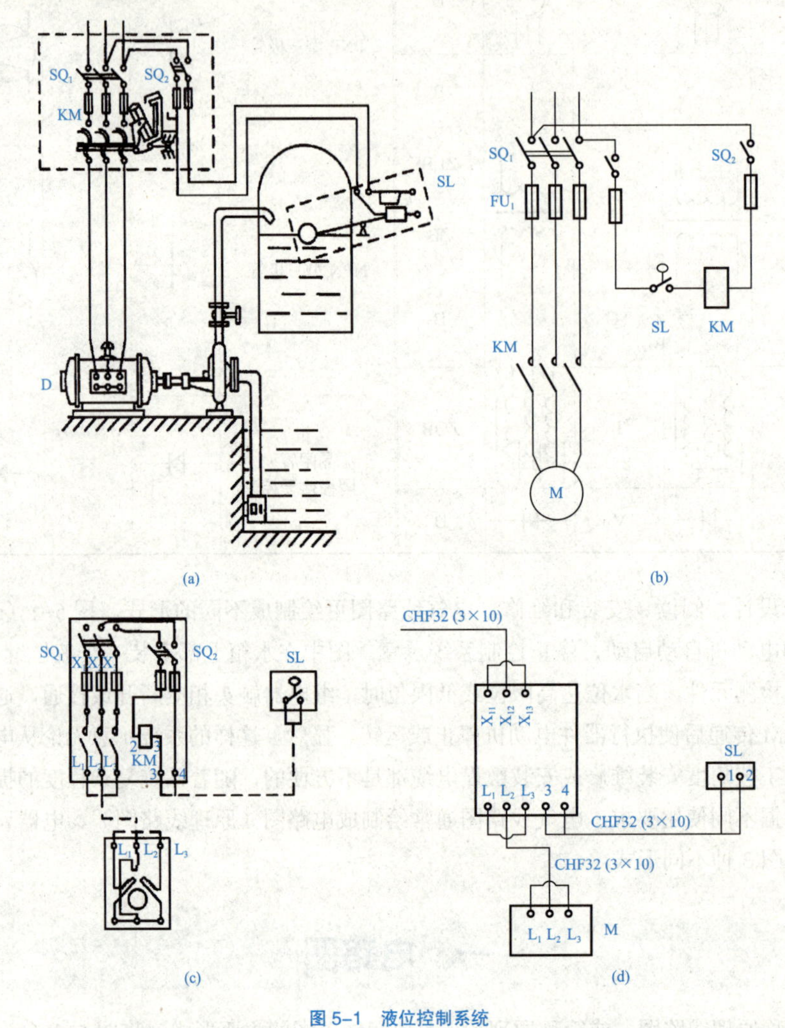

图 5–1　液位控制系统

（a）系统示意；（b）原理线路图；（c）安装接线图；（d）外部接线图

（4）为了方便阅读和查找，电路图常采用在图的下方沿横坐标方向划分图区，并以数字表示，同时，在图的上方沿横坐标方向划区并注明该图区电路的功能。电路编号特别适用于多分支电路，如继电控制和保护电路，每个编号代表一个支路。编制方法是对每个电路或分支电路按照一定顺序（自左至右或自上至下）用阿拉伯数字编号，从而确定各支路项目的位置。

1）横坐标标注法。采用横坐标标注法，线路各电器元件均按横向画法排列；各电器元件线圈的右侧，由上到下标明各支路的序号，并在该电器元件线圈旁标明其常开触头（标在横线上方）、常闭触头（标在横线下方）在电路中所在支路的标号，以便阅读和分析电路时查找。例如，接触器 KM，常开触头在主电路有三对，控制回路 2 支路中有一对；常闭触头在控制电路 3 支路中有一对。电动机正反转横坐标图示法电气原理图如图 5–2 所示。

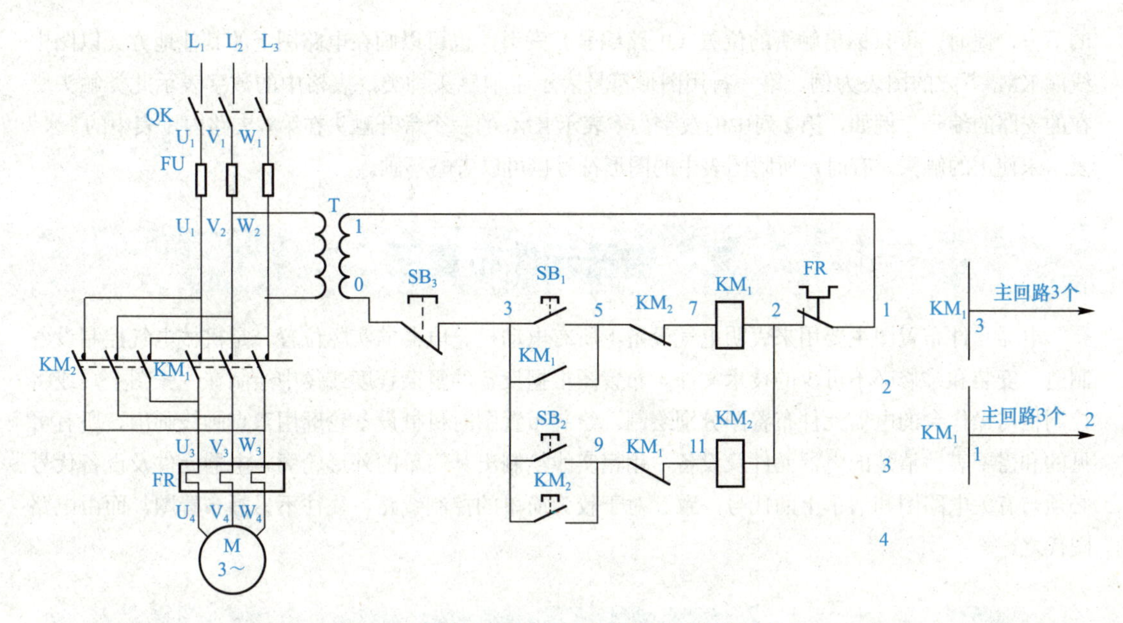

图 5-2　采用横坐标标注法的三相异步电动机控制电路

2）纵坐标标注法。采用纵坐标标注法，线路各电器元件均按纵向画法排列，编制方法是对每个电路或分支电路按照自左至右的顺序用阿拉伯数字编号，从而确定各支路项目的位置。例如，图 5-3（a）所示有 8 个电路或支路，在各支路的下方顺序标有电路编号 1 ～ 8，图上方与电路编号对应的方框内的“电源开关”等字样表明其下方元器件或线路功能。

继电器和接触器的触头位置采用附加图表的方式表示，图表格式如图 5-3（b）所示。此图表可以画在电路图中相应线圈

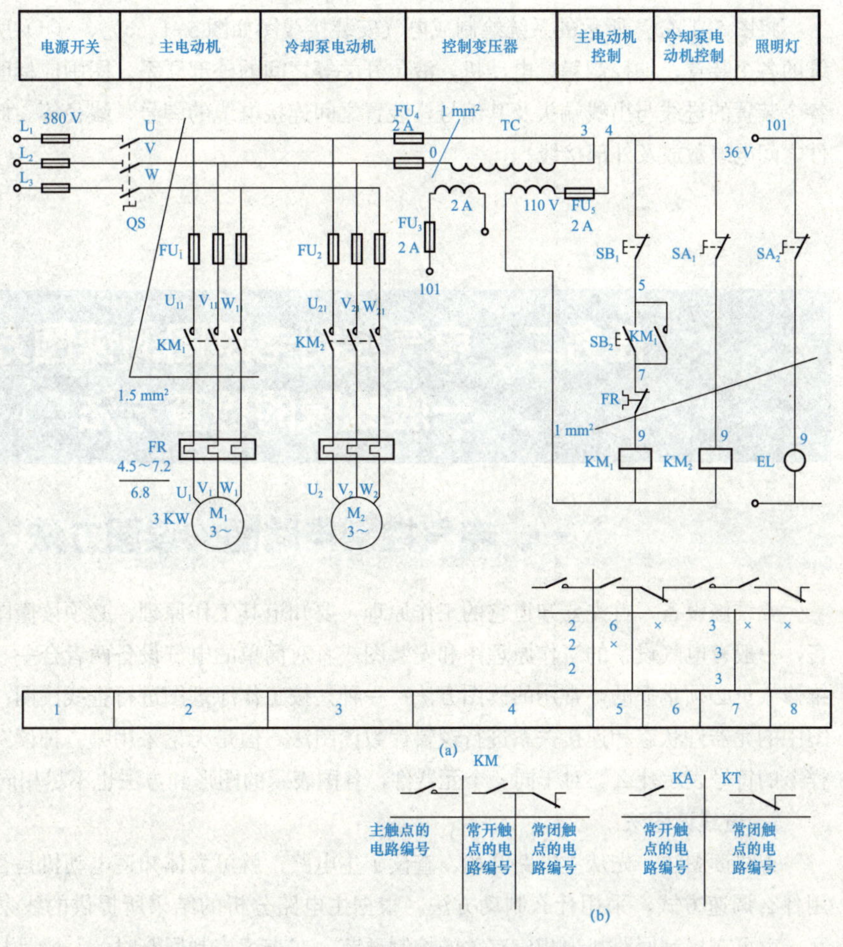

图 5-3　采用纵坐标标注法的三相异步电动机控制电路原理图

（a）8 个电路或支路；（b）图表格式

的下方，此时，可只标出触头的位置（电路编号）索引，也可以画在电路图上的其他地方。以图中线圈 KM_1 下方的图表为例，第一行用图形符号表示主辅触头种类，表格中的数字表示此类触头所在的支路的编号。例如，第 2 列中的数字“6”表示 KM_1 的一个常开触头在第 6 支路内，表中的“×”表示未使用的触头。有时，所附图表中的图形符号也可以省略不画。

二、电器元件布置图

电器元件布置图主要用来表明电气设备上所有电动机、电器的实际位置，是机械电气控制设备制造、安装和维修必不可少的技术文件。布置图根据设备的复杂程度或集中绘制在一张图上，或将控制柜与操作台的电器元件布置图分别绘制。绘制布置图时机械设备轮廓用双点画线画出，所有可见的和需要表达清楚的电器元件及设备，用粗实线绘制出其简单的外形轮廓。电器元件及设备代号必须与有关电路图和清单上的代号一致。对于较为简单的控制线路，往往不另画布置图，而由电路图代之。

三、电气安装接线图

将图 5-1（a）所示的系统绘制成电气安装接线图如图 5-1（c）、（d）所示。此图表示同一系统的各个装置，如控制箱、电动机、液位开关等之间的外部联系。图中应标明系统处于不同地点的各个装置的进线与出线端头及其编号，装置之间连接电缆的牌号、线径等。此图用于不同地点的器件之间电缆敷放及外部接线。

任务二　电气控制电路图的读图方法及一般故障的检查方法

一、电气控制电路图的读图方法

要维修设备，首先要知道它的工作原理，要知道其工作原理，必须读懂图样。对于电气设备而言，一般有电气设备的工作原理图和安装图或者对简单的电气设备两者合一。读图是关键的，也是维修人员必须掌握的。常用的读图方法：一种是按工作原理图进行查线读图；另一种是按工作原理图中的元器件状态和连接关系进行逻辑代数读图法。但是无论采用哪一种读图法，首先必须知道图样上的符号表示什么。对于同一个元器件，各国表示的图形和方法也不尽相同。

1. 查线读图法

查线读图法，先从主电路开始，查读了主电路，就可大体知道电动机是否有正、反转控制，采用什么调速方式，采用什么制动方法。根据主电路分析的结果所提供的线索及元件触头的符号文字，就可在控制回路找出相应有关的控制环节。在查读控制回路时，一般是从控制电源侧开始，然后从上到下查读，并且应假定某一个指令或信号（如起货机控制系统，假定主令器打到上升第 1 挡）

作用下跟踪电路，观察在这个指令作用下，引起其他控制元件的动作，再查读这些被驱动的控制元器件的触头驱动哪些元器件，一直查读到出口电器（执行电器）为止。注意在查读时，应把被驱动的继电器所有触头动作状态变化，查读完成，不可遗漏。

现在以某轮船的液压起货机的电动机的控制电路（图 5-4）为例，说明查线读图法的应用。

图 5-4 中 SC 是一个选择开关，投在“1”位置，是手动切换，投在“2”位置，是自动切换操作。

首先，查读主电路，从图中可见，有 3 个接触器，1KM 是把电动机接成 Y 连接，3KM 是把电动机接成△连接，2KM 则是电源接触器，FR 是热继电器，可见这是一个 Y-△减压启动控制电路。启动时，接成 Y 连接，运行时，接成△连接，而且在切换过程中，是 1KM 是先断开，然后 3KM 才闭合，否则，会造成电源直接短路。

查读控制回路：

（1）启动过程。假定 SC 选择开关置在 2 位置（自动切换操作）。当按下启动按钮 1SBT 使 1KM 有电（电源通过停止按钮 SBP → 1SBT → 2SBT（手动切换按钮）→ KT 的常闭（动断）触头→ 1KM 线圈→ 3KM 的常闭触头→ FR 常闭触头），1KM 的触头闭合，使电动机接成 Y 连接，同时 1KM 的常闭触头断开，使 3KM 线圈不能得电，防止电源短路。1KM 另一对常开（动合）触头闭合，使得时间继电器 KT 有电，进行启动计时，它也使得 2KM 得电，2KM 主触头闭合，接通电源，进行启动，它的辅助常开触头闭合进行自锁。当整定的启动时间到时，KT 的常闭触头断开，使得 1KM 失电。

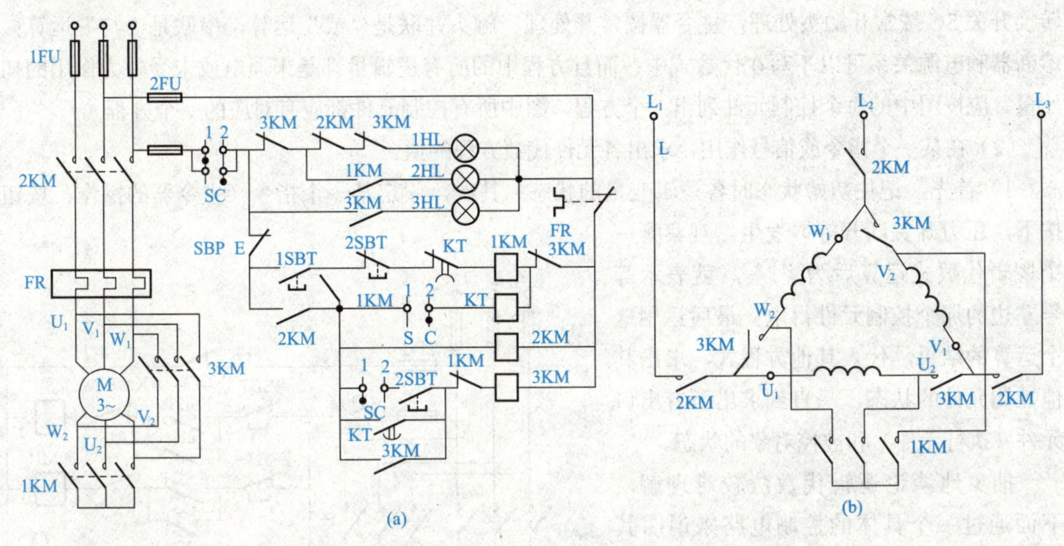

图 5-4　Y-Δ 减压启动原理

（a）Y-Δ 减压启动接线图；（b）电动机 Y-Δ 接线原理

1KM 主触头断开，1KM 的常闭触头闭合，在 KT 常开触头延时闭合的共同作用下，使 3KM 得电。3KM 主触头闭合，使电动机在△连接下启动运行，同时，3KM 的辅助触头 3KM 进行自保。这样 Y-△切换启动就结束了。

为了简便表示上述过程，用↓表示电磁线圈失电，开关受外力作用撤销，常闭触头闭合，常开触头断开；用↑表示电磁线圈得电，开关受外力作用，常开触头闭合，常闭触头断开，就可把上述过程用如下形式表示：

1SBT ↑→ 1KM ↑→ M 接成 Y 连接

2KM ↑→ M 进行 Y 连接启动

KT↑→M 进行启动计时

延时到

2KM ↑→ 3KM ↑→ M 接成△连接，进行运行

延时到

自锁 3KM

禁止 1KM、KT

（2）停车过程。停车，只需按下停止按钮 SBP，使得 2KM、3KM 失电，各自主触头断开，电动机 M 失电，停车。

可见，查线读图法比较直观，特别是用符号来表示，动作顺序很清楚。但是，对于复杂的线路，容易出错或遗漏，所以在读图时，当某一个继电器被驱动后，应把该继电器的所有触头带动下一级的元器件的作用状态都得找出并列在该继电器符号的下属列下，如上述的 1KM、KT、3KM 的下属。有多少对触头就有多少支路，不得遗漏。

2. 逻辑代数读图法

逻辑代数读图法具体步骤如下：

（1）列出各个控制元件的逻辑代数方程。列代数方程的方法：方程等号左边是控制元件本身，如接触器或继电器、指示灯等，等号的右边列出控制它的各个控制触头（该控制元件所处的整个回路所包括的逻辑量。其逻辑量约定：常闭触头写成“非”的形式，常开触头与其线圈逻辑量一致；转换开关 SC 按常开触头处理，主令器按常开处理。触头并联是“或”运算，串联是“与”运算；熔断器和电源关系可以不写在代数式中；而且方程中的所有逻辑量都是未通电或未受外力作用的初始量。应按图中的每个控制元件列出一个方程，图中所有控制元件都应有对应的一个方程。

（2）在某一个指令或信号作用，求出各元件代数方程的值。

1）首先，记住初始状态时各逻辑变量的状态；其次，假定某一个指令（主令器的操作，按钮按下，压力开关断开等）发生，观察哪一个逻辑代数式运算后为“1”，就表示等号左边的那个控制元件得电；最后运用这个运算的结果，代入其他方程式，求出其他控制元件的状态，一直到求出所有出口元件（执行元件）和被控对象的状态。

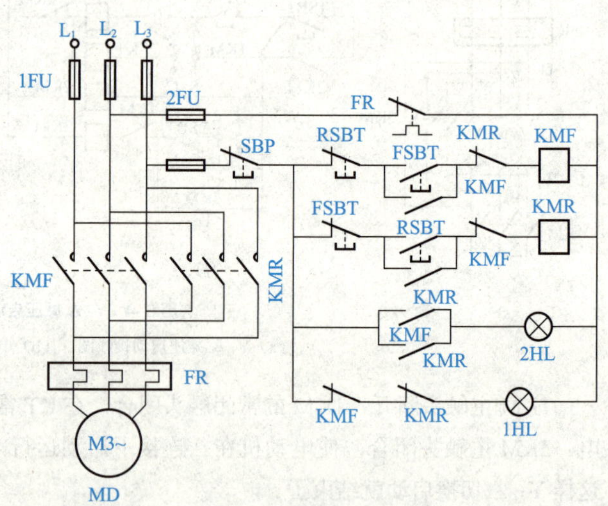

图 5-5　机舱鼓风机电路图

抽象地谈论逻辑代数法较难理解，下面通过一个具体的控制电路来说明其应用。

某轮船的机舱具有抽、鼓风机控制电路如图 5-5 所示。

采用逻辑代数读图法，首先列出控制元件的方程式：

对于正转（鼓风时），接触器 KMF 线圈（用 KMF_0 表示以便区别于本身的触头符号）：

$$KMF_0=\overline{SBP}\cdot\overline{RSBT}\cdot[FSBT+KMF]\cdot\overline{KMR}\cdot\overline{FR}$$

对于反转（抽风时）接触器 KMR 线圈：

$$KMR_0=\overline{SBP}\cdot\overline{FSBT}\cdot\left[FSBT+KMR\right]\cdot\overline{KMF}\cdot\overline{FR}$$

对于指示灯 1HL：

$$1HL=\overline{KMF}\cdot\overline{KMR}\cdot\overline{SBP}\cdot\overline{FR}$$

对于指示灯 2HL：

$$2HL=\left(KMF+KMR\right)\cdot\overline{SBP}\cdot\overline{FR}$$

2）根据指令，求解上述逻辑方程。如果运算结果为“1”，表示接触器（继电器）电磁线圈得电，或指示灯亮。运算结果为“0”时，相反，然后考察相应的执行元件动作情况。

我们按下正转（鼓风）按钮 FSBT=1。

$$KMF_0=1\cdot1\cdot\left[1+KFM\right]\cdot1\cdot1\cdot1$$
$$=1$$

$$KMR_0=1\cdot0\cdot\left[0+KFM\right]\cdot0\cdot1\cdot1$$
$$=0$$

1HL=0 · 1 · 1=0

2HL=（0+1） · 1 · 1=0

现 $KMF_0=1$，正转的接触器线圈得电，常闭触头断开，使 KMR 反转接触器不能得电，防止直接短路，它的常开主触头闭合，使风机正转，它的常开辅助触头进行自锁，使运行指示灯亮。

同理，按下反转（抽风）按钮 RSBT=1，可求出：$KMF_0=0$，$KMR_0=1$，1HL=0，2HL=1，这时，KMR 反转接触器线圈得电，风机反转，它的常闭触头断开，禁止正转接触线圈得电，防止误操作，造成直接短路。

这种逻辑代数读图法一般用于比较复杂的继电控制电路。只要控制的逻辑代数方程式列写正确，那么各控制元件之间的关系和制约关系就非常清楚，其控制关系不会遗漏。它也可用来验证继电控制电路是否设计合理，是否存在“竞争”“冒险”等情况。它也可用于进行继电控制电路转化为静止元件逻辑电路和转化为 PLC 控制的梯形图。

二、一般故障的检查方法

在船舶电气的电路中，经常发生各种故障，使设备不能正常运行，这时要求能够根据故障现象，分析出故障原因，找出故障点并加以排除，在尽可能短的时间内使设备恢复正常运行。熟练地掌握常见故障的检查方法是电气维修人员的基本技能。

在电气电路中，无论是主回路还是二次控制回路所发生的故障，都可归结为短路、断路和通地三种情况。

1．电路短路故障的检查

短路故障的现象比较明显，常常表现为短路点流过电流很大，熔断器烧断或保护电器自动动作，有关监视仪表指示失常、系统报警。严重的短路故障会发生电路绝缘烧灼、冒烟等现象。发生短路故障的原因主要如下：

由于维护管理不善、操作不当等造成短路。如电气电路的绝缘浸水或严重受潮；电缆经过金属孔或锐利金属边缘时，由于衬垫破损而未及时更换，使绝缘破损；操作时碰坏绝缘保护层；电路中接线柱间过脏，通电时柱间放电，在运行中或维修时金属零件掉落到导线接线端头或导线裸露导体部件上等。

由于设备本身缺陷造成短路，如设备出厂前就存在绝缘不良，局部绝缘损坏等隐患，经长期运行之后发生短路；电动机或电器线圈由于绕制不符合要求，绝缘薄弱，设备或电路绝缘老化，材料变质等。

检测电路有短路时，应首先切断电源，检查出烧断的熔断器。检测时，用万用表的电阻挡测量电路两端点间的电阻，若阻值为零，即短路，如图 5-6 所示。若被测电路为单回路，可沿着电路对所有接线柱、串联的电器线圈或其他元件逐个检查。

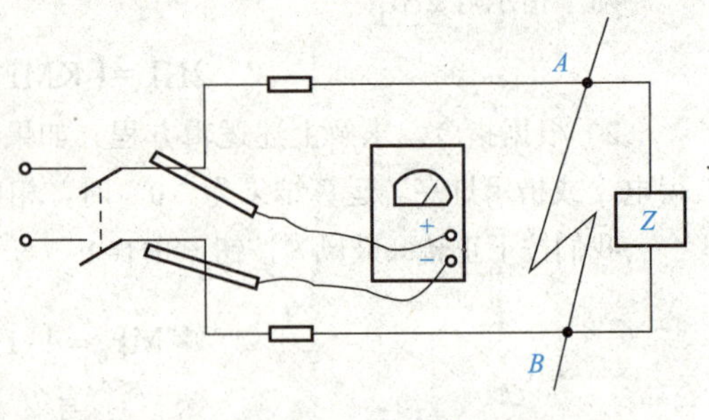

图 5-6　短路故障检查

检查时应注意以下几项：

（1）为了使测量准确，要把万用表置于 $R\times1\ \Omega$ 挡进行测量。检测前后分析了解被测电路的正常阻值，以做参考。

（2）被测电路中若有较大容量的电容时，应在检查前将其断开，以免将电容充电误认为是短路。

（3）若电路似通非通，可根据情况用绝缘电阻表测量，若有短路，绝缘电阻表指示为零。为进一步确认，可再用万用表检查。但对于含有各种电子设备的电路不得使用绝缘电阻表检查，以免损坏元器件。要使用绝缘电阻表检查时，应把电子设备脱离被测电路。

（4）若线路为多路并联时，如图 5-7 所示，必须检查短路发生在哪条并联电路中，这时可用“逐个断开法”找出短路的支路。

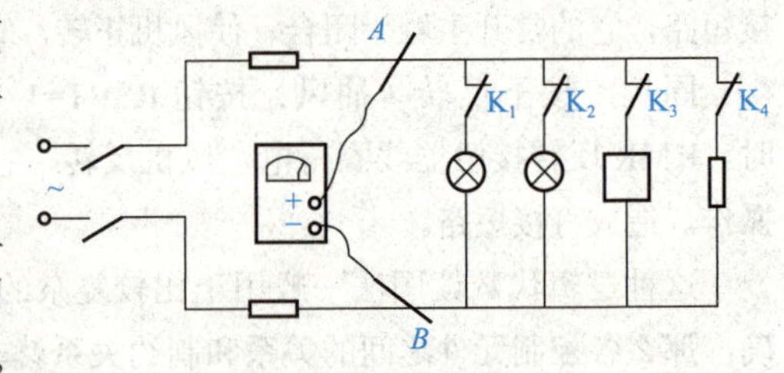

图 5-7　并联电路短路检查

断开电路的电源开关，用万用表的 $R\times1\ \Omega$ 电阻挡测量 AB 两端间的电阻。由于有短路，这时，万用表指示电阻为零。然后把各支路的分断开关 K_1、K_2 等各接线柱依次断开。当断开某电路时，万用表指示电阻值增大较显著，说明刚刚断开的电路中有短路故障。这时再单独检测该电路，检查出故障点。若有两个并联电路同时有短路故障，断开第一个有短路故障的支路并不会使万用表的指示电阻值有明显改观，因为第二条支路短路点仍然存在。因此，发现一个短路点并不是短路故障检查的结束，而必须把已查明有短路故障以外的所有支路接通，重复上述做法进行检查。如果万用表指示仍为零，表明还有支路有短路。

当某个并联电路断开时，万用表指示阻值突然增大，这说明找到第二个短路电路了。用这样的方法可以逐个地把全部短路点找出来。如果有怀疑多支路短路，在检测方便的情况下，可以在断开支路的同时测该支路的电阻，若为零，说明该支路也存在短路故障点，就没有必要像上述过程重复检测了。

有时会发现电路的断路器跳开或熔断器烧断，但是检查时未发现该电路有短路故障，重新通电后，电路仍正常运行。出现这种情况可能有两种原因：第一，电路中的短路是非连续短路故障，即短路处是由于油垢或污物堆积而形成放电，当通过大电流时，污物被烧掉，或者有导电物体掉落在用电设备裸露的部分上而引起短路，然后自行脱落，使故障不能持续；所以合上开关或更换熔断件后，线路又正常运行；第二，熔断器的熔体使用时间较长后，由于电源的浪涌电流作用而烧断。因此，在熔断器烧断时，若对设备进行表面检查，没有发现烧焦、异味，可以换上一个同型号同容量的熔体，看看是否仍然烧断。如果电路正常，说明并无持续短路故障；否则，应仔细检查电路短路故障的部位。

2．电路断路故障的检查

电路发生断路故障表现：当电源电压正常，电源开关开、闭良好时，合闸或按下通电按钮后，不能接通电源，电路中的电器、电动机等不动作，各种灯具不亮。

发生断路故障的原因如下：

（1）电路熔断器熔体熔断；

（2）导线接头处螺钉松动或螺母脱落；

（3）电路接触器触头接触不良；

（4）导线中导体断开；

（5）某些转换开关损坏或接触不良；

（6）电路被外来物砸断；

（7）有些电路中的保护电器的触头接触不良或该电器动作后未复位，使电路成为断路；

（8）设备本身有断路故障，如电动机绕组、电器线圈的导线有断路，某些灯具的灯丝烧断或镇流器线圈断路等。

检查断路故障的方法如下：

（1）带电检查电路断路故障。带电检查断电故障可用万用表的电压挡，但其量程应不低于电源电压。另外，也可以用校验灯检查。

检查前应确认电源电压正常，电源开关没有断路或接触不良的现象。把电源开关闭合，测量电压正常后，即可进行检查。

由于电路断路，电路中没有电流，在电路中所连接的电阻、电器线圈或电动机绕组等都没有电压降，断路点两端的电压应等于电源电压。因此，电压表在线路中各元件或接线两端测量时，若指示值为电源电压的数值，则表明两试笔之间的线路或元件有断路，如图 5–8 所示。

有些控制电路中，由于各电器间连锁关系复杂，当接通电源时，有些电器因断路不动作，为了缩小检查范围，可以在带电和不损坏设备或危及人身安全的前提情况下，人为地推动某电器的动铁芯，查看断路点是否在电器的触头中。

船上检查熔断器断路常用交叉法，这时可用校验灯检查，如图 5–9 所示。当校验灯与电源构成闭合回路时，校验灯亮。这样可根据校验灯与熔断器两端交叉接触时灯的亮灭，找出断点；如图 5–9 所示，两灯左右交叉接触，若左亮右灭时，下 FUS 为断路；若左灭右亮时，上 FUS 断路，按此原理可以检查其他断点。

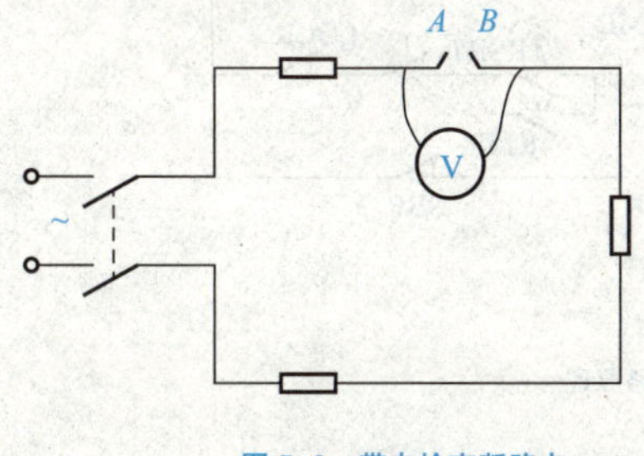

图 5–8　带电检查断路点

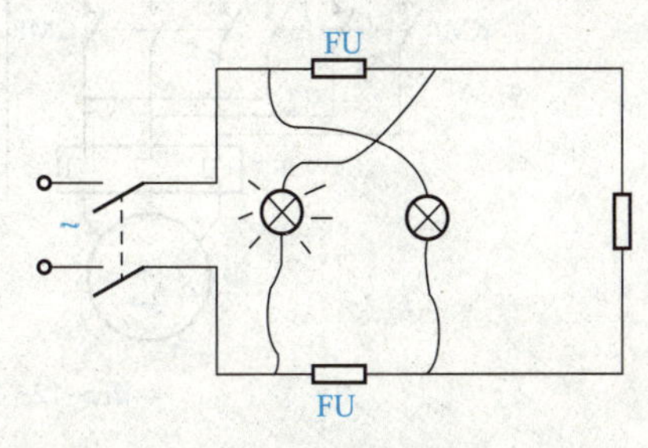

图 5–9　用校验灯检查断点

（2）不带电检查断路。不带电检查断路时可用万用表的电阻挡进行检查，检查时万用表应选用较大的量程。由于断路处的电阻为无限大，当万用表两笔沿着电路依次测量元件或接线柱两端的电阻时，若万用表指示 $R=\infty$，则两试笔间必定有断路，如图 5-10 所示。

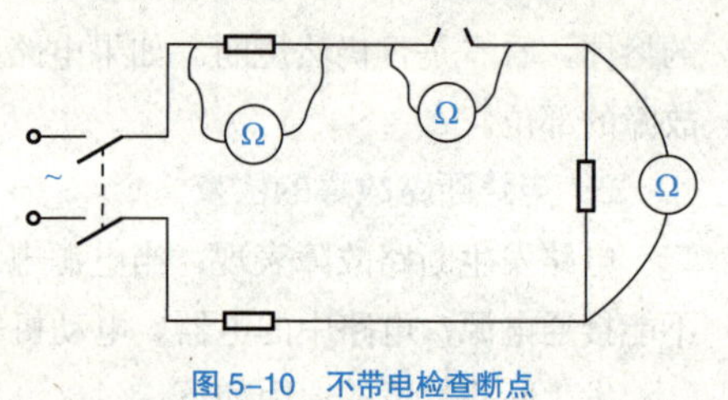
图 5-10　不带电检查断点

检查时应注意以下几点：

1）被检查的电路或电路中的元件不能有并联通路，否则，断点处检测不到 $R=\infty$；即应将元件的一个端头脱离电路进行测量。

2）被测电路中有电器的触头时，须人为推动动铁芯使其闭合，以免测量错误。

3）万用表的量程应置于 $R\times1\ \mathrm{k\Omega}$ 或 $R\times10\ \mathrm{k\Omega}$ 挡上，以避免由于某些元件电阻很大，判断不准确。使用万用表时，不能两手同时触及两试笔的金属部分。以免影响测量准确度。

3. 电路通地故障的检查

在三相三线制的船舶电网中，电气电路中一点通地时，电气设备还可正常运行，若再有另一点通地，就形成多点通地间接短路故障。所以，发生一点通地后，应及时地排除故障，以提高电路运行的可靠性。

通过配电板上的地气灯可以很容易找到发生通地的电路。然后使该电路脱离电源，再用“逐段缩小法”找出通地点，如图 5-11 所示。把电路分成两部分，用绝缘电阻表测出通地电路，再把通地电路分成两部分，找出通地部分电路。以此类推，即可找出通地故障点。

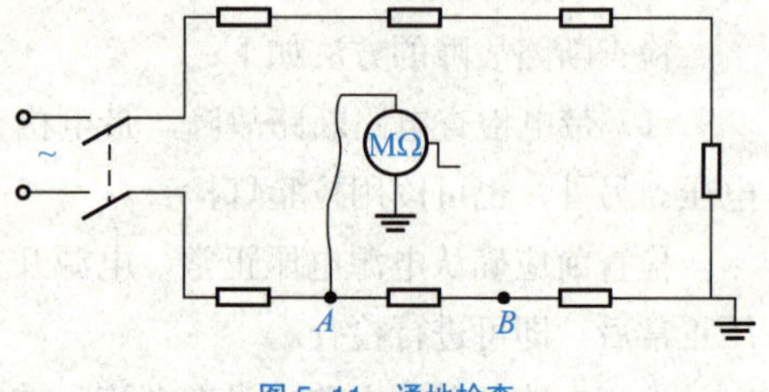

图 5-11　通地检查

也可以直接用配电板上的地气灯来检查寻找故障点。依次断开各电路中的各设备开关或各灯具开关，若地气灯亮度恢复正常，则表明刚刚断开的设备有通地故障。

三、控制回路故障检查

以交流吊艇机控制电路为例，简单说明控制回路故障检查方法，电路原理如图 5-12 所示。

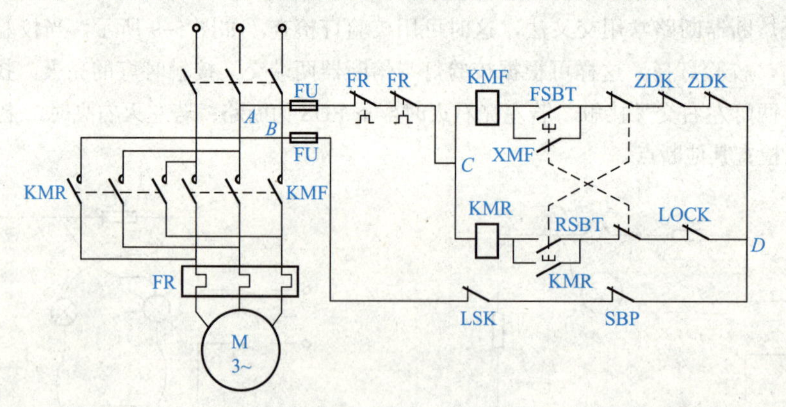

图 5-12　交流吊艇机控制电路原理

这个控制回路是有上升、下降两电路并联的电路，检查故障时应注意这个特点；图中回路，一路从熔断器经 FR 的常闭触头到 C 点，再经 KMF 线圈和两个串联的限位开关 ZDK 到 D 点，最后经 SBP 和 LSK 回到电源 B 点；另一路从熔断器经 KMR 线圈，下降连锁开关 LOCK 和 LSK 回到电源。

若按上升启动按钮 FSBT 时，电动机不启动，检查电源供电是否正常，电动机拖动系统是否卡死。若观察到正转接触器 KMF 不动作，可见控制回路有断路故障，检查方法：先用校验灯交叉检查熔断器是否良好，若两熔断器正常，则断路故障发生在后面的电路，再检查 FR、ZDK、LSK 等触头是否已经复位或接触良好。用校验灯或电压表带电检查时，应把 FSBT 按钮按下并设法固定，不要自动断开。然后用万用表试笔依次接触各端子，如果跨接到 KMF 线圈两端时，万用表指示值为电源电压值，则说明 KMF 线圈内部导线有断路。若 KMF 正常，则试笔接触到哪个端子使万用表指示值为电源电压值，断路点就在哪两个端子之间。找到断路点电路之后。断开电源，仔细检查两端子间的电路和元件，找出准确的断路点。控制电路断路故障发生较多，常见的有螺钉松动、触头接触不良、线圈或绕组引出线断路等。也可断开电源，不带电检查断路点。这时用万用表欧姆挡检查，方法同前。

控制电路发生短路，表现为熔体烧断。这时可先使控制电路脱开电源，再仔细观察电路中的异常情况。一般短路点有较大的电流流过，可能有烧灼现象，检查时先确定短路发生在哪一条并联支路上，然后用万用表检查接触器线圈，同时，观察端子间有无污物或脱落的金属零件。

四、主回路故障检查

一般来说，主回路电路中只有主触头、接线螺柱，各种电器的电流线圈或互感器线圈等，电路比较简单。检查时，首先确认电动机绕组没有故障，然后检查线路。

如图 5-12 所示，如果按下启动按钮，接触器 KMF 动作，但电动机不启动，若检查得到电源电压正常，主回路的熔断器或断路器正常。这时表明可能主回路电路中有断路故障，应先切断电源，再用万用表测量热继电器中串联在主回路的热元件是否断路。如果正常，可用万用表在电源刀开关处测量哪一相不通。测量时用手推动接触器动铁芯，使主触头闭合。找出断路相后，再用前述方法找出断路点。

对于直流拖动系统来说，主回路中电阻和电器元件较多，有串联，也有并联，接线头也较多。这使检查复杂了一些，但方法仍同上。

任务三　船舶起货机电气系统的维修

船舶起货机是船舶上用来装卸货物和用来维修船舶的，船舶机舱设备的安装及搬运所用的起重机一般称为机舱行车（杂货吊），在油轮上用来船舶加油时起吊输油管的起货机，称为软管吊。起重机是一种能在一定范围内垂直起升和水平移动物品的机械，动作间歇性和作业循环性是起重机的工作特点。

船舶在停泊装卸货物时，起货机是重要的工作设备。起货机由电气设备和机械设备两个主要部分组成。根据装卸货物的作业特点，要求船舶起货设备必须携带货物起、落，同时，还必须能携带货物在船舶和码头（驳船）之间的上空做横向移动，起货设备还必须能够调整自己吊钩或装具的位置，使其对准舱口和码头货堆，因此，管理好起货机电气设备，使其保持在良好的技术状态，对完成装卸任务是十分必要的。

一、电动起货机的分类、技术要求与维护

（一）电动起货机的分类

电动起货机在现代船舶上应用较为广泛，主要分为以下几种：

1. 双杆起货机

如图 5-13 所示，双杆起货机通过两台电动机分别拖动起货绞车。电动机的启动、调速、正反转和制动控制由电气控制系统来实现，这种起货机便于实现遥控和自动化。它工作平稳、噪声小，可以设计得较为紧凑，操作和日常维护都较方便，但具有货物定位、变幅麻烦等缺点。

2. 单杆起货机

如图 5-14 所示，单杆起货机由 3 台电动机分别拖动升降绞车、变幅绞车和回转绞车，每台电动机的启动、调速、正反转和制动等由各自的电动机电气控制电路完成。

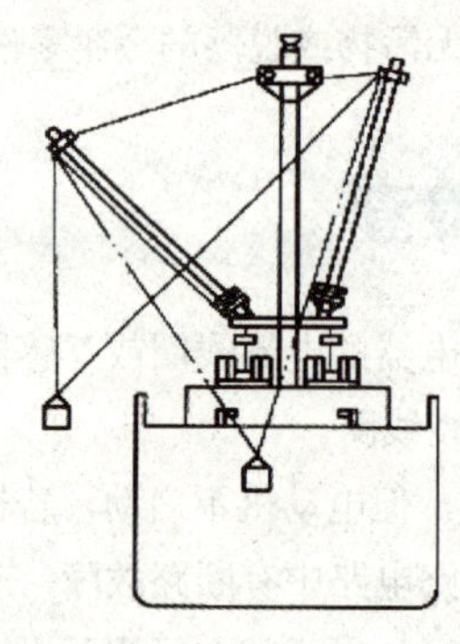

图 5-13　双杆起货机

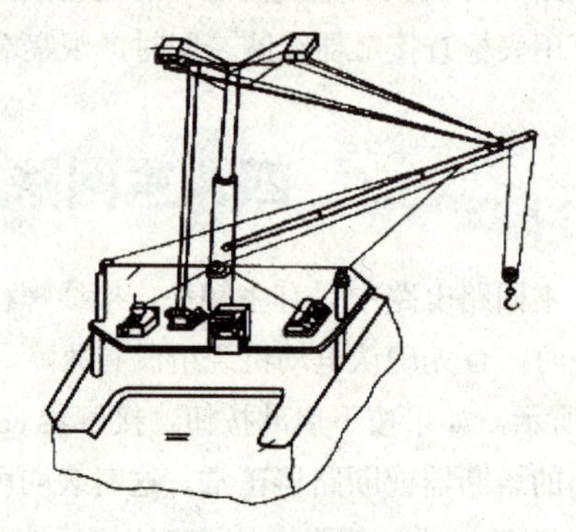

图 5-14　电动回转和变幅的单吊杆起货装置

3. 克令吊

如图 5-15 所示，克令吊的特点是升降机构、回转机构与变幅机构及它的控制设备均在同一个工作平台上，并且绞车、平台和吊杆均能一起绕其中心轴回转。所以，它的操作比较灵活，起货速度快，生产效率高，但是这种起货机结构复杂、紧凑，维护不方便。

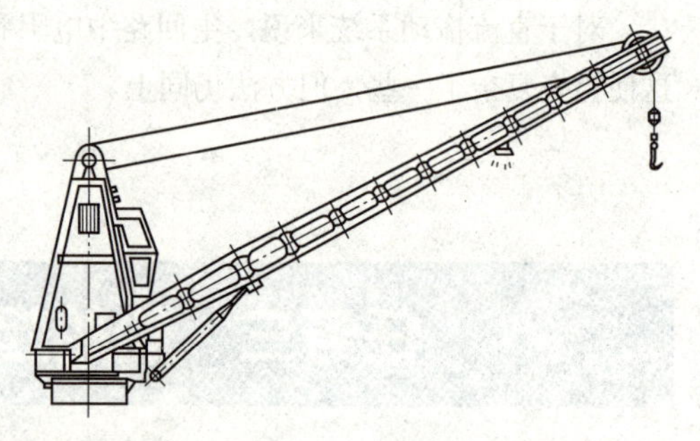

图 5-15　克令吊

电动起货机按电源种类可分为交流电动起货机和直流电动起货机两大类。

（1）交流电动起货机：一般都用笼型变极变速电动机拖动，有 3 种转速，交流电动起货机按中速到高速的调速情况，可分为恒功率调速和恒转矩调速两种。目前，我国生产的电动起货机拖动控制系统一般采用恒功率调速形式和一种既非恒功率又非恒转矩的派生形式，如 PHKJ-1A-H 控制屏与 JZF-H 型 26/26/5.5 kW 电动机配套的拖动控制系统和派生的 PHKJ-1-H 控制屏与 JZF2-H 型 38/26/4.5 kW 电动机配套的拖动控制系统。国外多采用恒转矩调速系统。有的交流电动起货机采用三相绕线式异步电动机拖动，通过转子串电阻调速或晶闸管调速。

（2）直流电动起货机：拖动控制种类较多，有发电机—电动机组拖动系统、继电接触控制系统、磁放大器控制系统及 AEC 控制系统等。

目前由于普遍采用交流电制船，继电 - 接触控制的直流电动起货机已不常见。但是由于直流电

动机具有良好的调速性能，常常采用 G–M 系统。即用交流电动机拖动一台直流发电机，同时向双杆吊起货机的两台直流电动机供电的双输出系统和交流电动机拖动一台直流发电机，同时向克令吊的三台直流电动机供电的三输出系统。

随着电力电子技术的发展，各种电子设备（如各种半导体控制单元、PLC）已应用于交流电动起货机的控制线路，电动起货机的控制技术正进一步地向前发展。

（二）交流电动起货机的技术要求

恒功率调速系统要求有可靠的过载保护，同时，还要求两吊杆应进行同速连锁控制。

在恒转矩调速系统中，中、高速都可吊起额定负载，并且有启动快、生产效率高等优点，但轻载和空钩时电动机功率未充分发挥，电站容量也必须增大。

对控制系统的要求如下：

（1）控制电路必须保证起货机工作可靠，操作方便，使用安全。

（2）控制电路与电动机必须使用同一电源。对于直流电磁制动器，其电源必须由同一电源整流后供电。

（3）为了便于控制电动机启动、调速和停车，要设置主令控制器。主令控制器要有“上升 1、2、3 挡”、停车、“下降 1、2、3 挡”，并有明显标记。主令控制器手柄应有复位弹簧，当操作人员放开手柄时，手柄应自动回到零位，使电动机停转。

（4）控制电路中应设置自动逐级延时启动电路，但从启动到高速运转的时间应小于 28 s。从高速突然到零位停车时，应采取三级自动制动过程，即单独的电气制动——电动机再生制动：当 n=500 ～ 20 r/min 时进行电气与机械联合制动。最后单独的机械制动，整个制动过程应小于 1 s。

（5）控制电路应保证，当主令控制手柄从上升高速挡突然扳到下降高速挡时，应先实现从高速到停车的三级制动过程，然后实现从零位到高速下降的自动逐级延时启动过程。

（6）主令控制器手柄在任意扳动的情况下，不应发生重物自由跌落状态。同时，应保证在中、高速不发生堵转。当电磁制动器线圈中的电流小于维持电流时，中、高速绕组应及时断电。

（7）控制电路应设如下保护：欠电压保护在 85% U 时继电器吸合，在 75% U 时释放；单相保护；过载保护；短路保护；通风冷却保护。

（8）控制电路应设紧急开关，以便应急停车。

（三）电磁式控制屏、控制箱的维护

1. 一级保养

一级保养一般 2 ～ 3 个月一次。

（1）清除各部件上的积灰和污垢；

（2）检查按钮、指示灯、开关、仪表等零部件的完整性，紧固件不应有松动；

（3）检查并维护继电器、接触器；

（4）机械和电气连锁应可靠，机械活动部位应灵活，必要时加滑油。

2. 二级保养

二级保养一般 6 个月一次。

（1）检查并调整时间继电器，压力、温度、液位调节器，热继电器及失电压保护继电器的整定值，使其符合控制电路要求；

（2）检查并调整继电器、接触器的触头初压力、终压力、超程及断开距离；

（3）对接触器应检查非磁性垫片、短路环及铜套有无损坏。

3. 三级保养

三级保养一般 3 ～ 4 年或修船期间。

（1）检查控制屏前后全部零件、螺钉和垫圈有过热、锈蚀时，应拆下进行清洁，各连接导线和线编号如有损坏应更换；

（2）检查各线圈的欧姆电阻，以便检查出短路、开路隐患；

（3）检查并调整各保护电器的整定值。

（四）主令及凸轮控制器的维护

1. 一级保养

一级保养在每航次或使用前进行。

（1）检查主令控制器外部装置，如手柄或手轮、指示灯、开关、按钮等；

（2）检查控制器指针与实际位置是否相等，定位是否准确；

（3）清洁触头凸轮表面，检查内部弹簧有无损坏或错位。清洁灭弧罩，如有损坏或绝缘不良，必须修复或更换。

2. 二级保养

二级保养 3 ～ 6 个月一次。

（1）检查主令控制器内部复位弹簧、触头、凸轮，并清洁触头；

（2）对采用可变电阻的主令控制器，应检查滑动臂与电阻的接触是否良好。

3. 三级保养

三级保养期限为 3 ～ 4 年或修船期。

（1）对内部进行除锈、防锈、水密处理；

（2）更换损坏的零件。

（五）电磁制动器的维护

起货机、锚机、绞缆机等甲板机械都需要制动功能。一般，这些机械的拖动电动机本身带圆盘式电磁制动器，其结构如图 5-16 所示。这种圆盘式电磁制动器与电动机合成一体，既提高了制动器的水密性能，又能使制动性能更稳定可靠。摩擦片 2 铆接在动片 4 上，有的是把动片沿着圆周打孔，把摩擦块放入，摩擦块厚度比动片厚得多，当线圈通电后，电磁动铁芯（衔铁）圆盘被吸合，弹簧被压缩储能，于是，动片在空腔内可自由转动。动片与电动机同轴自由旋转。当线圈断时，电磁动铁芯圆盘被弹簧 1 顶回，于是动片 4 被卡在端盖与动铁芯圆盘之间，摩擦片或摩擦块与它们摩擦产生制动力矩，从而使电动机制动。

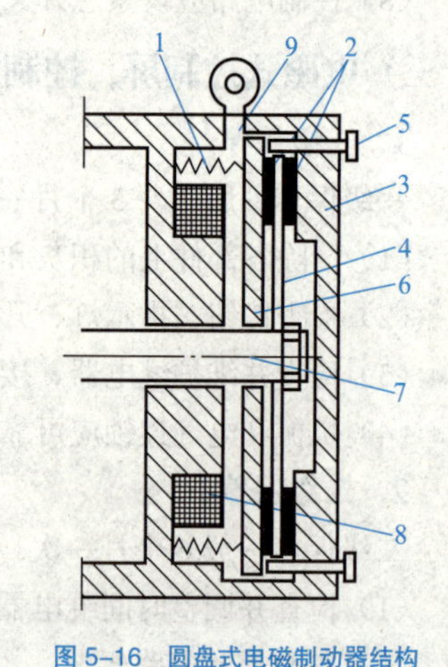

图 5-16　圆盘式电磁制动器结构

1—弹簧；2—摩擦片；3—端盖；4—动片；5—人工释放螺钉；6—动铁芯（衔铁）圆盘；7—转轴；8—线圈；9—测间隙孔

显然，调节人工释放螺钉 5 可限制动铁芯（衔铁）圆盘 6 被弹回的行程，从而调整制动的松紧。但是，当摩擦片或摩擦块磨损过大时，动铁芯圆盘与电磁铁芯间隙即回程太大，制动力矩减少，制动效果不好，滑程大。若间隙太小，弹簧 1 的弹力大，制动力矩大，很快动能以热的形式消耗掉，在短时间内，造成制动器温度急剧上升，使端盖油漆变色甚至焦黑。所以，这些甲板机械在运行时应注意制动器温度和滑程，每个航次结束都必须测量间隙，必要时调整间隙。

（1）间隙的测量方法：取下测量孔的螺母，并将人工释放调节螺钉放松。用塞尺测量动铁芯（衔铁）圆盘与电磁铁芯的气隙，并记录，然后与制动器的说明书的要求比较，若间隙过大，应调整或更换新的摩擦片或块。

（2）间隙的调整：当摩擦片或摩擦块磨损严重时造成的间隙太大，此时只能更换摩擦片或摩擦块。更换摩擦片或摩擦块后，间隙还太大，可能是端盖没有拧到位或动铁芯圆盘和端盖长期被摩擦而磨损造成间隙过大。

（3）制动力矩的调整：当更换新摩擦片或摩擦块时，制动过紧，造成端盖温度急剧上升，这时调节人工释放螺钉，改变弹簧回程，来调节制动力矩。当更换摩擦片或摩擦块后，滑程过大，制动力矩不足，应拧出人工设定螺钉，若此时滑程还是太大，说明弹簧工作长度增加，造成弹力不足。这时，把端盖 3 取出，动片 4 从转轴上卸下，取出动铁芯（衔铁）圆盘，把弹簧从弹簧孔中取出。若是动铁芯（衔铁）圆盘 6 和端盖 3 磨损严重而造成间隙大，引起制动不足，则应在弹簧孔内垫入垫片（一般每片垫片厚度为 0.5 mm），注意每个弹簧孔放垫片的厚度要相同，防止刹车时，局部先受力，以及局部发热严重。若弹簧长期工作，疲劳引起弹力不足，则应更换新弹簧，建议最好全部换新，若更换部分，应按新旧间隔均匀放置。

船舶机械设备除这种连体圆盘式电磁制动器外，还有使用电磁铁闸瓦式制动器。这种制动器的结构是开启式的，采用杠杆机构工作原理。当电磁线圈通电时，动铁芯吸合，推动杠杆把闸瓦顶开，松闸。断电时，动铁芯自由，靠弹簧的张力迫使闸瓦抱紧制动轮而制动。

电磁制动器的维护、保养要求如下：

1. 一级保养

一级保养在每航次或使用前。

测量间隙、必要时进行调整。

2. 二级保养

二级保养 3 ～ 6 个月一次。

（1）局部解体清洁：防止铁芯吸合面太脏，引起吸力不足，造成不能松闸或似松非松故障；

（2）检查动铁芯、铜套及弹簧有否变形：若变形应修复整或更换，更换制动片弹簧时，应注意型号及材料质量。

（3）检查制动片即腰形或圆形制动块与动铁芯接触是否匀称：有龟裂、过热现象时应更换；

（4）检查制动器的人工释放装置是否有效。

3. 三级保养

（1）在电动机解体的同时对制动器进行解体；

（2）清洁检查并更换部件。

（六）交流电动起货机电气系统的日常维护

一般来说，交流电动起货机日常维护从三个方面进行，即巡视检查、每航次的一般性检修和定期检修。

1. 巡视检查

起货机在使用中应根据装卸货物的种类和本身设备的技术状况制定巡回检查制度，一般巡视检查下列内容：

（1）监视电动机和电磁制动器的温升，在运行中不应超出允许温升。若电动机过热，应检查电动机通风冷却系统是否正常。同时，检查电动机的堵转及电磁制动器的动作和释放是否符合技术要求。

（2）了解控制屏上各电器的工作情况。察看有无紧固零件松动或脱落；机械部分有无因受力而变形、断裂或影响正常灵活动作，动铁芯在吸合和释放时有无振动、噪声异常，时间继电器的延时是否有明显差异，各电器线圈是否有过热焦烟味或冒烟等现象。

（3）对克令吊应检查各种限位保护和报警装置是否正常。

（4）检查操作是否符合规程，手柄位置与运行转速是否相符，起重滑程是否过大，若过大，应检查电磁制动器的动作及有关电器是否正常，必要时停车调整，检查电磁制动器间隙。

（5）巡视时应观察各电器的整定值，若与整定值有明显偏差，可停机调整。对有时间继电单元、过载保护单元和变速单元电子设备的起货机，应观察有关指示灯的亮灭和亮度变化等。

（6）装卸结束，应检查起货机及主令控制器的电源是否切断，电动机的风门、控制室的门窗是否关闭，防水罩是否遮盖好，在温度较低时，接通控制器和电动机加热电阻进行驱潮、防凝露。

2．每航次的一般性检查

每航次离港后，在到达目的港前，必须进行一次维修保养工作，主要内容如下：

（1）清洁控制屏、去除在港装卸货时沾染的灰尘污物。

（2）仔细检查控制屏与各紧固件是否有松动、脱落、折断损坏等现象；各接线头有无松动掉落；电器的各反作用弹簧应正常没有变形，若失去弹性、断裂或脱落丢失，应更换。

（3）检查正反转接触器和各加速接触器的主辅触头是否良好，若发现触头烧毛，接触面上有氧化物或细小的熔物，应用油光锉磨光，力求接触表面光洁，保持原来的形状，并贴合良好，触头清洁后，用万用表检查其接触情况。

（4）检查各时间继电器、中间继电器、保护用继电器及风机接触器等电器的触头接触是否良好，有无损坏、变形，动作是否灵活，若发生变形、断裂或脱落等故障，应及时修理或更换。触头清洁或修理后应用万用表检查接触情况。

（5）检查控制屏上电器的线圈有无短路、断路或通地等故障，若发现线圈有变色、发焦或烧灼现象，应仔细检查，必要时应予更换。

（6）测量控制屏对地绝缘电阻。若由于受潮而不符合要求，应用热风吹干，必要时，应仔细擦拭并通电驱潮电热器。

（7）检查和清洁主令控器，测量电磁制动器间隙。

（8）每个控制屏保养完毕检查无误后，应进行通电运行试验。操作主令控制器，各项功能无误之后，切断电源，加盖防水遮盖，关闭控制门窗。

3．定期检修

定期检修内容除包括一般航次检修内容外，还需增加以下内容：

（1）检查和调整各接触器、电压继电器线圈的动作电压与释放电压值，以及各保护电器的整定值，使其符合本船技术要求。

（2）检查与调整接触器、继电器触头的断开距离、超程、初压力、终压力及线圈对地绝缘电阻；测量线圈电阻值，判断内部是否短路，若短路，应及时更换。

（3）用绝缘电阻表测量控制屏、电动绕组及电磁制动器线圈的绝缘电阻值，如因潮湿使绝缘电阻值降低了，应采用热风驱潮，提高绝缘电阻值。

（4）检查电动机通风系统，鼓风机解体、清洁、更换轴承滑油，检查并清洁风门、开关，清除风道中的灰尘和污物。

（5）解体、清洁电磁制动器，更换损坏或磨损严重的部件。

（6）检查接触器动铁芯上的短路环是否断裂松动或高出接触面而影响贴合，造成噪声过大。

二、交流起货机电气系统常见故障的检修

（一）恒功率三速起货机电气系统常见故障的检修

恒功率三速起货机电气控制电路如图 5-17 所示。

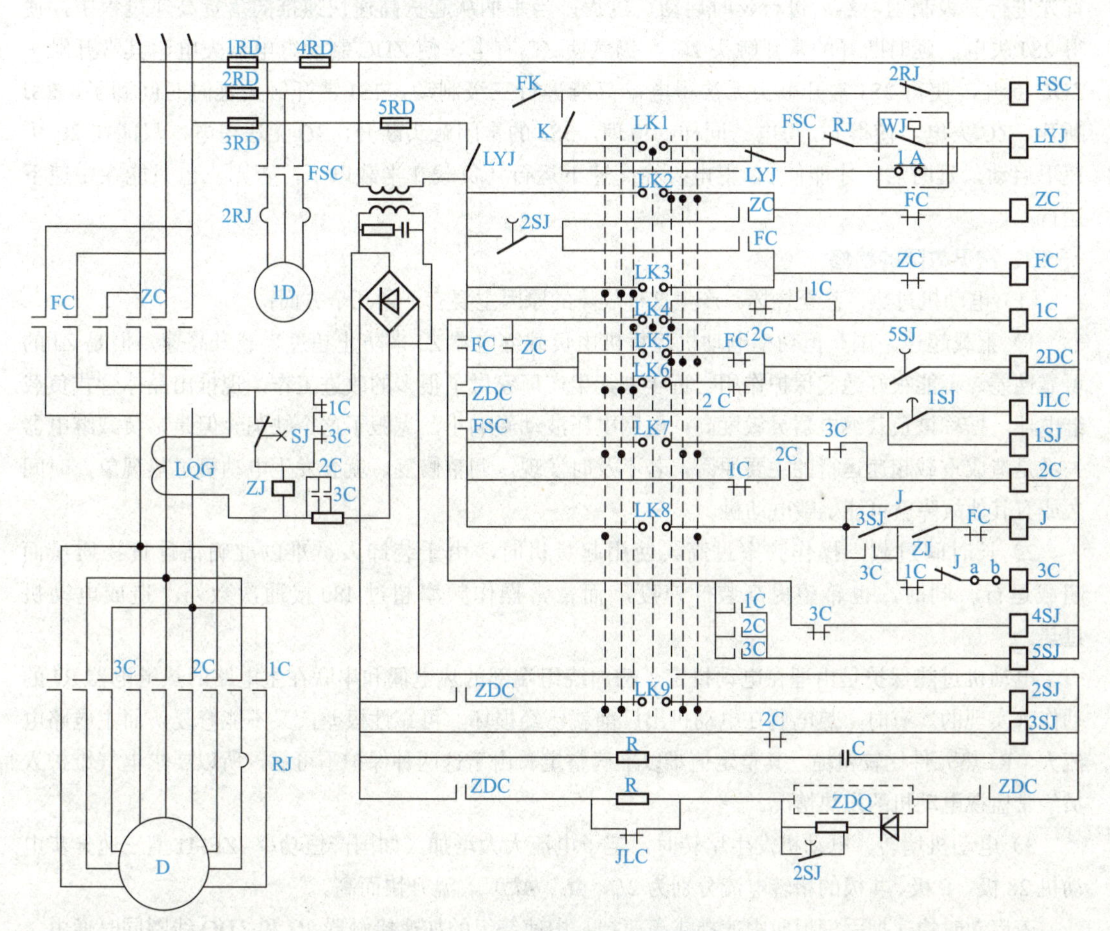

图 5-17　恒功率三速起货机电气控制电路

1. 工作原理

主令器在 0 位时，风门开关 FK 和主令器上的电源开关 K 闭合就会使 FSC 得电，其常开触头闭合，使风机电动机 1D 得电运转，同时需电压继电器 LYJ 得电，常开触头闭合，控制电路得电。然后，逐挡扳动主令器 LK 手柄，起货机（电动机 D）就在对应的各挡中进行运行，在上升第一挡时，就使 ZC 和 1C 得电，低速绕组得电。扳到上升第二挡时，就使 ZC 和 2C 得电，低速绕组得电运行。扳到上升第三挡时，当负荷在半载以下，负载继电器不动作，ZC 和 3C 得电，高速绕组得电运行；若负载超行半载时，负载继电器 ZJ 动作，中间继电器 J 得电，它的常开触头闭合，自保，常闭断开，3C 失电，只能在中速下运行。当主令器从 0 位直接推向高速挡时，由于在 0 位时，3SJ 得电，常闭触头断开，2C 先得电，在中速下启动。2C 的常闭触头断开，使得 3SJ 失电，它的常闭延时触头延时（中速启动时间）闭合，使得 3C 得电，在高速下运行。当

然，同样受负载继电器 ZJ 限制。当从高速挡直接推到 0 位时。由于 2SJ 的常开触头延时断开，使得方向接触器 ZC 或 FC 仍然保持有电，在这延时内，方向接触器和 1C 低速接触器得电，同时，制动器线圈回路电阻减小，放电时常数增大，使延时抱闸，在这延时时间内，电动机 D 进行再生制动，即单独电气制动。当制动线圈放电到不能维持松闸值时，制动器抱闸，进行电气、机械联合制动，延时时间到，2SJ 断开，方向接触器失电，电气制动结束。只有机械制动到电动机 D 停转（这就是所谓的三级制动过程）。当从一方向的高速挡快速推到另一方向的高速挡时，首先进行三级制动，然后进行延时启动，过程：当手柄从起货高速快速推向落货高速过程中，使得 2SJ 失电，延时断开的常开触头 2SJ，仍然使 ZC 有电，使 ZDC 制动继电器失电，其常开触头 ZDC 断开，使得 2SJ 常开触头无法得电，只能进行三级制动，2SJ 常开触头延时时间到了，2SJ 断开，ZC 失电，使得 FC 得电。同样的道理，3SJ 的常闭触头断开，3C 无法得电，只能在 2C 中速下启动，延时后，才能使 3C 得电，在高速下运行（负载在半载以下，否则，也只能在中速下运行）。

2．常见故障的检修

（1）电动机过热，甚至烧坏。产生这种故障的原因主要有下列几个方面：

1）重载超速。国产恒功率电动机起货机由负载继电器 ZJ 来防止超过半载升高速，但是 ZJ 的可靠性差，不能很好地起保护作用，近年来，生产厂家做了很多的改进工作，现推出晶体管式负载继电器，据称该负载继电器灵敏度高，电网电压波动影响小，克服了这个缺陷。但是，负载继电器失灵是造成重载超速运行的主要原因，若不及时发现，调整修复，就会发生电动机过热现象，时间久或有其他故障就可能烧毁电动机。

2）长时间过载，操作频率过高。使用起货机时，由于装卸人员难以准确估计货物质量而超载运行，同时，也希望提高装卸速度，而常常操作频率超过 480 接通次数 /h，造成电动机过热。

电动机过热保护是由埋在电动机定子槽内绕组端部的热电偶和串联在主电路的热继电器 RJ 的动作来实现的。有时，热电偶在电动机出厂前就已经损坏，可靠性极差，又不能修复，而主电路电流大，RJ 热元件比较粗糙，其整定值难以准确整定。由于这两种保护不可靠，所以要求电气维护人员经常监视电动机的发热情况。

3）电动机堵转。电动机发生堵转时，定子电流大大增加（如国产恒功率 JZF–H 型三速异步电动机 28 极、8 极、4 极的堵转电流分别为 $2I_n$、$4I_n$、$4I_n$），温升快而高。

若启动时快速把手柄扳向中速挡或高速挡，中速绕组的加速接触器 2C 和 ZDQ 线圈同时通电。2C 动作比 ZDQ 要快时，则可能发生中速绕组短时堵转。堵转电流较大，容易使电动机发热。若这种操作过于频繁，就会发热严重。如果制动器本身故障，不能释放，发生堵转。若制动接触器 ZDC 因故障而不吸合，而 ZDC 的辅助触头熔焊或卡住在闭合状态，会使中速绕组长期堵转。为防止高、中速由于 ZDC 故障而堵转，线路中用 ZDC 的辅助触头控制 2C 和 3C 的通断，一旦辅助触头发生故障，上述现象就会发生。

在制动过程中，如果 2SJ 延时过长，ZDQ 放电电阻又较大，也会产生低速绕组堵转。若 5SJ 继电器失效，也会发生低速绕组堵转。由于这些时间继电器工作频繁，寿命有限，很快失效，维护监视应注意这些电器元件。

堵转的保护依靠 RJ 和断路器的动作，一般 RJ 整定到 $2I_n$、15 s 以内动作。

可见，电动机过热时，应检查制动接触器 ZDC、电磁制动器 ZDQ 及放电电阻。还应校核 2SJ 延时整定值，检查 5SJ 工作状态，以及其他有关部分电器。

4）电动机本身故障。电动机定子绕组、轴承等发生故障也会出现温升过高的现象。

（2）电磁制动器温升高、摩擦片磨损过快。这种故障的原因较为复杂，除制动器线圈发生短路外，还应从以下两个方面进行分析：

1）从控制线路看，若时间继电器 2SJ 整定太短，电动机再生制动来不及发挥作用。未能使电动机的转速降低，电磁制动器将在高速下制动，从而使制动器温升高，磨损快。若电磁制动器线圈回路放电电阻太大，放电过快，也会产生高速制动。

摩擦片磨损快也可能是由于经济电阻阻值太大或串入太早，使制动器似开未开，引起摩擦片的磨损而造成的，也可能因制动器线圈放电回路的二极管击穿，放电电阻形成分流电路而造成。

2）从制动器来看，摩擦片间隙太小、间隙不均匀、摩擦片变形等都会引起制动器发热和磨损严重。另外，制动器内弹簧弹力过强，线圈内部短路，吸力太小、弹簧掉落使动铁芯受阻间隙不匀或变小等也是摩擦片过快磨损的原因。

（3）控制系统失控。起货机不按照主令控制器手柄的要求工作，致使控制失灵的现象称为失控。电气维修人员必须能够迅速地排除失控故障；保证起货机正常运行。失控故障的原因有很多，下面对一些常见的故障做简要分析。

1）扳动主令手柄，正、倒车都不能启动。由于正、倒车都不能启动，故障的部分在正、倒车控制线路中的公共部分，所以首先检查风机是否转动，若不转，应检查主电源、各个熔断器是否有烧断，热继电器 RJ 是否复位；若风机转动，应检查风机接触器 FSC 的辅助触头和零压继电器 LYJ 是否吸合。若以上各元件正常，就检查主令器内部触头接触是否良好，有无脱落或损坏，制动器是否已松开，最后检查电动机 D 本身是否有故障。

2）扳动主令柄，只有正车或倒车。这种故障常常是方向接触器触头接触不良而引起的，应检查 ZC 或 FC 两接触器的主、辅助触头接触情况，同时检查主令控制器的触头。

3）正、倒车均无高速和中速。风机长期过载运行，其热继电器 2RJ 动作，风机接触器 FSC 释放，使高、中速不能运行，只可用低速放下货物。或者风机接触头故障（FSC 的辅助触头接触不良），制动器的接触器的辅助触头接触不良，以及主令器内部触头故障都可能造成这种故障。

4）制动时货物滑程过大。一般电动起货机额定起货速度为 40 m/min，滑程不应超过 0.4 m。滑程过大的原因主要是三级制动配合不好或电磁制动器有故障。

时间继电器 2SJ 的延时整定过程短，电动机再生制动的时间就短，系统在高速下制动，会使滑程增大。2SJ 延时过长，将使电磁制动器过晚制动，也使滑程过长。一般 2SJ 整定在 0.7 s 为宜。

电磁制动器铁芯有剩磁时，在剩磁吸力作用下，会使动铁芯释放过晚，使货物处于自由跌落状态而产生较大的滑程。另外，摩擦片太光滑，间隙过大，反作用弹簧力不足都会影响滑程。

5）电动机单相运行。当主回路中的某挡接触器三相触头不能同时接触或有某相触头损坏、脱落时，常常发生单相运行，通电时不能启动。但中、高速启动后，手柄扳回到低速挡时，低速仍可转动，但负荷力矩小。同样现象也会发生在中、高速挡。

6）负载继电器引起的故障。负载继电器 ZJ 是经常引起故障的元件。主要是重载下高速运行，使电动机过热。在起货机管理中，应细心调整，注意监视。

（二）恒转矩交流起货机电气控制系统常见故障的检修

西门子恒转矩交流起货机电气控制电路如图 5-18 所示。

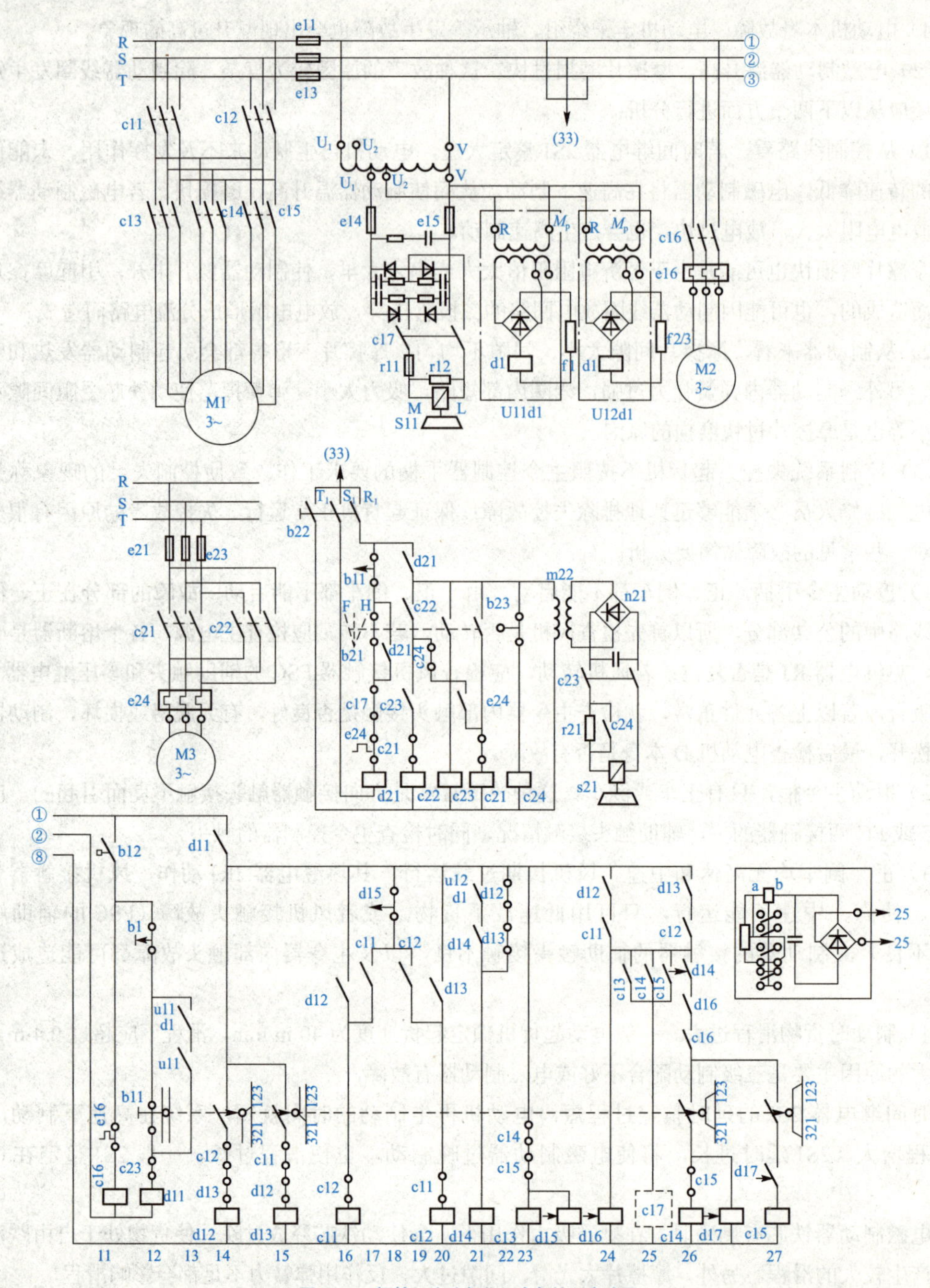

图 5-18　恒转矩交流起货机电气控制电路图

1. 工作原理

当主令器 b11 在 0 位时，风门开关 b12 闭合，使得 e16 得电，风机电动机 M2 运行，零电压继电器 d11 得电，d11（13）闭合自保，d11（14）闭合，控制电路得电。c13 低速接触器得电，主触头闭合，做好一速运行准备。当主令器扳到上升第 1 挡时，d12（16）常开触头闭合，使 c11 上升方向接触器得电，主触头闭合。同时，d12（24）和 c11（24）闭合，使 c17 制动继电器得电，使制动器线圈得电，松开刹车，在低速下运行。当主令器手柄由 1 挡换到 2 挡时，使 c14 得电，在中速下运行，同时 d14 时间继电器得电，d14（26）延时闭合，为高速做准备。再由中速推到高速时，

c15 得电，主触头闭合，在高速下运行。当由高速快速扳到 0 位时，进行三级制动，即由于 c14、c15 失电，c13 和 d15 得电，低速绕组通电，同时 d15（18）常闭延时打开，仍保持 c11 得电，进行低速下再生制动，这时由于 c17 中的电容放电，保持 c17 动作，进行再生制动，当放电结束时，c17 失电，电磁制动抱闸，进行再生和机械联合制动。当 d15 延时到常闭触头断开时，使 c11 失电，再生制动结束，最后只有机械制动到停车（三级制动）。当主令器手柄直接由 0 位扳到高速挡时，进行逐级延时启动，即首先 d12 得电，d12（16）常开闭合，c11 得电，同时 c17 得电松闸，进行低速启动。由于 d12（24）和 c11（24）常开闭合，使 d16 时间继电器得电，其延时常开触头 d16（26）延时闭合（延时时间 0.25 s 为低速启动时间），延时闭合后，使 c14 得电，中速启动，同时 d17 时间继电器得电，其延时常开触头 d17（27）延时闭合（延时时间 0.5 s 为中速启动时间），其延时闭合，使 c15 得电，在高速下运行。当主令器从上升高速挡快速扳向下降高速挡时，先进行三级制动，然后进行逐级启动，同上不再重述。

2．常见故障的检修

（1）电动机过热，甚至烧毁绕组。产生这种故障的主要原因如下：

1）长时间过载，操作过于频繁。由于装卸人员对货物质量估计不准，同时又要提高装卸速度，常常是起货机吊大于额定质量，造成电动机过电流，产生大量热量，而且没有按操作规程要求即暂载率 25%/25%/25% 来操作，操作过于频繁，使电动机发生过热。该电动机的过载保护是由热敏电阻 f1 和 f2/3 来检测的。当在低速运行发生过载，电动机发热严重时，在动铁芯内的热敏电阻 f1 的阻值增加，使 U11d1 释放，U11d1（13）常开触头断开，使零电压继电器 d11 失电，控制回路失电，起货机停车，在中、高速的过载保护是由 f2/3 热敏电阻的继电器 U12d1 完成的，发生发热严重故障时，U12d1 释放，使得 d14 失电，d14（26）常开触头断开，使中、高速接触器 c14 和 c15 回路断开，只能在低速运行。可见，热敏电阻失效，就无法进行过载保护。若 d11 或 d14 的触头熔焊或卡住断不开，也失过载保护。

2）电动机堵转。电动机发生堵转时，定子绕组电流增加很大，发热严重且温升高，造成堵转故障，主要是制动器本身故障不能释放。制动继电器失效，使制动器线圈得不到电，就不能释放，发生堵转。

在制动过程中，三级制动配合不好，也会发生低速堵转，即 d15 的延时时间太长，而 c17 中的放电电容容量减小就会造成低速堵转。

本系统为了防止启动时重物跌落，设计成低速绕组有电进行堵转，后打开制动器，有短暂的堵转，如果制动器动铁芯表面脏，引起释放慢，就会延长这种堵转时间，造成电动机过热，引起电动机烧毁。

接触器触头熔焊断不开，某轮船在停止作业时，曾经发生过这种故障，主令器在 0 位。由于 c11 触头熔焊，c13 在 0 位时得电，低速绕组接通形成堵转，造成电动机发热严重，同时低速过载保护的热敏电阻失效，未能动作。最后造成电动机低速绕组全部烧坏，导致转子熔化，并与定子绕组熔合在一起，电动机报废。这给了管理人员一个教训，在停止作业时，应把电气设备控制回路、主电路的电源切断。若把风机开关 b12 打开或按下停机按钮，就使 c13 失电，就不会烧坏电动机。若过载保护的热敏电阻不失效，也不会发生这种故障，所以电气设备的保护措施应有效。

3）电动机本身的故障。电动机定子绕组、轴承等发生故障也会出现温升过高的现象。

（2）电磁制动器温升高，摩擦片磨损过快。造成这种故障的主要原因有以下两个方面：

1）在控制线路方面，再生制动时间继电器，延时时间太短，电动机再生制动作用小，使货机在高速下制动，从而把高速动能全转化为制动器的机械热能，使其温升高、磨损快。若制动继电器中的放电电容减少，c17释放快，造成机械制动过早投入，也是高速下制动，使其温升高、磨损快。还有制动器线圈回路中的r11电阻值增大，造成动铁芯吸合慢或半吸半开，造成制动片磨损快，同样，若r12阻值减小、分流多，也会造成这种故障。

2）在制动器方面，间隙太小、不均匀、摩擦块变形、刹车盘变形、制动器的动铁芯表面脏或有摩擦块的金属粉末吸附上，造成释放间隙不够大等都会造成运行时，摩擦块与制动盘相摩擦，而发热和磨损严重，还有制动器内弹簧力过强、线圈内部短路、吸力太小；弹簧断落使动铁芯受阻间隙不匀或变小等也是造成制动器过热和磨损过快的原因。

（3）控制系统失控。失控故障很多，对常见的故障做简要分析。

1）扳动主令手柄，上升、下降都不能启动。这种故障是在上升、下降控制电路中的公共部分，重点要检查零电压继电器d11和d11线圈回路中的停车按钮是否闭合；主令器手柄在0位是否闭合。这时是否在调节吊杆位置，若调节吊杆，c23的常闭触头断开，不允许吊钩运行，若没有就得检查c23（12）的常闭触头是否闭合好。还要检查自锁回路的触头，自身的常开触头是否完好，过载保护的U11d1是否闭合好。

2）扳动主令手柄，只有单方向。这种故障是故障方向继电器d12、d13，接触器c11或c12故障，首先应检查故障方向的继电器d11或d13本身和其线圈回路是否存在开路故障，然后检查故障方向的接触器c11或c12本身及线圈回路。还应检查主令器的触头。

3）上升、下降均无中速和高速。发生这种故障的主要是d14（26）、d16（26）、c16（26）的常开触头没有闭合或接触不良造成的。首先检查中、高速过载保护U12d1是否动作，若动作或失效，d14就会失电，没有中、高速，而且存在c14或c15会即吸即放现象。其次检查风机是否转动，若风机不运行，是不允许中、高速的；若风机运行，就得检查c16的辅助触头c16（26），然后检查时间继电器d16，看它的常开延时闭合触头是否闭合良好。

4）上升、下降均无低速。这种故障主要是由c13接触器故障或c13线圈回路断路造成的，应检查接触器c13本身是否故障，其线圈回路c14、c15的常闭触头是否闭合良好。

其他的失控故障，如制动时滑程过大、电动机单相运行等可参照恒功率的相应故障的分析方法。

总之，电动起货机故障现象很多，原因也复杂。有的故障是控制电路本身设计缺陷引起的，有的是维护保养不周造成的。电气维修人员必须熟悉系统的工作原理，熟悉各元器件的作用，以及所在位置，这样才能快速地诊断、排除故障。同时，根据系统的工作原理、特点，加强对薄弱环节的维护、保养，才能使起货机利用效率最高。交流电动起货机的故障及原因见表5-2。

表5-2　交流电动起货机的故障及原因

故障现象	故障原因
主令控制接通，正、倒车都不转	（1）电源电压不接通，电源线路有断点 （2）控制电路熔断器烧断 （3）制动接触器未动作或触头接触不良，制动未开 （4）主令控制器触头闭合不良或主令控制器坏 （5）风门开关未接通 （6）温度继电器未复位或触头接触不良 （7）零电压继电器触头接触不良 （8）应急开关接触不良

续表

故障现象	故障原因
有正车而无倒车或相反	（1）方向接触器有一个出现故障 （2）某方向接触器触头接触不良 （3）主令控制器有故障
只有正车低速，而无中、高速	（1）主令控制器未接通 （2）风扇接触器副（辅助）触头未闭合 （3）方向控制器副（辅助）触头接触不良
主令手柄从高速挡板向零位时，电动机不停车。手柄反向，电动机仍正向运行	时间继电器 2SJ 失灵造成延时过长
滑程超过规定数值	（1）制动时间过长 （2）高速制动 （3）制动片间隙过大，制动力矩小
恒功率起货机轻载不能高速运行	负载继电器失灵或整定值不对
电磁制动器不吸合，电动机发生堵转	（1）电磁制动器线断路或短路 （2）时间继电器 SJ 失灵
电磁制动器不释放	（1）摩擦片碎裂卡住 （2）加速接触器副（辅助）触头未断开，使电磁制动器未断电 （3）制动接触器有故障
电磁制动器被合上后马上又释放	（1）换挡时加速接触器交接不当，有中断 （2）5SJ 延时太短 （3）制动器线圈的经济电阻阻值过大 （4）制动器反作用弹簧弹力过强
电磁制动器发热	（1）制动器线圈有匝间短路 （2）摩擦片变形或片间间隙太小 （3）经济电阻阻值太小或串入太晚
摩擦片磨损过快	（1）片间间隙太小 （2）摩擦片质量不好，不耐磨 （3）电动机再生制动时间过短，发生高速制动 （4）摩擦片间不均匀，长期高速摩擦，定片变形

三、三输出直流发电机—电动克令吊电气系统的故障检修

（一）三输出发电机—电动克令吊电气系统的工作原理

由于克令吊具有操作灵活、工作效率高等特点，因此目前新造船舶多采用这种起货设备。克令吊由于升降、变幅、回转驱动力不同，可分为液压克令和电动克令。液压克令电气部分比较简单，由一台交流电动机恒速拖动液压机，由高压工作油泵驱动电动机或油缸，使之工作。而电动克令是由一台交流异步电动机拖动一台三输出的直流发电机，分别提供升降、变幅和回转的直流电动机。其电气系统原理图，如图 5–19（a）所示。原理与直流的 G–M 系统一样，只是把 3 台的直流发电机［图 5–19（b）］合并成一台，减少了占用空间。以吊钩为例，分析其原理：先合上断路器 GK，再按下启动箱上的启动按钮 1QA，使接触器 XC 得电，主触头闭合异步电动机 M 启动运行，同时风机接触器 FC 得电，风机 FM 运转。

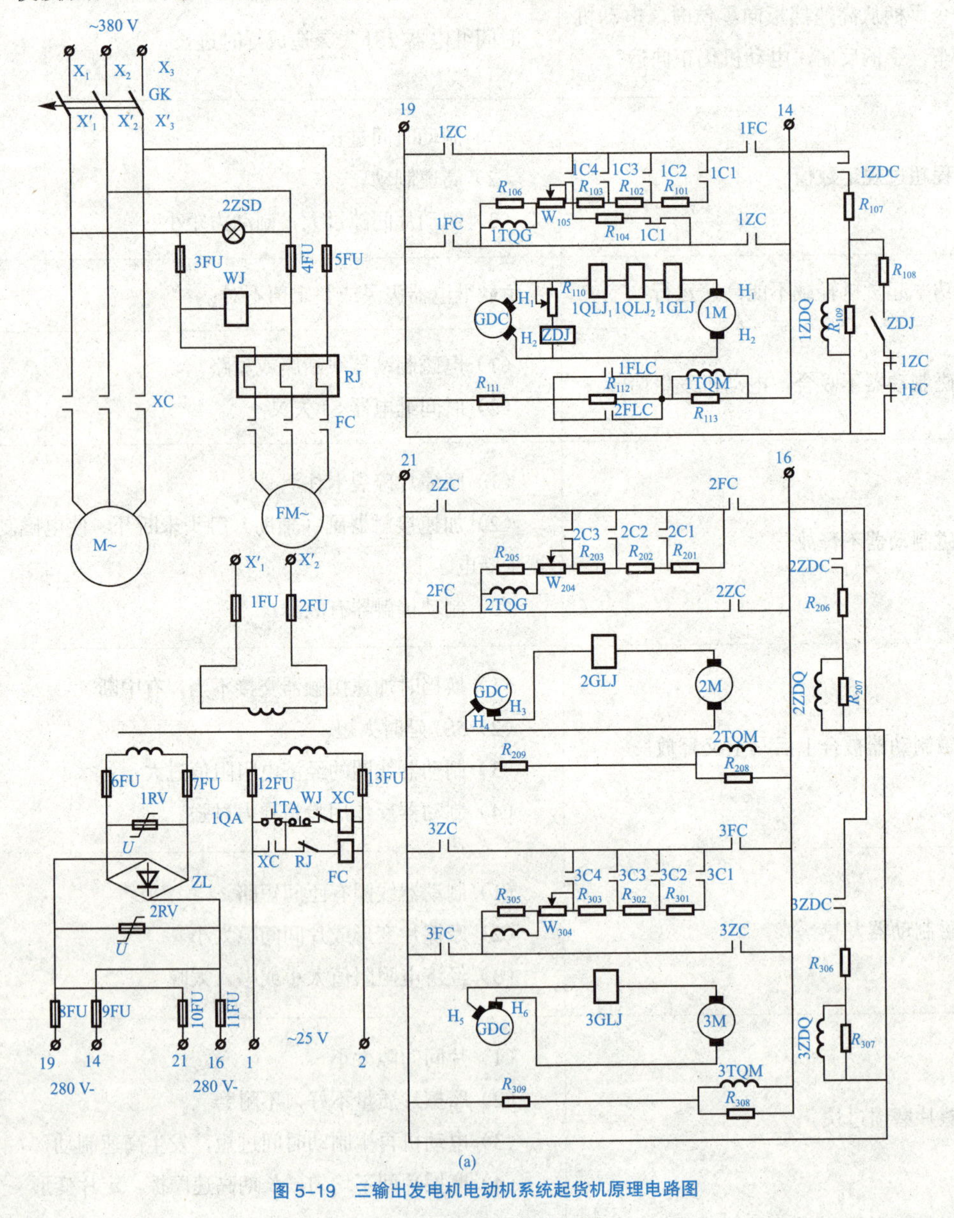

图 5–19 三输出发电机电动机系统起货机原理电路图

（a）三输出发电机电动机系统

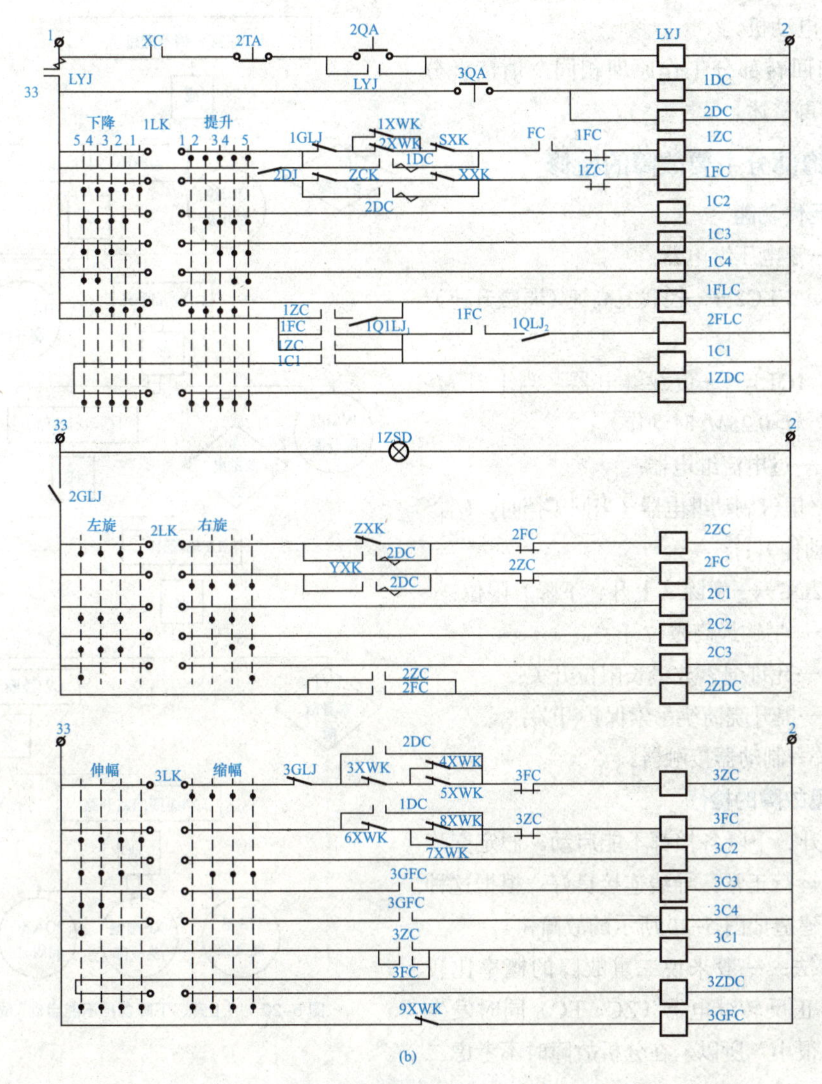

图 5–19　三输出发电机电动机系统起货机原理电路图（续）

（b）三台直流发电机

按主令器控制面上的启动按钮 2QA，使零电压继电器 LYJ 得电，一个触头自锁，另一个触头给控制电路提供电源。当主令器手柄扳到上升 1 挡时，使 1ZC 得电，励磁回路接通，同时使 1C1 得电，将励磁回路的电阻都串入，励磁电流最小，发电机输出电压低，电动机在低速运行。同时从 1LK7 使 1ZDC 得电，松开制动器。逐挡扳动手柄，就使得 1C1、1C2、1C3、1C4 分别逐次得电，短接励磁回路电阻，使发电机输出电压升高，电动机转速升高，当扳动到第 5 挡时，从 1LK6 使 1FLC 失电，使常闭触头断开 R_{112} 串入电动机励磁回路，使电动机弱磁升速。若发生负载大于 30% 的额定负载，$1QLJ_1$ 负载继电器动作，使得 1FLC 得电，短接 R_{112}，使系统回到第 4 挡运行。同理，下降第 5 挡也是使 $1FLC_2$ 失电，进行弱磁升速，当负载大于 25% 时，1QLJ 负载继电器动作，回到第 4 挡运行。当从第 5 挡快速回到 0 位时，由于电动机转动惯量，不能马上停车，此时，电动机就成了发电机，当电动机的两端电压为 175 V 时，电气制动继电器 ZDJ 动作，使其常开闭合，增加制动器线圈的放电回路，延长制动时间，使电动机的能耗制动，同时，防止制动器在高速下制动，延长制动器摩擦块的使用时间。当发生过载时，1GLJ 动作，使 1ZC 失电，使上升操作作用失效。保护发电机—电动机。

变幅和回转部分工作原理相同，请读者分析，这里不再赘述。

（二）吊钩部分主要故障的检修

1. 各元件功能

LYJ——零电压继电器；

1FLC1、2FLC2——轻载上高速（弱磁升速）释放升速；

$1QLJ_1$、$1QLJ_2$——负载继电器（当上升 $M>0.3M_e$、下放 $M>0.25M_e$ 时动作）；

1GLJ——过电流继电器；

ZDJ——电气制动继电器（当回零挡时，$U_{回}>175$ V 时，动作）；

1DC、2DC——解除（上升、下降）限位；

XWK——吊钩最高限位开关；

XXK——允许绳索放最长限位开关；

SXK——提升绕筒绕吊索保护开关；

1ZDC——制动器接触器。

2. 常见故障的检修

（1）上升、下降各挡都不能启动。假定交流异步电动机运行正常，导线连接良好，根据这种故障现象可建造如图 5-20 所示的故障树。

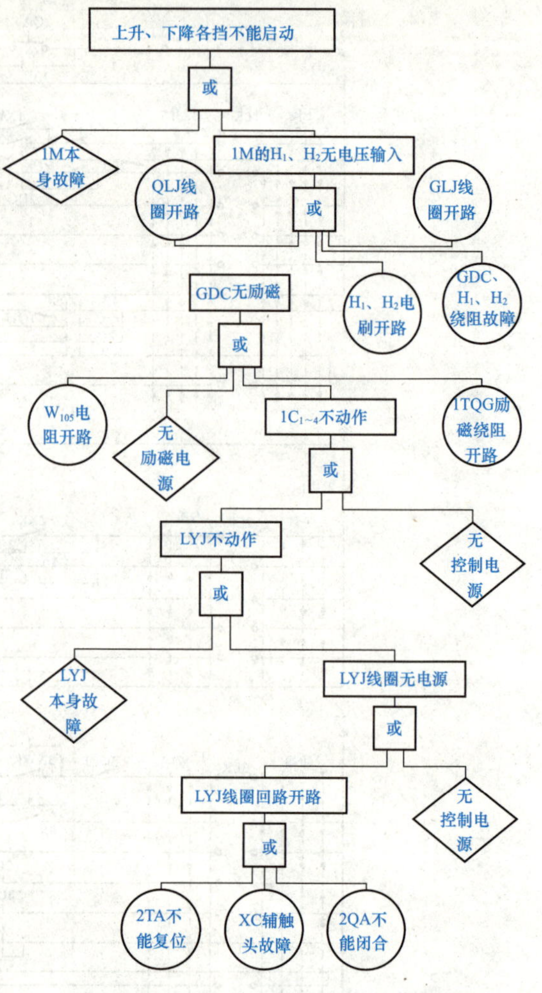

图 5-20 “上升、下降各挡不能启动”故障树

检修方法：一般来说二重故障的概率比较小，例如，正反转继电器（ZC、FC）同时发生故障的概率很小，所以，在分析故障时不考虑二重故障。

采用割枝方法检查如下：

1）观察 LYJ 是否动作，可直接观察 LYJ 动铁芯是否吸合，也可变换操作方法。试操作变幅、回转，若这些操作正常，说明 LYJ、励磁电源、控制电源都是正常的，若这些操作不正常，首先检查 LYJ 是否动作。如果此时 LYJ 动作了，而且各调速继电器动作了，说明励磁电源部分故障，重点检查熔断器 6FU ～ 11FU，变压器、整流器的励磁绕组 1TQG。

2）如果 LYJ 正常动作，励磁电源正常，就得先检查直流电动机 1M 两端是否有电压输入（可用低速挡来测试），若有电压，说明直流电动机本身存在不能启动的故障，应按照直流电动机故障检查内容进行。若无电压，这时测试发电机的 H_1、H_2 是否有电压输出，若有电压输出，说明主回路上 QLJ、GLJ 的线圈开路或连接部分脱落，如果发电机无电压输出，说明发电机本身有故障，先检查励磁回路中励磁线圈是否开路，W_{105} 电位器是否开路，最后检查发电机电枢绕组回路。

（2）有高速没有低速。一般是调速电阻断路，如有第 4 挡，1 ～ 3 挡没有，就是 R_{103} 开路；若有第 3 挡，无 1 ～ 2 挡操作，说明 R_{102} 断路。

（3）各挡转速均减小。一般是 W_{105} 电位器阻值增大，或者 1C 的常闭触头没有断开。如果这些都正常，那么，GDC 输出电压低或 1M 转速低的故障，参照直流电动机故障检修。

（4）运行中 1M 突然停转。出现这种故障，首先改变操作方式（上升改为下降或下降改为上升），看是否限位继电器保护动作或误动作，如果操作无效，就得按（1）故障来检修。如果单方面操作有效，说明 1ZC 或 1FC 线圈回路中有关元器件存在开路故障或其本身失效，分别检查有关元件。

（5）运行中 M 突然停转。这种故障检查与磁力启动器类似的故障方法相同，首先检查温度继电器 WJ 是否释放，其次检查有无控制电源、XC 本身及 XC 线圈回路上的元件是否存在断路故障，最后检查电动机 M 本身。

当然，还有其他故障，如轻载不能上高速、制动器发热、磨损过快、失控等，可仿照上述方法分析，这里就不一一分析了。

（三）回转、变幅部分常见故障的检修

回转、变幅两部分的工作原理与起货部分的工作原理相同，线路大同小异，所以故障也相似，检修方法也相同，这里再不赘述，可参照起货部分进行。

另外，电磁制动器的故障检修参照交、直流电动起货机制动器检修，这里不再赘述。

总之，这种三输出 G–M 系统克令吊，控制原理简单，控制元件都在较小电流和电压下运行，所以，相对于大电流、高电压运行的故障要少一些，元器件的寿命也长一些。尽管这种克令吊结构复杂、投资大，但是目前厂家和船东都偏向采用这种克令吊，据有关资料报道，日本出口船舶 40% ～ 50% 采用这种起货设备。我国揭阳电机厂和上海电器研究所也共同开发了这种产品。

四、并联同步起吊系统故障的检修

船上为了起吊超重货物，往往把两台克令吊并联同步起吊（并吊）。并吊系统按克令吊的控制方案可分为继电式和电子式，它们的基本原理就是检测两吊的转速，根据转速偏差来自动调节，使两台转速相同，所以，并吊系统主要是解决如何检测转速偏差，如何控制使其转速相同问题。

（一）继电接触器式并吊系统的检修方法

继电接触器式双吊同步控制系统原理如图 5-21 所示。它只是吊钩同步控制的一部分，吊臂同步控制与吊钩同步控制完全相同，这里只以吊钩同步控制系统为例来说明同步原理和检修方法。

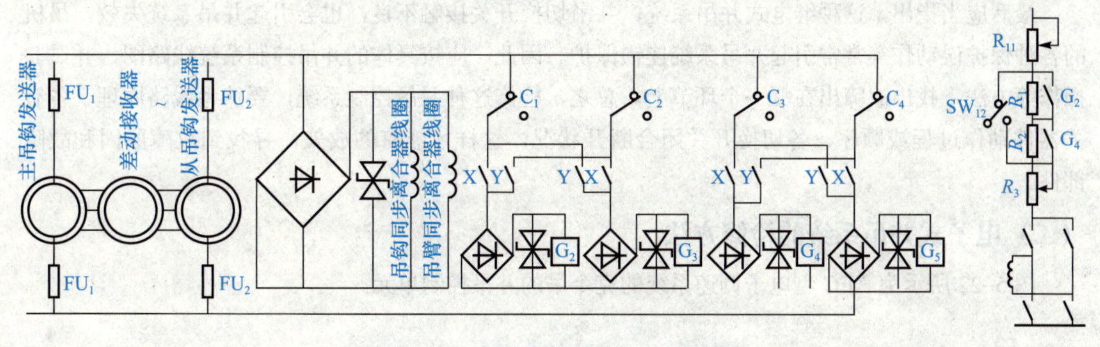

图 5-21　继电接触器式双吊同步控制系统原理

1. 同步控制工作原理

在主吊钩控制室把切换开关打到并吊位置时，并吊控制系统就得电，同时从吊钩上主令器失去作用，从吊钩上的有关元件都与主吊钩上的元件并联，由主吊钩上的主令器控制，使之实现同步运作，而吊钩发电机的励磁都是同挡引出。发电机输出的电压是相同的，吊钩电动机的转速也是相同的，实际上并非如此，由于从主吊钩引到从吊钩各导线有附加电阻，发电机的特性也不可能完全一样，两台机械阻力也不同。所以，两吊钩电动机转速就可能存在偏差，这个偏差由分别安装在两台吊钩索卷轮同轴的发送器的转差检测机构检测出来。当转速相等时，两发送器产生的三相交流电压同相位、同频率，在差动接收机上定、转子三相绕组产生的旋转磁场是同步的，没有驱动力矩，接收机转子就不会转动，凸轮轴在零位，凸轮轴上的微动开关 C_1 ～ C_4 呈如图 5-21 所示闭合状态。G_2 ～ G_4 有电，常开触头闭合，把调节电阻 R_1、R_2 短接。当发生转速不相等时，主吊钩转速大于从吊钩转速，主吊钩发送器产生的三相交流电压的相位超前于从吊钩发送器所产生的相位，在差动接收机产生的旋转磁场达到幅值的时间比从吊钩在差动接收机中所产生的时间短，这样带动转子向左方向转动，使凸轮轴上的微动开关 C_1 顶开，使 G_2 失电，使主吊钩电动机的发电机励磁回路串入一个 R_1，减少发电机励磁，从而使电动机降速，使之同步，若还存在偏差，差动接收器继续转动，带动凸轮轴，把 C_3 顶开，使 G_4 失电，把 R_2 再串入发电机励磁回路，减少发电机励磁电流，从而使电动机再减速。若还存在偏差，说明系统严重存在不同转速，系统无法调节，差动接收器继续向左方向转动，使凸轮轴顶开 C_4，使 ET 继电器（图中没有画出）失电，并吊失去作用；反之亦然，G_3、G_5 作用，使从吊钩发电机减少励磁电流，从而使从吊钩电动机降速，使之同步。

2. 故障检修方法

（1）当进行并吊操作时，操作主令器，并吊保护动作。发生这种故障，说明两吊转速可能偏差太大，系统无法调节。这时，应当把主吊钩发送器和从吊钩发送器励磁回路的熔丝拔掉，然后进行并吊试验，并吊横杠一下倾斜，说明两台转速偏差太大，这时应调节 R_3，使两台转速调到基本相等后，再投入并吊。若此时转速偏差不是太大，说明有一个发送器故障或接收器故障，以及与此对应的引线有开路故障。其故障常发生在联轴器上止动销断开，励磁刷尖磨损、变形、接触不良等处。引线断开也时有发生。检查时应注意这些薄弱环节。

（2）并吊不同步。当并吊运行一段时间后，并吊保护起作用，并吊横杆倾斜很大，说明并吊调节电阻还不过大。先检查微动开关，观察它是否动作正常，若正常，这时按上面方法，增大 R_1 或 R_2。整流桥或控制继电器 G 故障，也会出现这种情况，此时只需在手柄零位时，G_2 ～ G_4，都应当闭合；若有不闭合，说明它本身有故障或线圈回路有开路故障，只需检查对应凸轮轴微动开关，上升、下降的方向继电器 X、Y 的整流桥和继电器线圈等。

最后应当指出，这种继电式并吊系统，并吊切换开关接触不良，也会引起并吊系统失效。吊机的各种保护误动作等常常引起并吊系统连锁保护。因此，应按具体的并吊控制系统线路图，并试验操作等方法，找出故障出在哪一个环节上。总之，检修这种并吊控制系统，要熟悉线路原理、各有关器件动作过程或顺序、各切换开关闭合断开状况，这样才能有的放矢，寻找到故障原因和故障部件。

（二）电子式并吊系统的检修方法

图 5-22 所示为 AEG 型电子调速系统的克令吊的并吊控制单元。

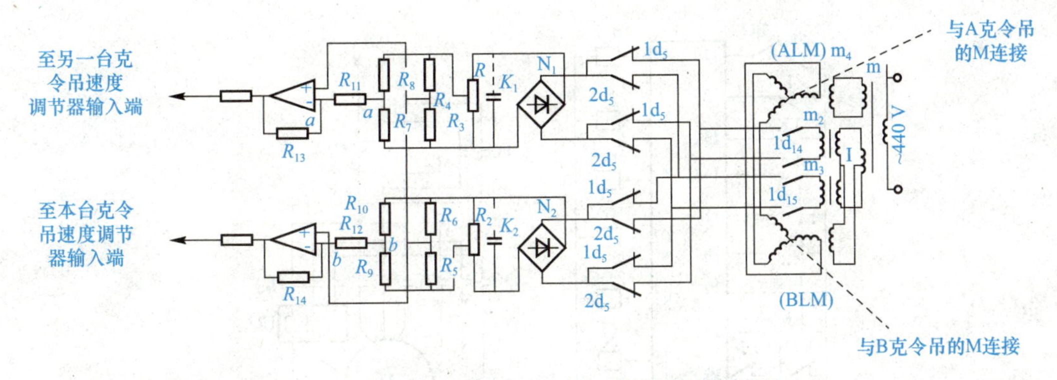

图 5-22　AEG 型电子调速系统的克令吊的并吊控制单元原理

1．同步控制工作原理

图 5-22 所示为两台吊钩或吊臂电动机的转速偏差检测单元，偏差信号发生器由两台自整角机 ALM 和 BLM 分别安装在钢丝索卷轮轴上，安装方法与继电式相同，只是它们定子、转子的绕组连接不同，即 ALM 的定子为励磁绕组，转子三相绕组为输出绕组与 BLM 进行同步系统接法，BLM 的定子单相绕组为输出绕组和一个有中心抽头对称变压器组成。当转速相等时，两个自整角机的转子位置相同，输出绕组无输出电压；m_2 和 m_3 的二次绕组感应电压相等，*a*、*b* 两点的电位也必然相等，即给 A 克令吊和 B 克令吊转速调节器的输入附加信号相等。转速保持相同。当两克令吊的转速不同时，ALM 和 BLM 的转子每时每刻相对位置不等，感应电动势不同，转子回路就有电流通过，输出绕组就有电压输出，假定 A 克令吊转速大于 B 克令吊，输出绕组的电压相位与变压器 m_1 的绕组叠加，m_2 的输出电压大于 m_3 的输出电压，通过整流滤波和综合比较桥，*a* 点的电位高于 *b* 点的电位，各自通过反相器反相，*a* 点的反相电压加到 A 克令吊的转速调节器，使其发电机减磁，从而电动机降速，而 *b* 点的反相电压加到 B 克令吊转速调节器，使其发电机增磁，从而 B 克令吊的电动机加速，一加一减，一直调节到两台电动机转速相等为止。

2．故障检修方法

当同步控制失效时，两台电动机转速不相同，说明转速偏差信号检测环节有故障，这时应当检查两个自整角机是否完好，连线是否有断路。然后，测量 m_2 和 m_3 的输出，若有输出，也有偏差，这时应检查 $1d_{14}$、$1d_{15}$ 是否动作，闭合良好。方向继电器 $1d_5$、$2d_5$ 是否正常闭合或断开，若这些都正常，有条件的，更换一块印制电路板试验，若故障排除，说明换下的板上有故障元件，逐一检查。没有条件更换备件板时，重点检查整流桥和运算放大管。最后，应按线路原理图，检查对切换开关在并吊时，对应闭合的状况。这种电子式同步控制单元可按电子设备检修方法来运行。

五、PLC 控制三速交流起货机系统常见故障的检修

国产三速交流起货机系统采用继电接触器控制系统，线路复杂，继电器用量多，体积较大，不仅可靠性较差，而且维护、检查、保养的工作量都很大，特别是几个时间继电器时间整定不准，可靠性差，经常由于时间继电器失效，造成电动机烧毁。为此，利用 PLC 具有丰富软继电器资源特性，来替代继电—接触器系统，使得三速起货机控制屏体积变小、质量更小，可靠性大大提高，同时给使用、维护带来方便。

这里介绍由 SLC-500 型 PLC 来实现交流三速起货机的控制系统。该系统主电路及 PLC 硬件外部接线如图 5-23 所示。

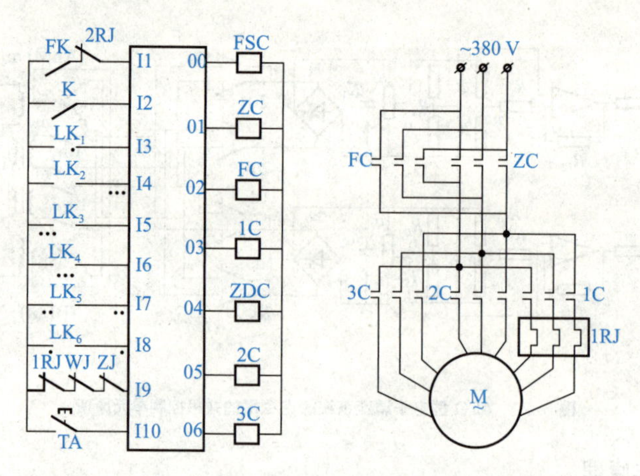

图 5–23　PLC 控制交流三速起货机系统原理

该系统具有以下主要功能：

（1）提升、下放货物时均为高速、中速、低速三挡速度。当主令控制器置于零位时，即停车，并设有应急停车按钮。

（2）主令控制器手柄从零位直接推到高速挡时，实现逐级延时启动。

（3）主令控制器手柄从高速直接推到零位时，实现三级制动：再生制动、再生制动加机械制动、单独机械制动。

（4）主令控制手柄从上升（或下放）高速挡快速推到下放（或上升）高速挡时，实现逆转矩控制。

（5）启动时保证先接通低速绕组后松开电磁制动器。在换挡过程中总有一个绕组接通，并使电磁制动器处于松开状态。

它实现了国产交流三速起货机继电接触器的系统的全部分功能，其输入口址分配如下：

I：0/1，风机开关 FK 和风机过载保护 2RJ；

I：0/2，应急停车电源开关 K；

I：0/3，主令控制器 LK_1 触头，零位保护；

I：0/4，主令控制器 LK_2 触头，起货机正转（提升）；

I：0/5，主令控制器 LK_3 触头，起货机反转（下放）；

I：0/6，主令控制器 LK_4 触头，低速运行；

I：0/7，主令控制器 LK_5 触头，中速运行；

I：0/8，主令控制器 LK_6 触头，高速运行；

I：0/9，主电动机过载保护 1RJ、WJ、ZJ；

I：0/10，应急按钮 TA。

输出口址分配如下：

O：0/0，风机接触器 FSC；

O：0/1，正转接触器 ZC；

O：0/2，反转接触器 FC；

O：0/3，低速接触器 1C；

O：0/4，制动接触器 ZDC；

O：0/5，中速接触器 2C；

O：0/6，高速接触器 3C。

根据三速起货机的控制要求，可绘制出该系统控制梯形图，如图 5-24 所示。

下面简介该系统的工作原理。

1．主令控制器置零位

合上风机开关 FK，I1 闭合使输出继电器 00 得电，风机接触器 FSC 得电，风机通电运行。同时合上开关 K，I2 闭合，LK_1 在零位时，闭合，I3 闭合，使得中间继电器 M1 得电，其常闭触点实现零压保护。

2．主令控制器置上升一挡

LK_2 闭合，即 I4 闭合，使输出继电器 01 得电，使正转接触器 ZC 得电；LK_4 闭合，即 I6 闭合，使输出继电器 03 得电，使低速接触器 1C 得电，进行低速运行。同时，由 M1 和 01 使得 M2 励磁，M2、I4 和 T4：1 早已闭合，使输出继电器 04 得电，制动接触器 ZDC 得电，电磁制器松开，使电动机 M 正常运行。

3．主令控制器置上升二挡

LK_5 闭合，即 I7 闭合。M2、04、00、T4：3 常闭，I7、06 常闭，使输出继电器 05 得电，使中速接触器 2C 接通，电动机 M 处于上升中速运行。

4．主令控制器置上升三挡

LK_6 闭合，即 I8 闭合，M2、04、00、I8 和 T4：4 的常闭，使输出继电器 06 得电，使高速接触器 3C 接通，电动机 M 处于上升高速运行。当重载上高速时，负载继电器 ZJ 动作，I9 的常闭触头断开，使 06 失电，06 的常闭触头闭合，使输出继电器 05 得电，中速接触器 2C 接通，电动机 M 处于中速运行，防止重载上高速。

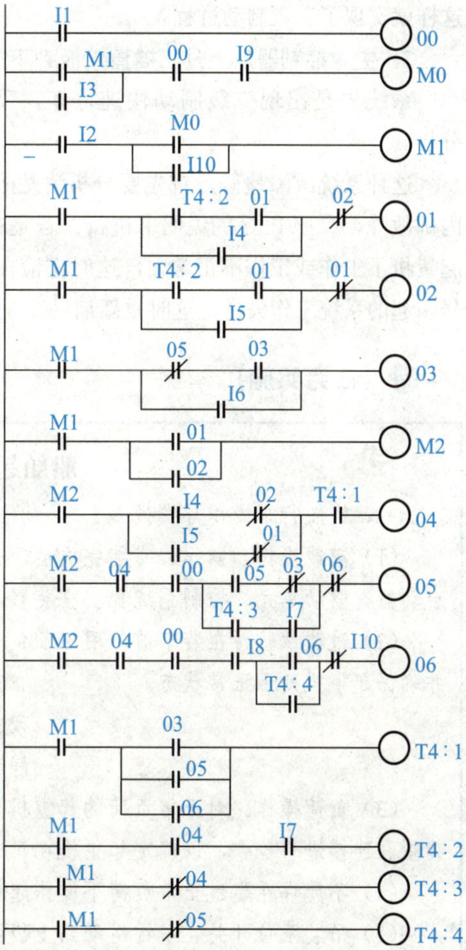

图 5-24　系统控制梯形图

5．主令控制器从零位直接扳到上升三挡

主令控制器在三挡时，LK_6 闭合，I6 输入，使 03 有电，低速接触器 1C 有电，同时 LK_2 闭合，I4 输入，使输出继电器 01 有电，正向接触器 ZC 通电，电动机在低速运行阶段，同时，I4 输入，使输出继电器 04 有电，制动接触器接通，制动器松开。由于 04 的常闭触头打开，使计时 T4：3 延时开始；LK_5 闭合，使 I7 有输入，T4：3 延时 Δt_3 后，输出继电器 05 得电，中速接触器 2C 通电，接通中速绕组，电动机处于中速运行阶段，又因 05 的常闭打开，使计时器 T4：4 延时开始，延时 Δt_4 之后，输出继电器 06 有电，高速接触器 3C 通电，接通高速绕组，电动机在高速运转，实现了三级延时启动。

6．主令控制器从上升三挡直接推到零位

主令控制器手柄回到零位时，LK_4 闭合，I6 有输入，使输出继电器 03 得电，低速接触器 1C 得电，低速绕组接通，I7 常开触头断开，计时器 T4：2 延时，在延时 Δt_2 之内，输出继电器 01 仍得电，ZC 正转接触器仍然通电，电动机进行再生制动，转速迅速下降，同时，因 I4 打开，使输出继电器 04 失电，制动接触器 ZC 失电，但刹车线圈放电回路，提供刹车延缓抱闸，进行单独再生制动，一旦放电电流维持不住，刹车抱闸，进行再生制动加机械制动，当计时器 T4：2 延时到了，T4：2 常开触头断开，使输出继电器 01 失电，正转接触器 ZC 失电，再生制动结束，只有机械制动到停车，

这样就实现了三级制动过程。

7. 主令控制器从上升三挡直接扳到下放三挡

系统先是出现三级制动快速停车，然后反向逐级启动，实现逆转矩控制，读者可以自行分析。

这种系统故障检修，首先要分析清楚故障是PLC内部故障还是PLC外围设备故障，若是PLC内部故障，参照PLC的说明书进行；若是PLC外围设备故障（PLC的输入、输出指示都正常，而起货机不工作或工作不正常），这时应检查接线、配线接触器。若这些都正常，可能是由于干扰信号引起的系统工作失常，这时重新启动系统，一般都能恢复正常工作。

【任务实施】

船舶起货机系统的系泊试验

一、机舱行车操作与维护

（1）空载操作。操作、安装完成后，分别在空载下进行吊装、下吊、横越和移动作业并检查启动器、驱动单元、控制系统和安全装置，以确保其可靠性。

（2）过载试验。在装车前，用125%的正常负荷和100 mm的吊装高度进行10 min的吊装，并确保起重机处于正常状态。

动载：8×1.1=8.8（t）

静载：8×1.25=10（t）

（3）负荷操作。对正常负荷的起重机分别进行多次吊装、横越和行驶，并对机械传动、电气装置和连接进行检查，以确定起重机在正常荷载下没有异常。

（4）不允许在超过正常负荷下操作起重机。

（5）吊装限位开关在吊钩运动到上极限位置起作用。因此，这个开关不应该经常被驱动。

（6）不得同时按两个按钮开关来控制两个相反的方向。

（7）在工作间隔期间或工作结束时应关闭电源，并按下应急停止按钮。

（8）在起重时可以调节电动机的制动，以使最大负载的滑差距离不超过80 mm。

（9）链条必须定期润滑，尤其是通过滑轮和磁鼓的地方，用刷子和木碟供应油脂。

（10）发生故障时尽可能关闭电源。

（11）必须特别注意，在起重机使用时，应检查易损坏的部件，确保它们正常工作。

二、克令吊系泊试验

起重设备试验应在系泊试验阶段进行，以对其设备进行全面的考核。

（一）试验前应具备的条件

1. 零部件合格证的确验

按图样检查起重设备各零部件，如吊货钩、卸扣、链条、环、转环、三角眼板、有节定位索、松紧螺旋扣、绞车及吊杆等。零部件上均应有验船部门确认的钢印，并核查这些钢印标志的内容是否符合该零部件的规定值。零部件负荷试验值可参阅表5-3。

表5-3　起重设备零部件负荷试验值

序号	名　称	验证负荷 /kN
1	单并滑车①	4×SWL③

续表

序号	名 称	验证负荷 /kN
2	多并滑车② SWL ≤245 kN 245 kN < SWL ≤1 568 kN SWL > 1 568 kN	2×SWL 0.933×SWL+265 1.1×SWL
3	链条、吊钩、卸扣、转环等 SWL ≤245 kN SWL > 245 kN	2×SWL 1.22×SWL+196
4	吊梁、吊框、吊架和类似设备 SWL ≤98 kN 98 kN < SWL ≤1 568 kN SWL > 1 568 kN	2×SWL 1.04×SWL+94 1.1×SWL

注：①单并滑车的安全工作负荷，包括有绳眼的单并滑车，应取吊环上荷载的一半。

②多并滑车的安全工作负荷应取吊环荷载。

③表中 SWL 为安全工作负荷。

2．零部件的校核

起重设备使用的钢索的规格尺寸应符合图样要求，并具有船检证书和工厂的材质证明证件。若无船检证书，则需复试钢索破断负荷，或按下述两种方法之一取得：

（1）从整根钢索上割取试样进行破断试验。试样割取前，两端须扎紧，不使试样钢丝松弛。试样的试验长度为钢索直径的 36 倍。试验机的加载速度在达到公称破断负荷 80% 之前可较快地加载，此后应慢慢地平稳加载，直至达到最大负荷。若试样断裂的位置在夹具附近，此试验应重新进行。

（2）钢索的破断负荷可以通过单根钢丝的破断拉力之总和乘以换算系数确定。换算系数可按国际标准或验船部门承认的标准选取。

（3）起重设备试验用的吊重物，应做称重检定，并有标志。

对于山字形吊钩的验证负荷试验，可按图 5–25（a）、（b）所示的方法进行，附加负荷试验可按图 5–25（c）所示的方法进行，其试验负荷为验证负荷的一半。

链条（长环或短环）除按表 5–3 的规定进行验证外，还应进行破断试验。通常每 55 m 链条长度割取一段（5 环）为试样，破断负荷应不小于链条安全工作负荷的 4 倍。

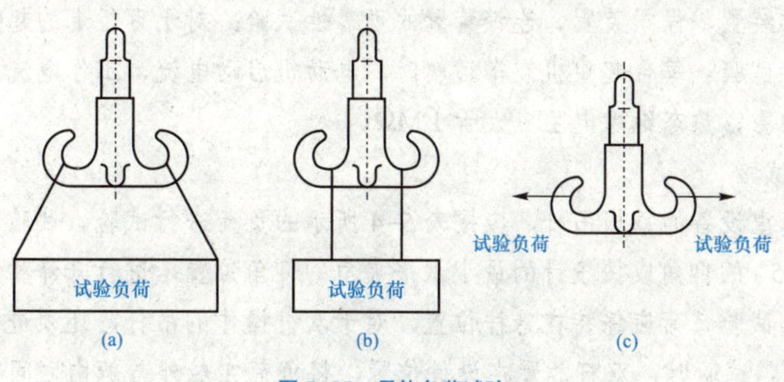

图 5–25 吊钩负荷试验

（a）、（b）验证负荷试验；（c）附加负荷试验

3．通电前的准备工作

（1）检查液压系统是否安装完成。

（2）检查系统接线图：检查接线是否正确及设备是否完整，并对控制箱进行清洁保养。

（3）把所需的仪表准备好，如绝缘表、万用表、钳型电流表等。

（4）检查电动机绝缘、主电源、主回路及控制回路的绝缘是否符合要求。

（5）根据设备要求整定电器参数：时间继电器的延时时间、热继电器整定值、压力继电器压力整定值等。

（二）试验内容

（1）液压管系投油清洗检验。

（2）安全溢流阀试验。

（3）送电过程及操作。

（4）空载试验。

（5）吊重负荷试验。

（三）试验要求

1．液压管系的投油清洗

在液压管系进行投油清洗时，检查滤网（200 目 / 英寸^2 或 30 目 / 厘米^2）或滤纸，应无杂质、垃圾。

2．溢流阀试验

液压系统安全溢流阀应在技术要求所规定的溢流压力时打开。

3．送电过程及操作

（1）当绝缘检查完毕后，合上主配电板上的电源开关，在控制箱的电源开关上端检查有 AC440 V 电压后，合上主开关。

（2）合上控制回路电源开关，电源指示灯亮。

（3）按启动按钮，观察液压泵电动机运行及风机转向。如风机反转，则把风机电源线调相处理。按停止按钮，电动机停止转动。

（4）按应急停止按钮，主开关断开，再把主开关复位。

（5）模拟热继电器动作，主开关断开，再把主开关复位。

上述工作检查完毕，按启动按钮，电动机运行，主油泵正常工作，吊车可以正常使用。

4．空载试验

吊杆式起重机应做吊杆升降试验，以检验吊杆装置的工作可靠性；塔式起重机应进行旋转、变幅、起升等限位装置、保护装置、连锁装置的可靠性试验；对于可行走的起重机，还应进行行程限位装置可靠性试验。每台起重机空车运转时，电动机启动电流、工作电流应在规定范围内，电动机及控制箱的冷、热态绝缘电阻应大于 1 MΩ。

5．吊重负荷试验

（1）吊杆式起重设备的每根吊杆，应按表 5-4 所示的负荷进行试验。试验时，吊杆一般应放置在与水平线呈 15° 的仰角或按设计的最小水平夹角的仰角位置，进行升降和制动试验。当电动机失电或失压时，试验负荷应保持在悬挂位置。对于双杆操作的吊杆，还须进行双杆联吊试验，试验负荷见表 5-4。试验时，双杆放置在设计位置，将负荷在舷外与舱内之间内相互转运，以检验工作可靠性。试验完毕，所有零部件不允许有变形或损伤。

表 5-4　吊杆式起重设备、塔式起重机试验负荷

安全工作负荷 SWL/kN	试验负荷 /kN
SWL ≤198	1.25×SWL
196 < SWL ≤490	SWL+49
SWL > 490	1.1×SWL

（2）塔式起重机应按表 5-4 所示的负荷进行吊重试验。试验时，吊臂架应分别放置在规定的最大和最小两个变幅位置，进行起升、回转、变幅和制动试验，要求制动时无滑移，起升、回转、变幅、行走时工作正常。对于具有不同臂幅、不同安全负荷的起重机，一般应在不同臂幅所对应的试验负荷下进行试验。对超负荷保护装置、超力矩保护装置应进行动作试验，在完成上述试验项目后，还应对起重机进行安全工作负荷下的起升、回转和变幅试验，并对超负荷效能负荷指示器和限位工作情况做检查。吊重时，电动机启动电流和工作电流应在规定范围内，电动机及控制箱热态绝缘电阻应大于 1 MΩ。试验结束后，应对起重机进行全面检查，应无永久变形或其他缺陷。

（四）试验方法

1．液压管路投油清洗

投油前，先对油箱进行清洁检查，应无颗粒垃圾及电焊飞溅。投油应在油箱内加入与正常使用时相同牌号的液压油，并加热到 45 ℃左右。投油一段时间后，检查滤网或滤纸，应无杂质、垃圾。

2．溢流压力的整定

液压系统安全溢流阀按系泊试验技术要求所规定的溢流压力进行调整，当达到溢流压力时，溢流阀应打开，试验 2 ～ 3 次。

3．空载试验

空载试验时，一般先做升降试验，单独及联合旋转、变幅、升降等动作试验均不少于 2 次，然后对起吊限位、旋转及行走限位装置，失电、失压保护装置，以及连锁信号装置进行检验。每台起货机应空载、中速运转半小时，并进行倒顺车试验。当上述试验完成后，即可对起重设备进行吊重负荷试验。

4．起重设备的吊重负荷试验

（1）吊杆式起货设备的吊重负荷试验。将试验负荷吊离甲板一段距离，悬挂时间不少于 5 min，若无滑移，可认为吊杆装置能承受此负荷。然后，慢速升降重物并进行绞车制动试验，次数不少于 2 次。制动试验应在负荷快速下降，距离约 3 m 时进行，检查重物能否保持在原来位置，验证制动是否有效。对具有负荷指示器或超负荷保护器的起重机，其负荷应按系泊试验大纲要求进行核对，并进行动作试验。在负荷吊至悬挂位置时，进行电动机失电保护和液压失压保护试验，此时，保护时装置应能使负荷保持在悬挂位置，并用人工释放装置做安全释放。吊杆式起重机还应在带试验负荷的情况下进行慢速、变幅和回转试验，变幅角度按设计规定的工作角度，回转试验应在最低的设计变幅角度下进行，回转极限角度按设计图样的规定。对于具有双杆操作功能的吊杆式起重设备，在单杆试验后，须进行双杆联吊试验，将负荷从舷外吊入仓内，再从仓内送回舷外，来回吊送不少于 3 次。每条船具有相同结构和布置的吊杆，3 对以上至少试 1 对，4 对至 6 对至少试 2 对，以此类推。试验中若发现问题，则每对吊杆均需进行试验。试验完毕后应进行全面检查，不应有永久变形、损伤等缺陷。

（2）塔式起货设备的吊重负荷试验。将臂架放置在规定的最大和最小两个臂幅位置，试验负荷

吊离甲板一段距离，悬挂时间不少于5 min，若无滑移，可认为臂架装置能承受此负荷。然后进行慢速起升、回转、变幅试验和起升、回转变幅机构的制动试验，各不少于2次，在负荷快速下降时进行刹车试验。对可行走的起重机，在负荷状态下进行慢速全程行走时的制动试验，负荷物应无滑移。

对于有不同臂幅、不同安全工作负荷的起重机，一般应在不同臂幅相应的试验负荷下进行试验。试验时，所取的负荷按系泊试验大纲的规定。对超负荷保护装置、超力矩保护装置，应进行动作试验，试验要求按系泊试验大纲。起重机经过超负荷试验后，应进行安全工作负荷下的操作试验，试验起升、回转和变幅的各挡运转速度，以检查运转情况、超负荷效能、负荷指示器和限位器等是否处于良好的工作状态。试验时，运动部件应无发热和敲击现象，各液压系统及液压电动机应无泄漏现象。试验后进行全面检查，应无永久变形及其他缺陷。

（五）试验记录

起重设备工作时，应测量油泵的工作油压、油泵及液压电动机转速，测量起货机吊重时上升、下降、吊臂上升及下降、回转时的电动机启动电流、工作电流、电压、绝缘电阻及转速。在额定负载时，电流不应超过电动机铭牌的额定电流。起货机吊重试验记录表见表5–5。

表5–5　起货机吊重试验记录表

船名：________　　　　　　　　　　　　试验日期：________年________月________日

<table>
<tr><td colspan="3">起重机编号</td><td colspan="7">1</td><td colspan="7">2</td></tr>
<tr><td colspan="3" rowspan="2">项目
电动机或油泵类型</td><td rowspan="2">试验负荷/kN</td><td colspan="2">电动机电流/A</td><td rowspan="2">电压/A</td><td rowspan="2">电动机转速/（r·min^{-1}）</td><td rowspan="2">油泵压力/MPa</td><td rowspan="2">热态绝缘电阻/MΩ</td><td rowspan="2">试验负荷/kN</td><td colspan="2">电动机电流/A</td><td rowspan="2">电压/V</td><td rowspan="2">电动机转速/（r·min^{-1}）</td><td rowspan="2">油泵压力/MPa</td><td rowspan="2">热态绝缘电阻/MΩ</td></tr>
<tr><td>启动</td><td>工作</td><td>启动</td><td>工作</td></tr>
<tr><td rowspan="6">升降电动机或油泵</td><td rowspan="3">上升</td><td>1</td><td></td><td></td><td></td><td></td><td></td><td></td><td></td><td></td><td></td><td></td><td></td><td></td><td></td><td></td></tr>
<tr><td>2</td><td></td><td></td><td></td><td></td><td></td><td></td><td></td><td></td><td></td><td></td><td></td><td></td><td></td><td></td></tr>
<tr><td>3</td><td></td><td></td><td></td><td></td><td></td><td></td><td></td><td></td><td></td><td></td><td></td><td></td><td></td><td></td></tr>
<tr><td rowspan="3">下降</td><td>1</td><td></td><td></td><td></td><td></td><td></td><td></td><td></td><td></td><td></td><td></td><td></td><td></td><td></td><td></td></tr>
<tr><td>2</td><td></td><td></td><td></td><td></td><td></td><td></td><td></td><td></td><td></td><td></td><td></td><td></td><td></td><td></td></tr>
<tr><td>3</td><td></td><td></td><td></td><td></td><td></td><td></td><td></td><td></td><td></td><td></td><td></td><td></td><td></td><td></td></tr>
<tr><td colspan="2" rowspan="3">旋转电动机或油泵</td><td>1</td><td></td><td></td><td></td><td></td><td></td><td></td><td></td><td></td><td></td><td></td><td></td><td></td><td></td><td></td></tr>
<tr><td>2</td><td></td><td></td><td></td><td></td><td></td><td></td><td></td><td></td><td></td><td></td><td></td><td></td><td></td><td></td></tr>
<tr><td>3</td><td></td><td></td><td></td><td></td><td></td><td></td><td></td><td></td><td></td><td></td><td></td><td></td><td></td><td></td></tr>
<tr><td colspan="2" rowspan="3">变幅电动机或油泵</td><td>1</td><td></td><td></td><td></td><td></td><td></td><td></td><td></td><td></td><td></td><td></td><td></td><td></td><td></td><td></td></tr>
<tr><td>2</td><td></td><td></td><td></td><td></td><td></td><td></td><td></td><td></td><td></td><td></td><td></td><td></td><td></td><td></td></tr>
<tr><td>3</td><td></td><td></td><td></td><td></td><td></td><td></td><td></td><td></td><td></td><td></td><td></td><td></td><td></td><td></td></tr>
</table>

结论：

任务四　锚机、绞缆机电气系统的维修

船舶在停泊时，受到风力、水力及船体摇摆时的惯性力的作用。锚机和系缆设备就是为了平衡这些力，使船舶安全地停泊在水面或系留于码头或浮筒上。

船舶的起锚、抛锚和系缆的操作是由锚机和系缆设备完成的。由锚机和系缆设备组成一个联动机，在锚机上装有绞缆筒，可用来起锚和系缆。近年来，建造的船舶使用液压锚机的较多。

一、锚设备的组成和布置

锚设备的主要组成部分有锚、锚链、锚链筒、掣链器、弃链器、锚链轮、锚链管、锚链舱等，如图 5-26 所示。通常，主锚位于船艏的两侧舷，因为从船艏抛锚停泊时，船体所受的风力、水流作用力最小。

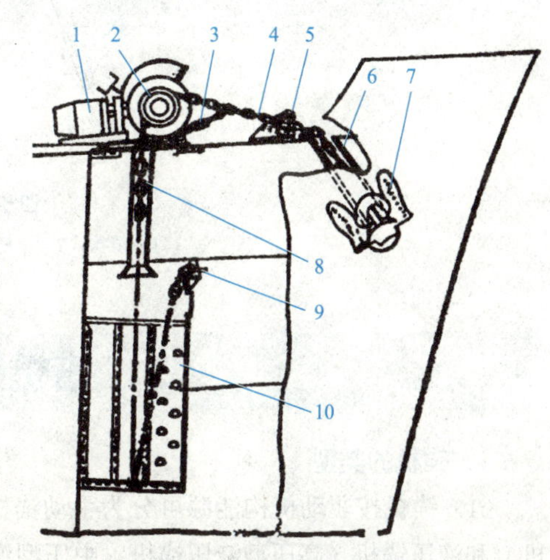

图 5-26 锚设备的组成布置图

1—电动机；2—绞盘；3—掣链钩；4—锚链；5—掣链器；6—锚链筒；7—锚；8—锚链管；9—弃链器；10—锚链舱

（1）锚设备的布置应注意锚链筒、锤链舱和锚机（或绞盘）相互位置要适当，操作要方便；应保证掣链器的位置恰当，为减少锚链工作长度，固紧锚链用的掣链器应尽可能靠近锚链筒，锚链管应安置在锚链舱中央，可略有倾斜，锚设备应与系缆和拖曳设备配合。

（2）锚链是连接锚和船体的链索。锚泊时，锚链将锚的抓力传递到船体上。用来起锚和回收锚。目前，中小型船舶还有采用钢索和麻索做锚链的，但是大多数船舶的主铺链都采用链环。它由许多铸造、锻焊或电焊制成的单独链环连接而成。在船舶上获得了广泛应用。锚链长度以节为单位。我国规定每节锚链的标准长度为 27.5 m。

（3）锚链末端应牢固地与船体连接，而在必要时又能迅速地与船体脱开。这就需要有脱钩装置和弃链器（图 5-27）。脱钩位置的安排，应使船员能使锚链安全地解脱。弃链器是更完善而便捷的脱钩专用装置，有横插式和螺旋式两种形式。

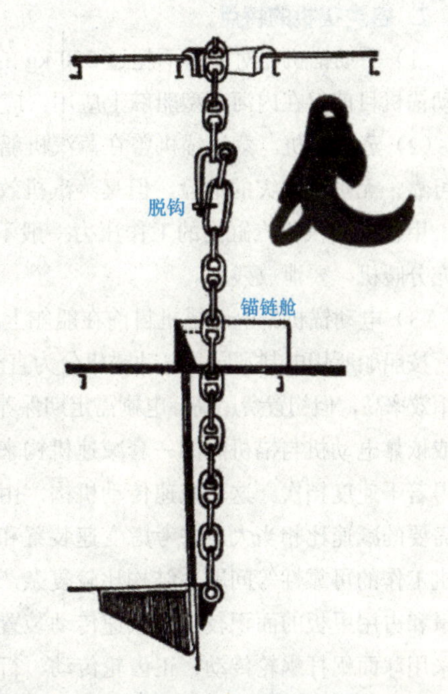

图 5-27 脱钩装置和弃链器

（4）为了防止锚链下滑和脱出，在锚链筒与锚链之间设置掣链设备。

链钩式掣链器也可用来掣锚，如在船舶航行时固定锚，使收到锚链筒中的锚拉紧，以免在风浪中碰击船舷，又称掣锚器。链式掣锚器是应用较多的一种掣锚器。滑钩可以使掣锚器迅速解开。松紧螺旋扣能使锚完全贴紧锚链筒。图 5-28 所示为链式掣锚器。

（5）锚链筒主要是供收放锚和收藏无杆锚使用的。

（6）锚链舱是收藏锚链的地方，通常位于防撞舱壁的前后部和艏尖舱。其位置应尽可能放低一些，以免影响船舶的稳心高度。锚链舱的形状以方形和圆筒形较为合适。

（7）锚链管是引导锚链出入锚链舱的装置，一般为管状。其内径为锚链的 7 ～ 8 倍。锚链管应位于锚链舱顶的中央，呈垂直状。若受地位限制，可稍微倾斜。

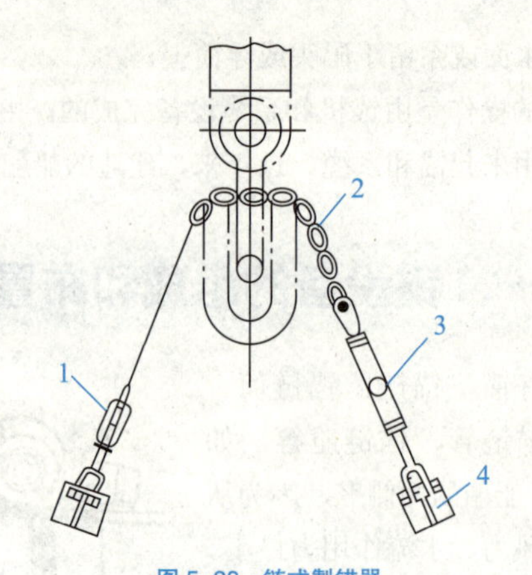

图 5-28　链式掣锚器

1—滑钩；2—小链条；3—松紧螺旋扣；4—眼板

二、锚机的类型及其特点

1. 锚机的类型

（1）锚机按驱动机构能源可分为手动锚机、蒸汽锚机、电动锚机（直流电动锚机、交流电动锚机）和液压锚机（高压型液压锚机、中压型液压锚机、低压型液压锚机）。

（2）锚机按链轮轴中心线方向可分为卧式锚机和立式锚机（绞盘）。

（3）锚机按布置方式可分为普通（整体）式锚机、单侧（独立）式锚机和联合式锚机。

2. 各类锚机的特点

（1）手动锚机。对质量不超过 250 kg 的锚，根据工作情况，若适合使用，可以配置手动锚机。手动锚机目前仅在内河小型船舶上应用，应有防止手柄打伤人的措施。

（2）蒸汽锚机。蒸汽锚机曾在蒸汽机船上得到广泛应用，目前用于巨型油船，其结构坚固，工作可靠，无引起水灾的危险，但是蒸汽机效率低，结构庞大，在甲板上敷设很长的管道时热量损失大，甲板上蒸汽机汽缸内的工作压力一般不超过 0.8 MPa，操作管理麻烦，在严寒季节时，使用前要充分暖机，要泄放残水。

（3）电动锚机。电动锚机目前在船舶上应用较为广泛。

按船舶所用电制不同，电动锚机分为直流电动锚机和交流电动锚机。直流电动锚机调速特性好，使用效率高，但初置费用高，电刷需定期保养；交流电动锚机调速性能差，通常只能有级调速，依靠变级或依靠电动机与锚机间的一套减速机构来获得若干速度挡次。这套减速传动机构，由于需要的减速比相当大，并考虑变速装置和锚机工作的可靠性等问题，结构比较复杂，质量和占用甲板的面积较大。减速传动装置常采用球面蜗杆蜗轮传动、正齿轮传动、行星齿轮传动等传动方式。一般来说，行星齿轮减速传动机构的质量大、体积小、传动效率高、维护保养简便，因而目前应用较多。图 5-29 所示为电动锚机在甲板上的分布图。

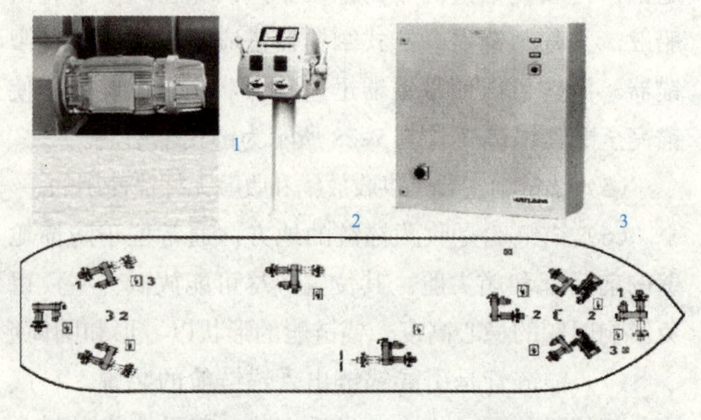

图 5-29　电动锚机在甲板上的分布图

（4）液压锚机。液压锚机是主要依靠液压装置来执行和控制动作的锚机。液压锚机因其液压能源来自电动机驱动的油泵装置，又称电动液压锚机。其具有下列特点：

1）具有与直流电动锚机相当的良好调速性能。

2）通常采用低速大扭矩液压电动机，转速低，输出力矩大，不再需要设置庞大的机械减速器，可以直接驱动锚链轮。

3）液压传动具有自制动性能，工作安全可靠。

4）结构紧凑，单位功率的质量轻和尺寸小。

5）操作方便，保养维护简单。

6）易于实现遥控和自动化。

对于大型、自动化程度高的船舶，采用液压锚机对船舶的经济性、可靠性更为有利。

液压锚机由三个主要部分组成，即电气部分、液压部分和起锚机械设备。电动机和油泵组成能源装置，称为油泵机组。油泵机组输出高压油液，驱动液压发动机旋转，带动锚链轮或卷筒转动，实现起锚（收缆）或抛锚（放缆）控制。油泵机组一般和电气设备放在舱室内，液压发动机和起锚机械设备置于甲板上，两者之间利用管路连接。图 5-30 所示为卧式液压锚机的组成。

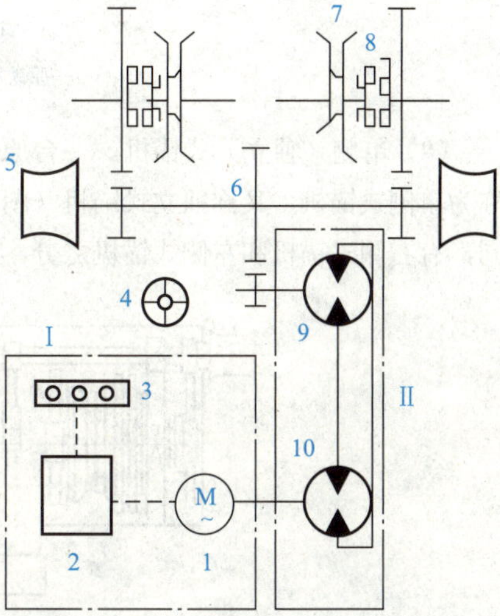

（5）卧式锚机。卧式锚机的链轮轴和卷筒轴中心线平行于甲板，整套锚机设备装设在甲板上，操作管理比较方便。但是设备占用甲板面积大，并容易遭受风浪侵蚀。一般商船较多采用卧式锚机。

图 5-30　卧式液压锚机的组成

Ⅰ—电气部分；Ⅱ—液压部分；1—电动机；2—电源箱；3—控制按钮；4—操纵手轮；5—卷筒；6—传动齿轮；7—锚链轮；8—离合器；9—液压发动机；10—油泵

（6）立式锚机（绞盘）。立式锚机的链轮轴和卷筒轴中心线垂直于甲板，原动机和传动机构都放在甲板下面，仅链轮和卷筒伸出在甲板上，由立轴导动。没有卧式锚机占用甲板面积大，但容易遭受风浪侵蚀，同时，锚链轮的立轴承受着很大的弯曲力矩，管理也不太方便。只有军舰上多用立式锚机。图 5-31 所示为电动立式锚机的组成。

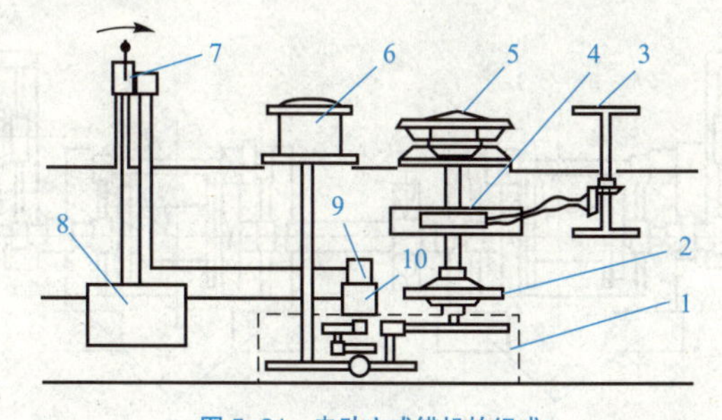

图 5-31　电动立式锚机的组成

1—齿轮箱；2—离合器；3—制动手轮；4—锚链轮制动器；5—锚链轮；6—绞缆筒；7—制动手柄；8—控制箱；9—电力制动器；10—电动机

（7）普通（整体）式锚机。一台或两台原动机居中，两个锚链轮分别配置于左、右两侧。若原动机和锚链轮共用一个底座，则称为整体型普通锚机；若原动机和锚链轮的底座分开，则称为分离型普通锚机。图 5-32 所示为锚机形式。

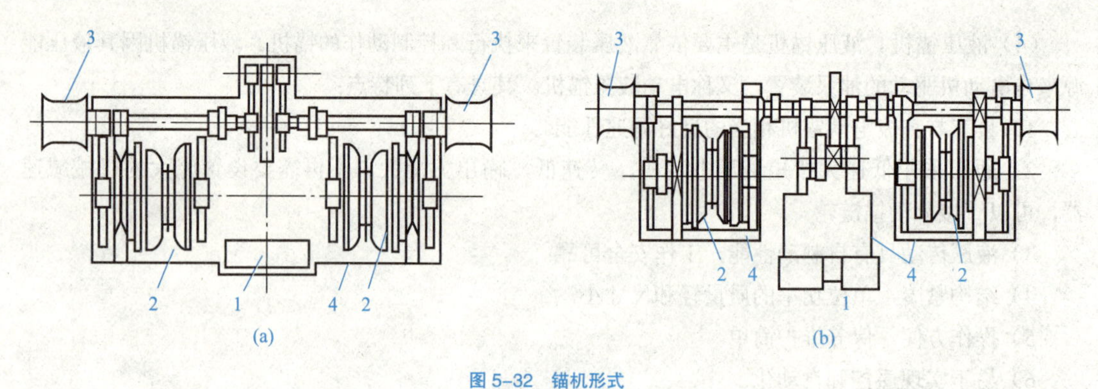

图 5-32 锚机形式

（a）整体型普通锚机；（b）分离型普通锚机

1—原动机；2—锚链轮；3—绞缆筒；4—底座

（8）单侧（独立）式锚机。一台原动机只配置一个锚链轮、卷筒和刹车装置，组成独立机组，称为单侧式锚机，又称独立式锚机（图 5-33）。单侧式锚机布置在船艏甲板的两侧，根据位置的不同，有右侧式锚机和左侧式锚机之分。

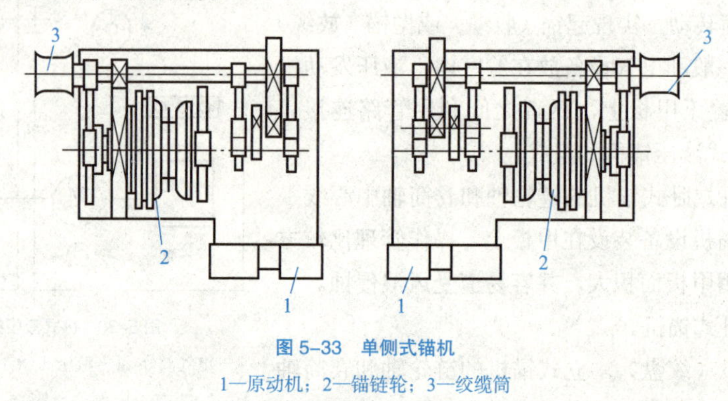

图 5-33 单侧式锚机

1—原动机；2—锚链轮；3—绞缆筒

（9）联合式锚机。将两台单侧式锚机联合起来组成一个整体，称为联合式锚机。任一侧的锚链轮可由其中任一原动机驱动。两台原动机驱动，增强了锚机的生命力。图5-34所示为联合式锚机。

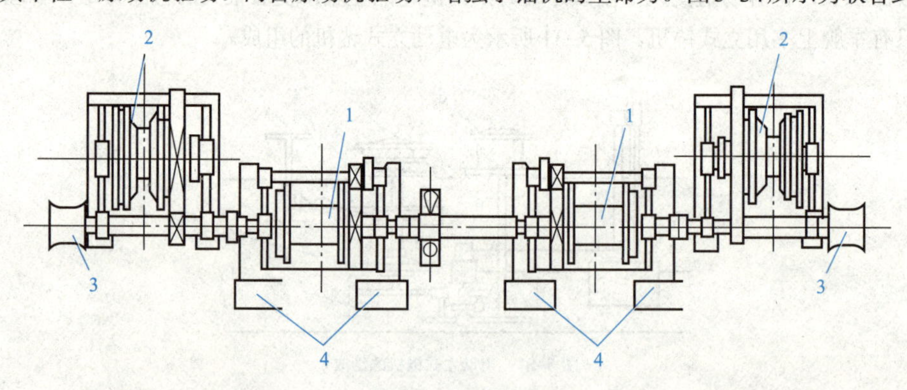

图 5-34 联合式锚机

1—系缆卷筒；2—锚链轮；3—小卷筒；4—原动机

（10）自制动锚机。锚和锚链的下落具有自由落体性质。锚下水越深，下落速度越快。在深水抛锚时，锚碰到坚硬的水底，冲击很大，容易发生损伤。下落速度加快，锚链在链轮上跳动剧烈，增加了“滑链跳槽”的可能性，同时，还可能产生火花。对大型船舶来说，锚和锚链的质量很大，一般锚机的制动设备已不能有效地控制锚下落速度，特别是深水抛锚作业，长时间剧烈摩擦，会导致锚机发热和烧毁。在这种情况下，需用自制动锚机。自制动锚机常在锚机设备中加装液力制动器。

三、技术要求与维护要求

电动锚机和绞缆机可分为直流和交流两种，而且其拖动控制方案一般都与本船的电动起货机控制方案相同。目前，大多采用交流三速锚机、绞缆机或 G–M 系统的锚机、绞缆机，所以，两者拖动控制系统基本相同。

1. 技术要求

（1）控制线路中应设有自动逐级延时启动环节。

（2）电动机应能承受堵转电流 1 min，堵转力矩为额定力矩的两倍，在堵转时，对直流而言，应能使电动机自动转到人为特性上运行；对交流而言，应能自动转换到低速运行。

（3）电动机应能在最大负载力矩下启动。应急起锚时，电动机应能正常启动，在 30 min 内允许启动 25 次。

（4）在深水抛锚时，控制系统应能使电动机工作在再生制动或能耗制动状态，使加速抛锚变为匀速抛锚。

（5）控制系统应满足在正常抛锚深度下，起单锚的平均速度不小于 12 m/min，在 45 m 抛锚深度下，起双锚的平均速度不小于 6 m/min。收锚入孔的速度一般为 3 ～ 4 m/min。

（6）采用电气和机械配合制动，以满足快速停车和保护电动机的要求。

（7）电力拖动装置应能满足在给定航次区内，单锚破土后，能起双锚。

2. 对锚机、绞缆机电气系统的维护要求

锚机、绞缆机电气控制屏的保养可参见起货机控制屏的维护保养要求。

对于电磁制动器和主令控制器的维护要求，与起货机相同。

锚机和绞缆机虽然能在最大负荷力矩下启动和运行，但属于短期工作制的设备，使用时应根据锚链、缆绳状态及电流的读数进行操作，并应注意以下几点：

（1）启动次数不宜过于频繁，一般允许 30 min 内启动 25 次。

（2）堵转时间不能过长，一般允许 1 min，当电流表指示值较长时间超出电动机的额定电流时，应停车。

四、电动锚机常见故障的检修

（一）交流三速启动锚机电气控制系统常见故障的检修

交流电动锚机与起货机的技术要求有相似之处，如调速，正、反转，逐级自动延时启动，电、机械制动，所以控制电路与起货机大同小异，有许多故障也与起货机的故障相似，其检查方法也相同。下面以交流三速电动锚机为例，如图 5–35 所示。其电路特点如下：

（1）采用三速笼型异步电动机。三速电动机定子铁芯上有两套绕组。一套为高速（4 极）绕组；另一套为中速和低速共同的绕组，可改变极数。中速为双星形连接（8 极），低速为单三角形连接（16 极）。

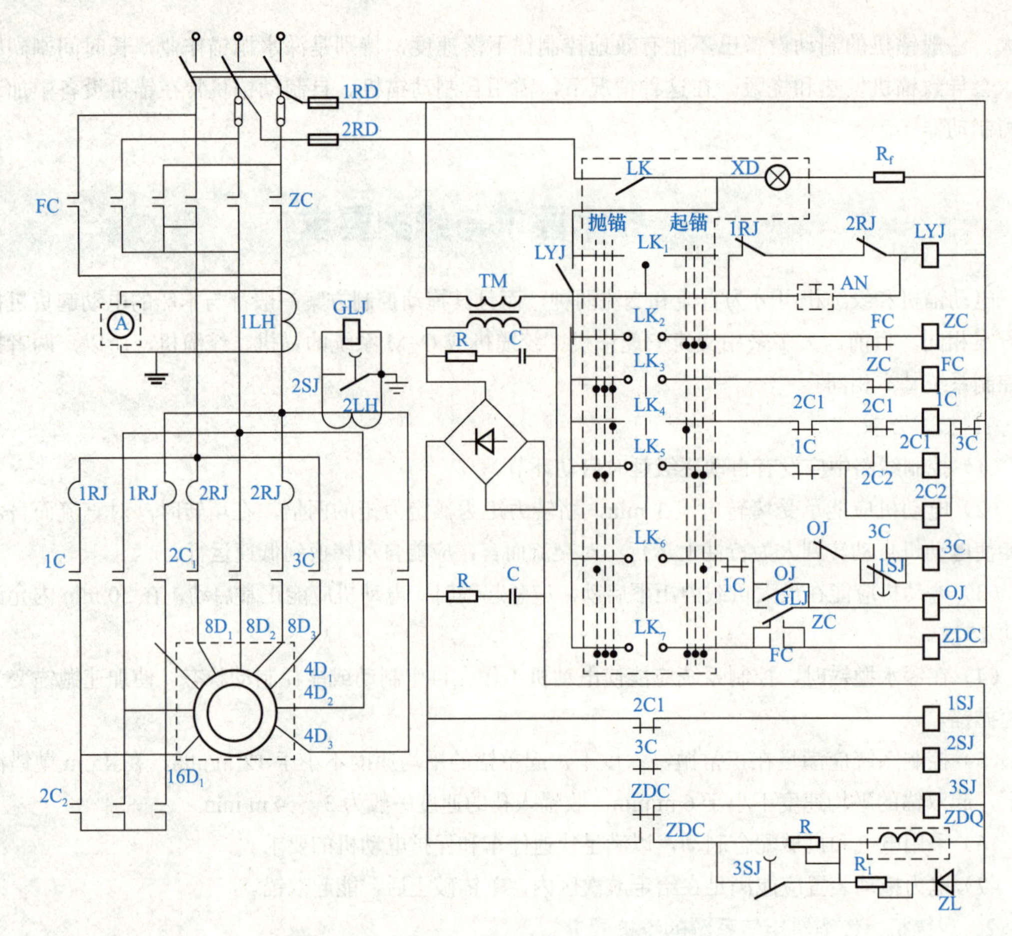

图 5-35　交流三速电动锚机电气控制电路

（2）线路具有失电压和高速过载保护。当为高速绕组额定电流的 10% 时，过电流继电器 GLJ 吸合，3C 断电，2C1 和 2C2 触头闭合，使锚机在中速运行。

（3）深水抛锚时，可使电动机工作在再生制动状态，把加速抛锚变为匀速抛锚。

（4）各时间继电器的整定值：1SJ 为 0.5 ～ 2 s；2SJ 为 1 ～ 2 s。工作原理与交流三速起货机相似，这里不再赘述，读者自行分析。

常见故障的检修如下：

（1）电动机发热严重。电动机发热严重，除电动机本身故障外，主要是由于操作频繁、工作条件恶劣造成的。从控制电路上看，电动机可以在中速直接启动，启动电流较大，多次启动后，常会发生电动机过热现象。另外，由于锚机的工作特点，常常需进行高速制动，从而使制动器发热严重。

当锚机电动机发热严重时，热继电器 IRJ、2RJ 动作，为了应急起锚，可以按下紧急开关 AN，强制起锚。

（2）只有中速和低速，无高速。这种故障常常由于过电流继电器 GLJ 误动作或主令控制器触头、接触器、继电器的触头接触不良造成，另外，若 2SJ 时间继电器延时整定过短，过电流保护太早接入，在启动时也会无高速。

（3）制动器失效。若启动时吸合后即抱闸，说明经济电阻断路；若不能吸合松闸，首先检查 3SJ 是否正常动作，手柄在零位时，3SJ 是否吸合，若吸合，说明制动器电源和 3SJ 正常，应检查主令器触头、制动继电器 ZDC 和电磁制动器线圈是否开路。

其他故障就不做一一分析，只要按照前面已讲过的故障诊断方法，参照起货机类似故障检查方法，总可以把故障点找到。

（二）G-M 电动锚机常见故障的检修

图 5-36 所示为典型的 G-M 电动锚机拖动系统电气控制原理。其工作原理很简单，为了节省篇幅，这里不再叙述，读者可自行分析。

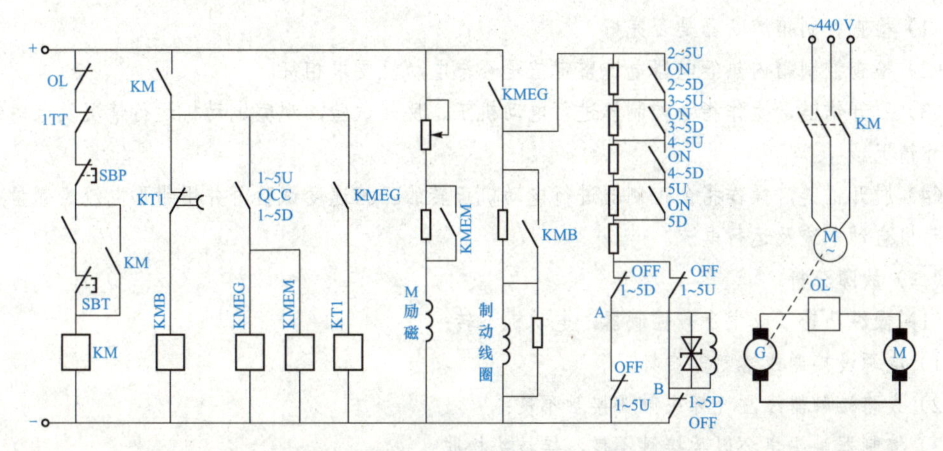

图 5-36　G-M 电动锚机拖动系统电气控制原理

常见故障的检修：以“扳动手柄，系统不工作”故障为例，说明这种系统的检修方法，这种故障，若异步电动机运行正常，说明直流发电机 G 没有输出电压。首先检查发电机励磁接触器 KMEG 是否动作，若有动作，就应检查它的常开触头是否闭合良好。若闭合良好，应检测发电机励磁线圈两端电压。若无电压，应检查主令器各个触头和接线是否完好；若有电压，应断开，测量发电机励磁线圈是否开路。

若异步电动机不能正常启动运行，这时应先检查异步电动机控制电路，即检查过电流继电器 OL、制动器温度继电器 ITT 常闭触头是否闭合良好，以及停止按钮是否闭合。最后，检查主接触器 KM，若 KM 接触良好，测得异步电动机的电源为额定电压，说明异步机故障，按本项目有关检修方法来进行。

其他故障检修比较简单，如制动器不松闸，只要检查制动接触器 KMB、时间继电器 KT1 和制动器本身即可。直流电动机输出力矩不足（无法收锚或速度明显减慢），这时重点检查直流电动机励磁回路，1R11 可调电阻值是否增大，KMEM 的常开是否闭合等。总之，这种系统线路简单，需检查的元器件比较少，只要熟悉其原理、各元器件的作用和位置，掌握线路故障检查方法，一般都能很快地排除故障。

●【任务实施】

锚机的故障排查与系泊试验

一、电动锚机的调试方法及常见故障

（一）调试方法

1. 通电前准备工作

（1）调节延时继电器 1SJ，延时时间为 0.5～2 s。

（2）调节延时继电器 2SJ，延时时间为 1～2.5 s。

（3）过流继电器 GLJ 动作电流整定在高速挡，其电流为额定电流的 110% 左右。

（4）按图纸检查接线的正确性。

（5）断开输入电源，用 500 V 兆欧表检查电动机的绝缘电阻。

2．通电试验

（1）检查控制箱熔断器是否完好。

（2）检查控制箱内热继电器电流整定值是否与电动机要求相符。

（3）脱开锚链，操作指令控制器进行电动机正、反转试验，观察电动机运行情况及电磁制动器工作情况。

（4）脱开锚链，操作指令控制器进行电动机正转的三挡速度试验，并用钳形电流表测量并记录电动机启动电流及运行电流。

（二）故障分析

（1）操纵凸轮（或主令）控制器，电动机不转：

1）电源没接通或熔断器烧坏；

2）线路接触器线圈烧坏或触头接触不良；

3）控制器触头烧坏以致接触不良，接线头松脱；

4）过流继电器常闭触头接触不良。

（2）操纵控制器，电动机只向一个方向转动，另一个方向不转：

1）相应的方向接触器主触头接触不良或线圈烧坏；

2）电气互锁触头接触不良；

3）控制器相应触头接触不良。

（3）启动电流大，但能转动：电磁制动器不能完全释放，摩擦片或抱闸安装间隙不符合要求。

（4）启动电流大，电动机不转：

1）电磁制动器不动作；

2）机械部分传动轴锈死；

3）电动机电枢短路。

（5）加负载后过流继电器容易动作：过流继电器动作值整定较小，应调整到电动机额定电流的 2～2.5 倍动作。

（6）电磁制动器故障及其原因：

1）电磁制动器松不开，电动机堵转：电磁制动器线圈固定螺钉、销子断裂，弹簧脱落；电磁线圈断路、短路、接地；控制接触器触头接触不良。

2）电磁制动器不释放：摩擦片卡住；控制接触器主触头卡住断不开；电磁制动器线圈不断电。

3）电磁制动器温升太高：电磁线圈匝间短路；摩擦片间隙不均匀，造成摩擦。

4）负荷重时，电磁制动器刹不住：反作用弹簧力不强或断裂；摩擦片太光滑；电磁制动器衔铁变形严重，已不是平面。

二、电动液压锚机故障排查与系泊试验

（一）电动液压锚机管理与维护

（1）锚机和绞车是船舶的重要设备之一。做好日常的维护管理，保证随时可用是非常重要的。机器的机械部分应在良好的润滑条件下工作。每次加油后应使机器空转片刻，使油脂均匀地涂布在运行表面上。

（2）机器外露的不工作表面也要保持清洁，并涂上油漆以防锈蚀。

（3）不要在机器周围堆放杂物，以免妨碍正常工作。

（4）对于机器本体和固定螺栓，应经常检查其完整情况和紧固程度。

（5）机器的制动应定期检查，不允许油脂附着于制动器表面，制动带铆钉与刹车轮毂摩擦时要及时更换制动带。

（6）对液压系统，要做日常检查，检查的主要内容：油箱的油位和油温；接头、阀件、电动机、油泵和密封部位的漏油情况；各部位的温度；压力表的指示情况是否正常。

（7）过滤器要经常清洗，充注和更换液压油时，要注意清洁。清洁油箱后，从空气过滤器注入液压油。特别注意液压油牌号，要符合说明书要求。

（8）油温应适当。油箱的油温不能超过 60 ℃，一般液压机械在 35 ℃～60 ℃范围内工作比较合适。从维护的角度看，也应绝对避免油温过高。若油温有异常的上升时，应进行检查。

（9）在液压泵启动和停止时，应使溢流阀卸荷。

（10）溢流阀的调定压力不得超过液压系统的最高压力。

（11）应尽量保持电磁阀的电压稳定，否则可能会导致线圈过热。

（12）易损零件，如密封圈等，应经常有备件，以便及时更换。

（二）电动液压锚机常见故障与排除

（1）压力不正常的故障分析和排除方法（表 5-6）。

表 5-6　压力不正常的故障分析和排除方法

故障现象	故障分析	排除方法
没有压力	1. 油泵吸不进油液	油箱加油、换过滤器等
	2. 油液全部从溢流阀溢回油箱	调整溢流阀
	3. 液压泵损坏	更换或修理
压力不稳定	1. 油液中有空气	排气、堵漏、加油
	2. 溢流阀内部磨损	修理或更换
	3. 泵、电动机磨损	修理或更换
	4. 油液被污染	冲洗、换油
压力偏低	1. 减压阀或溢流阀设定值过低	重新调整
	2. 减压阀或溢流阀损坏	修理或更换
	3. 油箱液面低	加油至标定高度
	4. 泵转速过低	检查原动机及控制
	5. 电动机损坏，内泄大	修理或更换
压力过高	1. 溢流阀或减压阀失调	重新设定调整
	2. 溢流阀、减压阀损坏或堵塞	更换、修理或清洗

（2）噪声过大的故障分析和排除方法（表 5-7）。

表 5-7　噪声过大的故障分析和排除方法

故障现象	故障分析		排除方法
泵噪声大	1. 泵内有气穴	油液温度太低或黏度太高	加热油液或更换
		吸入管太长、太细，弯头太多	更改管道设计
		进油过滤器太小或堵塞	更换或清洗
		泵离液面太高	更改泵安装位置
		辅助泵故障	修理或更换
		泵转速太大	减小到合理转速
	2. 油液有空气	油液选用不合适	更换油液
		油箱中回油管在液面上	管伸到液面下
		油箱液面太低	油加至规定范围
		进油管接头进入空气	更换或紧固接头
		泵轴油封损坏	更换油封
		系统排气不好	重新排气
	3. 泵磨损或损坏		更换或修理
	4. 泵与原动机同轴度低		重新调整
电动机噪声大	1. 管接头密封件不良		换密封件
	2. 电动机磨损或损坏		更换或修理
	3. 电动机与工作机同轴度低		重新调整
溢流阀尖叫声	1. 压力调整过低或与其他阀太近		换密封件
	2. 锥阀、阀座磨损		重新调节、组装或更换
管道噪声大	油流剧烈运动		加粗管道、少用弯头、采用胶管、采用蓄能器等

（3）振动过大的故障分析和排除方法（表 5-8）。

表 5-8　振动过大的故障分析和排除方法

故障现象	故障分析	排除方法
泵振动	1. 联轴器不平衡大	更换
	2. 泵与原动机同轴度低	调整
	3. 泵安装不正确	重新安装
	4. 系统内有空气	排除空气
管道振动	1. 管道长、固定不良	增加管夹，加防振垫并安装压板
	2. 溢流阀、卸荷阀、单向阀、平衡阀、方向阀等工作不良	对回路进行检查，在管道的某一部分装入节流阀
油箱振动	没有防振措施	在油箱脚下、泵的底座下增加防振垫

（4）油温过高的故障分析和排除方法（表 5–9）。

表 5–9　油温过高的故障分析和排除方法

故障现象	故障分析	排除方法
油温过高	1. 系统压力太高	尽量调低至合适的压力
	2. 油液黏度不对	更换合适黏度的油液
	3. 油液脏或供油不足	清洗或更换滤油器；加油至规定油位
	4. 油液冷却不足	清洗、修理或更换冷却器
	5. 泵、电动机、阀件磨损	更换或修理
	6. 油液阻力大	装适合尺寸的管道和阀
	7. 附近有热源影响，辐射热大	通风、冷却、采用隔热板
泵过热	1. 油液温度过高	见“油温过高故障排除”
	2. 有气穴现象	见“噪声大故障排除”
	3. 油液中有空气	见“噪声大故障排除”
	4. 溢流阀或卸荷阀压力调得太高	调整至合适压力
	5. 油液黏度过低或过高	选择合适黏度的液压油
	6. 过载	检查支承与密封状况，检查超出设计要求的荷载
	7. 泵磨损或损坏	修理或更换
电动机过热	1. 油液温度过高	见“油温过高故障排除”
	2. 溢流阀、卸荷阀压力调得太高	调至正确压力
	3. 过载	检查支承与密封状况，检查超出设计要求的荷载
	4. 电动机磨损或损坏	修理或更换
溢流阀温度过高	1. 油液温度过高	见“油温过高故障排除”
	2. 阀调整错误	调至正确压力
	3. 阀磨损或损坏	修理或更换

（三）电动液压锚机系泊试验

锚机是用于抛锚、起锚的一种专用设备，能保证船舶在锚地停泊。锚机在系泊试验时承受的负荷较小，因此，只能对锚机的性能做初步检验，为船舶进出港做安全保证。锚机性能试验，应于航行试验时在水深的锚地进行。

1. 试验前应具备的条件

（1）锚链及锚应按图样要求安装好，锚链之间连接卸扣通过锚链滚轮时应为水平方向，锚链末端应安装在脱钩装置内并锁牢。

（2）锚链冲水管已安装好，并能对锚链冲水。

（3）锚机电动机及控制箱冷态绝缘电阻应大于 1 MΩ。

（4）锚机、制链器和链轮安装结束并检验合格。

2. 试验内容

（1）锚机液压管路投油清洗。

（2）液压锚机安全阀校验。

（3）锚机空载运转。

（4）锚机抛锚、起锚试验。

（5）锚机过载试验。

3. 试验要求

（1）液压管投油时，检查滤网（200 目 / 英寸^2 或 30 目 / 厘米^2）或滤纸，应无杂质、垃圾。

（2）液压锚机安全阀调试压力按系泊试验大纲规定，开启压力应不大于 1.25 倍最大工作压力，但不得大于系统设计压力。

（3）空载运转试验。液压锚机应该连续正倒车运转 20 ～ 40 min，每隔 5 ～ 10 min 转换一次方向，试验时应无漏油、发热及异常敲击声。电动机正、倒运转各 15 min，并做 25 次启动，应无异常发热及敲击声。试验后测量电动机及控制箱热态绝缘电阻，应大于 1 MΩ。绝缘电阻测量也可放在抛锚、起锚试验后进行。

（4）效用试验。将锚分别抛出，同时用制动器刹车两次，然后收锚，检查离合器操纵的方便性和刹车装置的可靠性，并检查锚链冲水装置的工作情况。锚链收紧时，用止链器夹紧，此时锚应紧贴船体。

（5）锚机电动机过载试验。过载保护装置应在电流达到额定电流的 1.35 倍时动作。

4. 试验方法

（1）液压管路投油清洗。投油前先对油箱进行清洁检查，应无颗粒垃圾与电焊飞溅。投油时应在油箱内加入与正常使用时同样牌号的液压油，并加热到 45 ℃左右。投油一段时间后检查滤网或滤纸，应无杂质、垃圾。

（2）液压管路安全阀试验。检验时用调节液压系统阀的办法，使压力达到试验大纲规定的起跳压力时，安全阀开启。

（3）锚机空载运转。空载运转应倒顺车交替运转，检查有无漏油、发热及异常敲击声。

（4）效用试验。一般应抛出 5 节锚链（由于码头水深较浅，抛出锚链的长度可按实际情况而定），起锚过程中应进行数次刹车，以检验刹车装置的效用。起锚时，记录起 1 节或 2 节锚链的时间，左、右锚链应分别进行试验，经计算的起锚速度应符合要求。起锚和抛锚时观察锚链通过链轮的情况，应平稳，无跳链现象。锚链收紧到终止位置时，用止链器止链，此时，锚应紧贴船体，以确保航行时不会敲击船体。同时，起锚器应观察冲水管的冲水效用，应能有效地去除锚链上的污泥。

（5）锚机过载试验。交流电动机用自耦变压器模拟电源进行校验，直流电动机用直流电焊机通过实际电流进行校验，试验时应做好过载电流的记录。

5. 试验记录

锚机试验时，做好试验前后电动机及控制箱的冷热态绝缘电阻值记录，空载运转及起锚试验时电动机的启动电流、工作电流及起锚时间，从而计算出起锚速度及过载试验时的电流值。由于前面所述锚机系泊试验的负荷较小，全面的性能试验应在航行时进行。

任务五　舵机电气控制系统的维修

舵及其拖动装置称为舵机系统（the steering gear system），简称舵机。舵机是船舶上的一种大甲板机械。舵机的大小由外舾装按照船级社的规范决定，选型时主要考虑扭矩的大小。

舵机是船舶用以改变其航向或维持其预定航向航行的重要设备。最早的舵是人直接操纵的，称为人力舵，操纵者体力消耗大。随着科技的不断发展，在人力舵的基础上，人们发明了电舵，舵手在操纵电舵时，是通过电动机带动舵叶，比人力舵省力。但电舵和人力舵有一个共同的不足之处，那就是每时每刻都要有人寸步不离地操纵，即使是在直航向上航行，由于风、浪等因素的影响，船舶随时都有偏离直航向的可能，所以需要舵手随时纠偏。远航时，舵手容易疲劳。自动舵的出现解决了这一问题，现在的自动舵就是在电舵的基础上发展而来的。随着现代科学技术的发展，船舶舵机目前多用电液式，即液压设备由电动设备进行遥控操作舵机装置。小型船舶用电动机通过齿轮传动带动舵叶转动称为电动—机械舵机装置；大型远洋船舶由电动机（普通长期工作制）通过液压系统传动带动舵叶转动称为电动—液压舵机装置。

一、技术要求

目前，大型远洋或近海客、货轮多采用电动液压舵机，其电气控制系统中装有自动操舵仪或自动航迹保持器，按照一定的要求，对航向误差进行比例、比例微分、比例微分积分规律控制或保持船舶在给定的航线上。

（一）舵机拖动控制系统的技术要求

（1）舵机应由两路电源供电，即应急和主配电板，且应远离分开敷设。驾驶室内操舵装置和舵机应使用同一电源。

（2）为保证电液压系统的工作可靠，电动油泵机组采用冷备旁待方案，各台机组可单独运行，互成自动切换冷备旁待，也可两台机组并联运行。

（3）舵机电动机应满足舵机技术性能的要求，在舵机舱和驾驶室、机舱集中控制室都能控制电动机，并有操纵转换装置，以防同时操纵。

（4）在船舶处于最深吃水和最大营运航速前进时操舵，应能使舵自一舷 35° 转到另一舷 35°，并且自任何一舷 35° 转到另一舷 30° 的时间不得超过 28 s。

（5）舵角指示器指示舵叶位置的误差不应大于 +1°。

（6）应设有如下保护报警装置：舵叶偏转限位开关；电源失电压报警；过载声光报警；采用自动操舵仪时，应设有航向超过允许偏差的自动报警装置。

（二）对自动舵的基本要求

（1）自动操舵性能良好。

1）具有一定的灵敏度，当船舶偏离航向达一定角度（一般规定为 0.2° ～ 0.5°）时，自动舵能立即投入工作，使舵叶偏转一定角度，这个初始舵角度（一次偏舵角）大小应适当，过大会降低航速。过小会使转船力矩太小，且不足以使船舶返回到给定航向，此时应能产生二次偏舵角，一直促使船舶回到给定航向上。

2）能产生稳舵角（也称反舵角），船舶在舵的作用下返回给定航向时，由于船舶的惯性可能向另一方向偏航，为了使船舶恰好回到给定航向而不超过，此时，舵必须向另一舷转过一个小角度抵抗船舶的惯性。

3）能产生压舵角，由于船舶在航行中受到不对称的外界干扰（如一舷受风浪、螺旋桨不对称、装载量不对称等），会产生一舷的持续力矩，船将产生不对称偏航，为此必须使舵偏离艏艉线一个角度来抵消一舷的持续力矩。

（2）应具备基本的调节装置。为了使同一型号的自动舵能够适用不同排水量、载重量、航速、舵机，并能适应各种的天气、海况，必须具备几种基本的调节装置，能在一定范围内调节自动舵系统中某些参数，使系统达到比较好的调节效果。在各种自动舵系统中，调节装置使用的线路元件不同，调整方法可能有所差别，但其作用是相同的。

1）灵敏度调节：灵敏度是指自动舵开始投入工作时的最小偏航角。灵敏度依据天气、海况进行调节，在风平浪静时，灵敏度调高，保证船舶有较高的航向精度；在大风大浪时，灵敏度调低，防止自动舵操纵过于频繁，影响舵机寿命，因此也称灵敏度调节为天气调节。

2）舵角比例调节：偏舵角与偏航角的比例关系称为舵角比例。舵角比例过小时，转船力矩小，回转性能差；舵角比例过大时，可能使船舶回转过头，稳定性差，并会降低航速。因此，要根据船形、装载、航速等情况，调节舵角比例，其实质是对系统反馈系数的调节。特别要注意的是，在大风大浪中航行时舵角比例不宜过大；否则，过频控舵易形成无效舵。

3）反舵角调节：也称微分调节，自动舵使船舶返回到给定航向的过程中。为了使船舶行踪做S形衰减振荡，并能尽快地稳定下来，自动舵系统应能给出反舵角（又称制动舵角、稳舵角、阻尼舵角、纠偏舵角），此舵角的大小应根据船形、装载等所确定的惯性力和天气情况进行调节。

4）压舵调节：也称偏航调节。为了纠正船舶由于受到持续的单侧风浪、水流影响及装载不对称等引起的不对称偏航或单侧偏航，在自动舵中应设有自动压舵（积分舵）或人工压舵环节，并能进行调节，其实质就是调节积分时间常数。

5）航向调节：船舶在使用自动操舵航行时，可以通过航向调节改变船舶的给定航向，使船舶按新航向航行。对于常规自动舵系统，一般按小角度逐次调节，否则偏航角太大，能报警，对于自适应舵可随意改变航向。也可通过此调节，人工纠正航向。

（3）应设有随动、应急操舵设备：船舶进出港，过狭窄水道，避碰转让，遇到紧急情况及自动操舵失灵的情况时，能立即转换为随动或应急操舵，保证船舶航行的安全可靠。

（4）应设有航向：超过允许偏差的自动报警装置。

二、舵机拖动控制系统的维护

1．开航备车时对舵

对舵时应注意以下各项：

（1）检查操舵台上的控制开关、按钮、指示灯及失压、过载报警、声光信号等装置，是否完整有效；

（2）观察两舷供电转换使用情况，并用应急电源在驾驶台和舵机机舱分别试操；

（3）用各种操舵方式在各操作台进行操试，检查应急舵操纵是否有效，观察两套机组工作是否正常，自动切换是否可靠，控制系统工作是否正常，舵机的机械传动部分是否灵活可靠；

（4）自动舵及电动舵机系统不应有跑舵、冲舵、不回舵及振荡等现象；

（5）检查操舵器、舵角指示器与舵叶实际位置的偏差，在正舵时，偏差应为0°；在大舵角下，偏差应不大于2°；

（6）复查舵从一舷35°转至另一舷30°所需时间是否符合规定。同时，检查舵叶偏转速度是否均匀，转舵时有无异常声音、异常现象等。

2．航行期间的巡视检查

巡视检查应包括下列内容：

（1）查看机组的运行情况，电动机运转的声音、温升；

（2）检查电磁阀、伺服电动机、限位开关等动作是否可靠；

（3）观察各仪表读数、机组运行指示、舵角指示等装置的工作是否正常；

（4）有两套舵机拖动控制系统的船舶，应定期更换使用。

3．舵机电气系统维护保养的主要内容

舵机电气系统维护的周期、内容及要求见表 5–10。

表 5–10　舵机电气系统维护的周期、内容及要求

项目	周期	维护内容及要求
自动舵操纵台	1 次 /6 个月	主操舵器传动部分加油
自动舵操纵台	1 次 /1 年	（1）检查齿轮及微型轴承等传动部分的油质，如变质，则洗净后重新加油 （2）清除操舵器内部的灰尘和污垢 （3）必要时更换易损零件
随动控制系统	1 次 / 航次	（1）对 AEG 式舵机，检查发信器和受信器的阻、电刷、导电环；对集电环式舵机，检查集电环、导电滚轮，对手柄式舵机检查复位触头及其他反馈装置 （2）检查系统中的各连杆、弹簧等机件 （3）清除装置内铜屑和灰尘
执行装置	1 次 / 航次	一般性检查
执行装置	1 次 /3 个月	（1）检查电磁离合器线圈的固定、电刷和集环的摩擦情况，检查机械制动的开距、制动（刹车）片的摩擦情况 （2）执行电磁阀解体清洁检查，其动铁芯（衔）活动部分应无卡阻、打毛等现象，行程应符合要求，测量电磁阀线圈电阻，如有变化，应换新
舵角指示器	1 次 /3 个月	检查电桥式舵角指示器的内部接触、磨损情况。清除灰尘并检查电源
舵角指示器	不少于 1 次 /1 年	（1）清洁仪器内部，然后对各摩擦部分、轴、齿轮（橡皮件除外）加油 （2）检查仪器的密封情况 （3）检查调光电阻及灯光是否适当

电动液压舵机日常维护应注意以下几点：

（1）对油泵电动机的维护与一般电动机相同；

（2）两台机组和启动箱应轮流使用，其运行时间应基本相同；

（3）经常检查各连接件有无松动或脱落等现象；

（4）具有互为备用的双通道系统的印制电路板应经常互换使用，以保证其工作性能不变，备用印制板和元件应密封或干燥保存。

三、舵机自动控制系统的主要故障检修

（一）HQ-4 型自动操舵仪故障检修方法

HQ-4 型自动操舵仪的框图如图 5-37 所示。

HQ-4 型自动舵电路原理如图 5-38 所示。它采用半导体无触点元件控制，属于比例微分 - 积分控制系统。它与航海 -2 型罗经配套使用，通过电磁阀来控制定量泵的液压舵机，它有自动、随动和应急三种操舵方式。

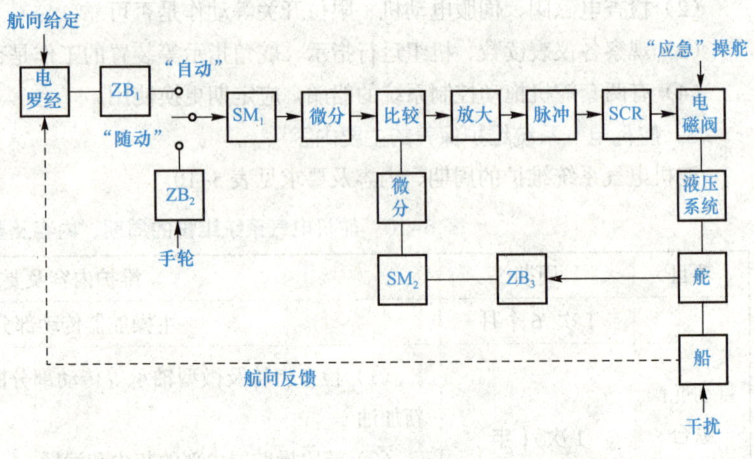

图 5-37　HQ-4 型自动操舵仪的框图

1. 自动操舵工作原理

从电罗经来的偏航信号通过自整角机 ZB 带动自整角变压器 ZB_1，使相敏整流电路 SM_1 输出一个与偏航方向对应的极性和大小，对应的直流电压信号通过微分电路与舵叶反馈信号综合，经 BG_1、BG_2 的差动放大，加到触发开关电路上，来触发相应的晶闸管 SCR，使电磁阀动作，液压推动舵转，舵转带动舵角反馈自整角机 ZB_3，并产生一个相应的交流电压，经相敏整流器 SM_2 和微分电路（R_{128}、C_{20}、K_{21}、C_{22}）进入综合比较环节，而舵角反馈信号与偏航信号相反，当两者大小相等时，舵叶停止在某一角度上，使船回转。船舶回航时，偏航信号开始变小，此时，反馈信号大于偏航信号，放大器输入相反，其输出信号使另一晶闸管导通，另一电磁阀动作，改变油路，使舵叶回转。船舶接近正航向时，舵叶由于反馈回路的微分环节作用，向另一舷转一小角度，起着稳舵角作用，通过这个 S 形调节后，使船保持在给定航向上。

2. 随动操舵工作原理

把操舵方式置于随动位置，手轮带动自整角变压器 ZB_2，替代了自动操舵方式的 ZB_1 发信器。转动手轮，ZB_2 就产生一个相应的交流电压，经相敏整流、微分电路与舵角反馈信号综合后，送到差动放大器放大，加入触发电路，使相应的晶闸管 SCR 导通，电磁阀动作，舵叶转动，并带动自整角变压器 ZB_3，产生一个相应的交流电压，经相敏整流 SM_2 送来舵角反馈信号，当操舵信号与舵角反馈信号相等时，舵叶停止在所操舵角上。

3. 应急操舵

应急操舵是由操作于手柄直接接通，关断左、右舵电磁阀。

4. 常见故障检修方法

（1）自动操舵失效。首先进行常规检查：

1）检查电源，包括熔断器、变压器电路和工作直流电源；

2）检查操舵方式开关是否放在自动位置；

3）检查印制电路板是否松脱，插件是否接触良好；

4）观察各元器件是否有异常现象，如有无过热、焦糊痕迹；线头是否松动、掉落等。

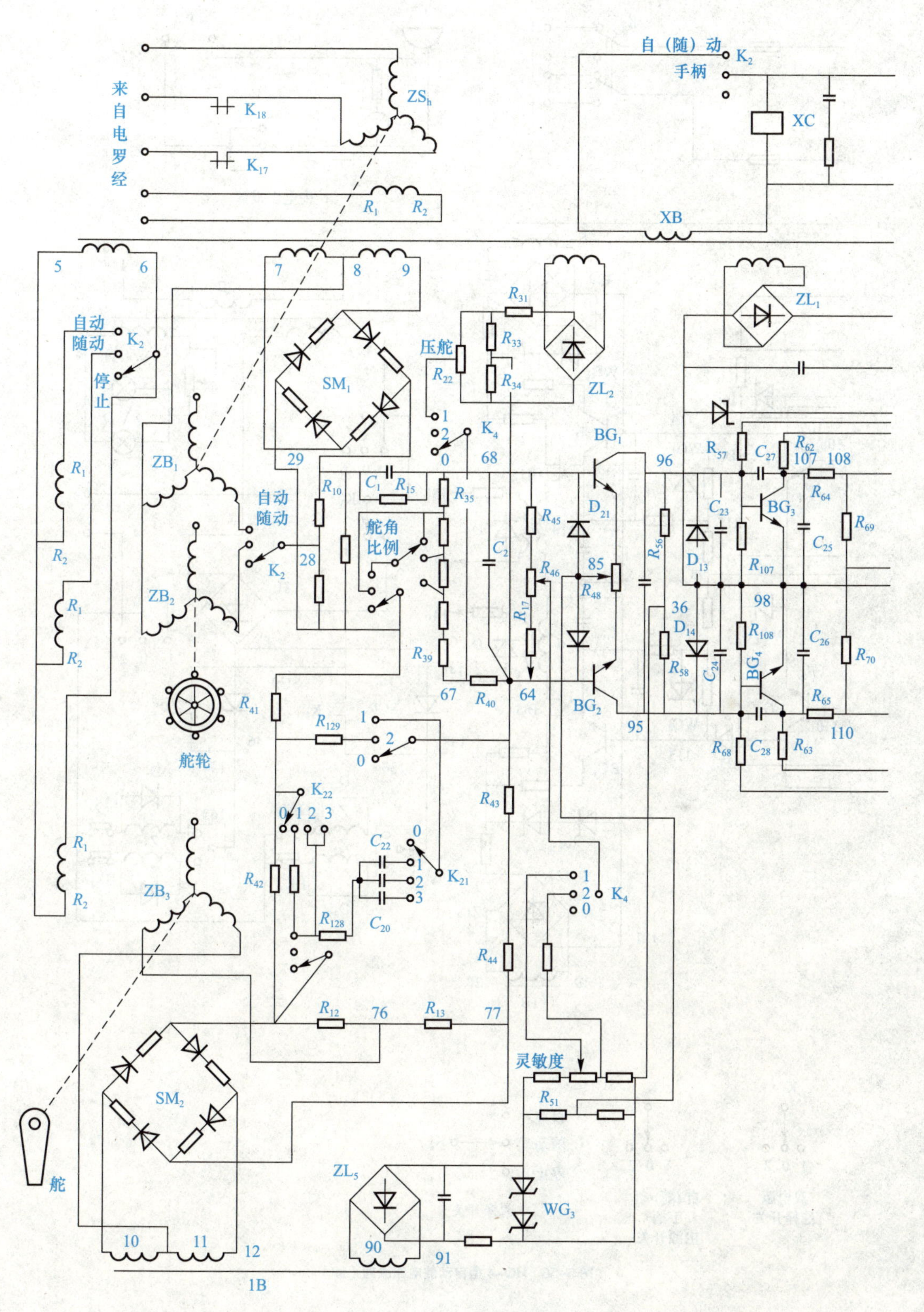

图 5–38　HQ–4 型自动舵电路原理

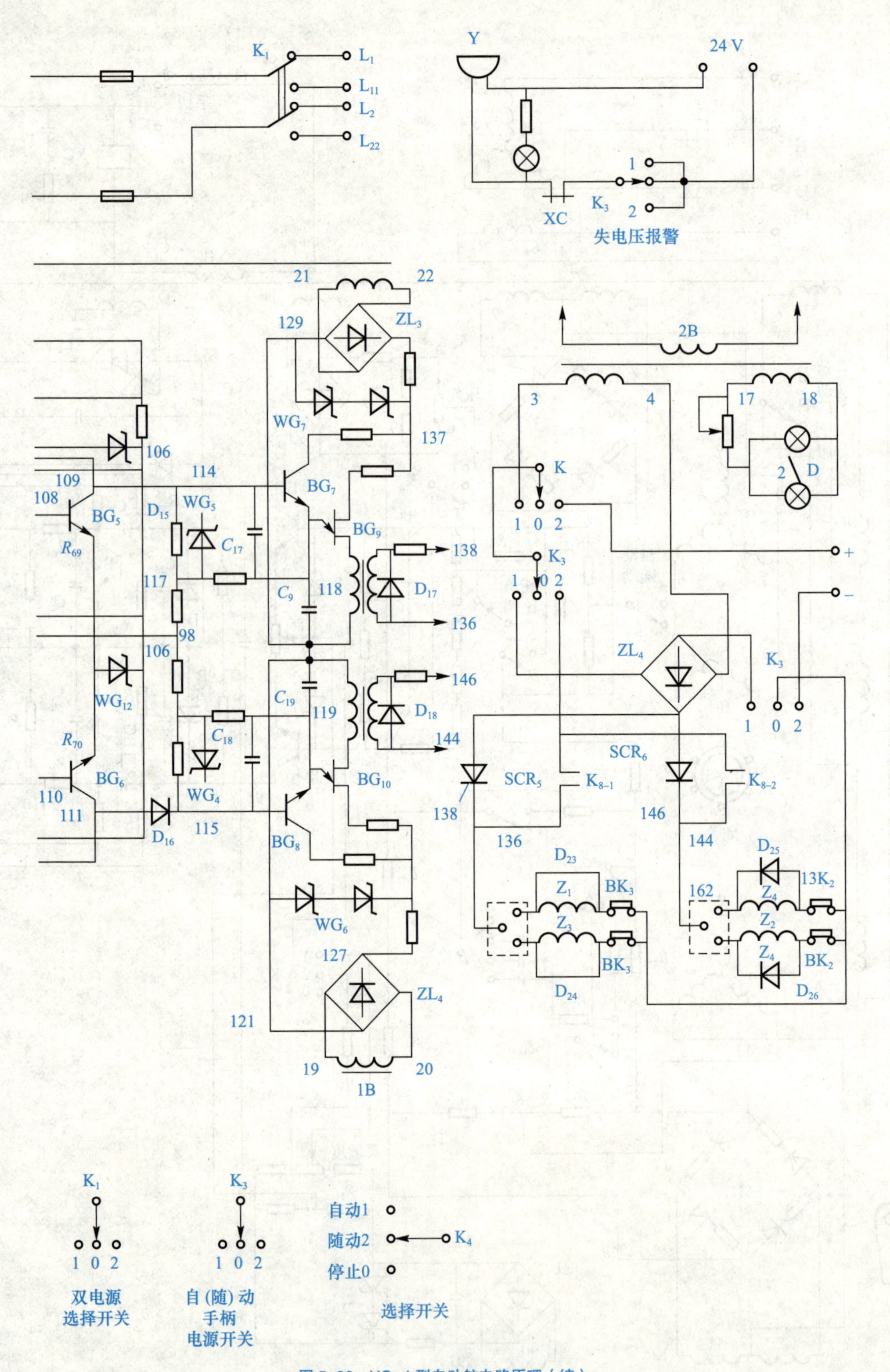

图 5-38　HQ-4 型自动舵电路原理（续）

经过这些常规检查后，没有发现异常现象，进行操舵方式切换试验。先切换为随动操舵方式，如果随动操舵正常，说明随动操舵与自动操舵方式的公共部分电路正常，故障出在外环元器件上。

这时，应检查ZB_1的励磁，本身是否完好，自整角机ZB_h是否正常，连杆是否脱落，电罗经的自整角机发信器是否正常。

若随动操舵不来舵，此时应改为应急操舵，若应急操舵也不来舵。首先应检查舵叶限位开关BK是否闭合完好，检查电磁阀是否完好、控制电源是否完好，先检测ZL_6是否有输出，若没有输出，应检测2B的3、4两端电压，若这些都正常，应检查手柄触头K_{8-1}和K_{8-2}，若应急操舵正常，说明故障出在随动操舵和自动操舵的共同电路部分。这时，打到随动操舵方式下，检测96与95或68与67，并操动手轮，测得随手轮操舵角变化而变化，说明故障出在触发电路，一般来说，左、右触发器电路同时失效的概率比较低。若检测96～98信号没有或变化很小，说明差动放大器、综合网络、微分电路，相敏整流电路有故障，这时，应测量相敏整流SM，是否有输出，若无输出，说明其存在开路故障；若有输出，检测64～68，若无信号，说明微分、综合网络存在开路故障；若有输出，说明差动放大器故障，更换一对参数一致的晶体管。

（2）手轮在零位，舵叶偏离零位。这种故障说明系统中存在一个误差信号，这个误差信号源于舵叶反馈发信装置ZB_3，手轮随动操舵发信装置ZB_2，相敏整流电路SM_1、SM_2失去平衡，差动放大器误差等。

首先检查手轮零位是否有误差信号输出，其方法是把手柄定在0电位，用万用表测相敏整流SM_1的输出端29，应当没有输出；若有输出，可能是手轮带动自整角机中心没有对好或SM_1的桥臂参数不对称。首先，把发信器ZB_2脱离电路，检测SM_1的输出，若无输出，说明手轮带动自整角机调零没有调好，这时只要监视SM_1的输出，对手轮的自整角机调零，调到零输出时，就是手轮零位。其次，检查舵叶反馈发信器ZB_3的SM_2，方法同上。最后，检查BG_1和BG_2的输出，前面调零和灵敏度调节之后，其输出应为0，若不为0，说明电路元件故障或BG_1、BG_2参数变化。若BG_1、BG_2参数没有变化或更换新对管时，故障没有消失，应调节电位器R_{46}，使差动放大器调零。

（3）左、右舵角不对称。这种故障的原因除（2）故障外，还有左、右舵控制电路失去平衡。为此，除按（2）检查外，还要检查触发开关电路元件参数的对称性。

若一直跑舵故障，说明舵角反馈回路开路，应检查舵角发信器ZB_3、SM_2反馈网络和舵角比例选择开关。这种故障发生在不操舵时，说明系统存在误差信号，除反馈回路故障外，还应按（2）排除误差信号。

（4）随动操舵只能单方向来舵。这种故障说明与操舵方向有关的单元出故障。如故障方向的电磁阀线圈损坏或不动作，故障方向放大触发电路故障或晶闸管损坏或断路，电路中有虚焊、接触不良等。

检查步骤：首先改为应急操舵，若正常，说明电磁阀是好的，否则应检查电磁阀、操作电源2B和整流器ZD_6；其次，若应急操舵正常，应检查故障方向触发通道的元件，如BG_3、BG_5、BG_7、BG_9或BG_4、BG_6、BG_8、BG_{10}等，同时应检查ZD_3或ZD_4。

（5）随动操舵时，实际来舵角小于或大于手轮操舵角。这种故障的原因在于发信信号与手轮操舵角变换比和舵角反馈回路的信号与舵角变换比不一致。若实际来舵角小于手轮操舵角，可能相敏整流电路故障，使输出变小或微分网络参数变化，使信号衰减太大。若实际来舵角大于手轮操舵角，说明舵角反馈发信器输出变小或反馈网络元件参数变化，衰减太大。检查方法同（2），不过这时不是检查零点，而是检查SM_1和SM_2输出在相同角度下的信号一致性。具体过程不重述。

（6）系统发生振荡。系统发生振荡是灵敏度调节不当引起的，检查灵敏度控制电路中元件（如ZL_5、灵敏度电位器R_{54}、开关K_4及R_{46}），电路有无异常。有时，操舵速度太快，也会使系统振荡。

（二）HD-5L 型自动舵控制系统故障的检修方法

HD-5L 型自动舵属于比例－微分积分自动操舵系统，它具有自动、随动和应急操舵三种操舵方式。系统的电气电路原理如图 5-39 所示。

1. 自动操舵工作原理

把操舵方式开关 K 打在自动位置上，偏航信号使自整角机 J_2 转动，带动自动操舵发信器 XB_1，产生一定相位的交流电压，通过相敏整流电路 BZ_1、BZ_2 在 R_3 产生一个与偏航角成比例的信号通过灵敏度调节环节加到比例积分调节器 YSQ，其输出控制左或右舵继电器的得电，接通一个电磁阀，舵叶转动，使船舶回转，同时舵叶转动，舵叶反馈发送器的自整角机 Fd 带动 XB_3 转动，产生一定相位交流电压，经相敏整流电路 BZ_3、BZ_4 在 R_6 产生一个舵角微分的反馈信号。当舵角反馈信号与偏航信号相等时，PI 调节器 YSQ 无输出，操舵继电器失电，舵叶在一定角度上，使船舶回转，偏航角减小，舵角反馈信号大于偏航角信号，调节器 YSQ 输出改变极性，使另一个操舵继电器得电，接通另一个电磁阀，使舵叶回转，减小舵角。使船舶接近给定航向时，减小转船力矩，防止过冲，同时舵角反馈微分信号，也起着稳舵角作用，最后通过几个 S 形衰减曲线调节过程，使船舶回到给定航向上。

2. 随动操舵工作原理

把操舵方式开关 K 置于随动位置，只是手轮发信机构 XB_2 替代了自动操舵机构 J_2-XB_1，断开了外环，使得舵角跟踪手轮所操的舵角。其工作过程与自动操舵出现航偏角后，一直到舵角反馈信号与其相等，舵叶停在一定的角度上的动作过程相同，只是这时舵角是手轮操纵所要的。所以不必重述。

3. 应急操舵工作原理

手轮控制触头 CD_{23}、CD_{24} 直接通断左、右舵电磁阀 DCF_1 和 DCF_2。

4. 电路特点

（1）发信器。XB_1：自动操舵信号发信器；XB_2：随动操舵信号发信器；XB_3：舵角反馈信号发信器。它们均是自整角变压器，输出一个与角度有关相位的交流信号送给下级相敏整流电路。

（2）相敏整流电路。HD-5L 型自动舵采用两组相敏整流电路，一组供自动操舵信号和随动操舵信号使用，另一组供舵角反馈信号使用。它是由两个整流桥 BZ_1 和 BZ_2（BZ_3 和 BZ_4），电阻 R_1 和 R_2（R_4 和 R_5）组成。

（3）灵敏度调节。灵敏度调节通过开关 K_5 改变附加死区来实现。它是由整流桥 BZ_6、电阻 $R_{30}\sim R_{33}$、R_{28}、R_{29} 及二极管 D_1、D_2 等组成。当 K_5 在第 1 挡时（图 5-39），偏航角信号不附加死区，直接加主调节器 YSQ，此时灵敏度最高。当 K_5 在其他各挡时，偏航角信号克服 D_1 和 D_2 的闭锁电压及 R_{28} 或 R_{29} 上的电压降后，才能送到调节器 YSQ 的输入端，否则，偏航角信号就无法送入调节器 YSQ 的输入端，因而形成了一个死区（系统不灵敏区），所以在死区内系统不工作。由于 $R_{30}\sim R_{33}$ 依次减小，通过 BZ_6 整流，加在 R_{28}、R_{29} 的电压依次增加，所以，K_5 从第 1 挡至第 5 挡移动时，系统灵敏度依次降低。

（4）左、右舵操作电路。左、右舵操作电路是由开关晶体管 BG_4、BG_5、继电器 JD_1 和 JD_2 组成。在自动操舵和随动操舵时，调节器 YSQ 输出控制开关电路 BG_4 或 BG_5 导通，使得继电器 JD_1 或 JD_2 有电，从而接通左舵或右舵电磁阀，使舵叶转动。

（5）舵角指示器。舵角发送器 Fd 安装在舵机舱的反馈装置中和舵角接收器 Jd 安装在操舵仪中。由此，Fd 和 Jd 组成了同步传递系统，当舵叶偏转时，Fd 转动，Jd 跟着同步转动，并带动指针偏转，在舵角指示器刻度盘上指示出舵角的大小。

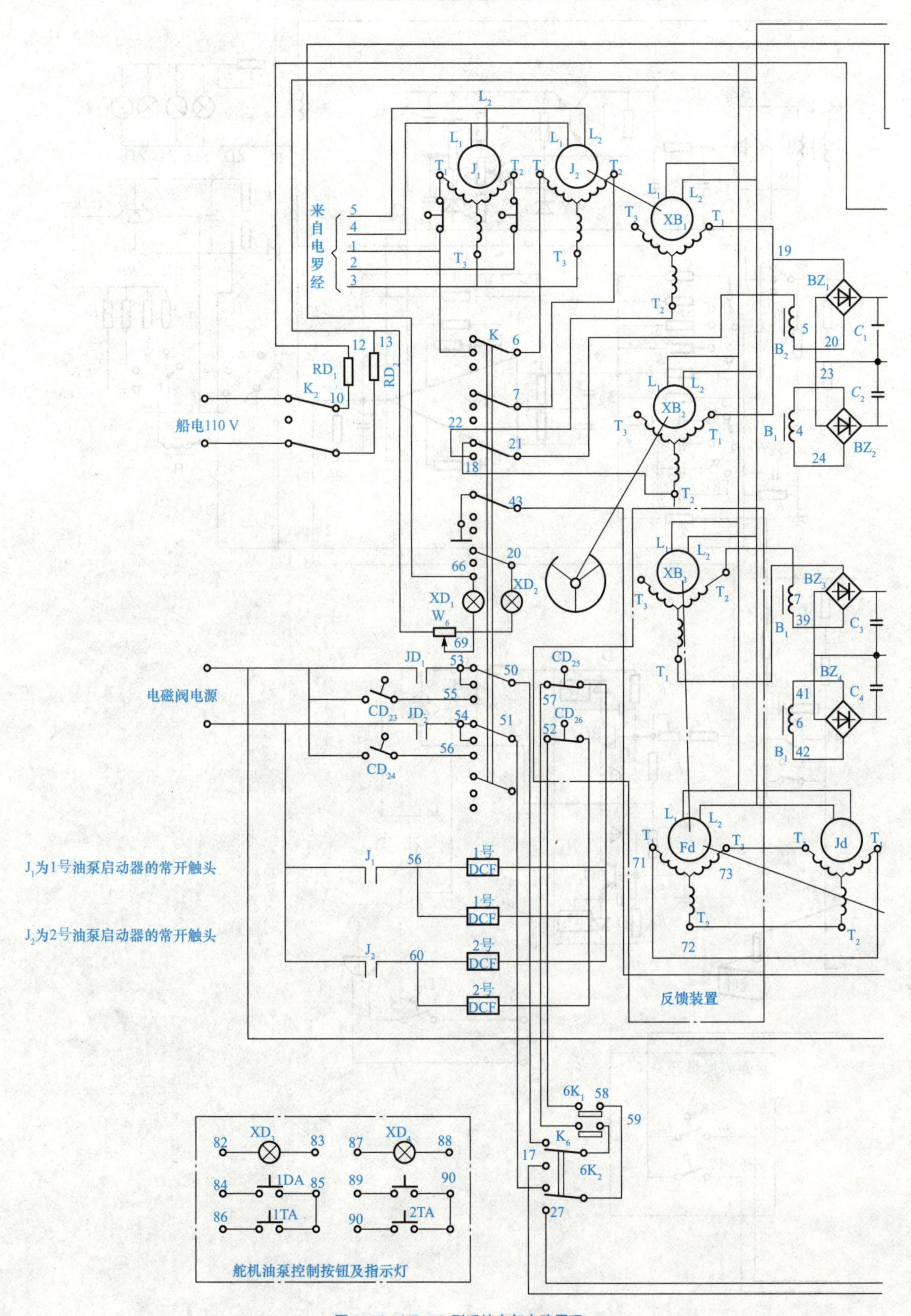

图 5-39　HD-5L 型系统电气电路原理

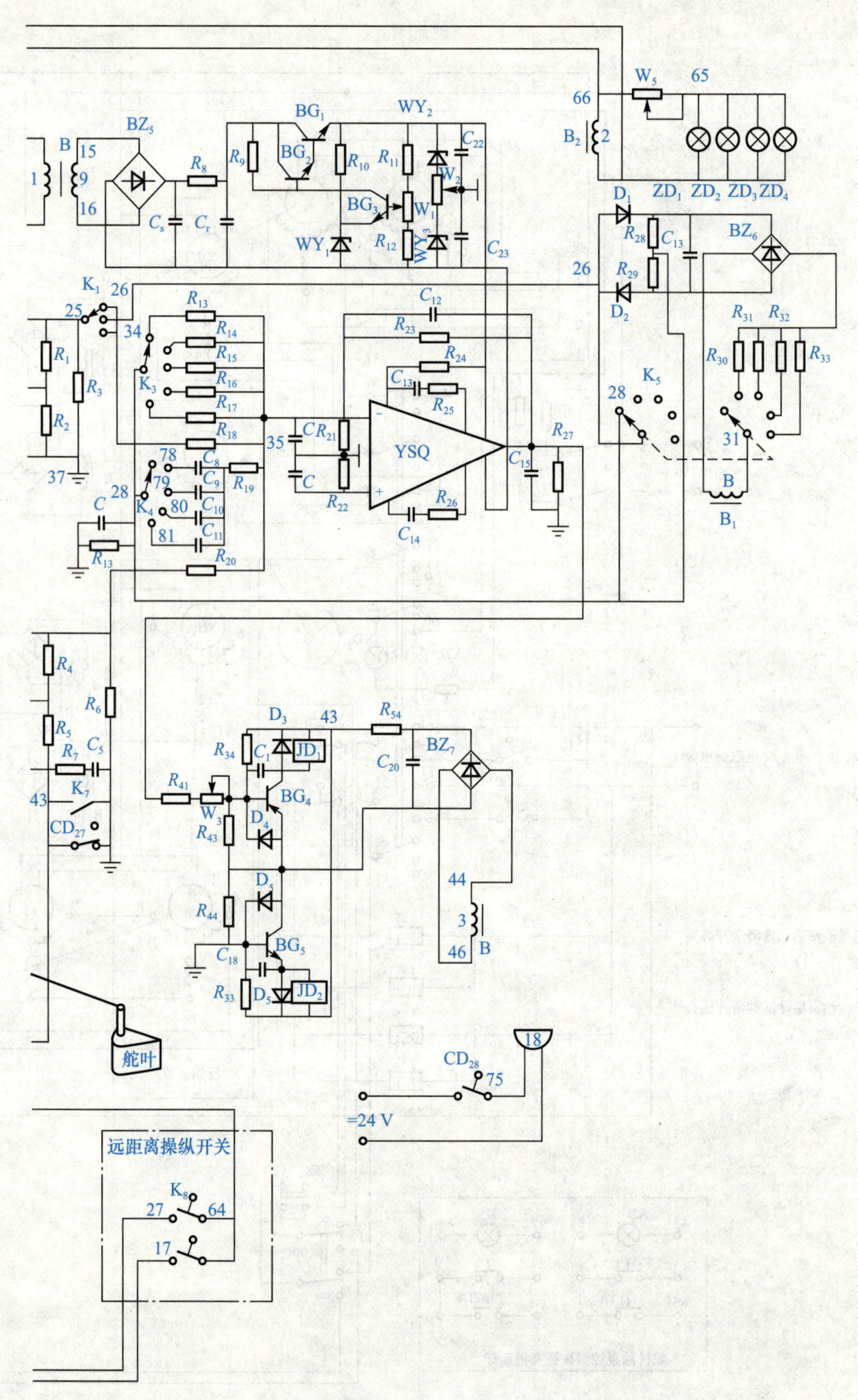

图 5-39　HD-5L 型系统电气电路原理（续）

（6）串联稳压电源。运算放大器 YSQ 所需要的正、负电源。它由桥式整流器 BZ_5、串联射极输出器、稳压管 $WY_1 \sim WY_3$ 等组成的串联稳压电源供给。

5．故障检查方法

由 HD-5L 型系统工作原理和各环节电路特点，发信机构与 HQ-4 型相似，其左、右舵控制电路很简单，不同的是相敏整流电路。相敏整流电路是一个对称电路，有一个公共对称点，所以相敏整流有故障，只要检查电路参数是否对称。因此，HD-5L 型自动舵故障检修方法，可参照 HQ-4 型，这里就不必重述。

四、自适应自动操舵装置

（一）概述

每艘船都有其自己固有的运动特性，并用船舶数学模型来表征。船舶数学模型的参数随船速、装载吃水差和海况等因素的变化而变化，常规的 PID 自动舵不可能随着模型参数变化而自动调节 P、I、D 控制参数，使系统控制达到最佳工作状态，往往都是凭着驾驶员经验手动调节 P、I、D 参数，经常出现偏离最佳工作状态，即自动舵操舵次数多，转舵角和偏航角大。一般，动舵次数越多，转舵角越大，船舶在转舵时，所受到的海水阻力也越大。阻力增大会加重主机的负荷，降低船舶航速，为了保持航速，就得加大油门，从而增加燃料消耗。同时，偏航角增大，动舵次数多，增加了航程，从而降低了船舶运营的生产效率和经济效益。另外，动舵次数多，易产生无效舵，当操舵频率超过船舶开始转向的极限操舵频率时，无论转多大舵角，船都不会转向，转舵成为无效舵。从节能观点来说是不希望出现无效舵，而从提高船舶操纵性能来说，也应当避免产生无效舵。由于常规 PID 自动舵存在这些问题，20 世纪 60 年代开始研制自适应自动舵。它是根据可测量到的船舶现时状态的信息（如转舵角、船艏向、偏航角和船速等），不断地实时辨识船舶模型和扰动模型的参数并有效地滤除噪声、实施有效的控制使船舶能按设定的性能指标，尽可能达到或接近最佳控制。这样能避免无效舵产生。在大风浪中航行时，能自动限制转舵角，实现节能和安全航行的目的。

目前，已有各类产品投放市场，如原联邦德国 Anschutz 公司的 NAUTOPILOTA 型和 CPLATH 公司的 NAVIPILOTAD 型、日本 YEW 公司的 PI-Z1 型、东京计器公司的 PT-7000 型、三菱重工的 TONAC 型、英国 Recal-Decca 的 780 型、瑞典的 KADPIL 型和荷兰 Amerongen 教授设计的产品等。

（二）自适应自动舵的分类

目前，较流行的自适应控制分为两大类，即自校正控制和模型参考自适应控制。

1．自校正控制的自适应自动舵

自校正控制的自适应自动舵系统框图如图 5-40 所示。其由被控对象和自校正控制器两部分组成。当船舶和扰动数学模型的参数（或状态）随机变化时，辨识器根据测量到的输入（舵角等）和输出（船艏向等）信号用某种辨识算法在线辨识船舶模型和扰动模型的参数 $\theta(k)$ 或状态 $x(k)$，控制器利用辨识器得到的估计值 $\theta(k)$ ［或 $x(k)$］与事先选定的性能指标通过控制算法对控制器的参数进行修正，再用修正后的参数和测量得到的输出量计算出下一步应有的控制作用（指令舵角）。随着运行过程的不断进行，自校正控制器不断地进行采样、估计、修正和控制，使控制的性能指标接近最优，使船舶保持在给定航向上。

2. 模型参考自适应自动舵

模型参考自适应自动舵系统框图如图 5-41 所示。

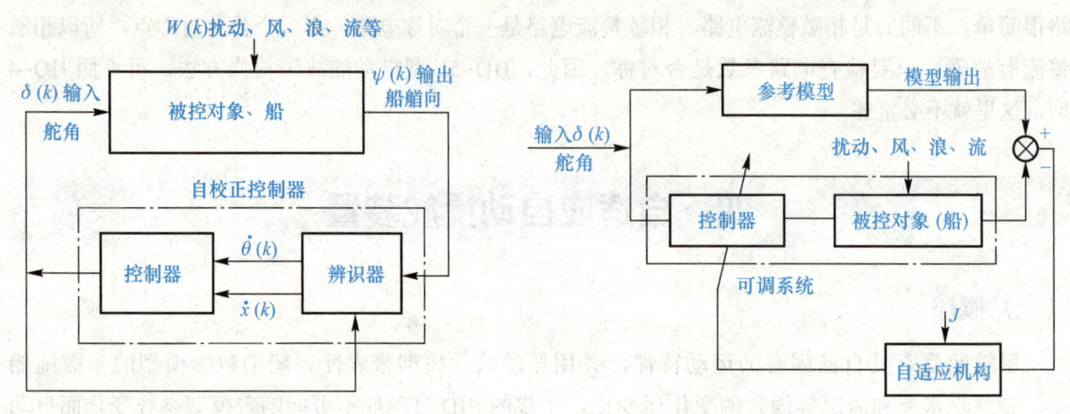

图 5-40　自校正控制的自适应自动舵系统框图　　图 5-41　模型参考自适应自动舵系统框图

模型参考自适应自动舵包括参考模型、自适应机构和由被控对象与控制器组成的可调系统。参考模型对于给定的输入能够产生期望的输出响应。当被控对象（船）受到风浪等外界扰动时，可调系统的输出和参考模型的输出之间存在偏差，这个偏差送到自适应机构，它根据所选定的性能指标 J 进行计算。根据计算结果来修正控制器参数，从而使得性能指标 J 为最小，达到可调系统的特性接近期望的参考模型的特性。

（三）分析自适应自动舵装置电路的基本要领

自适应自动舵由于技术保密，生产厂家往往只提供板面布置图及操作步骤等完整的资料，如何根据这些资料来分析电路是维护管理人员需要解决的问题。

1. 弄清楚与常规自动舵共有的基本装备

自适应自动舵与常规自动舵共有的基本装备包括 OFF–ON–NF（应急操舵）主控开关、操舵分罗经、操舵手轮及手操舵舵角指示器、应急操舵用的操舵手柄、操舵系统选择开关、舵角指示器、运行指示灯、报警指示灯、指示灯的亮度调节器、电罗经航向匹配校正器、舵角反馈装置、航向设定开关等。

2. 弄清楚微机控制系统的基本装置

由于自适应自动舵使用微机控制系统，因此要弄清楚微机控制系统的基本装备。微机控制系统含有微处理机印制电路板，它包括 CPU、ROM 或 EPROM、RAM、译码器等，一般从集成电路芯片的型号通过查手册就可大体知道芯片的名称、功能、片脚意义及接线图等，这样就可大致了解微机控制的基本结构：输入、输出印制电路板，一般包括模/数及数/模转换器、驱动器、D 触发器等；微机专用抗干扰电源；电罗经（或磁罗经）数字电路接口；数字显示电路；键盘等；软件均固化于 ROM 或 EPROM，一般包括系统辨识、自适应控制算法、显示和故障检测等程序。

3. 弄清楚自适应控制原理

在资料不完整且没有电路图的情况下要弄清楚自适应控制原理是比较困难的，但以下几点可作为分析原理的参考。

（1）有以下情况者多半属于模型参考自适应控制：自适应自动舵上设有参数整定开关，当它装船时，制造厂要求提供该船的船舶要素（船长、型宽、吃水、排水量等），并在安装时根据这些数据通过整定开关装入微机；在满载压装选择开关；有船速选择开关。

（2）自校正自适应自动舵一般不需要提供船舶要素，也不需要满载 / 压载选择开关，但为了快速辨识船舶运动数学模型参数，往往需要在自适应操船前手动操舵一段很短的时间，当显示“自适应操舵就绪（Ready）”时，即可由手动操舵转到自适应自动操舵。

（3）应当指出，随着科学技术发展，自动操舵装置除引入自适应控制策略外，还采用模糊控制策略、神经网络控制及它们混合控制策略，使自动操舵达到最佳效果。20 世纪末开始出现自动航迹保持器，它与 GPS 和电子海图结合。当 GPS 测定实际船位与电子海图设定的航线的船位比较出现偏差，计算出经度和纬度偏差值，然后采用内插值或外插值的方法计算出下一步的航向给定值，这个值给自动舵作为给定航向，使其逐步逼近设定航向。

（四）自适应自动舵装置故障的检修方法

自适应自动舵控制系统是微机控制系统，具有比较完善的自检功能，维护管理人员根据所提供故障代码就可找出故障原因。其微机板一般都有两套热储备，随时可以切换操作，保证系统的可靠性。如果微机板故障，一般只能整个电路板更换。

一旦自适应自动舵系统故障，先进行通道切换。若正常，说明原先的通道的印制电路板故障；若故障如故，应检查输入、输出板，并检查与其连接的外围设备。

【任务实施】

舵机系统的调试

舵机系统的通电调试应分为两个阶段，即系泊试验阶段（在码头）和航海试验阶段（在宽阔的水域），只有在经过这两个基本试验阶段，并将各项指针满足相关规范标准，方可认定该套舵机系统可以交付使用。

一、在系统通电调试前，应掌握的概念及常识

（1）自动舵又称自动操舵仪。自动舵是用来自动保持船舶在给定航向上航行的一种自动装置，实质上是一种航向自动控制系统，其被控制量是航向。船舶自动舵只是自动控制理论在船舶上应用的一个实例。

（2）操舵装置目前有简单操舵系统、随动操舵系统、自动操舵系统和应急操舵系统。简单操舵相当于单动操舵；随动操舵系统设有舵角反馈装置，并能进行追随控制；自动操舵系统能自动及时纠正船舶的偏航，使船舶较长时间和较准确地保持在指定航向；应急操舵是为了更安全的考虑，在自动操舵仪电信号失控时，在舵机台上通过应急手柄来控制力矩电动机或电磁阀从而操舵的方式，但并不是每种类型的舵机都设置有该种操作方法。

（3）为了使同一型号的自动舵能适用不同类型、不同排水量的船舶或同一船舶的不同运行状态和不同海况航行，自动舵必须具有下列基本调节装置：灵敏度调节、舵角比例调节（或称反馈系数调节）、稳舵角调节（又称反作用调节，或微分调节）、积分调整、速率调整（单位时间内舵转过的角度称为速率）、偏航报警（当船偏离航向时，实际航向和设定航向之间的偏航角有一个设定范围，超出这个范围，自动舵便发出声音报警，一般设定值为 1°～15°）、舵限设定（要维持船舶直航线，舵叶要经常地摆动，摆动角度有一定要求，一般情况下为 1°～35°，可调整）、速度选择（船舶工作在自动方式，需引入船速信号，可取自计程仪、GPS 等设备，也可人为设定）。

二、系泊试验

（一）自动舵调试前提条件

1．液压舵机装置调试交验完成

在大功率的舵机装置中，广泛采用液压传动。液压泵电动机的转速维持恒定不变，偏舵方向及速度大小，用改变液压泵中液体的流动方向和压力大小来调节。舵机装置的电力拖动采用继电器、接触器控制，线路及工作原理比较简单。

液压舵机中设备及机械部件较多，在做电气调试前，必须请轮机人员精心调整。这些调整可通过液压泵启动后，用舵机上的人工操舵设备进行。除一般常规要求外，需要注意安全阀、零位校准、零位漂移、舵速等问题。

（1）在液压系统压力大于正常压力 10% ～ 15% 时，安全阀应动作，以免舵机装置被损坏，这是舵机装置进行其他调试的保障。

（2）零位校准：按舵安装报验时刻下的记号，将舵叶置于艏艉面（舵角零位），调整舵机上的铜排，使机械舵角为零。

（3）零位漂移：将舵叶置于机械舵角为零的位置，分别启动 1 号机组和 2 号机组，舵机不应有移动现象。启动时，要等电动机完全停止转动才能启动另外一台。

（4）舵速调整：规范要求当船舶处于最深吃水并以最大营运航速前进，舵叶以任意一舷 35° 转到另一舷 30° 所需时间，海船不超过 28 s，江、河船则要求不超过 15 s。

2．舵角指示系统调整好

舵角指示系统与舵机系统没有电气方面的联系，是一个独立系统。

将舵叶置于机械零位，然后让舵角指示器和舵角发送器同时通电。如果这时的舵角指示器的指针不在零位，可用螺钉旋具轻轻松动指针上的压板螺钉，将指针拨到零位。由于安装时已确保舵角发送器零位与舵叶零位相对应，调整时无特殊情况一般不再考虑。舵角指示器安装同自动舵的反馈装置，在后面有详细说明。舵角收发信器零位核对结束后，将舵叶偏向某一舷若干度，观察舵角指示器指针是否同方向偏转相同的角度。如果舵角偏向不正确，则需将舵角指示器里三相线中的任意两根对调。对调后重新送电。如果有必要，再核对并调整零位继续试验。

规范要求零度无误差，实际舵角与舵角指示误差不应大于 1°，在 ±35° 之间不应有任何异常现象。确保舵角指示器指针方向和实际偏舵方向两者一致。

（二）舵机通电前的必要工作

对于任意一种新建船舶的舵机系统，在通电前，以下工作是一定要完成的。

（1）清洁。整个舵机系统从安装到通电调试，一般要经过几个月的时间，其间，舵机舱及驾驶室的环境是比较恶劣的，要经过电焊、除锈等一系列产生粉尘较大的工作，若不进行清洁、检查，可能会造成严重的后果。所以，应仔细检查控制箱、启动箱、接线箱、报警箱、主泵电动机、伺服电动机、操舵台等相关设备，如有必要，可用一些干净的碎布片、绸布、酒精棉等擦干净。这里特别要提醒的是控制箱的清洁问题，以最近的控制箱类型看，大体上有两种形状，一种是采用填料函进线的控制箱，这类控制箱密封较好，灰尘不易进入箱内，但对另一种采用下部大开口电缆集束进线的控制箱来说，由于下部开口，施工过程中可能出现没有密封或密封不严的情况，所以对这类箱体，检查时要认真一些。注意清洁之前要关掉总电源。

（2）安装接线检查。熟悉图纸、检查系统接线的正确性和完整性。通过图纸，了解整个系统组成、设备的位置、安装要求，电气原理，调试方法，试验要求。电气安装结束后，主要检查各设备的安装位置是否正确，如控制箱，有的规范要求是左 1 右 2，即左舷方向应是 1 号控制箱，右舷方向是 2 号控制箱等。应按照正确图纸进行严格对线。电缆芯线必须有与图纸、设备相对应的接线标记，接线有差错需要修改时，标记也要随之更换。接线端子应该足够牢，不应有松动。安装位置是否利于操作，是否和其他设备（如风筒、地板架等）相抵触，安装是否牢固，弹簧垫片及平垫大小是否规范，检查电动机接线是否与铭牌或图纸相符。

（3）绝缘检查。与其他电气设备一样，干路电源电动机要用 500 V 以上兆欧表测试，报警电源、自动操舵仪等电源电压较低的设备可用常用的 100 V 兆欧表测试或不测，这种绝缘测试称其为冷态绝缘测试，有的船东还要求测试热态绝缘，一般要求冷态绝缘为 2 MΩ 以上，热态绝缘为 1 MΩ 以上。

（4）准备好所需要的测试仪表，包括一块数字万用表和秒表。

（5）让舵叶处于机械零位。

（三）通电调试

自动舵初次通电调试，分简单操舵、随动操舵、自动操舵、越控操舵四个阶段，要分别进行调试。先简单操舵后随动操舵，其次自动操舵，最后越控操舵。操舵地点先舵机舱后驾驶室。控制系统及机组先用 1 号后用 2 号，按这样的顺序，把整个自动舵系统调试完毕。

1. 力矩电动机和差动变压器调试方法

在液压舵机装置的控制系统中，力矩电动机和差动变压器组成的环节替代了机械反馈环节，简化了舵机装置的结构。下面介绍力矩电动机和差动变压器调试方法。

（1）检查外部接线：首先断掉舵机启动器和电控箱电源，断开差动变器及力矩电动机船厂接线，用数字万用表测如下端子间阻值，以确定外部电缆是否连接正确，如图 5-42 所示。

DT1～DT4——R_{AD}=18 Ω（接收端）

DT2～DT4——R_{AC}=18 Ω（接收端）

DT3～DT4——R_{AB}=8 Ω（激励端）

TMA～TMB——约 3.5 Ω（力矩电动机内阻）

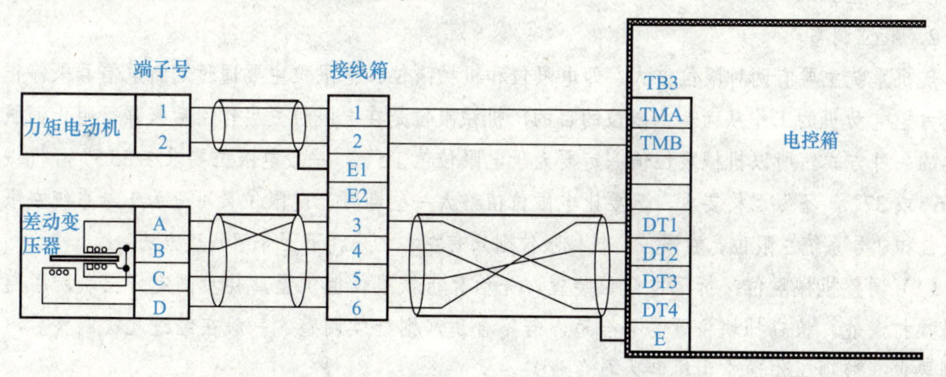

图 5-42　力矩电动机和差动变压器外部接线图

（2）力矩电动机设置检查：手动旋转力矩电动机上的旋钮直到与机械限位接触，确定力矩电动机泵冲程刻度设置在满刻度约 3/4 处。力矩电动机泵冲程因舵机型号的不同而不同，要求舵的转速达到设定值（28 s/65°）。

（3）舵机操纵检查：启动舵机启动器（关断电控箱电源），按下卸荷阀手动按钮并用锁紧螺母锁紧。手动旋转力矩电动机旋钮到左和右，检查舵机旋转方向。检查当放开力矩电动机旋钮并回到空挡时，舵机是否漂移。当力矩电动机旋钮置于空挡时，舵机液压泵冲程为零，舵机停止。如果舵机漂移，说明舵机有故障，需与轮机人员或联系厂家解决。

（4）力矩电动机旋转方向检查：图 5–43 所示为力矩电动机。启动舵机泵，按下卸荷阀手动按钮，并用锁紧螺母锁紧。通过旋转力矩电动机旋钮将舵设置在零位。打开电控箱电源并解锁卸荷阀的手动按钮。设置力矩电动机控制放大板的输入信号选择开关到正常模式，并检查力矩电动机泵行程刻度是否停在空挡位置。

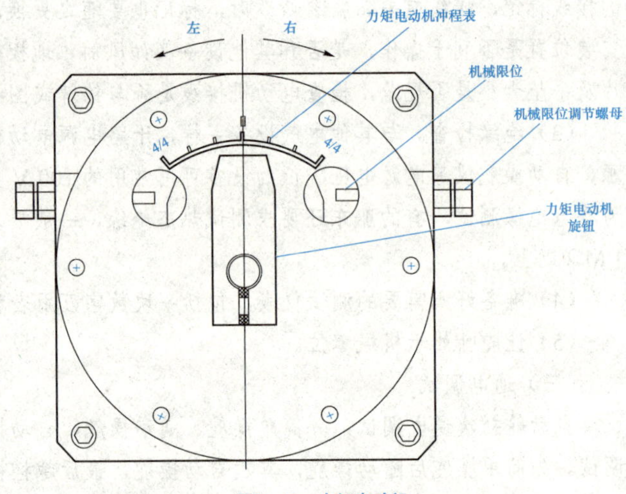

图 5–43 力矩电动机

1）如果泵行程指示超过了限位，说明力矩电动机外部端子“TMA”和“TMB”或者差动变压器外部端子“DT1”和“DT2”可能接反了。

2）用数字万用表检测差动变压器发送的反馈信号的极性，当力矩电动机向右时信号为负，当力矩电动机向左时信号为正。

3）力矩电动机行程调零，断开图 5–42 中电控箱端子板 TB3 上的 TMA 和 TMB 之间的接线，通电并确认力矩电动机停在空挡位置。将线重新接好，调节相应的电位器，用数字万用表检测差动变压器发送的反馈信号的电压应为 0 V。这时当舵角偏差信号为零度时，力矩电动机行程指示应是零度。如果舵角偏差信号为零时，舵发生漂移，可调整力矩电动机控制放大板的相应电位器。

4）差动变压器范围调整，调整差动变压器发送的反馈信号电压，在力矩电动机左右旋转 27° 时达到 ±5 V。

2．限位调整

舵机系统主要有两种限位方式，即电限位和机械限位。电限位主要通过切断电信号来停止电磁阀或力矩电动机的工作从而达到限位的目的，机械限位是在电限位失去作用后来强行阻止伺服系统工作的一种方式。所以机械限位值一定要大于电限位值 1.5°。一般电限位要求在 35.5°，机械限位在 36° 或 37°，不做严格要求，只要比电限位值略大一些即可，电限位又可分为 1 号系统左限位、右限位和 2 号系统左限位、右限位。机械限位则只有左右之分。下面介绍调整方法：

（1）调整机械限位：拆下电限位装置，先估算机械限位值位置，初步固定好挡块，用随动或简易操打满舵，检查挡块位置是否合适，若不合适，则继续调整。一般在经过几次调整后，便可达到要求（该项工作通常由机装人员负责）。

（2）调电限位：在机械限位调整好后，操舵到电限位值，这时固定电限位开关，同时用万用表低阻挡测试开关上常开或常闭触点（要根据切断电信号位置而定），也可仔细听声音，在开关恰好动作的位置，固定好限位开关装置，回舵继续检验。其他几个限位调整方法相同。

3．舵角指示器的调整

舵角指示器要指示出舵叶的实际转角，舵叶在舷外，舵角指示器在船内，舵角的传递是同步的，如图 5–44 所示。

大圆为舵杆，小圆为舵角发送器，O_1为自整角发送机转轴，O_2为舵杆中心，舵杆和舵叶相连，O_1A、AB分别为连接杆，要求尽可能用质量轻、强度大的材料。图5–44中所示刻度盘为舵角发送器刻度盘，有的舵角发送器不附带刻度盘。当舵处于机械零位即正舵位置时，发送器指示应处在零度位置，O_1A垂直于O_1O_2，O_2B垂直于O_1O_2（图5–44中的虚线所在位置），这样，当舵杆转动一个角度时，连杆AB便带动O_1A转过相应角度，自整角发送机便输出一定的转角电压到其他的同步机。只要在设计上使铜牌指针所示刻度与舵角发送器刻度和舵杆（舵叶）转角相一致，便达到了舵角传递的目的，所以，在舵角发送器安装上要求特别严格。在实物中，AB、O_1A连杆均可调整。

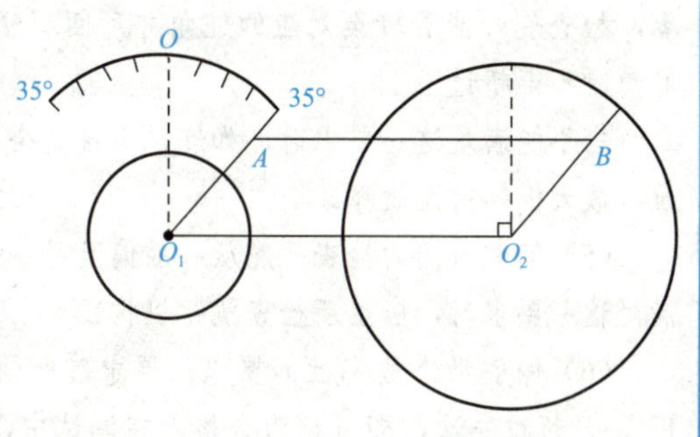

图5–44　舵角指示器连杆图

舵角指示器的匹配过程，实际上就是要求所有的舵角指示器指示值和舵机台上铜牌指针所示刻度一致，调整过程如下：

（1）零位调整：用简易操将舵操到机械零位，然后关掉电动机（以防调整舵角时舵机工作）这时分别检查各个舵角指示器，均调整到零位。

（2）分别将舵打到5°、10°、35°，检查误差情况。要求实际舵角与舵角指示器在零位时不应大于0.5°，其他位置不应大于1°。一般情况下，舵角发送器安装精度高，自整角同步机质量好，误差基本上都在允许范围内。

4．报警系统的调试

具体测试方法如下：

（1）主辅泵运行：直接启动电动机；

（2）主辅泵失电：切断控制箱上对应电源；

（3）油低位报警：从油箱上拉出行程开关整套装置。

对于过载报警、断相报警实际做起来非常困难，也有一定的危险，所以，一般采用插拔对应的报警保险丝，人为控制继电器动作，或在接线端子上短路或断开接线端子的办法来实现。总之，尽可能采取最简洁、最有效的方式。在调试报警点时，驾驶室、集控室都要有人站位，以便汇报报警情况。

5．单动操舵的调试

单动操舵的调试部分不牵涉内部复杂的元器件，可单独进行调试。操作特点：手扳舵转、手放舵停、左舵左扳、右舵右扳。如指令舵角信号为左舵，而来右舵，说明线路接反了。

6．随动舵操舵的调试

（1）检查左、右舵方向：转动操舵手轮，给出少许操舵信号，如指令舵角信号为左，而来右舵，说明线路有接反的地方。

（2）检查舵角反馈信号极性：转动操舵手转，如果指令舵角信号为左舵，但仅为少许操舵信号，这时来的是左舵，但一直偏转到最大偏舵角，说明是正反馈，应改正舵角反馈信号的极性。

（3）随动操舵灵敏度的调整：左、右操舵，检查灵敏度是否符合要求。指令舵角为1°～2°时，舵叶应开始动作。若不符，则调整灵敏度电位器。

（4）随动操舵的回零与对称检查：操动手轮，给出一定的“左”和“右”指令舵角，然后回零，检查舵叶能否转至对应的舵角并可回到艏艉线。要求在小舵角时误差不得超过 ±0.5°，大舵角时不得超过 ±1°。

当不能满足这一要求时，如舵机本身完全正常，应检查随动舵机发信机与舵角反馈发信机零位、放大板等有无故障。

（5）偏舵时间的检查：舵从一舷偏至另一舷的舵角为 ±35° 时，其时间不应超过 28 s。不能满足这一要求时，应重新检查执行机构。

（6）偏舵动态稳定性的要求：要求舵叶快速而且无振荡地停在给定舵角，超调量不得超过 1°、只超过一次，即可认为合格。在调试中，如果出现系统发生振荡、冲舵太大等现象，则属于随动系统动态质量不好的表现。要提高动态质量，排除振荡，不需要断开舵机执行装置，也不需要将舵角反馈与舵柄脱开，而应该在一起进行调试。

（7）互为备用性检查：舰船规范要求两台主泵电动机必须具有互为备用功能。检查时可将两个控制箱电源送上，然后启动 1 号泵再切断 1 号控制箱电源。检查 2 号泵是否启动，用同样的方法检查 1 号泵的备用性。

7. 自动舵操舵的调试

自动工作方式的调试内容大部分要求在船舶直线航行时进行，但系泊试验阶段可检查以下几项的工作情况。

（1）调整自动操舵的灵敏度：将操舵方式选择开关打到自动位置，左右转动舵向修正旋钮，观察舵角指示器，检查灵敏度是否满足要求，调整方法同随动舵灵敏度调整步骤。

（2）自动操舵时归零检查：用航向修正旋钮给出某一舵角指令，然后回零，观察零位误差大小，误差应在允许范围内。

（3）压舵检查：向某一方向调节压舵旋钮，检查是否对应方向上每隔若干秒增加一小角度舵角，若不正常，可检查压舵电路。

8. 越控操舵的调试

越控操舵也是一种简单操舵，有最高的优先权，一般在自动舵有故障或船舶避碰应急状况下使用。在自动舵系统中，无论系统的操舵方式选在什么位置，当按下越位操作开关时，越位操作手柄被确认。扳动越位操作手柄检查操舵方向，如指令舵角信号为左舵，而来右舵，说明线路接反了。

以上介绍了舵机系统系泊试验的调试项目和方法，该方法应该说对大多数类型的舵机系统是适用的。

9. 调试注意事项

（1）启动路电源电缆一个来自主配电盘、一个来自应急配电盘。在敷设时不能走同一托架，要各有自己的路径，去驾驶室的控制电缆也尽可能做到这一点。每次动舵之前，切记查看舵叶附近是否有人在作业、舵叶是否被异物缠住。

（2）在主机工作时，严禁大角度打舵，以防船倾斜角度过大或将缆绳扯断等事故发生。

（3）舵角指示系统工作正常，否则不允许进行遥控操舵。特殊情况下，也必须有驾驶室到舵机舱的直接通信联络手段。

（4）调试舵机必须注意安全，防止发生设备事故和人身事故。尤其在驾驶室进行操舵时，舵机舱必须有人照应，在舵柄和舵杆活动范围内，不应有人做其他工作。留在舵机舱里的人员，应该懂得如何使舵机紧急停车，以防止事故发生。

（5）零位校准是舵机系统通电调试中一个重要环节，中途检查机械传动等工作时，注意不能改变机械零位基准。

（6）舵角限位开关必须安装牢靠，工作正常。

（7）逐级调试可以把故障限制在最小范围内，便于及早发现和解决。要认真记录调试过程中的各种测量数据，以便分析情况，提供进一步的调试依据。

（8）对不清楚功能的电位器不要轻易调节，以免造成系统混乱。

10. 舵机系统的报验程序

作为一名船舶电工，熟知舵机系统的报验交工过程是很必要的。在系泊试验阶段，船工和船检主要进行下列各项的验收工作。

（1）安装接线检查：重点是填料函紧固程度，冷压头的规格及芯线的压紧和螺钉垫片。

（2）绝缘检查：这里可只检查电动机绝缘。

（3）舵速检查：（同调试）。

（4）报警调整：（同调试）。

（5）舵机限位检查：（同调试）。

（6）舵角正确性检查：要求用“随动”操舵，分别检查0°至左右舷35°，每5°操舵一次，检查各个舵角指示器指示值，要求0°时不应超过0.5°其他角度不应超过1°。

（7）简易操舵功能检查：只检查橡胶手柄的灵活性和正确性。

在经过上述调试及交验过程后，系泊试验结束。

三、航海试验

（1）在航海试验期间，对自动舵的功能试验以进行效用为主。除试验简单操舵和随动操舵外，还需进行自动操舵试验，其中下面的检验应为重点。

1）任意改变航向试验：用“航向改变器”改变航向，观察船只是否转到新的航向上航行。

2）航海稳定性试验：在给定的航向上，加上适当的调整，航行一段时间，观察船只是否能保持原来的航向不变。

3）检查偏航报警功能（需实际做出）。

在正常航行中，在宽阔的水域，征得驾驶人员的同意后，将偏航报警值设定到5°～7°，报警时间10～20 s，舵角限位设定小点（5°～10°）。用随动操舵向左操一大角度（20°～30°）待船完全转动后，立即回舵到零度，将这时的船艏向作为自动舵预定航向输入，迅速将随动操舵转换到自动操舵模式并确认，舵应向右偏转一定角度，由于舵限作用，舵产生的力矩不足以克服船的惯性，左偏航报警将发出。如一次不成功，要多试几次，关键是时机掌握，左、右两个方向都要做。

在P500A-K2T操舵仪中，结合操作手册说明，通过自动舵单元（PB343）对其自动舵操舵的功能进行效用，如图5-45所示。

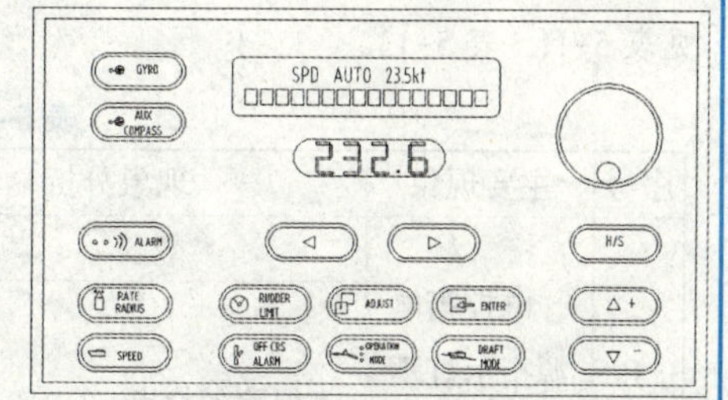

图5-45 自动舵单元（PB343）面板布置图

设定操舵模式，通过 OPERATION MODE 和 ENTER 键，根据航向保持精度要求，可分别选择经济、精确1、精确2。

设定吃水模式，通过 OPERATION MODE 和 ENTER 键，根据压载的实际情况，可分别选择满载、半载、空载。

设定航向，通过 H/S 键；通过方向设定旋钮和 ENTER 键；通过左、右键和 ENTER 键，分别输入航向。

通过 RATE RADIUS 键和 ENTER 键设定航向自动改变模式； OFFCRSALARM 键和 ENTER 键设定偏航报警角度与时间； RATE RADIUS 键和 ENTER 键设定自动舵操舵的舵限。操作功能还有很多，主要把自动舵功能教给接船船员。

至此，经过系泊试验和航海试验后，各项指标满足规范标准，方可认为自动舵调试完成。

（2）航海试验交验内容，要求在全速航行时进行：

1）启动 1 号泵（主配电盘供电）用随动操舵，在此过程中，舵自一舷 35° 转至另一舷 30° 所需时间不大于 28 s。

①正舵—右满舵 35°，保持 10 s。

②右满舵 35°—左满舵 35°，保持 10 s。

③左满舵 35°—右满舵 35°，保持 10 s。

④右满舵 35°—正舵，保持 10 s。

⑤正舵—左满舵 35°，保持 10 s。

⑥左满舵 35°—正舵。

2）转换 2 号泵（应急电源供电），重复上述过程。

3）两泵同时工作，重复上述过程。

4）应急操舵，启动 2 号泵，关掉自动舵控制电源，根据舵机台上应急操舵说明进行操舵，要求：

①正舵—左舵 15°，保持 10 s。

②左舵 15°—右舵 15°，保持 10 s。

③右舵 15°—左舵 15° 保持 10 s。

④左舵 15°—正舵。

在航速小于 7 节时，使舵自一舷 15° 转至另一舷 15° 所需时间不超过 60 s（该项工作要在无人机舱试验时进行）。

5）主机倒车时的操舵试验。主机以"后退一"倒车运转时操舵，逐渐增大到舵角 15°。在进行操舵试验时，电动机及液压系统应无异常发热，无漏油现象。

6）自动操舵检查。可参照"自动操舵调试"。

四、常见故障现象分析及排除方法

自动舵调试表面看起来内容十分繁杂，但有一定规律可循，随着大量新技术的使用，调试方法简便、实用。调试的难点主要是随动部分，它是自动舵的基础，这就要求平常注意资料的搜集、经验的汇总，配合轮机人员调试时，按照系统要求提出合理建议。自动舵种类繁多，但就自动舵原理来说基本是相同的，以上介绍的自动舵调试方法，对大多数自动舵是适用的。常见故障见表 5-11～表 5-13。

表 5-11　舵机工作异常

序号	主要现象	现象分析	可能原因	排除方法
1	电控箱电源指示灯不亮		氖灯损坏	更换
		保险丝烧断	控制箱内部变压器故障	检查力矩电动机控制板 更换保险丝

续表

序号	主要现象	现象分析	可能原因	排除方法
3	电控箱卸荷阀指示灯不亮	力矩电动机工作正常	氖灯损坏	更换
		力矩电动机工作不正常	力矩电动机烧毁或卡住 保险丝烧断	更换
4	卸荷电磁阀不工作	卸荷电磁阀线圈烧毁		更换
		卸荷阀没有信号供给	力矩电动机控制板故障	检查力矩电动机控制板
			继电器不工作	更换
			时间继电器 TR1 不工作	更换
5	力矩电动机不工作	开关 SW1 在测试位置	误操作	开关拨到正常位置
		系统转换开关在正常位置	检查控制选择电路	检查终端板
		只有在非随动状态不工作	继电器故障	更换
		输入信号没有送到控制箱	在测试模式下工作正常	检查控制端

表 5-12　舵机达不到操作要求

序号	主要现象	现象分析	可能原因	排除方法
1	舵只向一侧转动	执行机构故障报警	力矩电动机控制板故障	检查力矩电动机控制板
2	舵打过头	舵超过舵角限位	卸荷电磁阀故障	根据维修手册检查舵机
		限位开关不动作	限位开关设定点偏移	重新调整限位开关
		尽管限位开关动作，但卸荷阀没有电压	力矩电动机控制板故障	检查力矩电动机控制板
3	舵振荡	力矩电动机工作不稳定	力矩电动机控制板故障	检查力矩电动机控制板
		执行机构故障报警	差动变压器故障	更换

表 5-13　舵偏向一面

序号	主要现象	现象分析	可能原因	排除方法
1	输入信号错误	系统开关在正常位置	操舵台中终端板故障	检查终端板
2	反馈系统故障	执行机构故障报警	液压泵上差动变压器故障	检查舵机
		伺服回路故障	变送器故障	检查舵机
		端子螺钉松动	检查变送器内端子	拧紧松动螺钉
		伺服回路故障	力矩电动机控制板故障	检查舵机
		输入零信号，液压泵仍在小范围内工作	差动变压器零点漂移	调整液压泵零位

任务六　船舶辅锅炉电气控制系统的维修

锅炉是通过燃烧把燃料的化学能转化为热能，并将热能传递给工质水，从而产生具有一定温度和压力的饱和蒸汽或过热蒸汽的特殊设备。在汽轮机船上用来产生驱动主汽轮机的高温高压过热蒸汽的锅炉称为主锅炉；在柴油机船上产生不用来驱动主机的饱和蒸汽的锅炉称为辅锅炉，一般是低压锅炉（工作压力≤2.5 MPa）。辅锅炉主要用途是加热燃油、滑油或满足日常生活的需要（炊用、加热水及冬季空调加热加湿等）；在油船上，蒸汽还用于加热货油或清洗货油舱，或驱动汽轮货油泵或汽轮发电机等辅机。

柴油机干货船通常设一台辅锅炉，工作压力约为 0.7 MPa，蒸发量一般设计为 1 ～ 4 t/h；吨位稍大的油船因耗汽量大，常设两台工作压力为 1.6 MPa 左右的辅锅炉，蒸发量多为 18 ～ 35 t/h；大型柴油机客轮一般至少设两台工作压力为 0.7 MPa 左右的辅锅炉，即使一台损坏也不至于严重影响船员和旅客的日常生活。

一、船舶辅锅炉电气控制系统的技术要求

主机为柴油机的船舶，一般都装设辅燃油锅炉以便供热。我国船舶多采用 1.8 t/h 的自动燃油锅炉、气压为 294 ～ 686 kPa，对控制系统的主要技术要求如下：锅炉系统的控制箱应集中装设在锅炉附近；锅炉控制系统应具有手动和自动控制，自动控制失效时，能很方便地切换到手动控制；自动燃油锅炉控制装置一般包括以下几项：

（1）自动调节系统。

1）水位自动控制环节：锅炉内低水位时，水泵的自动启动给水；到达高水位时，自动停止给水；当水位降到危险水位时，能发出声光报警信号，并使全部系统停止工作。

2）蒸汽压力自动控制环节：锅炉内蒸汽压力下降到下限值时，能自动点火燃烧；压力达到上限时，自动熄灭；压力达到最大压力值时，能够发出声光报警，并自动打开安全阀放汽降压。

3）燃油温度自动调节环节：能自动保持燃油的适宜温度。

（2）程序控制器。锅炉的点火燃烧应按一定程序进行，接通电源，按下自动启动按钮后，系统按以下程序工作：风机首先运行向炉膛内鼓风，进行预扫气，经一定时间后燃油泵启动，随后点火变压器得电，开始点火，后点火油头喷油（一般遵循火等油原则）。若点火成功，光敏电阻发出信号。点火停止，同时主油头开始喷油，风机和燃油泵进入正常工作。对有风油比例调节的自动锅炉。点火成功后，调节器根据气压变化对风油按比例自动调节，若点火失败，点火和喷油自动停止，同时进行后扫气。扫气结束后，进行声光报警。有的锅炉可自动进行第二次点火。若再失败，再进行报警。

锅炉正常燃烧使蒸汽压力达到上限压力时，自动熄灭，后扫气，同时高压状态指示灯亮。气压降低到下限时，自动点火燃烧，程序同前。

（3）自动保护和声光报警。在下列情况下自动保护并报警：

1）危险水位时，自动熄灭，后扫气，报警；

2）气压达到最大时，自动熄灭，放气并报警；

3）点火失败时，自动熄灭，后扫气，报警。

应当指出，船舶辅锅炉的自动控制系统比较复杂，电路的种类也有很多，目前正在开发、研制，有些已成品，但是无论哪一种控制电路（或方案），都离不开上述的基本技术要求。对于维修人员来说，只有掌握了这些技术要求，才能有的放矢地分析实船应用的锅炉控制原理；它具有哪些功能，由哪些元器件和电路实现哪一个功能。当发生故障时（系统中某个功能不能完成时），就可很方便地检查这些元件和电路，所以，在讲述设备电气控制系统维修时，都首先介绍该设备和技术要求的目的。

二、锅炉控制系统的维护

锅炉自动控制系统的维护按表 5–14 进行。

表 5–14　锅炉自动控制系统的维护要求

项目	周期	维护内容及要求
控制系统	1 次 /2 个月	顺序控制器的程序动作灵活可靠，进行人工操作时，声光报警安全设施有效、正常
点火系统	1 次 /2 个月	检查点火棒间隙、棒极的绝缘性能以及光元件和电磁阀的工作情况。保持光敏元件的良好透光度。光敏元件要定期轮换使用
给水系统	1 次 /2 个月	自动给水控制器及水位传感器的动作是否灵敏可靠，水密是否良好
风油调节装置	1 次 /2 个月	检查电气元件，机械传动应灵活牢固，检查比例式压力调节器的压力上下限整定值是否符合要求
废气锅炉机械传动	1 次 /2 个月	检查三向换向阀的电气及机械部分是否灵活可靠

锅炉控制系统日常维护应注意以下几点：

（1）定期清洁控制箱，清洁多回路时间继电器与其他继电器和接触器的触头，以及各电位器的触头。同时，防止油水进入控制箱。

（2）经常检查点火系统的绝缘，尤其是点火棒的绝缘；清洁点火棒尖端结炭；定期检查各电动机绝缘电阻，监视电动机运行时的发热情况。

（3）清洁水位观察器防止水垢积存，保持玻璃透明。

（4）保持声光报警装置处于良好状态，及时更换损坏的指示灯。

三、锅炉电气控制系统常见故障的检修

船舶辅锅炉自动控制系统电路种类比较多，电路比较复杂，被调节和被控制的量也较多，所以故障也是多种多样的，这里以国产 2 t 立式燃油锅炉自动控制系统为例说明故障检修方法。

图 5–46 所示为国产 2 t 立式燃油锅炉自动控制电路图。其具有下列功能：

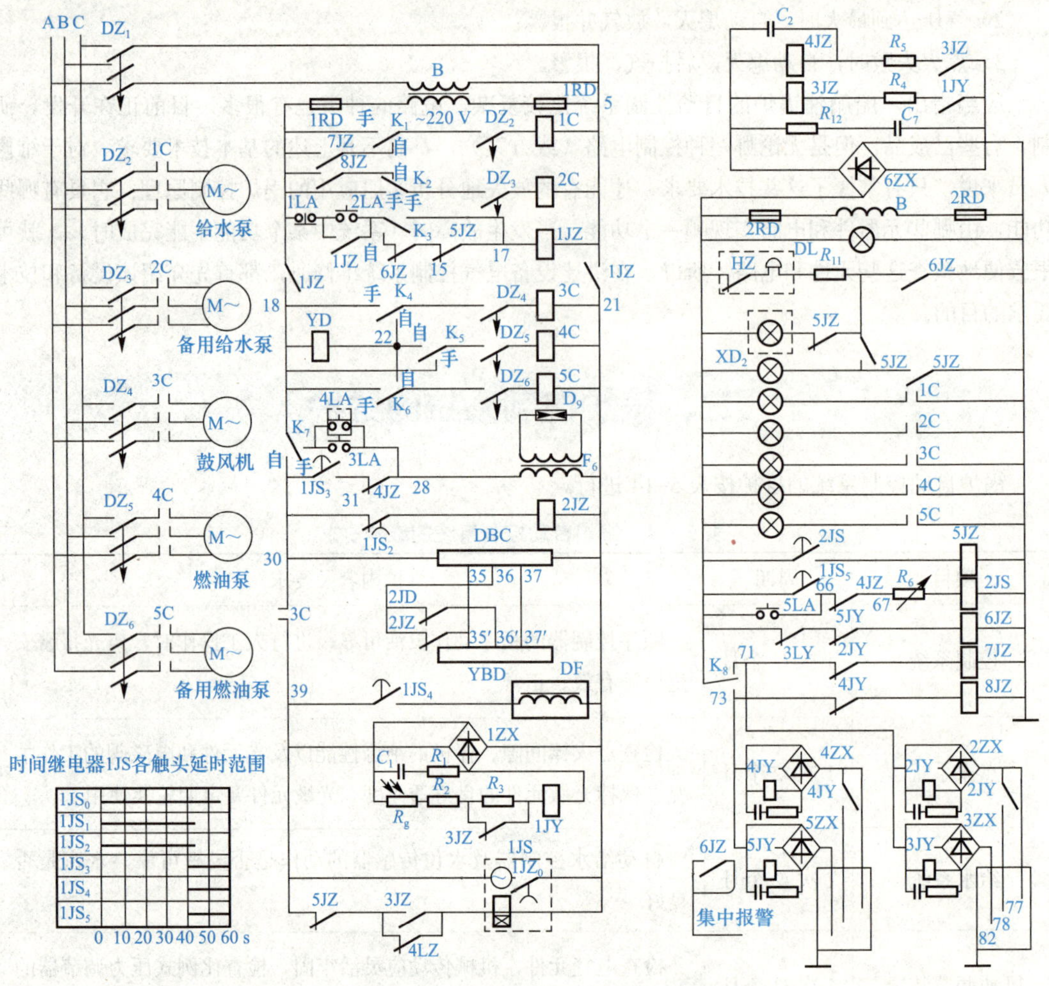

图 5–46　国产 2 t 立式燃油锅炉自动控制电路图

1．水位自动控制及过低水位保护

将 K_8 扳到 71，当锅炉水满时，电棒 77 导电，使 2JY 得电，常闭打开，使 7JZ 失电，1C 失电，给水泵停止，当电棒脱水时，由于 2JY 的常开闭合，此时，78 的电棒仍导电，所以，不会因为电棒 77 脱水而使给水泵马上启动。只有当 78 的电棒脱水时，2JY 失电，使 7JZ 得电，使 1C 得电，给水泵启动，给水。当水位到极限最低水位时，82 的电棒脱水，3JY 失电，使 6JZ 得电，使警铃响，使 1JZ 失电，切断风油控制线路的电源。

2．燃烧程序控制

当锅炉水位正常时，蒸汽压力低于 5 kg/cm^2 时，压力继电器 YD 闭合，使 3C 和 4C 得电，风机和油泵运转，开始给炉膛进行预扫风，当预扫风 40 s 后，$1JS_3$ 闭合，使点火变压器 F6 得电，开始产生点火火花，同时 $1JS_4$ 闭合，使燃油电磁阀得电，切断燃油循环回路，进入油嘴喷油。若点火成功，光敏电阻 R_g 的电阻值减小，使 1JY 得电，使得 3JZ 得电，使得 4JZ 有电，4JZ（31、28）断开，点火变压器失电，它的另一个常闭触头 4JZ（66、67）断开，使 2JS 失电，点火计时失去作用。若点火失败，在 2JS 延时的 7 s 内，1JY 不动作，3JZ 和 4JZ 也不动作，2JS 的延时闭合触头闭合，使 5JZ 得电，点火失败指示灯 XD_2 亮，并警铃响，同时 5JZ（15、17）触头断开，使 1JZ 失电，油、风控制线路电源被切断。

3. 燃烧比例控制

燃烧过程自动调节由比例式压力调节器 YBD（YBD 工作原理参见《轮机自动化》书籍）和电动比例操作器 DBC 两个元件来实现。DBC 电路图如图 5-47 所示。其工作过程如下：

（1）当锅炉气压达到压力调节器的整定值时，YBD 带动的电位器 R_9 与电动机 M 带动的反馈电位器 R_{10} 所构成的电桥是平衡的，它无输出，差动放大 T_1、T_2 也没有输出，而且调整静态参数，使 T_1 和 T_2 截止，晶闸管 SCR_1 和 SCR_4 截止，伺服电动机 M 不转，保持这种风油比例状态。

（2）当锅炉气压低于整定值时，压力调节器 YBD 带动 R_9 上滑动触头向上升，电桥失去平衡。使得 T_1 仍然截止，T_2 导通，触发了 SCR_1，使伺服电动机 M 的一个绕组得电，向增大油、风门方向转动，同时，M 也带动电位器 R_{10} 向上升，与 R_9 构成新的平衡。一旦达到新平衡，电桥无输出，伺服电动机就停止；反之亦然。

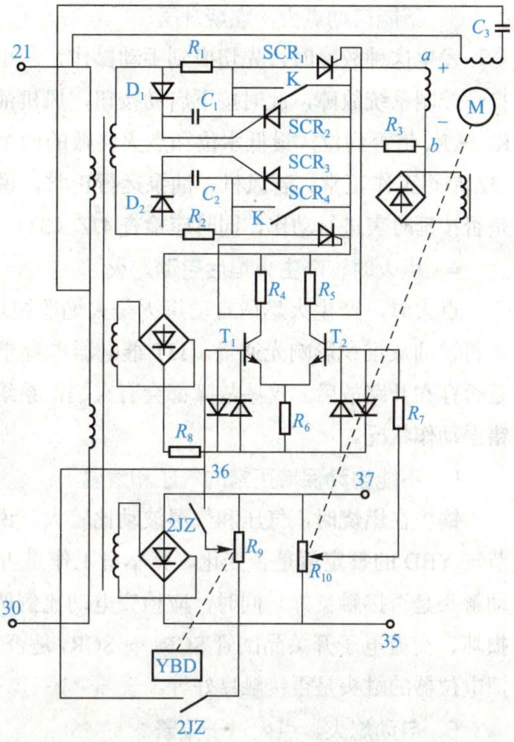

图 5-47 燃烧比例控制电路图

4. 手动控制

把操作方式置手动位置，即 K_1 ~ K_7 置手动位置，按先预扫风、后点火操作顺序进行，这里不再重述。

常见故障检修方法：这种控制电路采用时间继电器的时序控制器，具有风油比例调节功能，电路比较复杂。当发生故障时，应当根据故障现象，判断出哪个功能失效，再找出完成该功能的电路或器件，检查这些电路或器件是否有故障。如风油比例调节失常故障，这时就得检查 YBD 元件和 DBC 元件，又如，锅炉燃烧自动系统正常，误报警，说明火焰监视环节失效，这时就得检查光敏电阻及其有关电路和报警电路等。下面举几个例子来说明该系统发生故障时的检修方法。

1. 点不着火

点不着火应从电气方面和油方面寻找故障原因。

（1）电气方面：首先检查点火间隙有无点火火花产生，检查方法同上，若没有火花，则检查点火棒和引线的对地绝缘或相互间绝缘，点火变压器对地绝缘，点火间隙是否太大或太小；其次，检查点火变压器和点火按钮 4LA。若有火花，应检查电磁阀 DF 是否动作，若不动作，应检查电磁阀线圈是否开路，阀芯是否卡阻；若动作，应从油方面进行检查。

（2）油方面：首先检查油嘴是否喷油，无喷油，就得检查油路、油嘴是否堵塞，油路系统是否建立压力；其次检查 2JZ 是否动作。若它的常开触头没有闭合，在点火期间，燃烧比例调节器投入工作会把风门打开很大，造成点火失败。此时，应检查 2JZ 本身、线圈回路和它的触头闭合情况。

2. 不能自动给水

不能自动给水是自动给水系统故障，首先进行手动给水，若正常，说明控制 7JZ 或 8JZ 的电路或本身故障，这时只需检查 7JZ 本身和 2JY 的常闭触头，若不能手动给水，就说明接触器 1C 或泵辅机组本身故障。

3．不能自动点火、燃烧升压

发生这种故障时，先切换到手动操作，若也不能生炉，按不能点火故障来检修。若正常，说明自动控制系统故障，此时按下启动按钮，风机油泵是否运行，若没有运行。首先检查自动转换开关 $K_1 \sim K_7$ 是否到位，最低水位和点火失败的两个继电器 6JZ 与 5JZ 是否误动作，压力继电器 YD 和 1JZ 是否工作正常。若风机、油泵运行正常，说明时序控制器 1JS 故障，检查 1JS 继电器，各触头是否按延时表进行动作，同时应检查 4JZ（31、28）的常闭触头是否闭合好。

4．点火时，产生火焰后自动熄灭

点火时，产生火焰后自动熄灭是火焰监视环节故障，首先检查光敏电阻 R_g 是否老化，感光窗是否被油灰堆积影响光通量，1JT 继电器本身或回路是否存在开路故障，它的工作电源整流桥 1ZX 是否存在开路故障。这些故障都会有火焰，系统没有检测出，形成“点火失败”而自动保护动作的错误动作状况。

5．不能自动保持正常的气压和气温

锅炉在燃烧时，气压和气温波动比较大，说明风油比例调节器工作不正常。这时应检查压力调节器 YBD 的整定值是否变化，其本身工作是否正常，运动部件是否卡阻，它所带动的电位器的滑动触头是否接触良好。同时，应检查电动比例调节器，如它的差动放大器参数是否对称、元件是否损坏、交流电子开关晶闸管 $SCR_1 \sim SCR_4$ 是否正常、伺服电动机 M 工作是否正常、它所带动的反馈电位器的触头是否接触良好等。

6．自动熄火，点火过于频繁

自动熄火，点火过于频繁产生的原因：一是气压继电器 YD 的上、下限偏差太小，造成频繁点火生炉，燃烧时间很短，蒸汽压力达到上限，又停炉；二是电动比例调节器不能随蒸汽压力变化而自动调节风油比例时，常使点火过于频繁，如当蒸汽压力与给定值偏差小时，应该减小风门和油门，来维持气压和气温，若它失去控制，仍偏差大时，大风门、大油门燃烧，很快使气压升高，而自动熄灭停炉；三是风门机械拉杆调整不当也常使锅炉熄灭。

目前，船舶燃油辅锅炉大多采用 PLC 或单片机控制系统，对于这种微机型控制系统的维修，应按计算机控制系统，把它的输入通道、输出通道区分开，输入通道接各种传感器、继电器，相当于人的眼睛，而输出通道接的是各种执行器和继电器，相当于人的手，控制器（微机）相当人的大脑。所以，维修人员对于微机控制系统发生故障，首先要分清楚这三个部分哪一个部分出故障，通常用“替代法”对可疑传感器、执行器进行替代，若没有备件，则采用检测法，检测各通道参数与正常值比较，偏差比较大，说明其发生故障，并更换。

【任务实施】

船舶辅锅炉系统故障分析与调试

一、锅炉常见故障分析与排除

（一）缺水

（1）锅炉自动控制给水时，如给水柜脱水或其他原因引起锅炉水位降低至过低水位（危险水位），锅炉即自动报警，同时，燃油泵及风机工作全部停止，应立即检查原因并解决后，再重新投入运行。

（2）当突然发现锅炉水位低于过低水位而自动控制系统又不报警，但此时在水位表中还可以

看到水位时，则可立即补充给水和检查自动控制系统的故障。

（3）当突然发现水位表内已经看不到水位时，应立即停炉检查，如肯定缺水时间很短，则可立即补充给水；若发现缺水时间较长，则可不再进行给水，以免由于温度较低的给水接触过热的锅炉受热面，而引起材料或结构的损坏，此时必须立即停炉，检查受热面过热情况。同时，检查水位表通道是否堵塞、水位表旋塞的位置是否正确。

（二）超压

当在外部负荷不变的情况下，锅炉气压超过允许使用压力而直至使用安全阀起跳排气时，应立即停止燃烧检查原因。如果系统处于自动控制条件下，检查自动控制系统及相关控制元件，找到原因并消除；如果手动操作运行，则立即纠正操作上的疏忽，待故障排除后再投入运行。

（三）排烟温度过高

（1）锅炉超负荷使用，由于燃油量增加使排烟温度升高，则限制燃油量。

（2）锅炉使用时间过久未加清洗，致使受热面两侧大量集聚水垢、烟垢，降低传热面，使排烟温度升高，应安排时间对锅炉进行检查，清除水垢、烟垢。

（3）进入燃烧器的空气量过多，也可使排烟温度提高，此时应调整好空气量。

（四）火焰故障

（1）在电路上初步判断点火变压器回路，用万用表检查点火变压器的端电压，有电压而电极端无火花产生，可判断点火变压器已损坏。排除方法是维修变压器或更换新的点火变压器。

（2）点火电极出现问题，旋开燃烧器检查内部：电极表面是否有结炭污物、点火电极间距是否过大、点火电极与喷油嘴之间的距离是否合适。排除方法是清洁两电极表面形成的污物和积炭，校正点火电极之间的距离，同时，校正电极和喷油嘴之间的位置与距离。

（3）喷油嘴堵塞结焦，打开燃烧器检查内部，发现喷油嘴周围充满了污垢，由于长时间的使用和质量较差的油而造成积物堵塞喷油嘴，或者由于油温过低，雾化不良造成。排除方法是拆下喷油嘴，用干净的油或高压空气进行冲洗，然后清洁管路上的滤器，选用较好的燃油。

（4）火焰感受器积满灰尘，拆下火焰感受器观察是否有灰尘污物。排除方法是清洁火焰感受器。上述方法仍然不能解决，应该确认火焰感受器是否老化或故障，排除方法是用手电筒代替燃烧的火焰，来检查火焰感受器工作是否正常，仍然无效，更换新的火焰感受器。

（五）油温低报警

（1）预加热电源没有投入：打开控制箱检查电源是否供给，或者电源供给电路是否出现故障，开关是否损坏，接触器是否老化损坏，加热器是否损坏。排除方法是确认线路，更换损坏的元器件。

（2）油高温控制开关误动作，而不能复位。根据报警记录出现过高温报警，确认是动作而无法自动复位，加热回路无法正常投入工作，油无法加热，至油温低报警。排除方法是修复油温加热温度开关，使其工作正常。

（六）燃烧器突然停火

（1）自动程序控制器故障：根据时序控制器动作顺序，检测时序控制器每个工作点的输入、输出信号是否正常。燃烧器上的凸轮开关部分工作是否有卡壳等现象。将锅炉控制改为手动控制，观察锅炉点火、燃烧是否正常，如果正常工作，可判断为时序控制器损坏，修复或更换新的时序控制器。

(2) 锅炉蒸汽压力继电器损坏：用短接线短接压力继电器的触点，检查工作是否恢复正常，如果恢复正常，则判断为压力继电器损坏，修复或更换新的压力继电器。

(3) 锅炉蒸汽压力继电器设定值漂移：方法同(2)，设定值的漂移是造成锅炉突然熄火停炉；另外，还可能使锅炉蒸汽压力过高，安全阀动作。排除方法是用合适的压力泵重新调整设定值，做好标记然后锁死，防止设定值改变。

(4) 燃油电磁阀线圈烧坏或吸力不足往复抖动：用铁制螺钉旋具放在电磁线圈磁柱上，确认电磁线圈是否工作、吸力是否稳定，或者是电磁阀被卡死油路不通。造成燃油电磁阀损坏的最大可能是电源不稳定，或者电磁阀额定频率与电源频率不同。在我国工频是 50 Hz，而在国外船舶上都是 60 Hz，两种电源频率的变化经过一段时间就会造成损坏。

(5) 造成突然停炉的其他故障：燃料油压力过低，水位太低，蒸汽压力突然升高，燃烧器电极过载、风压过低、锅炉水位极低等。出现上述原因的停炉，根据具体的锅炉设置，进行逐步的分析，最后确定故障点的存在，一一进行排除。

（七）无法点炉

(1) 电源供电线路问题：检查相关设备有无绝缘程度低的问题，检查供电线路中开关的接通状态：接线部位是否有脱落或松动，是否存在电源断路的情况。

(2) 燃料油质量太差：燃料油质量太差或燃料油中水分含量太高，都是造成锅炉突然停炉的原因。另外，油路不通也是造成停炉的原因。在这种情况下检查燃油管路和更换燃料油，检查过滤器，如果堵塞清洗，更换新的滤网。

(3) 由于油的原因造成的无法点火问题，主要是定期清洗滤器和燃料油柜，严格定期排放油柜底部的杂质和积水，使燃料油加热具有一定的温度。

（八）水泵自动切换报警

(1) 备用水泵启动运行，检查自动状态下的主用水泵是否过载停止。用手盘车检查水泵是否有机械堵转现象。另外，虽然水泵正常运转但管路不畅，锅炉出现低水位，备用水泵启动，或者是锅炉水位控制器出现问题，逐项检查过载、堵转的问题。最后模拟试验锅炉水位控制器排除故障。

(2) 其他原因，这时就要结合整个锅炉系统和锅炉整个工作状态做出具体的判断加以排除。

二、锅炉调试

（一）调试前准备工作

(1) 图纸准备：船舶辅锅炉随机资料、电气控制原理图、锅炉电气系统图、锅炉电气系统接线图、铂电阻温度对照表。

(2) 仪器仪表准备：500 V 绝缘摇表、万用表、钳形电流表。

(3) 材料及现场准备：酒精、白布、组合工具、绝缘胶带、校验用电水壶或电加热炉、适合规格的连接头。环境要求现场清洁，无大的粉尘，有足够亮度的照明或临时照明，有安全警示牌等。

（二）系统安装接线检查

(1) 主配电板向锅炉供电条件达标。

(2) 锅炉控制柜安装接线达标，接地正确可靠。

(3) 锅炉安装附件（所有电控元件）安装接线结束。

（4）锅炉油路，水路系统安装接线达到要求。

（三）锅炉送电条件

（1）从主配电板到锅炉控制箱的电源，从控制箱到机舱集控台的控制、运行、工作指示、故障报警等，从锅炉控制箱到燃烧器，从控制箱到机前仪表板、水泵油泵电动机等。按照基本框图进行电缆接线完整性、正确性、牢固性的检查，测量主回路和控制回路绝缘。

（2）检查系统电气元件、控制箱外观及控制箱内部元器件有无损坏，是否有与电气图纸规格型号不一致的情况，熔断器是否完整，报警及指示灯是否完整，并做好记录。

（3）检查所有锅炉系统空气断路器、电源开关均处在断开位置。

（4）绝缘测量，先测量锅炉电源部分的绝缘，用 500 V 兆欧表测量其绝缘阻值，应该满足造船规范要求的绝缘阻值；然后测量锅炉系统所有电动机的绝缘，格外接设备的绝缘（同时应该注意如果是工作电压在 DC24 V 以下的元件或设备，应该用万用表或低压绝缘表测量，以免损坏）。

（四）通电调试过程

（1）电源部分的调试：测量配电板的电源，要保证三相电压均衡，且三相电压在额定范围内，上、下范围波动在允许范围内。合上电源开关送电源至控制箱开关前端，再次测量电压值在范围内。

（2）锅炉水位调节及锅炉给水设备的调试：首先手动启动锅炉给水泵，检查锅炉水泵的转向是否与标志相一致，否则停泵调相。用钳形电流表测量锅炉给水泵的启动电流及运行电流是否与设计值相同。启动另外一台锅炉给水泵重复上述试验。有的锅炉还设有强制循环水泵，也做同样的调试工作，同时校验热继电器的整定值。

（3）水位控制器的调试：手动操作锅炉给水泵向锅炉炉体加水，用万用表监视水位电磁开关的闭合情况。通过水位计观察炉体内的水位。在最低水位时，控制锅炉给水的开关应闭合。在中间水位时，用于锅炉工作水位的电磁开关触点应闭合。到最高水位时，控制锅炉给水泵的触点断开，停止向锅炉给水。反复试验一次，在水位计上做好标记，以备将来再次调节水位值参考。此时将锅炉给水部分转换到自动状态，泄放锅炉里的水到最低工作水位，观察锅炉给水泵是否自动启动，如果在最低工作水位时启动正常，进行下一步调试工作。否则，检查水位控制器及水泵控制部分。启动正常后，模拟锅炉给水不正常的工况，使锅炉水位继续下降，一直降到极低水位。检查控制锅炉停炉的水位继电器触点是否断开，要保证在极低水位时锅炉能自动熄火并且发出报警以引起值班人员注意并及时处理，确保安全。反复试验两次。有问题的，要查清楚原因，及时调整水位值。

（4）锅炉燃油系统及点火油泵的调试：锅炉燃油系统一般在自动状态下是受压力开关控制的。首先应根据试验调试大纲用手压泵调整压力值，保证动作准确可靠。在模拟状态下试验点火油泵的工况，使其工作在正常状态下。

（5）点火电极和点火电磁阀及火焰探测器的调试：点火电极的试验一般实际操作进行。需要模拟进行试验时，将点火电极在炉体上拆下，启动点火变压器的点火按钮或开关。观察电极端是否有点火花，如果正常试验结束。在点火时检测点火供油电磁阀是否开启，正常状态下在点火时，电磁阀打开供油。

（6）安全保护的调试：锅炉在自动控制过程中，最重要的控制要素是要确保安全保护的可靠性。锅炉在预扫气、点火和正常燃烧期间，如果发生某些故障，必须能够自动停炉，故障排除后，要经过复位后才能够重新启动锅炉。在预扫气阶段提前检测到火焰，一般是在锅炉停炉后不久容易发生，通常是由于燃油阀故障（没有关严）：燃油经油头滴入炉膛，停炉不久的炉腔灼热，或外界火种使燃油燃烧，这时不能点火喷油，时序控制器不能继续运行，否则会因炉膛积油过多而引起爆炸。

任务七　船舶空调、冷藏设备、冷藏集装箱电气控制电路的维修

一、技术要求

由于空调、冷藏设备电气电路比较简单，拖动制冷压缩机电动机的启动、停止是由压缩机吸入端的压力继电器控制的，当吸入端的压力低时，停机，吸入端压力高时，启动运行。再加一些保护电器，所以对其控制系统的要求如下：

（1）控制系统应设有自动控制和手动控制。

（2）对于大功率的压缩机，应能根据热负荷进行卸载或增载控制，实现节能。当启动时，应能卸载启动，避免大启动电流冲击船舶电网。

（3）控制系统应设有冷却水压力不足、滑油压力过低、制冷剂吸入压力低、液化压力过高等保护。

（4）应有各保护的声光报警。

（5）各种重要接触器和电磁阀在工作时应有指示灯显示，便于操作人员了解系统的工作情况。

二、冷藏、空调控制系统的维护

冷藏、空调控制系统的维护要求见表 5–15。

表 5–15　冷藏、空调装置维护周期、维护和要求

项目	周期	维护内容和要求
控制元件	1 次 /2 个月	检查冷却泵、风机、电磁阀、控制箱等连锁是否可靠
检测元件	1 次 /2 个月	检查温度、压力开关动作是否灵活

日常维护应注意以下几点：

（1）定期清洁各继电器触头，保证触头接触良好；

（2）定期检查电器的整定值，不得偏差过大，动作要可靠；

（3）检查声光报警系统是否正常、可靠；

（4）监视电动机的温升和运行情况。

三、冷藏、空调电气控制系统故障的检修

（一）冷藏设备电气控制系统的故障检修

冷藏设备是现代船舶必备的设备，如果船员的伙食冷藏装置发生故障，没有及时排除，肉、蔬菜就会变质、腐烂，直接影响船员的生活和工作，应能及时、快速排除故障，保证伙食物品冷藏质量。现在以 RKS10F 型伙食冷藏装置的电气控制系统为例，说明其检修方法。

图 5–48 所示为 RKS10F 型压缩机控制电路原理。工作原理：当合上电源开关 52 后，若把工作方式选择在“自动”位置，当库温高时，供制冷液电磁阀打开，压缩机的吸入端压力高，63HL（L）闭合，而压缩机输出端压力没有达到高压极限保护值，是闭合的，电动机的过载保护 51–1 没有动作，常闭触头闭合，从而使 AX12 得电，提供了控制电路电源，使得 88–1X 得电，触头闭合，使 88–1 接触器得电，其触头闭合，使压缩机电动机启动运行，同时，88–1 辅助触头，使油压开关接入，监视滑油压力；若把 43–12 选择开关打在手动位置时，按下启动按钮 3C，使 AX11 得电，触头闭合，使 88–1X 得电，88–1 接触器得电，压缩机电动机启动运行。停机，只需按下停止按钮 3–0。另外，本控制电路具有负载控制功能。当 43–11 选择开关置于“自动”位置时，若负载减到 63L 的整定值，它的触头闭合，使卸载电磁阀 SV 得电，进行卸载。当 43–11 置于“卸载”位置时，压缩机就卸载运行；当置于“负载”位置，压缩机不能卸载运行。

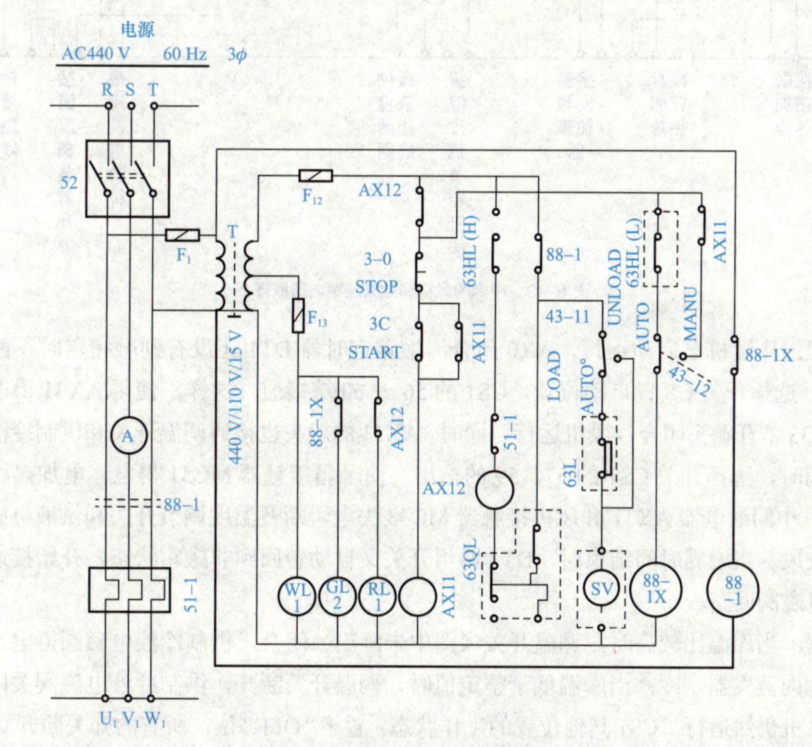

图 5–48 RKS10F 型压缩机控制电路原理

63QL—油压保护开关（当启动后 90 s 滑油压力没有建立，就会延时触头断开）；
63HL（H）—高低压开关中的高压开关；63HL（L）—高低压开关中的低压开关；63L—卸载压力开关（当压缩机负荷减少到整定时，该开关自动合上）；SV—卸载电磁阀；43–12—工作方式选择开关；43–11—卸载选择开关

图 5–49 所示为冷库的风机和融霜控制电路原理，菜库没融霜控制，以鱼库为例。

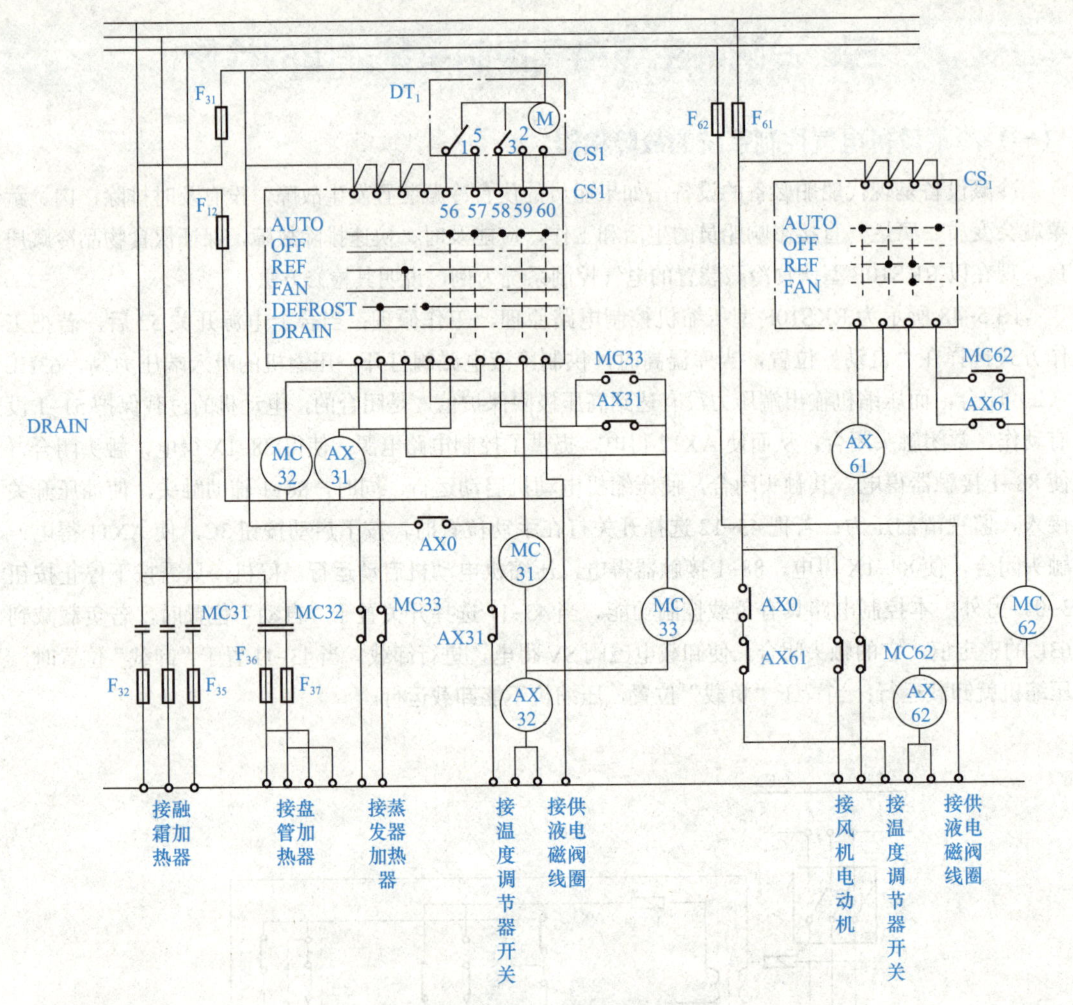

图 5-49　冷库的风机和融霜控制电路原理

工作过程：压缩机已启动运行，AX0 闭合，融霜定时器 DT1 还没有到融霜定时，两组开关的 1、3 端闭合，选择开关 CS 置自动位置，CS1 的 56 ～ 60 端接通。这样，使得 AX31 得电，接通风机接触器 MC33 常开触头闭合，风机运行，同时，AX31 的触头也接通调温开关和供制冷液电磁阀。当融霜定时到时，选择开关 CS1 的 57、59 的输出，使融霜接触器 MC31 得电，电加热融霜，同时 56、58 断开，中间继电器 AX31 和风机接触器 MC33 失电，断开温度调节开关和供液电磁阀回路，停止供液和鼓风。当融霜时间结束时，DT1 两组开关又自动转回到非融霜状态，开始接通风机调温开关和供液电磁阀回路。

调温控制：当库温比较高时，调温开关（图中未画出）闭合，供制冷液电磁阀得电，开启，使制冷液进入库内蒸发器制冷；当库温低于整定值时，调温开关断开，供制冷液电磁阀关闭，该库停止制冷，但风机仍然运行。CS1 其他位置的工作状态：置于“OFF”位，所有的开关断开（56 ～ 60），风机、加热、制冷停止；置于“REF”，手动制冷，供液电磁阀按正常调温启、闭，风机运行，但 DT1 定时器电动机切断，融霜加热不工作；置于“FAN”，仅有风机运行；置于“DEFROST”，手动融霜，接通 MC31、MC32 融霜接触器，进行融霜操作；置于“DRAIN”，排泄融水，接通 MC32，加热接水盘和排水管，进行排水操作。

常见故障检修如下：

1. 压缩机控制失灵

因为压缩机的启、停在自动操作时，是靠吸入端的低压开关 63HL（L）来实现的，所以在自动运行状态下，发生此故障时先切换为手动操作，若能正常启动运行，说明低压开关 63HL（L）不正常或损坏，触头在高压时没有闭合好。若手动操作不正常，这时应检查保护连锁回路的元器件，高压保护开关 63HL（H）、油压开关 63QL 和电动机过载保护热继电器 51-1 及辅助继电器 AX12 本身，若这些都正常，88-1 也动作，说明压缩机电动机本身存在不能启动故障，按有关方法来检修。

2. 冷库温度偏差太大

冷库温度偏差太大，首先检查调节开关（温度继电器）的整定值是否偏离。若调温开关故障，也会发生库温严重偏离，如触头不能闭合或接触不良，造成供液电磁阀关闭，不能制冷，使库温上升；触头不能断开，造成供液电磁阀常开启，库温偏离给定值，另外，电磁阀发生故障，也会发生库温失控，如电磁阀线圈开路或烧坏，不能开启，没有制冷液进蒸发器制冷。阀芯卡阻，关不严，不断供制冷液，库温也会偏离给定值。对于鱼、肉库过冷不要紧，而菜库过冷会冻坏蔬菜，是不允许的。

3. 风机故障

由于风机的控制是靠融霜定时继电器控制，融霜时风机停止，非融霜时运行，所以风机不转，首先看是否在融霜状态，融霜时风机不转是属于正常，不是在融霜状态，风机停转是故障，这时应检查选择开关是否在合适的位置，中间继电器 AX31 是否动作，MC33 是否动作，若这些正常动作，说明风机电动机有故障，若动作不正常，就按原理图检查其本身及线圈回路是否存在开路故障。

4. 不能自动融霜

出现这种故障，首先进行手动融霜操作，把 CS1 置于“DEFROST”位置，若能手动融霜，说明融霜定时器的两组开关不能自动转换或者选择开关 CS1 在自动时，没有闭合好（特别是老龄转换开关常发生这种故障），若手动融霜失效，这时检查在手动融霜操作时，融霜接触器 MC31、MC32 是否动作，若 MC31、MC32 动作正常，就得检查融霜加热器和熔丝，若 MC31、MC32 动作不正常，则检查它们的线圈回路和本身。

虽然分开各个单元控制线路比较简单，但是 6 个冷库、2 台压缩机控制组成在一起，一个控制箱内继电器接触器数目也比较多，所以检查线路比较繁杂，因此平时应按原理图和实际运行情况，注意各继电器、接触器属于哪个单元，以及与库房温度开关、风机和电磁阀，电加热器的引线编号，这样，一旦发生故障就能快速排除故障。

（二）空调设备电气控制系统的检修

一般远洋运输船舶空调都是采用集中制冷 / 加热方式。装设两台制冷压缩机组和通风机，它的制冷原理与冷藏设备相同，所以，它的控制方案也是大同小异的。但是空调的压缩机组功能比较多，外界热负荷变化也比较大，一般空调压缩机都有减载启动，随外界热负荷变化而自动卸载或增载（自动减缸或增缸工工作）。以 NSA45LR 空调装置的电气控制线路为例，说明其电气方面故障检修方法。

图 5-50 所示为 NSA45LR 空调装置控制电路原理。

工作过程：首先合上风机、压缩机电动机电源开关 52F、52C，启动海水泵，使冷凝器建立冷却水压，然后启动风机，即按下风机启动按钮 3C/F、88/F、88/FX 得电，风机运行，同时接通压缩机电动机等控制电源。当压缩机电动机的保护连锁接通时（高、低压正常，63CH、63CL 闭合，电动机绕组没有发生过热，49H 保护开关闭合，过载保护热继电器没有动作），使 4/2 中间继电器得电，为启动压缩机做好准备。当回风的温度高于调温开关 23LH 整定时，23LH 闭合，此时按下压缩机启动按钮 3C/C，使 4/1 得电，常开闭合并自锁，使 88/CX 得电，接通 88/C 接触器，使其得电，常开主触头闭合，压缩机启动运行，同时 88/C 的常闭打开，停止滑油加热，常开的辅助触头闭合，接通油压开关电源和卸载电磁阀，供制冷液电磁阀电源。把卸载选择开关 43U/1、2 置于自动位置，$63CU_1$、$63CU_2$ 自动卸载开关根据热负荷进行自动卸载操作。当回风的温度达到调温开关整定值时，调温开关 23LH 断开，使 88/CX 失电，从而使 88/C 失电，压缩机电动机停止。只有当回风温度高于调温开关时，又重新在卸载状态下启动压缩机运行，因为在调温开关动作之前，曾经是轻热负荷，卸载开关已经动作了。对于多缸大功率压缩机在启动时，有的采用定时封缸，以限制启动电流和启动时间，这时缸载电磁也受定时器控制。

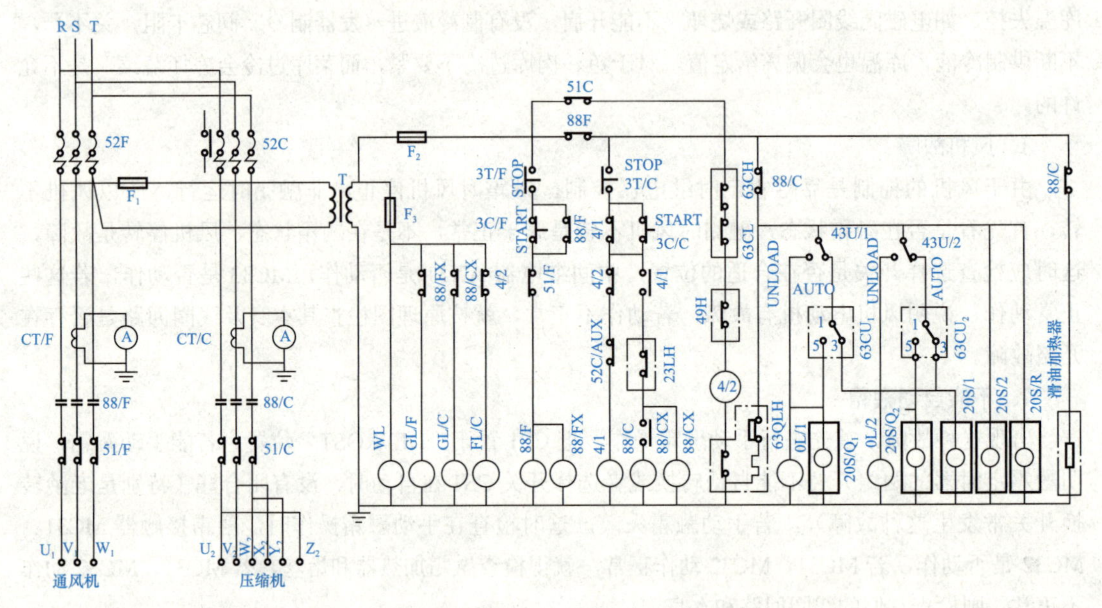

图 5-50　NSA45LR 空调装置控制电路原理

故障检修方法：首先要掌握这个线路特点：只有风机启动运转了，才能启动压缩机，即压缩机的控制线路电源是受风机接触器辅助触头控制；只有压缩机连锁保护回路接通时，中间继电器 4/2 动作了，才能允许压缩机启动运行，而且受回风调温开关控制启停。所以，系统发生故障，应从这些特点出发分析。

1．压缩机不能启动

发生这种故障，首先观察风机是否转动，若不转，先把风机不转的故障排除，若转，检测压缩机控制电路是否有电压，若无电压，说明 88-F 没有闭合好；若有电压，检查 4/2 中间继电器动作与否，若不动，检测 4/2 线圈两端有无电压，有电压，说明 4/2 继电器本身故障；若无电压，应检查各个保护继电器开关是否误动作或闭合不好。若 4/2 动作，检查 4/1 是否动作；若不动作，检查 4/2 的常开触头，压缩机电源断路器 52C 辅助触头是否闭合好，这些触头闭合正常，就得检查 4/1 本身；若动作，检查 88/CX 是否动作，若 88/CX 不动作，只需检查启动按钮 3C/C、4/1 的常开触头，调温继电器 23LH 是否闭合好，若 88/CX 动作，只需检查它的常开触头和 88/C 本身。

2．温度变化比较大

温度变化比较大，有以下三个方面的原因：

（1）外界原因：外界温度比较高，海水温度比较高时，就会影响制冷，造成房间温度比较高，如船舶夏天过红海、波斯湾内各港口。

（2）制冷系统原因：如制冷剂泄漏，造成制冷剂不足，影响制冷；压缩机失修；压缩效率低等，都会影响制冷。

（3）电气原因：如卸载选择开关置于卸载位置，人为进行卸载运行，造成制冷量不足，若自动卸载开关 $63CU_1$、$63CU_2$ 误动作，也会形成卸载运行，造成制冷量不足。

四、冷藏集装箱电气控制系统的维修

（一）冷藏集装箱电气控制系统的技术要求

冷藏集装箱电气控制系统的技术要求除冷藏装置的一般要求外，还应有以下要求：

（1）对箱内的温度调节范围广，一般可在 ±30 ℃内进行调温控制，而且恒温精度高。

（2）为了保证箱内温度调节精度，除控制压缩机间歇运行外，而必须能够控制制冷剂热旁通，控制制冷剂流量，同时，也控制蒸发器风机的转速。

（3）当箱内温度低于整定值时，能够电加热。

（4）根据热负荷大小自动进行卸载操作。

（5）根据外界环境温度和冷凝器压力，自动控制冷凝器的风机台数。

（6）具有可靠的控制功能和较强的监视功能。

（7）具有较强的自诊功能，能够自检的主要元部件。

（二）冷藏集装箱电气控制系统的维护

冷藏集装箱电气控制系统从继电器式发展到了现在的微电脑控制式。继电器的维护可按照电磁控制箱来维护，对微电脑控制式的维护，主要是对外围设备的维护，如压缩机、风机、电加热器的接触器维护，它们的维护工作量不大，但是，冷藏集装箱流性大，所以，它们的维护一般都是在装货前进行，其内容如下：

（1）检查蒸发器风机电动机装配螺栓是否拧紧，检查风扇架上是否有脏物或油泥。必要时，应清洗干净。

（2）检查制冷机各面板上的螺栓是否拧紧及面板的位置是否正确，检查各压力、温度传感器或继电器是否完好。

（3）检查温度记录仪，如果是人工上钟发条，将钥匙留在记录仪内，若是电子式，则检查电池，必要时更换新的。将划针举起，更换新的记录纸，然后将划针放回。

（4）检查控制系统箱内的电路接点、元器件有无松动，线路有无断路，元器件有无损坏，对于压缩机、风机的接触器进行维护、保养。

（5）检查压缩机观察镜中的油面高度。

（6）检查电源电压是否与电压选择开关位置相符。

以上各项检查没有发现问题或故障排除之后，进行通电启动试验。这时，观察压缩机高、低端的压力、机油液面、机组运行情况：如振动、噪声；控制箱内的接触器、继电器、冷凝器和蒸发器风机的运行情况，对于微电脑控制式的机组运行 10 min 左右进行温控器的 PTI（Pre-Trip-Inspecting）自动预检程序检查。

以上检查合格后，方可装船或装货。

（三）冷藏集装箱电气控制系统故障的检修方法

目前，世界上制造冷藏集装箱的厂家比较多，而且每个厂家都有几个系列产品，所以冷藏集装箱的种类繁多，电气控制线路也不同，这给维修人员带来了一定困难。但是，随着微电子技术的发展，微电脑控制式的冷藏集装箱具有可靠控制、比较完善的监视功能和故障自诊功能，给维修管理人员减轻了负担，再加上冷藏集装箱具有数据采集接口，配上一个调制器，就可方便地发展成全船冷藏箱计算机网络监控系统。

为了便于理解冷藏集装箱电气控制系统的工作原理和故障检修方法，从继电器式开始讲解。

1．继电器式 LAKEN5BD 型冷藏集装箱电气控制系统

LAKEN5BD 型冷藏集装箱的电气控制如图 5-51 所示（做了简化处理，压缩机电动机，风机变速控制、相序测定器等未画出）。

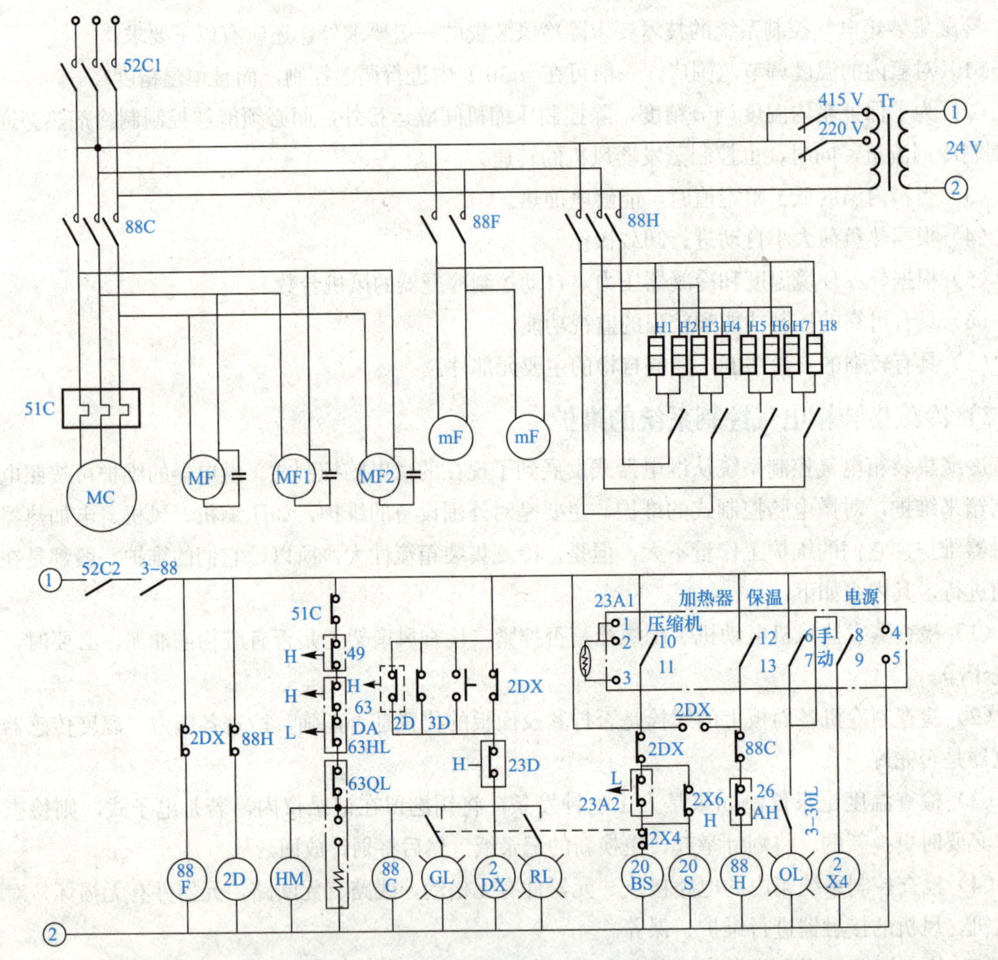

图 5-51　LAKEN5BD 型冷藏集装箱电气控制电路原理

P—电源插头；52C1、52C2—断路器；88C—压缩机接触器；88F—蒸发器风机接触器；88H—加热器接触器；2X—辅助继电器；MC—压缩机电动机；MF1、MF2—蒸发器、冷凝器风机电动机；H1 ~ H6—蒸发器盘管加热器；H7、H8—泄水盘加热器；Tr—变压器；3-88—制冷装置开关；3-30 L—灯开关；3D—手动融霜开关；23D—融霜终止恒温器；26AH—过热保护；23A1—电子温度控制器；GL、RL、OL—绿、红、橙色指示灯；51C—热继电器；HM—计时器；49—压缩机保护开关；20S—电磁阀；2DX—融霜定时器；63QL—油压保护开关；63HL—高低压开关；63DA—融霜启动开关；C—电容；23A2—出风保护恒温器（低温）；20BS— 热气旁通电磁阀；监视插头接线：运行（GL）；融霜（RL）；停机保温（OL）；虚线—外部连线

工作原理：插好电源插头，合上 52C1 主电源空气断路器和 52C2 控制电源空气断路器，再把制冷装置开关 3-88 合上，蒸发器的风机运行，以及合上指示灯开关 3-30 L。由于箱内高温，电子温度控制器 23A1 的 10-11 导通，使得供液电磁阀 20 s 得电，阀开启，压缩机的低压开关 63HL 闭合，没有发生电动机过载，51C 闭合，油压开关 63QL 闭合，使得 88C 压缩机的接触器得电，常开主触头闭合，压缩机、冷凝器风机运转，开始制冷。同时，计时器 HM 得电，开始计时，压缩机运行指示绿灯亮。当箱内温度到设定温度下限时，电子温控器 10-11 断开供液电磁阀 20 s 断电，阀关闭，压缩机的低压端压力急剧下降，使低压开关 63HL（L）动作，使 88C 失电，断开压缩机电动机和冷凝器风机电动机电源，停止运行。当箱内温度上升到设定值上限时，电子温度控制 23A1 的 10-11 接通，又开始制冷过程。

当蒸发器的霜冰不断增厚，厚到触动融霜启动开关 63DA 时，使其闭合，这时，23D 融霜终止恒温器（一般整定在 30 ℃断开）闭合，使融霜定时器 2DX 得电，它的常开触头闭合并自锁。若此时压缩机没有运行，88C 常闭触头闭合，使融霜加热接触器 88H 得电，接通电加热器，进行融霜操作，同时融霜指示红灯亮，2DX 的常闭触头切断了电子温度控制器与供液电磁阀 20 s 回路，直到融霜终止恒温器 23D 动作，使 2DX 失电，2DX 常开触头打开，断开电加热器接触器 88H，停止电加热，融霜结束，同时 2DX 的常闭触头闭合，恢复了电子温度控制器与供电磁阀回路，压缩机组又受电子温度控制器控制。

故障检修方法如下：

（1）压缩机组不能启动。压缩机组不能启动可能存在的原因：压缩机电动机本身不能启动或电动机无电，造成电动机无电，可能是 52C1 没有合上，88C 触头没有闭合，按此演绎下去，我们可得到一个故障树，如图 5-52 所示。检查方法：首先检查冷凝器风机转不转，若转，说明压缩机电动机本身存在不能启动故障；若不转，检查电源看断路器 52C1 和 52C2 是否合上，运行开关 3-88 是否合上。最后，检查 88C 线圈两端有无电

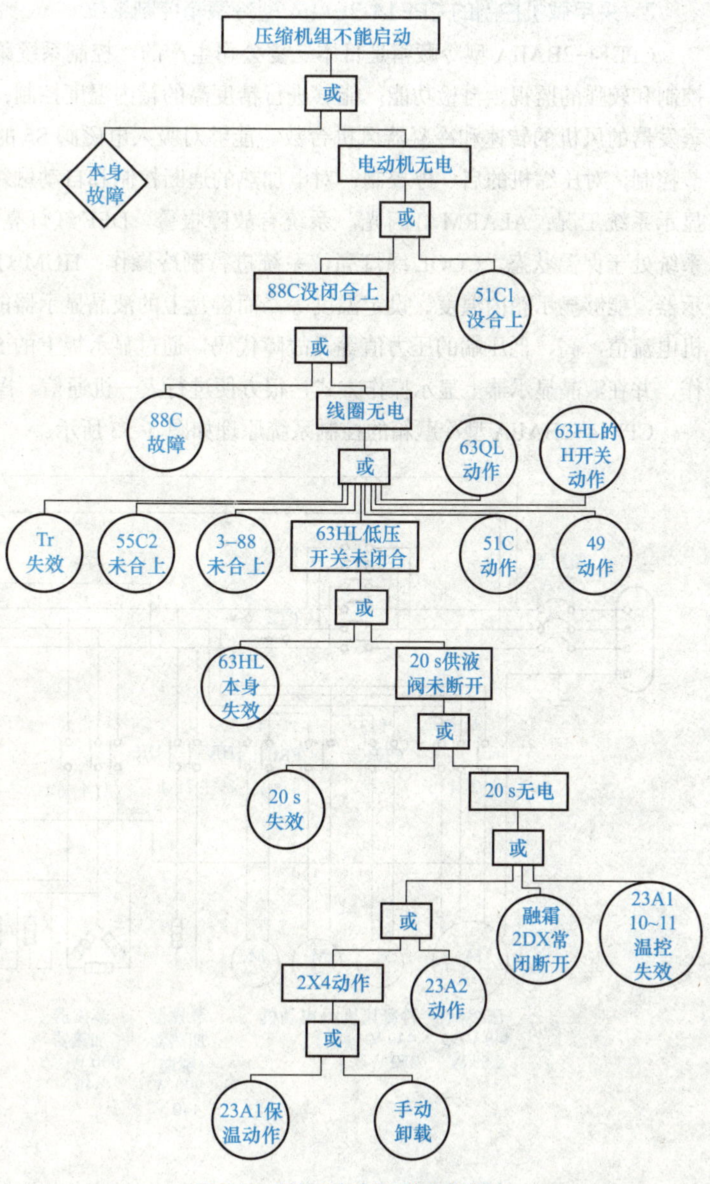

图 5-52　压缩机电动机不能启动故障树

压，有电压，说明 88C 本身故障，若无电压，检查线圈回路的各触头，若是 63HL 的低压开关断开，需检查供液电磁阀 20 s 两端是否有电压，若箱内属于高温状况，电磁阀 20 s 应开启，两端应有电，若无电，可能是保温继电器 2X4 动作和出风保护恒温器失效引起的。此时，应把手动保温开关断开，检查 23A2；同时应检查融霜中间继电器 2DX 常闭是否闭合好，电子温度控制器是否有输出。

（2）不能自动融霜。这种冷藏集装箱蒸发器的融霜控制是由蒸发器上的霜厚微动开关 63DA 来激发的。所以，发生这种故障，应首先检查 63DA 微动开关，若融霜有激发（63DA 闭合），而无融霜操作，检查融霜终止恒温器 23D、融霜控制中间继电器 2DX 及过热保护器 26AH，若这些都正常，检查 88H 接触器本身。

（3）箱内温度变化大。箱内温度变化大主要是电子温度控制器工作不正常引起的。这时，只能检查感温元件是否完好，引线是否有断股、松脱，屏蔽线是否有良好接地等，若检查无问题，只能采用替代法来检修，更换备用电子温控器。

2．采用微机控制的 CPE14-2BAIIA 型冷藏箱控制系统

CPE14-2BAIIA 型冷藏箱是日本三菱公司生产的，控制系统采用微型计算机控制，它具有可靠控制和较强的监视、自检功能；能够进行精度高的箱内温度控制；根据热负荷、环境温度自动控制蒸发器的风机的转速和冷凝器风机台数。能够对吸入电磁阀 S5 的启闭控制，对电子膨胀阀进行调节控制，对压缩机的启、停控制；对电加热的通断控制和自动融霜控制等。显示板上有 5 个指示灯显示系统工况；ALARM 灯闪光，系统有故障报警，DEF 红灯亮，系统进行融霜；IR 橙色灯亮，系统处于保温状态，COOL 绿灯亮，系统进行制冷操作；HUM 灯进行除湿处理。而 5 位的荧光显示器，能够显示箱内温度、设定温度等，而键盘上的液晶显示器能够显示系统的有关参数，如压缩机电流值，高、低压端的压力值等及故障代码，通过显示板上的 5 个触摸式键，可以进行十几种操作，并在液晶显示器上显示操作方式，很方便进行人—机通信，操作简单方便。

CPE14-2BAIIA 型冷藏箱的控制系统原理如图 5-53 所示。

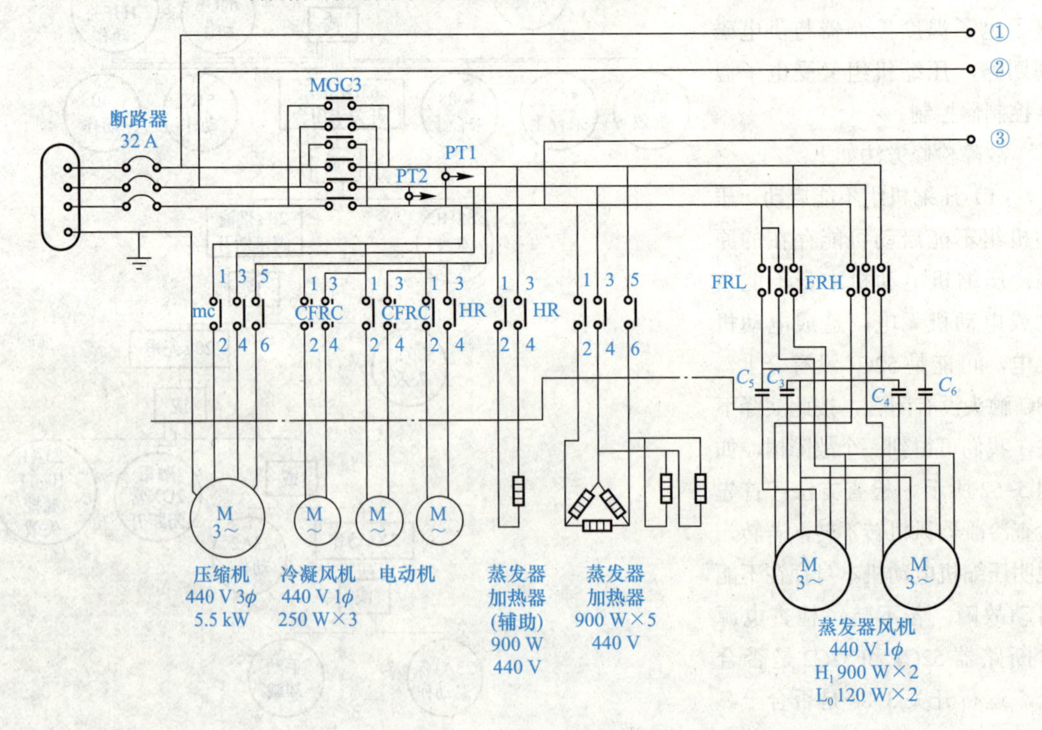

图 5-53　CPE14-2BAIIA 型冷藏箱控制系统原理

图 5-53　CPE14-2BAIIA 型冷藏箱控制系统原理图（续）

工作过程：当插好电源插头后，合上空气断路器 32 A 和控制电源开关 U.SW 给控制系统提供电源，此时荧光显示器显示当前箱内温度。然后输入设定温度，其方法：按下 MODE 键，方式代码显示闪光的 5 按下 ENTER 键，方式代码变为平光，再按上行（UP）键或下行（DOWN）键，一直调到所需的温度值，最后按 ENTER 键，微型计算机就接受了新的设定温度，并按其要求控制。

输入融霜间隔时间，其方法：按下 MODE 键，方式代码显示闪光的 0，按下 ENTER 键，方式代码变为平光，然后按 UP 键或 DOWN 键，一直调到所需的融霜间隔时间，再按下 ENTER 键，微型计算机就修正先前的融霜时间，按所给的间隔时间进行融霜操作。

为了了解系统主要部件的状况，可进行预检功能，其方法：按下 MODE 键，闪光显示方式码 1，按下 ENTER 键，方式码变为平光，按下 UP 键或 DOWN 键，就能自动地预检有关部件，在液晶显示器，显示序号码和故障代码。其序号见表 5-16。

表 5-16　PTI 自动检测项目

序号	检测项目	序号	检测项目
1	压缩机过电流保护电流互感器的检测	11	调节阀闭合核验
2	检查左压缩机电动机	12	调节阀开启核验
3[①]	检查右压缩机电动机	13	电子膨胀阀闭合核验
4	检测冷凝风机电动机（高速）	14	电子膨胀阀开启核验
5[②]	检测冷凝风机电动机（低速）	15	温度记录仪的伺服电动机和电位计检测
6	检测蒸发器风机电动机（高速）	16	空气混合检测
7	检测蒸发器风机电动机（低速）	17	Run at 0 ℃冷藏工况检测
8	检测蒸发器加热器（高）	18	Run at −18 ℃冷冻工况检测
9	检测蒸发器加热器（低）	19	化霜系统运行
10	检测制冷系统中高压传感器与低压传感器之间的压力值差	备注	PTI0 的预检功能及预检范围 MMCCIIA 控制器可提供对基本元件（MIN. PTI）和所有元件进行预检

①仅用于 CPE15 型。

②表示可选择

当预检结束或终止预检，按下 MODE 键，控制器才能恢复正常工作。

本系统可以对元件进行测试，其方法：按下 MODE 键，当闪光显示方式码 2 时，按下 ENTER 键，方式码变为平光，然后按上行键 UP 或 DOWN 键，选择所需要检测的元件序号，最后，按下 ENTER 键，控制系统就对该元件进行测试。当输入键被按下时，控制系统保持在输出状态，其对应的元件开始运行。若同时按下 ENTER 键和 DOWN 键可以控制蒸发器风机电动机输出功率。测试完毕，应当按下 MODE 键，控制系统才能恢复正常工作。

该系统被测试元组件序号和内容见表 5-17。

表 5-17　元组件测试项目

序号	检测项目	当试验显示时，七段发光二极管显示其单位	序号	检测项目	当试验显示时，七段发光二极管显示其单位
1	试验控制器显示屏	—	7	蒸发器风机低速运行试验	**.*A
2	左压缩机运行试验	**.*A	8	蒸发器加热器加热试验	**.*A
3[①]	右压缩机运行试验	**.*A	9	电子膨胀阀试验	**.*A
4	冷凝风机电动机试验（高速）	**.*A	10	调节阀运行试验	***.%
5[②]	冷凝风机电动机试验（低速）	**.*A	11	温度记录仪的运行试验	***.%
6	蒸发器风机高速运行试验	**.*A	12	相位检测继电器运行试验	—

①仅用于 CPE15 型。

②表示可选择

为了了解系统有关部件的运行状况，该系统可通过键板操作和显示器显示来实现。其方法：按下 MODE 键，闪光显示方式代码 6 时，按下 ENTER 键，方式码变为平光，然后，按 UP 键或 DOWN 键，找到所需要检查的运行参数值的序号，最后按下 ENTER 键，显示器就显出所要检查的运行参数值。其序号和显示内容见表 5-18。

表 5-18　系统运行参数序号与内容

项目	运行数据	显示值的单位	项目	运行数据	显示值的单位
01	设定温度值	**.* ℃	15[②]	总运行电流值	**.* A
02	控制温度值	**.* ℃	16[②]	压缩机电流值	**.* A
03	供风温度值	**.* ℃	17[②]	电源电压值	**.* V
04	回风温度值	**.* ℃	18[②]	电源频率值	**.* Hz
05[①]	设定温度值	**.*100%	19[②]	运行方式	_**[④]
06[①②]	控制湿度值	**.*100%	20[②]	膨胀阀开启	**.*100%
07	蒸发器出口温度值	**.* ℃	21[②]	调节阀开启	**.*100%
08	环境温度值	**.* ℃	22	温度记录仪设定温度值	**.* ℃
09[①]	箱内温度值一号位	**.* ℃	23	温度记录仪记录温度值	**.* ℃
10[①]	箱内温度值二号位	**.* ℃	24	锂 - 电池电压	**.* V
11[①]	箱内温度值三号位	**.* ℃	25	锂 - 电池电压	**.* V
12[①②]	蒸发器风压值	***. Pa	26	左压缩机运行小时	***×100 h
13[②]	高压值	***×10 Pa	27[③]	右压缩机运行小时	***×100 h
14[②]	低压值	***. Pa	28	蒸发器风机运行小时	***×100 h

续表

项目	运行数据	显示值的单位	项目	运行数据	显示值的单位
①选择项目。 ②电源合上。 ③仅用于 CPE15 型。 ④操作步骤：0、1、2、3、4；运行方式：0 表示冷藏状态；1 表示冷冻状态					

注意：进行元组件测试后，一定要按下 MODE 键，控制系统才能恢复正常监控工作。

其他操作方式：一是湿度控制值的设定，按下 MODE 键，在闪光显示出 3 时，按下 ENTER 键，变为平光，然后按 UP 键或 DOWN 键，调到所需设定的湿度值，最后按下 ENTER 键。微型计算机接受新的湿度设定值，按其控制。二是读取温度控制值，按下 MODE 键，当闪光显示方式码 C 时，按下 ENTER 键，方式码变为平光，同时数字显示部分，就显示出温度控制值，读取之后，一定要按下 MODE 键。控制系统才能恢复正常工作，否则控制器将始终显示控制温度值及正常的运行状态。三是手动融霜操作，按下（手动融霜）HDS 键或同时按下 UP 键和 DOWN 键。四是更换温度记录卡，首先应同时按下 UP 键和 DOWN 键，然后把画针旋出，换上新的温度记录卡，把画针装回，最后按下方式选择键 MODE，画针复位。

故障检修方法：本控制系统具较强的自诊功能。当发生报警灯 ALARM 亮时，按下 MODE 键，当闪光显示方式码 E 时，按下 ENTER 键，液晶显示器就显出故障代码，其对应的故障见表 5–19。若存在多个故障，可用 UP 键或 DOWN 键，显示出其他故障。

表 5–19　故障代码

代码	故障描述	代码	故障描述
101	与计算机中央处理器的通信发生异常	307	电源自动保护开关异常
102	数模转换器发生异常	310	供风温度传感器断路
103	计算机中央处理器的执行程序异常	311	供风温度传感器短路
104	显示器存储器异常	312	回风温度传感器断路
106	数据静态存储器异常	313	回风温度传感器短路
107	主程序静态存储器异常	314	供风回风温度值异常
108	相序脉冲信号异常	315	蒸发器出口温度传感器断路
200	控制温度异常	316	蒸发器出口温度传感器短路
201	高压异常	317	蒸发器出口温度异常
202	低压异常	320	箱内温度传感器断路
206	人为（强迫）终止融霜	321	箱内温度传感器短路
207	电源系统单相运行	322①	制冷检测一号温度传感器断路
208	电源频率异常	323①	制冷检测一号温度传感器短路
209	电源电压异常	324①	制冷检测二号温度传感器断路
300	操作键（MODE 键）失灵	325①	制冷检测二号温度传感器短路
301	操作键（UP 键）失灵	326①	制冷检测三号温度传感器断路
302	操作键（DOWN 键）失灵	327①	制冷检测三号温度传感器短路
303	操作键（ENTER 键）失灵	330	高压传感器异常

续表

代码	故障描述	代码	故障描述
336②	左压缩机排气温度传感器短路	432①	冷凝器电动机低速断路或内部保护开关动作
337	左压缩机排气温度传感器断路	451	蒸发器风机高速卡住或短路
338	右压缩机排气温度传感器短路	452	蒸发器电动机高速断路或内部保护开关动作
340	相位接触器输出端电压传感器异常	461	蒸发器风机低速卡住或短路
350	主断路器输出端电流传感器异常	462	蒸发器电动机低速断路或内部保护开关动作
351	主断路器输出端电流传感器检测异常	471	蒸发器加热器（高温挡）短路
356	压缩机用电流传感器异常	472	蒸发器加热器（高温挡）断路
357	电流传感器检测异常	481	蒸发器加热器（低温挡）短路
360①	湿度传感器异常	482	蒸发器加热器（低温挡）断路
411	左压缩机电动机短路或堵转	491	电子膨胀阀异常
412	左压缩机电动机断路	492	调节电磁阀异常
413②	右压缩机过热	550	电子温度记录仪电池异常
415②	右压缩机电动机短路或堵转	601	电子温度记录仪伺服电动机或电位计异常
416②	右压缩机电动机断路	900	高压异常（冷剂补充过量）
417	左压缩机过热	901	低压异常（冷剂补充不足）
421	冷凝器风机电动机卡死或短路	902	低压异常
422	冷凝器风机电动机断路或内部保护开关动作	903	制冷异常，制冷时间长，温度下降慢
431①	冷凝器风机低速卡住或短路	904	制冷系统中混入空气
331	低压传感器异常	997	电池报警
332	高低压传感器异常	998	方式转换
333①	空气（风流）压差发送器异常	999	电源关断
①表示可选择。 ②仅适用 CPE15 型			

有了故障代码，查找表 5-19 就知道故障原因，检修起来很方便，一般对于器件故障，都采用替代方法来修复，如果替代新备件后故障仍然存在，这时应重点检查接线是否错误，线路是否有开路、短路或接地故障。对于微型计算机控制系统，特别要注意干扰的危害，系统的原有的抗干扰措施在检修过程中，应给予保护和恢复，不能损害，应该接地的地方，应可靠接地。

3.69NT40-489 型冷藏箱电气控制系统

69NT40-489 型冷藏集装箱是凯利尔公司生产的，也采用微型计算机控制式的控制系统，但与三菱公司的 CPE14 型有所不同，它的温度等记录采用计算机数字记录器，不仅能记录箱内的温度变化，而且记录其他信息，如航程开始日期、有关各温度传感器的温度等，控制器上留有遥控监测器槽位，便于组成全船网络监控系统。它的外部设备大同小异，这里不再赘述，它的显示板与操作键板是分开安装，而且显示板上有 7 个指示灯，分别为制冷运行白色指示灯（COOL）、加热橙色指示灯（HEAT）、融霜橙色指示灯（DEFROST）、保温绿色指示灯（IN.RANGE）、报警红色指示灯（ALARM）、送风指示灯（SUPPLY）、回风黄色指示灯（RETURN）。键板共有 11 个键，各键的功能见表 5-20。

表 5-20　69NT40-489 型冷藏箱各键的功能

键名	功能
上行键 ARROW UP	（1）更改设定控制温度上升 （2）改变功能代码上升 （3）细查警报名单、向前 （4）改变使用者选择特定功能代码上升 （5）在 P 操作时，上行 PI 试验 （6）在按下 ALT、MODE 键后，上行查询记录数据
下行键 ARROW DOWN	（1）更改设定控制温度向下 （2）改变功能代码向下 （3）细查警报各单向下 （4）改变使用者选择特定功能代码向下 （5）在 P 操作时，重复向后再 P 试验 （6）在按下 ALT、MODE 键后，向下查询记录数据
回风 / 送风键 RETURN/SUPPLY	显示不用于控制的回风 / 送风的温度传感器的温度值（瞬时的显示）
摄氏 / 华氏温度键 ℃ /°F	显示交替的温度度数（瞬间的显示）
警报名单键 ALAR MLLIST	（1）在按下 ALT、MODE 键后，按下警报名单键，显示器就显出的故障代码 （2）当故障排除之后，按（1）操作，显示出对应故障代码，按下 ENTER 键，就可解除警报行列
代码选择键 CODE SELECT	（1）按此键选取功能代码，对温度控制器进行操作或人 – 机通信 （2）当按下 ALT、MODE 键后，按此对数据记录器进行操作或人 – 机通信
融霜间隔时间键 DEFROST INTERNAL	显示所选的融霜间隔时间
预检键 PRE-TRIP	按下此键，引进 P 检查，欲中断 P 按下 ENTER 键
电池电力键 BATTERY POWER	当没有交流电源时，装有备用干电池，按下此键，能给温控器进行设定温度及选择功能代码操作
输入键 ENTER	（1）送设定温度给微型计算机 （2）当交换显示时，按下此键，可延长 30 s 显示 （3）进入选择代码去质询警报名单 （4）消除警报名单 （5）在 P 试验中，按下此键，中断 P 试验
变换模式键 ALT、MODE	准许进入数据记录功能及警报代码

操作过程：插好电源插头，根据船电电压，合上空气断路器CB-1/CB-2，按下启动按钮，进行冷藏箱的设定温度调节。方法：直接按上行键（ARROW UP）或下行键（ARROW DOWN），通过显示器，调到所需控制温度，按下ENTER键，微型计算机温控器接收送来的新的设定温度，并按其控制。

为了检查系统运行状况，可按代码选择键（CODE、SELECT）进行33个功能操作。方法是按下代码选择键，再按上行键或下行键至左视窗显示出所选代码，右视窗会显示数值5 s，其内容见表5-21。

表5-21 功能代码和运行状态参数

功能代码	显示内容参数	功能代码	显示内容参数
Cd01	吸气调节阀开度（百分比）	Cd18	软件转换号码
Cd02	冷却电磁阀（开－闭）	Cd19	电池检测
Cd03	吸气电磁阀（开闭）	Cd20	备用
Cd04	线电流A相	Cd21	备用
Cd05	线电流B相	Cd22	备用
Cd06	线电流C相	Cd23	备用
Cd07	电源电压	Cd24	次级送风温度探头
Cd08	电源频率	Cd25	融霜前的制冷时间
Cd09	环境温度	Cd26	融霜终止传感器温度
Cd10	压缩机吸气端冷剂温度（可选择）	Cd27	融霜相隔时间
Cd11	压缩机排出端冷剂温度（可选择）	Cd28	温度单位
Cd12	压缩机吸气端冷剂压力	Cd29	动作异常
Cd13	压缩机排出端冷剂压力	Cd30	定温度范围
Cd14	热旁通阀（开启/闭合），适用R22机组	Cd31	机组延时启动时间
Cd15	卸载阀（开启/闭合），适用R22机组	Cd32	限流值
Cd16	压缩机运行小时记录表	Cd33	相对湿度设定值
Cd17	相对湿度（百分比）		

在装货前，为了检查系统有关元组件是否完好，可进行预检功能PTI操作。方法是按下预检键（PRE-TRIP），微型计算机就开始PTI测试。其测试代码和对应的测试内容见表5-22。

表5-22 PTI测试项目

测试代码	测试内容和显示结果	测试代码	测试内容和显示结果
P	荧光管和液晶显示器和显示板指示灯5 s	P_{2-1}	冷凝器风机电动机关闭，显示6 s后的电流
P_{1-0}	加热器，显示测试电流	P_{3-0}	低速蒸发器风机电动机启动，显示60 s后电流
P_{1-1}	加热器，显示6 s后的电流	P_{3-1}	低速蒸发器风机电动机关闭，显示6 s后电流
P_{2-0}	冷凝器风机电动机开，显示15 s后的电流	P_{4-0}	高速蒸发器风机电动机启动，显示60 s后电流

续表

测试代码	测试内容和显示结果	测试代码	测试内容和显示结果
P_{5-0}	送风和回风以及送风温度传感器	P_{6-2}	吸气调节阀开，显示其开度（%）
P_{5-1}	初级送风和次级送风温度传感器	P_{6-3}	冷却电磁阀
P_{6-0}	压缩机电动机，显示 6 s 后电流	P_{6-4}	吸气调节阀
P_{6-1}	卸载电磁阀（不应用）	P_{6-5}	吸气电磁阀
P_{4-1}	高速蒸发器风机电动机关闭，显示 6 s 后电流		

故障的检修方法：当发生报警红色指示灯亮时，按下报警名单键（ALARM LIST），左显示器显示 AL#（# 报警代码），右显示器显示 AA××（××– 报警代码）是现在存在的故障，若显示 IA××，表示 ×× 报警代码对应的故障是以前出现过的，现在不存在，若此时，按下 ENTER 键，就可以在报警名单上消除该报警代码。从显示器上读取报警代码，就可知道故障点。报警代码对应的故障内容见表5–23。

表 5–23　报警代码

报警代码	故　障	报警代码	故　障
A120	控制电路熔丝断路（24 V）	A155	次级送风温度传感器失灵
A121	计算机控制器熔丝断路（18 V）	A156	初级回风温度传感器失灵
A122	蒸发器风机电动机内保护动作	A157	环境温度传感器失灵
A123	变压器内自动保护动作	A158	压缩机高压限位安全开关动作
A124	压缩机电动机内保护动作	A159	加热终止温控器失灵
A125	冷凝器风机电动机内保护动作	A160	融霜终止温控失灵
A126	所有送风及回风传感器故障	A161	加热器失灵
A127	感温探头电路校对失灵	A162	压缩机电动机故障
A151	报警表头失灵	A163	过电流
A152	报警表满载	A164	排气温度即高压端冷剂温度过高
A153	主电源电压传感器失灵	ERR#	计算机内部失灵
A154	初级送风温度传感器失灵	L0	主电源电压低（超过 20%）

【任务实施】

船舶空调系统试验

一、试车准备

（1）制冷设备及管系安装结束；管系清洁采用清洗剂或制冷剂的方法按照服务商要求，用氮气冲净，确保管路没有杂质。

（2）冷凝器的海水管系已用海水进行通水效用试验合格。

（3）冷凝器上安全阀开启压力为 2.3 MPa。

（4）冷库密性试验结束。

（5）冷凝器安全阀开启压力整定为 2.3 MPa。

二、制冷剂 R404a 系统的气密试验

系统进行气密试验所用气体为氮气。空调系统采用 R404a 制冷剂，低压侧和高压侧的气密试验的规定压力为 2.0 MPa 和 2.4 MPa。

（1）关闭制冷压缩机排气阀与吸气阀，使氮气与加氟阀接通徐徐开启氮气瓶头阀，让氮气充入系统，使低压侧达到试验压力 2.0 MPa。

（2）将低压侧与高压侧隔断，即隔离热力膨胀阀、电磁阀、手动膨胀阀、隔离高低压继电器、压力表等自控仪表，继续充氮气使高压侧达到气密试验的规定压力 2.0 MPa，待稳定后，关闭瓶头阀并移开氮气瓶。

（3）当系统内达到 2.4 MPa 试验压力后，使系统保持试验压力 24 h，每隔 8 h 做一次记录。在此时间内若环境温度不变，压力也不应变化；若环境温度变化使系统内产生压力降，如压力降不变，压力也不大于 0.034 MPa，则可认为管系不漏。

（4）在系统承受压力期间，应进行观察有无漏气处，这时可用肥皂水涂在焊缝、连接管及阀等接头处，全面检查找出漏气地方，等修补完好后，再按照上述方法做气密试验，直到符合要求为止。

三、制冷系统抽真空试验

应用抽真空法进行干燥及检查密性。

（1）选用一台真空泵，将其吸气端与制冷剂系统中加氟阀接头相连接，整个制冷管系中除压缩机车头上吸、排气截止阀关闭外，其余所有氟阀全部开启。多次开动真空泵直到制冷剂系统抽到 −0.096 MPa 以上时停车，随即关闭加氟阀静置 8 h。检查管路与制冷压缩机的真空密性、管路及压缩机的真空度应能保持在 −0.087 MPa 以上。

（2）在上述试验结束后，关闭制冷压缩机的吸排气阀，用真空泵继续抽管路的真空，使真空度抽到 −0.096 MPa 以上时停车，检查管路的真空密性。在静置 24 h 后，真空度应保持在 710 mm 汞柱以上，即管路的真空度基本上保持在 −0.096 MPa，则认为制冷管系基本上不漏，制冷剂系统的抽真空试验合格。

四、系统充制剂——氟利昂 R404a

制冷系统经气密试验、抽真空试验合格后，可充氟利昂 R404a，系统内充足 R404a 一台压缩机约为 160 kg。滑油 60 L。

五、自动控制调整试验

1．高低压控制器动作试验

高压端：停车压力整定值为 2.2 MPa。

低压端：压力整定值为：停车为 0.07 MPa，开车为 0.14 MPa。

高低压控制器的高压端是安全保护装置，当运转时排气压力超过 2.1 MPa 时能自动切断电路而停车，并发出报警信号；当排除故障后，手动复位才能开车。低压端接入空调装置的自动控制回路，使空调装置处于自控状态。上述高、低端的动作试验各进行两次。

2．油压差控制器动作试验

油压控制器的压力差整定值为 0.25～0.35 MPa。

滑油压力应高于回气压力或曲轴箱压力，如果压缩机曲轴箱内油泵压力失压，此时，压差控制器自动切断电源，压缩机停车。上述动作试验进行两次。

制冷压缩机自动卸载试验（重复两次）控制压力现场调节。

3．温度控制器动作试验

温度控制器的温度整定值：断电 25 ℃、复电 28 ℃。

当回风温度达 25 ℃时，温控器使用电磁阀断电，切断制冷剂，压缩机进行卸载；当回风温度上升至 28 ℃时，电磁阀通电，开始供入制冷剂制冷。在制冷过程中调节热力膨胀阀，使空调器内的蒸发管上凝水均匀。

4．水压力控制器动作试验

压力控制器的压力整定值为 0.08 MPa，当空调水泵运转时，水管压力达到整定值，压缩机才能启动，否则压缩机停车。

六、空调试验条件

空调降温工况试验拟在舱外干球温度 35 ℃，相对湿度以 70% 为宜。

七、单独通风试验

检查风机的通风量、风压、风速，风机电动机的转速、电流、电压、功率。各项指标是否符合图纸要求。检查风管的泄漏情况。

八、空调降温效用试验

降温试验前，关闭各舱室通往外界门窗，开启有关阀门，启动通风机和制冷压缩机等，调试各舱室布风器和风量，然后试验降温效用，时间为 6 h。符合规定舱室温度为 27 ℃ ±2 ℃，舱室相对湿度为 50%。

试验时下列各项参数应每 1 h 测量记录一次：

（1）舱室内外的温度，相对湿度；

（2）回风温度；

（3）空调器的进、出风温度；

（4）制冷剂气体压力（高压、低压、油压）；

（5）制冷剂气体温度（吸入）；

（6）冷凝器海水进、出温度；

（7）舱室内布风器出风温度；

（8）制冷压缩机电动机和风机电动机的转速、电流、电压。

试验结束后，测量制冷压缩机电动机和风机电动机的热态绝缘值不小于 1 MΩ，检查机舱集控台上制冷单元分显示器工作的正确性。试验机组一拖二工况。

九、空调采暖试验

采暖试验前应关闭各舱室通往外界的门窗，将空调器空气冷却器管内的 R404a 制冷剂抽尽，然后关闭系统中有关 R404a 管系中的阀件，此时启动风机，开启蒸汽阀，并观察双温包补偿式温度调节器的自动调节情况。采暖效用试验时间为 6 h，试验时检查各舱室的温度、湿度，各舱室温度、湿度应符合设计要求：舱室温度：22 ℃ +2 ℃；舱室相对湿度：50%。

试验时进行手动加湿试验，使空调舱室内的相对湿度达到设计要求。试验时如果环境条件和设计条件有圈套差别，则允许只做空气加热器的加热试验。试验时下列各项参数每小时测量记录一次：

（1）舱室内温度、湿度；

（2）外界空气温度、湿度；

（3）回风空气温度；

（4）空气进、出加热器温度；

（5）舱室内布风器出风温度；

（6）蒸汽进加热器压力；

（7）空调风机电动机的转速、电流、电压。

船舶制冷系统常见故障原因与试验

一、船舶制冷装置常见故障

制冷装置可能发生的故障的种类及其原因很多。现仅对常见故障举例予以简要分析。

（一）运行工况参数偏离设计工况

1．冷凝温度过高

冷凝温度过高（或压缩机排压过高）的原因如下：

（1）冷却水量不足。

（2）冷却水温过高。

（3）冷凝器配水不均匀。

（4）冷却器冷却水排管内脏污。

（5）冷凝器中有大量空气。

（6）储液器出液阀未开足，冷凝器内存液过多。

（7）膨胀阀开度过小。

2．冷凝温度过低

冷凝温度过低（或排气压力过低）的原因如下：

（1）制冷系统充液不足。

（2）压缩机排气阀漏损。

（3）蒸发器或冷却排管外表面产生冰衣或结霜过厚。

3．蒸发温度过高

蒸发温度过高（或回气压力过高）的原因如下：

（1）压缩机工作不良。如进、排气阀漏气；活塞环装配不当。

（2）膨胀阀开度过大。

（3）热负荷超过设计值。

（4）系统有空气。

（5）分油器回油阀泄漏。

（6）吸气阀工作不良。如密封性差、阀片断裂。

4．蒸发温度过低

蒸发温度过低（或回气压力过低）的原因如下：

（1）蒸发器或冷却管外有污垢。

（2）蒸发器或冷却管外有冰衣或结霜过厚。

（3）节流阀开度过小。

（4）节流阀供液管脏堵或节流阀冰塞。

（5）系统中充液不足。
（6）用冷量减少过多。
（7）蒸发器或冷却排管内有空气。
（8）系统中滑油过多。
（二）制冷压缩机运行中的故障
1. 发生不正常响声的原因
（1）余隙过小，活塞顶部碰排气阀。
（2）进、排气阀松弛，弹簧力不足。
（3）启发螺栓松动。
（4）阀片断裂或破碎。
（5）活塞销与轴承配合间隙过大。
（6）活塞磨损。
（7）滑油残渣过多，主轴承润滑不良。
（8）连杆开口销折断，螺栓松弛。
（9）主轴承配合间隙过大。
（10）连杆大头瓦与曲柄销间隙过大。
2. 制冷压缩机排气温度过高的可能原因
（1）排气阀损失。
（2）吸气过热度过高。
（3）气缸冷却效果不好。
3. 制冷压缩机排气温度过低的可能原因
（1）节流阀开度过大。
（2）制冷系统充液过多。
（3）蒸发器或冷却排管结霜过厚。
4. 制冷压缩机启动困难的可能原因
（1）电源缺相。
（2）电动机有故。
（3）自控元件失灵。
5. 制冷压缩机启停频繁的原因
（1）低压继电器幅差过小。
（2）压缩机高、低压端泄露。
（3）温控继电器幅差大小。
（4）膨胀阀冰塞。
6. 滑油压力过高或过低的可能原因
（1）压力表失常。
（2）油压调节阀开度不适宜。
（3）油路不畅。
7. 曲轴箱大量跑油的原因
（1）压缩机发生奔油。

（2）油分离器效果不良或不能正常回油。

（3）活塞上刮油环损坏，活塞环装配配当。

8．制冷压缩机油封处发热或泄漏严重的原因

（1）轴封装配不良，静、动环磨损过剧。

（2）轴封弹簧过紧或过松。

（3）滑油压力过低或油量不足。

（三）系统自控元件故障

1．热力膨胀阀堵塞的原因

（1）冰塞。系统中水分过多。

（2）脏堵。系统吹除不彻底。

（3）油堵。油牌号不对，凝固点过高。

2．压力继电器触点不闭合的原因

（1）触点有脏物或烧毁。

（2）传动杠杆失灵或电源切断。

3．能量调节装置失灵的原因

（1）油压没有建立。

（2）顶杆位置不妥。

（3）能量调节阀出油管被堵。

（4）调节阀所处位置不对。

（5）卸载油缸中活塞卡死。

（6）传动机构卡住失灵。

4．系统中的制冷剂不足的原因

（1）充液量不足。

（2）系统泄漏。

5．系统中存油过多的原因

（1）曲轴箱大量跑油。

（2）系统设计或安装不适，回油困难。

系统存油过多表现：制冷量下降，蒸发器结霜不均匀，吸入压力下降、压力表指针波动，压缩机运行中时有敲击声。

二、船舶制冷系统试验

以某船舶制冷系统为例介绍试验，其他船舶制冷系统基本原理相同，试验内容也相同。

（一）试车准备

（1）制冷设备及管系安装结束；管系清洁采用清洗剂或制冷剂的方法按照服务商要求及用氮气冲净，确保管路没有杂质。

（2）冷凝器的海水管系已用海水进行通水效用试验合格。

（3）冷凝器上安全阀开启压力为 2.3 MPa。

（4）冷库密性试验结束。

（二）制冷剂 R404a 系统的气密试验

系统进行气密试验所用气体为氮气。空调系统采用 R404a 制冷剂，低压侧和高压侧的气密试

验的规定压力为 2.0 MPa 和 2.4 MPa。

(1)关闭制冷压缩机排气阀与吸气阀，使氮气与加氟阀接通徐徐开启氮气瓶头阀，让氮气充入系统，使低压侧达到试验压力 2.0 MPa。

(2)将低压侧与高压侧隔断，即隔离热力膨胀阀、电磁阀、手动膨胀阀、隔离高低压继电器、压力表等自控仪表，继续充氮气使高压侧达到气密试验的规定压力 2.0 MPa，待稳定后，关闭瓶头阀并移开氮气瓶。

(3)当系统内达到 2.4 MPa 试验压力后，使系统保持试验压力 24 h，每隔 8 h 做一次记录。在此时间内若环境温度不变，压力也不应变化；若环境温度变化使系统内产生压力降，如压力降不变，压力也不大于 0.034 MPa，则可认为管系不漏。

(4)在系统承受压力期间，应进行观察有无漏气处，这时可用肥皂水涂在焊缝、连接管及阀等接头处，全面检查找出漏气地方，待修补完好后，再按照上述方法做气密试验，直到符合要求为止。

(三)制冷系统抽真空试验

应用抽真空法进行干燥及检查密封性。

(1)选用一台真空泵，将其吸气端与制冷剂系统中加氟阀接头相连接，整个制冷管系中除压缩机车头上吸、排气截止阀关闭外，其余所有氟阀全部开启。多次开动真空泵直到制冷剂系统抽到 −0.096 MPa 以上时停车，随即关闭加氟阀静置 8 h。检查管路及制冷压缩机的真空密封性、管路及压缩机的真空度应能保持在 −0.087 MPa 以上。

(2)在上述试验结束后，关闭制冷压缩机的吸排气阀，用真空泵继续抽管路的真空，使真空度抽到 −0.096 MPa 以上时停车，检查管路的真空密封性。在静置 24 h 后，真空度应保持在 710 mm 汞柱以上，即管路的真空度基本上保持在 −0.096 MPa，则认为制冷管系基本上不漏，制冷剂系统的抽真空试验合格。

(四)系统充制剂(R404a)

制冷系统经气密试验、抽真空试验合格后，可充 R404a，系统内充足 R404a 一台压缩机约为 160 kg。滑油 60 L。

(五)自动控制器调整试验

1. 高低压控制动作试验

压缩机排出高压端：停车压力整定值为 2.1 MPa。

当制冷压缩机运行时，排气压力超过时能自动切断电路而停车，并发出故障报警信号，此时冷冻机室内控制板上红灯亮，并在主机集控室内发出声光报警信号；当排除故障，手动复位后才能开车，重复试验两次。

压缩机吸入低压端：压力整定值为：停车 0.09 MPa；开车 0.16 MPa。

当制冷系统回气压力低于 0.09 MPa 时压缩机自动停车，当回气压力回升到 0.16 MPa 时压缩机又自动启动。上述试验重复两次。

在压缩机运行过程中调节热力膨胀阀，使冷风机蒸发盘管上结霜均匀，每隔 1 h 记录库设计温度，即鱼肉库 −18 ℃，蔬菜库 +4 ℃，粮食库 +12 ℃。

2. 温度控制器动作试验

温度控制器控制电磁阀，对于鱼肉库，当库温低于预定温度时，温度控制器切断电路，关闭制冷系统中的电磁阀，停止向库内冷风机盘管供液；反之，当库温高于预定温度时，则开启电磁阀，恢复向冷风机盘管供液。温度控制器的温度整定值如下：

鱼肉库：−20 ℃断开，−18 ℃闭合。

蔬菜库：+2 ℃断开，+5 ℃闭合。

粮食库：+10 ℃断开，+12 ℃闭合。

上述温度控制器的动作试验重复两次。

3. 水压力控制器动作试验

在冷凝器进水管上装有一只压力控制器，当冷藏海水泵运转，供水管路上达到预定水压力时，压缩面才能启动。水压力控制器的整定值为 0.08 MPa，断开 0.05 MPa，试验重复两次。

（六）空库打冷试验

空库打冷试验，拟在舱外大气干球温度为 35 ℃，相对湿度为 70% 或在接近这个条件下进行为宜。

空库打冷试验时关紧冷库门，参照伙食冷藏系统原理图开启有关各阀，然后启动海水泵和制冷压缩机，观察其运行情况。

在制冷压缩机运行过程中，使各个冷库分别达到设计要求的温度（鱼肉库 −18 ℃，蔬菜库 −4 ℃，粮食库 +12 ℃），达到此温度后使压缩机继续打冷 12 h，但从制冷开始到试验结束的总时间应不少于 24 h，记录从压缩机开始打冷至库内达到设计要求温度所需的时间，并应注意制冷压缩机、冷藏海水泵、冷风机及冷库内风扇的电动机的运行情况。

试验时，下列各项应每小时记录 1 次。

（1）制冷压缩机的吸排气温度和压力、滑油压力；

（2）制冷压缩机的电动机的转速、电流、电压；

（3）冷凝器的冷却水进、出温度及压力；

（4）冷库内各测点温度。

试验结束后，应检测各电动机及其控制设备的热态绝缘电阻，其值应不小于 1 MΩ。

（七）空库打冷试验后压缩机停止运转一昼夜

为了检验冷库绝热结构性能，观察库内温度回升情况，做 24 h 每隔 1 h 记录库内温度，在 6 h 内要求库内温度回升速率不大于表 5–24 的规定。

表 5–24 温度回升速率

冷库温度与外界大气温度的初差值 /℃	65	60	55	50	45	40	35	30	25	20	15
库温度回升值 /℃	15.6	14.4	13.2	12	10.0	9.6	8.4	7.2	6	4.8	3.6

（八）冷库的求援信号进行效用试验

效用后应测量绝缘电阻，绝缘电阻不小于 1 MΩ；低温冷库门框电热丝加热进行效用试验；检查机舱集控台上制冷单元分显示器工作的正确性。

思考题

5-1 简述纵坐标标注法。

5-2 简述电路短路故障的检查的注意事项。

5-3 简述检查断路故障的方法。

5-4 简述交流电动起货机的技术要求。

5-5 简述交流起货机电气系统常见故障的检修。

5-6 简述交流三速启动锚机电气控制系统常见故障的检修。

5-7 简述 HQ-4 型自动操舵仪手轮在零位舵叶偏离零位的故障检修方法。

5-8 简述国产 2 t 立式燃油锅炉点不着火的故障检修方法。

5-9 简述 RKS10F 型伙食冷藏装置的电气控制系统常见故障检修。

06 项目六　船舶交流电站的维护与故障处理

【知识目标】

1. 掌握船舶交流电力系统的常见故障分析与处理方法；
2. 掌握船舶主发电机及励磁系统的常见故障分析方法；
3. 掌握船舶配电装置的常见故障分析与处理方法；
4. 掌握船舶发电机并联运行故障分析方法；
5. 掌握船舶电站自动装置工作原理；
6. 掌握轴带发电机系统工作原理。

【技能目标】

1. 能处理船舶交流电力系统的常见故障；
2. 能处理船舶主发电机及励磁系统的常见故障；
3. 能处理船舶配电装置的常见故障；
4. 能处理船舶发电机并联运行故障；
5. 能进行发电机的继电保护参数调整；
6. 能进行船舶电站自动装置的维修；
7. 能进行轴带发电机系统的维修。

【项目描述】

船舶电站是船舶电力系统的心脏，其工作的可靠性和生命力，是系统实现规定任务的有效性的重要标志。船舶电气管理人员的基本职责就是要确保船舶电站的供电可靠，运行安全，出现故障后能够迅速排除。

【知识链接】

任务一　船舶交流电力系统的常见故障与处理

一、引起船舶电力系统故障的原因

1. 设备本身发生故障

常见的故障有发电机原动机损坏，如原动机调速器失灵，气缸体过热等；发电机定子绕组烧毁或断路；励磁系统损坏；电缆接线盒绝缘破坏。

2．由于操作不当而引起故障

常见的故障有合闸操作不当；发电机负荷控制不均衡；由于观测错误而引起的不当操作。

3．由于恶劣环境条件的影响而引起故障

通常是恶劣环境条件致使设备的电气绝缘能力降低而引起各种故障。

（1）电力系统一相接地故障。表现为某相绝缘指示灯熄灭，另两相绝缘指示灯异常明亮。其原因主要包括某用电负载单相绝缘击穿，引发接地故障；某负载电动机接线盒接线松脱碰壳；主配电板板内各电力分配开关击穿故障，或其他电气设备击穿故障；发电机内部发生接地等。

（2）电力系统一绝缘电阻低故障。电网系统绝缘故障分两类，一类是 400 V 电力系统绝缘电阻低故障，绝缘电阻低并且已经达到报警值，故障多数发生在负载及其他用电设备一端（如露天甲板电气设备较易出现绝缘电阻低故障），也可能发生在主配电板内部或发电机内部；另一类是 220 V 电力系统绝缘电阻低故障，绝缘电阻低并且已经达到报警值，多数发生在各层照明电力分配系统中，也常发生在厨房电气或甲板照明系统中。

当发生电力系统一相绝缘电阻低故障时，如果不及时处理或解决，会在另一相再次发生绝缘电阻低故障时形成短路电流，可能引起部分负载开关脱扣甚至主配电板跳闸。

4．意外发生的各种事故

常见的事故有突然短路、断路等。

5．同步发电机的运行参数失调故障

发电机的运行参数超过允许值，可能会损坏发电机组或用电设备，需要采取保护措施以避免事故发生。如过电流、过载、短路、逆功率、欠电压、过电压、低频率及高频率等都将危及发电机组和用电设备的安全。

（1）发电机允许运行的电流范围。过电流（简称过流）是指大于额定电流的不正常电流；过载是指实际负载超过额定负载；短路是指电路中两点，通过一极小的阻抗，人为或偶然的连接。在船舶电力系统中，一般把较小的过电流称为过载，较大的过电流如短路称为过电流，也有把 $1.1I_N$（I_N 为额定电流）称为小过载，$1.5I_N$ 称为较大过载，短路称为严重过载。

引起发电机损坏的主要原因是短路电流产生的热和电动力，长时间过电流运行产生的热会使绝缘老化。发电机允许运行的电流范围主要由流过定子（电枢）绕组的电流决定。

发电机发热与电流的大小和持续的时间有关，即由发电机的热容量决定。发电机的过电流特性是：在 $1.1I_N$ 时允许运行时间不超过 2 h；$1.5I_N$ 时不超过 5 min。一般从安全考虑：$1.1I_N$ 时延时不超过 15 min；$1.5I_N$ 时延时不超过 2 min。

发电机单机运行的保护主要是过电流保护。对发电机可承受的电流过载来说，电流在 $1.1I_N$ 时为 2 h，$1.25I_N$ 时为 30 min，$1.5I_N$ 时为 5 min。对有功率过载主要取决于原动机的形式，柴油机允许承受 $1.1P_N$ 为 2 h，$1.2P_N$ 为 30 min，$1.35P_N$ 为 5 min。所以，从发电机本身来说，完全允许一定时限的过载而不要求主开关立即跳闸。

基于上述要求，应采用能同时分断所有绝缘极的断路器做发电机的过载和短路保护，其过载保护应与发电机的热容量相适应，并应满足下列要求：

1）过载小于 10%，经延时后的报警器报警，最大整定值一般设定为发电机额定电流的 1.1 倍，延时时间不超过 15 min；

2）过载 10% ～ 50%，经少于 2 min 的延时后断路器分闸，一般整定为发电机额定电流 125% ～ 135%，延时 15 ～ 30 s 断路器分闸；

3）过电流大于 50%，但小于发电机的稳态短路电流，经与系统选择性保护所要求的短暂延时

后断路器分闸，断路器的短延时脱扣器一般整定为始动值为发电机额定电流的 200% ～ 250%，延时时间最长为 0.6 s；

4）在可能有 3 台及 3 台以上发电机并联运行的情况下，须设置瞬时脱扣器，整定值为稍大于发电机的最大短路电流设定值。

（2）发电机允许运行的逆功率范围。当某台发电机与其他机组并联运行时，由于某种异常原因，发电机有可能进入电动机运行状态，向电网吸取有功功率（称为逆功率）。当发电机处于逆功率状态时，它不但不能分担电网的负载，反而增加了电网的负担，应采取保护措施把处于逆功率运行的发电机从电网中切除。发电机的逆功率保护是对并联运行的发电机的保护。

发电机在刚投入并联时，由于存在频率差和相角差，在拉入同步的过程中也会引起待并发电机逆功率，但只要频率差和相角差在允许范围内，短时的逆功率是允许的。逆功率保护应具有一定的时限，以躲过同步过程出现的短时逆功率冲击。

《钢质海船入级规范》规定：并联运行的交流发电机应设有延时 3 ～ 10 s 动作的逆功率保护。逆功率值按原动机的类型不同可整定：原动机为柴油机，发电机额定功率的 8% ～ 15%；原动机为涡轮机，发电机额定功率的 2% ～ 8%。

（3）发电机的失（欠）压。当某台发电机与其他机组并联运行时，由于励磁系统发生故障，故障发电机有可能部分或全部失去励磁。这时，发电机将向电网吸取超前的无功电流，甚至进入异步运行状态。对部分失去励磁的故障称为“欠励”；对全部失去励磁的故障称为“失磁”。有时，把这两种故障统称为失磁。发电机单机运行时欠励引起的现象是“欠压”；失磁引起的现象是“失压”。船舶电站的发电机在并联运行时互为电源，一机发生欠励或失磁故障，发电机之间将产生无功“环流”。“环流”的数值有可能超过过流保护的整定值，引起故障机和非故障机同时跳闸，导致电网失电。另外，失电的发电机还有可能因电磁力减小失去同步进入异步运行状态。

值得注意的是，发电机单机运行时失磁或欠励表现为失压或欠压故障。这里的失磁或欠励是指并联运行时的故障。

欠压保护主要是对做并联运行发电机的保护，同时，也是对诸如异步电动机等用户的保护。《钢质海船入级规范》规定：并联运行的发电机应设有欠电压保护并能满足以下要求：

1）瞬时动作，用于避免发电机不发电时闭合断路器，当电压降低至额定电压的 35% 时做失压处理；

2）延时后动作，当电压降低至额定电压的 70% ～ 35% 时，应经系统选择性保护要求的延时后动作。

以上这些故障的发生通常并不频繁，但不可能完全避免，其出现次数与电站设备的质量、操作人员的熟练程度和船舶的工况等许多因素有关。

通常，故障总是首先出现在某个设备或器械上，即设备或器械的故障（一次事故）。虽然故障可以各种形式发生在系统的任何部位上，但因电站设备大部分具有单项保护措施，一般，在一定时间内能可靠地将故障设备切除，因而，这种故障并不会给系统带来很大的危害。但是，如果遇到单项保护设备的断路器失灵，没有及时切断故障设备，让一些比较严重的故障在电网上延续了较长的时间；保护装置的整定数值不恰当，以致不能按设计要求完成保护动作；保护设备发生误动作；故障发生在系统的保护死区等情况，就可能导致一部分设备的故障发展，并迫使电力系统全部设备处于多重故障的严重状态之下，进一步引起电网频率和电压异常，使系统失步和发电机过载。这种扩大到系统的事故称为系统性故障（二次事故）。它们一旦出现在电网上，就会接连不断地引起事故，最终导致大范围的停电。

二、船舶电网失电的一般处理方法

航行中的船舶由于各种机、电故障或操作不当等均可能会引起全船跳电。作为电气（或轮机）管理人员，当发生跳电事件后应能正确地处理，以避免由此可能引发的严重恶性事故（如船舶处在进出港、狭窄水道、特大风浪等场合）。对于普通电站的处理与具有自动电力管理系统的电站处理，两者有较大不同。

1. 常规电站电网失电后的处理

（1）并车操作时发生电网跳电。首先检查原运行机组与待并机组的机、电状况，若由于是并车操作不当导致发电机主开关过流保护动作跳闸或逆功率保护动作跳闸。可复位过流继电器或复位逆功率继电器（视具体发电机控制屏而定，有些不需要），恢复正常后合上其中任一台机组的主开关，然后按功率大小及重要性逐级启动各类负荷，待发电机组带上 50% 以上负荷时再将另一台机组按并车条件进行并车操作。

（2）运行机组因机械故障发生电网跳电。首先应答警报、消声，若报警装置指示滑油失压或机组超速等，可启动备用机组，待转速、滑油压力、电压正常后合闸供电，之后按功率大小及重要性逐级启动各类负荷，最后检修故障。

（3）单机运行时启动大负荷或接近同时启动几个较大负荷时（如用船上起货机进行装卸货作业）发生电网跳电。先应答警报、消声，复位过流继电器（视具体发电机控制屏而定，有些不需要），然后合上发电机主开关，再按功率大小及重要性逐级启动各类负荷投入运行，之后启动备用发电机组，待一切正常后按并车操作要求进行并联运行的操作，并车完成后再启动大负荷投入运行。

（4）运行机组因发电机内部短路或失压保护动作发生电网跳电。常规电站大多无此报警功能，若机组仍在运行但电压很低或没有电压，说明是失压保护跳闸，则应关停这一台机组，然后启动备用机组投入电网运行，最后检查故障机组的发电机调压器；若机组仍在运行且电压正常，说明可能是短路保护跳闸，则应检查主配电板汇流排是否短路，排除短路故障后或确定主配电板没有发生短路故障时即可合闸供电。

（5）运行机组主开关误动作跳闸或因船舶电网选择性保护不良发生电网跳电。因无此报警功能，按上述短路保护处理方案检查，确定配电板没有发生短路后才可合闸供电。

（6）燃油供给故障（如调速器失灵、断燃油等）发生电网跳电。基本上没有这类监测报警功能，主开关仍为失压保护跳闸。现象：伴随着转速下降而跳闸停机。检查系统燃油供给系统，确定系统无故障后启动备用发电机组投入电网运行，然后检修故障机组的调速器及燃油供给系统。

2. 对于具有自动电站管理系统的电网失电后的处理

（1）除因短路保护导致发电机主开关跳闸断电外，对于其他各种机、电故障致主开关跳闸，自动电站管理系统均能自动处理，不需要值班轮机人员干涉，值班人员仅需按照报警指示故障进行相应检查、排除处理即可。

（2）若电网突然失电除警报外所有设备均停止运行。此时，值班人员切忌启动机组、合闸供电，首先应查看报警指示。警报必指示发电机短路，控制系统自动切换至非自动状态。应答后至主配电板后面仔细检查汇流排是否发生短路，找到短路点排除后或确定主配电板没有发生短路（船舶电网短路保护的选择性整定不当）才可按复位按钮，系统即恢复至自动状态，同时解除阻塞，此时，值班人员可遥控启动值班发电机组投入电网运行即可。

任务二　船舶主发电机及励磁系统的常见故障与处理

目前，船舶采用的主发电机有有刷同步发电机和无刷同步发电机两种形式。其中同步发电机的励磁调压系统的形式有不可控相复励调压系统、可控相复励调压系统、可控硅励磁调压系统、无刷励磁发电机调压系统等。

一、船舶发电机及励磁系统的日常维护与保养

1. 发电机的日常维护与保养

（1）一般维护。

1）为保证发电机正常工作，在它附近不应有水、油及污物堆积，不能有腐蚀性气体，以免损伤发电机绕组绝缘。

2）在防潮、防尘的同时，要注意不能影响发电机的正常通风冷却。要经常清洁通风孔道内的灰尘污物，保持畅通无阻。冷却空气的温度不得过低，以免绕组及其他导电器件上凝结水珠。

（2）发电机轴承的维护与保养。

1）在油环润滑的滑动轴承中，轴承的油量应保持一定，一般不在运行时注油，油量在规定液面下，轴承不应用油，以免滴到绕组上。

2）滑油需定期取出样品检查，若油色变暗、浑浊、有水成污物时，应予更换。轴承发热时，均应更换新油，一般每隔 250 ～ 400 工作小时应换油一次，但至少每半年更换一次。换油时，应先用轻柴油洗净轴承，才可注入新滑油。

3）采用滚珠或滚柱轴承的电机，当运行约 2 000 工作小时，即需更换润滑脂一次。轴承用于灰尘多而又潮湿环境时，应根据情况经常更换润滑脂。

4）在启动长期停用的发电机组前，如装有滚动轴承时，必须先检查其润滑状态，若原有润滑脂已脏或已经硬化变质，必须先将轴承冲洗干净，再用汽油清洗。最后填入清洁的润滑脂。填入量为轴承室空间的 2/3，不可填入过多。

5）正式运转前应进行试车，使发电机空转，达到额定转速后再停机检查转向、振动情况、轴承温度等是否符合要求。

2. 励磁系统的维护

维护周期为每半年进行一次。维护内容与要求如下：

（1）检查励磁系统的各接线柱连线是否良好，如果发现接线头松动，必须拧紧；检查线性电抗器的间隙大小及有无异常声响，间隙大小不合适时应调至要求值，有异常声响应查明原因进行排除。

（2）检查励磁系统相与相之间、相与地之间的绝缘是否良好，一般要求绝缘电阻值不得小于 1 MΩ。

（3）对励磁系统中的电子器件，应按维护电子设备的统一要求进行，应检查插接式印刷电路板接触是否良好，分立元件应检查其外观、引出线、焊点、电路导电铜膜是否有腐蚀。

（4）对于无刷同步发电机，应定期对励磁机进行维护，维护要求与同步发电机相同。对于旋转整流器，应特别注意离心力作用易使电线松脱开路。

二、发电机及励磁系统常见故障与处理

对于有刷同步发电机而言，常见的故障有定子绕组断路、相间短路、匝间短路、转子励磁线圈断路、短路，电刷接触不良、电刷磨损过度等故障。对于一般短路故障，解体后肉眼可以看出；对于匝间短路，常见的有机壳局部发热严重、三相电压不对称的现象，一般不难判断，其主要原因一般是转子端部的热变形、线圈端部垫块的松动、小的导电粒子或碎渣进入线圈端部及通风沟等。转子励磁线圈短路一般可归结为励磁电流增大，通过测量励磁回路或解体电机后便可发现。

对于无刷同步发电机，它自带了一个转枢式励磁机和旋转整流子，一般故障有旋转整流子击穿或断路、转枢式绕组励磁线圈的短路或断路故障。分析故障原因时，要注意区分故障原因是属于主发电机还是励磁机，如果励磁电流为额定值，而发电机电压不为额定值，说明故障在发电机；如果励磁电流不正常，则故障在励磁调压系统。

1. 不可控相复励调压系统常见故障原因与处理方法

不可控相复励调压系统元件少，线路简单，进行故障分析与检修时，须根据工作过程和具体故障现象对照工作原理图检查是哪个环节出了故障。一般不可控相复励调压系统的常见故障可以归纳为：发电机转速为额定转速时不能建立电压、发电机的端电压低于额定电压、发电机的端电压高于额定电压、发电机在运行中突然不发电、当负载增加时发电机电压大幅下降、发电机过热、轴承过热等。

处理故障时，应根据不同的征兆做出不同的故障诊断，例如，当发电机达到额定转速时，却不能建立电压，可以先检查有无剩磁电压，若无剩磁电压，则需进行充磁；若有剩磁电压而不能起压，则要检查励磁回路，如调压器是否故障，移相电抗器、谐振电容是否击穿或断路等，依次对故障原因逐次查找，并依据维修人员足够的知识储备和经验最终解决故障。

（1）发电机转速已达到额定值，但电压不能正常建立的故障原因与排除方法（表 6–1）。

表 6–1　发电机电压不能正常建立的故障原因与排除方法

故障原因	故障排除方法
1. 无剩磁或剩磁不够	1. 用外电源（直流）进行充磁起压
2. 励磁绕组开路	2. 检查从整流器至励磁绕组是否有松脱或断线
3. 发电机集电环锈蚀、发黑不导电	3. 用细砂纸打磨集电环表面
4. 电刷卡在刷握中或刷辫断开	4. 检查修理电刷、刷握及刷辫
5. 线性电抗器无气隙或气隙太小	5. 调整气隙到适当大小
6. 调压器整流元件被击穿或断路	6. 检查并更换击穿的整流元件
7. 接线错误	7. 认真检查接线，更正接错的地方
8. 发电机剩磁电压与整流器输出电压极性相反	8. 调换励磁绕组的连接
9. 电抗器、谐振电容器和相复励变压器之间的连线断开	9. 检查连线，重新接好
10. 谐振电容器短路	10. 更换电容器

（2）发电机电压低于额定值的故障原因与排除方法（表 6–2）。

表 6-2　发电机电压低于额定值的故障原因与排除方法

故障原因	故障排除方法
1. 移相电抗器气隙太小	1. 调整增大气隙
2. 电抗器、整流器及相复励变压器有一相开路	2. 检查三者之间接线是否有松动或断线，查出后接好紧固
3. 整定电阻太小	3. 调大整定电阻
4. 转速太低	4. 提高转速到额定值，并校核频率
5. 发电机励磁绕组有断路	5. 检查励磁绕组，修复或换新
6. 电抗器或相复励变压器抽头有变动	6. 检查并校核电压，重新抽头接线
7. 电压表有误差	7. 校对电压表

（3）发电机电压高于额定值的故障原因与排除方法（表 6-3）。

表 6-3　发电机电压高于额定值的故障原因与排除方法

故障原因	故障排除方法
1. 移相电抗器气隙过大	1. 按需要调小气隙
2. 整定电阻的滑动触头烧坏、锈蚀、接触不良或电阻烧断	2. 检查并修复或更新电阻
3. 电抗器、相复励变压器抽头变动	3. 按需要重新调整
4. 电压表有误差	4. 校正电压表

（4）发电机在运行过程中突然不发电的故障原因与排除方法（表 6-4）。

表 6-4　发电机在运行过程中突然不发电的故障原因与排除方法

故障原因	故障排除方法
1. 整流器击穿	1. 检查并更换已击穿的整流元件
2. 励磁绕组回路无励磁电流	2. 检查从整流器至励磁绕组的连线是否松动或断线
3. 电抗器铁芯松动，以致气隙减小	3. 将气隙调到所要求的数值，并紧固铁芯
4. 电抗器或相复励变压器线圈短路	4. 检查并修理或更换新线圈
5. 谐振电容器被击穿	5. 更换已击穿的电容

（5）负载增加，发电机电压大幅度下降的故障原因与排除方法（表 6-5）。

表 6-5　负载增加，发电机电压大幅度下降的故障原因与排除方法

故障原因	故障排除方法
1. 移相电抗器、整流器、相复励变压器有一相开路	1. 检查三者之间连线的开路点，并修复
2. 整流器中有开路	2. 检查整流器及其连线，使其接通
3. 相复励变压器的电流绕组和电压绕组极性不一致	3. 调换电流绕组或电压绕组，使两者的极性一致
4. 原动机的调速器性能不良	4. 检修调速器
5. 定子铁芯有位移	5. 将铁芯调回原位并固定好

（6）发电机过热的故障原因与排除方法（表 6–6）。

表 6–6　发电机过热的故障原因与排除方法

故障原因	故障排除方法
1. 长期过载	1. 观察发电机输出电流及功率，并将其控制在额定值以下
2. 励磁绕组或定子绕组短路	2. 检查发电机定、转子绕组，并修复短路的绕组
3. 三相负数不平衡	3. 检查是否有单相大功率负载或电动机单相运转
4. 定、转子相互摩擦	4. 检查发电机轴承、转轴和转子铁芯有无松动

（7）发电机轴承过热的故障原因与排除方法（表 6–7）。

表 6–7　发电机轴承过热的故障原因与排除方法

故障原因	故障排除方法
1. 轴承磨损严重	1. 更换轴承
2. 滑油（脂）太多、太少或变质	2. 检查并加油或换油，滑油量不得超过轴承室空间的 2/3
3. 发电机端盖或轴承盖装配不当	3. 重新安装好
4. 发电机组装配不良	4. 重新找正安装
5. 发电机转轴弯曲	5. 校正转轴

2. 可控硅励磁系统的常见故障原因与处理方法

对于可控硅励磁调压系统发生故障时，首先检查晶闸管主电路是否正常，其次检查触发电路是否正常。检修时，在电路原理图和实物图上找到实现上述功能的元件，然后按照工作过程来检查哪个环节电路不能实现自己应有的功能。可控硅调压系统常见的故障可以归纳为发电机转速为额定转速但不能建立电压、发电机在运行中突然失电、当负载增加时发电机电压大幅度下降等。

（1）发电机转速为额定转速但不能建立电压。发生这种故障，首先按下充磁按钮，若能起压到额定值，说明发电机无剩磁或剩磁能量不足。若充磁后也不能建立电压，可能充磁回路失效，或发电机本身故障导致不能建立电压，或整流桥的整流元件击穿，应首先检查充磁回路的可控硅和整流二极管是否有击穿，使整流回路短路而无法充磁和起压。然后检查发电机励磁回路是否有开路、电刷是否卡在刷握上、电刷辫是否断开、电刷与滑环接触是否良好。

处理方法是修复故障元件、清洗滑环、紧固各紧固点。

（2）发电机端电压低于额定电压。发生这种故障时，首先调节电压电位器观察发电机端电压是否有变化，是否能调到额定电压。若能调到额定电压则说明调节电压电位器的设定不合适。若有变化，但不能调到额定电压，说明调节电压电位器的电阻参数有问题（可调电阻范围过小），更换调节电压电位器增大可调电阻范围。

若触发电路只有单边工作，对应的一个可控硅没有触发脉冲或有一个可控硅触发不能导通（开路故障），主电路全波整流变为半波整流，也会造成端电压下降，这时就得分别检测触发脉冲的波形和可控硅两端的波形。

（3）发电机端电压高于额定值。造成这种故障的主要原因是调节电压电位器的电阻值观察发电机端电压是否能回到额定电压，若能调到额定电压则说明电压电位器的设定不合适。若有变化，但不能调到额定电压，则说明调节电压电位器的电阻参数有问题，可更换电位器。

（4）发电机在运行中突然不发电。发生这种故障时，先进行充磁发电，若不能发电，说明发电机本身励磁线圈有开路故障，应按“发电机转速为额定转速但不能建立电压”的检查方法进行处理。若能发电，说明可能是主电路的可控硅击穿造成，或者触发器停止工作。这时，首先检查整流主电路的可控硅是否击穿，然后，检查触发电路工作电源是否有输出、各个元件是否正常。

（5）当负载增加时发电机电压大幅度下降。发生这种故障，说明发电机在空载或轻载时，励磁电流的调节环节能够将端电压维持在额定值，负载增加时，励磁电流无法补偿电枢反应的影响，造成端电压下降。显然，若整流主回路桥式全波变为半波（有一个整流元件开路），或触发器只有半边工作，另一半波没有输出触发脉冲。因此，此时，只需检查可控硅是否存在开路故障，用示波器检查哪一半波没有输出触发脉冲，检查故障触发器的有关元件和电源。

3．无刷同步发电机励磁系统的常见故障原因与处理方法

三相无刷同步发电机中的主发电机励磁绕组、励磁机电枢绕组及旋转整流装置同轴旋转，静止励磁系统提供直流励磁电流给励磁机定子绕组，在励磁机转子绕组上感应出三相交流电，再经旋转整流后提供给主发电机励磁绕组，最后在主发电机定子绕组上感应出三相交流电输出。无刷同步发电机励磁系统常见的故障与处理方法如下。

（1）旋转整流装置故障。旋转整流模块和过压保护模块是旋转整流装置的两个组成部分，旋转整流模块主要作用是把三相交流电经整流给主发电机励磁。过压保护模块是防止过压对旋转整流模块的损伤。由于制造缺陷或安装接触不良造成发热使旋转整流模块和过压保护模块击穿是比较常见的故障。当旋转整流模块发生故障时，电压下跌明显，1 只二极管损坏，电压一般能跌至 200 V 以下。这种故障判断比较简单，用万用表检测即可。

（2）静止励磁系统元器件损坏。由于元器件质量缺陷或整机振动过大等，静止励磁系统也会发生元器件损坏、导线接触不良等故障，使励磁系统无法提供足够的直流电流，造成主发电机电压不正常。判断静止励磁系统有无故障时，需检测某一状况下通向励磁机定子绕组的电流是否与试验报告或铭牌上标注的标准值一致，若明显小于标准值，则可判定为励磁系统的故障。然后，根据具体情况进一步分析检测是哪一个元器件损坏或哪条线路导通有问题，以便修理或更换。

发电机在运行状态，用万用表检测励磁机定子绕组的电压，来判断是励磁系统故障还是其他故障；断开旋转整流模块和过压保护模块元件各接线，用万用表测量线路的通断，查找损坏元器件。对于个别不容易检测的软击穿管子，也可以用换掉可疑件的办法来帮助判断。对判断出的元器件损坏，一般均可就地更换。若出现匝间短路，则需要进厂修理。

任务三　船舶配电装置的常见故障与处理

一、船舶配电装置的组成及基本功能

1．主配电板的组成与功能

主配电板是电站电能集中和分配的控制中心。它的主要功能如下。

（1）接通或断开电路；

（2）保护装置按要求动作并报警；

（3）检测和显示各电气参数；

（4）能对电站的电压、频率及并联运行的发电机组的有功、无功功率进行调节；

（5）对电路的工作状态进行信号显示。

主配电板的主要组成部件及功能见表 6–8。

表 6–8　船舶主配电板的主要组成及功能

<table>
<tr><th rowspan="2">配电板名称</th><th rowspan="2">工作环节</th><th colspan="2">主要电器</th><th rowspan="2">用途</th></tr>
<tr><th>直流配电板</th><th>交流配电板</th></tr>
<tr><td rowspan="17">发电机控制屏</td><td rowspan="5">供电保护环节</td><td colspan="2">有电指示灯（白）、分闸指示灯（红）和合闸指示灯（绿）</td><td>红灯亮表示有电且主开关分闸，绿灯亮表示主开关已合闸</td></tr>
<tr><td colspan="2">合闸按钮和分闸按钮</td><td>控制开关合闸或分闸</td></tr>
<tr><td colspan="2">主开关及过载、短路、欠压、失压等保护电器</td><td>使发电机能带负载投入或退出供电，并对发电机起保护作用</td></tr>
<tr><td colspan="2">分级卸载保护装置（优先脱扣）</td><td>发电机过载时，分级卸去次要负载，从而消除过载，保证不间断供电</td></tr>
<tr><td>逆流继电器</td><td>逆功率继电器</td><td>因并车等出现故障，使发电机运行在电动状态，自动控制主开关断开</td></tr>
<tr><td rowspan="9">测量环节</td><td>电流表及分流器</td><td>电流表及电流互感器</td><td>测量发电机的负载电流（线电流）</td></tr>
<tr><td>电压表</td><td>电压表及电压互感器</td><td>测量发电机的输出端电压（线电压）</td></tr>
<tr><td>功率表</td><td></td><td>测量发电机的输出功率</td></tr>
<tr><td rowspan="6"></td><td>直流电压表（励磁）</td><td>测量发电机的励磁电压</td></tr>
<tr><td>直流电流表（励磁）</td><td>测量发电机的励磁电流</td></tr>
<tr><td>频率表</td><td>测量发电机的频率</td></tr>
<tr><td>功率因数表</td><td>测量发电机运行时的功率</td></tr>
<tr><td>三相电流、三相电压的转换开关</td><td>通过转换，可分别测量发电机的 A、B、C 各相电流及各相间的线电压</td></tr>
<tr><td></td><td></td></tr>
<tr><td rowspan="3">励磁控制环节</td><td>手动磁场变阻器</td><td>自动电压调整器</td><td>通过调节励磁电流来保证发电机电压在额定值</td></tr>
<tr><td>充磁按钮</td><td>充磁按钮</td><td>发电机剩磁不够不能起压时，控制充磁</td></tr>
</table>

续表

配电板名称	工作环节	主要电器		用途
		直流配电板	交流配电板	
并车控制屏	并车控制及保护环节	一般不设并车屏	粗同步电抗器（新船一般不采用）	限制并车时的冲击电力，使并车易于进行
			粗同步并车熔断器	在并车出现很大的冲击电流时，自动切断并联线路，避免发电机组损坏
			按钮及控制并车用的继电器、接触器	粗同步并车时，控制电抗器的投入和并车后自动退出
			同步表、同步指示灯及转换开关	做并车前的发电机同步指示
			功率表及功率因数表	测量各发电机功率及功率因数，做调节各发电机转速或励磁电流的依据
			频率表、电压表及转换开关	测量电网及待并发电机的频率和电压
			伺服电动机控制转换开关	并车时调节各发电机的转速、按发电机容量的比例分配有功功率
负载屏	配电环节	装置式开关或组合式开关和熔断器		向负载供电，并起短路、过载保护作用
		电流表及转换开关		监测容量较大或较重要负载的电流
岸电控制屏	保护环节	岸电主开关及过载、失压保护装置		控制岸电的供电及断电
			相序指示灯	指示岸电的相序是否正确
	配电环节		逆序保护装置	保证岸电逆序或缺相时不能向船舶电网供电
		装置式开关或组合式样开关		对部分重要负载供电

2. 配电装置中的常用电器及测量仪表

为了控制、分配、保护、测量和调整发电机及负载的需要，配电装置上装有不同用途的控制、保护和测量用的电气设备，常用的有空气断路器、装置式（塑壳式）开关、组合开关、万能式转换开关、励磁变阻器、逆功率继电器及各类电压表、电流表、功率表、功率因数表、兆欧表等测量仪表。

二、发电机主开关（ACB）的常见故障与处理

发电机主开关在电站中是一个重要部件。发电机与主汇流排接通和断开的协调工作就是由主开关来完成的。

主开关主要由失压脱扣装置、分励脱扣装置、过电流保护装置、灭弧装置、辅助触头、控制及信号指示电路组成。

DW14 型断路器是引进日本寺崎公司的 AH 型和 AS 型断路器技术生产的，国内船舶用得较多。发电机断路器附加 AOJ-1 s 过电流脱扣器，是以发电机额定电流为基准值的方式。过流脱扣器安装在断路器正面的右上侧。它的原理如图 6-1 所示，AOJ-1 s 过电流脱扣器外形如图 6-2 所示。

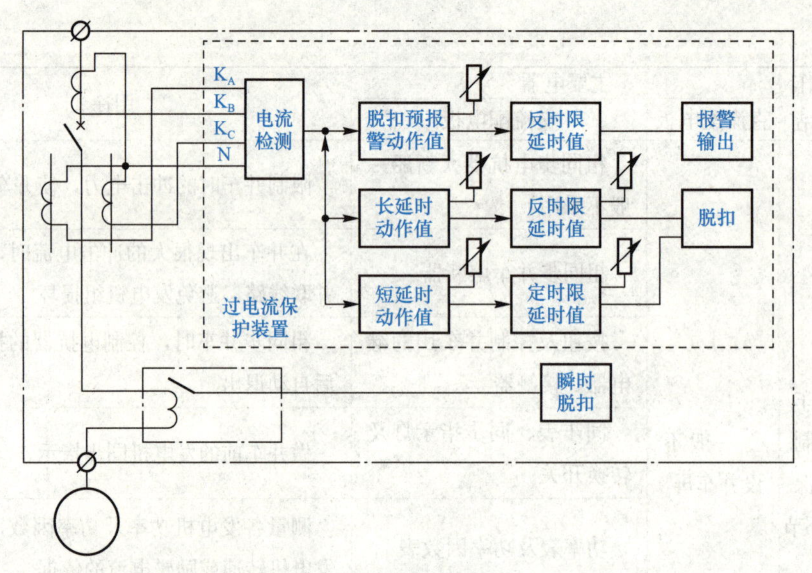

图 6-1　过电流保护装置原理

它具有脱扣预报警、长延时脱扣、短延时脱扣、瞬时脱扣等功能。

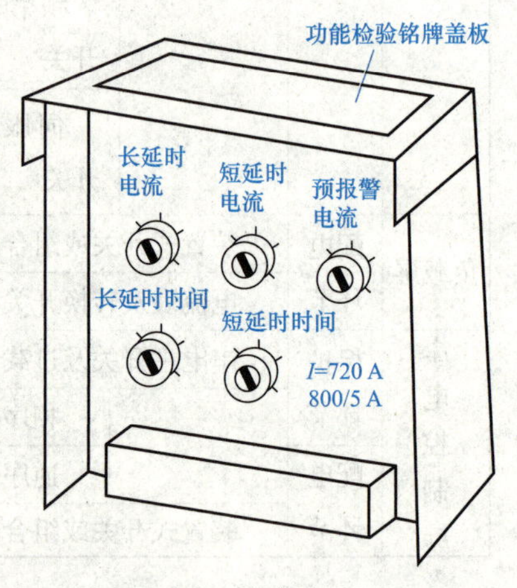

图 6-2　AOJ-1 s 过电流脱扣器外形

装置上有长延时、短延时和脱扣预报 3 个动作电流整定旋钮；长延时和短延时两个延时时间整定旋钮。脱扣预报警的延时时间是固定的。从如图 6-2 所示的外形图可以看出 5 个整定旋钮的对应位置，这种过流脱扣器是专用的。它的基本保护数据是设计部门提供的。整定和试验过流脱扣器需要搞清楚这些数据的关系。从图 6-1 可以看出，提供电流检测取样的电流互感器（CT）在断路器内部。它是按发电机额定电流选取的。在脱扣器面板铭牌上标出如下字样：基准电流（BASE CUR）I_0；CT 变比（CT RATING）I_{CT}。

基准电流是被保护发电机的额定电流。CT 变比是按额定电流选取的。CT 的一次侧额定电流与发电机额定电流接近。二次侧是 5 A 或 3 A。例如，发电机的额定电流是 720 A，铭牌表示：I_0 为 720 A，CT 为 800/5 A。基准电流是各段保护动作值的依据，CT 变比是试验时模拟电流的计算依据。

1．主开关常见故障原因与排除方法

（1）发电机主开关不能合闸（不含电动合闸）的故障原因与排除方法（表 6-9）。

表 6-9　发电机主开关不能合闸的故障原因与排除方法

故障原因	故障排除方法
1. 失压脱扣器不能正常吸合	1. 先检测失压线圈两端电压是否正常，如正常，再检查线圈是否开路，接线柱是否松脱，脱扣器反力弹簧拉力是否正常，机械机构是否卡死；如线圈电压不正常，则应检测失压线圈电路，检查所串电阻、脱扣按钮是否故障，主开关的辅助触点是否失效，保险丝是否烧断，接线柱是否松脱等

续表

故障原因	故障排除方法
2. 脱扣机构磨损严重，钩不住	2. 检查脱扣机械，调整相应螺栓或换新
3. 过电流（或电磁）脱扣器失调（动作值太小）	3. 校正调整至要求值
4. 热脱扣器动作后未复位	4. 停 1 ～ 2 s，待热元件复位

（2）主开关合闸后电网无电压的故障原因与排除方法（表 6–10）。

表 6–10　主开关合闸后电网无电压的故障原因与排除方法

故障原因	故障排除方法
1. 主触头烧坏，动静触头不接触	1. 检查、修理或更换主触头
2. 动触头松脱或断线	2. 检查连线及连接处，接好或紧固螺钉

（3）主开关合闸使用过程中跳闸的故障原因与排除方法（表 6–11）。

表 6–11　主开关合闸使用过程中跳闸的故障原因与排除方法

故障原因	故障排除方法
1. 失压脱扣器的衔铁钩不住脱扣轴	1. 检查脱扣机构
2. 脱扣机构老化，钩不住	2. 检查脱扣机构，调整相应螺栓或换新
3. 过电流（或电磁）脱扣器失调（动作值太小）	3. 校正调整至要求值
4. 失压线圈串联电阻过大	4. 检查串联电阻及连线是否良好
5. 失压脱扣器反力弹簧作用力过大	5. 检查调小弹簧拉力
6. 负载突然加大，使欠压动作	6. 检查调压器及调速器特性，或调小失压脱扣器弹簧拉力
7. 过载继电器的延时太小或无延时作用	7. 检查调整到规定延时值

（4）主开关受船体振动，易自动跳闸的故障原因与排除方法（表 6–12）。

表 6–12　主开关受船体振动，易自动跳闸的故障原因与排除方法

故障原因	故障排除方法
1. 失压线圈电阻值太大，导致电磁吸力弱或铁芯反作用弹簧力太大，铁芯吸合不牢	1. 增大电磁吸力或减少弹簧反作用力
2. 自由脱扣机构钩不住	2. 检查修理
3. 过流脱扣器失调，动作电流值太低，在正常负载电流时已接近动作值	3. 调整过流脱扣器

（5）逆功率继电器失灵，交流发电机产生逆功率现象的故障原因与排除方法（表 6–13）。

表 6-13　逆功率继电器失灵，交流发电机产生逆功率现象的故障原因与排除方法

故障原因	故障排除方法
1. 没有按要求接线	1. 改为正确接线
2. 电压线圈或电流线圈烧坏，逆功率继电器不起作用	2. 检查并更换线圈

2．发电机保护动作使主开关跳闸的判别

（1）发电机过载保护的判别。发电机过载致主开关跳闸，一般发生在发电机单机运行在较大负荷下，在不察看发电机实际功率时启动大负荷运行，如启动空压机、压载泵等致发电机过载而跳闸；也可能发生在并联运行时，其中一台机组因机电故障保护立即跳闸，而分级卸载装置失灵或卸载后仍过载致运行机组出现过载而发生保护跳闸等场合。

（2）发电机欠压保护的判别。发电机欠压保护跳闸主要发生在调速器及燃油系统或调压器出现故障的场合。调速器及燃油系统故障导致欠压保护的判断依据是先出现转速下降（这可从柴油机声音听到）后发生跳闸，调压器故障导致的欠压保护可先出现电压下降（这可从照明灯的亮度变化看出）后发生跳闸。

（3）发电机逆功率保护的判别。发电机逆功率保护跳闸主要发生在并车操作合闸时刻把握不当，导致待并机组主开关合上后跳闸，或并联运行时负荷分配操作调节方向调反，或并联时其中一台柴油机调速器损坏或燃油中断等场合会发生逆功率保护跳闸。

（4）发电机外部短路故障的判别。这里指的是按要求对发电机进行外部短路保护，即发电机电流大于等于 $2I_N$ 时主开关跳闸这一故障的判别。

1）对于具有自动电站管理系统的电站：当发生发电机主开关跳闸主电网失电除报警外机舱没有任何其他反应且报警指示的是短路故障时，说明这时发生了发电机外部短路故障。

2）对于常规电站：当发生发电机主开关跳闸时，这一跳闸不是发生在同时启动几台大负荷时，也不是出现在利用船上起货机进行装卸货作业时；不是先出现转速下降后发生主开关跳闸，也不是先发生电压下降后再跳闸（从照明灯的亮度可得到判别）。这时一般可断定发生了发电机外部短路故障，但也不排除有关人员的操作失误（如并车操作不当）使发电机电流达短路保护整定值，或也有可能是由于主开关本身故障引起跳闸。

三、船舶电网绝缘故障处理

船舶电网通常采用三相三线绝缘系统，电力网中任何一点单相接地均属于不正常状态。虽然这种状态在短时间内不致出现问题，但是未接地的两线对地已是线电压，若再有一相接地，则形成短路，这是一种潜伏性的事故状态，必须及时发现予以消除。船舶在主配电板照明配电屏上装设电网绝缘检测装置，常见的绝缘检测装置有“接地灯”（也称为“地气灯”）、配电板式兆欧表、电网绝缘检测仪等几种类型。船舶电网绝缘测量是在电网有电情况下进行的，不能使用便携式兆欧表。

配电板式兆欧表由测量机构（表头）和附加装置（整流电源）组成，通过转换开关可分别测量 380 V（440 V）动力电网和 220 V（110 V）照明电网绝缘电阻，如图 6-3 所示。若测量动力电网的 C 相绝缘电阻，当电网绝缘下降时，漏电流将增大，漏电流经电源正极接线柱 3 →电网→绝缘电阻 R_x →测量机构→接线柱 4（电源负极），漏电流越大，测量机构指针偏转越大，说明绝缘电阻越小。

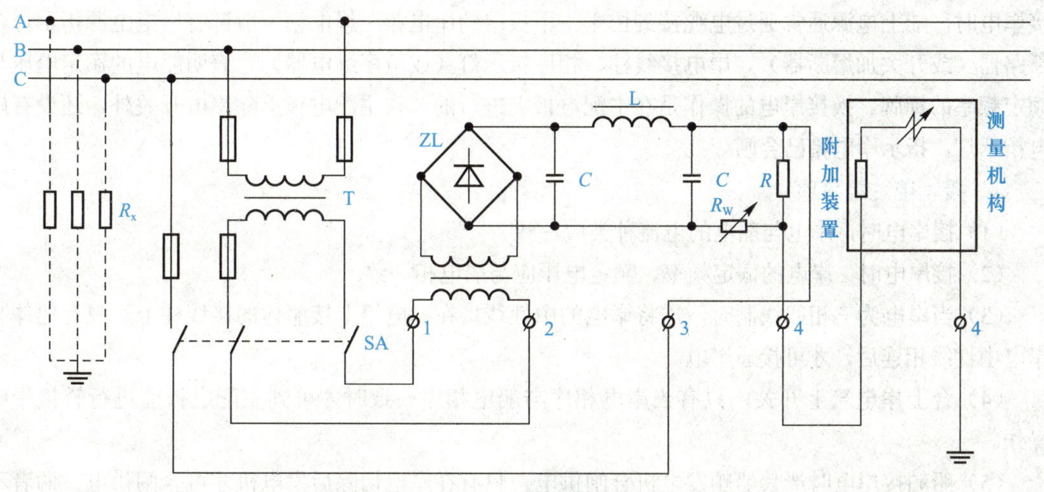

图 6–3 兆欧表原理图

当测量照明电网对地绝缘时，将转换开关从 0 位打到 220 V 位，从附加装置正端流出的直流电流经转换开关到 220 V 照明电网，再经照明电网对地的绝缘电阻流到测量表头，最后流回附加装置的负端。动力电网对地绝缘的测量同照明网络。电网对地绝缘电阻越低，表头指针偏转就越大，当一相接地时，表头指针偏转最大，指示绝缘电阻值为 0。

对于新建造的船舶，各船级社规定：用于电力、电热和照明的绝缘配电系统，无论是一次还是二次配电网络，均应设有连续监测装置，用以监测相对于船体的绝缘电阻，且在绝缘电阻异低时发出声、光信号。当对船体的绝缘电阻一旦下降至 1 000 Ω/V 以下时，必须触发报警装置。

船电网接地故障大多发生在照明网络。当值班人员通过配电板式兆欧表检查时，发现绝缘电阻低（或装有连续监测对地绝缘电阻报警装置的声、光报警时），值班人员应及时找到接地点，排除接地故障，消除隐患。

照明网络接地故障的查找步骤如下：

（1）打开配电板式兆欧表测量照明网络，兆欧表指示此时为 0。

（2）在主配电板前，逐个拉掉照明配电开关，查看兆欧表指示是否恢复正常值。

（3）拉区域开关的次序：船员居住区→甲板照明区→机舱照明区→驾驶室的通导设备。

（4）找到发生接地故障的配电开关后，切断该路供电，查看兆欧表指示是否恢复正常值。

（5）在分配电箱前，运用便携式兆欧表查找二次配电网络，逐个测量分支电路对地绝缘状况。

（6）找到接地的分支电路后，拉掉这一路分配电开关，合上其余开关，在主配电板前合上这一路配电开关恢复供电。

（7）在查找具体接地点时，应从中间接线盒（如两个房间中间的）断开，判断是哪一小区域（如房间）接地的。

（8）由于小区域（房间）中只有有限的几个供电点，一般不超过 5 个点，应逐一检查每个供电点。主要检查灯头、插头、开关部分引线，检查灯头、插头、开关内部状况，经过这些检查仍找不到接地点时，应检查接线盒至用电器间电缆直至找到接地故障点。

四、岸电箱

船舶进厂及靠港检修时，或某些船舶靠港停泊时，可以用陆地的电源来供电，称为“岸电”。

接岸电时，陆上电源通常通过电缆接到位于主甲板层的岸电箱，岸电箱一般都有岸电电源指示灯、断路器（或开关加熔断器）、岸电接线柱、相序指示灯（或负序继电器）、表明船电的额定电压与额定频率的标牌。换接岸电的操作是在主配电板上进行的，在主配电板上除岸电开关外，还设有岸电指示灯，指示岸电箱已合闸。

1．接岸电注意事项

（1）接岸电时，岸电与船电的电流种类应一致。

（2）接岸电时，岸电的额定频率、额定电压应与船电相一致。

（3）当岸电为三相四线制时，需将岸电的中性线接在岸电箱上接船体的接线柱上。只有船体与岸电中性线相连后，才可接通岸电。

（4）合上岸电箱上开关，只有当岸电相序与船电相序一致时才可到主配电板前进行转接岸电操作。

（5）船舶接岸电时严禁船舶发电机合闸供电，只有在岸电切除后发电机才可合闸供电，两者不可能同时合闸。图 6-4 所示为船电与岸电互锁连接示意。

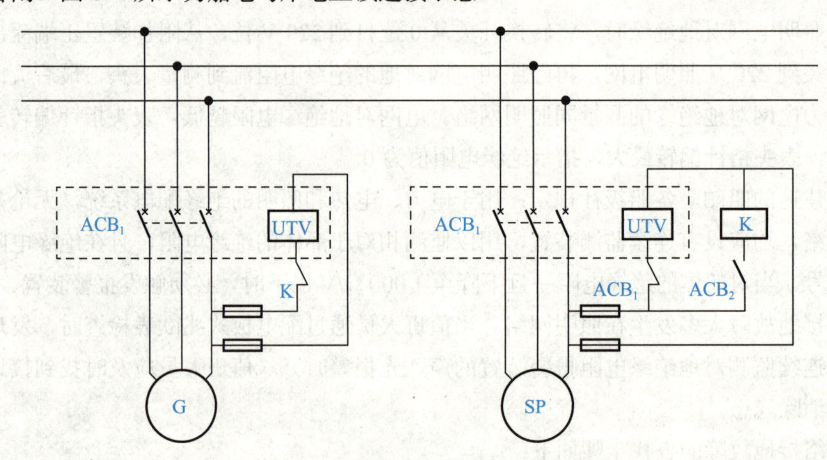

图 6-4　船电与岸电互锁连接示意

（6）经船级社（如 GL）认可，某些船舶设有船电与岸电并联设施，这仅仅是为了转移负载，并允许船上供电系统和岸电电网做短暂的并联运行。

2．换接岸电操作

（1）进厂坞修时，将岸上电力电缆接在岸电箱的岸电接线柱上，合上岸上配电开关，岸电电源指示灯亮（一般由船厂人员承担）。

（2）在船电供电情况下合上岸电箱上开关。由岸电箱上相序测定器指示岸电与船电间相序，当两个指示灯的亮暗关系与岸电箱上标志相一致时，说明岸电相序与船电相序一致；否则相序不一致。若为负序继电器，则当相序不一致时，岸电箱的开关合上即跳闸。

（3）在主配电板前，当岸电指示器已表明岸电已通电时，分断发电机主开关，电网失电后立即合上岸电开关，此时船舶电网已换接成岸电供电。

3．相序测定器

相序测定器原理线路如图 6-5 所示。相序测定器电路的三相负载是不对称的。当接电容 C 的一相设定为 R 相时，则灯较亮的一相为 S 相，灯较暗的一相为 T 相。

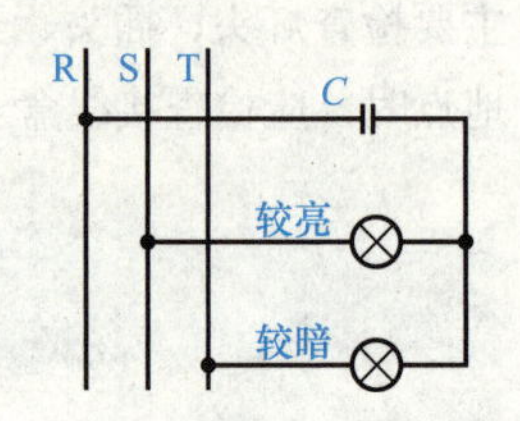

图 6-5　相序测定器原理线路

任务四　船舶发电机并联运行故障与处理

发电机并联运行时必须满足一定的条件，而且要按照一定的操作程序进行。

一、同步发电机并联运行操作

1. 同步发电机并联运行条件

（1）相序一致：待并发电机必须与电网相序一致（检查相序可用相序表）。出厂时，各待并发电机的相序都已检查、校对一致，因此，实际并车操作时，不必再检查相序。

（2）频率相等：待并发电机的频率应与电网频率相等。实际操作时，允许误差在 0.5 Hz 以内。

（3）相位相等：待并发电机电压初相位应与电网电压相位相同。实际并车操作时，允许待并发电机相位与电网相位相差 10°～15°。

（4）电压有效值相等：待并发电机电压有效值与电网电压有效值相等。实际操作时，待并发电机电压有效值与电网电压有效值之差允许在电网电压的 10% 以内。

2. 同步发电机并联运行操作方法

（1）手动准同步法。手动准同步法是一种最基本的并车方法。通过手动调节发电机的电压有效值、频率（相位），在满足并联运行条件下，由手动合闸进行并车。这种方法，并车条件要求严格，而且全部过程由手动操作，要求操作者的技术要比较熟练。其适用于并联运行操作不频繁的小型船舶电站，或做自动准同步法的备用方法。

手动准同步法并车操作步骤如下：

1）检查并调整电网运行发电机及待并发电机电压有效值、频率，使之在额定状态（调节励流实现调压，调节调速手柄实现调频）。

2）打开整步表（同步表）或同步指示灯开关，调节待并发电机调速手柄，使其频率略高于电网频率（要求差在 0.5 Hz 之内，即整步表指针顺时针转一圈或同步指示灯明暗一次的时间在 2 s 以上，一般取 3 ～ 5 s），等待捕捉合闸时刻。

3）当整步表指针即将接近同相位点（11 点）或灯光明暗法全暗时段的中间位置时合闸。

4）待并发电机主开关合闸后，断开整步表（或同步指示灯）开关。

5）增大刚刚并上的发电机组的油门，同时减少原电网运行发电机组的油门，进行负载转移，注意在转移负载过程中保持电网频率在额定值。

（2）半自动准同步法。电压及频率的调节由手动操作，而当达到准同步的条件，合上发电机主开关的操作，由自动同步装置自动完成。

（3）自动准同步法。自动准同步法是依靠自动并车装置来检测、调节待并发电机的频率、相位（电压有效值可由调压器来保证），使之满足并联条件时自动合闸的一种方法。这种方法方便、准确。对电网的冲击小，但设备复杂，维护技术要求高。其适用于并联发电机组数量多、功率大、要求高的船舶电站。自动准同步并车是自动电站的一个重要环节。

（4）粗同步法（电抗同步法）。粗同步法是待并发电机的电压有效值、频率、相位与电网的电压有效值、频率、相位接近时，使待并发电机串一电抗器并入电网，并拉入同步的并车方法。此法由于发电机经过电抗器并入电网，可以大大减小并车时因电压差、频率差及相位差所造成的冲击电流，因而对并车条件的要求可以放宽一些。

粗同步法并车操作步骤如下：

1）检查并调整电网运行发电机及待并发电机电压有效值及频率，使之在额定状态（调节励磁电流实现调压，调节调速手柄实现调频）；

2）接通并车电抗器，使发电机经电抗器并入电网；

3）发电机被拉入同步后自动合上主开关，同时手动或自动切断并车电抗器。

4）增大刚刚并上的发电机组的油门，同时减少原电网运行发电机组的油门，进行负载转移，注意在转移负载过程中保持电网频率在额定值。

二、并联运行发电机机组功率的分配与调节

1．有功功率的调节与分配

并联运行发电机组之间有功功率的调节与分配，是通过主配电板发电机控制屏上的手动调速开关调节柴油机的调速器伺服电动机，从而改变柴油机油门的大小来实现的。

在电网负荷不变的情况下，在两台并联运行的同步发电机中，如果调节油门使一台发电机的有功功率增加，为了防止电网频率和电压的变化，必须相应地减小另一台发电机的有功功率输出，使其有功功率的减小量等于有功功率的增加量，此即称为负载的调节与分配。例如，两台同容量同型号发电机并联运行，假设 1 号发电机已带负载运行，2 号发电机刚刚并入电网，还处于空载状态，这就需要有功功率的调节和分配，将电网有功功率的一半转移给 2 号发电机。方法：操作人员通过调速开关调节调速器上的伺服电动机，并观察功率表和电压表，增大 2 号发电机组的油门，增加其输出功率，同时，通过调速开关反方向调节调速器上的伺服电动机，减小发电 1 号发电机组的油门，直到有功功率的分配均匀而频率又在允许值以内，调节结束。

当电网负荷减小时，一台发电机组的容量已满足需要，这时需要将另一台发电机组从电网上脱离出来，这称为解列。解列时同样需要进行有功功率的调节，即将解列机组的有功功率全部转移到电网运行机组上。解列时（假设解列 1 号发电机），操作人员应向相反的方向通过调速开关调节两台发电机组油门的大小，并观察功率表和电流表。应使 2 号发电机的油门加大，1 号发电机的油门减小，直到有功功率全部转移到 2 号发电机上，调节完毕，断开 1 号发电机主开关，使之与电网脱离，解列结束。

装有自动调频调载装置的船舶，只要打开自动调频调载的工作开关，其有功功率的调节和分配就会自动进行。但是要注意自动调频调载装置的工作延时，是对原动机调速器动态调整的一种补充。

2．无功功率的调节与分配

为了使发电机组保持稳定的并联运行，发电机组之间也必须平均或合理地分配无功功率。并联运行的发电机组之间无功功率的分配是通过调节发电机的励磁电流实现的。两台同型号同容量的发电机并联运行后，若无功功率的分配情况是 $Q_1>Q_2$，这时就需要调节两台发电机的励磁电流，使无功功率平均分配。方法是适当增大 2 号发电机的励磁电流，同时相应减小 1 号发电机的励磁电流，直至两台发电机组之间的无功功率平均分担为止。

（1）判断两机之间的无功功率分配是否均匀方法。判断两机之间的无功功率分配是否均匀，可以采用以下两种方法：

1）机组并联运行，两台发电机功率表（有功）指示基本相同而电流表指示相差太大时，说明无功功率分配不均；

2）机组并联运行，两台发电机功率表（有功）指示基本相同而功率因数表（cosφ 表）指示相差较大时，说明无功功率分配不均。

（2）实现无功功率均匀分配的措施。欲使发电机组之间无功功率分配均匀，要求两台发电机的外特性曲线斜率相同。在船舶中一般采用均压线或电流稳定装置两种方法来实现无功功率的均匀分配。均压连接方法有直流均压连接和交流均压连接两种。不可控相复励自励恒压同步发电机并联运行时，一般采用均压线连接方式。目前，船舶中采用无刷同步发电机越来越多，它一般采用电流稳定装置来实现无功功率的均匀分配。

1）直流均压连接法。图 6-6 所示为直流均压连接线路。直流均压连接法又称转子均压连接法。它只适用于同容量同型号发电机的并联运行。它是将并联运行发电机的励磁绕组用两根均压线并联起来。均压线的接通和断开与发电机主开关相互连锁。图中 1KM 和 2KM 为均压线连接接触器，分别由主开关 ACB_1 和 ACB_2 的常开辅助触头控制。有了直流均压线后，就能使励磁电流随无功负载的变化而相应变化，以保证无功负载分配均匀。

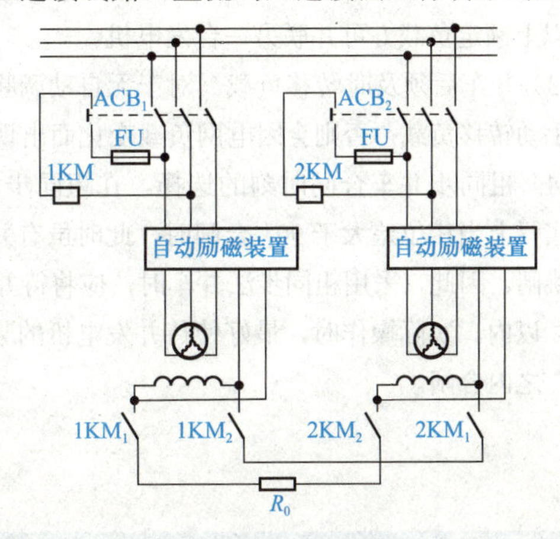

图 6-6　直流均压连接线路

2）交流均压连接法。交流均压连接法又称为移相电抗器均压连接法。它是将并联运行发电机电压调整器的移相电抗器并联起来。它适用于不同容量的发电机并联运行。这种方法使无功负载分配较好，且均衡电流较小，但并联合闸操作过程中冲击电流较大。

3）电流稳定装置。在按电压偏差进行调压的励磁系统中，调差系数 K_C 一般是很小的，甚至是无差的。这样，在发电机并联运行时，就会使无功功率的分配不稳定。为了使调压特性曲线为具有足够倾斜度的有差调整特性，且 K_C 相同，稳定平均地分配无功功率，所以，在调压器上加装了可以改变调差系数的装置，因其作用就是利用电流信号，通过调压器作用，以使无功电流的分配稳定，故称作电流稳定装置。图 6-7 所示为电流稳定装置原理。

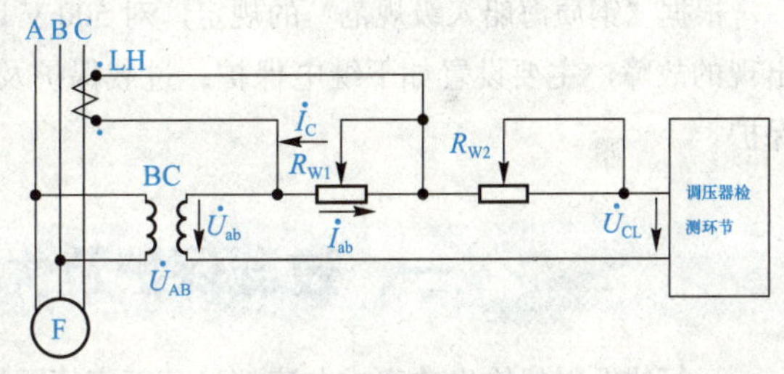

图 6-7　电流稳定装置原理

（3）均压线连接的无功功率分配装置的故障处理。在发电机并联运行时，其无功功率的分配是由自动电压调整器来自动完成的。但是如果电器元件出现故障，就会使无功功率分配装置出现故障。

1）检查均压线接触器是否通电动作，检查线圈本身、发电机主开关常开辅触点、熔断器、导线及相应接线柱等，或修复或更新；

2）检查均压线接触器触点是否可靠闭合，或打磨修理或更新。如果触头接触不良，会使均压线断路，并车时不易并上，即使空气开关能合闸，发电机也不能稳定地并联运行，两台发电机的电流可能同时急剧上升，直至发电机的主开关保护动作而跳闸。

3. 并车时应注意的问题

并车时，只要按操作要求及步骤进行，一般都能顺利并上车。但有时也会发生并车失败，甚至引起电网跳闸。

（1）避免在负载剧烈变化时并车。并车时，应当避免在负载剧烈变化时并车，或者在并车时断开剧烈变化的负载。并车时若负载剧烈变化（如多台起货机正在工作、起锚等），易引起电网功率（电流）、频率、电压有效值大幅度波动，难以使待并发电机电压有效值、频率、相位与电网的电压有效值、频率、相位一致，在并车合闸时，会产生巨大的冲击电流而使主开关跳闸；另外，由于负载变化太大，各台发电机无法及时合理分配负载，而使逆功率继电器动作，造成并车失败。

（2）不能空载或轻载并车。电网上原有发电机处于空载或轻载状态时，若再并上一台发电机，则它们难以稳定工作，电网负载稍有波动，就会形成其中一台逆功率运行，引起跳闸。另外，从经济的角度来看，也应避免两台发电机空载或轻载并联运行。一般来说，电网上运行的发电机应带 50% 以上额定负载方可并联另一台发电机。

（3）并车后须及时转移负载。对于无自动调频调载装置的船舶电站，发电机并入电网之后，应及时手动转移负载，否则会因电网负载变化而出现逆功率跳闸。

（4）粗同步并车合闸时刻的选择。在粗同步并车中，常误以为采用并车电抗器就可以随意并车。实际上当相位差大于 90° 合闸时，此时虽有并车电抗器限制电流，但冲击电流仍可使发电机主开关跳闸。因此，采用粗同步法并车时，应将待并发电机与电网的频差限制在 0.5 Hz 之内、相位差在 90° 以内。实际操作时，最好使待并发电机的频率稍高于电网频率，其电压相位超前电网电压相位 30° 之内合闸。

任务五　发电机的继电保护参数调整

根据《钢质海船入级规范》的规定，对 500 V 以下同步发电机，针对其不正常运行情况和可能出现的故障，主要设置如下继电保护：过载保护及优先脱扣、外部短路保护、欠压保护和逆功率保护。

一、过载保护及优先脱扣参数调整

运行的发电机输出功率或电流超过其额定值即过载。发电机过载保护的原则：一方面要保护发电机不受损坏；另一方面要尽量保证不中断供电。因此，发电机过载保护，广泛采用了自动分级卸载保护，即发电机出现过载后，自动分级卸载装置首先将部分次要负荷卸掉，以消除发电机的过载现象，并发出报警信号。若在一定时间内仍不能解除过载，为了保护发电机不被损坏，过载保护装置应发出发电机过载自动跳闸信号，将发电机从汇流排上切除。对于发电机短时过载，例如，由于大电动机、多台电动机同时启动和电力网远端发生短路等引起的过载，保护装置应避开这种短暂的过载，即过载保护应具有一定的延时特性。

对于发电机过载保护，《钢质海船入级规范》规定：对无自动分级卸载装置的发电机，当过载达 125% ～ 135% 额定电流时，保护装置延时 15 ～ 30 s 动作，使发电机自动跳闸；对有自动分级卸载装置的发电机，当过载达 150% 额定电流时，保护装置延时 10 ～ 20 s 动作使发电机自动跳闸。

船舶发电机的过载保护一般是由自动空气断路器中的过电流脱扣器来实现的。优先脱扣过电流继电器动作电流的整定是以发电机过载保护的长延时整定电流为基础的。例如，某轮船发电机的额

定电流为 770 A，其优先脱扣过电流继电器动作电流整定为 90% 的长延时脱扣器整定电流，则

$$长延时整定电流 =770\times1.1=847\text{（A）}$$

$$优先脱扣整定电流 =847\times0.9=762\text{（A）}$$

故优先脱扣整定电流为发电机额定电流的 99%。

而优先脱扣延时时间的整定，不仅要求该过电流继电器的动作电流整定值与发电机过载保护的长延时整定电流相互协调，而且延时时间的整定也应很好协调。在实际设计中，长延时脱扣器的延时通常整定为 15 ～ 30 s，所以，优先脱扣的过电流继电器的延时，通常整定值应小于 15 s。有关公司标准为 5 ～ 10 s 和 5 ～ 12 s。

根据船舶电站发电机的容量和台数，考虑非重要负载的性能和大小，也可以采用分级脱扣卸载，以求最大限度地给负载供电。各级脱扣是利用延时的时间差来实现的。例如，长延时脱扣器的延时为 20 s 时，若分 3 级脱扣时，建议延时时间整定：第 1 级脱扣延时 5 s；第 2 级脱扣延时 10 s；第 3 级脱扣延时 15 s。

优先切断的非重要负载，在规范中没有明确规定，通常是根据负载的性质，再根据功率的大小进行调整。如某集装箱船的优先脱扣切断负载分为 2 级，第 1 级切断的负载为机修工具、厨房设备、造水机、绞缆机、一台起货机、空调、货舱风机、住舱风机、日用淡水泵、舱底水分离泵、舱底压载扫舱泵；第 2 级切断的负载为冷藏集装箱电源。

优先切断多少负载，取决于并联运行发电机的台数和负载率。

二、外部短路保护参数调整

发电机的外部短路故障对发电机和电气设备影响极大，因此，发生短路故障时，保护装置应迅速动作。但为了实现保护的选择性，也给予一定的延时。对于发电机外部短路保护，《钢质海船入级规范》做了如下规定：

对于船舶发电机外部短路保护一般应设有短路短延时和短路瞬时动作保护。当短路电流达 2 ～ 2.5 倍的额定电流时，保护装置延时 0.2 ～ 0.6 s 动作，使发电机自动跳闸。当短路电流达 5 ～ 10 倍的额定电流时，保护装置应瞬时动作，使发电机自动跳闸。

短路保护和过流保护（含分级卸载）的参数调整：以 AH 开关为例，将 AH 主开关的电子脱扣器接点上的连接线取下，试验电路如图 6-8 所示。电流表 A 中的电流值是电子脱扣器中的电流（电流互感器的二次侧电流），应与 AH 主开关保护动作值相对应。保护动作的延时时间可用电子脱扣器上的相应电位器调节，动作值由电子脱扣器内部电位器调节。

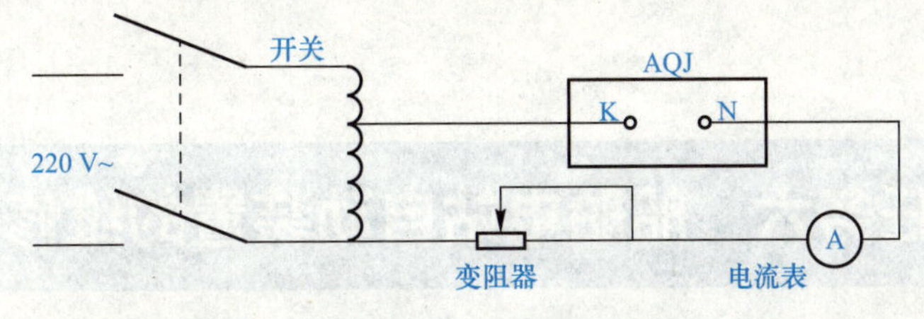

图 6-8　短路及过流保护（含分级卸载）试验电路

试验时，将调压器回零位，主开关合闸后逐渐增加输出电压，观察电流表读数，同时观察电子脱扣器上的相应指示灯，利用计时秒表计动作延时时间。

发电机外部短路保护也是由自动空气断路器中的过电流脱扣器来实现的。

三、欠压保护参数调整

对于船舶发电机的欠压保护，《钢质海船入级规范》规定：对带有延时的发电机欠压保护，当发电机电压低于额定电压的 70% ～ 80% 时，延时 1 ～ 3 s 动作。对不带延时的发电机欠压保护，当发电机电压低于额定电压的 35% ～ 70% 时，瞬时动作。

船舶发电机的欠压保护是由自动空气断路器中的失压脱扣器来实现的。

欠压保护的参数调整：欠压保护动作试验电路如图 6-9 所示。将调压器回零位，合闸刀开关后逐渐增加输出电压至发电机额定值，观察失压线圈有电吸合，然后合上发电机主开关，再逐调节调压器使输出电压下降，调至欠压动作值，主开关应跳闸。

欠压动作值及动作延时时间由 UVT 整流装置内的电位器调节。

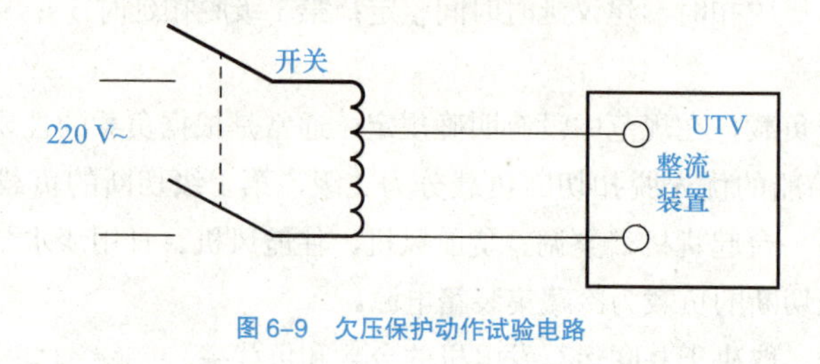

图 6-9　欠压保护动作试验电路

四、逆功率保护参数调整

交流发电机的逆功率保护是由逆功率继电器来实现的，船舶上逆功率保护装置的整定值一般整定在额定功率的 8% ～ 15%（原动机为柴油机），延时 3 ～ 10 s 动作。对逆功率保护整定值和动作正确性的校验，可在发电机单机运行的情况下，用正功率进行校验，为此应把继电器上的电压或电流连接对换，这样，继电器把正功率作为逆功率测量，功率表指示的正功率数值就是逆功率数值。

电子型的逆功继电器比较容易校验，达到逆功动作数值，有动作指示灯显示，开始计时，延时动作输出也有指示灯显示，输出跳闸，停止计时，秒表所指示的就是延时时间。

感应型的逆功继电器（如 GG-21），动触点始动的逆功率数值与动触点接触静触点的并不是同一个数值，两个触点接触时的点才是实际的逆功率数值。这是调试的要点，考核动作值要把动触点调节到尽量靠近静触点的位置。调试时必须分两步做，先整定动作值，然后校验延时时间。一般来说，直接调节功率到逆功数值，开始计时，跳闸，停止计时。

任务六　船舶电站自动装置的维修

随着科学技术的发展，微电子技术在船舶工程中应用越来越广，船舶自动化的程度越来越高，可实现 24 h 无人机舱。船舶电站作为船舶的重要组成部分，也不例外，它的自动化程度也在不断提高，从过去的单元自动化装置发展到全电站的自动管理系统——PMS。如启动一台较大容量的电动机，能自动进行重载询问，当电网容量不够时，能自动启动备用柴油发电机组，自动并车投网，自动调频调载，然后启动该电动机。

现代船舶电站自动化装置都是由电子半导体器件和微型计算机等构成的，所以，它的维护工作量比较少，不需进行拆检保养。平时只需做一些清洁、紧固检查和模拟试验工作，通过模拟试验能及早地发现问题，排除故障。

船舶电站自动化装置的功能越多，它的电路结构就越复杂，给维修人员排除故障带来了一定难度。但是，它的各个功能都必须由一定的电路或印制电路板组成，正如微型计算机（微机）的设备都必须挂在总线上一样。所以，单元自动化装置是基础。本任务首先讨论单元自动化装置。

一、自动并车装置故障的检修

（一）概述

自动并车装置必须模仿手动并车操作过程，首先要检测出待并机和运行机的频率差，根据频率差的方向（频差电压极性）和大小发出相应的调速脉冲信号，使待并机升速或降速，使其频率与运行机的频率相等，这个过程叫作频率预调。当频差达到允许并车要求（$\Delta f \leqslant 0.25$ Hz）时，要在初相位相同的瞬间合闸，以减小并车冲击电流，这个过程叫作合闸控制。因此，自动并车装置由频率预调和合闸控制两大部分组成。其原理如图 6-10 所示。要实现图中功能的电路很多，如频差脉动电压有正弦波和三角波之分，形成的这种电压电路也是多样的，频差符号鉴别的方法有单相位法、多相位法。有些生产厂家为了技术保密，不提供电路图，只给出模块，如日本制造的船舶电站自动化控制系统 GAC-2S 中的频率预调由 EIH-212 印制电路板完成，合闸控制由同步条件检测 EIH-221 电路和自动并车合闸控制 EIH-215 电路板完成，由 EIH-221 检测出同步条件符合时，送出合闸信号给 EIN-215 操作进行自动并车合闸操作。这样，给维修人员带来很多困难，甚至只能购买生产厂家的原型号的产品进行替换。

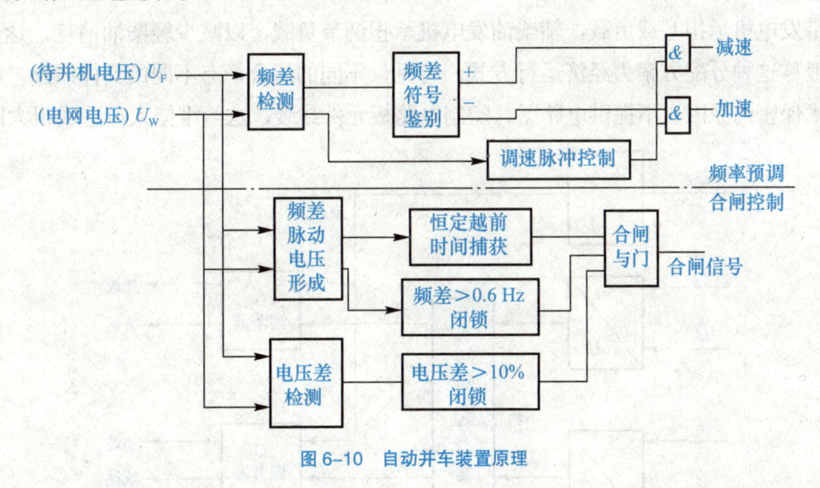

图 6-10　自动并车装置原理

（二）自动并车装置故障的检修方法

无论是自动并车装置，还是作为自动化电站控制装置的一个单元，这部分必须与外围取得电网交流电压信号和待并发电机的交流电压信号，输出的执行机构有调速和合闸，它们分别与手动调速开关、手动合闸按钮并联。所以，自动并车装置或单元故障，要先检查这些输入和输出机构是否异常。检查的方法，启动待并发电机组，有意把待机调低于运行机频率（约 1 Hz），按下自动并车指令按钮，看频率预调环节是否工作正常，这时应有加速继电器动作。若没有动作，说明频率预调环节出现故障，此时应检查电网中待并车的交流电压信号的输入有无。若有电压信号，有输入而无输出；就得更换频率预调模块。若自动装置动作不准，造成过电流或逆功而跳闸，这时应检查合闸控制模块，着重检查并车条件检测环节和恒定越前时间或恒定越前相角捕获环节，检修方法应按电子设备检修方法来进行，较为常用的是替代法和波形法。

二、自动调频调载装置故障的检修

（一）概述

当两台或两台以上发电机并车运行时，由于各台柴油机的调速器特性不能做到完全相同，这样在并车运行时，就可能出现功率负载承担不均（同容量而言）或不按额定功率的比例来承担，或者也不能按照某一个给定方案进行分配有功功率，再加上原动机的调速器为了并联的稳定性，一般采用有差调节特性，在重负载情况下，电网频率偏离额定值。因此，自动调频调载装置就得模仿人工的调节过程。

要获得电网的频差信号（由频率变换器完成），各台发电机的有功功率的信号由功率变换器完成（这相当于人眼观看频率表和功率表），把有功功率信号送到功率分配器（相当于人脑决定调节方案），根据既定的分配方案送出各台功差信号给各调速器，进行加速（增加功率）或减速（减小功率）操作（这相当于人的手，作用于调速开关），因此，自动调频调载装置或单元的原理，如图 6-11 所示。要实现图中的功能的线路也比较多，如频率变换器就有谐振式、基波式、离散计时式等，功率变换器有单相式、多相式、离散采样式等。有功功率分配器按分配方案不同，可采用虚有差法、主调发电机法、积差法。以微机为核心的自动化电站，一般是采用均分法（同容量发电机）或按额定值比例进行分配（不同容量发电机）；若与废气、轴带发电机并联，一般采用主调法，即以废气发电机、轴带发电机承担基载负载，辅柴油发电机承担调节负载，以减少轻柴油消耗，达到经济运行的目的，一般称这种分配方案为经济运行方式。可见，不同的组合，有不同的具体线路，再加上一些厂家出于技术保密的原因，不提供电路图、印制电路板元件封装，这给维修人员造成很大困难。

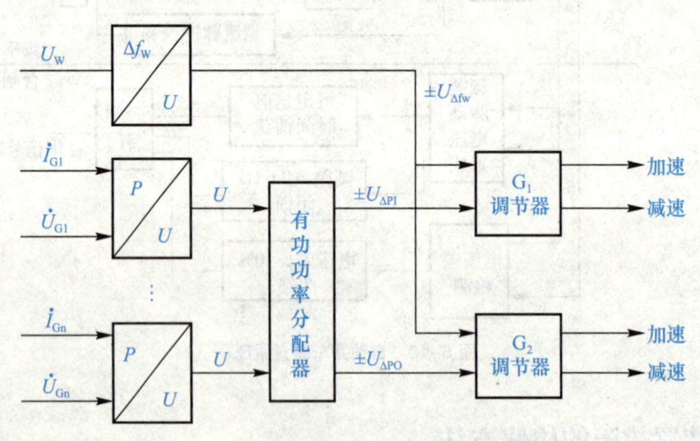

图 6-11　自动调频调载装置原理

（二）故障检修方法

当自动化调频调载装置或单元发生故障时，首先检查的是输入、输出机构。例如，电网上有比较大的负荷，频率偏离额定值比较大（>0.5 Hz），自动调频调载装置拒绝动作，这时，应检查频率变换器，检测其输出是否有频差信号 $-U\Delta f_w$，若是微机系统，应检查电网交流电压信号送给微机的模拟量输入口的信号是否存在。没有该交流电压信号，就得检查电压互感器。若有频差信号 $U\Delta f_w$，应检查调速控制器的输出机构，若没有发现什么问题，则只能替代该机组的调速控制器模块。又如自动并车成功后，不能自动转移负荷故障，首先应检查并联运行合闸成功信号是否提供了自动调频调载装置（一般是通过 ACB 的常开触点闭合来提供，所以检查该触点是否闭合好），然后检查功率变换器是否有输出，这时刚并机，输出信号应是很小或为 0，否则就有故障，这时检查输入信号 U_G、I_G，注意检查电流信号时，千万不能开路，因为这是由电流互感器提供的，若要检修电流互感器应停机，离线检查。若这些正常，应更换故障的功率变换器模块。

总之，对于技术保密，不知其具体电路结构的故障印制电路板的检修方法，最有效、快速的方法是更换备用板，离线送专业厂家检修或更换；对早期已不再生产的产品，需向厂家定制，价格很高。因此，在有可能认清其功能（如功率变换器、频差变换器），知道输入、输出之间关系，以及与上级、下级的联系（这里指信号匹配关系），可以自行设计或利用现有同等功能的印制电路板替代。

三、船舶发电机综合保护装置的检修

（一）概述

船舶发电机是船舶的重要设备之一，只有船舶发电机安全、可靠运行，才能有效保证船舶航行的安全，因此，对发电机都装设有过载、短路、欠电压及逆功保护等装置。实现这些保护的方式有继电式、半导体式、微机数字式。现在，完全继电式保护装置逐渐被淘汰。国产船舶大多使用半导体式的过电流、过载保护，欠电压保护由失电压线圈完成，逆功保护采用感应式逆功继电器。国外的保护装置有两种方式：一种是与船舶电站监控结合在一起，作为船舶电站自动化控制系统的一部分；另一种是主开关带有一个低位微处理器，进行电流、电压、功率的数据采集、处理，达到整定值时，使出口电路动作。

半导体保护装置由电压形成电路、整流滤波电路、比较电路、时限电路、出口执行电路组成，其原理如图 6-12 所示。

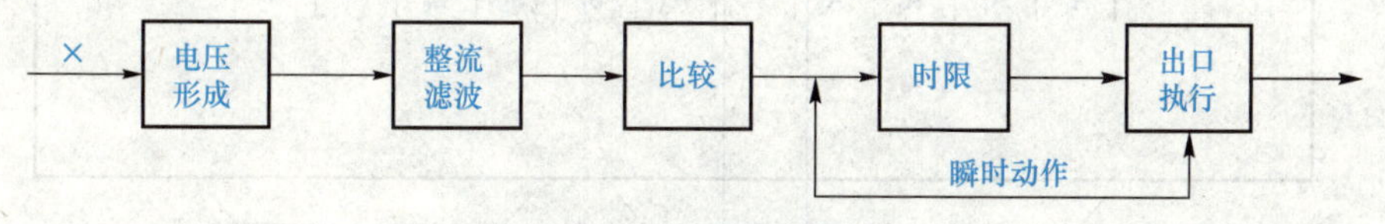

图 6-12　半导体保护装置原理

微机保护装置由电压形成电路、开关矩阵、模数转换（A/D）、微机处理器、输出接口、驱动电路组成，其原理如图 6-13 所示。

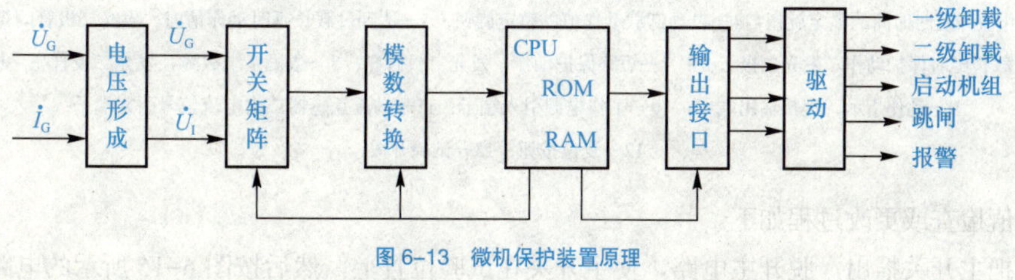

图 6-13　微机保护装置原理

（二）故障检修方法

下面以 AOR 型的微机综合保护单元为例来讨论检修方法。

AOR 型微机综合保护单元安装在 AT 系列主开关上。它是以 4 位 CPU 处理器为核心的多功能保护装置，它具有短路短延时和瞬时保护，以及长延时过电流保护和自动卸载功能。由于生产厂家技术保密，没有提供内部结构图和电路图。只能介绍其功能、如何整定试验等。

AOR 型微机综合保护单元的面板如图 6-14 所示。

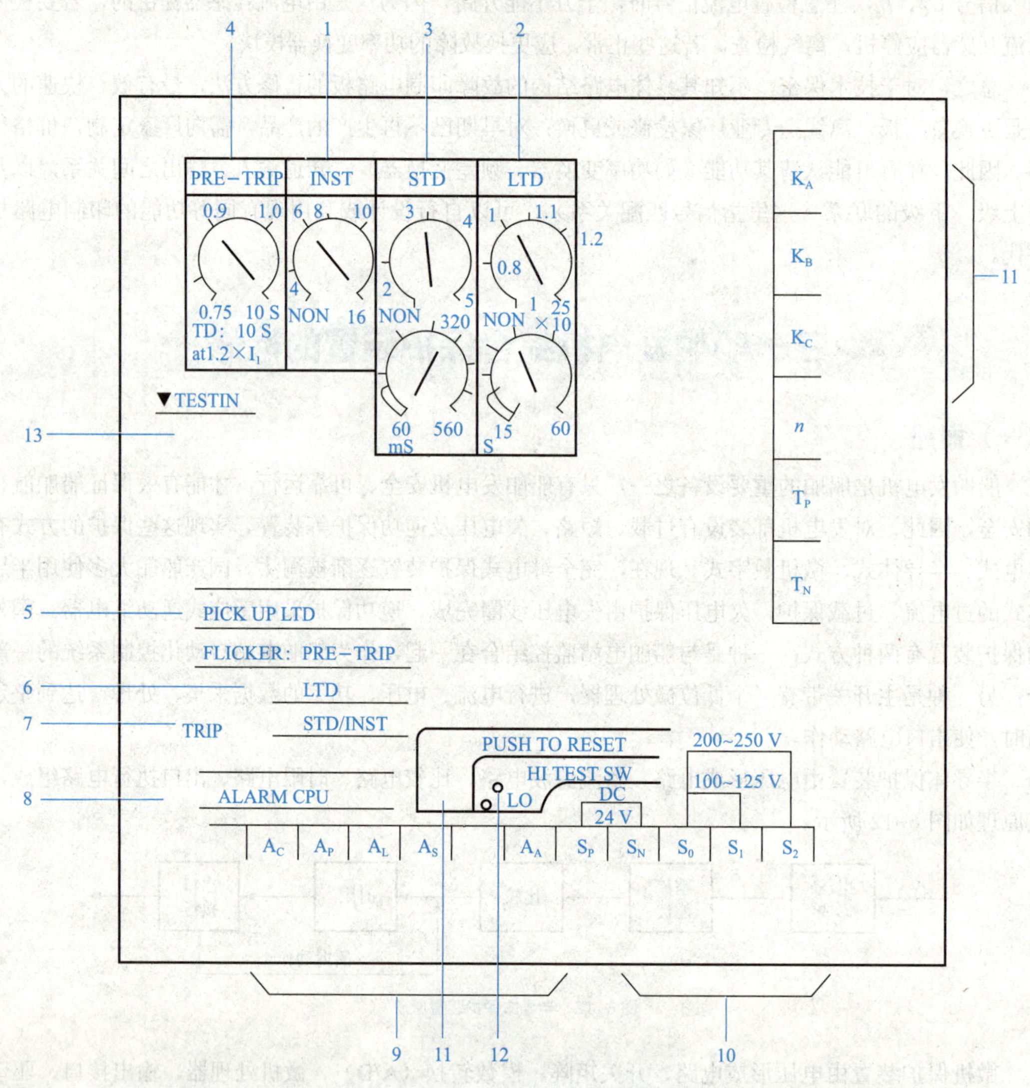

图 6-14　AOR 型微机综合保护单元的面板

1—短路电流瞬时保护的动作值整定旋钮；2—过载长延时保护的动作值和延时时间的整定旋钮；3—过电流短延时保护的动作值和延时时间的整定旋钮；4—自动卸载动作值的整定旋钮；5—达到过载长延时动作值时，发光二极管闪烁；6—过载长延时保护动作，发光二极管亮；7—短路保护动作，发光二极管亮；8—微机系统故障，发光二极管亮，报警；9—动作指示，连接输出端子；10—工作电源引入端子；11—电流互感器二次电流信号引入端子；12—复位按钮；13—试验开关

整定值检查或更改过程如下。

首先把主开关摇出，脱开主电路，使主开关在试验位置上，然后按图 6-15 所示的电路接好。

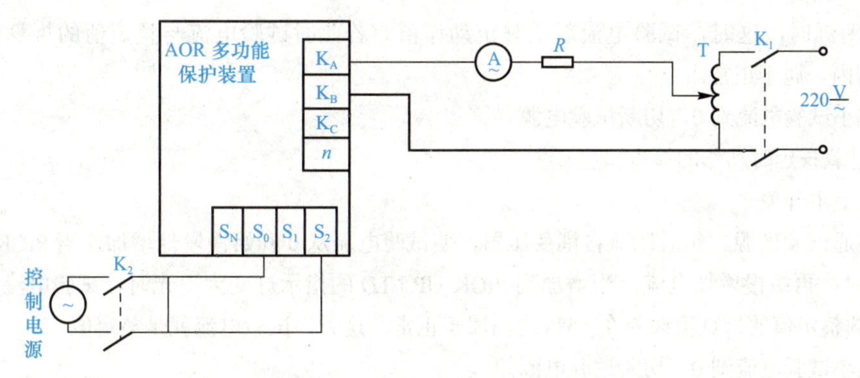

图 6–15　AOR 保护单元整定值试验电路

1．延时时间的整定检查

（1）长延时时间检查方法。

1）合上主开关。

2）把短路瞬时保护和短延时保护的整定旋钮转到“NON”位置。

3）接通 1.5 倍的发电机的额定电流在电流互感器二次侧的对应试验电流。即 $I_{test}=\dfrac{1.5I_{GN}}{I_{CTN}}\times 5$，调节自耦变压器，使电流表的读数为 I_{test} 值。

4）把试验开关手柄逆时针方向转即转向“LO”，同时按下秒表进行计时，直到开关跳闸，停止计时，同时放开试验开关，它自动复位，切断试验电流。秒表上的读数就是在 $1.3I_{GN}$ 动作值，在这期间，自动卸载动作，指示灯全亮。与说明书比较，若太长或太短，可通过整定旋钮来整定。修改后，应重复上述试验，确认修改的延时时间。

5）把短路瞬时、短延时保护的整定旋钮转回到通常位置。

（2）短路短延时的检查方法。同样按图 6–15 所示的电路接线。

1）合上主开关；

2）把短路瞬时保护的整定旋钮转到“NON”位置；

3）接通 6 倍的发电机的额定电流在电流互感器二次侧对应的试验电流 $I_{test}=\dfrac{1.5I_{GN}}{I_{CTN}}\times 6$。

4）把试验开关手柄顺时针方向转动（转向“H1”）（在 ACB 操作面板上），主开关有延时跳闸，属正常；释放试验开关，切断试验电流；

5）把短路瞬时保护的整定旋钮转回到通常整定值位置上。

（3）短路瞬时保护。

1）合上主开关；

2）接通 6 倍发电机的额定电流对应的试验电流；

3）把试验开关手柄顺时针方向转动（转向“H1”）（在 ACB 操作面板上），若主开关瞬时跳闸属正常；

4）释放试验手柄，切断试验电流。

2．各保护动作值的整定

把主开脱离主电路，在试验位置按图 6–15 所示的电路接好。

（1）自动卸载动值作的检查。

1）合上主开关。

2）接通试验电源，然后调节自耦变压器，使试验电流从 0 开始，慢慢增加，当 PICK UP LTD

的指示灯闪烁时，这时，试验电流就是整定动作值。若此时试验电流与整定值的折算值相差在 ±5% 范围内，属于正常。

3）减小试验电流到 0，切断试验电源。

（2）过载长延时动作的检查。

1）合上主开关。

2）接通试验电源，然后调节自耦变压器，使试验电流从 0 开始慢慢地增加，当 PICK UP LTD 的灯闪烁时，再缓慢增加电流，当增加到 PICK UP LTD 的指示灯变为平光时，试验电流与长延时过载保护的整定值的折算值误差在 +5% 之内属于正常，这时，试验电流就是整定值。

3）减小试验电流到 0，切断试验电源。

（3）短路短延时间的动作整定。

1）合上主开关。

2）把过载长延时和短路速断保护的整定旋钮转到“NON”位置。

3）接通试验电源，快速增加试验电流，加到整定值折算值的误差在 ±10% 之内时，主开关跳闸，属于正常，这时，试验电流换算到主电路上的值就是对应主开关的短路短延时整定值。

4）把过载长延时和短路速断保护的整定旋钮转回到通常位置。

5）减小试验电流到 0，切断试验电源。

（4）短路速断保护整定值整定。

1）合上主开关。

2）接通试验电源，调节自耦变压器，从 0 开始增加试验电流，若在 80% ～ 120% 整定值内，跳闸是正常，因整定值与实际动作的误差允许在 +20% 之内，属于正常，这时，试验电流就是对应的整定值。

四、船舶电站自动化装置的检修

（一）船舶电站自动化装置的结构原理

由于船舶种类不同、船舶电站发电机与原动机的形式配置不同及船舶建造的年代不同等，现今运行的船舶中有各种各样的自动化电站。船舶电站按构成的器件来分有继电式、半导体分立元件组成式、微机控制和网络模块化式。而现在的装置是以微计算机为核心多微机网络模块化式的 PMU，即数字控制系统为主流。但是，无论何种形式，它都由一些基本功能环节组成，基本功能环节一般如下：

（1）船舶发电机组的自动启动。

（2）发电机的自动并车。

（3）并联运行发电机的自动调频调载。

（4）并联运行发电机的无功自动分配。

（5）重载询问，确定运行机组能否承担即将投入的大负载，如不能承担，则发出启动另一台机组信号，给自动启动单元，并在并车后，再投入大负载。

（6）按现有电站容量情况，能自动切除或投入次要负载。

（7）微机控制的自动化电站，能实现自动管理及监控。这些基本功能环节在电站自动化装置中，既相互联系又有一定的相对独立，不同的电站自动化装置所包含的基本功能环节不尽相同。在同一装置中，由于故障等，也可以切除部分功能单元而不影响全局，如柴油机的自动启动功能切除，采用人工启动后，也能够进行自动并车，自动调频调载操作，一般的船舶电站自动化装置的简化结构原理如图 6-16 所示，把上述的各自动化单元组合起来，就形成了全自动化电站。

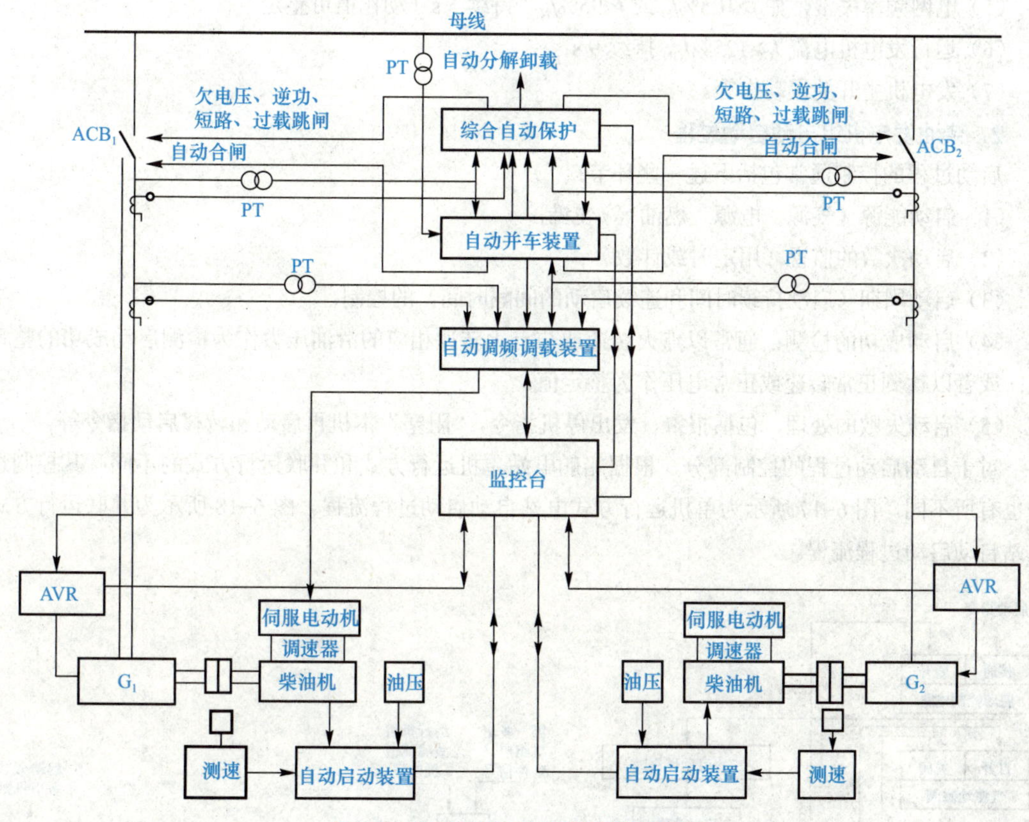

图 6-16　船舶电站自动化装置的简化结构原理

（二）船舶柴油发电机组自动启动、停车的控制过程

为了柴油发电机组的安全，当备用机组收到请求启动信号，机组满足自动启动条件时，才发出自动启动指令：

1．允许自动启动条件

（1）启动气源压力正常；

（2）燃油控制手柄置于“运行”位置；

（3）机组已置于“自动”操作方式；

（4）无转速信号（停机状态或转速仍然低于点火转速）；

（5）发电机断路器（自动开关）未合闸；

（6）机组未“阻塞”（或已手动复位）；

（7）盘车杆已置入指定的安全位置内等。

这些条件信号是作为微机控制系统的输入通道信号，送给计算机判断条件是否满足，当上述各条件全部得到满足时，发出允许启动信号。

当发生如下的任何一条件时，就会请求启动备用机组：

（1）重载即将投入，现有电网容量不足；

（2）前备用机组启动失灵或失败；

（3）运行机组发生故障，如滑油压力低、冷却水温高、超速等；

（4）电网电压失常，如 $U_{Net}>105\%U_N$ 或 $U_{Net}<90\%U_N$，持续 5 s（动作值可整定）；

（5）电网频率失常，如 $f>105\%f_N$ 或 $f<95\%f_N$，持续 5 s（动作值可整定）；

（6）运行发电机电流 $I_G>125\%I_{GN}$ 持续 9 s；

（7）发电机主开关误动作等。

2．柴油发电机组自动启动过程

启动过程的控制通常包括下述一些环节：

（1）启动能源（气源、电源、燃油等）控制；

（2）启动次数的监视（用定时或计数）；

（3）启动周期（启动持续时间和连续启动的间隔时间）的控制；

（4）启动成功的检测：通常以点火转速或与点火转速相应的滑油压力作为检测启动成功的整定值；或者以达到正常转速或正常电压作为整定值；

（5）启动失败的处理，包括报警、发出停机指令，“阻塞”本机再启动和转移启动指令等。

对于自动启动过程的控制部分，根据船舶电站单机运行方式和并联运行方式的不同，其控制过程也有所不同。图 6-17 所示为单机运行方式电站自动启动过程流程。图 6-18 所示为并联运行方式电站自动启动过程流程。

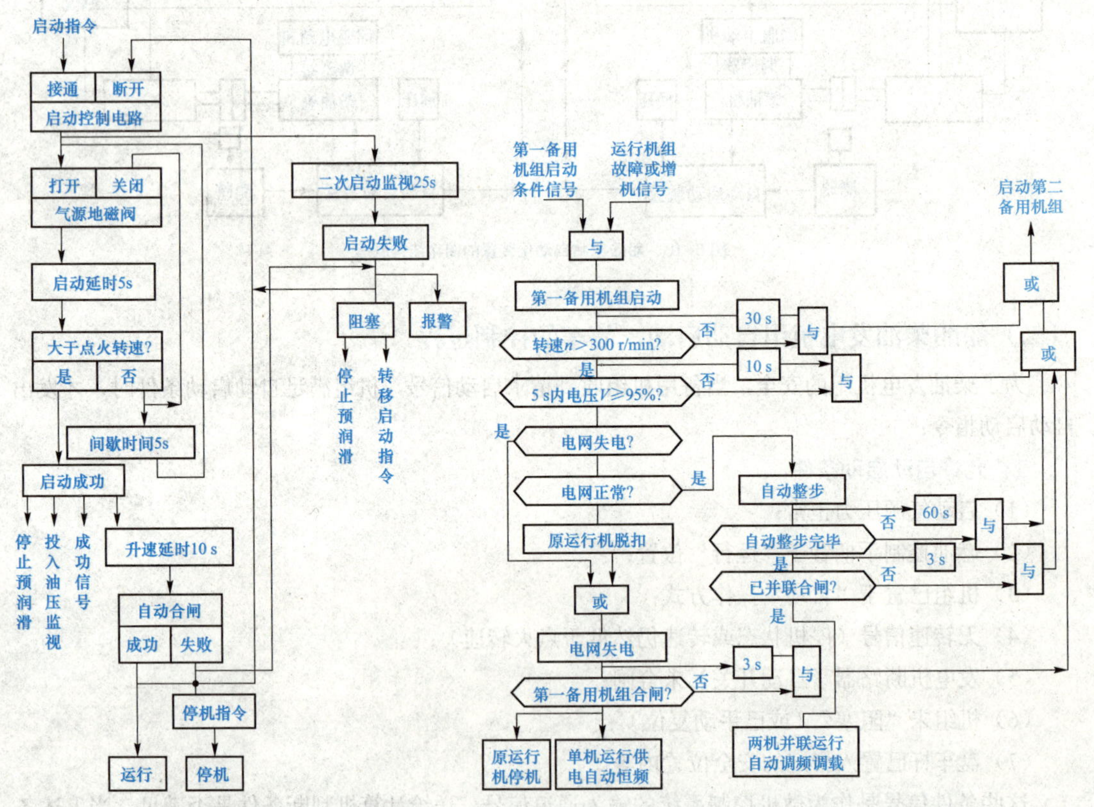

图 6-17　单机运行方式电站自启动过程控制流程　　图 6-18　并联运行方式电站自启动过程控制流程

3．柴油发电机组自动停机

柴油发电机组自动停机有两种情况：一种是故障停机，如超速、滑油压力低、冷却水温高等；

另一种属于正常停机，如自动解列。

（1）故障停机：它的控制是直接作用于供油电磁阀，断油而停机，然后执行故障处理程序，如报警、发出启动备用机组信号、阻塞本机组自动再启动。

（2）正常停机：它不进行故障处理程序，但在停机过程中，不接收自动启动或自动合闸信号，直到转速为零后，才重新恢复自动启动和自动合闸的功能。

图 6-19 所示为单机运行电站自动停机控制流程。图 6-20 所示为并联运行自动电站停机控制流程。

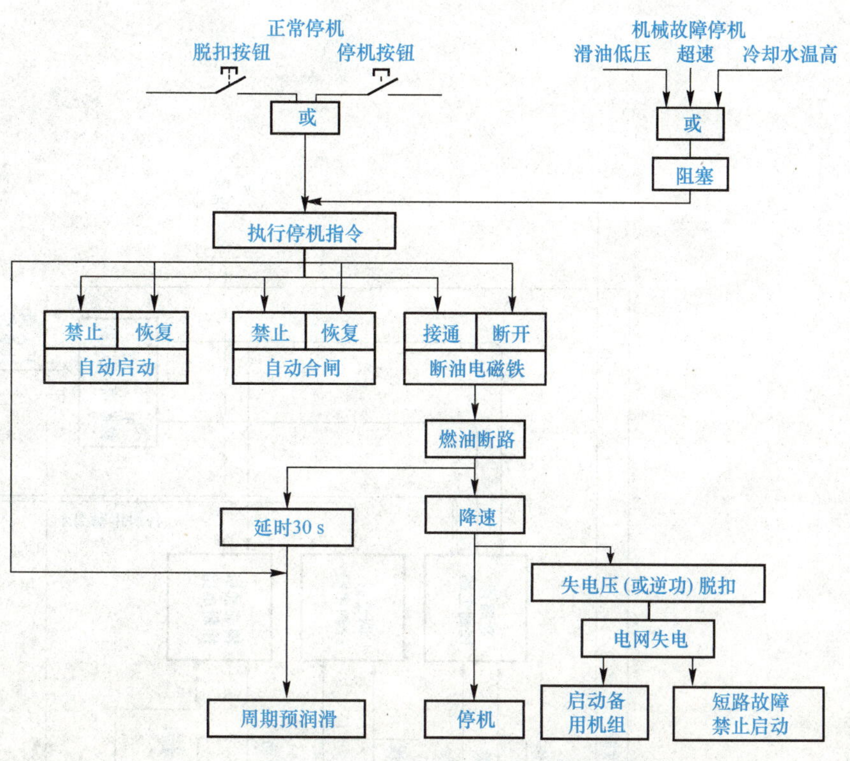

图 6-19　单机运行电站自动停机控制流程

（三）船舶电站自动化装置故障的检修方法

到现在为止，我们对船舶电站自动化装置的结构原理、基本功能单元的实现方式及控制过程应有所了解。下面以 GAC-SC 型发电机自动控制系统为例来讨论检修方法。

（四）GAC-5C 型发电机自动控制系统结构

GAC-5C 型船舶发电机自动控制系统原理结构如图 6-21 所示。GAC-5C 型发电机自动控制系统采用微机控制技术和线路共享传输技术。它具有手动和自动控制功能。手动控制优先于自动控制，无须切换操作。它由手动控制部分、信号传输部分、GAC-5C 主控部分三大部分组成。

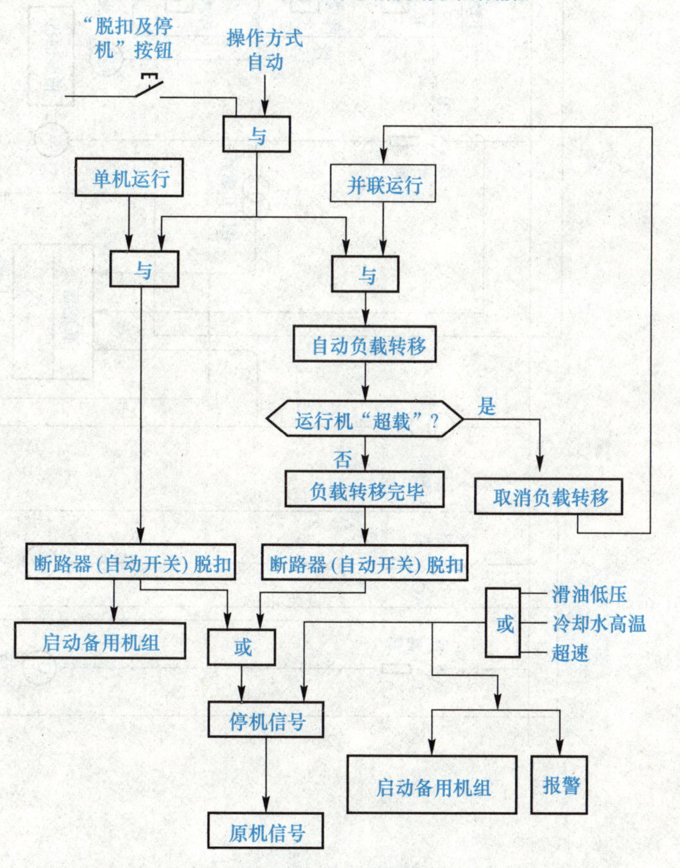

图 6-20　并联运行自动电站停机控制流程

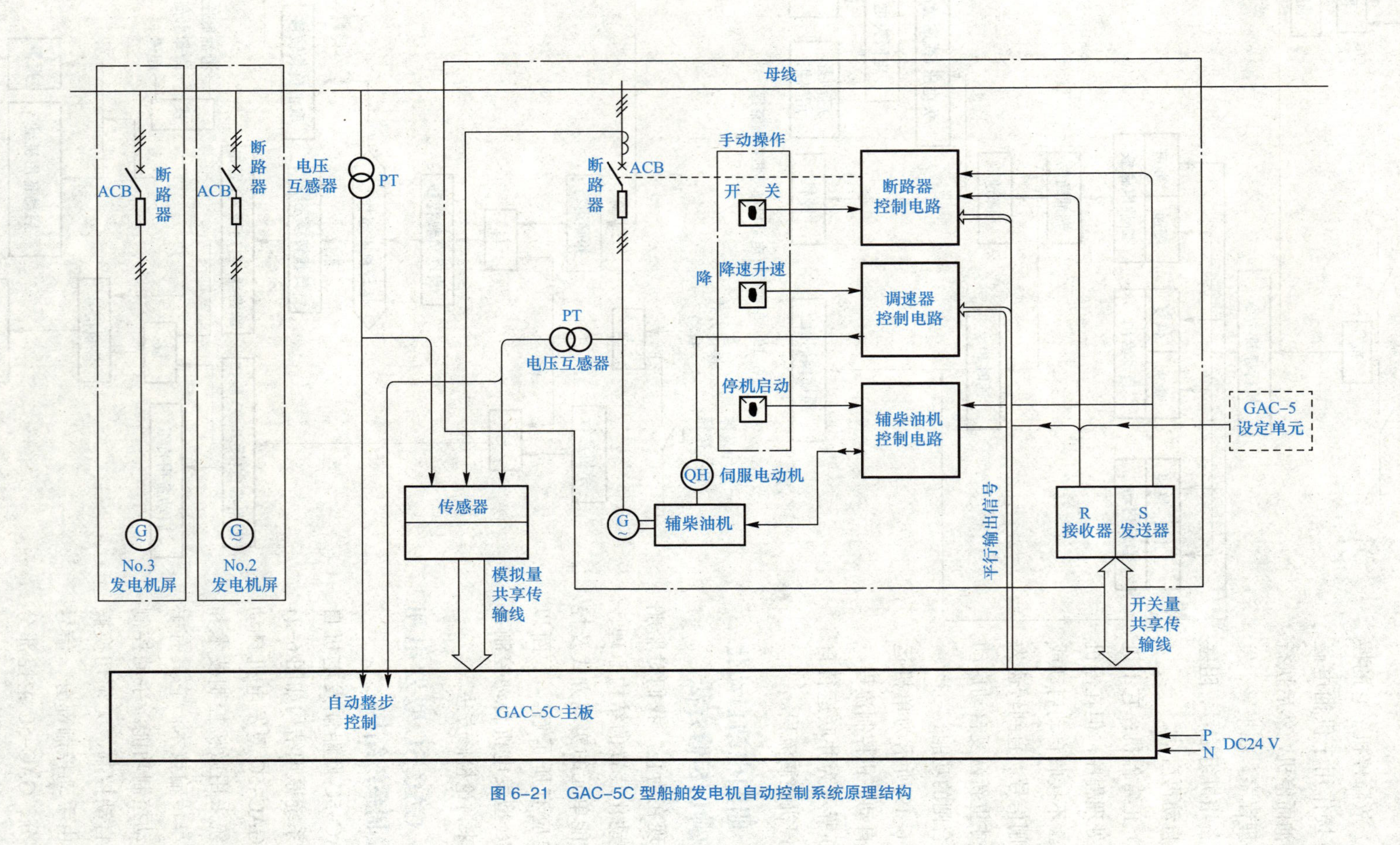

图 6-21　GAC-5C 型船舶发电机自动控制系统原理结构

1．手动控制部分

（1）发电机主开关的断、合控制电路，通过手动开关，进行手动合闸、跳闸，这个电路还与接岸电开关进行连锁，过电流、欠电压、逆功保护继电器能使主开关断路；

（2）调速器控制电路，能够通过手动开关，进行原动机升速或降速操作；

（3）原动机控制电路：通过手动开关，进行原动机的启动、停机操作，并具有原动机保护功能，当发生滑油压力低、冷却水温高、超速时，能够自动停机。

2．信号传输部分

采用线路共享技术，即串行传输，它采用两种类型：一种用于开关量的传输 TM；另一种用于模拟量的传输 TMA。它的原理结构如图 6-22 所示。它采用软开关 S_a 和 S_b，根据时钟脉冲进行同步切换，以至于不同的输入传输到接收端的不同寄存单元，然后进行输出或读取。例如，当 S_a 在输入 1 的位置，S_b 也在寄存输入 1 单元的 1 的位置，这样输入 1 的信号就被传输到寄存器 1，进行寄存，一直保持到下一次再输入。由时钟脉冲控制 S_a 切换到输入 2，同时，S_b 也同步切换到寄存输入 2 信号的单元，进行转输，然后切换到 3，直到 n 个输入，接下去又从 1 开始，就是这样周而复始地扫描输入。只要这个扫描的速度高于输入量的变化速度（满足于采样定理），这种单线传输就相当于无开关的一个对应的多线并行系统传输。这种软开关使用高速的电子开关。本传输系统只有 6 根导线，即两根时钟脉冲（CKP 和 CKN）、两根信号线（SIGP、SIGN）和两根发送端 / 接收端单元电源线（+12 V、COM）。时钟脉冲信号线采用双根是为了提高抗干扰。

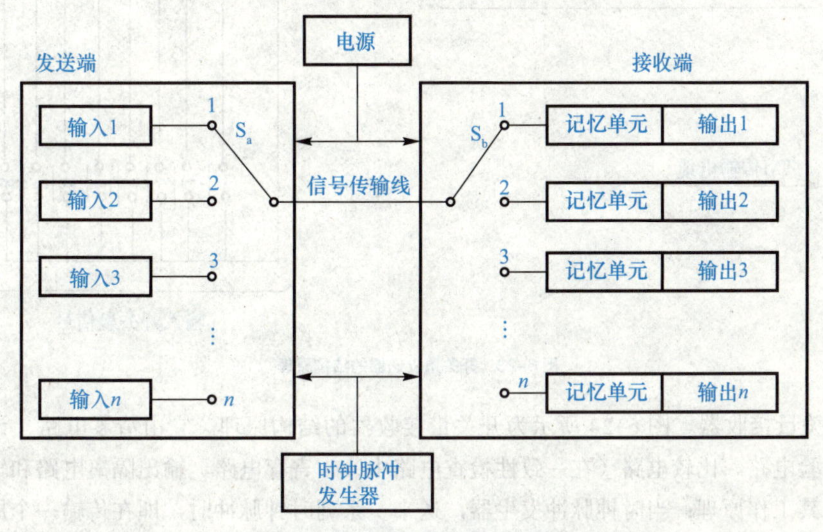

图 6-22　信号传输部分的结构原理

这种信号传输采用每 8 个为一组，而开关量传输是用双位电压信号；模拟量传输中是采用 4 ～ 20 mA 直流电流信号。下面分别介绍这种传输系统的开关量和模拟量发送器与接收器。

（1）开关量发送器。图 6-23 所示为开关量发送器的结构原理。它由计数器、发送器驱动电路、校验信号发送器、选择器、输入接口等电路组成。工作原理：由时钟脉冲发生器送来时钟脉冲给清零电路，使计数器清零，同时用于检查一系列时钟脉冲发送器的停歇间隙。然后，时钟脉冲使计数器计数，计到发送器的该 8 个输入单元组的数码时，通过跨接线使该组被激活，激活电路使选择器工作，输入接口电路把每路的开关量即闭合状态输入的是 3 mA 的弱电流信号，断开状态是 12 V 的直流电压信号，转为双电位电压信号，选择器按输入端的顺序通过输出线驱动器放大后，传输到信号线上，当 8 路开关量信号传输完毕后，接下来传输一个由校验器信号发生器送来的两个双电压信号，用来校核传输过程是否正确，发送器和接收器的工作是否正常。

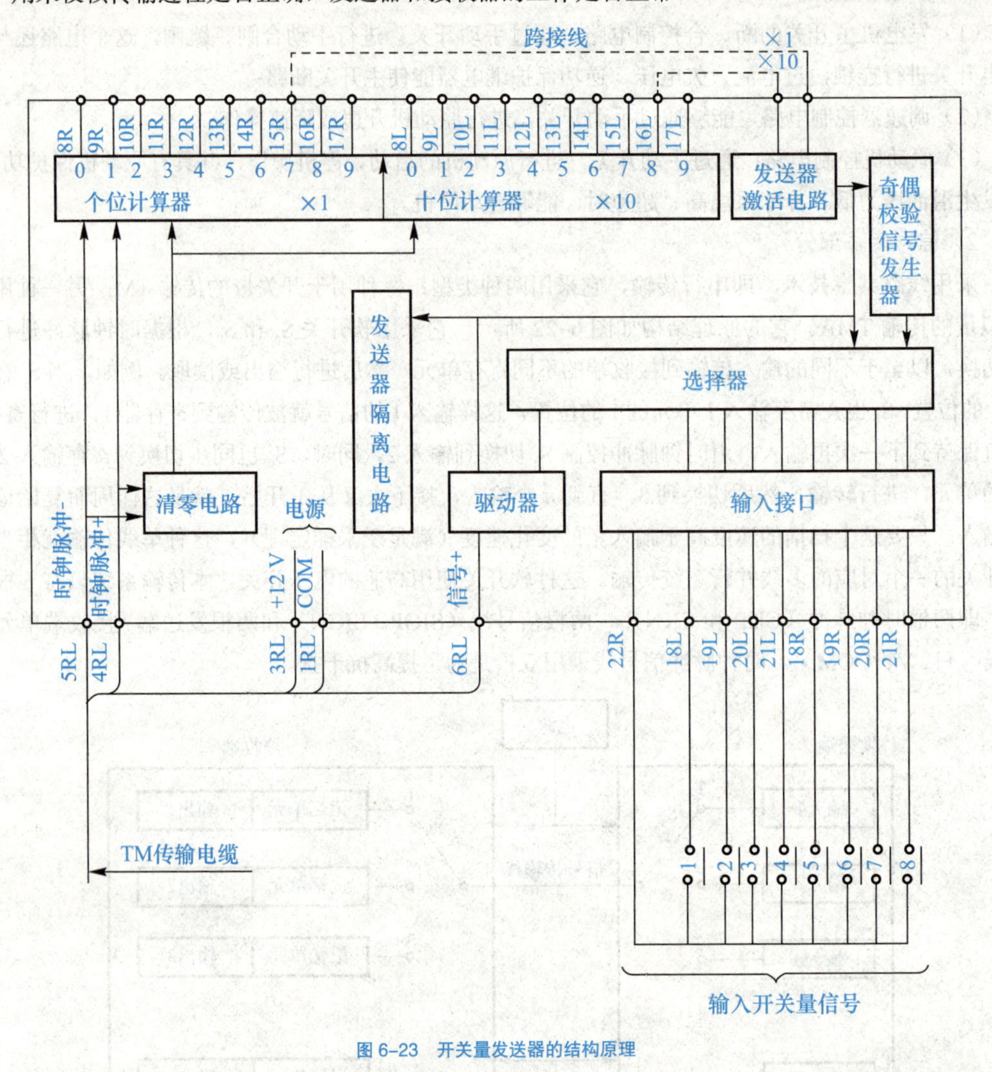

图 6-23 开关量发送器的结构原理

（2）开关量接收器。图 6-24 所示为开关量接收器的结构原理。它由清零电路、计数器、激活电路、校验电路、比较电路（在一致性检查电路中）、寄存电路、输出隔离电路和输出开关电路等组成。其工作原理：当时钟脉冲发生器，送来一系列时钟脉冲时，即在传输一个周期后的间歇时刻，使清零电路工作，发出一个清零脉冲，使计数器清零，然后时钟脉冲使计数器计数，当计数器计到接收器的该 8 路单元组编码数时，使该单元接收器激活。激活电路使数字修改控制电路、奇偶校验器电路、比较电路开始工作。信号传输线的信号送到比较电路，当每组 8 路开关量信号送来之后，送来一个奇偶信号，在接收器上的奇偶校验电路进行核验，若正确，使数字修改电路发出一个脉冲，根据比较电路的结果，对原先寄存器中的数字进行修正，若当前值与过去值相同时，就不修改而跳过去。寄存器的内容通过输出隔离电路和晶体管开关电路，驱动外围的指示灯或继电器。

（3）模拟量发送器。图 6-25 所示为模拟量发送器结构原理。与开关量接收器的结构相似，它由计数器、清零电路、输入接口电路、输出信号驱动电路等组成。其工作原理如下：

时钟脉冲的间歇时刻（发送一个周期末了时刻），清零电路发出一个清零脉冲给二进制计数器和二～十进制译码器，进行清零，开始新的一轮传输，然后时钟脉冲使二进制计数器进行计数，通过二～十译码器，得到的数码与该发送器单元组的编码相同，跨接线上就有高电位，使该单元组的输入接口电路工作，输入接口电路把传感器的信号（电阻量的输入是 0% 对应的是 100 Ω，100% 对应的是 158 Ω，而电压信号是 0 ～ 500 mV 转换为 4 ～ 20 mA 的电流信号）通过转输线驱动电路送到传输信号线上。二进制的计数器的输出同时用于控制输入接口电路的传输开关，以便与 GAC 主控板的输入接口同步。

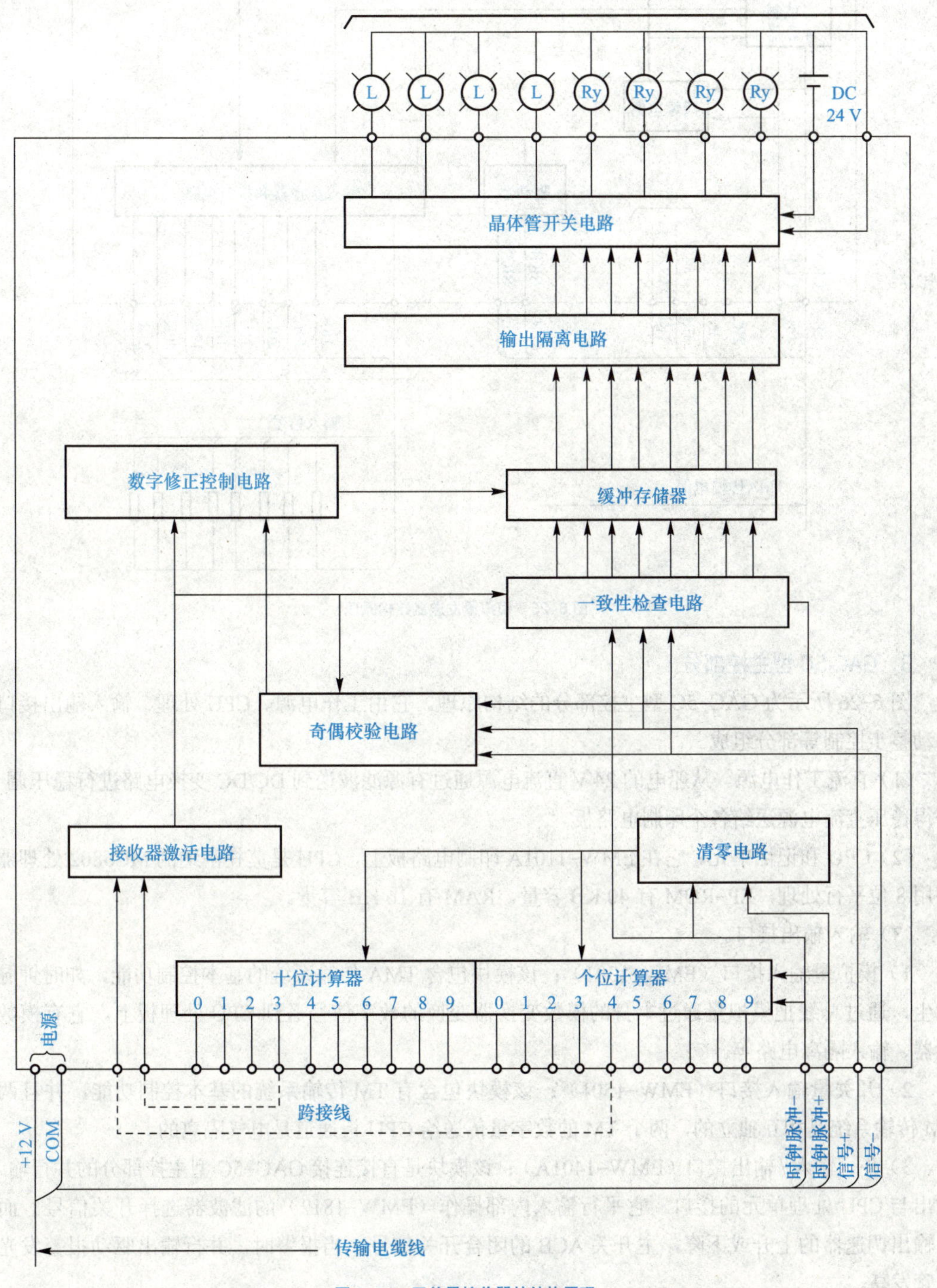

图 6–24　开关量接收器的结构原理

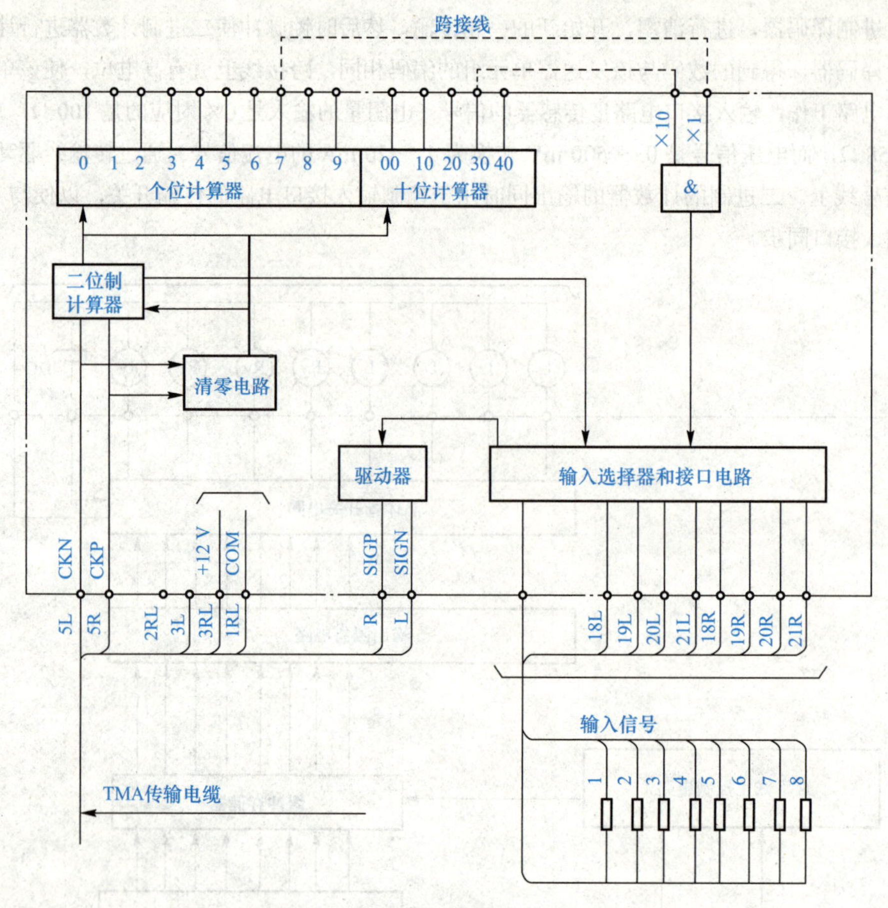

图 6–25　模拟量发送器结构原理

3．GAC-5C 型主控部分

图 6–26 所示为 GAC–5C 型主控部分的结构原理。它由工作电源、CPU 处理、输入输出接口和自动整步控制等部分组成。

（1）直流工作电源。从船电的 24 V 直流电源通过有源滤波送到 DC/DC 变换电路进行稳压调节，获得稳压直流电源送给各个印制电路板。

（2）CPU 和记忆单元。它在 EMW–1101A 印制电路板上，CPU 是莫托洛纳的 MC6802 处理器，采用 8 位平行处理，EP–ROM 有 40 KB 容量，RAM 有 16 KB 容量。

（3）输入输出接口。

1）模拟量输入接口（EMW–1301）：该模块包含 TMA 传输系统的基本控制功能，如时钟脉冲发生，通过总线把模拟量通过本身的模数变换器变换的数字信号送到 CPU 处理板上。它有模数变换器、输入隔离电路等。

2）开关量输入接口（EMW–1501）：该模块包含有 TM 传输系统的基本控制功能，并且两个 TM 传输系统是相互独立的，两个 TM 的数字量传送给 CPU 板通道是电气隔离的。

3）并行输入 / 输出接口（EMW–1401A）：该模块是直接连接 GAC–5C 型主控部分的并行输入、输出与 CPU 处理单元的接口。它平行输入内部操作（EMW–1812）的滤波器选择开关信号。而并行输出调速器的上升或下降，主开关 ACB 的闭合开关信号，当报警时，并行输出驱动报警发光二极管发亮。

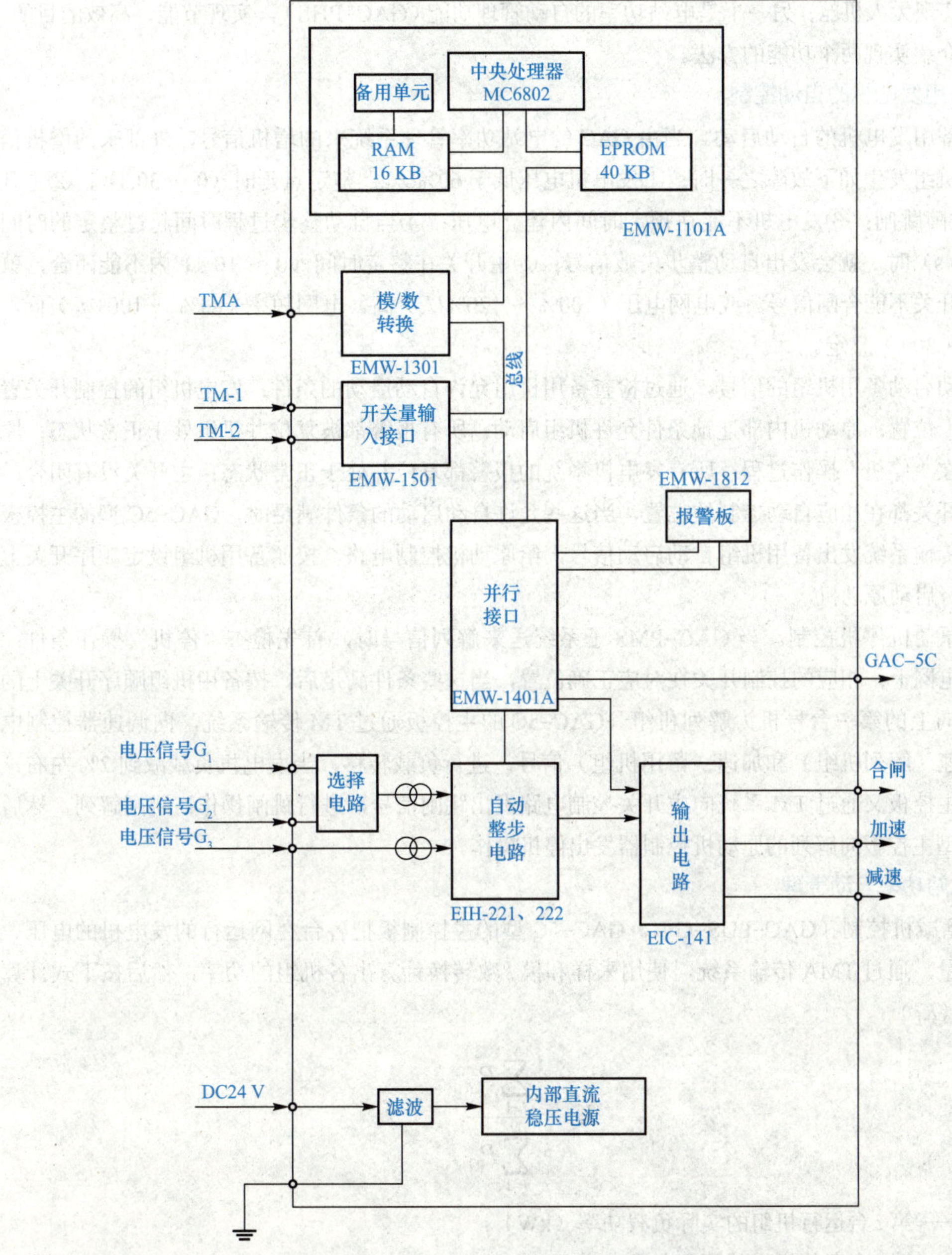

图 6-26 GAC-5C 型主控部分的结构原理

4）报警板和内部操作板（EMW-1812）：通过内部操作面板上的按钮，对它的内部参数进行整定、操作方式的设定等操作，由平行输入、输出口送来各种报警信号，如 CPU 不正常、TMA 不正常、A/D 转换器不正常、自动同步单元不正常等，使发光二极管发亮进行声光报警。

4. 自动整步部分

发电机的电压通过电压互感器降压隔离后，由选择开关电路送到自动整步部分，同样，电网电压也是通过电压互感器降压隔离后送到自动整步部分，进行自动整步并车控制。

（五）GAC-5C 型发电机自动控制系统功能

CAC-5C 型发电机自动控制系统具有两大功能：一个是备用发电机的自动启动功能（GAC-

UMS），实现无人机舱；另一个是电站功率的自动管理功能（GAC-PHS），实现节能、高效的目的。下面分别介绍实现两个功能的方法。

1．备用发电机的自动控制

（1）备用发电机的自动启动。当由 GAC 的电站功率管理系统来的增机信号、外部来的增机信号或运行机组发生如下故障之一时：①发电机电压低于 60%U_{GN}；整定点延时（0 ～ 30 s）；②主开关 ACB 故障跳闸；③发电机不能在预定时间内建立电压；④当自动整步过程时间超过整定的时间（0 ～ 240 s）时，就会发出自动整步失败信号；⑤主开关在整定时间（0 ～ 10 s）内不能闭合，就会发出主开关不能合闸信号。或电网电压（100% ～ 120%U_N）高，电网频率（80% ～ 100%f_N）低，延时（0 ～ 30 s）整定。

由自动启动备用机组的信号，通过检查备用机组允许自动启动的条件：发电机组的控制开关置于"遥控"位置；原动机内部连锁条件允许机组启动；所有报警都被复位并机组处于正常状态；原动机不是在"停机"操作过程；所有发电机系统的报警都复位并处于正常状态；主开关没有闭合；各个控制开关都在相应自动控制的位置，当这些允许自动启动的条件满足时，GAC-5C 型的主控板通过 TM 传输系统发出备用机组自动启动信号，给原动机控制电路，按照备用机组设定顺序开关上的设定进行启动原动机。

（2）原动机停机控制。当 GAC-PMS 子系统送来解列信号时，首先检查"停机"操作条件：发电机在电网上；相应的控制开关在对应正确位置，当这些条件满足后，按备用机组顺序开关上的逆时针方向上的第一台号机为解列机组。GAC-5C 的主控板通过 TM 传输系统，向调速器控制电路发出减速（解列机组）和加速（留用机组）信号，进行负载转移，当发电机负载减到 2% 左右，GAC-5C 主控板又通过 TM 系统向主开关控制电路发出跳闸信号，进行跳闸操作；跳闸解列，然后 GAC-SC 型主控板向解列的原动机控制器发出停机操作。

2．电站功率自动管理

（1）增减机控制（GAC-PUS-G）。GAC-5C 型的主控制板把各台在网运行的发电机的电压、电流模拟量，通过 TMA 传输系统，使用采样和模 / 数转换计算出各机组的功率，然后按下式计算负载系数（K_L）：

$$K_L = \frac{\sum_{i=1}^{N} P_{Li}}{\sum_{i=1}^{N} P_{Ri}}$$

式中 P_{Li}——第 i 台运行机组的实际负载功率（kW）；

P_{Ri}——第 i 台运行机组的额定负载功率（kW）；

N——在网运行总台数。

求出各台的负载系数，当负载系数高于 50% 时，延时（0 ～ 30 s）整定就形成增机信号；当负载系数低于 50 % 时，延时（0 ～ 40 min）整定，就形成减机信号，注意增机的负载系数整定值总是高于减机的负载系数。

（2）优化负荷分配控制（GAC-PMS-TG 或 SG）。该功能只有在废气透平发电机或轴带发电机的复合船舶电站中才能实现。它是利用主调发电机法分配有功功率，利用废气或轴带机发电机可节能、经济运行，提高营运经济效益，因此，本子系统充分利用这些机组发电机，然后利用辅助柴油发电机组进行辅助调节电网功率，它是按图 6-27 所示的曲线进行调节的。当负载低于废气或轴带发电机基本负载能力时，废气或轴带发电机单独运行；当负载增加到要求启动辅助柴油发电机的整定值PTG–H时，就启动辅助柴油发电机，使其承担一定的负荷值PDG–L，并保持不变。然后电网的负载增加，也是由废气或轴带发电机承担，一直承担到废气或轴带发电机的通常运行值PTG–O，并保持不变，这时，电网功率若再增加时，就由辅助柴油发电机来承担。若电网负荷在减小，首先减少辅助柴油发电机的负载，一直减少到PDG–L值，再减少，废气或轴带发电机负载才减少，若电网功率继续减少，废气或轴带发电机负载减少到PTG–L值时，这时，辅助柴油发电机负载移动到废气发电机上，切除柴油发电机组，由废气发电机单独承担电网负载，这时，废气发电机负载小于要求启动辅助柴油发电机组的整定值。

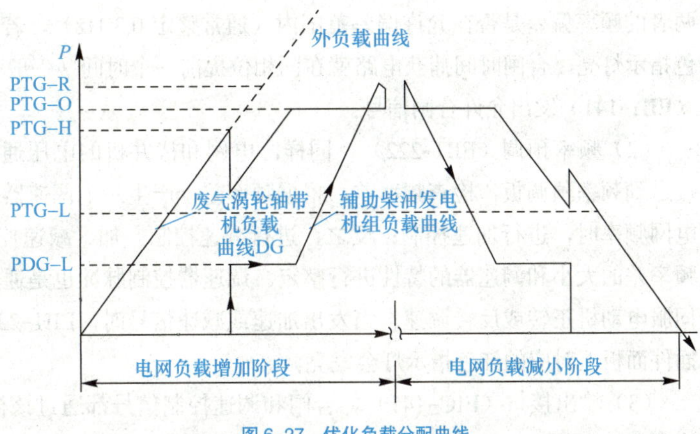

图6–27 优化负载分配曲线

（3）重载询问（GAC–PMS–M）。图6–28所示为重载询问原理图。当要启动大功率电动机时，按下启动按钮，与启动按钮连动的开关按钮就闭合，给GAC–5C主控系统发出要启动某大功率电动机指令，当GAC–5C控制单元接收到该开关量信号后，进行电网储备功率计算。若有足够的储备功率，就允许启动开关接通，启动该电动机；若储备功率不足，就发出启动备用发电机组指令，进行自动启动、自动并车投入运行，然后按下该电动机启动按钮，进行启动。

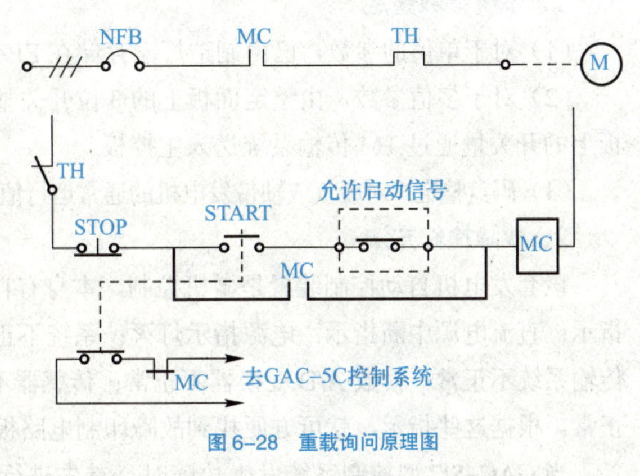

图6–28 重载询问原理图

（4）自动调频调载控制。由电网电压互感器降压隔离后，通过TMA传输系统，GAC–5C主控系统采样到现时电网频率，与额定值比较，即 $\Delta f=f_N-f_W$，根据 Δf 的偏差值的正、负值，对各运行机组进行升速（$\Delta f>0$）或降速（$\Delta f<0$）。

负载的自动分配：按 $\Delta P_i=P_{it}-P_{iA}$ 计算，（式中，P_{it} 为第 i 台应承担的负载；P_{iA} 为第 i 台实际承担的负载），根据 ΔP_i 的正、负值，对第 i 台机组进行负载转移操作，即 $\Delta P_i>0$ 应加速或 $\Delta P_i<0$ 应减速。若需解列某台机组，就设定该机组的应承负载 $\Delta P_{it}=0$，这时就使该台机组减速，同时留用机组应承担的负载就增加，ΔP 是大于0的，就会进行加速，进行自动负载转移，当转移到解列机组为 $2\%P_N$ 功率后跳闸。

主控板根据计算结果的偏差值的正、负，送出加速或降速信号，通过输出接口电路（EIC–141），转变为继电式，直接控制调速器上的伺服电动机正转或反转，使原动机加速或减速。

3. 自动整步控制

自动整步控制与GAC–2S型有点相似，由3块印制电路板完成，即同步条件检查（EIH–221）、频率预调（EIH–222）和输出接口（EIC–141）。

（1）同步条件检查（EIH–221）。电网和待并机的电压通过电压互感器PT降压隔离后，直接送到同步条件检查模块，检查两者的电压偏差是否在允许偏差范围之内（一般整定为3%），检查两者的频率偏差是否在允许偏差范围内（通常整定 0.3 Hz），若这些条件满足，插件面板上合闸红色指示灯亮，合闸时间捕获电路就在同相位提前一个时间（一般整定在 130 ms），向输出接口模块（EIH–141）发出允许合闸信号。

（2）频率预调（EIH–222）。同样，电网和待并机的电压通过电压互感器 PT 降压隔离后，直接送到频率预调板，检查频率差，根据频率差，产生一个调速器控制信号，即当待并机的频率低于电网频率时，进行加速控制；反之，进行减速控制。加、减速控制的脉冲以 5 s 为周期，而且根据频率差的大小和调速器的特性进行整定。调速器控制脉冲也是通过输出接口模块送出，使调速器的伺服电动机正转或反转调速。当发出加速或减速信号时，EIH–222 插件面板上对应的红色指示灯会发亮。

（3）输出接口（EIC–141）。合闸和调速控制信号都通过该模块送出。它把 EIH–221 和 EIH–222 送来的信号进行放大，然后以继电的形式输出。其内部各个电路图如图 6–29 所示。

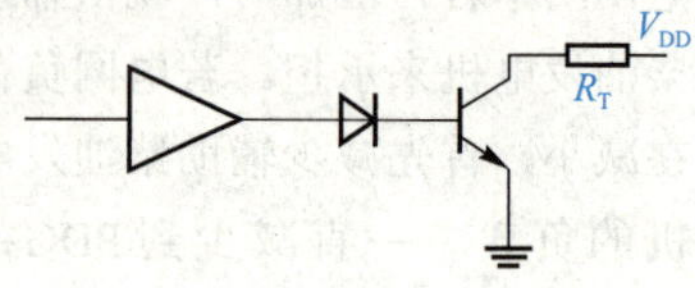

图 6–29　输出接口电路

（六）GAC-5C 型发电机自动控制系统整定和故障检修

1. 系统参数整定

（1）对于单值的参数，已由制造厂家存储在 EP–ROM 中，用户不可调节。

（2）对于多值参数，由整定面板上的 3 位开关整定，其对应的值已经存储在 EP–ROM，整定面板上的开关量通过 TM 传输系统送入主控板。

（3）码盘整定：对废气或轴带发电机的通常运行值 PTG–0 的整定，通过 TM 传输系统送入主控板。

2. 故障检修方法

该套发电机自动控制装置是微机控制，本身有自检功能，并在面板和内部操作板上有故障报警指示：直流电源中断指示；电源指示灯灭；系统不正常；CPU 不正常；TM 传输系统不正常；TMA 传输系统不正常；模数 A/D 变换器不正常；传感器不正常；整步工作电源（DC+12 V 和 –12 V）不正常。根据这些指示，就可方便找到故障印制电路板或外围设备。

当 GAC–SC 型控制系统发生故障时，首先进行切换操作，即由自动切换改为手动操作，来确认是 GAC–5C 的主控系统的印制电路板故障，还是原动机的控制电路、调速器控制电路、主开关控制电路故障，若是主控系统上印制电路板故障，就得分别按如下查故障流程检查：

（1）CPU 异常故障，CPU 异常故障检查流程如图 6–30 所示。

（2）TM 传输系统异常故障检查流程如图 6–31 所示。

（3）TMA 模拟量传输系统故障检查流程如图 6–32 所示。

（4）A/D（模 / 数）变换器故障检查流程如图 6–33 所示。

（5）传感器故障检查流程如图 6–34 所示。

（6）整步电源故障检查流程如图 6–35 所示。

（7）自动并车故障（ASF）检查流程如图 6–36 所示。

（8）自动负载分配控制故障检查流程如图 6–37 所示。

（9）主开关 ACB 不能闭合故障检查流程如图 6–38 所示。

（10）其他故障：有些故障微机无法自行检测出来，系统故障报警灯就没有办法指示，此时首先检查发电机控制屏和 GAC–5C 型控制板上的开关或控制开关是否在正确的位置，若这些无误，可做以下处理：

1）逐一替换 TM 传输系统的发送器板；

2）逐一替换 TM 传输系统的接收器板；

3）检查 TM 传输系统的发送器、接收器的输入、输出的外部电路；

4）检查 TMA 传输系统的发送器输入的外部电路；

5）系统重新启动，消除干扰所造成的暂时失效。

总之，对于微机控制系统的检修，采用备用板，没有办法排除故障时，应着重检查外围连接线路和元件，以及参数设定值是否正确。

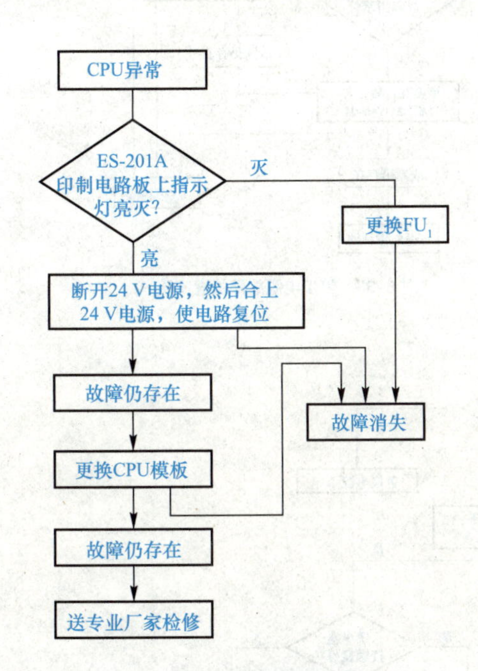

图 6-30　CPU 异常故障检查流程

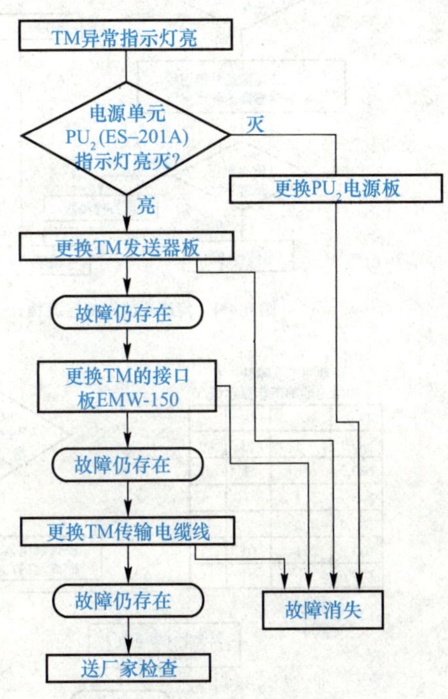

图 6-31　TM 传输系统异常故障检查流程

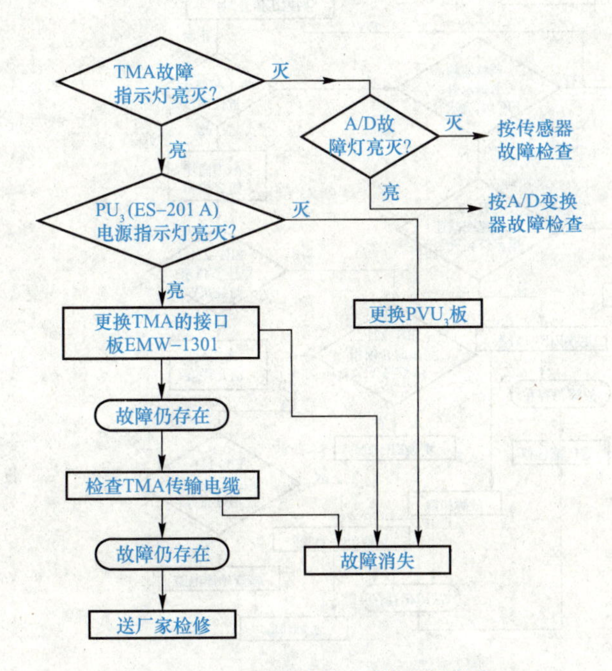

图 6-32　TMA 模拟量传输系统故障检查流程

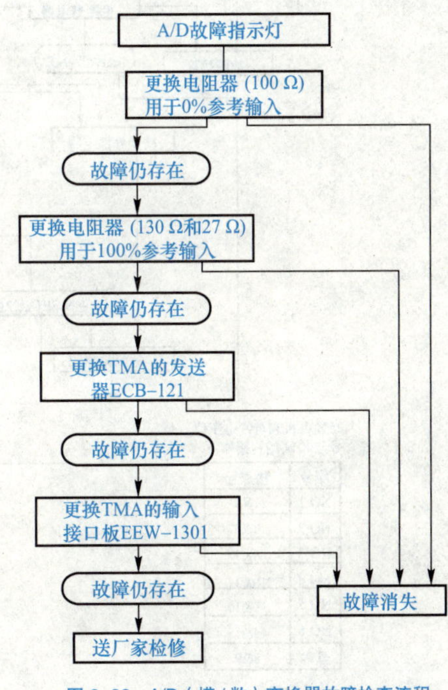

图 6-33　A/D（模 / 数）变换器故障检查流程

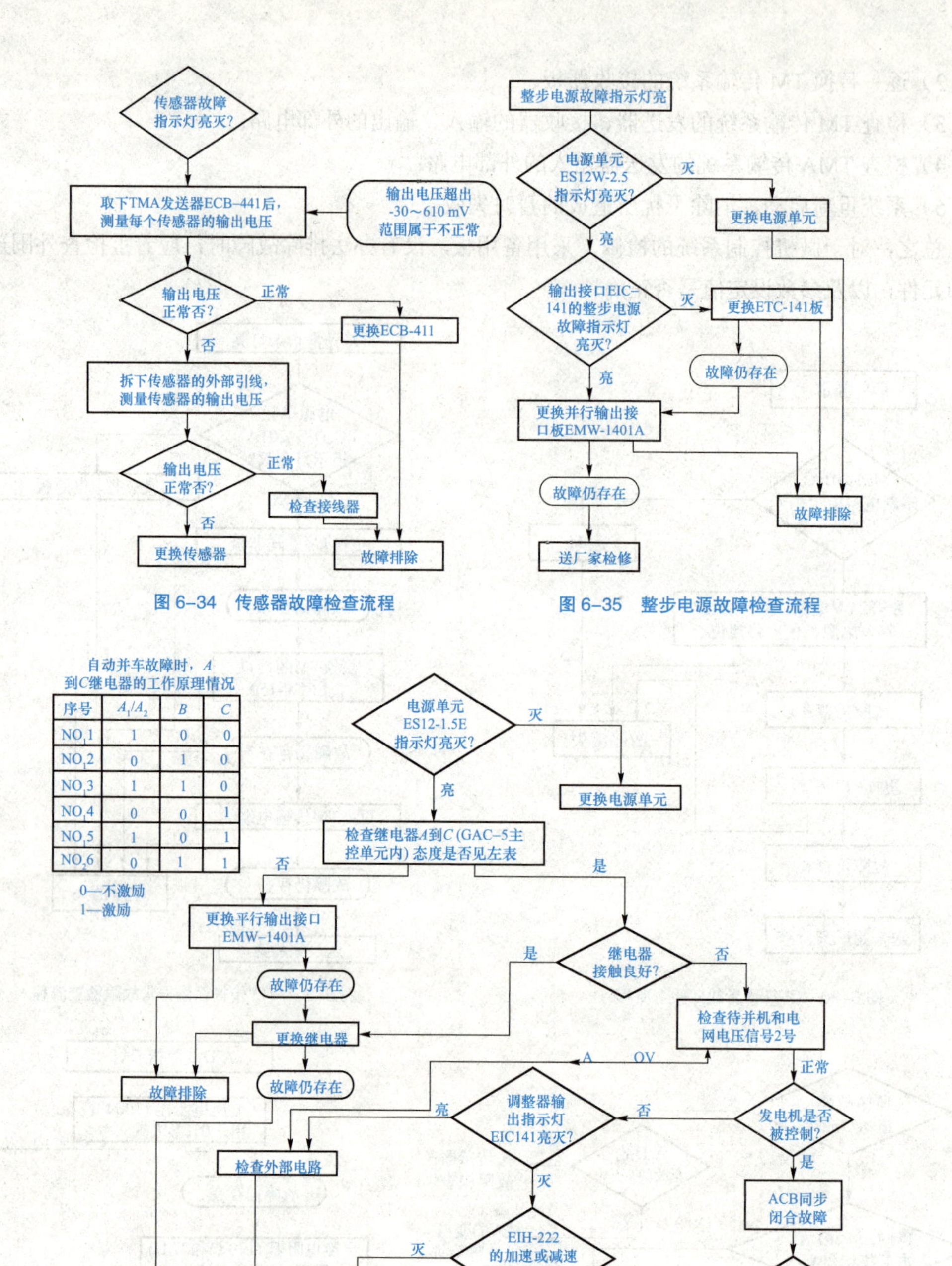

图 6-34 传感器故障检查流程

图 6-35 整步电源故障检查流程

自动并车故障时，A到C继电器的工作原理情况

序号	A_1/A_2	B	C
NO.1	1	0	0
NO.2	0	1	0
NO.3	1	1	0
NO.4	0	0	1
NO.5	1	0	1
NO.6	0	1	1

0—不激励
1—激励

2#发电机和母线电压信号与$0CN_6$的连接如下：

序号	接点号
NO.1	1&2
NO.2	3&4
NO.3	6&7
NO.4	10&11
NO.5	12&15
NO.6	14&15
母线	8&9

图 6-36 自动并车故障（ASF）检查流程

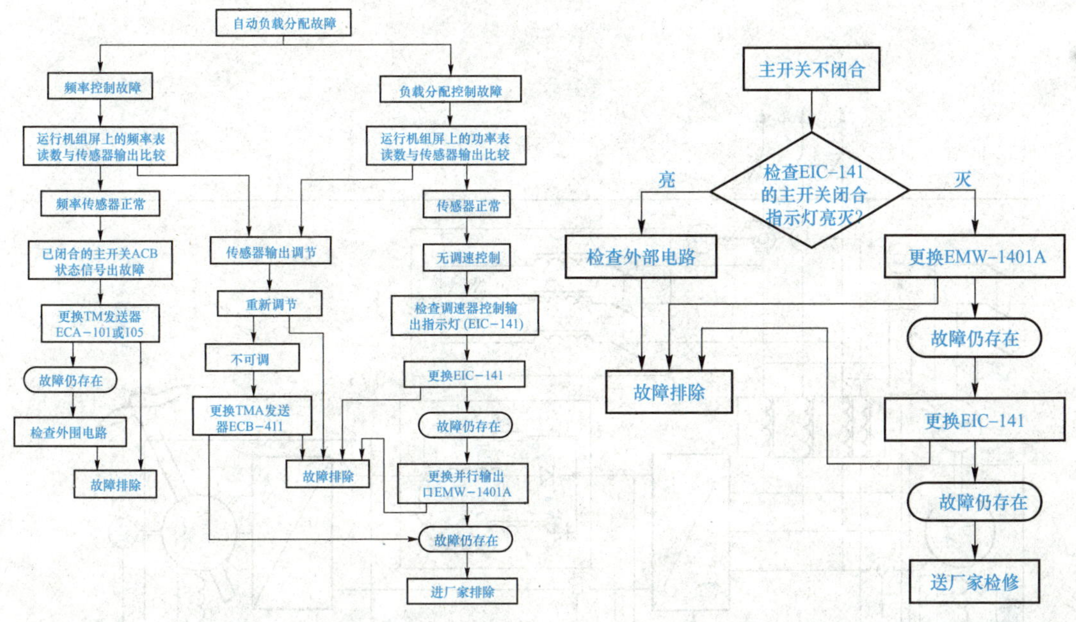

图 6-37　自动负载分配控制故障检查流程

图 6-38　主开关 ACB 不能闭合故障检查流程

任务七　轴带发电机系统的维修

一、轴带发电机系统的分类和工作原理

众所周知，年航运时间比较长的船舶采用轴带发电机系统，是最有效的节能途径，如定期集装箱船、矿砂船等。轴带发电机系统按主机转速可分为两类：一类是可变螺距单向恒速轴带发电机系统，与常规辅柴油发电机没有什么多大差别，只不过主机转速低，需一套增速装置；另一类是可变速双向的主机轴带发电机系统。该类需要一套恒频装置，根据恒频方案的不同，又可分为如下几种：

（1）机械式（采用行星齿轮系）；

（2）液压式；

（3）电磁转差式；

（4）静止元件恒频（SCR 变频装置）。

目前，大部分轴带发电机系统采用静止元件恒频装置，这里仅讨论这种装置，以“AEG”晶闸管轴带发电机装置为例，其原理如图 6-39 所示。该装置具有以下功能：

（1）保持轴带发电机的输出电压的频率恒定；

（2）保持轴带发电机装置输出电压恒定。

（3）能够与辅柴油发电机组并联运行；

（4）自动操作功能；

（5）短路故障自动处理功能；

（6）操作模拟演示。

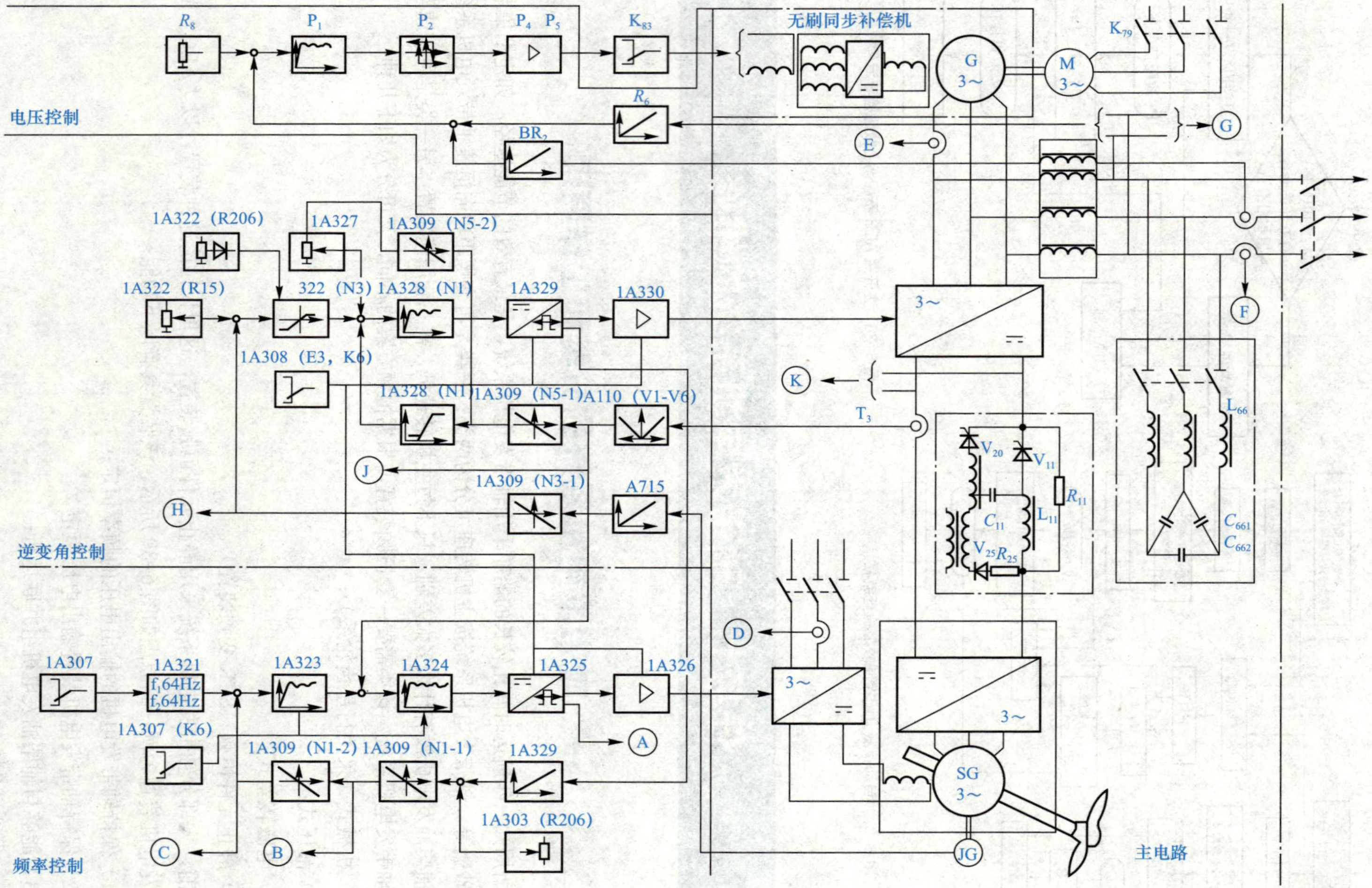

图 6-39 "AEG"晶闸管轴带发电机系统原理

下面简要说明各功能的工作原理。

1．恒频控制原理

恒频主要是通过补偿有功功率以满足轴带发电机装置负载的要求，为了说明其原理，主电路图如图 6–40 所示。

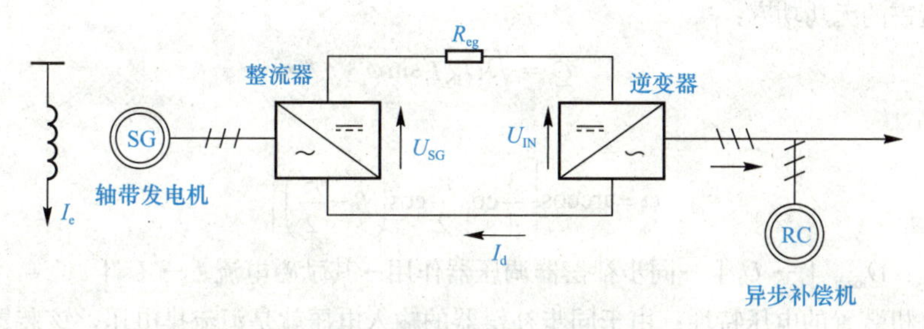

图 6–40　轴带发电机系统主电路原理

根据半导体变流技术知识，就可得到可控三相整流输出的电压值 U_{SG} 为

$$U_{SG}=\left(\sqrt[3]{2}/\pi\right)U_G\cos\alpha \tag{6-1}$$

式中　U_G——轴带同步发电机输出的线电压有效值；

α——整流器的整流控制角。

而逆变器输入的电压值 U_{IN} 为

$$U_{IN}=\left(\sqrt[3]{2}/\pi\right)U_1\cos\beta \tag{6-2}$$

式中　U_1——逆变器的交流输出电压有效值；

β——逆变器的逆变角。

由图 6–40 可得

$$I_d=\frac{U_{SG}-U_{IN}}{R_{eg}} \tag{6-3}$$

式中　R_{eg}——中间有直流电路的直流等效电阻。

不计逆变器功率损耗，轴带发电机装置的输出功率为

$$P=I_dU_{IN} \tag{6-4}$$

当逆变角不变时，就为恒定（在额定转速段），一方面，从式（6–4）可见，输出功率 P 正比于中间直流电路的电流；另一方面，从式（6–1）、式（6–3）可见，中间电路电流是变化的，而整流器控制角 α 不变，事实上，在额定功率段，整流器控制角 $\alpha\approx0$，故轴带发电机装置的输出功率可用轴带发电机的励磁电流控制，称为频率控制环节，如图 6–39 所示。

轴带发电机装置的输出频率与作为过励的同步补偿器的转速成正比，其驱动电源就是系统电压，即逆变器的交流输出电压，在图 6–40 中，逆变器输出功率 P_B 和同步补偿器的输入功率 P_{RC}、电网负载功率 P_A 之间有 $P_B=P_A+P_{RC}$。在这种情况下，负载增加 ΔP_A 时，增加的功率就由同步补偿器临时供给，其驱动功率为 $P_{RC}-\Delta P_A$，其结果使同步补偿器转速下降，频率也降低，通过电气线路检测出频率的变动，再通过调整轴带发电机励磁，从而调整“轴发”输出电压 U_G，使 U_{SG} 发生变化来控制逆变器的输出功率，平衡电网负载。其频率和输出功率特性曲线如图 6–41 所示。与柴油发电机组废气透平发电机的 f-P 曲线相同，可与其他发电机并联运行。

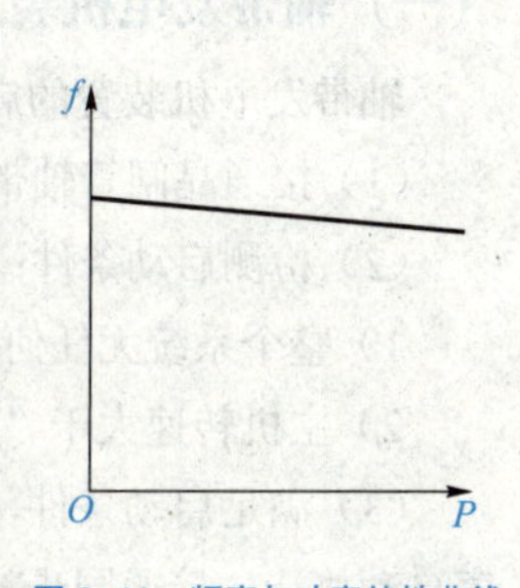

图 6–41　频率与功率特性曲线

2. 恒压原理

为了达到恒压目的，轴带发电机系统必须提供无功功率来平衡电网的无功负荷，该装置采用一台动态性能好，具有大功率晶体管自动电压调整器的过励同步机来产生无功功率，它不仅提供了负载所需的无功功率，而且提供逆变器及电抗器的无功功率。

逆变器所需的无功功率：

$$Q_i = \sqrt{3}U_{\rm IN}I_i\sin\varphi_i$$

式中

$$\varphi_i = \arccos\left[\frac{3}{\pi}\cos\frac{\gamma'}{2}\cos\left(\beta-\frac{\gamma'}{2}\right)\right]$$

调压过程：$Q_{\rm loadi}\uparrow\rightarrow U\downarrow\rightarrow$同步补偿器调压器作用→其励磁电流↑→ $U\uparrow$。

轴带发电机装置的电压特性：由于同步补偿器的输入电压就是汇流排电压，该装置的电压特性即同步补偿器的电压特性。其电压特性由同步补偿器的自动电压调整器控制。与普通发电机几乎相同，能够与这些发电机组并联运行，其电压变动可控制在 +2.5% 范围内。

3. 并联运行

并联操作与辅柴油机组相同，由于 P–f 和 U–Q 是有差曲线，它们是并联稳定运行先决条件。所以，能做到合理分配有功、无功功率。这里就不再赘述了，参见有关操作说明。

4. 轴带发电机装置短路电流提供

轴带同步发电机是一种他励式交流同步发电机，与普通同步发电机相反，它没有阻尼绕组，因而有较大的暂态电抗，以致定子绕组中几乎没有谐波电流，这样，发电机的短路冲击电流小，而且一旦发生过电流，直流主电路中 SCR 就关断，不会造成整流器、逆变器的 SCR（或二极管）损坏。

而同步补偿器的暂态电抗、次暂态电抗明显比轴带同步发电机小，所以，电压变动或短路时的暂态过程主要取决于同步补偿器流向短路点的电流能否达到最大，如图 6–42 所示。这时，同步补偿器如同一台发电机，其励磁由复励来保证，由于同步补偿器的飞轮把储存的能量释放出来，所以能持续供给短路电流。

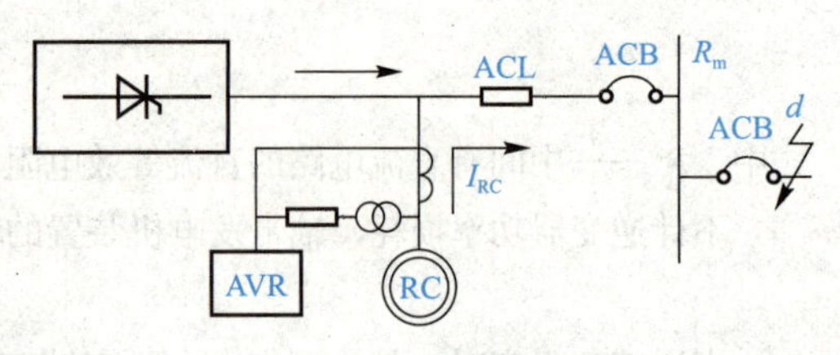

图 6–42　轴带发电机装置短路电流的流程

二、轴带发电机装置的维修

（一）轴带发电机装置的启动过程

轴带发电机装置的启动是按程序自动控制，整个系统的启动过程如下：

（1）接通晶闸管轴带发电机系统电源（交流 440 V 和直流 24 V）。

（2）检测启动条件：

1）整个系统无任何报警；

2）主机转速大于“轴发”所允许的最小转速。

（3）满足启动条件，在主配电板上“轴带发电机可以启动”指示灯亮，按下启动按钮，启动程序自动执行，接通同步补偿器的拖动电动机。

（4）检测同步补偿器的剩磁电压的频率，即检测同步补偿器的转速，当加速结束时，自动接通同步补偿器的励磁。

（5）当同步补偿器建立电压后，自动接通轴带发电机的励磁，逆变器上加脉冲，为其投入运行做好准备（若装置整流器是二极管整流到这里为止，系统就处于空载运行，完成第一阶段启动）。

（6）检测启动条件：

1）轴带发电机的励磁电源开关是否闭合；

2）逆变器是否有触发脉冲。

（7）当条件满足时，产生主整流器触发脉冲。

（8）接通频率控制环节和逆变角控制环节，当主整流器整流电压略大于逆变电压时，逆变器开始工作，处于空载运行。

（9）进行并车操作：可手动或自动并车，当 Δu、Δf、$\Delta\varphi$ 条件满足时就可合上“轴发”的断路器 ACB。

（10）负载转移。

（11）根据选择单机，并联运行，进行负载分配或解列辅助柴油发电机组。

（二）轴带发电机装置的维护

由于采用静止元件轴带发电机装置，其器件的失效率为常数，不需要进行定期拆检维护，其维护就变为清洁、环境改善的工作，故日常保养，要保持风冷系统工作正常、风道清洁、元器件表面清洁，检查接线头是否松动等。

（三）轴带发电机装置的故障检修

轴带发电机装置都配有巡回检测系统和模拟试验装置，维修管理人员借助这些系统和装置的指示，再根据具体轴发装置的原理，控制流程及各组件的功能，判定故障性质，缩小故障范围，确定故障点，排除故障。下面以“西门子”晶闸管轴带发电机装置不能启动故障为例说明检修方法。

晶闸管轴带发电机系统如果出现任何故障，启动程序就不能顺利执行，装置就无法启动。如同步补偿器不能建立正常电压，测量点置于 080 时，数字显示器无显示，如图 6-43 所示。

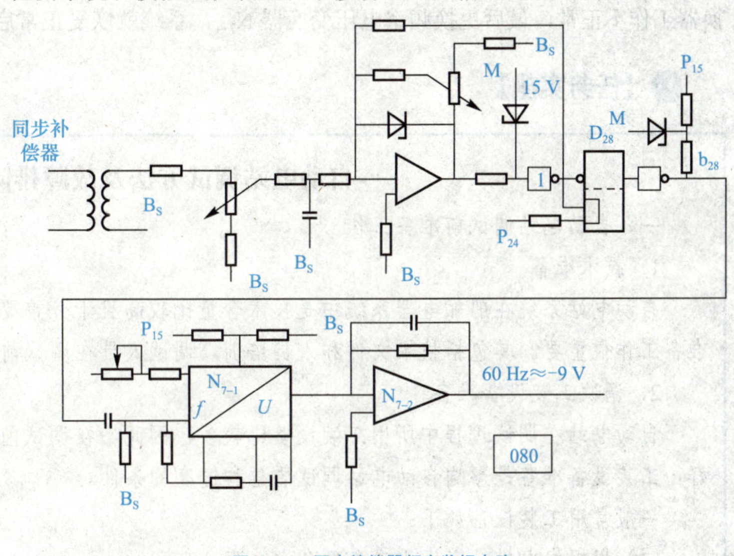

图 6-43　同步补偿器频率监视电路

晶闸管轴带发电机有 3 个启动条件，主机转速大于轴带发电机所允许的最低转速即满足启动条件，此时，在主配电板上“轴带同步补偿器运转”指示灯亮，当按下启动按钮后，启动程序自动执行，拖动同步补偿器运转，同步补偿器输出剩磁电压，电压的频率与转速成比例，用图 6-43 所示的电路检测同步补偿器的转速；当同步补偿器的转速上升到允许值（54 Hz）时，差动放大器 Z_8 端输出“1”信号，如图 6-44 所示，此“1”信号送到 R-S 触发器 $D_{301/6}$，S 端输出“1”信号，启动单稳态触发器 D_{243}，使 d_{10} 端出现一个持续 15 s 的“1”信号，送到与门 $D_{111/2}$ 的 d_{16} 端的输入，与门

$D_{111/2}$当主机的转速大于基速n_{gr}时，输入端b_{18}也为“1”信号，使得与门$D_{111/2}$输出“1”信号，触发R-S触发器D_{311}，经驱动放大器D_{821}，继电器K_{81}通电动作，接通同步补偿器的励磁，使其起压。

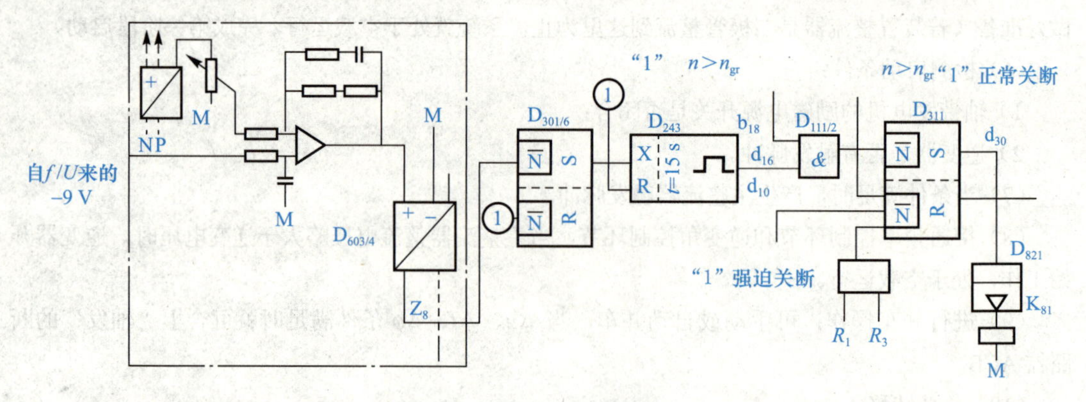

图 6-44 同步补偿器励磁控制电路

启动时经观察，接同步补偿器励磁继电器未动作，使启动程序无法顺利执行。继电器K_{81}动作与否取决于两个因素：同步补偿器频率监视环节与启动逻辑电路。正常情况下，080 测量点随着同步补偿器转速增加，而现在无显示，说明故障在 080 测量之前的环节。

同步补偿器的频率监视环节是一个组合插件，参见图 6-43，这个组合插件可分为两部分，b_{28}前是波形变换，把正弦波变为方波；b_{28}后是频率电压变换器，输出电压随频率的增加而增加。当同步补偿器的频率为 60 Hz 时，输出为 -9 V。

经检查测量，同步补偿器频率检测环节中的波形变换正常。很显然，此故障就出于频率电压变换器工作不正常，最后更换频率电压变换器N_{7-1}，系统就恢复正常启动，一切正常工作。

【任务实施】

自动电站调试方法及故障排除

一、自动电站调试前准备工作

1. 技术准备

自动电站系统在船舶电器系统中是技术含量比较高且十分重要的系统，因此，在调试前技术准备工作很重要。其包括技术文件和人员培训。调试人员在调试前要对系统原理熟悉。

2. 调试工装设备准备

自动电站在调试过程中所用工装设备比较多，因此，在调试前要把这些工装设备准备并调试好。工装设备准备是影响自动电站调试质量和进度的条件。

一般常用工装设备如下：

（1）根据发电机功率大小准备两台水电阻。

（2）根据试验大纲要求准备仪表：500 V 绝缘测量仪表、万用表、钳形电流表、精度交流电压表、精度交流电流表（特殊要求需要标准功率表、标准功率因数表、直流励磁标准电流表、直流励磁标准电压表）。

（3）发电机主开关过载脱扣模拟试验电流信号发生器。

（4）压力开关及压力变送器调试用手压泵。

（5）校验铂电阻传感器用的电阻信号发生器。

（6）温度开关、温度传感器调试用的标准电加热器。

（7）按中国船级社规范要求在电机负载试验过程中要加无功，需提供加无功设备。

二、确定调试程序

（1）分别对各系统进行线路检查。

（2）对系统设备进行绝缘检查。

（3）按顺序对设备送电。

（4）系统报警调试。

（5）单机组调试（空载）。

（6）配电板功能调试。

（7）单机组负载调试。

（8）双机组负载调试。

（9）主配电板自动控制电站调试。

（10）主配电板从断电状态恢复供电时负载自动分级启动调试。

（11）应急电站调试。

（12）主电站与岸电连锁与应急电站供电的自动转换调试。

三、调试步骤

1．检查线路

根据系统图、接线图和随机资料对系统设备进行对线，保证所有接线正确及接线无松动。在这里要特别注意发电机接线，因为大型船舶发电机功率都比较大，一般都是有多根电缆并在一起。因此，在对线时一定要注意不要把线接错，保证电缆相和相间不能短路。

2．对系统设备进行绝缘检查

在对系统设备进行绝缘检查时，要根据不同的设备采用不同的检查方法，如对发电机、电动机等要用 500 V 以上的摇表来检查，对电子元件设备不能采用此方法，要用数字表兆欧挡来检查，在对大型设备进行绝缘检查时，要认真看原理图对不同位置采用不同检测方法。

3．按顺序对设备送电

要根据调试的先后顺序对设备通电，在自动电站系统调试过程中送电顺序如下：

（1）主配电板。

（2）为发电机服务的系统，如冷却水系统、燃油系统、滑油系统、空压机系统等。

（3）集控台集中报警系统。

（4）发电机控制箱。

（5）应急配电板。

（6）应急发电机自启停控制箱。

在对这些设备送电前，要根据随机资料看说明及送电注意事项，并检查保险丝等是否安装好，同时，根据调试需要对一些设备要做特别处理。如主配电板要把 3 台发电机屏和负载屏之间的汇流排拆开，并把水电阻线接好。所有配电板送电前都要把负载开关处于断开位置，以免误送电。在主配电板和应急配电板第一次送电时，要检查配电板相序的正确性，尤其要注意两台照明变压器原副边相序一定要相同。

4．调试系统报警

为了保证系统的安全运行，要把系统的安全保护和报警点调试出来。

在调试自动电站系统报警点前，要先把机舱监测报警系统调试好，然后对每台发电机的报警点进行模拟和实际线路调试，参数根据试验大纲的要求调整。

5．单机组调试（空载）

机电联调对每台发电机进行单机无负载启动、停止、安全保护（淡水高温、滑油低压、超速）等项目的调试（在每台发电机第一次启动过程中要观察其电压及频率建立是否正常，如有异常，要停机进行检查），同时，对发电机控制箱的一些功能也要调试出来，操作方式为机旁手动操作。

6．配电板功能调试

当3台发电机单机无负载调试好后，在主配电板上通过配电板上的调速开关，手动调节上升或下降。通过配电板上的频率表观察频率变化，看手柄调节方向是否对，同时，观察频率变化范围是否在要求内。在配电板通过电压转换开关检查三相电压是否平衡，把频率调到额定值后通过手动调节AVR外调压电位器检查电压是否变化及变化范围。以上正常，发电机控制箱的控制位置转到遥控位置，在配电板上做发电机遥控启停及应急停止。当以上功能正常后，开始做发电机主开关功能试验（开关合、分闸、欠压、优先脱扣、长延时、逆功等）。

7．单机组负载调试

把水电阻等工装准备好，按试验大纲的要求对发电机加负载试验（0%→25%→50%→75%→100%→110%），单机负载试验完后做静态（100%→75%→50%→25%→0%–25%→50%→75%→100%）及动态试验，试验数据要满足试验大纲数据的要求。

8．双机组负载调试

当单机调试完成后，把3台发电机同时启动。首先要有一台发电机在网，然后采用手动并车法分别进行并车试验（在第一次手动并车时，要注意观察同步表及同步指示灯是否一致，如有异常，要停止并车进行检查）。手动并车转换后，再进行并联负载试验（按大纲要求做）。手动并联试验完后做自动并联试验（观察负载分配是否符合要求）。

9．主配电板电站自动管理检测调试

电站自动管理检测调试是一个比较复杂而烦琐的工作，因为它的管理监控、安全保护和报警都相互连锁。如何采用比较科学而省时的步骤调试及试验它是最关键的，根据主配电板自动控制流程编制调试步骤如下：

（1）手动操作发电机并车转换及手动解列（图6–45）。

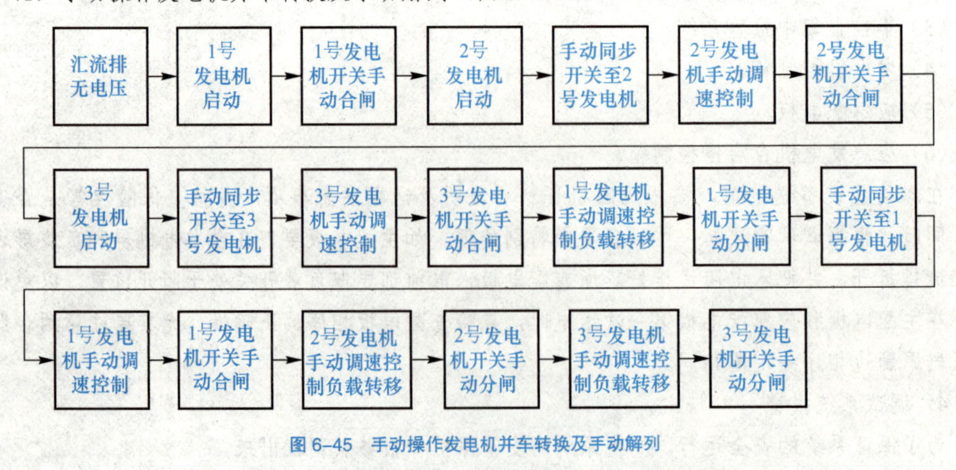

图6–45　手动操作发电机并车转换及手动解列

（2）发电机自动并车转换和自动解列（图 6-46）。

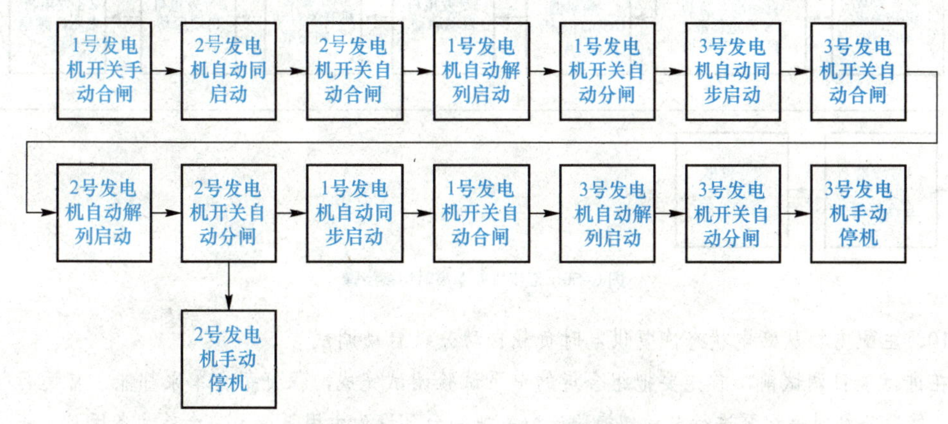

图 6-46　发电机自动并车转换及自动解列

当以上工作都完成把 3 台发电机转到自动遥控位置时，主配电板自动控制投入工作，按图 6-47 ～图 6-55 的调试步骤进行调试。

（1）汇流排电压低（图 6-47）。

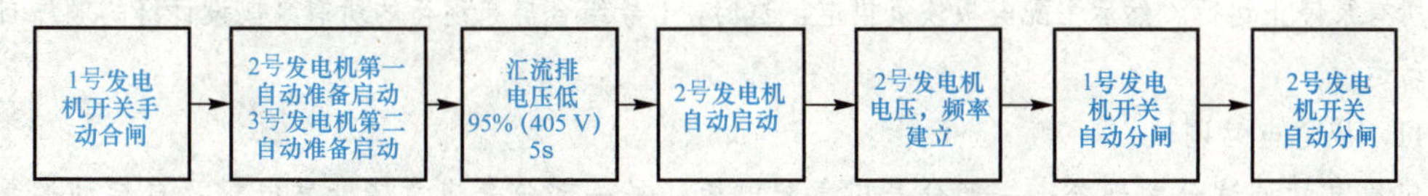

图 6-47　汇流排电压低时切换步骤

（2）汇流排电压高（图 6-48）。

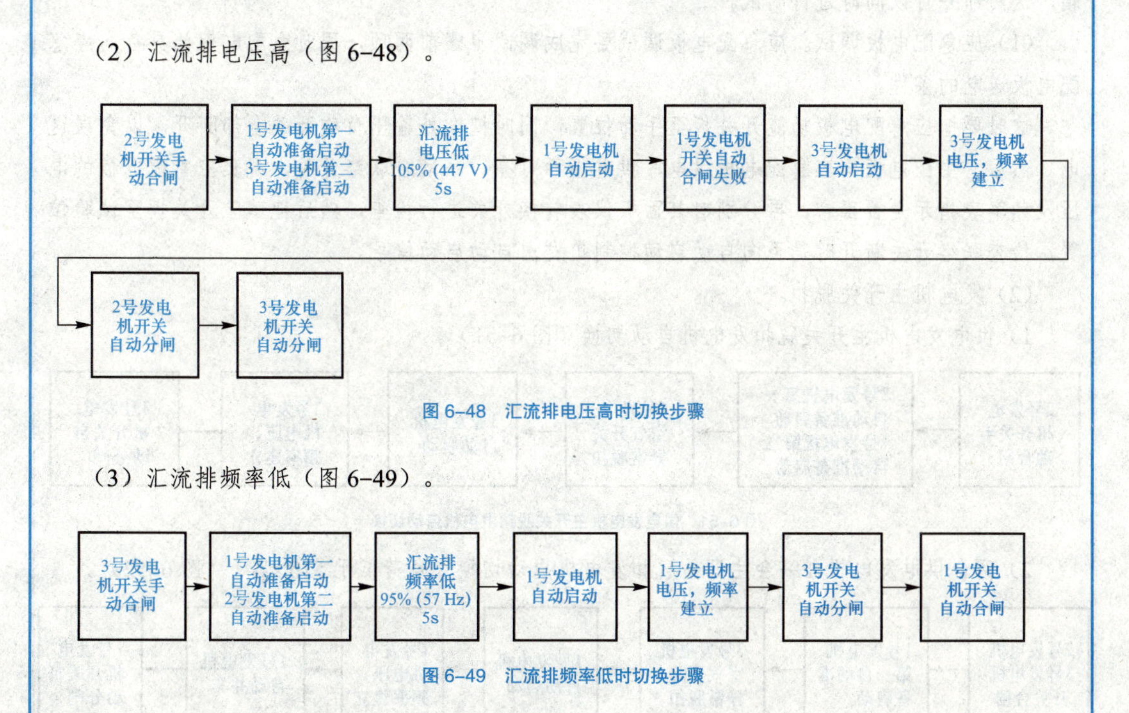

图 6-48　汇流排电压高时切换步骤

（3）汇流排频率低（图 6-49）。

图 6-49　汇流排频率低时切换步骤

（4）汇流排频率高（图 6-50）。

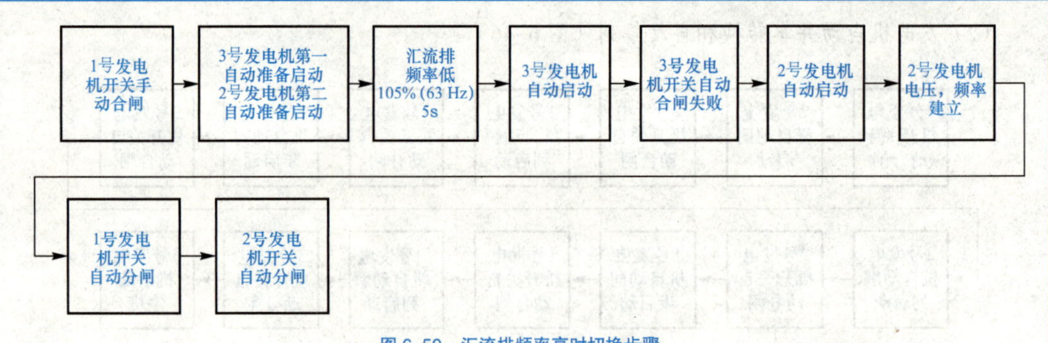

图 6-50　汇流排频率高时切换步骤

10. 主配电板从断电状态恢复供电时负载自动分级启动调试

在进行项目调试前，首先要把组合屏的单泵试验调试完成，保证每台单泵都能正常运行（手动），然后分别对每组泵进行自动切换调试。先把一台泵设为主用泵，另一台就为备用泵。当主用泵正常工作时，用模拟的方法使系统压力降低达到泵切换值，这时，备用泵自动启动模拟压力升高，原主用泵自动停机，同时发出泵异常报警，此时需人为对原主用泵进行复位（排除故障后），原主用泵变备用泵，原备用泵变主用泵。当组合屏所有泵的切换都调试完后，这时把 1 号组合屏所有泵都转为主用泵启动运行，2 号组合屏所有泵转为备用泵。当所有泵都运行正常时，主配电板失电，所有泵停止运行。然后主配电板恢复供电，这时，1 号组合屏原运行的所有泵按设计好的顺序自动启动运行。

11. 应急电站调试

应急电站调试分两部分：一部分是应急配电板；另一部分是应急柴油发电机及自启动控制箱，这两部分可以同时进行调试。

（1）应急配电板调试。应急配电板调试要完成调试步骤前两项，同时主配电板已具备向应急配电板送电的条件。

这时要把应急配电板功能开关扳至手动位置，同时把向外输出负载开关全部断开，以免误送电。然后，主配电板向应急配电板供电，供电指示灯亮。手动合联络开关，观察应急配电板的电压及频率表指示是否正常，再分别对其面板仪表转换开关进行检查，然后把试验开关扳至试验位置，检查联络开关断开时是否向自动启动控制箱发出自动启动信号。

（2）发电机主开关脱扣。

1）供电发电机主开关脱扣发电机自动切换（图 6-51）。

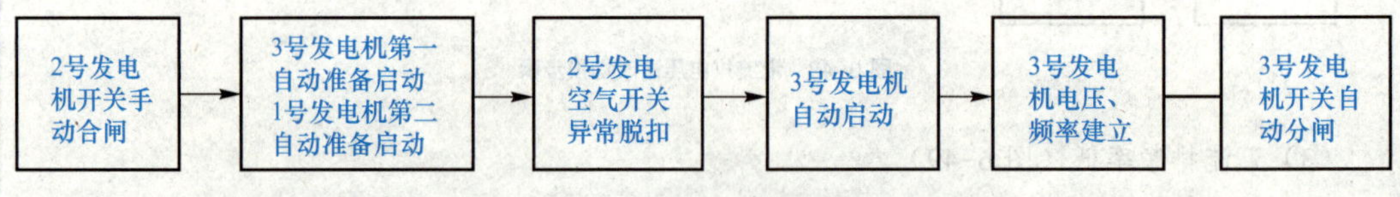

图 6-51　供电发电机主开关脱扣发电机自动切换

2）两台供电发电机任一台主开关脱扣发电机自动切换（负荷低于 510 kW）（图 6-52）。

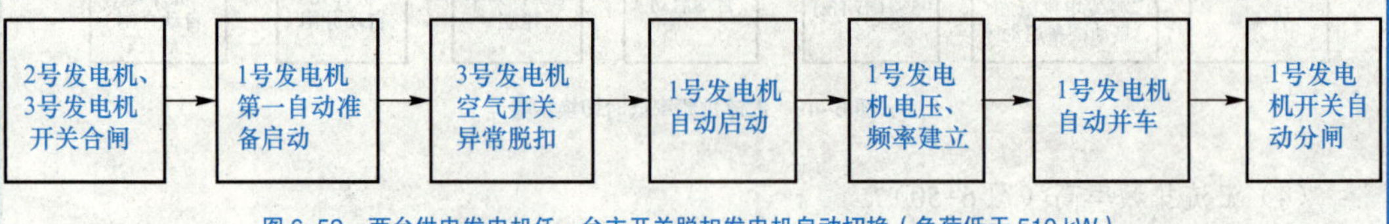

图 6-52　两台供电发电机任一台主开关脱扣发电机自动切换（负荷低于 510 kW）

3）两台供电发电机任一台主开关脱扣并优先脱扣发电机自动切换（负荷低于510 kW）（图6-53）。

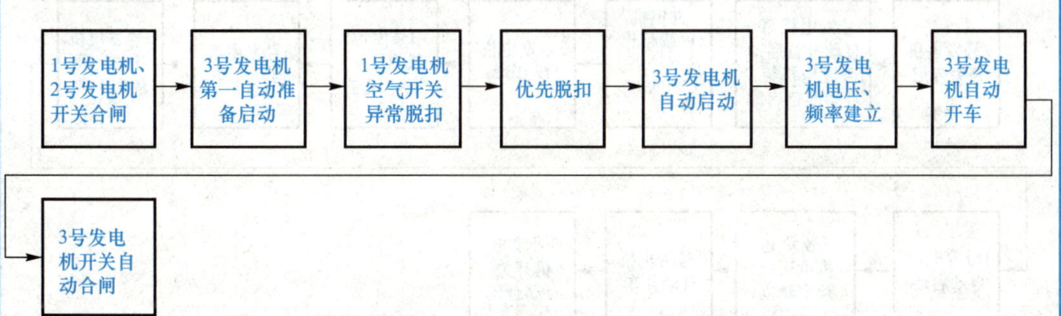

图6-53　两台供电发电机任一台主开关脱扣并优先脱扣发电机自动切换（负荷低于510 kW）

（3）应急柴油发电机及自启动控制箱调试。应急柴油发电机及自启动控制箱调试，首先要完成调试步骤前两项，然后对自启动控制箱送电。手动检查各功能及应急柴油发电机空载手动启停是否正常（观察电压及频率是否建立），然后做柴油机安全保护（滑油低压、淡水高温、超速等）。当以上项目正常时，把自启动控制箱功能开关扳至试验位置，检查自启动控制箱自动功能。

当以上两部分都分别调试完后，在发电机开关上端于汇流排连接处断开接水电阻，手动启动发电机，开始做发电机主开关功能试验（开关合闸、分闸、欠压、长延时）。主开关试验完后，单机组负载调试把水电阻等工装准备好，按试验大纲的要求对发电机加负载试验（0%→25%→50%→75%→100%→110%），单机负载试验完后做静态（100%→75%→50%→25%→0%→25%→50%→75%→100%）及动态试验，试验数据要满足试验大纲数据的要求。以上调试好后，应急发电机系统整体进行调试即应急发电机处于自动正常工作状态，主网失电应急发电机自动启动，自动向应急配电板供电。当主网路恢复供电时，应急配电板自动转到有主网路供给电源，同时应急柴油发电机延时停机。网上发电机自动切换有以下两种形式。

（1）网上发电机负荷超载和低载时发电机自动切换（图6-54）。

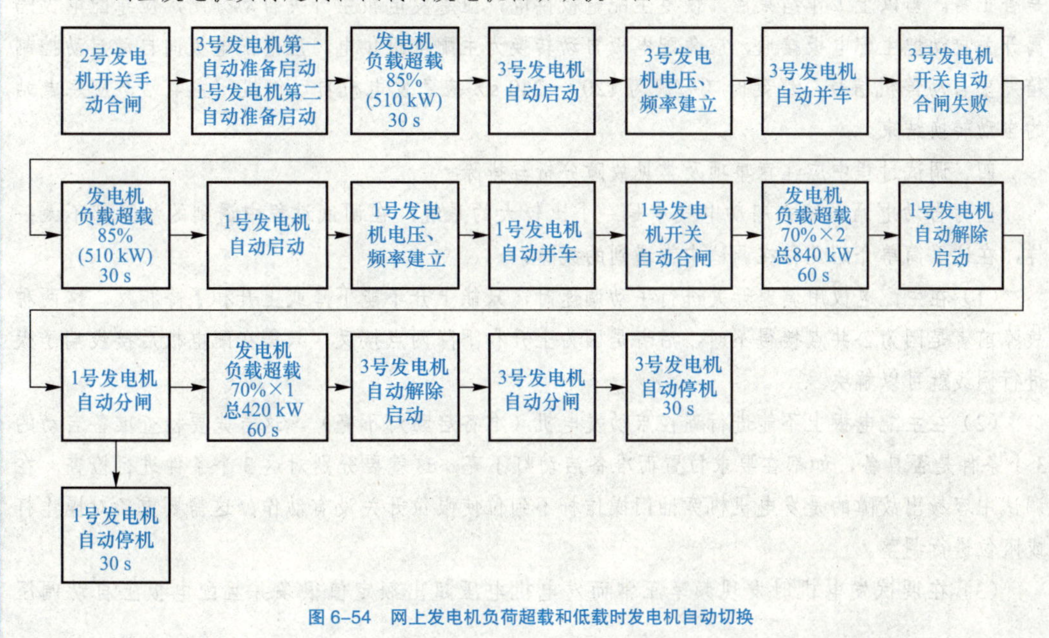

图6-54　网上发电机负荷超载和低载时发电机自动切换

（2）网上发电机负荷超载和开关异常发电机自动切换（图 6–55）。

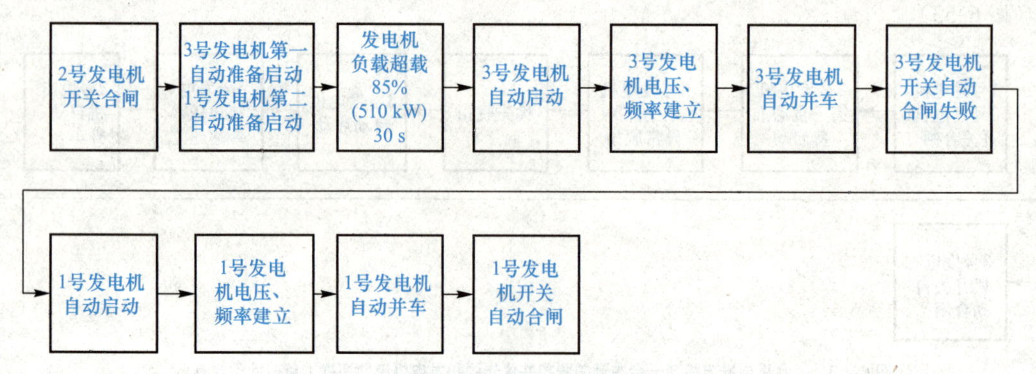

图 6–55　网上发电机负荷超载和开关异常发电机自动切换

12. 主电站与岸电互锁与应急电站供电的自动转换调试

在进行这项调试工作前，主发电机的所有调试都应结束、主配电板主开关调试结束、主开关合闸及分闸输出信号正确、岸电开关箱调试工作结束、合闸分闸输出信号正确。当以上条件都具备后，这时主配电板由岸电供电，3 台发电机分别启动运行，建立电压和频率。这时分别按配电板发电机合闸按钮，主开关不能合闸。然后把岸电开关断开，主配电板改由任意一台发电机供电。然后合岸电开关合不上，这种互锁谁在网上谁优先（根据设计要求定）。

在调试主电站与应急电站供电自动转换时，前提是主电站和应急电站分别调试结束，应急发电机设定在自动状态，应急配电板由主配电板供电（正常状态隔离开关接通主配电板）。当以上条件具备，断主配电板电源（应急状态隔离开关欠压自动断开主配电板），应急配电板失电，应急配电板同时向自启动控制箱发出自动启动信号，应急柴油发电机自动启动，其转数连续自动达到额定转数。当电压和频率经监测符合要求后，自动向应急配电板发出供电信号，应急配电板发电机主开关自动合闸，应急配电板向应急设备及重要设备供电，对重要供电设备要启动检查运行是否正常。当以上工作结束后，恢复主配电板供电，应急发电机主开关自动分闸，应急配电板隔离开关自动把主配电板接通，应急配电板自动转换为主配电板供电。应急配电板向自动启动控制箱发出自动停机信号，经延时（一般为 120 ～ 240 s）应急发电机自动停机，主电站与应急电站的自动转换结束。

四、调试过程中应注意事项及常见故障分析与排除

因为自动电站系统在船舶电气中是一个比较大的系统，在调试过程中遇到的故障都不太一样，在这里简单介绍几种在调试中常遇到的故障。

（1）在主配电板用调速开关进行手动调速时，只能上升不能下降或上升和下降相反。这两种故障前者是因为公共点接得不对，后者是因为上升和下降两点接反，只需在配电板后接线端子板进行调线就可以解决。

（2）在主配电板上不能进行遥控启动发电机（准备启动灯不亮）。这首先要检查准备启动的 3 个条件是否具备，如都在要求位置而准备启动灯不亮，这就要分别对这 3 个条件进行检查。在调试中容易出故障的是发电机机旁油门操作杆不到位使限位开关没有动作，这需要重新对操作杆或限位进行调整。

（3）在调试发电机时发现频率正常而发电机电压超出额定值很多并且配电板上自动调压

（AVR）上的调节电位器也不能进行调节。遇到这种故障，要停机对 AVR 外接线和发电机上的电压调节部分的接线点进行检查，这种故障是 AVR 自动调压控制线路开路造成的。

（4）发电机在运行时通过主配电板电压转换开关发现三相电压很不平衡（由小到大）。遇到这种现象，首先要用电压表对发电机实际输出电压检查，检查三相电压是否相等。如相等，就要检查配电板内电压互感器三相电压是否正常。这种现象大多是电压互感器缺相造成的，检查熔断器及电压互感器三相电压是否正常。

（5）有时，在调试配电板时会发现电流表或功率表指示不正常，遇到这种问题时要进行以下检查。

1）检查接线有无错误，如电流互感器、电压互感器。

2）检查电流互感器安装方向是否正确。

3）检查电压互感器输出电压是否正常。

（6）在调试发电机报警点时，PT100 传感器信号在调试中容易出现的故障是显示值不对。遇到这种问题时，首先检查传感器接线，大多是传感器外接线的公共端接错。

在调试发电机报警及控制设备时，对一些压力变送器，尤其要注意其直流电源极性不能接错。

思考题

6-1 简述船舶电网失电的一般处理方法。

6-2 简述发电机及励磁系统常见故障及处理。

6-3 简述主开关常见故障原因与排查方法。

6-4 简述发电机保护动作使主开关跳闸的判别。

6-5 简述并车时应注意的问题。

6-6 简述逆功率保护的参数调整。

6-7 简述自动并车装置故障的检修方法。

6-8 简述轴带发电机系统的分类。

07 项目七 主机遥控系统的管理与维护

【知识目标】

1. 了解主机遥控系统的分类和技术要求;
2. 掌握启动逻辑回路的组成及工作原理;
3. 掌握换向与制动逻辑回路工作原理;
4. 掌握指令发信及转速负荷控制回路工作原理;
5. 掌握主机遥控系统的日常维护和故障排除;
6. 掌握现场总线的 AC C20 主机遥控系统的工作原理。

【技能目标】

1. 能对主机遥控系统的日常维护进行日常维护;
2. 能对主机遥控系统故障进行诊断和维修;
3. 能对现场总线的 AC C20 主机遥控系统进行诊断与维护。

【项目描述】

主机遥控是指远离主机机旁操纵的自动控制系统。主机遥控系统从安全可靠的角度出发,均设有3种操作方式,即机旁操作、集控室操作、驾驶室操作。主机遥控系统是机舱自动化的核心,是现代化船舶实现无人值班机舱必不可少的重要条件,采用主机遥控,除能减轻劳动强度、改善工作条件、避免人为的操作差错外,还能提高船舶的操纵性和经济性。随着无人值班机舱船舶的发展,对主机和机舱设备进行自动控制、遥控、遥测的系统变得越来越复杂,因此,对其管理与维护的工作难度就变得越来越大。本项目主要介绍主机遥控系统的分类和技术要求、日常维护、常见故障的维修及目前船舶现有代表系统的主机遥控系统和电子调速器的工作原理及维修方法。

【知识链接】

任务一 主机遥控系统的分类和技术要求

一、主机遥控系统的分类

1. 电—液式主机遥控系统

电一液式主机遥控系统是指在遥控操纵台上通过电控装置和油压执行机构来遥控主机正车、倒车、换向、启动、停车和调速等操作。

2. 电—气式主机遥控系统

电—气式主机遥控系统是指通过电控装置和气动装置及执行机构，由遥控操纵台操纵主机正车、倒车、换向、启动、停车和调速等操作。由于驱动功率大，容易实现各项自动化和连锁功能。该系统又可分为继电式气动遥控系统和电子式气动遥控系统。

3. 电动式主机遥控系统

电动式主机遥控系统是指通过电动遥控装置和电动驱动机构，在驾驶台和集控室对主机进行正车、倒车、换向、启动、停车和调速等控制，由于其驱动功率较上述两种系统小，因此一般适用于中小型柴油机的遥控系统。

4. 气动式主机遥控系统

气动式主机遥控系统是通过气动遥控装置和气动驱动机构对主机进行遥控的方式。它是以气动装置为主，配有少量的电动控制装置（如电磁阀等）。其特点与电—气式主机遥控系统相似。

5. 采用微型计算机控制的主机遥控系统

在采用微型计算机（简称微机）控制系统的主机遥控系统中，通过软件设计，给出一个执行程序以取代常规遥控系统的控制回路，对由接口输入的车令和表征主机实际运行状态的各种信息进行综合判断和运算，得出需要的控制信息，经输出接口去控制操纵系统的执行元件，实现主机正车、倒车、换向、启动、停车和调速等控制。

二、主机遥控系统的技术要求

主机遥控系统的基本技术要求主要包括以下几个方面。

1. 换向逻辑程序

当车令与主机凸轮轴实际位置不符时，必须能自动地进行换向；换向完成后，送出许可启动信号。

2. 启动逻辑程序

当车钟手柄从停车位置移动到正车（或倒车）位置时，能自动地完成启动条件判断，自动完成启动程序；当启动转速达到发火转速时，自动地进行气油转换，启动成功后自动切断启动空气（如果在该设定时间内没完成启动，则应发出报警信号）。

3. 重复启动逻辑程序

在启动过程中发生点火失败时，能够进行 3 次试启动；当发生 3 次启动失败时，自动停止启动过程并能发出报警信号。

4. 重启动逻辑程序

在应急或有重复启动的情况下，增加启动油门或提高发火转速进行重启动。重启动成功后，转入正常调速运行。

5. 慢转启动逻辑程序

当主机停车时间超过规定时间（0.5 h 或 1 h）后，再次启动时，需经过慢启动程序，使主机先慢转 1 ～ 2 转后再进行正常启动。目的是早期发现某些故障和保证运行件摩擦表面润滑。

6. 发送速率程序

当主机进行加速操作时，其加速过程应受到限制，以防止加速过快。通过发送速率程序，使加速按规定速率进行。

7. 负荷程序

当主机的负荷达到 70% ～ 75% 额定负荷时，已属于高负荷状态，在这之上的加速过程称为负荷程序。负荷程序是时间程序，慢慢地进行加油。一般从 70% ～ 75% 到 100% 额定负荷需要 1 h 左右。

8. 全速运行时换向逻辑程序

当车钟手柄从全速正车位置转换到倒车某一位置时，主机遥控系统应能自动地实现停油、换向、制动和反向启动等逻辑程序。

9. 自动避开临界转速的逻辑程序

在主机遥控系统中必须设有自动避开临界转速区运行的逻辑程序。

10. 应急操作功能

在应急情况下，可取消慢转、负荷程序等，进行快加速，或取消自动减速或停车信号，进行应急运行。

11. 安全保护程序

在运行中，当出现滑油低压、轴承高温、冷却水出口温度高、曲轴箱油雾浓度过高等情况时，主机应能自动地减速或自动停车，并发出报警信号。

12. 系统功能模拟环节

主机遥控系统应设有功能模拟环节，以检查其系统各环节的功能是否工作正常。

13. 微机控制系统自诊程序

能够自动地显示出故障点或在打印机上打印出故障类型、故障点。

任务二　启动逻辑回路

主机的启动必须满足启动条件，其中包括启动前的准备条件、启动操作的指令条件和重复启动等逻辑条件。在满足这些条件之后方能进行启动。启动逻辑回路由启动主回路、重复启动回路、3 次重复启动计时回路和慢转启动回路等组成。

一、启动准备条件

主机启动准备一般具备如下条件：

（1）盘车机脱开信号（TG）。

（2）主启动阀位置信号（V_{MA}）。

（3）启动空气压力信号（P_{SA}）。

（4）操作空气压力信号（P_{op}）。

（5）主机滑油压力信号（P_{LB}）。

（6）电源信号（SP）。

（7）操作部位转换信号（PS_O）。

（8）试验开关位置信号（PS_S）。

（9）停车复位信号 ST。

（10）3 次启动失败信号 F_3。

（11）启动限时信号 T_M。

（12）启动转速信号 n_s。

当然根据设计要求的不同，主机的启动条件可能略有不同。但是只有在主机准备启动的条件全都满足的情况下，才能够启动主机。

二、启动逻辑

在完成启动准备条件之后，还必须有启动指令方能进行启动逻辑动作。当车钟手柄从停车位置移向正车或倒车位置时，启动回路必须首先判断是否满足启动逻辑。只有在满足启动逻辑之后，才能发出启动命令，否则不能发出启动命令。主机启动过程如图 7-1 所示。

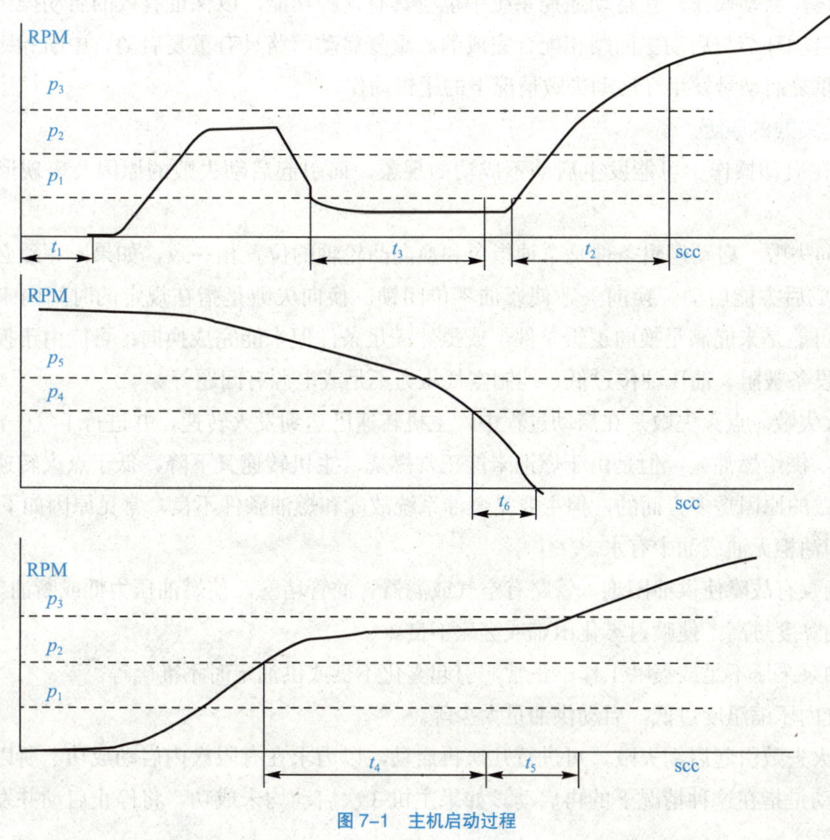

图 7-1 主机启动过程

p_1—启动故障转速设定值；p_2—正常启动转速设定值；p_3—重启动转速设定值；p_4—高制动转速设定值；p_5—低制动转速设定值；t_1—启动延时时间；t_2—最大启动时间；t_3—启动故障延时时间；t_4—启动切除时间；t_5—切除延时时间；t_6—最大制动时间限定

当主机发出启动指令后，遥控系统首先要经过时间参数 t_1 打开启动电磁阀。这个时间正常设定在零秒。当启动电磁阀打开，转速达到力 p_2 设定的转速后，启动切除。如果转速下降到设定值，经过时间设定参数 t_3，将进行重复启动，这个时间正常设定在零秒。当发出重复启动命令后，转速仍然达不到设定转速，将进行最大时间 t_2 激活启动电磁阀进行启动，同时启动时间限定将报警、启动故障报警。

主机停车，首先发出燃油零位信号作用在调速器上。如果主机转速超过设定值 p_s 时，进行高限启动空气制动，等主机转速下降到 p_4 设定值时，进行低转速启动空气制动。在此制动过程中，如果主机没有停下来，经过 t_6 参数设定后，制动时间限定报警。

当主机经过正常启动 p_2 或重启动 p_3 后，启动切除电磁阀激活。经过时间参数 t_4 设定后，启动电磁阀无效，在经过时间参数 t_5 设定后，启动切除电磁阀无效。保证这样顺序的主要原因是在 t_4 时间段内，如果发生启动故障，在启动切除前能够进行再次快速启动。

三、重复启动逻辑回路

在满足可以启动逻辑条件后，在一般情况下是可以进行启动的。但是，在设有重复启动的回路中，必须考虑中断和重复启动逻辑。

在机旁手动操作主机时，如果第一次启动没有成功，将进行几次再启动，直到确认为不可能再启动成功时终止启动操作。在自动遥控系统中也应具有这种功能，以保证有效的启动操作。这种功能是由重复启动环节与启动主回路相配合完成的。重复启动回路具有重复启动、中断和终止启动等逻辑功能。重复启动是发生在启动失败情况下的逻辑动作。

1．启动失败的原因

柴油机在启动操作中可能发生启动不成功的现象，而引起启动失败的原因及表现形式是多方面的。

（1）换向失败。启动逻辑条件是车钟指令和换向凸轮轴的位置相一致，如果不一致必须进行换向，换向完成后方能启动。换向失败使燃油零位闭锁。换向失败是指在规定的时间内未能完成换向。其原因可能是未能满足换向逻辑条件，或虽然满足条件但未能完成换向；可能由于换向控制阀失控、换向设备被阻、油压油位过低、控制空气压力不足或电源有问题等。

（2）点火失败。点火失败是在启动过程中，主机转速已达到发火转速，并进行了气—油转换（切断启动空气，供给燃油），但是由于燃油未能正常燃烧，主机转速又下降，低于点火转速或停转。引起点火失败的原因是多方面的，但主要是燃油系统故障和燃油条件不良。常见原因如下：

1）日用油柜无油或油中有水。

2）输油泵有故障使供油困难，管路有空气或滤器、油管堵塞，使燃油压力低或断油。

3）燃油黏度过高，使喷射雾化困难或雾化不良。

4）喷油泵泵压不足或喷嘴工作不正常，引起雾化不良或供油定时不准确等。

5）气缸内压缩温度过低，启动供油量太少等。

由于点火失败引起启动失败，可进行几次再启动，以力求在有限次内启动成功。所以，一般所说的重复启动是指在这种情况下的再启动。如果主机 3 次启动均未成功，将停止启动并发出启动失败报警。

（3）不能启动。不能启动是指在启动操作中，主机转速一直达不到启动转速。其原因可能是主启动阀或空气分配器失控、启动空气压力过低、操作空气压力不足、盘车机未脱开、主轴承与轴“咬死”、桨缠异物等。这种现象很容易与点火失败区别开。在这种情况下，一般不宜再自动进行重复启动，而发出启动时间限制报警。

2．重复启动方式

重复启动的方式有两种：第一种方式是以时间作为控制信号，是一个时序逻辑控制过程。每次启动的持续时间、中断时间和重复启动的总时间均由时间控制单元控制，从而实现重复启动和终止启动逻辑功能。第二种方式是采用转速和时间作为控制信号。

四、重启动和慢转启动逻辑回路

1. 重启动

重启动是区别于正常启动而言的。所谓重启动，是指在应急启动或重复启动或倒车启动时，加大油门的启动。其目的是保证启动容易成功。为此，在输油回路中设有重启动油量设定控制环节。但是重启动的逻辑控制信号来自启动回路。在重启动时，送出重启动油量信号，在启动成功后必须取消重启动信号。因此，重启动逻辑条件概括为如下几个：

（1）手柄必须放在启动位置。

（2）有应急启动指令或点火失败信号或倒车指令。

（3）启动转速未超过发火转速。

2. 慢转启动逻辑

主机遥控系统设有慢转启动环节。当主机停车时间过长，再次进行启动时，分两个步骤。首先进行慢转启动，然后进行正常启动（或重启动）。通常，把第一阶段的启动称为慢转启动，以区别正常启动。慢转启动逻辑的设计是保证主机启动过程的安全和防止不利磨损。所以，慢转启动阶段也可以是“预备”或“试启动”阶段。如果慢转启动过程正常，说明主机可以进行启动，则立即取消慢转，而转入正常启动；如果主机由于某种原因不能转动，或转动极慢，慢转启动程序将不能被解除，也就是说不可能进行正常启动。这样就保证了启动过程中主机的安全。慢转程序也保证了摩擦件的“布油”“润滑”作用，防止过渡不利的磨损。

慢转启动阶段，可以采用“慢转转数”（1 转或 2 转），也可以用“慢转时间”来检测。当采用转数检测时，如果达不到慢转转数，则不能转入正常启动；当采用慢转时间检测时，如果在规定的时间内没送出正常启动信号，则不能进行正常启动，并送出报警信号。在能够完成慢转条件下才能进行正常启动。

（1）慢转指令形成的逻辑条件。

1）在启动前，停车时间超出规定时间。如果超出规定时间，送出一个要求慢转信号。

2）没有应急取消慢转命令。

3）启动转数没有达到规定的慢转转数。

4）前次慢转指令被取消过。

在满足上述逻辑条件后，便可形成新的慢转指令。

（2）实现慢转的方案。

1）利用电磁阀控制主启动阀的开度。在慢转指令形成时，电磁阀有电，从气瓶来的空气经启动阀，再经电磁阀进入启动阀的限位活塞上部，将其压下，从而限制了主启动阀的开度进入气缸的空气量较少，所以启动加速过程较慢。当慢转转数达到 1 转或 2 转时，慢转指令被取消，电磁阀无电，限位活塞上部空气经启动控制阀放泄，从而解除对主启动阀的限制，开始正常启动过程。

2）采用两个电磁阀，分别控制慢转启动副空气阀和正常启动主空气阀。在慢转指令形成时，使慢转电磁阀有电，从而使主空气阀关闭，而启动阀动作，使副空气阀打开。由于空气量较少，所以进行慢转启动。当慢转过程完成，慢转指令被取消后，电磁阀无电，则启动阀被关闭，启动主空气阀被打开，便进行正常的启动过程。

任务三　换向与制动逻辑回路

一、主机换向

主机换向是从原来的状态（正车或倒车）转换为另一种状态（倒车或正车）。换向操作时有两种情况，即停车状态下的换向操作和运行状态下的换向操作。在停车状态下进行换向操作时，将手柄从停车位置拉到正车或倒车位置，主机必须停油，换向阀动作，换向装置动作，将空气分配器、燃油和排气凸轮轴从原来的位置移动到车令要求的位置上。在运行状态进行换向操作时，将手柄从原来的运行位置拉到停车位置，再拉到相反位置，这时将发生换向动作。但必须首先停油，使主机转速下降到允许的转速下进行换向，换向完成后，自动停止换向动作。在换向完成后，送出启动信号到启动回路。换向后，若转向不符合车令所要求的转向，必须保持继续停油。这些要求都是为了保证主机操作安全。主机遥控系统的换向逻辑回路的主要功能就是保证系统按一定的规律执行逻辑控制动作，从而实现准确无误的换向操作。

二、主机制动

目前，船舶的制动方式一般是利用主机的制动和反转使螺旋产生负推力（与船舶前进方向相反的推力）阻止船舶前进，使之尽快减速、停止或倒退。

主机的制动方式通常有能耗制动和强制制动两种。能耗制动（也称减压制动）是在应急换向完成之后，消耗主机的能量的制动方式。由于此时转向与凸轮轴位置不符，当空气分配器将气缸启动打开的时刻，正是该缸活塞处于压缩冲程，因此就把在其他冲程吸入的空气从气缸启动阀排出，经主启动控制阀放泄。此时活塞的下行是吸气，上行是排气，起着压缩机的作用，从而实现能耗制动的目的。强制制动是利用高压空气，在活塞处于压缩冲程时送入气缸，强行阻止活塞运动，使主机减速或停止转动。强制制动只能在正常换向完成后（低于正常换向或发火转速后），车令与转向不符合的情况下进行。在高转速的情况下，强制制动不易成功，既浪费空气又有机损危险，所以，强制制动不能在高转速下进行。能耗制动则可以在较高的转速下进行，能耗制动转速可比强制制动转速提高 50% ~ 100%。

任务四　指令发送及转速负荷控制回路

主机的转速与负荷控制回路是一个综合回路。目前，基本采用反馈控制和复合控制等方案。反馈控制方案是由指令发送环节、调速环节、执行环节及反馈环节等组成的闭环控制系统。如果在反馈控制的基础上引进前馈环节就组成复合控制系统。复合控制方案比反馈控制方案有更多的优越性。

从控制角度出发，力求提高控制指标（如稳定性、快速性和精确性等），但是，以柴油机为控制对象的系统，还必须顾及控制的后果。控制系统最终是通过控制油量改变柴油机的运行状态。在大幅度操作或变工况情况下，控制后果可能致使柴油机超负荷，所以，在控制系统中设有一些限制环节。因此，在控制过程中对控制指标和限制环节的要求：在柴油机允许的情况下，力求达到最佳控制指标；在可能危及柴油机的情况下，限制环节必须起作用，放弃某些控制指标的要求，以保护主机。然而，在发生“舍机保船”的情况下，应取消限制作用，进行应急操作，以保全船的安全。所以，一个好的主机遥控系统应当兼顾各方面的要求。

一、控制方式

船舶柴油机常常是在变工况条件下工作的，当进行变工况操作时或外界负荷变化时，控制系统应能对其转速或负荷进行控制，以保证其在适宜的状态下运行。

1. 转速控制方式

控制参数是主机的转速，通过转速反馈构成闭环控制系统。在转速达到设定值确定之后，控制系统自动维持转速恒定不变。以转速为控制目标的控制方式称为转速控制。这种控制方式能保证转速在给定值转动，但是供油量是随外界负荷而变化的。即使在同一转速下，油量的多少也是不能确定的，主机的热负荷是随机变动的。

2. 负荷（油量）控制方式

控制参数是负荷（油量）。通过执行器位置反馈形成闭环控制，在负荷设定之后，就维持不变。以负荷为控制目标的控制方式称为负荷控制。这种控制方式能保证柴油机的热负荷基本不变。但是在变工况下转速是不能确定的，将是变化的。

3. 转速—负荷控制方式

转速—负荷控制方式即系统既可以进行转速控制也可以实现负荷控制。在正常情况下，可选择转速控制；在工况变化较大的情况下，可采用负荷控制。系统中设有选择开关，在正常情况下，开关处于开路状态，这时系统为转速控制。在工况变化较大的情况下，开关闭合，使负荷控制环节投入工作。该环节的设定值可以预先给定。当车钟指令设定值大于该设定值时，负荷控制环节起作用，从而使柴油机的负荷受到限制，因此不会发生超负荷现象。

二、主机遥控系统指令发送方式

1. 气动式指令发送方式

在气动遥控系统中，通常采用控制凸轮和指令设定阀发送控制指令。当手柄放在停车位置时，设定阀的输出为零或某一值。当手柄向前或向后移动到任意位置时，设定阀输出与手柄位置一一对应的标准气压信号。设定阀的输出特性与手柄位置可成直线关系，也可成曲线关系，取决于控制凸轮的设计。输出特性的有效范围和斜率均是可以调整的。

2. 电动有触点式指令发送方式

电动有触点式指令发送，一般可采用电位器式或继电器式两种方式。

电位器式或继电器式指令发送方式，当手柄拉在某一位置时，首先接通相应的车速继电器，其触点动作后接通相应电路，送出预先调定好的电位器电压信号。该信号到比较器与执行器反馈信号进行比较，从而实现加速、减速调节。

当设定在航海模式时，送出航海速度信号，按航海程序进行加速、减速；当发生自动应急减速情况时，切断原车速度设定值电路，而自动接通微速设定电路，使主机在微速下运行。

3．电动无触点式指令发送方式

采用无触点式指令发送方式的装置没有接触部分，因此它克服了接触不良或磨损等缺陷。无触点指令发送装置种类很多。但无论是何种发送装置，在车钟前后位移 70° ～ 80° 范围内应具有良好的线性特性。无触点式指令发送装置常采用自整机或特殊的线性同步机实现指令发送。线性同步机是一种特殊的同步信号发送器，输出信号同转角是线性关系。转子由手柄控制，当改变给定转速值时，与给定值成比例的励磁电压和同频率的交流电压也相应改变。

三、速度控制程序

1．加速限制

为防止加速过快，在发送回路中增加了加速限制环节。通常采用适当的控制回路，把手柄设定指令信号按预先调定好的速率发送出去，从而起着加速限制作用。

在气动控制系统中，采用分级式延时阀获得延时特性。当设定信号低于调定压力时，对信号无延时作用。当设定值大于调定压力时，则有延时作用。延时作用是可调的。这种阀的特点是当设定信号小于输出信号时，输出信号的降低速度无延时。

在电动系统中，采用斜坡控制回路，实质上是积分环节。当给定一个阶跃信号时，其输出为斜坡特性。有时，在加速度限制环节中设有最大速度限制环节，在加速过程中，达到最大值（预先设定）时被钳位，而保持不变。斜坡特性可以用来限定指令信号发送的速率，也可以用来限定偏差信号的传递速率。

2．程序负荷

当主机工作在额定负荷的 70% 以上时，就进入高负荷区，主机所承受的热负荷已经很高。因此，以后的加速过程必须严格加以限制，以防止超负荷。按一般的加速速率认为太快，故需给定一个特殊的时间程序，使之慢慢加速。一般，把 70% 额定负荷以上的慢加速过程叫作程序负荷。

3．负荷限制

负荷限制是指对柴油机的机械负荷和热负荷的限制。负荷限制环节包括增压空气压力限制、转矩（或转速）限制和螺旋桨特性限制等。

（1）增压空气压力限制。如果操作者将车钟手柄从低速位置快速推向高速位置时，油量会增加很多。而此刻增压空气还未来得及增加，产生油多气少的现象，燃烧过量空气系数过小，引起燃烧不完善，导致冒黑烟和受热件过热等后果。为了防止上述现象发生，采用了增压空气限制环节。其基本原则是随着增压空气的压力增高，逐步成比例地自动增加油量。增压空气限制环节在绝大多数的主机遥控系统中采用。

（2）转矩（或转速）限制。目前，随着柴油机的大型化、增压度和强载度的提高，其热负荷、机械负荷均已达到相当高的程度，安全裕度已逐渐减小，从而给柴油机的安全与寿命带来了一定的问题。尤其是随着自动化的发展，无人机舱的出现，对主机的操作往往由不熟悉主机性能特点的人员进行操作。这给主机的安全带来了另一个问题。所以，现代化主机遥控系统必须具备足够的自保功能，尤其是对热负荷和机械负荷的超负荷的防止出现十分重要。

当前，采用转速限制油量（转矩）的措施较为普遍。采取限定油量的办法，既可以限定热负荷，又可以限制机械负荷。

（3）螺旋桨特性限制。主机与螺旋桨配合是按螺旋桨特性工作的。即功率与转速成三次方关系，而油量或转矩与速度成平方关系。因此，在变速调节中，油量的变化与转速成平方关系。然而，各种限制方式（增压空气限制、转速限制等）都是在某一负荷范围内的直线限制特性。由于主机的工作特性和限制特性不同，所以无法实现理想的限制特性。尤其是有“极值”限制方式，对于负荷的限制动作过迟，显得过晚。也就是说，等到负荷达到最大允许值时，才开始限制。所以，这种办法不是一种理想措施。一个理想的限制特性，应当符合油量（转矩）与转速成平方关系的特性。或按螺旋桨特性规律进行限制的特性是比较理想的，简称“螺旋桨特性限制”。如果在控制系统中，已经采用了增压空气限制和转矩限制环节时，则螺旋桨特性限制与之相互配合，起着修正或校正作用。

四、转速的检测与临界转速的回避

1．转速的检测

主机遥控系统中逻辑控制用的转速信号，通常采用两种方法检测，即采用测速发电机和磁脉冲式检测系统。

测速发电机是一种测量转速模拟信号的元件，它将输入的机械转动量变换为电压信号输出。输出电压与转速成正比关系，可用下式表示：

$$U_o=Kn$$

式中　U_o——输出电压；

K——比例系数；

n——转速。

对于直流发电机，当转向不同时，输出电压的极性不同。

直流发电机的输出特性如图 7-2 所示。

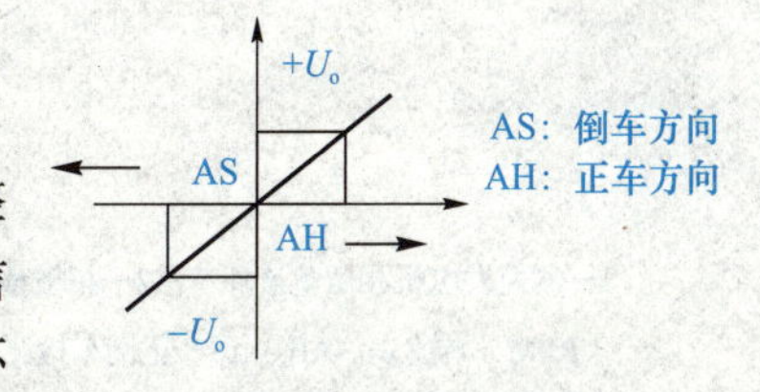

图 7-2　直流发电机的输出特性

交流测速发电机，由于输出电压是交变的，必须采用相敏整流方式把交流电压信号转变为与交流信号相对应的直流电压信号。如图 7-3 所示，整流回路由相敏整流、滤波输出级放大环节组成。当正车转向时，V_{IF} 为负值；当倒车转向时，V_{IF} 为正值。输出级放大器的输出公式为

$$U_o=-KV_{IF}$$

式中　K——放大系数。

测速发电机输出电压的大小反映了转速的高低，不同极性则反映正倒转向，因此可作为转速转向指示。

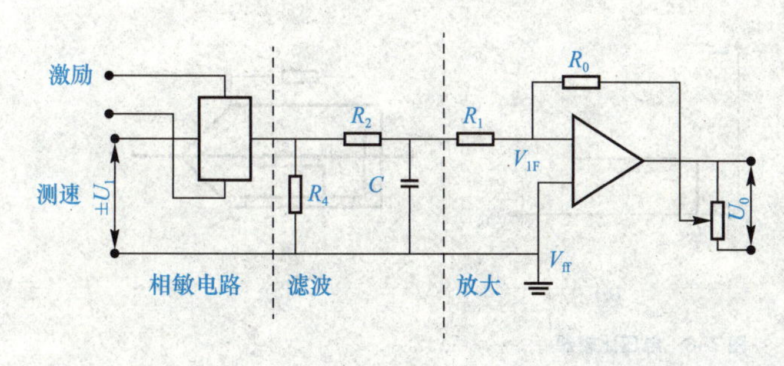

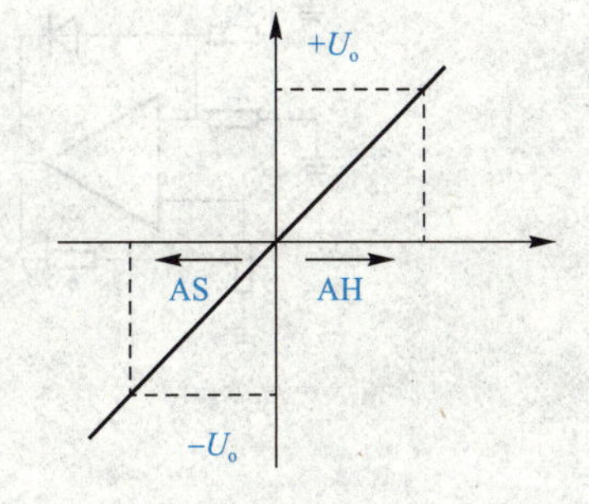

图 7-3　交流测速整流回路及特性

但是，用来作反馈控制信号时，倒车的负向电压信号不能使用，必须经过整流，把负向电压变为正向电压，如图 7-4 所示。

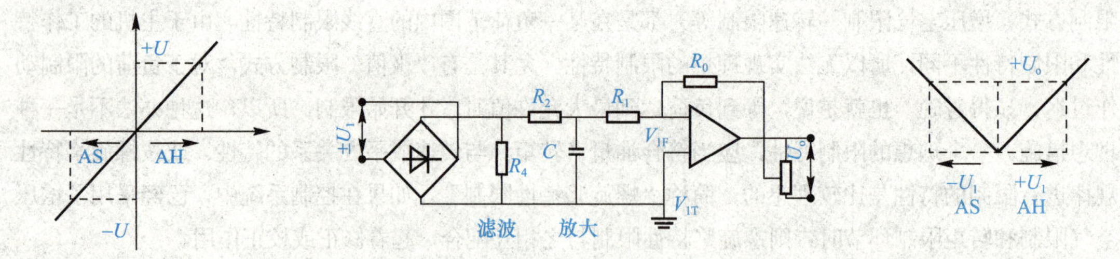

图 7-4　测速信号整流及输出特性

在主机遥控系统中，常把转速信号作为启动过程控制所需信号。如换向、启动转速等控制信号均是从测速系统中拾取的。转速控制信号的检测系统如图 7-5 所示。

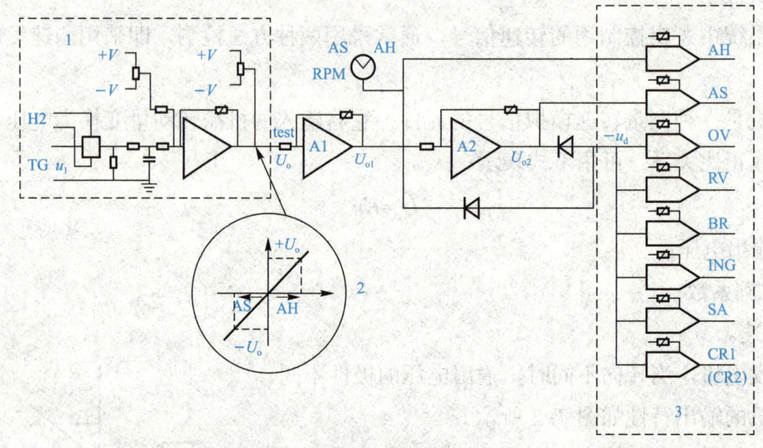

图 7-5　转速控制信号的检测系统

1—测速发电机相敏整流环节；2—相敏整流环节输出特性；3—各种转速检测器（电压比较器）；A1、A2—运算放大器；RPM—转速表；AH、AS—正倒车检测器；RV—换向转速检测器；ING—点火转速检测器；BR—制动转速检测器；SA—启动检测转速器；OV—超速转速检测器；CR1、CR2—临界转速高低限检测器

测速发电机输出电压信号 u_1 经相敏整流后为 U_o，再经过运算放大器 A1、A2 分别通过二极管接入检测器的输入端，以保证检测器的输入端为负值电压信号。

转速检测器通常采用电压比较器，工作原理如图 7-6 所示。

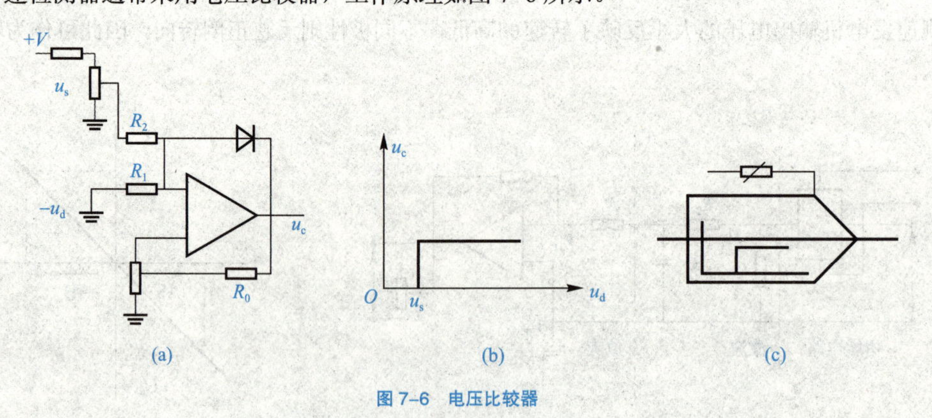

图 7-6　电压比较器

（a）电压比较器电路；（b）输出信号 u_c 与 u_d 的关系；（c）电压比较器的符号

$-u_d$ 为比较器输入电压信号，即转速信号。u_s 为控制转速设定电压值。u_c 为比较器的输出控制电压。其输出关系为

当 $u_d<u_s$ 时，$u_c=0$；$u_d>u_s$ 时，u_c= 饱和电压。

比较器的输出信号 u_c 与 u_d 值（或转速）的关系如图 7-6（b）所示。由于 u_d 值与测速发电机输出电压信号（经整流后）U_o 的值成比例，所以比较器的输入信号 u_d 就表示了主机的转速值。当转速信号大于设定转速时，比较器就产生跳变的电压信号，拾取这个电压信号作为控制信号。图 7-6（c）所示为电压比较器的符号。

2. 临界转速的回避

由于柴油机轴系具有固有自振频率，当外界强制干扰频率与其自振频率相同时，两种振幅相叠加，引起共振。在柴油机全部工作转速范围内，一般有两个以上的共振区域。其中最大的共振称为临界（危险）共振区。柴油机在临界区域工作时，产生的扭转振动应力将超过材料允许应力，可造成曲轴扭伤或折断或造成组合式曲轴的组合件相对滑移。因此，必须避开共振转速区。在自动控制系统中，避开临界转速区的基本原则是不在临界区工作，快速通过临界区。可采取避上限，避下限，或避上、下限方式实现。

五、转速与负荷控制

主机的转速与负荷控制回路采用调节器进行控制的。调节器的功能是根据偏差值进行转速或负荷控制。

在主机遥控系统中，所采用的调节器大致有两种类型，即全制式液压调速器和电子式调压器。全制式液压调速器属于比例积分作用规律，较为通用的是 PG 和 UG 调速器；电子调速器普遍采用的是比例积分和比例积分微分作用的调节器。

1. 比例积分（PI）作用规律

比例积分作用规律的调节器，其输出信号 $m(t)$ 将同时成比例的反应输入信号（t）自身和它的积分，即

$$m(t)=K_P\varepsilon(t)+\frac{K_P}{T_i}\int_0^t\varepsilon(t)\mathrm{d}t$$

式中，K_P 为比例系数，T_i 为积分时间常数，K_P 和 T_i 都是可调的参数。但是，改变积分时间常数 T_i 只能调节积分规律，而调整比例系数 K_P，对比例作用规律和积分作用规律都有影响。积分时间常数的倒数 $1/T_i$，说明每秒的调节作用较之比例部分增加的倍数，其单位是 s。

在控制回路中，比例积分调节器规律主要是在保证控制系统稳定的基础上提高它的无差度，从而使它的稳态性能得以改善。

2. 比例积分微分（PID）调节规律

比例积分微分调节作用规律是由比例、积分、微分基本调节作用规律组合成的复合控制控制规律。

比例积分微分调节规律除可使系统的无差度增加外，还将提供两个负实数零点。这与比例积分调节规律相比较，除保证提高系统稳态性能的优点外，由于多提供一个负实数零点，从而在提高系统的动态性能方面具有更大的优越性。因此，比例积分微分调节规律在控制系统中得到广泛的应用。

任务五　主机遥控系统的日常维护和故障排除

对于电—气式主机遥控系统，电气控制部分若采用继电器就可按继电器的维护要求来进行维护，若采用电子集成电路或微机控制系统，由于失效率是常数，不需定期预防维修。

主机遥控系统是关系船舶操纵的重要设备，保持其性能良好及在发生故障时能迅速地判断出故障部位，进行修理是十分重要的。下面介绍对主机遥控系统进行日常维修和故障判断的基本方法。

一、日常维护

1. 阀件检查

保持启动和控制气源压力正常、干净。在气源干燥、干净的状况下，阀件检修周期如下：

（1）驾驶台、机舱中工作压力为 1 MPa 的阀件每 4 年检修一次；

（2）工作压力为 3 MPa 的阀件每两年检修一次。

定期检修中要及时更换损坏的部件，如老化的密封圈、密封环，以及磨损的运动部件，更换润滑脂。不要随意调整系统中的参数或拆开生产厂家红漆密封的部件。拆开气路管路时，要防止外部杂物、灰尘落入。每天泄放残水，每月检查滤器，更换脏的滤网。

2. 控制箱内部检查

由于电气控制装置都采用插件形式，日常维护就是检查插件是否松动、接触是否良好；插件与插座是否有锈蚀现象，若有，应及时清除；控制箱与外部的信号线是否固紧、接触是否良好；屏蔽接地是否可靠。定期检查继电器触头、滑动接触电器（电位器）的接触状况。

3. 输入与输出器件的检查

输入与输出器件是发信器、传感器、执行器等。应按各元器件具体产品说明要求维护，一般来说，每 3 个月须对下述各项目进行一次检查：

（1）各温度、压力、液位、转速等传感器的电触点及并联触点两端的高阻电阻；

（2）导线紧固件是否良好；

（3）检查传感、检测元器件的上、下限给定值是否在要求范围内，否则，须重新整定；

（4）检查各控制站的显示装置与实际值的误差是否在要求范围内；

（5）执行机构，如执行电动机、电磁阀等部件是否良好；

（6）检查报警装置是否完整，动作是否可靠、准确，若是继电器式，还应分别检查和测量各部分的绝缘。

4. 在航行前，结合主机备车须检查的项目

（1）检查装置的工作电源、应急电源、报警电源是否正常。

（2）进行各控制站（驾驶室、集控室、机旁）的转换、连锁试验，按功能进行各遥控站的闭环操纵试验和模拟试验，在试验中，应观察并判断车令发送器、程序控制器、各执行器、监测器、记录器、报警装置的工作是否正确、可靠。

（3）检查与主机遥控系统有关的辅助动力装置及自动控制、自动调节装置是否处于正常状态，凡不符合装置的技术要求的，不能投入使用。

5．定期进行系统全部功能的效用试验内容

（1）试验换向、启动、制动、调速、停车等程序控制；

（2）试验盘车机、启动、遥控站等的连锁；

（3）试验转速检测及调速精度；

（4）采用模拟故障的方法，试验停车、减速、应急操纵等功能；

（5）采用扫气压力、扭矩、油门等模拟信号，试验装置的限制功能；

（6）试验电源故障，紧急操纵停车或减速、换向失败、启动失败等警报功能。

6．其他注意事项

阅读系统的技术资料，应注意与资料对照或记录系统正常工作时的参数，如启动油量的设置值、发火转速等，并应注意系统正常运行时的仪表和指示灯显示，以便在维修或发生故障时进行对照。

二、主机控制系统的故障分析方法

正在营运中的船舶的主机遥控系统如果发生故障，一般故障部位比较单一，容易找到。而陈旧的故障或经过维修人员处理仍未修复的故障，则往往由于增添了一些人为的影响，而增加了故障判断的难度。下面介绍一些常用的故障判断和分析的方法。

1．熟悉系统

在进行故障判断前要熟悉系统的结构、工作原理、功能和操纵方法，熟悉操纵手柄的用途、显示灯的含义，熟悉各种操纵方式之间的转换方法和相互关系、系统运行的条件和结果。仔细阅读说明书，是进行故障排除的基础。当然，有实践经验的维修人员，也常常可以通过烧焦的元件或气味，或先检查易损部件，迅速找到故障部件。

微机遥控系统的功能主要有重复启动、启动油量保持、临界转速自动回避、负荷程序等。可设定的参数很多，说明书中一般都提供详细的数据表。对系统的功能和参数一定要理解，必要时根据机器的状态进行适当调节。

当遥控系统的某项功能不能实现时，并不一定是系统确实有故障，有可能是操纵者对系统不熟悉，系统工况不符合正常运行要求，而引起的假故障。

例如，主机遥控系统的安全保护装置和连锁装置。当遇到不能启动、不能换向、不能调速等故障时，造成这些情况的原因，有可能是安全装置的保护作用失效。因而，在分析故障之前，一定要首先了解安全保护装置和连锁装置，最好能找到安全装置的传感器或连锁装置的安装位置，便于现场查询。安全保护装置常见的有油压、水压、油温、水温、超速保护、曲柄箱油雾浓度监测装置等。连锁装置一般有不停油不能换向、换向不完毕不能启动、转向连锁、盘车机连锁等。安全和连锁装置造成操纵主机困难的原因，往往不是参数和主机的状态不正常，而是传感器的误传导，有时也存在说明书与实际系统不符的情况。

例如，点火转速的实质是给计算机设置一个指令，根据机器的状态，认为主机能够点火燃烧而切断启动空气的一个转速。机器经过多年运转，机器状态发生了变化，原来设置的点火转速就可能不够，需要进行修改。再如启动油量是为了启动可靠而设置的、专门用于启动的油量。如一台主机经过几年的运转，气缸、活塞、油泵及油门传动机构有不同程度的磨损，这时仍用新机的启动油量，往往造成启动困难，这时适当增大启动油量的设置，问题即可解决。

2．功能模块分解试法

各种复杂的系统通常由一些分系统、环节或部件组成。这些具有一定功能的分系统、环节或部

件可以称作模块。

现代船主机的遥控系统，大多以微机遥控为主，气动遥控作为辅助或备用。气动遥控系统比较直观，一般根据说明书中提供的逻辑图，能够较快地掌握系统的主要功能，而在微机遥控系统中，主机操纵的主要功能都“压缩”到微机里，因而，一旦发生故障，往往不能比较直观地查找与分析，但如果能够把微机作为操纵系统中的一个功能块来对待，问题就会简单多了。实质上，无论何种微机遥控系统，都可总结为如图 7–7 所示的功能。

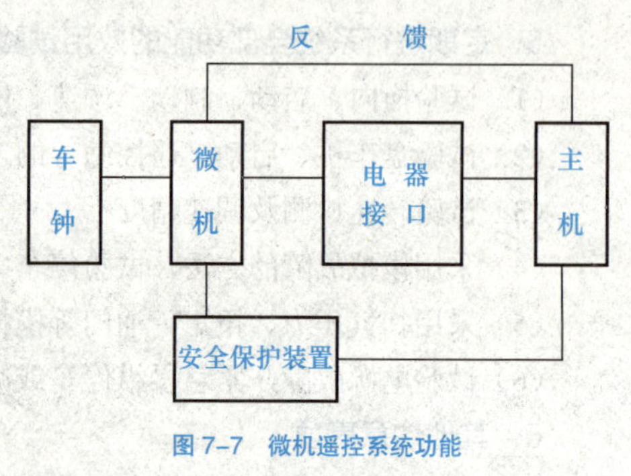

图 7–7　微机遥控系统功能

（1）车钟。微机遥控系统的操作非常简单，只需移动车钟手柄，即可完成对主机的操纵。车钟手柄控制的只是一个电位器，车钟在不同位置送给微机不同的电压信号。微机接收到这个信号后，判断执行，发出启动、换向、调速或停车信号。

（2）安全保护装置。安全保护装置在检测到主机有不正常状态时，即输入微机一个信号，微机再输出自动减速、停车信号，或直接通过一个电、气转换机构，给主机操纵的执行机构一个停车、减速信号，使主机减速或停车。

（3）电、气转换单元。主机操纵的执行机构，所接收的信号一般是气压信号，而计算机输出的只能是一个电信号。因而，微机和主机操纵的执行机构之间必须有一套电、气转换装置，称为 E–P 转换（Electric Pneumatic）。在电、气转换装置中，目前大多采用电磁阀。如启动、换向、停车，微机只需要按一定程序输出一个开关量，通过电磁阀给出启动、换向、停车等气压信号。调速信号较复杂，以液压调速器为例，它所需要的调速信号为一个连续的气压信号，如微机输出的是开关量，则需将此开关量通过一个 E–P 转换单元，转换成一个连续的气压信号。

例如，NABCO 公司的 M800 遥控系统的调速信号的 E–P 转换单元，如图 7–8 所示。

图中电磁阀 1 有电时为减速，电磁阀 2 有电时为加速，在设定转速和实际转速差距比较大时，电磁阀 3 打开，以增大加、减速度的速率。若调速信号合适时，反馈电位器反馈信号，通过微机使 3 个电磁阀都断电。这样，微机控制的 3 个小电磁阀，相当于比例调压阀 4 的一个调节螺钉。

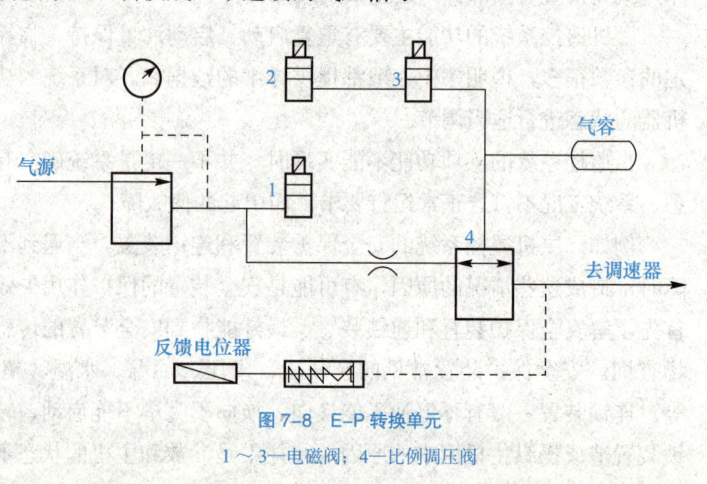

图 7–8　E–P 转换单元

1～3—电磁阀；4—比例调压阀

有的微机遥控系统，在调速过程中微机输出一个电压信号 V，经过 V/I 及 I/P 转换器，转换为一个气压信号输送给调速器，以达到调速的目的。

一个功能模块可能不知道它的具体内部结构，但通过对其功能和输入、输出信号的关系进行测试，就可以判断该功能模块是否正常。不同功能模块在系统中的地位、作用不同，有的是系统实现各种功能的共用部分，如果损坏了，则系统的全部功能丧失。而另一些功能模块只承担局部的工作，如果损坏了，将只影响局部的功能。因此，当系统出现故障时，可以根据系统的功能模块结构，将故障原因判断至功能模块一级，然后对这一功能模块设计测试方案，进行测试，即对该功能模块提供输入信号，观察其输出信号是否符合功能模块设计的规定。

3. 故障树分析方法

故障信号流程图追踪法是判断故障部位的最常用方法。该方法也称为故障树分析法。在这种方法中，通过追踪检查与故障有关的各种信号通路及状态，确定发生故障的部位。图 7–9 列出了查找主机启动故障的流程。

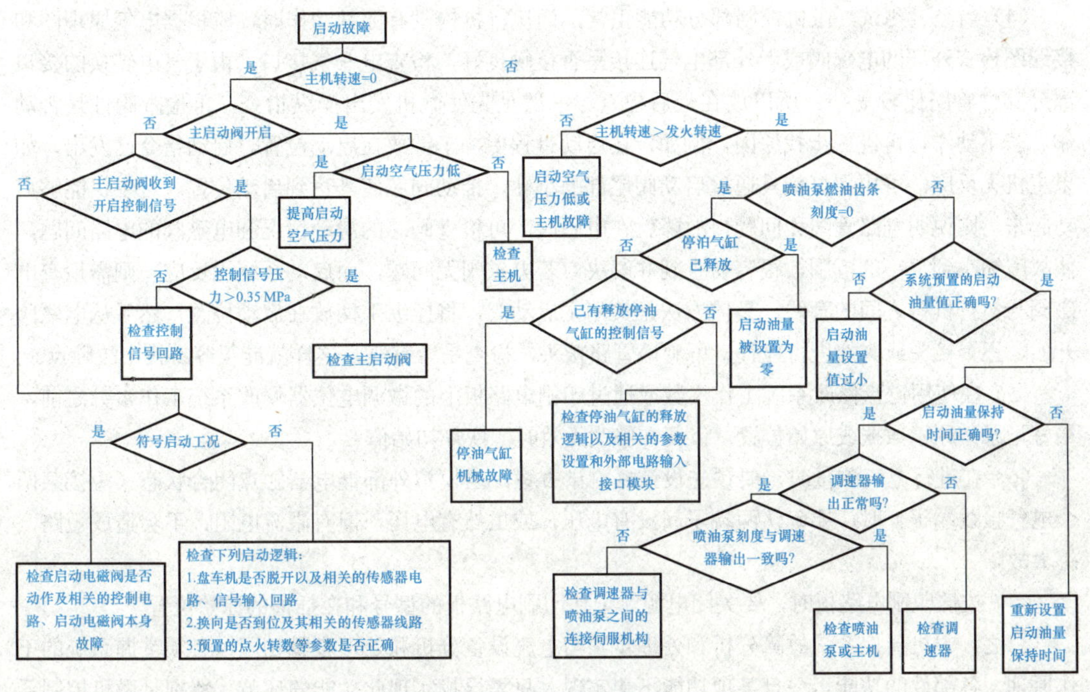

图 7–9 启动故障查找流程

4. 故障出现后的分析与处理步骤

（1）检查报警信息。充分利用显示灯、LED 的信息，尤其是自检显示的信息。一台柴油机从静止状态到运行状态，操作不灵或运行过程中突然自动减速或停车，首先应检查的是故障报警。一般控制台或模拟板上都有比较重要参数的指示灯、数值表。如滑油和冷却水的压力、温度等。分析这类故障时，要分清楚是参数不正常还是传感器不正常，并分别进行处理。

（2）根据系统的结构和工作原理，各个部件在系统中的作用，在不同位置进行操纵，进行交叉对比区分故障点。例如，可使用机旁操纵检查执行机构。如果机旁操纵没有问题，可以断定主机操纵的执行机构（包括启动阀、换向机构）是好的。

例如，Sulzer RTA84c 型柴油机有两种机旁操纵系统：第一种是通过手动杠杆打开启动控制阀启动；通过应急手柄直接推动油门杆调速；第二种是启动方式同前，通过手动调压阀调节调速气压信号，通过调速器调速。

两种操纵方式相比较，第一种更接近主机，而通过两种操纵方式试验可检查调速器本身是否有问题。例如，第一种能用，第二种不能用，则必定是调速器故障。否则，可能是其他执行机构的问题，需进一步分析。不能达到点火转速是启动空气的问题，达到发火转速而不能启动可能是供油系统问题。

（3）根据模拟板检查微机的控制功能，通过模拟板输入相关模拟指令，根据系统的显示结果判断故障点。如果机旁操纵没有问题，可以断定主机操纵的执行机构是好的，其中包括启动阀、换向机构、调速器等。下一步应检查微机的指令系统，一般微机遥控系统都有一个模拟板，通过此模拟板，可以检查微机本身的工作状态及各重要参数设置。这些工作状态、参数数值都可通过指示灯、数码管或液晶显示屏显示出来。如果属微机硬件故障，可通过换备用模块板的方式进行解决，而不必去考虑板上的哪个集成块或元件有问题。若硬件无故障，则应考虑参数的设置问题，如启动油量、点火转速、一次启动时间等。应根据故障的具体现象及机器的使用状态等情况做适当修改。

（4）当经过测试，微机控制部分功能正常，而执行机构没有随其动作时，应根据电气原理图和接线图检查外部的电磁阀或者外部电气连接是否接触良好，检查电—气接口。由于气电转换的接口部分阀件管路比较复杂，所以放在最后检查。一般是先使微机发出操纵指令，再检查阀件是否动作。若不动作，再进一步找原因。例如，在启动过程中，车钟放在启动位置，启动指令已发出，如果主机无反应，可用螺钉旋具通过启动阀尾部的小孔，推动阀芯使其达到启动位置。若主机能够启动起来，则说明气路管线无问题，故障就在电磁阀。可检查阀芯的滑动情况和电磁阀的电路问题，使故障缩小到很小的范围，很容易查到并解决。若电磁阀无问题，而启动系统无反应，则需检查电磁阀与执行机构之间的管线，具体方法是关闭主启动阀，将操纵手柄放在启动位置，然后从电磁阀开始，逐个接头或阀件进行检查。可旋松管路接头，检查是否有气，这样就能很容易找出故障点。

（5）在使用键盘修改系统工作参数或通过印刷电路板上的微调电位器修改系统工作参数之前，最好记录其原始数据或原始位置，以便在修改无效时，恢复初始值。

（6）在进行电气测量时，要预先设计好测试方案。当模拟外部继电器触点闭合状态（短接某两个电气接线端子）时，要确认两端子间没有电压，或虽然有电压，但有限流电阻，不会造成短路，扩大故障。

（7）拔插印刷电路板时，要关闭电源。记住印刷电路板的型号和在插槽的原始位置。

总之，主机遥控系统故障分析和处理步骤与电气设备分析和处理步骤相同，必须掌握系统的工作原理、各部件的功能。一旦某项功能不能实现，只需寻找实现此功能的环节。特别是微机控制系统有自检程序和模拟板，寻找故障点就更方便了。

三、主机控制系统的常见故障及维修

1．气动阀件的常见故障和维修

（1）气源或转速设定气压信号等气控调节回路常见故障：减压阀、调压阀正常使用时，其输出气压稳定在整定值。放气孔在工况不变时，没有空气泄出。故障时，则在放气孔可以发现较严重的漏气。其故障原因一般是节流孔堵塞、橡胶膜老化，或者是拆装时某些部件位置装错。修理时用通针通开堵塞的节流孔，清洗污垢，更换橡胶膜。

（2）气动逻辑回路的常见故障：漏气，使阀件控制端动作气压过低，阀位不能切换。漏气原因通常是管接头漏气或二位三通阀内的密封环损坏或丢失。查找漏气部位时，可以听声音，但最好是用气压表定量从气源向末端测量。活塞环等运动部件的磨损也能造成漏气。

运动部件卡住，如停油气缸活塞卡住。这往往是缺油造成的。

气动部件的故障在运行时间过长的旧船上比较常见。

2．电气部件的常见故障及维修

（1）熔丝熔断或电源故障。

（2）接线端子或接插件接触不良、锈蚀。

（3）电气元器件故障。

（4）检修后，错误接线。

3．主机遥控系统的工作参数设置错误

主机遥控系统的工作参数对系统的正常工作影响很大。例如，在点火转速预置值、启动油量、每次启动主启动空气阀开启时间限制三个参数中，任何一个被错误地设置为零，即使系统部件没有任何故障，也会造成主机启动失败。平时，造成工作参数设置错误的原因可能是系统老化，原有的工作参数不符；或维修人员更换部件后，没有相应的调整工作参数，或把参数设置错误。对于气动遥控系统，工作参数的设置是通过减压阀设定值（如启动油量）、单向节流阀的节流大小来实现。对于使用小规模集成电路构成的遥控系统，工作参数的设置是通过调整印刷电路板上的微调电位器阻值来实现的。而对微机主机遥控系统是使用键盘来设置、修改工作参数。

4．遥控无法启动主机

假设主机一切正常（机旁操作有效），首先要检查操纵方式选择开关是否在所选的控制站上，主机遥控气动系统的工作气源是否打开等。若常规检查没有发现问题，则需进一步检查启动主机的条件是否符合。一般主机启动条件有下列各项：

盘车机脱开信号；主机启动位置信号；启动空气压力信号；控制空气压力信号；主机滑油压力信号；电源信号；操作部位转换信号；试验开关位置信号；故障停车复位信号；3 次启动失败信号；启动限时信号；启动转速信号。

以上所列举的条件仅仅是一部分，根据系统设计要求还可增减一些条件。只有启动条件都满足后方能允许启动，所以，遥控不能启动主机，应该逐一检查每个启动条件或传感检测元件是否故障。若每个启动条件都满足，各检测元件都正常反应，就应检查控制箱，完成这些启动条件的逻辑判别回路，若是采用继电逻辑回路，就应检查这一部分的继电器及其有关触点；若采用电子集成电路，可用波形测试法或替代法来检查。若是采用微机控制系统，可用自检程序或模拟板的自检功能寻找故障点。

5．不能重复启动

要弄清楚这套装置进行重复启动是按时间原则还是按转速原则或两者综合。若是时间原则，应检查计时电路或时间继电器；若是转速原则，应检查转速检测、判断电路；若是转速、时间综合原则，就应检查转速检测、变换电路和时间电路。

6．不能遥控换向

故障可能原因如下：

（1）本身逻辑电路或逻辑继电器回路故障。

（2）不能换到某一方向的机械和控制检测电路、器件故障，不能正确反应。所以，应着重检测这两部分元器件和电路。

（3）换向电磁阀故障。

任务六　现场总线的 AC C20 主机遥控系统的维修

自 20 世纪 90 年代以来，现场总线开始应用于船舶机舱的主机遥控和监视报警等系统。目前，现场总线技术已成为船舶自动化的首选技术。现场总线的种类较多，在船上应用的则以 CAN 总线

和 ProfiBus 总线为主。本节以 KONGSBERG 公司生产的 AUTOCHIEF C20（简称 AC C20）主机遥控系统为例，介绍基于现场总线的主机遥控系统。

一、AC C20 主机遥控系统概况

AC C20 型主机遥控系统是一种集控制、报警和安全保护于一体的综合推进控制系统。AC C20 主机遥控系统采用分布式模块化设计，分布式模块采用标准化设计，模块之间通过双冗余 CAN 总线互联。针对不同的船舶和主机类型，可以通过软件进行灵活组态，除能适用连接定距桨的可逆转主机外，还适用于各种连接变距桨的不可逆转主机，以及各种通过减速齿轮箱连接螺旋桨的各种中、高速柴油主机。另外，AC C20 主机遥控系统还能适用于 MAN B&W ME 系列和 SULZER RT-FLEX 系列等智能型电喷主机。

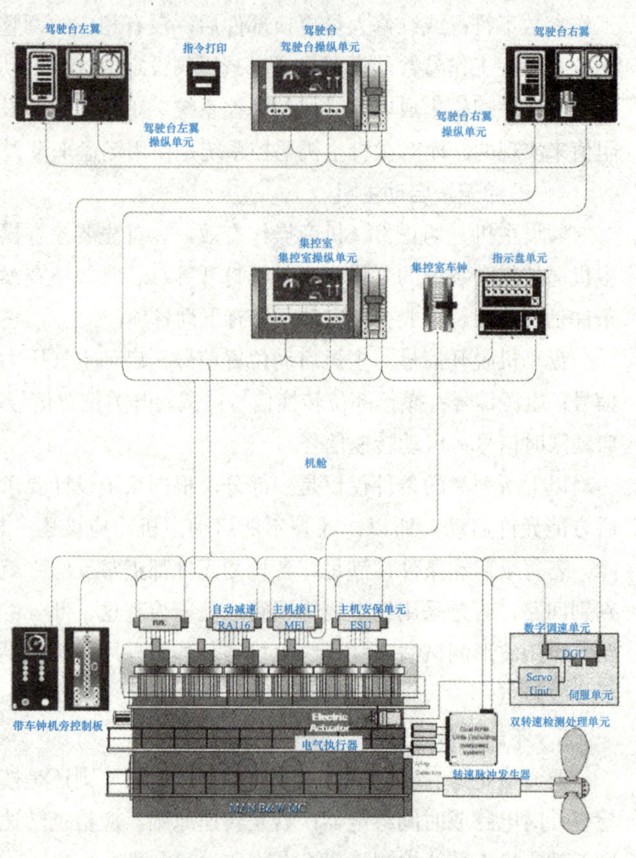

图 7–10　AC C20 主机遥控系统组成原理

AC C20 主机遥控系统主要由驾驶台操纵单元（Bridge Manoeuvring Unit，BMU）、集控室操纵单元（Control Room Manoeuvring Unit，CMU）、主机接口（Main Engine Interface，MEI）、数字调速器单元（Digital Governor Unit，DGU）和主机安全单元（Engine Safety Unit，ESU）等组成。结构如图 7–10 所示。

驾驶台主要安装驾驶台操纵单元（BMU）和车令打印机。某些特大型船舶要求能够在驾驶台的两侧对主机进行操纵，AC C20 主机遥控系统还可配置侧翼操纵单元（Bridge Wing Manoeuv-ring Unit，BWU）在图中标为 PORT WING 和 STB.WING。驾驶台操纵单元 BMU 包含两部分，一部分是控制面板（AutoChief Control Panel，ACP）；另一部分是单手柄复合车钟（Combined Lever and Telegraph Unit，LTU），两者组装在一起形成一个整体；侧翼操作单元包括操纵手柄、指灯按钮面板、启动空气压力表和主机转速表等；车令打印机与驾驶台操作单元相连，对车令进行实时记录。

集控室主要布置有集控操纵单元（CMU）、主机启 / 停和转速设定手柄（Start/Stop&Speed-set Lever）和指示面板单元（Indication Panel Unit，IPU）。集控室操纵单元的结构组成与驾驶台操作单元完全一致；“主机启 / 停和转速设定杆”设有主机启动、停车挡位和正、倒车转速设定区域，用于在集控室操纵时对主机进行半自动操纵；指示面板单元包括反映主机运行状态的各种指示灯和辅助风机控制开关等。其中，“主机启 / 停与转速设定杆”为可选设备，如果不安装，则可通过集控室操作单元上的单手柄复合车钟（LTU）直接操纵主机。

机舱设有机旁控制面板（Local Control Panel，LCP）、按钮式车钟（Push-button Telegraph，

PBT）、主机接口（MEI）、数字调速系统（Digital Governor System，DGS）和主机安全单元（ESU）等。机旁控制面板和按钮式车钟安装在机旁控制台上，配合机旁安装的启动、停车和换向手控气动阀门，以及主机油量调节手轮用于完成主机的机旁应急操纵。主机接口（MEI）一方面通过网络接收驾驶台操纵单元或集控室操纵单元发出的操作命令；另一方面输出控制信号控制气动操纵系统中的各个接口电磁阀，实现主机的启动、停油和换向等逻辑动作。主机安全单元（ESU）通过传感器检测主机运行状态，当发生危及主机安全的情况时，将发出自动降速或自动停车命令。数字调速系统（DGS）包括数字调速器单元（DGU）、转速测量单元、伺服单元和执行机构四大部分。DGU 通过网络接收转速设定命令和主机实际转速，根据控制规律输出油量信号，由伺服单元控制执行机构，改变主机给油量，实现主机的转速控制。

AC C20 主机遥控系统典型的操作部位包括驾驶台、集控室和机旁 3 个位置，而以驾驶台操纵居多。主机的当前操作部位由车钟上相应的按钮灯指示。操作部位切换可通过带灯按钮的操作来实现。例如，从集控室转到驾驶台操作时，首先按下集控车室车钟上的 Bridge 按钮，这将使集控室和驾驶台上的 Bridge 按钮的 LED 闪光且使蜂鸣器响，然后驾驶台下 Bridge 按钮，两地 Bridge 按钮的 LED 变为平光，且蜂鸣停响，ECR 按钮的 LED 熄灭，操作部位切换完毕。其他切换与上述过程相类似，具体方法参见相关说明书。

二、AC C20 网络控制系统

1. AC C20 网络结构

AC C20 主机遥控系统是网络化的控制系统。系统的 AC C20 的各组成部分都是由单片机控制的相对独立的子系统，各个子系统通过 CAN 总线互连，形成一个 CAN 总线控制网络，AC C20 主机遥控系统的 CAN 总线网络结构如图 7-11 所示。网络中的每个子系统称为网络的一个节点，不同的节点可根据需要安装在船舶的不同位置，甚至可以直接安装在机器设备（如主机）上，具有分布式安装的特点，因此，被称为分布式处理单元（Distributed Process Unit，DPU），每个 DPU 均有各自的微处理器和输入、输出接口电路，能够对各种模拟量或开关量传感器输入的信号进行检测，并向不同的外部设备输出模拟量或开关量。DPU 在机械构造、电气特性和电路原理方面采

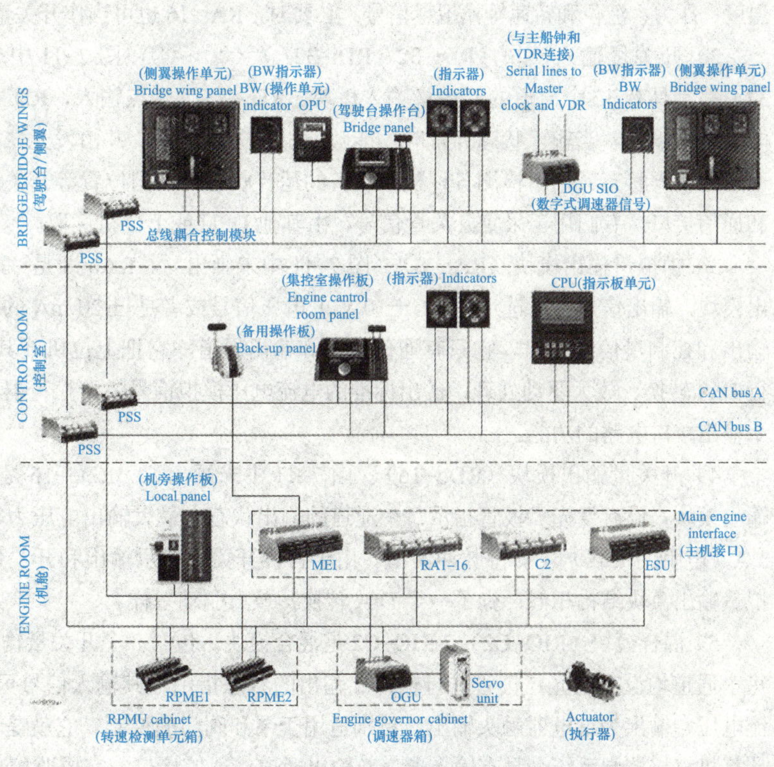

图 7-11　AC C20 主机遥控系统的 CAN 总线网络结构

用标准化设计，但不同的 DPU 加载不同的应用软件，以适应不同的任务需求。

DPU 均设置有两个 CAN 总线接口，并通过过程总线星型耦合器（Process Segment Starcoupler，PSS）或直接与两套 CAN 总线互连。正常工作时，其中一套 CAN 总线工作，另一套备用，当工作网络出现故障时能够自动进行热切换。CAN 总线的这种设计称为双冗余网络设计。

AC C20 主机遥控系统就是通过 CAN 网络中的各个 DPU 协同工作来实现主机遥控系统的各种功能的。

2. 分布式处理单元

分布式处理单元（DPU）是 AC C20 主机遥控系统的核心部件，采用模块化设计，具有智能化远程 IO 功能，所有监视和自动控制的功能均由这些 DPU 单元实现。DPU 作为传感器和执行器的接口，对来自模拟量、开关量传感器的信号进行处理、监视和报警，或向不同设备输出模拟量、开关量控制信号。它相当于多微机控制系统中的下位机，是一个具有通信功能的现场处理的计算机直接控制系统，所以，它与计算机直接控制系统结构相同，有输入通道、输出通道和通信接口等。

AC C20 主机遥控系统所用的 DPU 模块可分为通用模块和专用模块。通用模块包括开关量输入、开关量输出、模拟量输入、模拟量输出等；专用模块专门用于主机遥控。其包括主机接口（MEI）、主机安全单元（ESU）、转速检测（RPMD）和数字调速器单元（DGU）。专用模块在机械和电气特性上与通用模块完全一致，只是在输入通道的设计上考虑了主机遥控的特殊需要。

（1）DPU 通用模块。AC C20 主机遥控系统的通用 DPU 模块类型和功能简要说明如下：

1）模拟量输入模块（RAi-16）。RAi-16 是一个具有 16 个通道的模拟量输入模块，它只有输入通道和通信接口，专门用于采集信号，A/D 转换通过通信接口由上位机或其他 DPU 等设备来读取。每个通道的输入类型可以是电压、电流或电阻信号，具有内建的量程和量纲转换功能与参数越限报警功能。除此之外，模块还包含一个计数器通道，计数频率为 5 ～ 500 Hz。此模块适合检测机舱的各种温度、压力、液位和转速等模拟量信号。必要时，RAi-16 也可当作开关量输入模块使用。

2）开关量输入模块（RDi-32、RDi-32A）（②～④在图 7-11 中未画出）。RDi-32 和 RDi-32A 都是具有 32 个通道的开关量输入模块，RDi-32 为触点输入，RDi-32A 为 AC24 V 或 DV24 V 电压信号输入。当输入状态异常时，能够发出开关量报警，并由发光二极管（LED）指示每个输入通道的输入状态。用于检测各种机舱设备的运行状态、阀门位置等开关量信号。它也只有输入通道和通信接口，专门用于采集开关量信号，由其他 DPU 或上位机读取。

3）模拟量输出模块（RAo-8）（图 7-11 中未画出）。RAo-8 是一个具有 8 个通道的模拟量输出模块，输出信号可以选定为 DC±10 V 的电压信号或者是 ±20 mA 的电流信号，用于模拟量指示输出和控制量信号输出。它只有通信接口和输出通道，它把上位机或其他 DPU 送来的数据信号进行 D/A 转换、放大驱动处理，送出标准的电流电压模拟信号，给执行器进行相对应的操作，起到一个输出接口电路的功能。

4）开关量输出模块（RDo-16）（图 7-11 中未画出）。RDo-16 是一个具有 16 通道的开关量输出模块，设有发光二极管指示每个通道的输出状态。最大输出电压为 AC230 V，最大输出电流为 3 A（电阻性负载），支持脉冲输出。用于各种开关量指示输出和开关量控制信号的输出。它与模拟量输出模块结构相似，少了一个 D/A 转换，放大驱动一样。

5）混合模块（RIO-C2）。RIO-C2 是混合模块，包含 8 个开关量输入和 8 个开关量输出通道，每个通道均设有发光二极管进行输入和输出的状态指示。其输入信号可以是自由触点或 24 V 交直流电压，输出为继电器触头输出，特别适用于泵和阀门的控制。它就是具有通信接口的现场监控的计算机直接控制系统，具有输入通道、输出通道、通信接口、完成监控功能。

6）网段控制模块（dPSC）（图 7-11 中未画出 Global CAN Bus）。CAN 网最多能支持 110 个节点，即在 CAN 总线上最多能挂接 110 个 DPU 模块。当系统规模较大，或者出于某种特殊需要时，往往需要对 CAN 网络进行扩展，即把 CAN 网络扩展成上、下两层，上层一般叫作全局 CAN 总线（Global CAN Bus），下层则称作局部 CAN 总线（Local CAN Bus）。

dPSC 就是用于扩展局部 CAN 总线的专门设备，是一个双二通道 CAN 网关，设有两个单独供电的处理器，每个处理器各有两个 CAN 接口，两个处理器通过双口存储器共享信息。

7）总线耦合控制模块（PSS）。CAN 总线容易因短路，接线松动而损坏，因而使整个 CAN 总线瘫痪。PSS 可使两段总线互相保护。

（2）AC C20 专用模块。AC C20 主机遥控系统的专用 DPU 模块类型和功能简要说明如下：

1）主机接口（MEI）。MEI 是专门为主机遥控系统的电动部分与主机的气动操纵系统相接口而设计的。模块提供了各种与气动操纵系统相接口的开关量和模拟量输入输出通道。开关量输入（DI）包括各种反映主机当前操作状态的开关量信息。开关量输出（DO）包括继电器触头输出和可直接驱动电磁阀电压输出。模拟量输入（AI）包括来自扫气空气压力、启动空气压力和转速设定信号。模拟量输出（AO）包括电子 VIT 控制信号和送至机旁转速表的指示信号等。

2）主机安全单元（ESU）。ESU 是专门为实现主机自动停车功能的，主机的应急降速功能由电子调速系统实现。

ESU 只有开关量输入和开关量输出通道，开关量输入通道接收主机操作部位开关、手动应急停车和自动应急停车等开关量信号；开关量输出信号包括向指示灯和 ALPHA 注油器送出主机状态指示的继电器触头输出和控制停车电磁阀动作的电压信号。

3）转速检测（RPMD）。转速检测模块 RPME 对主机转速进行检测和处理，得到主机转速的测量值，一方面通过 CAN 网络送至数字调速器单元（DGU）和网络中的其他 DPU（如 ACP）；另一方面还以 RS422/485 通信方式直接送给 DGU。当发生主机超速时，RPMD 将输出一个开关量信号送至主机安全单元（ESU），在 ESU 的输出控制下进行应急停车。

4）数字调速器单元（DGU）。DGU 是为实现主机的转速与负载控制而专门设计的 DPU 模块，具有与主机调速有关的所有功能，如加速速率限制、负载程序限制、增压空气压力限制和自动调速等，并且可以独立工作，即使网络通信失效，也能以当前设定转速为设定值继续工作。

三、AC C20 主机遥控系统面板

1．AC C20 控制面板

AC C20 控制面板（Autochief Control Panel，ACP）和单手柄复合车种（LTU）一起构成。驾驶台 / 集控室操作单元，如图 7-12 所示。ACP 由独立的 DPU 控制，内装嵌入式操作系统，通过 LCD 显示窗口、按键和多功能旋转按钮为用户提供了丰富的人机交互功能，操作简单便捷。

图 7-12　AC C20 驾驶台 / 集控室操作单元

（1）显示窗口。显示窗口具有丰富的显示功能，通过菜单式软按钮能够调出各种 mimic 显示画面。图 7-13 所示为常用的显示页面。窗口顶部文本显示副车令、操作部位和主机状态等，底部显示为菜单按钮，中间部位为主要显示区域，可以是文本信息、流程图或参数的模拟仪表

和条形图等。例如，图中显示主机转速、启动空气压力、燃油齿条刻度、手柄设定转速（LEVER）和经过各种转速限制环节之后实际送到调速器的设定转速（SETP）；同时，显示出主机当前状态（Running 等、Slow Down 等、各种 Lim）。AC C20 的软件显示功能不仅省去了传统的硬件显示面板，而且使显示内容更加丰富多彩。

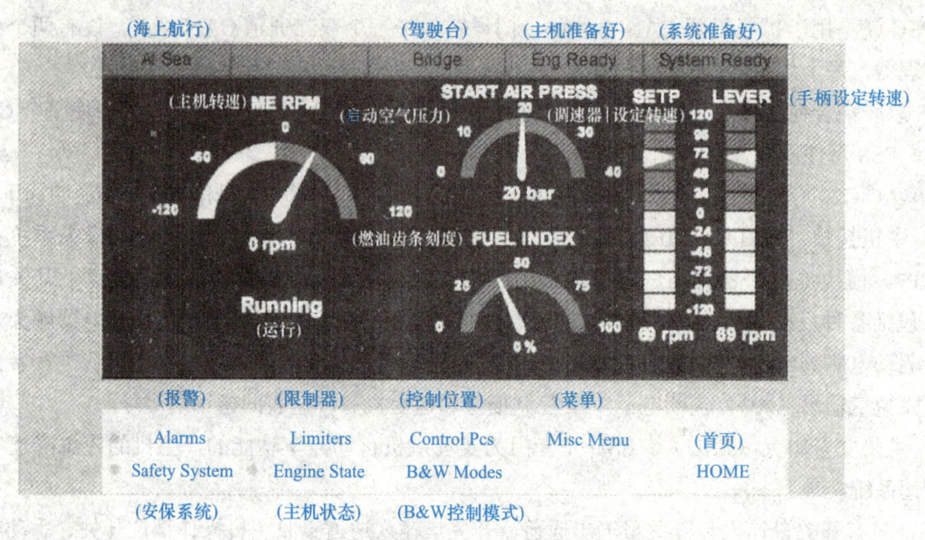

图 7-13　ACP 显示窗口

（2）多功能旋转按钮。多功能旋转按钮（图 7-14 中下部）相当于计算机鼠标，可用于单击显示窗口中菜单键和 mimic 图中的操作对象、移动 mimic 图中的虚拟手柄并进行参数修改。通过左、右旋转可对操作目标进行轮回选择（被选目标变为高亮），按下旋转按钮即可激活相应的功能。因此，旋转按钮是驾驶台和集控室操作面板的重要操作工具。

（3）应急取消按钮。应急取消按钮是为紧急情况下取消遥控系统的各种限制和自动降速及自动停车功能而设置的。按下“Cancel SHD”键时将取消被设定为可取消的自动停车的项目，而按下“Cancel SLD”键，则可取消被设定为自动降速项目，“Cancel Limits”键用于取消转速和负载限制。

（4）报警操作按钮。报警操作按钮包括“Sound off”（消声）按钮和“Alarm akn.”（报警确认）按钮。当有报警事件时，显示窗口将出现报警信息的文本显示，可通过这两个按钮进行消声和确认，恢复正常后报警文本消失。

2. IPU 指示面板单元

IPU 指示面板单元位于集控室控制台，面板的结构和布局如图 7-14 所示。它由一个独立的 DPU 进行控制，其主要功能是对主机及遥控系统状态进行直接显示，另外，还兼有辅助风机的控制和状态指示功能。面板上半部分指示主机及遥控系统的状态，具体内容参见面板上的各个指示灯名称；下半部分用于辅助风机的运

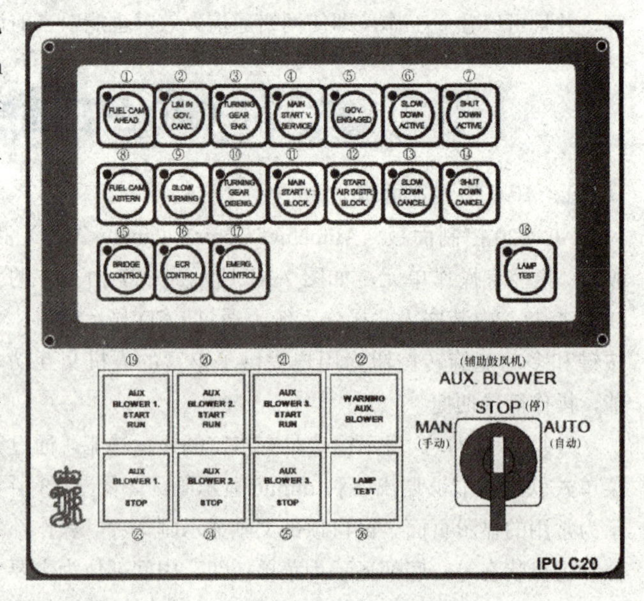

图 7-14　IPU 指示面板单元

行控制和状态显示。辅助风机的数量最多可以有3台，分别通过带灯按钮“START/RUN”和“STOP”进行控制和指示。运行选择开关旋到“MAN”位置时可通过“START/RUN”和“STOP”按钮进行手动启停控制；旋到“AUTO”位置时，风机将根据风压情况自动启动或自动停止，增加或减少运行风机的数量；而旋到“STOP”位置时，将禁止对风机的操作。若有风机出现故障，则“WARNING”报警灯发出报警信号。

图7-14中说明如下：①燃油凸轮在正车位；②调速器限制取消；③盘车机啮合；④主机启动阀工作；⑤调速器轴与燃油齿条连上；⑥自动减速正在作用；⑦自动停车正在作用；⑧燃油凸轴在倒车位；⑨慢转；⑩盘车机脱开；⑪主启动阀闭锁；⑫启动空气分配器闭锁；⑬自动减速取消；⑭自动停车取消；⑮驾驶台控制；⑯集控室控制；⑰应急控制；⑱试灯；⑲辅助鼓风机1启动运行；⑳辅助鼓风机2启动运行；㉑辅助鼓风机3启动运行；㉒辅助鼓风机报警；㉓辅助鼓风机1停止；㉔辅助鼓风机2停止；㉕辅助鼓风机3停止；㉖测试灯。

3．机旁显示面板

当操作部位切换至机旁操作时，通过按键式车钟与驾驶台联络，根据驾驶台车令在机旁操作主机。此时，借助机旁显示面板能够了解主机当前运行状态、安全状态及操作部位等综合信息。显示内容包括主机转速、主机运转方向指示、主机当前操作部位指示、辅助风机运行指示、应急操作指示、自动停车指示和盘车机未脱开指示等，另外，包括一个自动停车取消按钮和试灯按钮。

四、AC C20主机遥控系统的功能原理

（一）基本逻辑控制

1．封锁启动功能

封锁启动是指在某些特定情况下，不允许主机进行启动的一项安全措施。在AC C20主机遥控系统中，只要出现下列任意一种情况，都将激活遥控系统的封锁启动功能。

（1）主机故障停车。当主机安保系统检测到某种严重故障而导致故障停车时，将封锁主机的启动操作。故障停车的具体原因可通过ACP上的mimic画面查询。

（2）启动空气压力低。为保证主机正常启动，启动空气压力必须大于最小启动压力，最小启动压力可在遥控系统（ACP面板上）进行设置。当空气压力低于设定压力时，将封锁启动。

（3）转速检测故障。主机启动过程和运行中，转速检测非常关键。当转速检测系统发生故障时，主机不允许启动。

（4）调速器脱开。机旁操作时，油门拉杆应通过离合器从调速器执行机构断开，合上手动拉杆。否则，不允许启动。所以，在遥控时，调整器执行机构必须合上。

（5）封锁主启动阀。基于安全的考虑，当主机停止工作时，主启动阀必须手动置于封锁位置。因此，在进行主机启动之前，必须将主启动阀置于工作位置。

（6）封锁空气分配器。与主启动阀相同，在主机停止工作时，还要封锁空气分配器。空气分配器必须解除封锁，主机才允许启动。

（7）盘车机未脱开。盘车机未脱开，主机禁止启动。

2．主机启动功能

在主机处于备车完毕状态下，只要将驾驶台操作手柄从停车位置拉向正车（或倒车）任意位置，主机都将自动地进行正车或倒车启动。

（1）慢转启动。当主机停车超过规定时间（一般规定 30 min）后，主机的第一次启动包含一次慢转过程。若在规定时间内完成一圈慢转，则自动进入正常启动程序，否则将在驾驶台和集控室发出慢转失败报警。慢转启动功能可按 ACP 上“取消限制”按钮取消（有些机型没有慢转功能）。

（2）正常启动。当驾驶台手柄发出启动命令时，遥控系统将通过主机接口专用 DPU（MEI）来控制启动过程，使启动空气推动主机启动。同时，遥控系统将向调速器送出一个预设的“启动转速设定值”。当主机转速达到油气切换转速时，关闭启动空气，调速器送出一个预设的油量作为启动油量。若启动成功，则主机在“启动转速设定值”下运行某一预设时间（一般为 6 s，可调）后自动切换为手柄设定转速。

（3）重复启动。若启动空气切断后，主机启动失效，则遥控系统将进行自动重复启动。第二次和第三次启动的“启动转速设定值”要比第一次启动高（重启动设定转速）。若第二次启动失败，则将进行第三次启动；若第三次启动失败，则将发出启动失败报警。

（4）重启动。在重复启动和应急倒车的情况下，遥控系统将自动提高“启动转速设定值”，调速器因此向伺服控制单元输出一个较大的油门拉杆位置设定值，使伺服控制单元给出一个较大的启动油量，提高主机启动的成功率。

（5）启动失败报警。慢转启动、一次启动时间过长和三次启动失败 3 种情况均视为启动失败，并在驾驶台和集控室的 ACP 上发出启动失败报警。将操作手柄拉回到停车位置即可复位。

3. 主机换向功能

AC C20 的换向功能分为以下 3 种情况：

（1）停车换向。当主机处在停车状态下，驾驶台将车令手柄从停车位置拉到正车或倒车位置，且车令与主机凸轮轴位置不一致时，遥控系统将首先执行换向操作，当换向完成后再进入启动程序。

（2）运行中换向。当主机在运行状态下，驾驶台将车令手柄从正车（或倒车）拉到倒车（或正车）位置时，遥控系统将首先停油减速，并进行换向操作和反向启动。若当前转速高于制动转速，则当转速下降到制动转速时进行换向，并进行强制制动，以加快主机反转的过程。

（3）应急倒车。应急倒车是驾驶台手柄从全速正车直接扳到应急倒车位置时的一种紧急操作。一般在船舶避碰时才使用，因此也称为避碰倒车（Crash Astern）。在应急倒车情况下，遥控系统将有以下动作：

1）驾驶台和集控室 ACP 上显示“Crash Astern”；

2）发出主机停车命令；

3）主机转速下降到制动转速；

4）对主机进行换向，换向结束后打开启动空气进行强制制动；

5）重启动和取消限制命令送到调速器，取消各种限制进行重启动；

6）倒车转速达到油气切换转速时切断启动空气，调速器供油。

4. 停车功能

当车令手柄拉至停车位置时，遥控系统通过 MEI 启动停车电磁阀，使主机停车。同时，停油信号还将送至调速器，使调速器输出油量为零。

另外，在驾驶台、集控室和机旁控制台的车钟面板上还设有应急停车按钮，在应急情况下按下应急停车按钮，将通过主机安全单元进行应急停车。

5. 其他辅助功能

AC C20 遥控系统还提供了以下辅助功能：

（1）辅助风机控制。系统可以控制 1 ～ 3 台扫气的辅助风机，在主机低负载条件和启动之前，可在集控室指示面板上通过手动或自动的方式启动或停止风机的运行。在自动模式下，风机的启停由扫气箱压力传感器控制。当扫气压力达到 0.065 MPa 时，风机自动停止。

（2）燃油凸轮监控。燃油凸轮监控功能可确保在换向过程中所有的燃油凸轮都能动作到位，以便主机能按照要求的方向启动。

（3）电子 VIT 控制。AC C20 遥控系统可提供电子 VIT 控制功能，以取代机械式 VIT 机构。

（4）气缸追加滑油。当监测到主机负载在相对长的时间内有明显增加时，调速器将控制气缸注油系统的一个电磁阀动作，额外增加注油量，更好地适应主机负载的变化。

（5）可变气缸切换。该功能的目的是改善主机的低负载和低转速性能，也称气缸切除（Cylinder Cut Out，CCO）。当主机的负载和转速都比较低时，根据发火顺序将气缸分为两组，并且只让其中一组工作，即只有一半的气缸在同时工作。考虑到各缸热负载的均匀及避免气缸滑油浪费，两组气缸一般按照时间顺序进行轮流工作。但是，为保证主机的安全启动，从主机启动直到稳定运行期间，气缸切除功能将被屏蔽。另外，如果“取消限制”功能被激活，或者手柄设定转速和实际转速偏差超出预定的范围，也必须保证所有的气缸同时工作。

（二）转速控制

AC C20 主机转速控制系统由测速单元、数字调速器、伺服控制单元和电动执行机构组成，如图 7-15 所示。

为确保测速可靠，测速单元采用了两套 CAN 节点式测速模块（RPME），即通过两个 DPU 对来自测速探头的脉冲信号进行处理，转换为主机实际转速值，并以数字信号输出。转速测量值通过两种方式送给数字调速器单元（DGU）：一种是通过 RS422/485 通信接口直接连接；另一种是通过 CAN 总线连接，两种连接互为备用。

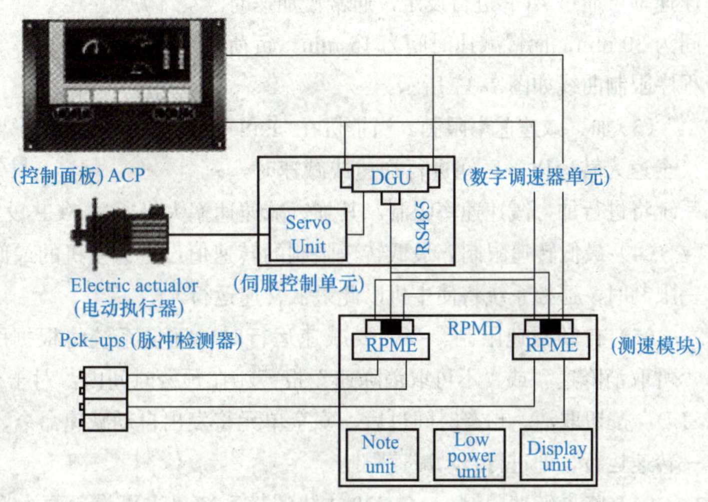

图 7-15　主机转速控制系统

DGU 一方面通过 CAN 网络和 RS422 接口接收转速测量信号；另一方面通过 CAN 网络接收操作手柄发出的手柄设定转速，其控制输出通过 RS422/485 通信送给伺服控制单元，由伺服控制单元进行位置反馈控制和功率放大后驱动伺服电动机，对油门拉杆进行精确定位。

（三）转速与负荷限制

AC C20 主机遥控系统采用了 DPU 式数字调速器（图 7-16），调速器根据转速设定值和实际测量转速的偏差进行 PID 调节，实现对主机的加减速和转速定值控制。为了防止主机超负荷、异常磨损、拉缸，数字调速器还设有各种转速限制和负荷限制功能。

1. 转速限制

转速限制包括加速速率限制、负荷程序、最低转速限制、轮机长最大转速限制和临界转速回避等。在 AC C20 系统中，以上各种限制都是通过软件实现的。

（1）最大转速手动限制。轮机长根据主机的工况通过 ACP 可以对主机允许的正车、倒车最大转速限制参数进行设定，该设定值也称为轮机长最大转速限制。当手柄转速设定值超过预设转速时，实际送至数字调速器的转速设定值将受到限制，如图 7-16 所示。

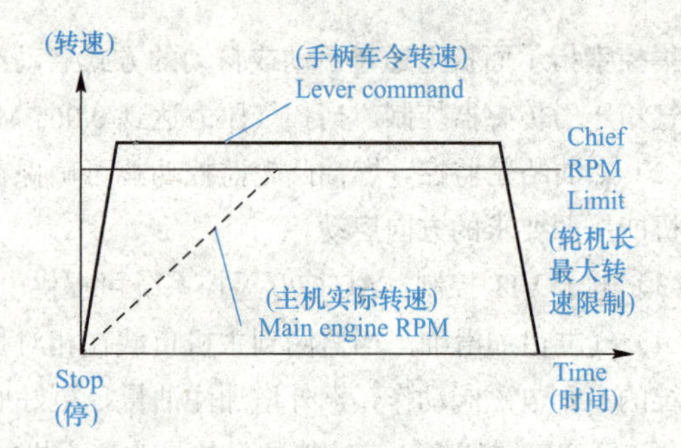

图 7-16　轮机长最大的转速限制

（2）负荷程序。当驾驶台手柄推到“Nav. Full”（海上全速）位置时，从“Full”（全速）至“Nav.Full”（海上全速）加速段将实行程序慢加速；反之，减速段将实行程序慢减速。程序慢加速和程序慢减速统称为负荷程序，目的是防止主机负荷变化时，其机件（如活塞、缸套）温差变化过大，造成其表面龟裂，降低主机寿命。系统进入负荷程序时，ACP 将提示“Load up program active”和“Load down program active”。加速和减速速率可通过 ACP 进行设定，通常慢加速时间为 30 min，而慢减速时间为 15 min。负荷程序限制曲线如图 7-17 所示。

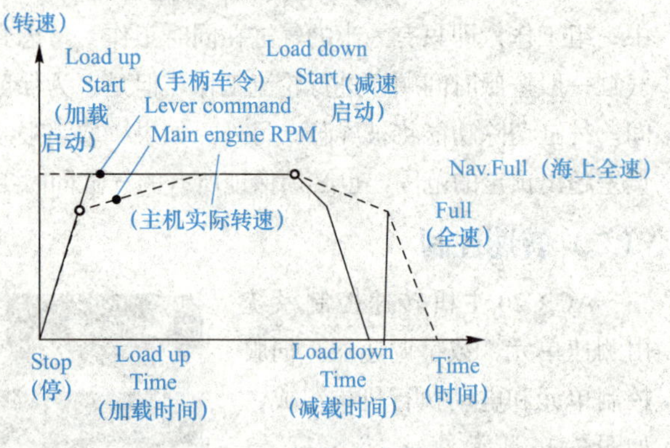

图 7-17　负荷程序限制曲线

（3）加、减速速率限制。当主机在“Full”（全速）转速以下区间进行加速或减速时，系统将进行加、减速速率限制。其加、减速速率大小通过 ACP 设定。

（4）最低转速限制。最低转速限制的转速值设定为主机的最低稳定转速，当转速设定值低于这一限制时，遥控系统将使主机以此最低转速运行。

（5）自动减速限制。当需要减速运行时，遥控系统将根据引发降速的原因，在 ACP 上显示“可取消降速”或“不可取消降速”报警。在预警时间内，对于“可取消降速”，可通过“Cancel SLD”按钮取消。预警时间过后，安全单元将发出自动减速命令，主机将自动减速至预先设定的某一转速运行，即进行自动减速限制。

（6）临界转速限制。AC C20 主机遥控系统最多可设置两个临界转速区，均采用上、下限回避策略，即加速过程采用避上限，减速过程采用避下限。若主机在临界转速区运行的时间过长，则在 ACP 上产生“Critical RPM”报警。

2. 负荷限制

为了确保主机不超负荷，在数字调速器设有油量限制环节，油量控制信号必须经过该环节才能作为油量输出值送给伺服控制单元。这种限制称负荷限制。在 AC C20 主机遥控系统中，负荷限制包括增压空气压力限制、转矩限制和最大油量手动限制，这些限制均通过软件实现。

增压空气限制程序根据扫气压力，对允许的供油量进行分段限制，如图 7-18（a）所示。转矩限制是根据主机的实际转速来进行限制的，即根据测量转速值的大小对允许输出的供油量进行分段限制，如图 7-18（b）所示，最终送至伺服控制单元的油量值为 PID 输出值和各种限制值当中的最小值。图 7-18 所示的曲线可根据实际需要在通过 ACP 进行修改。

最大油量手动限制是通过 ACP 对调速器设定一个最大输出油量值，当数字调速器的计算油量超过这一油量限制值时将受到输出限制。与最大转速手动限制相类似，最大油量手动限制也称作轮机长最大油量限制。

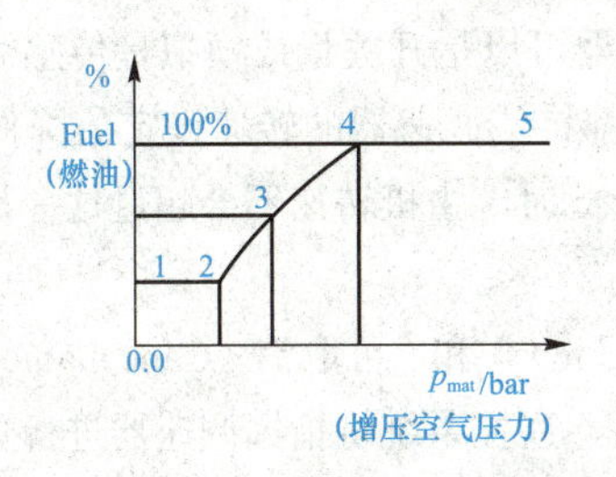

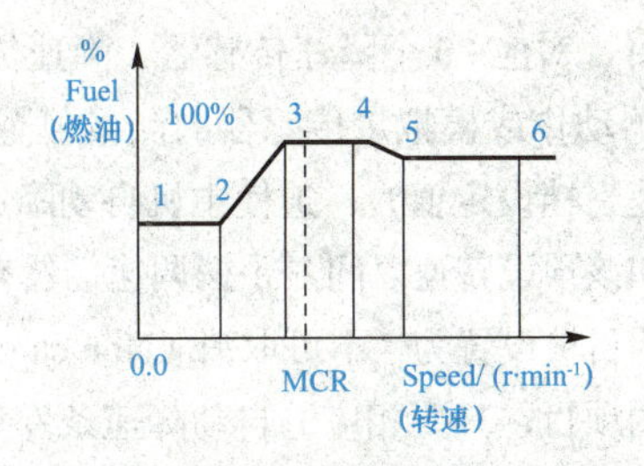

图 7–18 负荷限制曲线

3. 限制的取消

当按下 ACP 上的"Cancel limits"按钮时，最大转速和最大油量的手动限制可被取消。同时，增压空气压力限制和转矩限制值将自动提高 10%（可调）。

（四）特殊工作模式

为满足某些特殊情况的需要，AC C20 主机遥控系统的转速控制系统还提供了以下几种特殊的工作模式。

1. 轴带发电机模式

当轴带发电机带有恒速装置时，为避免因主机正常减速或自动降速导致全船失电，遥控系统提供了一种可选工作模式，即轴带发电机模式。主配电板上有一路反映轴带发电机并车状态的开关量信号（"轴带运行"信号）送至主机遥控系统，当轴带发电机与电网连接时，要求主机转速必须高于某一规定转速（通常为 75%MCR，可调）。

2. 恶劣海况模式

恶劣海况模式是在风浪天航行时采用的一种可选工作模式，其目的是避免主机因超速而导致停车。在海况恶劣的航行条件下，通过 ACP 菜单操作可进入恶劣海况模式。当转速超过设定的上限转速值时，遥控系统切断燃油供应，迫使主机降速，转速下降到停车复位转速后恢复供应油，然后维持该转速持续运行。此后，若想让主机再按手柄设定转速运行，则需将手柄拉回至复位转速，再推向期望的设定转速。

3. 定油量模式

当测量转速在某一预设时间范围内保持恒定时，调速系统将在指令控制下进入定油量控制模式。此时，调速器将通过伺服控制单元锁定燃油齿条，保持恒定的主机供油量，此时，转速将随外界负载的变化而变化，但转速偏差不允许超出规定的范围。转速偏差一旦超限，系统将自动退出定油量模式，转入正常的转速控制模式。

需要注意的是，这种模式并不适用于低转速区间和高转速区间。因为前者有可能导致主机低于最低稳定转速，而后者有可能使主机超载。通过 ACP 操作可限定此种工作模式的允许转速范围。

五、AC C20 的安全保护及系统的维修

安全保护系统的主要功能是在某些特殊情况时，对主机进行自动降速或应急停车，确保主机的安全。AC C20 主机遥控系统维护是确保其正常工作的必要措施。

1. 自动降速

自动降速是由自动降速传感器和转速控制系统协同完成的。发生自动降速时，AC C20 主机遥控系统将发出报警信号，并在 ACP 显示屏上显示相应信息。AC C20 主机遥控系统最多可设置 20

个自动降速项目，对应 20 个降速传感器。降速传感器可以是开关量或模拟量传感器，只要其中某个开关量传感器动作或模拟量传感器的测量值越限都将使调速器的转速设定值降低到某个预设值（一般为“慢速”挡设定值），迫使主机自动降速。此时，主机转速不会超过这一预设速，但在最低稳定期转速和该预设转速之间，手柄调速仍然有效。

自动降速项目被设置为“不可取消（Non cancellable）”和“可取消（Cancellable）”两种类型。对于不可取消的项目，只要相应的自动降速条件具备，遥控系统将指挥调速器进行立即降速；对于可取消的项目，则可分别设置一定的延时时间，并可在延时范围内取消。取消方法也有两种：一是在集控室 ACP 上出现的自动降速项目进行选择性取消；二是在当前操作部位按下“Cancel SLD”按钮进行一次性全部取消。

当引发自动降速的故障现象消失时，自动降速将自动复位。只有复位以后，手柄的转速设定功能才能在正常的转速区间有效。

2. 应急停车

应急停车包括自动停车和手动应急停车两种情况。AC C20 主机遥控系统的应急停车功能主要通过安全单元 ESU 实现。发生应急停车时，AC C20 主机遥控系统将发出报警信号，并在 ACP 显示屏上显示相应信息。

（1）自动停车。自动停车是当遥控系统发出主机超速或应急停车信号时，ESU 将启动停车电磁阀，转速控制系统也同时将调速器的输出减少至零位，使主机停车。AC C20 一般可设置 6 个自动停车项目，即“Shut down 1”～“Shut down 6”。其中“Shut down 1”固定用作超速停车，其余 5 个可根据实际需要进行设置。在某些特殊场合，还可以额外增加 5 个定制的应急停车项目。

超速信号来自测速单元，当主机转速超过额定转速的 109%（可调）时，RPME 将发出一个继电器触点信号，并通过硬线连接送至 ESU 触发自动停车。

其他应急停车传感器可以是开关量或是模拟量传感器，若是开关量传感器，则可通过硬线连接直接接到 ESU 的备用停车通道；若是模拟量传感器，则必须通过 CAN 网络将应急停车指令送至 ESU。

1）自动停车的取消。对所有的自动停车项目均可通过 ACP 将其设置为“不可取消（Non cancellable）”或“可取消（Cancellable）”两种类型。一般情况下超速停车应设为“不可取消”。对于不可取消的项目，只要传感器起作用就将立即触发主机自动停车；而对于可取消的项目，则可分别设置一定的延时时间，并且在延时范围内可以取消。取消方法有两种：一是在集控室 ACP 上对当前出现的自动停车项目进行选择性取消（这种方法与当前操作部位无关）；二是在当前操作部位按下“Cancel SHD”按钮进行一次性全部取消。

2）自动停车的复位。一旦发生自动停车时，必须在自动停车故障消失后，在当前操作部位将操作手柄回零进行复位操作，然后才能再次启动主机。

（2）手动应急停车。当值班人员发现紧急情况时，还可通过按下应急停车按钮实现手动应急停车。驾驶台车钟、集控室车钟和机旁应急车钟均设有应急停车按钮，对于有侧翼操纵台的船舶，则在侧翼操纵台也设有应急按钮，按下任意一个部位的应急停车按钮，均可发出应急停车命令，且与当前操作部位无关。再按一次应急停车按钮，可取消应急停车信号。

3. 系统维护

AC C20 主机遥控系统日常维护包括每周、每 3 个月、每 6 个月、每年进行的例行保养。每周清洁系统各操作单元面板（DPU 除外）及风扇滤器，对相关按钮进行功能测试，所有指示灯亮 5 s 以上。

每 3 个月检查系统各部件，防止误操作。主机停车时，对转速传感器除尘并检查测量间隔是否合适。

每 6 个月检查系统电缆及其支架，防止电缆损坏，紧固所有的接线端子及插拔件。

每年检查系统各个部件，防止误操作，根据说明书检查各个传感器和执行机构，必要时校准。停车时，要特别检查燃油最大油门位置和调整调速器的最大油量参数。同时，可根据相关船公司的维护保养计划获得相关的测试点和报警数据进行系统维护。

4. 系统维修

AC C20 主机遥控系统采用网络模块化设计，它的维修方法参见网络监控系统的检修方法。通过系统的自检功能和显示器上故障代码判断故障原因，大部分的故障出在输入、输出模块和传感器、执行机构上，所以，对这些部件要加强维护，减少发生故障。一旦模块、传感器、执行器发生故障，在船上只能整个更换。更换模块时，应注意模块的功能要对应，同时，模块的 IP 地址要记录，要正确在上位机中输入，这样网络系统才能认识它，否则它就与系统失去联络，不起作用。对于传感器和执行器也要求同型号、同规格，最好是同一厂家，不同厂家有一些参数必要时要做修改。

【任务实施】

一、主机备车与启动

掌握正常备车的步骤及要领，掌握驾机联系制度，完成主、辅车钟联系，对时、对车和对舵等项目；通过手动或自动操作和调节，使机器设备和系统处于安全运行状态；独立完成训练项目内的全部内容，操作顺序正确，动作准确无误；通过训练达到在规定的时间内完成训练项目，不得出现任何警报或因操作引起的故障。

1. 初始状态设置

本实训必须在轮机模拟器实训中心进行。正常启动轮机模拟器，让模拟器处于以下状态：

（1）1 号发电机在供电，发电系统在“自动模式”下工作，停港时海、淡水泵在运行。

（2）为主机服务的燃油和滑油系统“常开的阀”均处在开启位置。

（3）膨胀水箱水位在正常状态。

（4）燃油辅锅炉在运行。

（5）主空气瓶压力为 2.0 MPa，控制空气瓶压力为 0.7 MPa。

2. 实训内容及步骤

（1）在集控室完成与驾驶台的联系。校对时钟（电话联系）、校对舵机（电话联系）、校对车钟、校对“辅车钟”，然后在“机旁”与驾驶台校对“应急车钟”。

（2）在机旁完成以下操作：

1）在“CRT”上检查主、副气瓶和控制气瓶压力，启动主空压机补气，当压力大于 2.5 MPa 时，开启“启动空气”和“控制空气”管路上的有关阀门，并观察各处压力表数值。

2）检查辅锅炉运行状态，检查其油柜和水柜的情况。

3）检查主机、发电机燃油日用油柜油位，并对“FO”油柜加温，油温达 80 ℃～85 ℃。

4）检查主机滑油循环柜和气缸油油位，开启有关油阀。

5）开启主机暖机系统的蒸汽阀和预热泵进口阀。

6）将主机、发电机燃油油品均选择“DO”。

7）将发电机滑油预供油泵置“自动”位置。

（3）在集控室完成下列操作。在配电板上完成泵的操作并置“自动”：

1）启动 1 号主机滑油泵、检查滑油压力：0.24～0.28 MPa。

2）启动1号“凸轮轴滑油增压泵”，检查压力：0.3～0.35 MPa。

3）启动“主机缸套淡水预热泵”，对主机进行暖机，当温度达70 ℃～75 ℃时自动停止加温、可以换泵。

4）启动1号主机缸套冷却水泵：缸套冷却水压力为0.25～0.35 MPa，温度为70 ℃～75 ℃；

5）检查活塞冷却回油量（图解板上“TO M/E L O.CIRC TANK”灯亮）。

6）启动1号中央冷却水泵和1号主海水泵，关闭停港海、淡水泵。

7）启动1号主机燃油供给泵和1号主机燃油循环泵，主机燃油供给泵压力：0.45～0.5 MPa，主机燃油循环泵压力：0.78～0.8 MPa。

8）遥控启动2号发电机，手动并入电网，然后将发电机系统置于“自动”模式下运行。

9）在集控台检查主机遥控系统状态是否正常。

10）电话通知驾驶台：请求“主机盘车、冲车和试车”。

①轮机员在集控台按下副车钟上的“备车（STAND BY）”带灯按钮，带灯按钮闪光；

②驾驶员在驾驶室按下副车钟上的“备车（STAND BY）”带灯按钮应答，带灯按钮为平光。

11）在集控台上将“辅助鼓风机操作方式”置于“自动”位置。

（4）到机旁完成盘车、冲车和试车（注意车钟联系）。

1）确认示功阀处于开启状态，合上盘车机，对主机进行盘车。（口述）

2）盘车后脱开盘车机进行冲车，冲车后关闭示功阀（也可转到集控室，在集控台上通过冲车按钮进行冲车）。（口述）

3）将换向旋钮转到正车，正车启动“DEAD SLOW”：32 RPM，将换向旋留转到倒车，倒车启动“DEAD SLOW”：32 RPM，进行试车。并观察辅助鼓风机运行指示灯的状态变化。

4）试车完毕将车钟放在“停车”位置。

5）将操纵地点由“机旁”转到“遥控”。

（5）回到集控室操作。

1）在集控室按下“BC”（驾驶台控制，Bridge Control）带灯按钮。

2）驾驶员在驾驶台按下“BC”带灯按钮进行应答，驾驶台和集控室两处的蜂鸣器停响、“BC”带灯按钮由闪光转为平光。

3）将“集控台”上的“REMOTE CONTROL/C.R.CONTROL”转换开关转至“REMOTE CONTROL”位置。

4）在驾驶台启动主机，按机动用车操作，正车：SLOW52 RPM，在集控台上观察转速、车钟、负荷指示及主机遥控流程图等显示状态。

二、主推进装置的运行管理

掌握推进装置运行管理的基本原则，对“CRT”上显示的主机参数和示意图能进行判断和分析；掌握冷却水系统的组成及各设备之间的关系，调整主推进动力装置的各种参数，使主机始终处于安全运行工况之中；独立完成训练项目内的全部内容，操作顺序及动作准确无误；对推进装置运行中的各种参数变化趋势判断要正确，调节要恰当，工况正常；在规定的时间内完成训练项目，不得出现任何警报或因操作引起的故障。

1．初始状态设置

本实训必须在轮机模拟器实训中心进行。正常启动轮机模拟器，让模拟器处于以下状态：

（1）1号发电机供电，发电机系统在“自动模式”下运行。

（2）各油柜的油位均在正常状态，主机“HFO”日用油柜在加温。

（3）辅锅炉在安全运行。

（4）主机各车已结束，车钟在停车位置，操纵地点在集控室。

2．实训内容及步骤

（1）检查主机、发电机膨胀水箱水位。

（2）在集控室启动主机（教员在驾驶台配合车钟操作），按港内机动车速：正车：HALFSORPM。

（3）出港定速航行：加速到正车：NAVIGATION FULL94RPM。

1）在加速过程中，先将车钟手柄推至HALF位置，通过主机转速表观察主机转速的变化情况；

2）将车钟手柄推至海上全速位置，观察主机转速的变化。

（4）在锅炉控制箱上将辅锅炉由燃油工作状态转换为废气工作状态，燃油系统停止供油，注意热水井和锅炉水位。

（5）检查空压机机旁启动控制箱“控制方式”是否处于“AUTO”状态。

（6）在集控台“黏度调节装置”上设置使用“HFO”的各参数：调整“HFO”黏度为12 mm/s，温度为130 ℃；对主机日用重油柜加温，当油温达到80 ℃～85 ℃时自动停止加温。在图解板上将主机日用油柜“HFO”和“MDO”选择开关置于“AUTO”，再到集控台“黏度调节装置”上通过选择“VISCO CONTROL”或“TEMP CONTROL”，主机自动完成换油操作，使用“HFO”，观察“CRT”上燃油系统各参数变化，在教练员机上可调主机燃油温度曲线，查看变化规律；

（7）集控台“CRT”上调节中央冷却水温度为26 ℃，并观察中央冷却水系统调节阀开度变化及其他各参数的变化。

（8）在“CRT”上观察主机运行参数，并对示意图进行分析，判断故障原因。

3．注意事项

（1）注意检查主机滑油进机压力、出机温度及主机排温等重要参数，出现异常后应及时处理。

（2）应尽量避免主机长期超负荷运转，防止气缸和活塞过热。

（3）在大风浪时航行时，应注意主机各参数，不可盲目加车以追求航速。

（4）辅锅炉在进行工作状态转换时，如不换用“MDO”是不得转换的。

三、主机遥控系统的运行及管理

掌握主机遥控系统的基本原理和操作要领；掌握主机遥控系统、安全系统及主机调速、执行部分的工作逻辑与顺序；通过手动或自动操作与调节，使主机遥控系统、安全系统及主机的调速、执行系统达到安全运行状态。独立完成训练项目内的全部内容，操作顺序正确，动作准确无误，在规定的时间内完成训练项目，不得出现任何警报或因操作引起的故障。

1．初始状态设置

本实训必须在轮机模拟器实训中心进行。正常启动轮机模拟器，让模拟器处于以下状态：

（1）一台柴油发电机供电，发电系统在“全自动模式”状态下工作。

（2）主机已完成备车程序，车钟应处于停车位置。

2．实训内容及步骤

（1）检查柴油发电机控制地点。确认柴油发电机机旁启动控制箱“Iocall remote（工作模式选择）”是在“REMOTE”位置。

（2）观察集控台上主机遥控系统的状态并启动主机。检查主机操作地点并启动主机：

1）将主机机旁操纵台上的操纵地点转到“REMOTE（遥控）”位置。

2）在集控台按下“备车”按钮，驾驶台应答。

3）在集控台上：遥控启动主机（教员在驾驶台配合车钟），按机动航行状态将车速控制在正车：SLOW 52 RPM。

（3）轮机长手动转速限制。

1）设定转速限制：通过集控台主机遥控面板上的“轮机长转速设定”按钮，将最高转速限制值设置在额定转速的 94 RPM。

2）观察结果：将车钟手柄推至“海上全速”，通过主机转速表观察主机转速的变化情况，此时主机转速因其受设定值的限制，虽然处于全速油门，但实际只有额定转速的 90%。

3）改变设定：将最大转速限制值改为额定转速，然后将车令手柄推至“海上全速”，通过主机转速表观察主机转速是否还受“90% 额定转速”的限制，可达 104 RPM。再将车速降到正车：SLOW 52 RPM。

4）设置取消转速限制：将集控台上“NORMAL/CANCEL LIMITS”旋钮置于“CANCEL LIMTS”，然后将车钟手柄推至“海上全速”，通过主机转速表观察主机转速的变化，检查其是否受轮机长手动转速设定“%RPM”的限制，实际转速可达到 104 RPM。将车速再降到正车：SOW 52 RPM。将“取消限制”按钮复位。

（4）加速。按海上航行状态加速到正车：NAVIGATION FULL 94 RPM，在加速过程中观察主机遥控系统按“负荷程序”工作时指示灯的变化，同时也观察主机转速的变化。

（5）无扰动切换（集控室切换到驾驶台）。

1）用副车钟与驾驶台联系，要求转换操纵地点。

2）驾驶台应答后，观察集控台上的“主车钟车令双针指示”，显示驾驶台和集控室两处的车令、转速、方向和大小是否一致，一致后将集控台操纵地点选择开关“REMOTE CONTROL/C.R.CONTROL”转到“REMOTE CONTROL”位置，进行无扰动切换，观察主机转速表的指示是否变化。

3）按相反程序由驾驶台到集控室进行无扰动切换—将操纵地点转到“C.R. CONTROL”位置，然后停车。

（6）主机遥控系统中的启动逻辑控制—集控室（根据驾驶台车钟指令操作）。

1）在主机遥控系统面板上选“15”，确定启动转速，然后观察主机转速。

2）启动主机，由教员设置故障：制造启动失败、启动条件不满等故障，然后启动主机——正车：SLOW 52 RPM，仔细观察集控台上主机遥控系统和安全报警系统面板——启动失败（3 次启动指示灯）、启动条件不满足、系统报警、转速限制等指示灯显示的状态，掌握其功能。

（7）主机遥控系统中的启动逻辑控制——驾驶台。由教员设置故障：制造启动失败、启动条件不满足等故障，然后启动主机，仔细观察驾控台上主机安全报警面板上各状态指示灯的变化：启动失败（3 次启动指示灯）、启动条件不满足、转速限制等指示灯显示的状态，掌握驾驶台有关的功能。

（8）安全系统。仔细观察集控台主机安全系统面板上显示的功能。

1）故障停车、故障减速和报警等显示的状态及相互的关系，根据下面的操作掌握“越控”和“不能越控”的故障处理。

2）教员设置故障使主机出现故障自动减速（“SLOW DOWN”）。当“SLOW DOWN”声光报警时：

①按下应答按钮，先消声消闪；

②观察主机转速表；

③观察导致“SLOW DOWN”的原因，并按下其旁边的“CANCEL”按钮进行“越控”处理，即暂不执行“SLOW DOWN”命令，观察转速表的变化；

④按下“CANCEL”按钮，将其释放，再观察转速表的变化。

复位：待故障排除后，按下集控台上主机安全系统板“RESET”栏中的“SLOW DOWN”按钮。

3）教员设置故障使主机出现故障自动停车（“SHUT DOWN”）：当“SHUT DOWN”声光报警时：

①按下应答按钮，先消声消闪；

②观察主机转速表；

③观察导致“SHUT DOWN”的原因，判断该故障是否可以“越控”；

④如果是可“越控”的：则按下其旁边的“CANCEL”按钮进行“越控”处理，即暂不执行“SHUT DOWN”命令，观察转速表的变化；

⑤按下“CANCEL”按钮，将其释放，再观察转速表的变化：转速将继续下降；

⑥当转速降到发火转速前再按下“CANCEL”按钮，观察主机转速变化看“越控”是否起作用；

⑦当转速降到发火转速后再按下“CANCEL”按钮，观察主机转速变化看“越控”是否起作用；

⑧待主机停车后，按下“ CANCEL”按钮，再启动主机观察主机转速变化。

复位：待故障排除后，在集控台上将车钟扳回到停车即可复位。

（9）紧急停车。

1）启动主机：当达全速时，按下红色带盖应急停车按钮（EM STOP），观察转速表和报警指示，并应答。

2）待故障排除后，将车钟手柄扳回到停车（STOP），即复位。

（10）电子调速器及执行系统。理解电子调速器及其执行部分的作用，以及与主机遥控系统之间的关系。

3．注意事项

（1）特别注意机旁手动操纵与遥控操纵的转换。

（2）特别注意集控室与驾控室操纵的无扰动切换时的操作地点。

思考题

7-1 简述主机遥控系统的分类。

7-2 简述主机遥控系统的技术要求。

7-3 什么是点火失败？原因有哪些？

7-4 简述主机的制动方式。

7-5 简述主机遥控系统控制方式。

7-6 简述主机遥控系统的日常维护内容。

7-7 简述 AC C20 主机遥控系统的基本逻辑控制。

08 项目八　船舶报警装置的故障诊断与维修

【知识目标】

1. 掌握通用紧急报警装置原理及故障处理方法；
2. 掌握火灾自动监控与报警装置原理及故障处理方法；
3. 掌握常用其他报警装置原理及故障处理方法；
4. 掌握船舶机舱监测与报警系统原理及故障处理方法。

【技能目标】

1. 能对通用紧急报警装置故障进行诊断和维修；
2. 能对火灾自动监控与报警装置故障进行诊断和维修；
3. 能对常用其他报警装置故障进行诊断和维修；
4. 能对船舶机舱监测与报警系统进行诊断和维修。

【项目描述】

船舶报警装置主要是指通用报警装置、火警报警装置、水雾灭火装置、机舱集中监测与报警装置及一些特殊场所的专用报警器等，它们各自由不同的报警电路组成，构成整个船舶的报警系统。

【知识链接】

任务一　通用紧急报警装置

通用紧急报警装置又称紧急集合警报，是在船舶发生重大海损事故或发生火灾等紧急情况下，对全体船员和旅客发布紧急总动员和集合的报警装置。通用紧急报警装置由关闭器、警钟、警灯、接线盒等组成。

通用紧急报警装置的控制方式可分为直接控制方式和间接控制方式。前者是在驾驶室按下关闭器时，全船警钟、警灯通过关闭器触头直接接通应急电源，发出音响和灯光信号，适用于警钟安装数量不多、馈电干线电流容量不大的船舶；后者是在蓄电池充放电板上安装接触器，由驾驶室的关闭器或按钮进行控制，全船警钟和警灯通过接触器常开触头的闭合接通应急电源，发出音响和灯光信号，适用于警钟数量多、馈电干线电流容量较大、总馈电线截面面积较大、警钟电源接至驾驶室再进行馈电有困难的船舶。通用紧急报警装置控制原理线路如图 8-1 所示。

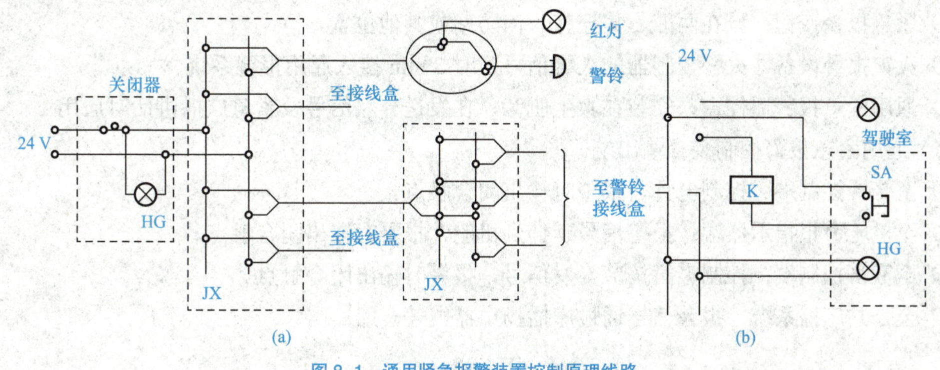

图 8-1 通用紧急报警装置控制原理线路

（a）直接控制；（b）间接控制

一、通用紧急报警控制装置的主要功能

图 8-2 所示为某散货船的通用紧急报警控制装置系统，其主要功能如下：

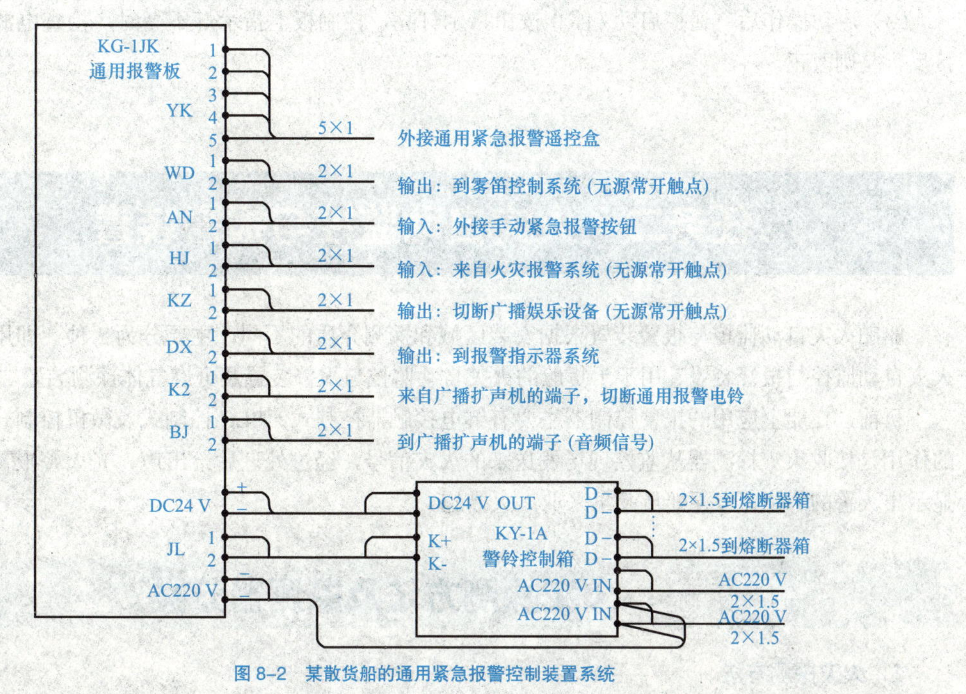

图 8-2 某散货船的通用紧急报警控制装置系统

（1）通用紧急报警控制装置上设有“通用报警”“手动报警”两个按键。设有主电源失电声、光报警装置。

（2）通用紧急报警控制装置输出信号。

1）通用报警信号：七短一长循环周期输出。每隔 28 s 重复发送。

2）手动报警信号：以按键开关通 / 断节奏输出。

3）火警信号：连续调频信号。

（3）通用紧急报警控制装置与广播系统连接时，可从扬声器中放出不同节奏频率的音响信号，以区别不同的报警方式。

（4）通用紧急报警控制装置外接输入端。

1）紧急报警按钮：设在两舷、集控室、消防站或其他位置。

2）火灾报警设备：火警控制器的火警信号延时 2 min 接入通用报警系统。

3）通用紧急报警遥控盒：安装在救生艇旁，在发送弃船信号及紧急广播讲话时启用。

（5）通用紧急报警控制装置输出端。

1）至警铃控制端：控制电铃，报警时输出闭合触点。

2）至机舱警报指示器端：报警信号延伸到机舱，报警时输出闭合触点。

3）至雾笛控制端：控制雾笛按节奏发信号，报警时输出闭合触点。

4）至公共广播系统：报警信号通过广播扬声器覆盖全船。

二、通用紧急报警控制装置的常见故障处理

（1）遥控启动 / 停止按钮只有一个按钮可用时，检查遥控按钮的公共线连接是否正确。

（2）遥控按钮和控制板上启动操作没有反应时，检查遥控启动 / 停止按钮是否接于常闭触点，是则改为常开触点。

（3）启动操作后，遥控启动 / 停止按钮指示灯亮，控制板上指示灯不亮时，检查电源极性是否接反，是则改正。

任务二　火灾自动监控与报警装置

船舶火灾自动监控与报警装置根据安装区域和探测介质的不同，主要分为 3 种，即用于舱室的火灾自动监控与报警装置、用于干货舱的火灾自动监控与报警装置及可燃气体探测装置。

目前，在船上应用的报警控制器主要有继电接触器控制式、PLC 控制式及微机控制式 3 种。它的作用是接收火灾探测器从监控现场发送来的火灾信号，经过处理后给出声、光火警报警信号，并显示出火警的部位，以便船员及早采取灭火措施。

一、火灾探测方法及探测器分类

1．火灾探测方法

火灾探测是以物质燃烧过程中产生的各种火灾现象为依据，来实现火灾的早期发现。分析普通可燃物的火灾特点，以物质燃烧过程中发生的能量转换和物质转换为基础，可形成不同的火灾探测方法，如图 8–3 所示。

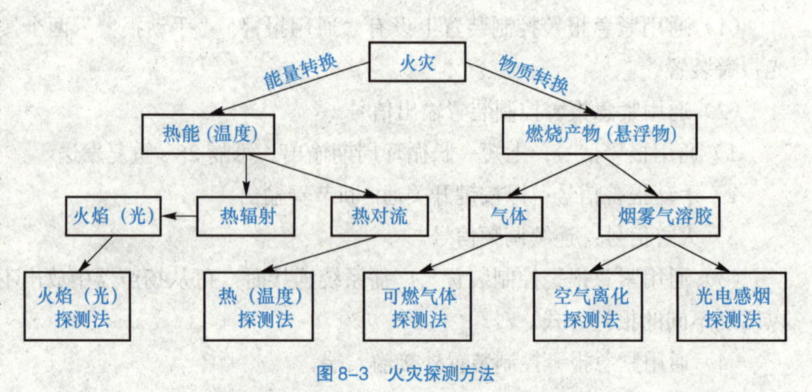

图 8–3　火灾探测方法

2. 火灾探测器分类

一般来说，火灾探测器由火灾参数传感器或测量元件、探测信号处理单元和火灾判断电路组成。火灾信号必须借助物理或化学作用，由火灾参数传感器或测量元件转换成某种测量值，经过测量信号处理电路产生用于火灾判断的数据处理结果量，最后由判断电路产生开关量报警信号。直接产生模拟量信号的火灾探测器输出的测量信号是经过信号处理电路进行数据处理后，产生模拟量信号并传输给火灾报警控制器，最终由火灾报警控制器实现火警判断的功能。

根据各类物质燃烧时的火灾信息探测要求和上述不同的火灾探测方法，火灾探测器可以有多种类型，主要有感烟型、感温型、感光型（火焰探测型）和可燃气体型四大类，如图 8–4 所示。船舶采用的探测器均为点型探测器（陆用感温探测器有的采用线型）。

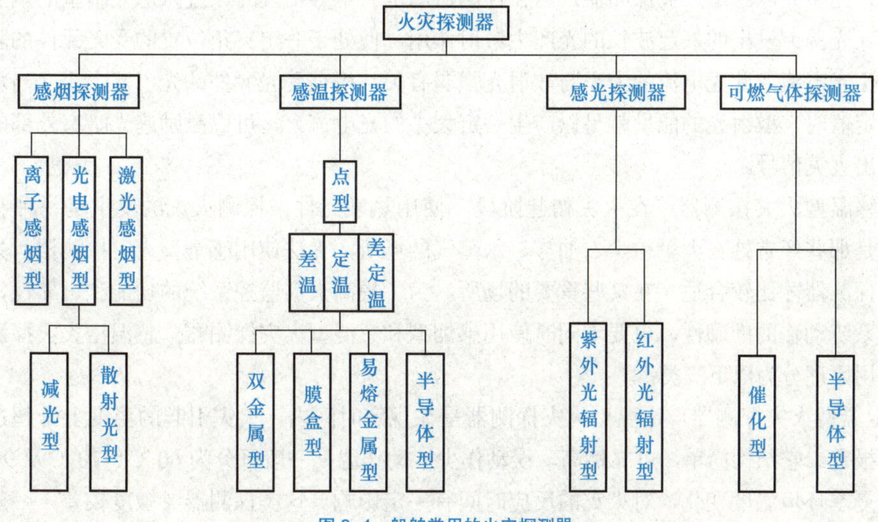

图 8–4　船舶常用的火灾探测器

（1）感烟型火灾探测器。感烟型火灾探测器目前在船舶中应用较普及。据有关机构统计，感烟型火灾探测器可以探测 70% 以上的火灾。目前，常用的感烟式火灾探测器有离子感烟型和光电感烟型两种类型。

1）离子感烟型火灾探测器。离子感烟型火灾探测器采用空气电离化探测火灾，根据其内部电离室的结构形式，又可分为双源感烟型和单源感烟型。

①双源感烟型火灾探测器：当有烟雾进入火灾探测器时，由于烟雾粒子对带电离子的吸附作用，使检测用电离室内特性曲线发生变化，从而形成电压差 ΔV，经电子线路对电压差 ΔV 的处理确认火灾发生并报警。采用双源感烟型火灾探测器可以减少环境温度、湿度、气压等条件变化引起的对离子电流的影响，提高火灾探测器的环境适应能力和工作稳定性。目前在船舶中应用较多。

②单源感烟型火灾探测器：在火灾探测时，探测器的烟雾检测电离室和补偿电离室都工作在其特性曲线的灵敏区，利用极电位的变化量实现火灾的探测和报警。单源型感烟型火灾探测器的烟雾检测电离室和补偿电离室在结构上基本都是敞开的，两者受环境条件缓慢变化的影响相同，因而，提高了对使用环境中微小颗粒缓慢变化的适应能力。特别在潮湿地区要求的抗潮能力方面，单源型感烟型火灾探测器的自适应性能比双源感烟型火灾探测器要好得多，但目前双源感烟型火灾探测器也可以通过电路参数调整，以及与火灾报警控制器软件配合来提高抗潮能力。

在离子感烟型火灾探测器中，选择不同的电子线路，可以实现不同的信号处理方式，从而构成不同形式的离子感烟型火灾探测器。例如，选用阈值（门槛值）比较放大和开关电路的电子线路，可以构成阈值报警式离子感烟型火灾探测器；选用 MD 转换、编码传输电路和微处理器单元，可以构成带地址编码的模拟量及智能型离子感烟火灾探测器。

2）光电感烟型火灾探测器。光电感烟型火灾探测器利用火灾产生的烟雾改变光敏元件受光的强弱而发出警报信号。根据烟雾粒子对光的吸收和散射作用，光电感烟型火灾探测器可分为减光型和散射光型两种类型。

①减光型光电感烟火灾探测器：当在探测器周围有烟雾出现时，进入光电检测暗室内的烟雾粒子对光源发出的光产生吸收和散射作用，使通过光路上的光通量减少，从而在受光元件上产生的光电流降低。光电流相对于初始标定值的变化量大小，反映了烟雾的浓度大小，据此可通过电子线路对火灾信息进行放大比较或火灾参数运算，最后通过传输电路产生相应的火灾信号。

②散射光型光电感烟火灾探测器：当在探测器周围有烟雾出现时，进入遮光暗室的烟雾粒子对发光元件（光源）发出的一定波长的光产生散射作用，使处于一定夹角位置的受光元件的阻抗发生变化，产生光电流。此光电流的大小与散射光强弱有关，根据受光元件的光电流大小（当烟粒子浓度达到一定值时，散射光的能量就足以产生一定大小的光电流），可以激励遮光暗室外部的信号处理电路发出火灾信号。

（2）感温型火灾探测器。在火灾初起阶段，使用热敏元件来探测火灾的发生是一种有效的手段，特别是那些经常处在大量粉尘、油雾、水蒸气的场所，无法使用感烟型火灾探测器，只有用感温型火灾探测器才比较合适。在某些重要的场所，为了提高火灾监控系统的功能和可靠性，或保证自动灭火系统动作的准确性，也要求同时使用感烟型和感温型火灾探测器。感温型火灾探测器可以根据其作用原理分为以下三类：

1）定温型火灾探测器。定温型火灾探测器是在规定时间内，火灾引起的温度上升超过某个定值时启动报警。它结构简单，可靠性高，误动作少，动作温度一般可分为 60 ℃、70 ℃及 90 ℃。由于冬季或夏季环境温度变化，对火灾的反应时间有一定影响。这类探测器灵敏度较差，一般适用于厨房、锅炉间、烘衣间等。目前，常用的定温型火灾探测器有双金属式、易熔合金式和热敏电阻式等几种形式。

2）差温型火灾探测器。差温型火灾探测器是在规定时间内，火灾引起的温度上升速率超过某个规定值时启动报警。点型结构差温型火灾探测器是根据局部的热效应而动作的，主要感温元件有空气膜盒、热敏半导体电阻等。

3）差定温型火灾探测器。差定温型火灾探测器是将定温型型和差温型两种探测器组合在一起。若其中某一功能失效，则另一种功能仍然起作用，因此，大大提高了火灾监测的可靠性，在实际船舶中应用较多。差定温型火灾探测器一般多是膜盒式或热敏半导体电阻式等点型结构的组合式火灾探测器。

（3）感光型火灾探测器。物质燃烧时，在产生烟雾和放出热量的同时，也产生可见或不可见的光辐射。感光型火灾探测器又称火焰探测器，它是用于响应火灾的光特性，即扩散火焰燃烧的光照强度和火焰的闪烁频率的一种火灾探测器。根据火焰的光特性，目前使用的火焰探测器有两种：一种是对波长较短的光辐射敏感的紫外探测器；另一种是对波长较长的光辐射敏感的红外探测器。

1）紫外探测器是敏感高强度火焰发射紫外光谱的一种探测器，它使用一种固态物质作为敏感元件，如碳化硅或硝酸铝，也可使用一种充气管作为敏感元件。

2）红外探测器包括一个过滤装置和透镜系统，用来筛除不需要的波长，如将太阳、日光灯光谱过滤掉，而将收进来的光能聚集在对红外光敏感的光电管或光敏电阻上。这种探测器具有视域广阔、灵敏度高、抗干扰性强等优点。

感光型火灾探测器使用在可能发生有可见火焰、烟气较小的高度危险的区域，同时，在同一区域必须有感烟型或感温型探测器作为辅助探测。由于感光型火灾探测器的灵敏度很高，甚至有时会把其他光线误认为火灾，所以在探测区域内不要有与探测器波长相同的光线。一般安装在钻井平台上的油处理区、井口、油船、化学品船上的防爆区，但不适合装在有相应光线灯和明火作业的场所。安装时应注意探测器的覆盖角，一般红外探测器的探测角为140°，紫外探测器的探测角为90°，安装时应使保护面积都处在覆盖面之内。

3. 火灾探测器的接线形式

在实际系统中，火灾探测器和控制器的接线方式一般采用并联。也就是说，若干个火灾探测器的信号线按一定关系并联在一起，然后以一个部位或区域的信号送入火灾报警装置（或控制器），即若干个火灾探测器连接起来后仅构成一个探测回路，并配合各个火灾探测器的地址编码实现保护区域内多个探测部位火灾信息的监测与传送。目前，在火灾报警系统中，火灾探测器通常采用二线制、三线制、四线制三种接线方式，如图 8-5 所示（由于三线制在实船中较少使用，在此不做介绍）。

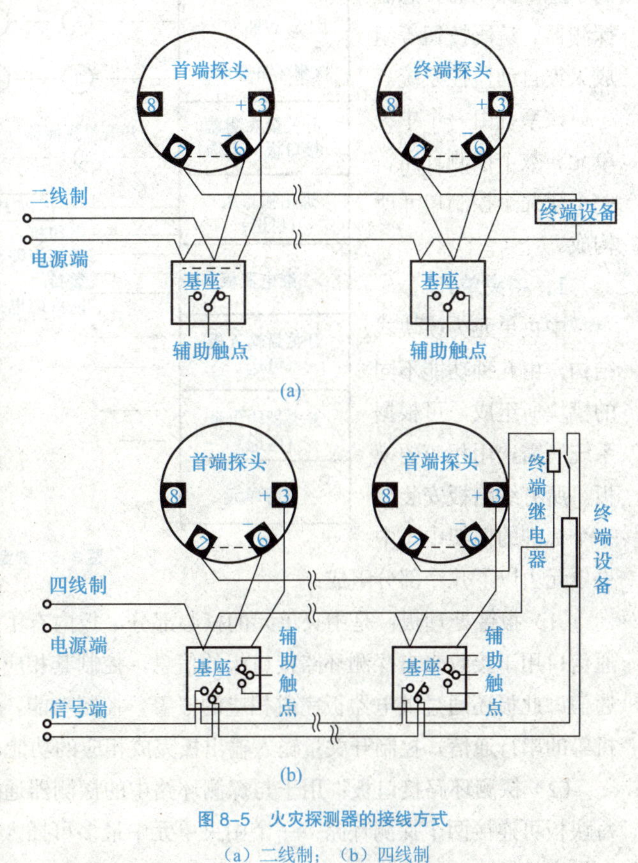

图 8-5　火灾探测器的接线方式

（a）二线制；（b）四线制

图 8-5（a）所示为二线制接线方式。此电路电源线与信号线重合，各个火灾探测器如果状态正常，则通电后其内部接线柱 6、7 闭合，将电流送入下一个火灾探测器，在终端探头有一终端设备（一般为电阻），使得系统在正常监测状态时有一监测电流（微安级），一旦火警发生，相应的探测器动作，使电源两端电阻急剧下降，产生一较大的动作电流（毫安级），由系统内部处理后给出声、光警报；如果某一回路中一个探头故障，则其内部接线柱 6、7 不能闭合，使电源端开路，由系统处理后显示该回路开路或探头故障。

图 8-5（b）所示为四线制接线方式。工作原理与二线制接线方式类似，此种电路中电源线与信号线相互分开。无论采用何种方式，均要求可以实现检测探测器脱落、探测器故障失效、线路开路故障、终端电阻脱落或故障失效、火灾报警等功能。

二、微机控制的火灾自动监控系统

近几年来，火灾报警采用总线制编码传输技术，这种新型的集中报警系统是由火灾报警控制器、区域显示器（如集控室或生活区显示屏）、声光报警装置及感温或感烟智能探测器（带地址模块）、控制模块（控制消防联控设备）等组成的。总线制编码传输型集中报警系统是今后船舶火灾监控系统的发展方向。

图 8-6 所示为典型的总线区域火灾监控系统框图。该系统采用单片机技术，线制少、安装开通方便，在使用编码底座后，可与智能型离子感烟探测器、感温探测器、编码按钮等组成火灾自动监控系统。

该系统由一个中央单元、数个探测环路、一个或几个控制单元所构成。

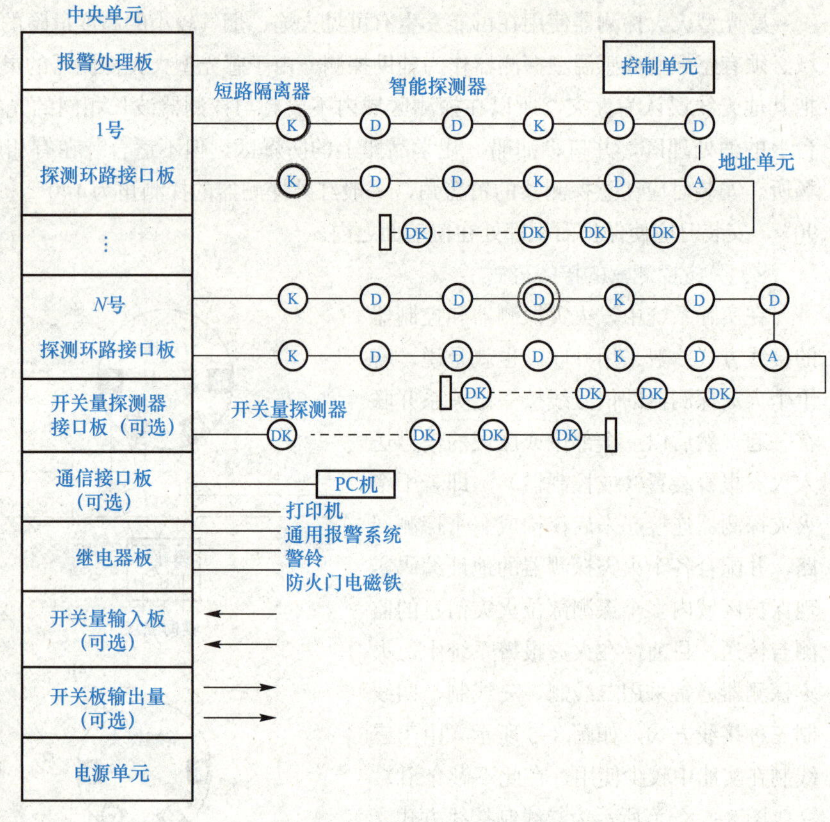

图 8-6　典型的总线区域火灾监控系统

1．中央单元

中央单元为模块式结构，由几种功能不同的模块所组成，可根据系统所需选用相应的模板。所有线路板安装在一个标准的框架中。中央单元由以下几个部分组成：

（1）报警处理板：是中央单元的核心部分，板内有 1 个内部和 2 个外部串行通信口。内部串行通信口用于接收来自探测环路接口板的信息，控制其相应动作。外部串行通信口用于和控制单元等通信。此板还通过继电器板完成相应的报警、控制功能，通过通信接口板实现与外部计算机、打印机等的串行通信，控制开关量输入输出板完成相应的功能。

（2）探测环路接口板：用于与探测环路中的探测器通信，并将探测器的状况传至报警处理板。每块板可连接两个探测环路；一个中央单元中最多可插入 5 块探测环路接口板。板上的多位开关用以设定地址。

（3）继电器板：受报警处理板控制，驱动外部报警、控制设备，如通用报警系统、警铃、防火门电磁铁等。板内有 2 路 DC24 V/2 A 电源输出、3 路 DC24 V/2 A 有源信号输出、4 路容量为 2 A 的继电器信号输出、2 路以集电极开路形式输出的信号。

（4）通信接口板：板内有两个 RS232 和两个 RS485 串行通信口，受报警处理板控制，用于与外部计算机、打印机通信。

（5）开关量输入板：可接收双路经光电隔离的开关量信号，受报警处理板控制。

（6）开关量输出板：可输出 24 路经光电隔离的开关量信号，受报警处理板控制。

（7）开关量探测器接口板：用于连接以非智能型的开关量探测器所组成的探测分路，每块板可连接 4 个分路。

（8）电源单元：包括整流电源和蓄电池，2 路电源可自动切换。

2．探测环路

在该系统中，一个中央单元最多可连接 190 个探测环路，每个环路中可安装 99 个模拟量探测器或地址单元。一个环路可覆盖船上几层甲板。一个探测器（或手动报警按钮）可单独使用编码底座占用一个部位号；也可数个探测器或（手动报警按钮）共用一个部位号，此时需选择一个编码母底座，子座采用普通底座。如有水流指示器、压力开关、阀门回馈信号等开关量信号需进入总线系统时，可选用开关量编码盒，在报警器上单独占一个部位号。为了防止长期使用过程中可能出现的编码地址击穿、连接导线短路等故障影响系统正常工作，在回路始端及分叉处加设短路保护器。与报警器、编码器件相连接的二总线，一般无“+”“-”之分。由于中央单元和探测器之间的通信信号在发送和接收时受过特殊处理，所以对其电缆要求不高，一般的二芯非屏蔽船舶电缆即可。

3．控制单元

控制单元是操作者与系统进行人机对话的装置。面板如图 8-7 所示。

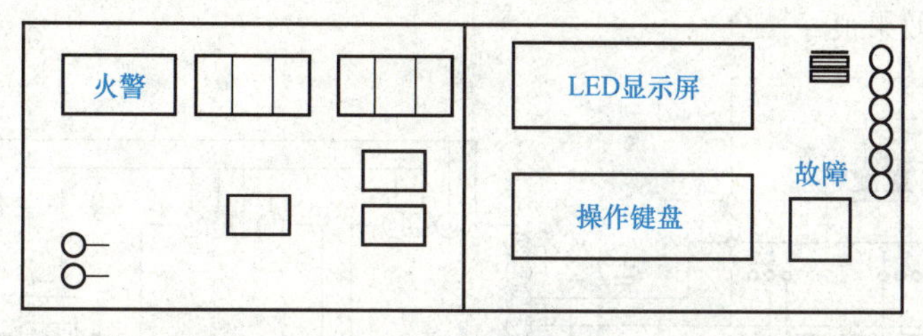

图 8-7　控制单元操作面板

当系统发生火警时，左上角的火警大灯闪亮，其右侧的两组三位数码管分别显示报警的环路号和探测器号。控制单元右部的液晶显示屏显示系统的信息，液晶窗下方的键盘用以输入操作者的各种控制命令。如设置日期、时间，设置某个探测器的灵敏度，在某段时间内关断某几个探测器等。有的操作功能需输入相应的密码后才能实现，以避免非相关人员的错误操作。当系统发生故障后，控制单元右下方的故障灯闪亮，其上方相应的发光二极管指示故障类型。

三、易燃气体探测系统

1．易燃气体探测系统

滚装船、渡船等往往在货舱区域需要载运车辆，消防船有时要救护油船，这些船及油船在货舱或船上某些舱室可能聚集较多的易燃气体。通常，易燃气体的密度较空气密度大，因而不容易驱散，在易燃气体的体积浓度超过爆炸下限时，遇明火即可能产生爆炸或燃烧。为了检测这些舱室的易燃气体是否达到危险浓度，在这些船上一般装有易燃气体探测系统，如图 8-8 所示。

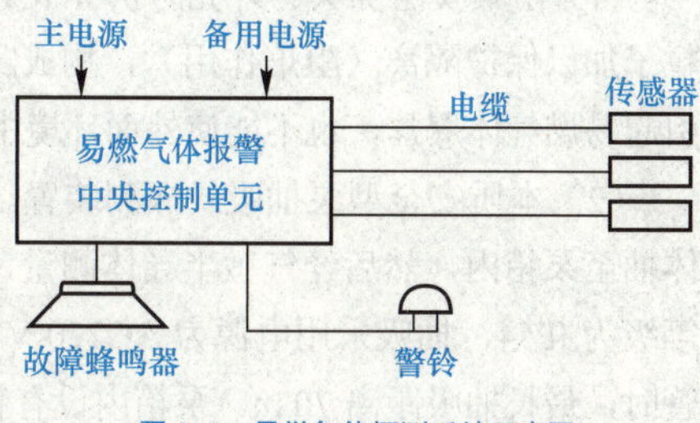

图 8-8　易燃气体探测系统示意图

根据不同的化学和物理原理，检测易燃气体的方法有多种：

（1）化学试剂法。将气体通过装有化学试剂的玻璃管，与管内试剂发生化学反应引起颜色变化，褪色的长度就是气体浓度的测量尺度。测量较为精确，但显示管不能重复使用，适用于定点测量，不能进行连续监测。

（2）红外线 / 分光光度计 / 层分离法。这些方法可进行连续精确的测量，但价格较高，只适用于专业化工业分析。

（3）催化灯丝法。气体在催化性金属丝上反应燃烧导致温度升高，金属丝电阻随可燃气浓度变化，但是催化性金属丝会受到惰性舱的惰性气体影响，不能提供可靠的读数。

（4）气敏半导体法。目前，在易燃气体探测实际应用中，采用较多的是金属氧化物元件，又称气敏半导体，在铂丝上涂以金属氧化物，在高温中焙烧面成。气敏半导体品种很多，制成的气敏半导体，按其性质可分为 N 型和 P 型两大类。N 型气敏半导体元件，在遇到敏感气体时，其电阻下降；而 P 型气敏半导体元件，在遇到敏感气体时，其电阻上升。

2. 防爆安全探测装置

在油船的实际应用中，大多数需要探测防护的场所（如货泵舱、管道等）都是危险区域，要求探测装置为防爆安全设计，因此，设备除配有用于一般场合的探头外，还配有专门设计的防爆安全探头。

图 8-9 所示为一种专门用于船舶、石油平台或其他工作生产现场对易燃气体进行连续探测报的气体探测报警装置系统。它采用气体敏感元件，配合设计合理的测量电路，性能稳定精确，操作简便可靠，实船应用效果很好。

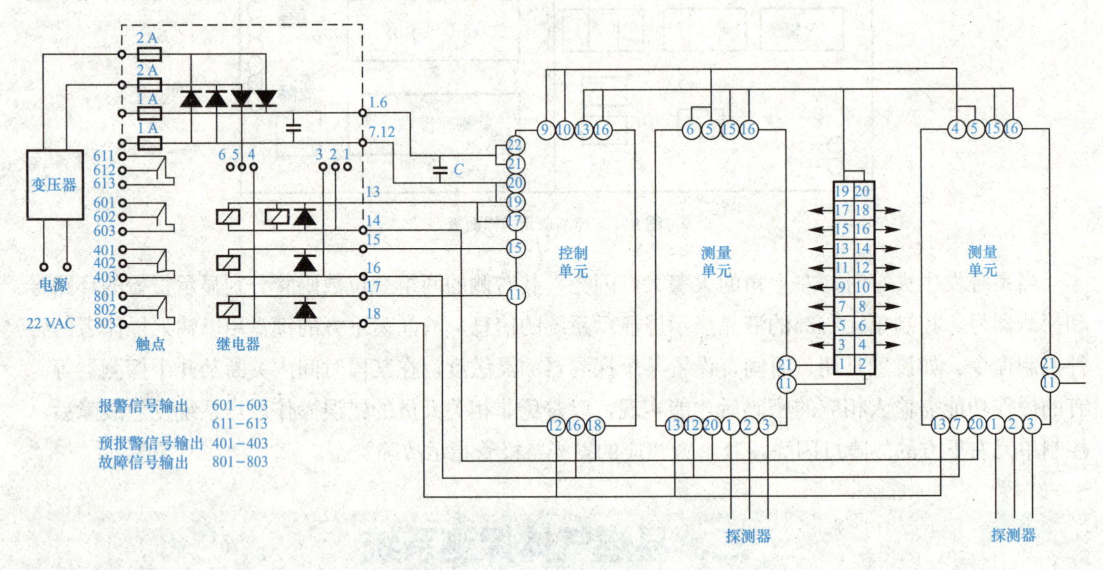

图 8-9 气体探测报警装置系统控制框图

（1）防爆安全探头。外壳防护等级 IP65，尼龙材料，气敏元件置于不锈钢腔体内，由烧结金属粒子加以保护隔离（阻焰作用），构成防爆结构，即使烧结金属、金属网内气敏半导体及电气火花引起易燃气体爆炸，也不能使外面环境中易燃气体产生爆炸危险。

（2）本质安全型泵抽吸式探测装置。将泵箱置于安全区域，通过管道将危险区域内监测点的气体抽至泵箱内，然后经气敏半导体测量，再将此危险气体送回原处或在安全处排入大气。泵箱防护等级为 IP54，抽吸采用电源为 AC220 V、20 mA，由于设计小巧高效，该泵配装 8 mm 或 6 mm 铜管时，最长抽吸距离 70 m。泵箱内设有管道堵塞监测线路，发生堵塞时会明确指示提醒、及时排除故障。在管道由安全区穿壁到危险区处安装阻焰器，不锈钢壳体内嵌装烧结金属，可有效防止火焰爆炸蔓延，如图 8-10 所示。

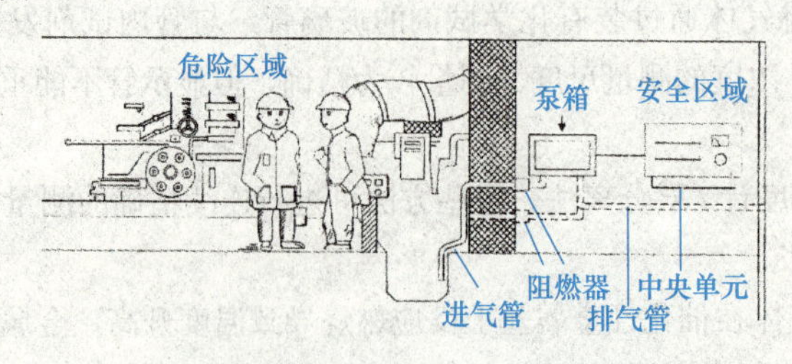

图 8-10 本质安全型泵抽吸式探测装置

（3）除这种对单个监测点进行连续测量的泵抽吸式装置外，还有一种对多点（数十点）进行循环检测的报警装置。该装置可在设定的时间周期内完成对每个测点抽吸气体并测量。为保证每个测点在平均分配量时间内不因管道长短而产生测量质量问题，每个测点在测量抽吸前都进行预抽吸以得到最新的测点样气。另外，每个在等待测量的测点管道都受到反压装置的保护，以防止吸入水或被杂物阻塞。中央测量装置中配有标准浓度样气，可随时校验设备。

实船在确定每个固定气体监测点时，除应满足规定的保护面积和间距外，还应考虑拟载运货品的蒸汽密度、舱内各种构件的布置、空气进出口位置所形成的死角位置。根据具体情况确定测点布置的高低、间隔，尽可能将易聚集气体的死角部位置于有效监测范围中，做到可靠安全。

四、火灾探测器的常见故障与处理

在火灾自动监控系统的实际运行过程中，控制器（中央单元）本身很少出现故障，而且即使出现故障，由于船上检测维修设备所限，往往也无法解决。实际上，出现故障最多的是火灾探测器及外接线。火灾探测器故障主要有漏报或误报两种情况。漏报指的是火灾已发展到应当报警的规模但没有报警，误报指的是没有火灾却发出了报警信号。

1．火灾探测器漏报故障

探测器类型选择不当是造成漏报的主要原因之一。不同的火灾探测器都只对某些火灾信号比较敏感。一般来说，对于火灾初期有阴燃阶段、易产生大量和少量热、很少或没有火的场合，应选用感烟型探测器；对于火灾发展迅速、能产生大量热的场合，应选用感温型探测器；对于火灾发展迅速、有强烈火焰辐射但发烟较少的场合，应选用感光型探测器。船上各部位的火灾点是难以准确预料的，但可以根据模拟试验的结果进行估计。火灾探测器的选型在船舶制造时就已经决定，船舶管理人员在实际维修更换火灾探测器时需考虑这一问题。

感温、感烟和气敏探测器都是接触型探测器，只有当足够浓或足够热的烟气到达探测器所在位置时才能被探测到并做出反应。假定探测器本身及线路没有故障，出现漏报往往是探测器没有探测到足够多的烟气。例如，目前常用的感烟型探测器基本上适用船舶各部位，其顶棚的高度一般不超过 10 m。这样当其地面附近起火时，火灾烟气可在几秒升到顶棚并迅速形成烟气层，探测器能够起到及时发现火灾的作用。如果船舶的内部空间（如机舱顶层）较大、较高，烟气到达顶棚的时间将延长，而且由于卷吸空气的稀释，烟气的浓度有所降低，等达到探测器的报警浓度时，火灾已经发展到相当大的规模，早期灭火的时机往往已被错过。但有时过于靠近顶棚也不合适。如在夏季，环境温度较高时，可造成室内顶棚下的空气温度较高。它可以导致燃烧刚产生的烟气无法到达顶棚，通常称为烟气的热降，若探测器离顶棚过近就会漏报警。为避免热降，感烟型探测器应与顶棚保持一段距离。又如当室内有通风换气装置时，形成的强制空气流动可以使烟气偏斜，以致到不了探测器位置。所有这些都应具体情况分别对待。

2．火灾探测器误报故障

造成探测器误报有结构方面的原因，也有使用方面的原因。结构方面的原因主要与探测器的灵敏度有关，探测器的灵敏度过低会造成报警延迟，但太高又容易发生误报，应当选择合适的报警范围。现在通用的探测器大多将灵敏度设为若干级，如定温型探测器的一级灵敏度的动作温度为 62 ℃，二级灵敏度的动作温度为 70 ℃，三级灵敏度的动作温度为 78 ℃；感烟型探测器的一级灵敏度表示单位长度的烟气减光率达到 10% 报警，二级灵敏度表示该减光率达到 20% 报警，三级灵敏度表示该减光率达到 30% 报警等。

使用不当引起火灾误报主要有以下因素：

（1）吸烟：这是大量事实证明的，尤其是当房间顶棚较低（如机舱集控室和船员舱室等）而探测器的灵敏度较高时更容易发生。有时，一个人吸烟就可干扰探测器的工作，3个人同时吸烟足以使探测器发出警报。由于吸烟过程多为阴燃，生成的烟颗粒较大，故更容易使光电型探测器误报。

（2）电气焊：在使用电气焊作业时产生的大量烟雾，很容易使火灾探测器发出火警信号。在机舱工作间及修船厂修船时应特别引起船舶管理人员的注意。

（3）灰尘：灰尘对探测器的影响与烟颗粒相同，在安装探测器的房间内应当尽量减少空气中的灰尘，如果灰尘与油污混杂起来，还容易积聚在探测器的发射或接收元件上，产生长期不良影响，这一情况在船舶中较少出现。

（4）水蒸气：当室内的湿度大时，水蒸气可进入探测器，干扰探测器的工作。若水蒸气凝结在有关元件上，也会影响光线的发出和吸收，造成室内水分过多主要有两种情况：一是室内存在水源成汽源，如厨房、洗衣间、房间漏水等；二是季节影响，如夏季，尤其是梅雨季节，容易出室内湿度很大的情况。现在所用的大多数探测器适用于相对湿度低于85%的环境。

（5）小昆虫和蜘蛛网：为了让烟气进入探测器内腔，通常设置一些进烟孔，并在孔口加上网，主要目的是阻挡昆虫进入。但丝网孔过小又会影响气进入，出于综合考虑，目前常用的丝网孔径为1.25 mm。它可挡住大昆虫，但小昆虫和小蜘蛛难免进入。

（6）炊事：做饭时常产生大量的烟气。尤其是炒、蒸、熏时产生的烟气量更大。这种烟中往往掺杂着油蒸气，对探测器的有害影响很严重。

（7）缺乏清洁：这一因素对探测器的影响是逐渐积累的。探测器的使用时间长了，其内部总会积聚污染物，因此必须定期清洁。然而船舶管理人员并未重视这一问题，火灾探测器往往几年不保养，这就难免经常发生误报。

3．探测器常见故障处理

（1）底座接线错误。探测器安装到顶棚的底座上之后在报警控制器上即显示该区域报警，一般说明底座上的两条接线反接了（无极性要求的探测器除外），要用万用表检查极性后换接过来。

（2）某区域误报警。当火灾报警器显示某区域报警时，该区域并无火情，可能是探测器本身的故障，如场效应管输入阻抗降低，镅-241片剂量较低，可控硅击穿等，应更换探测器。

（3）烟检查时对烟雾无反应。在进行定期的熏烟检查时，若对烟雾无反应，始终不报警，可能是场效应管损坏，也可能是可控硅或稳压二极管损坏。熏烟检查可用塑料管吹入香烟烟雾，用专用的试验器检查，效果更好。

五、典型火灾监控报警系统的常见故障与处理

1．总线控制火灾监控系统的检修和调试

在火灾监控系统出现故障时，一般来说主要检查外部设备及线路。重点是所有火灾探测器、输入输出模块和探测总线，要确认没有短路，输入输出模块与受控设备的连线不应短接；要把探测总线连接到控制器的探测总线输出端，接通控制器电源，查看火灾探测器和输入输出模块是否全部登记。如果某回路探测器和输入输出模块全部登记，则该回路无故障。如果某回路没有一个探测器或输入输出模块登记上，用万用表测量控制器探测总线输出端电压应为8～12 V，如果不在该范围内，把探测总线断开，再用万用表测量控制器探测总线输出端电压，如果测量电压仍为8～12 V，则探测总线有故障，否则说明控制器已被损坏；如果某回路只有部分探测器和输入输出模块登记上，说明未登记探

测器和输入输出模块有断线和重号等故障情况。如果登记的探测器和输入输出模块有报火警或故障情况，但探测器或输入输出模块所处位置又没有火警和故障，则探测器和输入输出模块有重号。

在火灾监控系统故障修复后进行系统调试时，先要确认所有火灾探测器和输入输出模块在系统内已登记，再开始在火灾报警控制器上对火灾探测器和输入输出模块进行编程。编程的操作步骤如下：

（1）选择物理号。物理号一般由 4 位数字构成。前两位是探测器或输入输出模块所处的探测总线位置，后两位是探测器或输入输出模块的编码地址。

（2）选择探测器或输入输出模块类型。在未选择类型前，一般来说，所有探测器或输入输出模块都预设为离子型感烟探测器，选择火灾探测器或输入输出模块类型就是使其类型与实际安装的类型一致。可供选择的类型有离子型感烟探测器、光电型感烟探测器、输入模块、光电复合型探测器、离子型烟温复合探测器、区域显示器、感温型探测器、手动报警按钮、输出模块和消火栓按钮等各种类型。

（3）显示地址编程。对于输出模块显示地址，一般编程为其所控制的设备名称及所处置。输入模块一般编程为其所显示探测器或设备名称及所处位置，以便于查询。其他都编程为探测器所处位置，以便报警后迅速查找其位置。对于输出模块还要进行后面的编程工作，而其他（如探测器和手动报警按钮等）的编程工作到此全部完毕。

（4）模块位置编程。这一步只适用输入输出模块，模块位置就是输入输出模块在联动面板的位置，为 0 ～ 599 的数字。

（5）联动逻辑关系编程。这一步只适用于输入输出模块，其联动逻辑关系按下列关系设计：

1）任一消火栓按钮报火警启动消防泵，即启动消防泵的控制模块；

2）任一水流指示器报火警启动喷淋泵，即启动喷淋的控制模块；

3）任一区域有火警，启动相邻区域火警广播，即启动相邻区域控制火警广播的输入输出模块。

在对逻辑关系编程前，应首先检验输入输出模块是否工作正常。在联动面板上，用鼠标启动所选定的输入输出模块、模块上的指示灯应亮，当把模块输入信号两端短路时，报警控制器面板上该模块对应位置的灯应亮。如果上述两种情况下灯不亮，说明模块或接线有故障。

在调试时，输入输出模块的控制输出端不与受控设备相连，只有在系统调试完毕，需与受控设备实现联调时输入输出模块的控制输出端才与受控设备相连，反馈信号输入可一直与受控设备相连。

2. 船舶细水雾灭火系统常见故障及处理方法

（1）细水雾灭火系统组成。细水雾灭火系统主要由三个大的部分组成，即本地控制部分、货控室部分，驾驶台显示面板部分，如图 8-11 所示。

1）本地控制部分由本地控制箱、淡水舱、进水阀、淡水给水泵、滤器、单相阀、淡水柜、液位指示计（高位指示、低位指示、低低位指示、最低位指示）、泄水阀、高压淡水泵、出水管、压力表、主隔离阀、旁通阀、安全阀、各分区电磁阀、各分区喷嘴及声光报警器组成。

2）货控室部分主要由一个控制箱组成，在此控制箱上可以实现对各分区域的遥控释放，并且船舶火灾系统的信号可以从此处进入细水雾灭火系统。

3）驾驶台显示面板部分主要是显示机舱各个区域的释放情况。淡水从左、右淡水舱经进水阀进淡水给水泵，然后经过滤器，进水单相阀进入淡水柜，当淡水柜的水位达到低位指示水位以上时，当 7 个区域（主机区域、1 号发电机、2 号发电机、3 号发电机、焚烧炉区城、分油机区域、锅炉区域）中的任意一个区域动作后，高压淡水泵启动，高压淡水经过各区城电磁阀后，通过喷嘴释放进行灭火。此时在货控室控制箱上及驾驶台显示器上同时显示释放区，并分别给出报警指示。

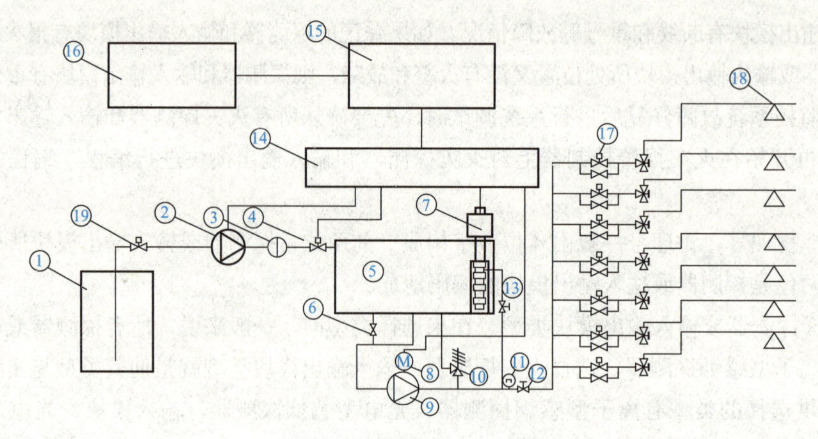

图 8-11　船舶细水雾灭火系统图

1- 淡水舱；2- 淡水给水泵；3- 滤器；4- 单向阀；5- 淡水柜；6- 泄水阀；7- 液位开关；8- 电动机；9- 高压淡水泵；10- 安全阀；11- 压力表；12- 主隔离阀；13- 淡水管；4- 本地控制箱；15- 货控室控制箱；16- 驾驶台显示面板；17- 各分区电磁阀；18- 各分区喷嘴；19- 进水阀

（2）细水雾灭火系统常见故障及处理方法。该系统常见故障及处理方法归结为以下 6 个方面：

1）淡水柜内没有水流或水流偏少及其处理。在淡水给水泵启动后，淡水柜内没有水流或水流偏少。此时应该立即按下应急停止按钮。

首先检查从淡水柜到淡水泵的水阀是否打开或全开，若是没有打开或完全打开，此时应立即完全打开此阀。为了避免此故障出现，在系统通电之前，应打开淡水给水泵的放水旋塞，若有大量水流流出，就意味着此环节正常。其次，检查与淡水给水泵相连接的电动机的转向是否正确。淡水给水泵是由 6 个普通的离心泵串联组成的，因为离心泵旋转是有方向的，若是方向反了，离心泵就会不出水或仅有少量的水流流出，并将导致与淡水给水泵相连接的电动机处于过载状态，电流过大，本地控制箱内电动机的保险丝将会被烧坏。所以，通电后应首先检查与淡水给水泵相连接的电动机的旋转方向是否正确，若是旋转方向反了，需立即调整过来；高压淡水泵也是如此。淡水柜内没有水流或水流偏少的另外一个原因是滤器或单向阀的方向安装反了。滤器和单相阀都各有自己的安装方向，其中的任何一个或两个方向反了，就会造成上述现象。

2）主隔离阀容易出现的故障及其处理。淡水经过高压淡水泵加压通过主隔离阀后到达各个分区域的电磁阀处，在调试本地控制箱的过程中应该先把该阀关闭，但限位开关应该人为地使其处于断开的状态，这样做的目的主要是在没有真正确认各个分区域的电磁阀是否好用之前，防止高压淡水直接喷淋到各个分区域，造成对未保护设备的损坏。该处限位开关的接线点处有常开触点和常闭触点各一个，根据不同的系统选择不同的触点。而该系统应该连接在闭合触点处。

3）高压泵出口处压力表的损坏及处理。在调试本地控制箱设备时，由于从高压泵出口到压力表的细小管路里面存在少量空气，若是在关闭旁通阀后直接启动高压泵，压力表在少量高压空气的冲击下极易被损坏。所以，在试验之前必须先使旁通阀处于打开状态，在本地控制箱上手动启动高压泵，使其在旁通阀旁通状态下运转 2 ～ 3 min，确保与压力表相连接的细小管路里的空气被驱除出去，然后关闭旁通阀，手动启动高压泵，检验高压泵出口压力。该系统此处的压力为 70 ～ 130 kg，一般情况下调整为 100 kg 的压力。

4）各分区声光报警器和电磁阀不正常及处理。此系统的各分区的声光报警器和电磁阀均为 DC24 V（直流电），所以一般情况下只要颠倒声光报警器和电磁阀电源的正负极就可以解决问题。但油漆间分区的电磁限接线方式有别于其他 6 个分区，该分区的电磁阀不是接在外面的接线盒内，而是从电磁阀直接接到本地控制箱。该处的线很容易被误接到淡水给水泵的电磁阀处，让人很难从外观上查找出来。另外，各区域的电磁阀下面有手动释放开关，在正式进行喷淋之前应该手动多次打开和关闭手动释放开关。因为新船在建造的过程中，部分管路里面存有少量的铁屑等杂质，它们很容易卡在电磁阀的阀芯处，使电磁失去原有的功能，致使高压淡水直接喷淋到各个区域。

5）本地控制箱与货控室（ECR）的通信不正常及处理。此系统货控室内的通信线和电源均来自本地控制箱，对于通信线来说，船厂提供了白 1 黑 1 和白 2 黑 2 的线，所以，在连接通信线时只要确保线的色和线号正确就可以了；电源线为红、棕、黑三色。就电源线而言，由于某些人为的原因，在货控室内可以看到的往往是多根型号不同的线，此时若是只靠视觉，则很容易得出船厂把线布置错了的结论，这时应用万用表查线。另外，在通电之前应该把货控室内电源线断开，待通电后用万用表分清正负后再接上。因为货控室内的电源都是 DC24 V（直流电），当设备的电源正负连接不正确时，将会对设备造成损害。

6）喷嘴堵塞及处理。由于各个被保护区域的面积不同，所以此系统在各个区域有不同数量的喷嘴，特别是主机区域：在主机扫气箱正上方有 6 个大喷嘴，每个大喷嘴由 3 个小喷嘴组成；透平和烟囱处各有一个大喷嘴；主机倒数第二层有 7 个小喷嘴。由于此处是该系统的最低处，管系内的脏东西由于重力的作用而聚集此处，因此此处是该系统最容易发生堵塞的地方，所以，在该系统每次出水之前，先把这 7 个小喷嘴拆卸下来，用高压淡水冲大约 1 min，然后安装上，这样就可以确保喷嘴不再发生堵塞。

任务三　常用其他报警装置实例分析

一、冷库呼叫报警器

冷库呼叫报警器原理如图 8-12 所示。它的工作原理比较简单。如船员被误锁在肉库内出不来时，只要扳动肉库内的呼叫开关 K_3，此时开关 K_3 的一组触点使本库的呼叫灯 H_3 亮，说明呼叫信号已发出。同时，K_3 的另一组触点使厨房和餐厅的呼叫铃 L_1 和 L_2 发出救助警报声，此时相应的呼叫灯 H_1 和 H_2 燃亮。当警报解除后把呼叫开关关闭就可以了。

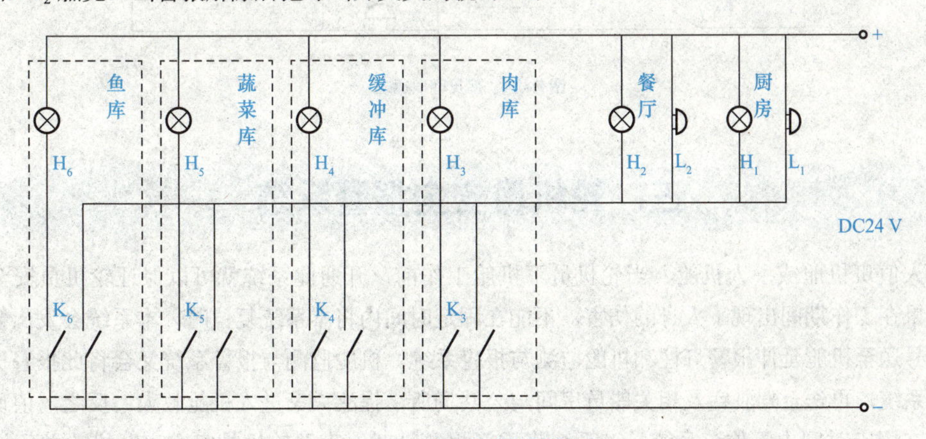

图 8-12　冷库呼叫报警器原理

二、病员呼叫报警系统

病员呼叫报警系统是供病员在病房的病床上需要医护人员时进行呼叫用的。图 8–13 所示为病员呼叫系统。它由呼叫板和呼叫按钮等组成，当病人需要呼叫时，按病床旁的呼叫按钮，大副房间等处的应答器会有声响。图 8–14 所示为它的原理。当病员需要呼叫时，可以按病床旁的呼叫按钮 SB_1，驾驶室呼叫板内继电器 KM_1 得电动作，它的一组触点自保，使继电器 KM_1 继续保持动作状态，另一组触点使病房报警板上的 D_1 燃亮。而其余的几组触点分别接通餐厅、大副房间和驾驶室的呼叫铃 L_1、L_2 和 L_3，这几个部位同时听到呼叫铃后，任意一个部位按下应答按钮 SB_2、SB_3 或 SB_4 均可以使继电器 KM_1 失电而释放，达到消声的目的，同时病员呼叫板上的呼叫灯 D_1 熄灭，也告知病员有关部位已收到报警信号。

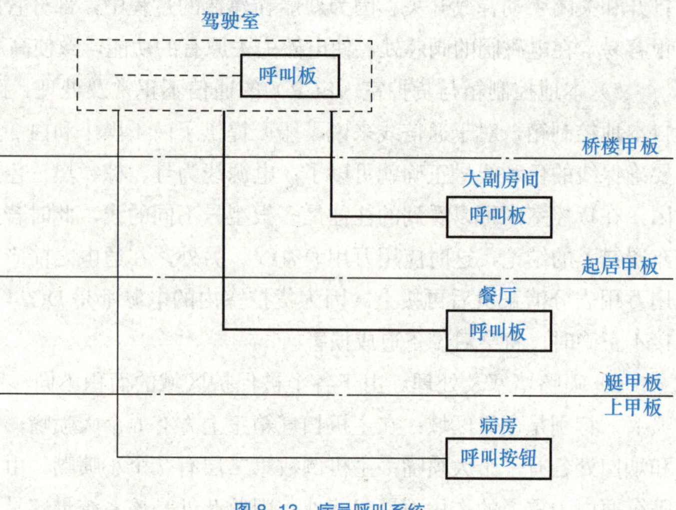

图 8–13　病员呼叫系统

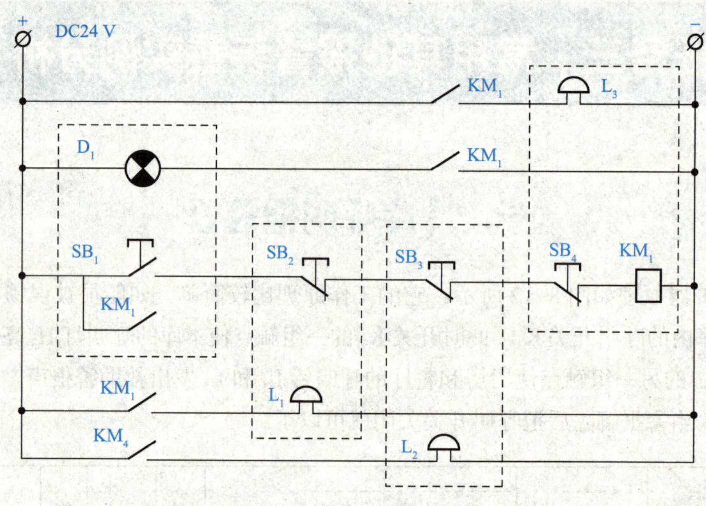

图 8–14　病员呼叫原理

三、轮机员安全报警系统

无人值班机舱或一人机舱，当轮机员下机舱工作前，开通此系统就可以保证轮机员安全地工作。如果在工作期间出现了人身的伤害，不能在固定时间内将本系统复位时，本系统会发出警报，报警信号送至机舱延伸报警灯柱和机舱监测与报警系统。机舱监测与报警系统又会将此报警送至延伸报警系统，再送至驾驶室及相关船员房间与公共场所，提醒大家进入机舱救人；反之，值班轮机员能够在固定时间内复位该系统，该系统将重新报警计时，直至轮机员安全离开机舱关闭该系统时，该系统才不再进行报警计时。该系统的采用大大提高了轮机员的人身安全系数，有的船厂将其称为死人报警。

由于每个厂家电路原理大同小异，这里仅以图 8-15 所示某轮船轮机员安全报警控制电路为例介绍该系统。

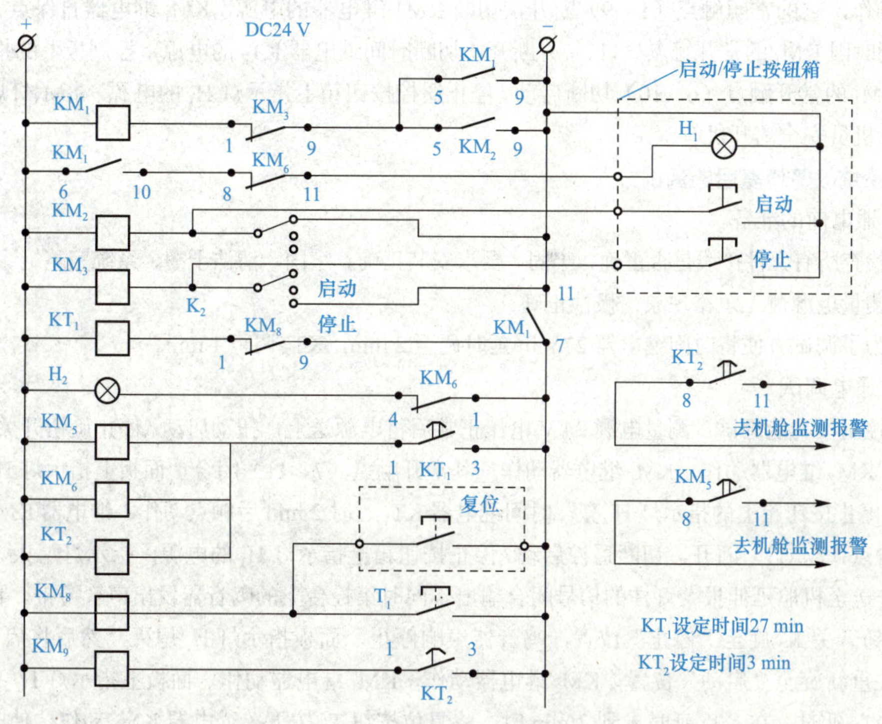

图 8-15　某轮船轮机员安全报警控制电路

1. 系统基本组成

该系统由控制回路（都安置于集控台内）、启动 / 停止按钮箱（每个机舱入口位置）和复位按钮箱（在机舱延伸报警灯柱和机舱监测与报警系统的楼梯口）等组成。

2. 系统原理分析

由图 8-15 可以看出，在控制回路中的 K_2 旋钮开关和机舱入口位置的启动停止按钮，它们的关系是并联的，都可以将本系统启动和停止，当启动按钮按下时，继电器 KM_2 动作。KM_1 继电器经 KM_3 继电器的常闭触点（1、9）和 KM_2 继电器的常开触点（5、9）闭合而动作，并经自身的触点 KM_1（5、9）自保。启动 / 停止按钮箱的指示灯 H_1，由于 KM_1 继电器的触点（6、10）闭合，并经 KM_6 继电器的常闭触点（8、11）供电灯亮，表示系统开始工作。同时，KM_1 继电器的触点（7、11）闭合，使控制板上的指示灯 H_2 也得电灯亮。此时，时间继电器 KT_1 经 KM_8 继电器的常闭触点（1、9）得电开始延时。当延时到设定时间时，时间继电器 KT_1 动作，它的延时闭合触点（1、3）闭合，使继电器 KM_5、KM_6 和时间继电器 KT_2 线圈得电，KM_6 继电器的常闭触点（8、11）断开，切断遥控启动 / 停止按钮箱上指示灯 H_1 的电源，指示灯熄灭。KM_5 继电器的常开触点（8、11）闭合，将信号传送至机舱延伸报警灯柱，整个机舱出现声光警报，并且 KM_5 继电器的触点使报警灯板的鸣音器发出声响。如果经过 3 min 没有复位或停止系统的操作，时间继电器 KT_2 将延时动作，它的常开触点（8、11）闭合，将信号传至机舱监测与报警系统，机舱监测与报警系统将警报输送至延伸报警系统，送到公共场所和值班轮机员房间，通知船员下机舱救人。

如果在 KT_1 时间继电器延时过程中，复位按钮箱的复位按钮被按下或控制板上 T_1 复位按钮被按下，继电器 KM_8 动作，它的常闭触点（1、9）断开，切断时间继电器 KT_1 的电源。当复位按钮松手后，继电器 KM_8 失电，它的常闭触点（1、9）闭合，恢复对时间继电器 KT_1 供电，重新进行报警计时。如果系统启动后的任何时间内，在控制板或启动 / 停止按钮箱按下停止按钮，KM_3 继电器得电动作，它的常闭触点（1、9）断开，切断 KM1 继电器的电源，KM_1 继电器自保点（5、9）脱开，同时因 KM_1 的常开触点（11、7）断开，切断时间继电器 KT_2 的电源，控制板上的指示灯 H_2 熄灭，KM_1 的常开触点（6、10）切断启动 / 停止遥控按钮箱上指示灯 H_1 的电源，指示灯熄灭。表示值班轮机员安全离开机舱。

3．系统故障修复后的调试方法

（1）通电前的准备。

1）检查所有元件接线是否正确、牢固。要求安装正确、牢固、清洁干净、系统完整绝缘良好。

2）测量电源侧无短路现象，极性正确。

3）为了调试方便将时间继电器 27 min 延时调至 2 min，KT_2 调至 1 min。

（2）通电调试

1）控制板功能调试。测量电源 24 V 电压正常后将电源送上，扭动启动 / 停止旋钮开关 K_2 至启动位置，KM_2 继电器动作，KM_1 继电器动作，其常开触点（7、11）闭合，面板上指示灯 H_2 亮，遥控启动 / 停止按钮箱上的指示灯 H_1 亮。时间继电器 KT_1 延时 2 min 后触点动作，继电器 KM_6 动作，其常闭触点（8、11）断开，切断遥控启动 / 停止按钮箱上指示灯 H_1 的电源，指示灯熄灭。KM_5 继电器动作送至机舱延伸报警灯柱的信号闭合输出。同时集控台上的鸣音器发出声音警报。再将启动 / 停止旋钮开关 K_2 旋至“停止”位置，鸣音器声响停止，面板指示灯 H_2 熄灭，然后将启动 / 停止旋钮开关重新旋至“启动”位置，KM_2 继电器动作，KM_1 继电器动作，面板上指示灯 H_2 亮，时间继电器 KT_1 延时，在 KT_1 延时未到 2 min 时，将复位按钮 T_1 按下，继电器 KM_8 动作，使时间继电器 KT_1 失电断开。当松开复位按钮 T_1 后，因继电器 KM_8 没有自保触点，所以 KM_8 失电断开，其常闭触点又重新闭合，时间继电器 KT_1 动作而又重新开始延时。

2）外部遥控按钮及复位按钮检查调试。控制板电源送上后，在机舱入口遥控启动 / 停止按钮箱，按下启动按钮，按钮箱上的指示灯和控制板上的指示灯亮；按下停止按钮，按钮上的指示灯和控制板上的指示灯都熄灭，重新按下启动按钮，等 2 min 后集控室的鸣音器发出声音警报，至机舱报警灯柱的信号闭合输出，1 min 后至机舱监测报警的信号闭合输出，指示灯熄灭，然后至复位按钮箱处按每个复位按钮，检查 KT_1 时间继电器是否有复位重新计时的过程。全部调试好后，将时间继电器恢复至原设定值。

任务四　船舶机舱监测与报警系统

机舱集中监测与报警系统是轮机自动化的重要组成部分。它能准确可靠地监测机舱内各种动力设备的运行状态及运行参数。对于无人值班机舱，集中监测与报警系统能把报警信号延伸到驾驶台、公共场所、轮机长及值班轮机员的住所。

一、监测与报警系统控制单元

监测与报警系统由 3 大部分组成，即分布在机舱各监测点的传感器，安装在集中控制室内的监测屏和控制柜，安装在驾驶台、公共场所、轮机长和轮机员住所的延伸报警箱。

机舱监测与报警系统组成主要由分布在机舱的各种传感器、报警控制单元、警报器控制单元、闪光源、自检单元、显示单元、打印记录单元、延伸报警控制单元、失职报警控制单元、延伸报警箱及主电源和应急电源组成。机舱监测与报警系统的故障报警工作流程如图 8-16 所示。

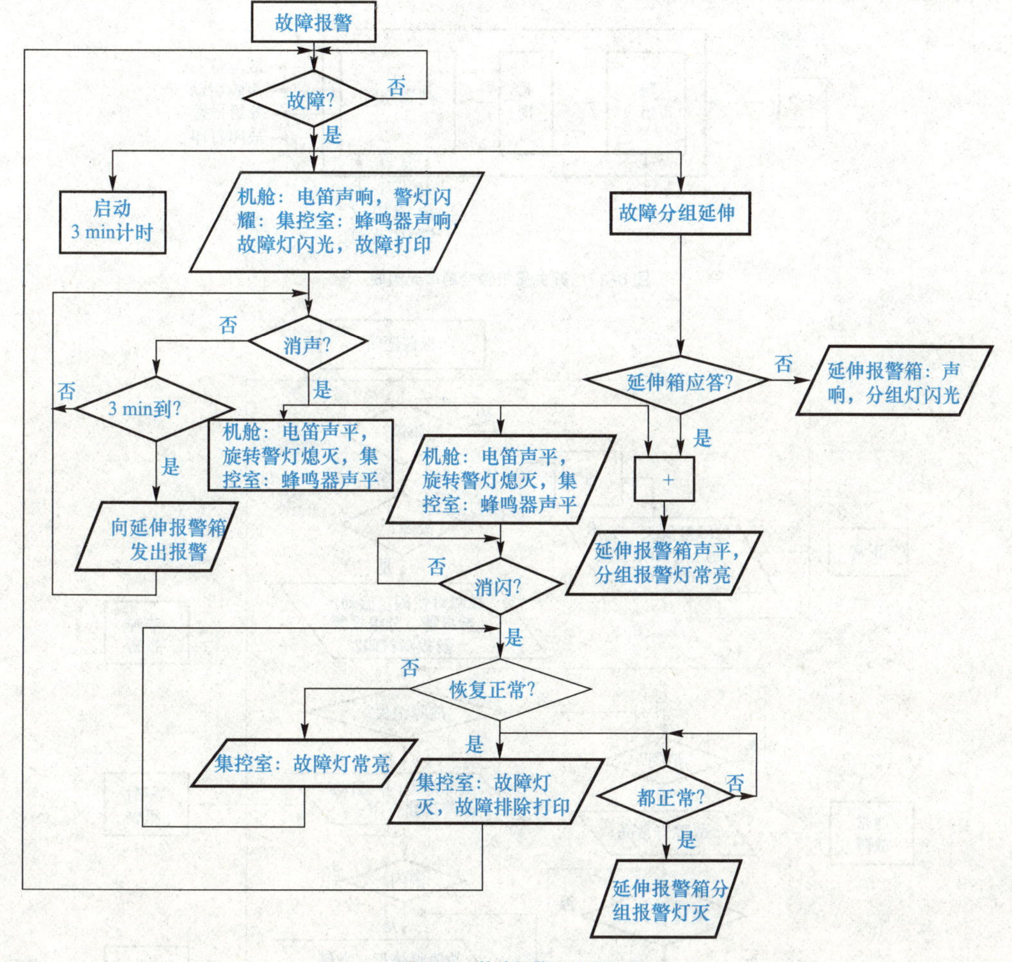

图 8-16 故障报警工作流程

机舱内的各种传感器用来检测各监测点的参数，传感器是监测与报警系统信息获取装置，可分为模拟量和开关量传感器两大类。模拟量传感器是把被测参数变换成连续变化的电信号即模拟量信息，它适用于既要监测运行设备是否正常，又要随时显示其各监测点参数值的情况；开关量传感器是把被监测参数是否越限变换成触点的断开或闭合，即开关量信息。它仅适合监测运行设备是否正常，而不能用于参数的测量显示。

机舱监测与报警系统的控制单元主要有监测与报警控制单元、警报器控制单元、显示单元、打印记录单元、延伸报警控制单元等。而监测与报警控制单元又可分为开关量报警控制单元和模拟量报警控制单元。

1. 开关量报警控制单元

开关量报警控制单元由输入回路、延时环节和逻辑判断环节组成，如图 8-17 所示。其中输入回路较简单，主要将开关量传感器给出的触点断开信息转换成相应的故障电平（0 或 1）或者在接收到“试验”信号后输出故障电平，以模拟监测故障。延时环节用来延时故障输出电平，完成延时报警功能，以避免误报警。逻辑判断环节是其控制部分，常由门电路和触发器组成，或者由继电器组成，主要完成逻辑运算和状态记忆。它根据延时后的开关量传感器的状态信息、报警闭锁信息及消闪指令信息进行逻辑判断，以控制故障灯，启动声响报警，输出分组延伸报警及控制故障打印。逻辑判断的工作流程如图 8-18 所示。

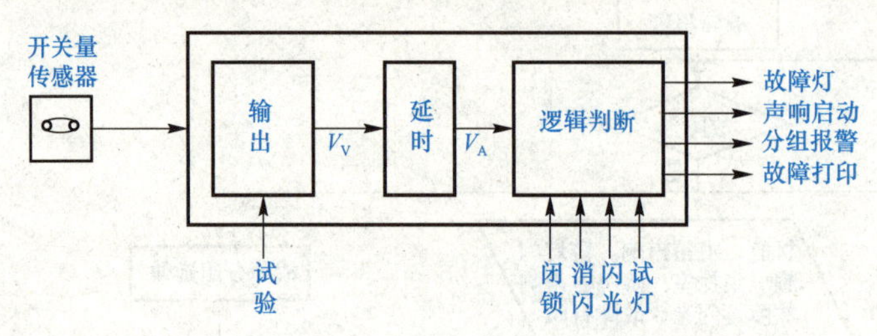

图 8-17 开关量报警控制单元组成

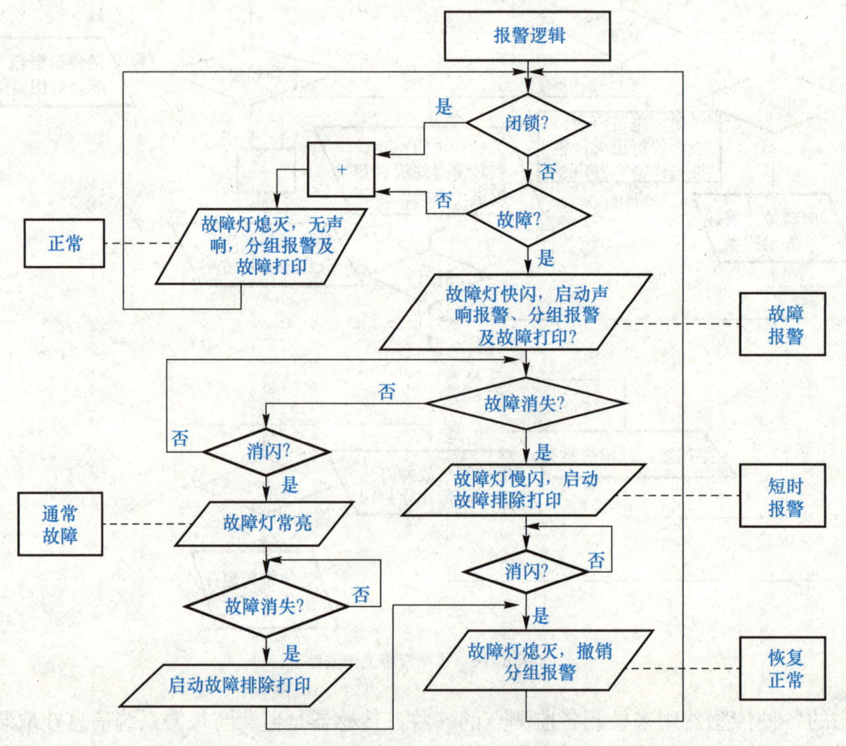

图 8-18 开关量报警控制单元工作流程图

在监测点参数处于正常范围时，开关量传感器的触点闭合，输入回路不输出故障电平，此时故障指示灯处于熄灭或微亮状态，并且不启动声响报警、分组报警及故障打印。这时若按“试灯”按钮；故障指示灯亮，否则表示故障指示灯损坏，需更换。当监测设备发生故障时，其相关参数越限（超出正常范围）时，开关量传感器触点断开，经输入回路转换成相应的故障电平 V_F，V_F 经延时环节输出故障报警电平 V_A 至逻辑判断环节。逻辑判断环节在无报警闭锁的情况如下：

（1）控制故障指示灯间断闪亮，进入快闪状态；

（2）发出声响报启动信号至警报器控制单元，使机舱内的电笛声响，旋转灯闪烁，集控室内的蜂鸣器蜂鸣，进入声响报警状态；

（3）在机舱无人值班的情况下，输出分组报警信号至延伸报警控制单元，由延伸报警控制单元归类分组后把机舱报警延伸至驾驶室监测屏、公共场所、轮机长及值班轮机员居住舱室，实现分组延伸报警；

（4）对重要监测点，输出故障打印触发信号至故障打印控制单元，自动打印故障日期、名称及内容，整个系统进入故障报警状态，同时，启动 3 min 失职报警计时（参照图 8–18 所示的工作流程图）。

值班轮机员在获悉机舱故障报警时，首先在延伸箱按应答按钮，使延伸报警声平静。但延伸箱应答不能使机舱报警声停止，也不能复位 3 min 失职报警计时。因此，值班轮机员必须在 3 min 以内下到集控室，按消声应答按钮。使之在停止声响报警的同时复位 3 min 失职报警。

由于报警控制单元仅仅用来启动声响报警，声响报警控制单元一旦被启动，将记忆这一状态，直至接收到消声信号，才复位记忆单元，停止声响报警，因此，消声信号仅作用于声响控制单元，而不影响报警控制单元。为此，值班轮机员必须根据故障指示灯的闪烁情况，了解设备故障内容，然后按“消闪”按钮。逻辑判断环节在接收到消闪信号后，根据传感器状态，在通常报警情况下，使故障灯从快闪切换成常亮状态，以记忆故障状态。这一状态一直持续到故障排除，监测点参数恢复正常，传感器触头重新闭合，逻辑判断环节才使故障灯从常亮切换成熄灭，回到正常状态，若在值班轮机员消闪前，监测点参数因自动切换作用，已经自行恢复正常，传感器触点重新闭合，逻辑判断环节将自动控制故障灯从原来的快闪切换成慢闪状态，以记忆原报警状态，进入短时故障报警状态。这时若按下“消闪”按钮，故障灯将熄灭，回到正常状态。但这并不意味着被切换下来的故障设备的故障已排除。因此，轮机员必须及时修复切换下来的故障设备，以备用。

2. 模拟量报警控制单元

模拟量报警控制单元主要由测量回路、比较环节、延时环节、逻辑判断环节和显示及其识别环节组成，如图 8–19 所示。

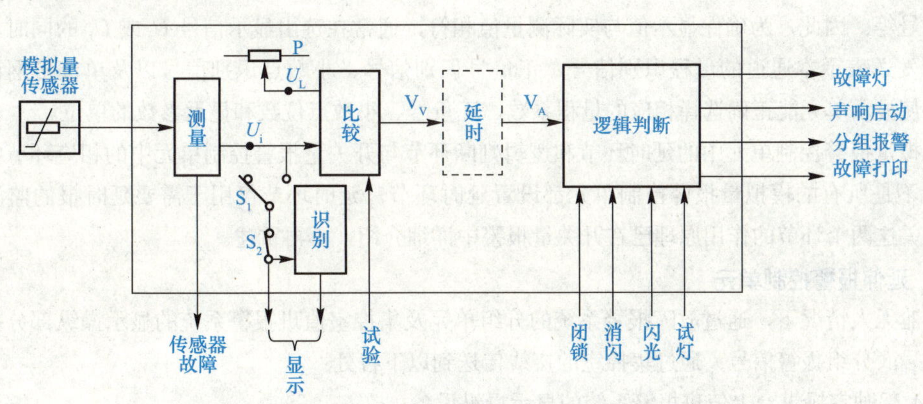

图 8–19　模拟量报警控制单元工作流程

图 8–19 中测量回路用来把模拟量传感器发送的模拟量信息（如热电阻的阻值）变换成相应的电压信号，以作为监测点参数的测量值 U_i，并在模拟量传感器开路或短路时，因其测量值超出其正常测量范围，而向自检单元发送传感器故障信号，以使控制系统进入系统故障报警状态。比较环节用于故障鉴别，它将测量值 U_i 与报警电位器设定的报警值进行比较。若越限，则输出故障电平至延时环节。比较环节常由比较器 / 报警值设定电位器及上限报警与下限报警跨接线组成，如图

8-20 所示。设计中，上限报警与下限报警电路相同，不同的只是跨接线的接法。若设比较器输出 V_F=1，表示故障电平，则上限报警只要把跨线分别接在 a 与 b 和 e 与 d 之间［图 8-20（a）］，于是，当测量值 U_i 小于设定电位器 P 所设定的报警值 U_L 时，V_F=0，表示正常，而当 U_i>U_L 时，比较器翻转，V_F=1，输出故障电平。因此，调整 P 的中心位置，即可改变报警值 U_L。调整时，只要同时按下 S_1 和 S_2，使显示仪表显示报警值读数，然后用螺钉旋具插入面板上小孔调节报警值设定电位器P，使读数至所需值即可。

另外，系统的功能试验信号试验（H）也加在比较环节。功能试验时试验（H）输入高电平，使比较器 A 翻转，输出故障电平（V_F=1），以模拟监测点参数越限。

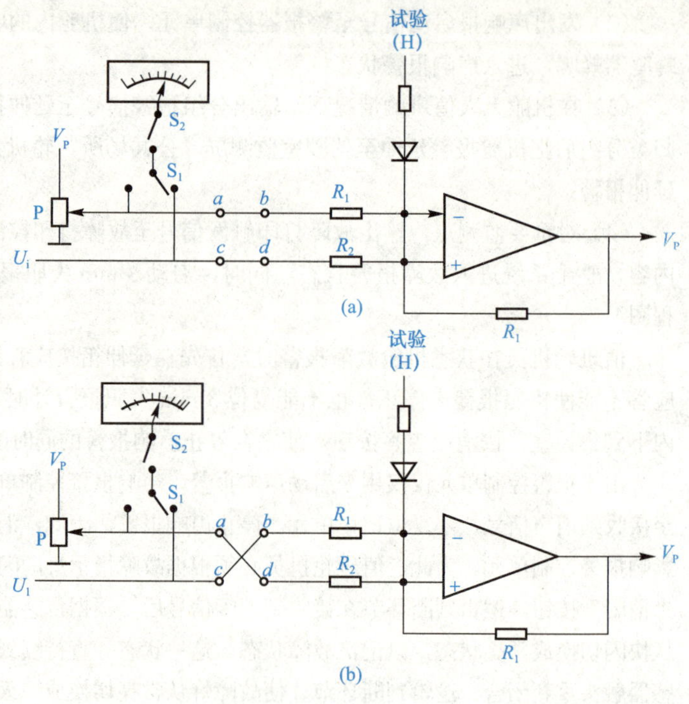

图 8-20　模拟量报警控制单元比较环节

（a）上限报警；（b）下限报警

显示及其识别环节根据操作画板上的 S_1 和 S_2 来选择测量值或报警值的显示，同时向显示单元发出相应的显示识别信号。在机监测与报警系统中，各模拟量监测通道的测量回路都是将监测参数转换成统一的电压信号，例如，主机气缸套冷却水温度监测通道把 0 ℃～100 ℃的温度值号转换成 1～5 V 的电压信号；而主机排烟温度监测通道把 0 ℃～1 000 ℃的温度信号也转换成 1～5 V 的电压信号等。因此，为确保显示值与实际测量值相符，通常在选出显示信号 U_i 或 U_L 的同时，由识别环节发送表示本通道的量程识别信号、正负号识别信号、小数点识别信号以及单位量纲识别信号，以使显示单元能正确选择相应的量程系数、正负号、小数点位数和显示参数的单位。

模拟量报警控制单元中的延时环节和逻辑判断环节与开关量报警控制单元中的相应环节完全相同，但不是所有的模拟量报警控制单元都设置延时环节，延时环节仅用于需要延时报的监测通道中。有关这两个环节的作用原理已在开关量报警中详细介绍，不再重述。

3．延伸报警控制单元

机舱无人情况下，通过故障报警系统的分组单元及集控室值班报警系统的显示操纵部分把故障报警信号（分组报警信号）通过集控室的接线传送到以下各处：

（1）驾驶室操纵台上值班报警系统的显示操纵设备；

（2）轮机长室和公共场所各设的显示操纵设备；

（3）各轮机员住处的显示操纵设备。

值班报警系统的工况可以根据船舶是否航行及机舱是否有人值班等情况，由轮机值班人员通过设在集控室操纵台上的选用切换开关来进行确定。图 8-21 表示了值班报警系统是否投入工作的切换线路（图中，全部指示灯的另一端应与 0 V 相连接），d_1 为故障报警系统电源是否正常的指示继电器，A、B 为两个选用切换开关。其中，A 为机舱是否有人的切换开关，在机舱有人的情况下，应置于Ⅰ位置；机舱无人时，则还要考虑到船舶航行的情况。当船舶在港口停泊状态时，应把切换开关A置于Ⅱ位置。当船舶处于海上航行时，就要置于Ⅲ位置。B为值班轮机员的选定开关，系统设计可以提供多个值班选用位置，我国在目前情况下，有3名值班员已经够用，即大管轮、二管轮及三管轮，其余的可留做备用。

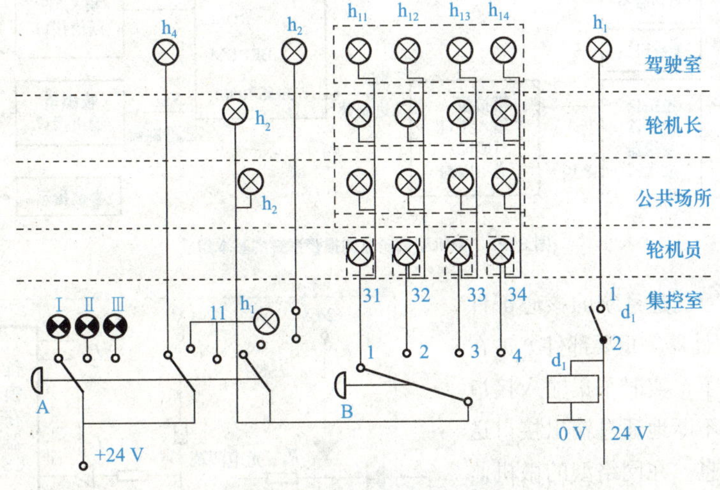

图 8-21　值班报警系统切换电路

A、B切换开关3种选择的线路变化情况如下：

（1）轮机员在机舱值班。无论船舶处于停泊还是航行中，轮机员既然在机舱值班，那么对机舱内各种设备的运行情况完全可以通过设在集控室的故障报警系统来实现监测，完全不必要启用值班报警系统。在这种情况下，切换开关A应放在Ⅰ位置，这时驾驶室值班显示操纵部分的“机舱有人”指示灯 h_5 及集控室“Ⅰ－机舱有人”指示灯都会给出常亮显示。这时值班轮机员选定开关B无论处于什么部位都不起作用。

（2）港口停泊，值班轮机员不在机舱。这时切换开关A置于Ⅱ位置，值班轮机员选定开关B应置于值班轮机员的位置上。

如图8-21所示，在轮机长及公共场所“值班报警系统投运”指示灯 h_2 都应处于常亮，这表示机舱内无人。

在集控室，值班系统工况指示灯Ⅱ切换成常亮。

由选定开关B确定的位置如若放在“大管轮”位置，那么大管轮住处操纵显示屏上的指示灯给出值班灯光显示。与此同时，在驾驶室、轮机长处及公共场所各显示操纵单元的指示灯也给出大管轮当班的值班显示。

（3）船舶海上航行，轮机员不在机舱。这时切换开关A置于Ⅲ位，值班轮机员选定开关B也被置于相应轮机员的位置上。这时，指示灯的符号联系与第二种选用情况大体上是相同的，只是驾驶台部分“值班报警系统投运”指示灯 h_2 也给出常亮显示，以提示值班驾驶员对值班报警系统的报警指示要多加注意。

二、微机型机舱监测报警系统常见故障与处理

1. 微机型机舱监测报警系统概述

微机型机舱监测报警系统的基本组成如图8-22所示。

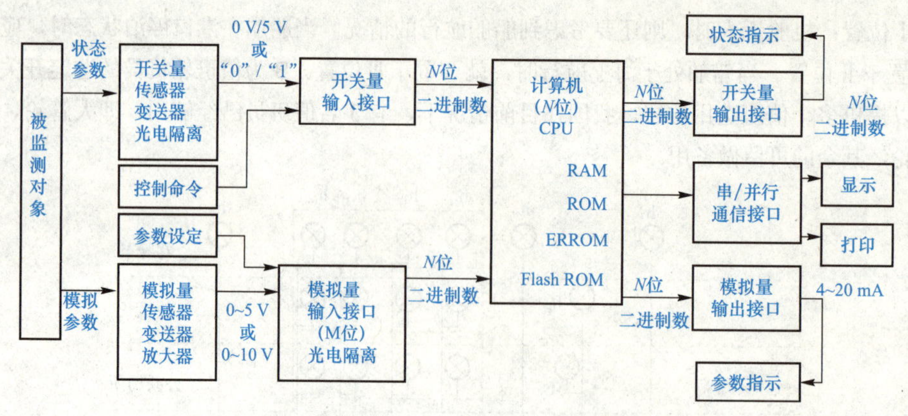

图 8-22　微机型机舱监测报警系统的基本组成

（1）微机。微机是系统的核心部件（包括 CPU 和存储器等重要部件）。在控制程序的支持下，实时采集输入接口送来的信息，并不断地通过输出接口送出显示和报警信息。在网络型的微机监测系统中，还包括中央微机、分站微机及它们之间连接的网络等。

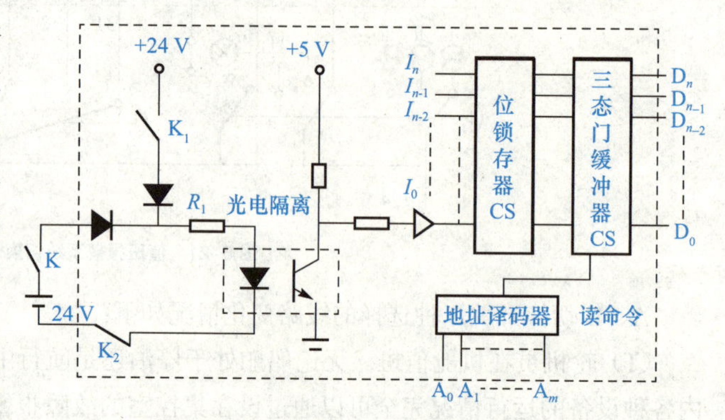

图 8-23　开关量输入接口板原理

（2）开关量输入接口。开关量输入接口的功能是将开关量传感器、控制台和控制箱上的开关状态输入计算机。图 8-23 所示为开关量输入接口板原理。图中只画出了一位开关量的输入情况。开关 K 是输入信号，开关闭合时输入电压为 24 V，开关断开时输入电压为 0 V。在实船上，来自机舱的开关量信号很多，例如，水柜或油柜中的浮子开关、发电机柴油机滑油压力开关、锅炉水位和蒸汽压力开关等。现场开关信号又经光电隔离器件实现了传感器回路与 I/O 接口及 CPU 之间电的隔离，对接口板起到保护作用。在图示电路中，每组开关量状态信息都随时储存在 8D 锁存器中，而锁存器中的信息能否送到数据总线上，取决于三态门的状态，三态门的控制端由设备地址选通脉冲控制，而选通脉冲由 I/O 指令的地址编码经 I/O 地址译码器译码后产生，所以，在执行 I/O 指令时，I/O 地址经地址译码器译码以及 CPU 发来"读"命令共同作用，打开三态门，将该组开关量信号经数据总线读入 CPU。很显然，被读入 CPU 的信息，应与输入的开关量状态有关，即输入 CPU 的二进制数的每一位都与输入开关量信号的对应位相对应。例如，第 0 个开关为"1"状态，则被读入 CPU 的二进制数的第 0 位也应该是"1"。以此类推。需要指出的是，开关量输入接口电路板中使用的接口器件，除图中的简单接口芯片（如 74LS373）外，还可以使用可编程通用接口芯片（如 8255 等）。如果使用可编程通用接口芯片，那么，接口板的结构形式和选通控制方式将有所不同。

（3）开关量输出接口。开关量输出接口的功能是接收计算机输出的控制量（二进制数）并将其送往相应的显示与报警装置。经某接口送出的二进制数是在 I/O 地址和写信号的控制下写入该接口的设备寄存器并对显示与报警装置进行控制的。开关量输出接口原理如图 8-24 所示。图中仅画出了两路完整的开关量输出电路，从 CPU 送出的二进制数（对开关量输出设备的控制量）经传送器送到锁存器中暂存。当锁存器被选址和接受"写"命令后，暂存器中的三态门被打开，将暂存器中的控制量经光电隔离和驱动器，驱动 I/O 输出设备。图中，如果要控制所示指示灯亮，只要送出的二进制数的第0位是“1”就可以了。与开关量输入接口相同，开关量输出接口也可以用可编程通用接口。

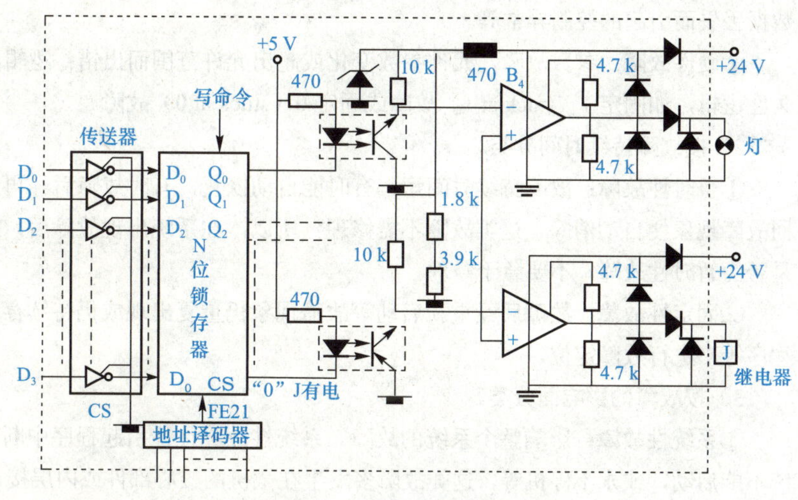

图 8-24　开关量输出接口原理

（4）模拟量输入接口。模拟量输入接口的功能是将模拟量传感器送来的模拟量信号转换成数字量送入计算机。通常多路模拟量信号经多路开关选送到共用的A/D（模拟量 / 数字量）转换器中转换成相应位数的二进制数送入计算机。该接口也称为A/D转换接口。

（5）模拟量输出接口。模拟量输出接口的功能是将计算机送出的数字量转换成相应的模拟量信号，如电流或电压信号，并将其送往相应的模拟量输出设备，如指示仪表上显示。通常，每路模拟量输出设备都独自使用一个D/A转换器，所以，该接口也称为D/A转换接口。通常，每个D/A转换器使用一个I/O地址。每路D/A转换器输出可带一块模拟仪表或执行机构（如调节阀等）。如果带执行机构，则必须经I/V转换和V/P转换。

（6）传感器。传感器的功能是用来检测被测对象状态和参数的感受元件。模拟量传感器（如PT100或热电偶）是用来感受温度高低的，而开关量传感器（如温度开关）是用来感受温度正常还是越限等。

（7）光电隔离环节。光电隔离器是把两部分电路用光 / 电的形式联系起来，使它们之间没有直接电的联系，这样，一部分电路的故障源不会蔓延到另一部分电路。在计算机监测系统中，常利用光电隔离部件将传感器与I/O接口电路隔离开来，或将I/O接口电路与计算机核心部件隔离开来，这样可以有效地防止来自传感器或I/O接口回路的干扰信号进入计算机。图8-25所示是I/O接口电路中常用的光电隔离电路，E_{s0} ~ E_{sn} 为光电隔离器，Q_0 ~ Q_n 为输入，D_0 ~ D_n 为输出，输入与输出没有直接电的联系。当 Q_0 为0时，E_{s0} 的发光二极管发光，发光三极管导通，D_0 为0；而当 Q_0 为1时，E_{s0} 的发光二极管不发光，发光三极管截止，D_0 为1。

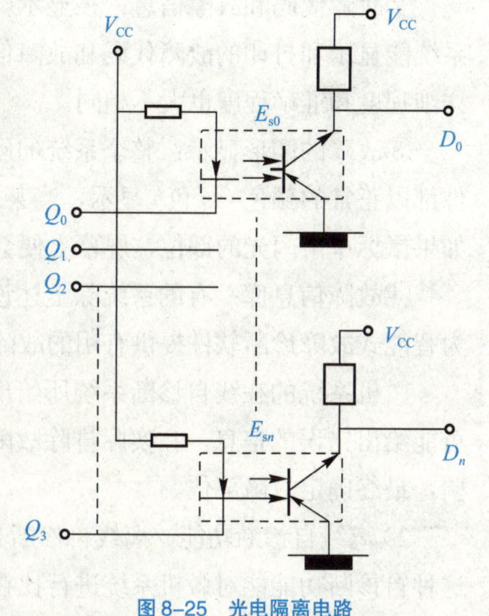

图 8-25　光电隔离电路

2. 微机监测与报警系统的故障诊断

在微机监测与报警系统中，监测系统的任务是不断地采集那些来自现场的用以描述被监测对象运行状态的有关信息，并不断地对这些信息进行处理、显示并在必要时给出报警信号，以达到预期的监测目的。

（1）故障分类。

1）按软 / 硬件故障分类。

①软件故障：系统程序和用户程序本身错误、有漏洞等造成控制错误或死机；因用户程序中的

数据丢失而引起的控制异常等。

②硬件故障：参数故障，元件参数变化或超出允许范围而出错；逻辑故障，逻辑电路出现了永久性逻辑，如固定 1（stuck at 1）故障或固定 0（stuck at 0）故障。

2）按故障持续时间分类。

①暂时性故障：故障持续时间短，有时能自动恢复，有时故障后经再启动，指示复执或程序卷回故障现象便自动消除。这类故障不需修理。所以，在系统出现故障后，应通过再启动等方法判断是否为暂时性故障，不要急于修理。

②固定性故障：故障后经重新启动等故障现象仍重复出现或仍持续存在。这类故障可通过诊断程序等来进行故障定位。

3）按故障的影响面分类。

①系统性故障：影响整个系统的故障。系统性故障往往引起程序中断、运行中故障停机，或系统不能启动，或永不停机等。这类故障多发生在微机的核心部件或内层接口部件上。

②局部性故障：仅影响局部的故障。这类故障出现时，一般不会引起程序中断，整个系统大多可以继续运行，但局部系统工作错误，局部控制失灵，这类故障如不尽快修复，可能会引起故障的扩大和蔓延，严重时也会导致程序中断。这类故障多发生在系统外层 I/O 接口电路等。

（2）微机监测与报警系统的自诊断功能。微机监控系统的自诊断功能与它的监控功能同等重要。通常，微机监控系统的自诊断功能可分为在线自诊断和离线自诊断两大类。

1）在线自诊断功能。在线自诊断是指微机系统在运行系统程序的同时，定期地或随时地插入运行某些系统故障诊断的诊断程序，当发现故障时，能及时地给出故障指示或故障信息等。

通常，微机系统给出的故障信息有以下几种形式：

①故障指示灯：在控制面板上或印刷电路板上装设一些指示灯，用这些指示灯分别表示不同的故障内容。如 CPU 故障指示、RAM 故障指示、ROM 故障指示、AD 故障指示等。

②故障代码和故障信息：在显示屏和打印机上显示和打印若干个故障代码和故障信息，不同的系统能显示和打印的故障代码和故障信息的多少不同，有的几十个，有的几百个，并且故障信息的详细程度和准确程度也大不相同。

③故障的图形显示：整个系统的硬件结构图形显示在屏幕上，在正常情况下，系统中的每个部件都以正常的颜色（绿色）显示，当某个部位或部件故障时，则该部位或部件会变为红色并且闪光；如果鼠标单击闪光的部位，屏幕上便会显示出详细的故障信息，同时给出适当的处理意见。

④故障信息库：有的系统除上述诊断外，还能将故障资料保存起来，建立有效的故障信息库，为智能式故障诊断软件提供有用的故障分析资料，逐步修正和增强系统的自诊断和自修复能力。

微机系统的在线自诊断系统所给出的故障诊断信息只是给我们指出故障的大概部位，有时，也可能给出错误的信息，在实际排除故障时要根据在线自诊断信息给的提示，进行全面分析，反复试验，最终确定故障部位。

2）离线自诊断功能。离线自诊断是指在停止系统程序的情况下仅运行诊断程序的自诊断功能。这种自诊断功能能对微机系统进行比在线自诊断更加细致的故障诊断。

①系统开机时的自诊断程序：开机自诊断程序主要检查 CPU、存储器和所连接的重要 I/O 设备，这种诊断是一种简要的诊断，有些细节的故障往往是诊断不到的。绝大多数系统具有这种功能。

②系统投入运行前的检验程序：典型的检验程序，如主机遥控系统的模拟试验功能、冷藏集装箱的预检（PTI）功能等。这些检验程序的启动和进入大多通过某些功能按钮的操作才能实现。

③外置的检验程序：有些系统，为了对存储器、CPU 等重要部件进行特别细致的检验，专门提供了功能强大的检验程序，为了节省空间，常常将这些程序存放在软盘或光盘中，使用时临时装入运行。

通常，离线自诊断结果的准确程度较高，其诊断信息比在线自诊断要准确和详细得多。

3. 微机监测与报警系统的常见故障处理

（1）引起程序中断或停机的故障。在运行中出现程序中断或停机的故障可能会有两种情况：

1）还没来得及给出任何故障信息，系统就完全死掉，键盘、鼠标、显示器和打印机等都无反应。这种故障可能是电源故障，特别是微机系统电路板上集成电路芯片电源故障。鉴别和排除此类故障的方法是检查交、直流电源指示灯、电源保险丝的状态，重新加电试验，必要时，更换直流电源。

2）打印机和显示器上给出故障信息，但对各种设备的操作和控制都失效。这种故障一般发生在 CPU、存储器等微机核心部件，管理维修人员应依据打印或显示的故障信息进行灵活地分析后进行故障排除。

系统中给出的故障信息来自系统中装设的故障诊断硬件和软件，可以肯定地说，既然给出了故障信息，那就肯定有类似的故障发生，只是不一定和故障信息中所描述的完全相同，有时，可能是完全错误的。所以，当按照故障信息提示处理故障时，若故障现象依然存在，那就应该把故障范围从故障信息中给出的故障点向内或向外延伸扩大，直至从中找出故障的电路板或部件。

如果始终不能找到确切的故障部位，则试着启动有关的离线自诊断程序，对系统有关重要部位（存储器等）进行细致的故障诊断。

（2）不引起程序中断但能给出故障信息的故障。不引起程序中断但能给出故障信息的故障主要指发生在 I/O 设备和 I/O 接口方面的故障，这类故障发生时大多会打印或显示出相应的故障信息和出现局部控制异常，但系统程序仍能继续运行。

这类故障发生后，应首先根据故障信息给出的提示，查找有关的图纸资料，确定可能发生故障的电路板板位，然后进行换板试验。例如，故障信息为某种 A/D 故障，这时管理人员应首先根据该故障信息，查找这种类型 A/D 转换板的插座位置和更换电路板等。

通常，生产厂家为用户提供的有关资料主要是中央系统及 I/O 接口电路板插座位置布置图、I/O 地址编码表；以上资料对查找故障板位、更换插板乃至电路板修理等工作都是十分有用的。

如果系统所提供的故障信息有错误，则管理人员应根据系统知识和自己的经验，利用以上强调的插座位置布置图和 I/O 地址编码表，采用后面将介绍的插拔法和交换法，确定故障板位和排除故障。

（3）不引起程序中断也不给出故障信息的故障。由于软、硬件的限制，故障检测系统检测不到的元部件很多，如微机主体、内层部件及 I/O 接口电路板上都有很多这样的元部件，因这些检测不到的元部件引发出的故障，有时会可能是很难诊断和很难处理的。这类故障发生后，一般短时间内不会引起程序中断。这类故障的排除，全凭管理人员的系统知识和维修经验，通常，采取以下方法进行故障处理：

1）模块分割法。模块分割是在维修人员头脑中的分割，建立在系统分析的基础上。当维修任何一种部件时，应该首先怀疑那些最可能出现故障的模块。检查的思路应当从模块入手，当一个模块被确认无故障时，再检查下一个模块，对具体模块采用不同的诊断方法。这样反复运用分割法，将无故障的模块从有疑点的模块中分离出来，则故障点逐渐缩小，直至找到故障点。

2）分析法。对故障现象进行系统的分析，确定故障类型，预计故障范围。利用系统图纸、I/O 地址编码表和系统维修手册等资料，确定故障点或故障电路板位。

3）插拔法。插拔法即通过拔除和插入有关电路板确定故障部件的方法。插拔法最适合诊断系统死机及任何显示也没有等故障。出现这类故障时，首先把整个微机系统缩小到最小单元。使用插拔法不是盲目的，而是在进行了初始诊断和具体分析之后才有目的地使用插拔法，如果盲目地插拔，其结果不但不能排除故障，还可能会导致使故障扩大或产生新的故障，特别是当插拔电路板时没有放掉人体静电，或没有关掉电源，那么，产生新故障的可能性很大。

4）交换法。交换是用相同的插件、部件或器件进行交换，观察故障的变化。显而易见，如果故障消失，说明换下来的部件是坏的。故障未消失，说明故障点与部件无关。交换可以是部件级的，也可以是芯片级的。交换法需要具备两个或以上相同规格的组件为前提条件。

（4）开关量报警控制单元故障。检查报警系统是否正常，可把试验开关拨至“试验”位置，输入回路接收到“试验”信号后，即刻输出故障电平 V_F，以模拟监测点参数越限，传感器触点断开状态。因此，经延时后，逻辑判断环节将进入报警状态，否则说明该报警通道的报警控制单元有故障，或者该报警通道的报警被闭锁，利用“试验”开关可进行通常故障报警试验，也可进行短时故障报警试验，原理同上。

当报警系统发生故障时，可借助功能试验来查找故障的部位，若把功能试验开关拨至“试验”位置，某检测通道不能进入报警状态，可能是该通道的报警控制板有故障。这时可利用更换备件板或交换插板的方法来确定故障部位部位。更换插板时必须注意，不同类型的报警插板不可乱换，乱换插板轻则使系统不能正常工作，重则将使系统或插板损坏。同类型的插板一般可互换，对开关量报警单元在非液位检测中可直接互换，而在液位监测中应重新调整其延时报警的延时时间，使之符合液位监测的延时要求。

（5）模拟量报警控制单元故障。在处理模拟量报警控制单元常见故障的过程中，通过试验开关判断故障方法与开关量报警控制单元常见故障处理方法是基本相似的，在此不再叙述。模拟量报警板更换时应做以下适当调整：

1）保证更换插板后其上限报警或下限报警的形式不变，即检查插板上的上、下限报警跨接线是否一致，若不一致，则调换跨接线，使其一致。

2）保证更换插板后送到显示单元的显示识别信号不变，即检查插板上的显示识别发送电路，确保各开关位置或接线一致，相关电阻的阻值一致，否则会出现显示混乱的现象。

3）保证更换插板后输入测量电路的零位和量程不变。这可通过按测量值显示按钮，观察显示值与实际值是否相符予以核实。如显示值与实际值不符，可通过零位和量程调整使其一致。

4）保证更换插板后的报警值保持不变。这可通过按报警值显示按钮，从显示读数上比较确认。如与原报警值不同，可相应调节报警值设定电位器。

三、监测与报警系统的维护与效用试验

1．监测与报警系统的维护

由于监测与报警系统是对机舱的主要设备运行参数进行检测，报警装置必须保持测量准确，报警可靠，为此，应进行日常维护保养。其内容和要求如下：

（1）在航行时，对该装置每天至少进行一次试验。一般在装置上均设有试验按钮，可通过该按钮进行试验，要求灯光信号可靠，音响装置应有足够的音量，否则应及时修复。若是计算机控制系统有自检程序，每时每刻都进行自检，所以就没有必要进行上述试验。

（2）定期（每 3 个月一次）检查下列内容：

1）检查外电路的温度、压力、液位等传感器工作情况，能否正确反映它们的变化。检查这些传感器的微动开关的动作准确性、灵活性，特别是微机控制系统的开关量的微动触点两端并联的高阻电阻是否完好。

2）清除测温元件护管外的积垢，保证感温元件与被测物体紧密接触，保持被测物表面光洁。

3）检查各检测元件、继电器等的整定值是否符合技术要求。

4）检查各信号传输线屏蔽是否完好，是否破损、紧固，严禁把传输线敷设在电力电线上，以防止工频（50 Hz、60 Hz）干扰。

5）检查各报警器功能、消警功能、打印机的自检功能。

2．机舱检测报警点的效用试验

机舱检测报警系统在新造船的航行试验、营运船舶大修后都需进行效用试验。

（1）试验的注意事项。

1）检测点的试验必须在机舱监测报警系统线路安装（或大修）结束后进行；

2）在做检测点试验之前，集控台监测系统的自检程序应该先运行结束，以保证对设备的监控检测的正确性；

3）对被检测设备运行有影响的检测点应该优先分批做试验，例如，发电机的燃油柜液位检测点应在发电机运行前进行该检测点的试验；

4）全封闭设备的检测点应该在安装之后封闭之前进行试验，以免以后无法进行实际试验；

5）对系统综合报警检测点，一般放在系统试验中去做；

6）当进行集控台检测报警点试验时，应该注意检测元件动作参数的准确数值，安装在设备上的位置和报警状态；

7）对于可以调整的检测点，试验结束后应该立即锁住，以免因误操作而改变；

8）对检测中有疑问的数据，应及时汇集设计人员、船东、验船师的意见进行修改，修改后应有文字记录，以备后检查。

（2）系统试验方法。

1）检测报警系统的供电方式应该是双套电源。当主电源失电后，能自动转接到独立的备用电源，并同时发出警报，备用电源的容量应该至少能维持供电 15 min。为保证应急供电，平时应对备用电源实行监控，当备用电源失电时，须发出警报。

2）检测报警系统的自检。当报警系统自身发生故障时，应及时发出警报。自检系统能及时指明故障部位并报警。

3）报警的声响和视觉信号均应符合船级社的规范要求。当报警应答后，应可以消声，但光信号必须一直保留到故障消除为止。报警应答消声后，闪光信号可以转为平光信号。

4）报警信号应发送到值班轮机员住室、驾驶室和轮机员常滞留的场所，如餐厅、休息室等。报警信号应与集控台检测报警点一致。当轮机员应答后，机舱应有显示。较先进的显示方法是当呼叫后轮机员未做应答，能将报警信号自动转到驾驶室或轮机长室。

（3）报警点试验。报警检测点检测的系统（或设备）有主机系统、锅炉系统、发电机系统、艏侧推系统及机舱一切与动力运行有关的设备。一般可分为压力的检测和控制、温度变化的检测和控制、液位的检测、工况运行的检测 4 个方面。工况运行的检测较复杂，有些必须实际运行后才可以检测，是无法用模拟手段进行试验的。

1）压力报警点的试验。试验时，一般使用手动液压泵对检测的压力传感器进行测试，对其控制参数进行调整，使其在设定值动作。一般采用下面的方法：

①压力开关或传感器的试验方法。将试验装置按图 8–26 所示接通，通过试验泵对该设备进行增压或减压，通过压力表观察达到所需监控显示报警的设定值时，检查是否显示报警正确无误。

②压差开关的试验方法。将试验装置按图 8–27 所示接通，通过试验泵进行增压或减压，通过压力表观察达到所需报警的设定值时，检查是否显示报警正确无误。

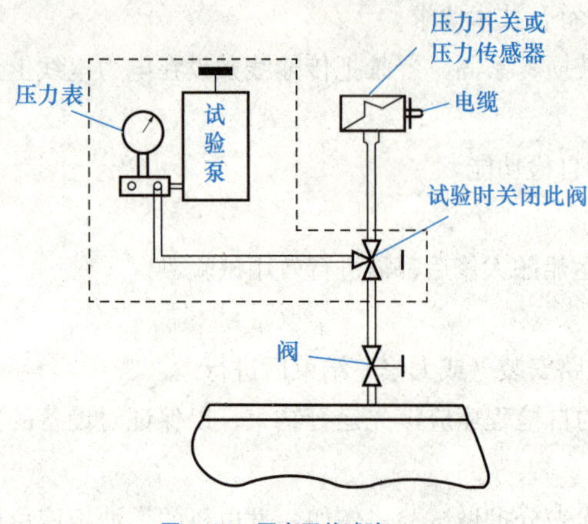

图 8–26　压力开关试验

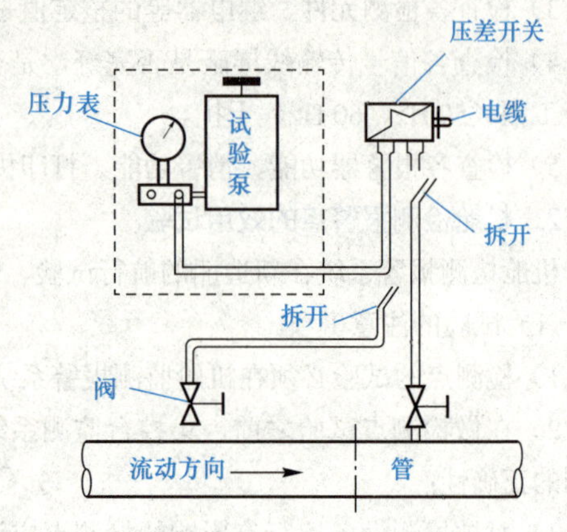

图 8–27　压差开关试验

2）温度测量点的试验。温度测量通常是利用热膨胀、热电变换、电阻变化等方法进行的。一般分为 100 ℃以下和 100 ℃以上两种试验方法：

① 100 ℃以下温度传感器的检验一般采用实际加热的方法。将温度传感器按图 8–28 插入试验装置，调节温度调节器。使试验装置中介质的温度升高或下降，通过标准温度计观察达到所需的设定值，检查报警显示状况，应正确无误。

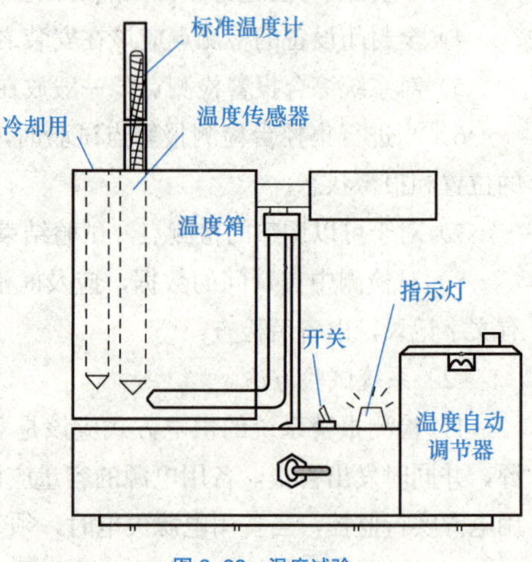

图 8–28　温度试验

② 100 ℃以上热电阻式传感器的试验方法。它是利用导体或半导体的电阻值随温度变化的特性测温的，表 8–1 所列的是我国常用的热电阻的基本参数。

试验时将接线盒中的温度传感器的接线断开，按图 8–29 接上可调电阻，根据温度所对应的电阻值标准图表册查出所需设定的温度值所对应的电阻值，调节可调电阻达到所需电阻值。检查显示与报警，应正确无误。

表 8–1　常用热电阻参数表

名称	代号	温度测量范围 /℃	0° 时的电阻值 R 及其允许误差 /Ω
铂热电阻	WZP	–200 ～ +650	46±0.046 100±0.1
铜热电阻	WZC	–60 ～ +150	50±0.05 100±0.1
镍热电阻	WZN	–60 ～ +180	50±0.05 100±0.1

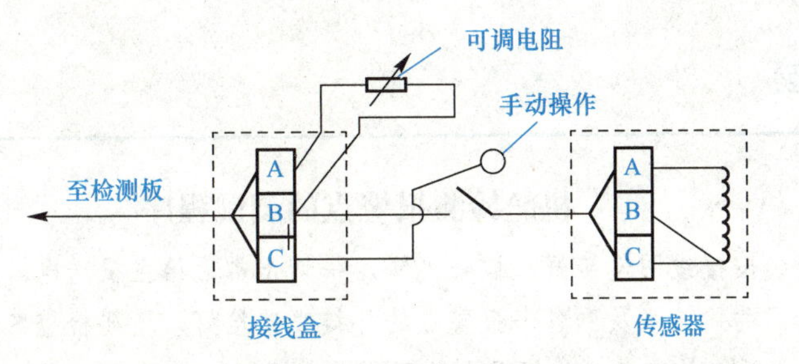

图 8-29 热电阻试验

③ 100 ℃以上热电偶式传感器试验方法。热电偶的结构简单、尺寸小、热惰性小，输出为电信号（热电势）。通常使用精度较高的毫伏计精确测量热电偶产生的热电势的毫伏数。检验时，在接线盒中将温度传感器的接线断开，按图 8-30 接上毫伏表，根据温度所对应的电压（毫伏）值标准图表册，查出所需设定的温度值对应的毫伏值，调节毫伏计达到所需的值，检查显示与报警状况，应正确无误。表 8-2 是我国常用的热电偶的基本参数表。

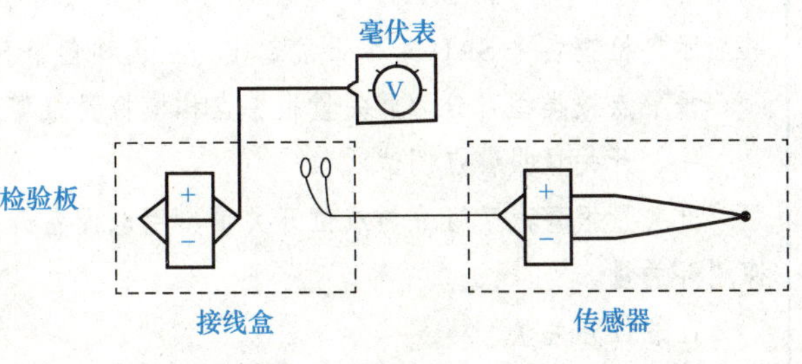

图 8-30 热电偶试验

表 8-2 常用热电偶参数表

名称	分度号	测量 温度范围 /℃	温度范围及允许误差 /℃	
			温度范围	允许误差
铜 – 康铜	CK	−200 ～ +300	−200 ～ −40 −40 ～ +80 +80 ～ +300	1.5%*t* 0.6%*t* 0.75%*t*
镍铬 – 康铜	EA–2	0 ～ +800	≤400	4%*t*
镍铬 – 康铜	NK	0 ～ +800	＞400	1%*t*
铁 – 康铜	FK	0 ～ +800	≤400，＞400	3%*t*，0.75%*t*
镍铬 – 镍硅	EU--2	0 ～ +800	≤400	3%*t*
铂铑 10- 铂	LB–3	0 ～+1 300	≤600，＞600	3%*t*，0.5%*t*
铂铑 30- 铂铑 6	LL–2	0 ～+1 800	≤600，＞600	3%*t*，0.5%*t*
钨铼 5- 钨铼 20	WR	10 ～ +2 800	≤1 000，＞1 000	10%*t*，1%*t*
注：表中 *t* 为被测温度的绝对值				

3）液位报警点的试验。液位报警点一般都以浮子的形式出现，为了防止由于船的摇摆，或者液面处于临界状态时所产生的误报警，应采取延时措施。延时时间一般都是可以调整的。试验时可采用手动的方法进行试验。试验中应该重点注意浮标安装的位置和延时时间选择。

4）工况检测报警点的试验。工况检测报警点一般以两种形式出现：一种是重要故障或保护系统动作的单独报警点；另一种是设备的综合报警点。试验时应先重点试验保护系统的报警点。对于综合报警点，首先要搞清楚几种状态的报警，然后按功能逐一进行测试，以保证每种状态的报警的传递均正确无误。

【任务实施】

机舱检测报警点的调试程序

将主机及其配线按接线图连接好，检查绝缘，一切正常后给主机送电。将各个 SAU 的通信线、电源线、端子间的短接线及到各个报警点的外接线连接好，还要检查 SAU 内部配线及各端子排线是否接妥。之后，检查各线绝缘及电源正负和电压（DC24 V）。检查 SAU 内的集成适配卡是否齐全、型号是否匹配，适配卡的好与坏只有在送电之后才能知道。将 SAU 送电，并通过其显示屏检查各个 SAU 是否正常工作。主机和各个 SAU 正常工作之后才能进行报警点的调试。

报警点按类型可分为开关量报警点和模拟量报警点。

一、开关量报警点调试

开关量报警点又可分为液位开关量、用电设备开关量、压力开关量、温度开关量、频率速度探测开关量。

1. 液位开关量

如机舱底部污水井高液位报警调试。其程序如下：

首先检查浮球的好与坏，将浮球置于高位（模拟高液位）找出端子的公共点，用万用表检测断开点。将浮球置于低位（模拟低液位）此两点是否闭合，如果闭合就将外接线接于此两点。然后动作浮球，检查 SAU 显示屏及主机显示屏是否在浮球高位时报警，在浮球低位时正常。

2. 用电设备开关量

如柴油发电机预供油泵电源故障报警点调试。其程序如下：

首先将预供油泵电源控制箱送电后，控制报警的继电器动作，用万用表检测出其闭合点。然后将电源切掉，用万用表检测此两点是否断开。如果断开，外接报警线就接此两点，接线完毕后，将预供油泵控制箱送电断开检查 SAU 及主机显示是否正确。

3. 压力开关量

如发电机滑油自清滤器高 / 低报警点调试。其程序如下：

对于发电机自清滤器一般是由生产厂家将报警值调好了，所以，其报警值的高 / 低是不可调的。其报警值一般小于 0.07 MPa 为低报警，高于 0.09 MPa 为高报警。用表头为 0.40 MPa 的手压泵进行打压，首先将压力打到 0.07 MPa 以下，此时为报警状态。超过 0.07 MPa 而小于 0.09 MPa，此时为正常状态。当压力值高于 0.09 MPa，此时为报警状态，并检查 SAU 及主机显示器指示是否正确。

4. 温度开关量

如发电机淡水高温停车报警点调试。其程序如下：

发电机淡水高温停车值为 90 ℃，将温度传感器用加热器加温，同时用万用表监测端子的闭合断开状态，将加热器温度慢升至 90 ℃检查其端子是否闭合点。如果在 90 ℃时温度开关动作，常开点变为闭合，就将外接线接此两点。如果温度开关在 90 ℃时提前或滞后动作可调节开关上的调节螺钉，使其在 90 ℃时动作。调好后，可以模拟发电机运行。然后将加热器温度升至 90 ℃，检查柴油发电机是否“停车”，检查控制箱内的各个继电器。检查一切正常后，此点就调整好了。

5. 频率速度探测开关量

如发电机频率高 / 低报警，发电机正常频率为 60 Hz。当频率低于 55 Hz 或高于 65 Hz 时，频率探测器就会动作，主配电板公共报警点就会报警。调节频率可用调频手柄。

二、模拟量报警点调试

模拟量报警点又可分为压力和温度两种。

1. 压力模拟量报警点调试程序

发电机滑油低压报警，其报警值为 0.35 MPa。当滑油压力值低于 0.35 MPa 时就会报警。首先将手压泵（表头 0.40 MPa）压力值放到 0 MPa，在主机内调整 CONTS 值，使显示屏上压力值显示为 0 MPa。然后将手压泵压力升至 0.40 MPa，在主机内调整 CONTS 值，使显示屏上的值也为 0.04 MPa，这时的状态应为正常状态，将压力值慢慢降低。检查主机显示屏上是否有报警出现，如果报警时的压力值为 0.35 MPa 或者大于或小于 0.35 MPa，其误差在允许范围内即可。如果误差太大就要重新调整压力值为 0 MPa 和 0.4 MPa 时的 CONTS 值，直到误差在允许范围内，此报警点即调整好了。

2. 温度模拟量报警点调试程序

温度模拟量报警点可用电阻箱、温度表模拟输入信号或用加热器直接加热传感器 3 种方式进行调试。

（1）用 PT-100 温度传感器调试柴油发电机滑油高温报警点。首先将温度传感器上的外接电缆芯线脱开，然后将温度表打开到输点状态。根据传感器的型号，选择温度表的三线或二线输入方式。将温度表的线夹子与外接线连接好，检查主机显示器是否有温度显示。如果没有，任意调换红色夹与黑色夹直到有正常的温度显示。这时可进行温度调整，同种型号的温度传感器方法基本相同。将温度表的温度调零，可用粗调和微调两种旋钮进行调整。调整主机显示屏上 CONTS 值，使其温度值为零。将温度表温度升至 100 ℃，待温度值稳定后，调整主机显示屏上的 CONTS 值，使之显示为 100 ℃，此时状态为报警状态。将温度值降至 75 ℃以下，直到报警消失，显示正常后，再将温度值慢慢升至 75 ℃。检查主机显示屏上的报警值和 75 ℃差值是否在允许范围内，如果在允许范围内此报警点就调好了。如果误差太大，就要重新调整 0 ℃和 100 ℃时的 CONTS 值使之误差在允许范围内。

（2）用加热器加热温度调试模拟量报警点。主机一号缸排气高温报警调试程序如下：由于其报警值为 580 ℃，所以一般都以 200 ℃为基准点。首先将温度传感器从主机上拆下来，注意，不要损坏温度传感器。然后将其受热端插入有匹配衬套的加热器加热管内，将加热器温度设定为 200 ℃。待加热器温度升至 200 ℃稳定 10～15 min 后，调整主机显示器的 CONTS，使之为 200 ℃。再将加热器温度升至 600 ℃，达到 600 ℃后稳定 10～15 min，调整主机显示器的 CONTS 值，使之为 600 ℃。之后将加热器降至报警值以下，直至为正常状态，稳定后慢慢将温度升至 580 ℃。检查其报警值 580 ℃是否准确，误差是否在允许范围内。如果不准确还要重新调整 200 ℃和 600 ℃时的 CONTS 使之误差在允许范围内，这点就调好了。

报警点在调试过程中，难免会出现这样或那样的故障，那么就需要有耐心、有条理、有步骤地检查各级线路，才能排除故障。通常的故障有短路（IFL）、开路（IFH）及接线方式不准确。首先要用万用表测量报警点的传感器的阻值。如果无阻值说明传感器损坏。压力开关和浮球，主要是用万用表监测断开、闭合状态。然后测量与主机相连接的电缆线，是否有 DC24 V 电压输出。如果没有，就要将 SAU 内的外接电缆芯线拆下，用万用表对线检查电缆是否准确，是否接地。如果一切无误，再用万用表测量 SAU 内的端子，检查端子间是否有 DC24 V 电压输出。如果没有，再检查SAU内的集成适配卡是否损坏，以及集成适配卡的型号是否匹配。之后，检查SAU内的各种参数的设定是否有误，还要检查SAU内配线是否有误。最后检查主机显示的各种参数设定是否有误。总之一步步逐级检查，直到故障排除。

火警报警系统调试及故障排查

一、调试

在整个系统安装完成后，先对系统的完整性接线正确性进行检查，然后准备进行通电调试。在给系统供电时要一路一路地分别送电，检查每一路单独供电时的工作情况。使用蓄电池为系统供电前要对其进行充电，测量电池电压。如果电压低，则不能用电池供电，以免损坏电池。

通电正常后，检查面板功能。先对系统进行测试（将各个测试按钮拨到“TEST”位置），检查每一个按钮、指示灯、蜂鸣器是否正常工作。最后检查各条外部回路。

检查火警探头时需使用辅助工具。对于感温探头可使用加热枪或加热电吹风。用加热枪时将加热面与探头集热金属片接触，直到报警发生；用电吹风时风筒离金属片约3 cm，直到报警发生。一个探头测试结束后系统必须复位，为了使探头快速冷却复位，可用一块湿毛巾盖在金属片上，当听到内部“咔嗒”一声后，探头就复位了。

对于感烟探头可使用专用的测试气罐，但这种气罐成本较高、操作不太方便。在实践中一线工人总结出一个简单实用的方法：让会吸烟的同志用一段塑料软管（塑料套管），将烟雾直接吹到探头内，报警后还可以将探头内烟雾吹出，快速复位。感火焰探头可用明火试验，将一约5 cm高火焰（打火机火焰）置于探头下方5 m处，微微晃动即可触发探头，发出报警。

在检查报警探头的过程中，可以将“EXT.ALARM OFF”开关和“EXT.CONTROL OFF”开关拨到“OFF”位置。在检查报警回路和报警响度时，将开关“EXT.ALARM OFF”打开，模拟一个火警信号，报警装置将启动。检查防火设备控制时，将开关“EXT.CONTROL OFF”打开，模拟一个火警信号，防火设备将启动。

二、故障排查

1. 探测回路故障

当主机板上的探测回路故障指示灯亮时，首先要确定故障位置是内部还是外部。将故障回路接线拆下，在该位置连接一10 kΩ的电阻，如果故障依然存在，说明是主机内部故障，需更换备件；如果故障指示消失，说明是外部接线或探头故障，需要对探头和电缆进行检查，在此提供两种方法供参考。

（1）火警测试法。先将控制外部设备回路断开，按照安装图，从距离主机最近的探头开始模拟火警。如果一个探头对火警没有反应，则说明故障在这个探头或前一个探头上，或两探头间的连线上。

（2）测量电压法。测量每个探头的输入输出电压，这种方法可采用二分法来加快速度。先检查位于故障回路中间的那个探头，正常——故障在后半段；不正常——故障在前半段，继续将存在故障的部分二分检查，直到检查出故障。

2. 报警铃回路故障

可以将故障回路拆下，在原处接一个1 kΩ电阻，如果故障依然存在，说明是内部故障，更换备件；如果故障消失，说明是外部回路故障，检查回路接线、绝缘、设备情况。

3．绝缘故障

绝缘故障是最难发现和排除的，下面一步一步地检查和确定故障原因。注意：在整个检查过程中不能使用兆欧表，以免损坏内部电器元件。

（1）把所有的回路开关都拨到关的位置，通过回路故障测试开关进行测试。如果故障存在，那么可能是电源部分故障；如果故障消失，那么是外部回路绝缘故障。

（2）如果是外部故障，一个接一个打开回路开关。

（3）当故障再次出现时，刚刚打开的回路有故障。

（4）将故障回路接线拆下，用万用表检查绝缘并注意是否有探头正负极接反。排除故障后恢复接线。

（5）继续步骤（2），直到全部回路检查结束。

（6）如果故障来自供电电源，将主电源接线拆下，此时系统由应急电源供电。如果绝缘故障消失，那么故障来自主电源回路。

（7）如果故障还存在就是主机内部故障，联系专业人员维修。

4．电池故障

由于充电装置保险丝烧毁或充电装置充电电流过小将引起蓄电池电压低，检查保险丝和充电电流。

5．保险丝故障

检查全部保险丝。

6．主电源供电故障

检查端子排上主电源是否中断，检查保险丝是否烧毁，检查接线端子是否接触良好。

思考题

8-1 通用紧急报警控制装置的主要功能有哪些？

8-2 火灾探测器如何分类？

8-3 火灾探测器的接线形式有哪些？

8-4 简述火灾探测器漏报故障及处理方法。

8-5 简述船舶细水雾灭火系统常见故障及处理方法。

8-6 简述船舶机舱监测与报警系统组成。

8-7 简述微机监测与报警系统的自诊断功能。

8-8 简述微机监测与报警系统的引起程序中断或停机的故障处理方法。

8-9 简述微机监测与报警系统的不引起程序中断也不给出故障信息的故障处理方法。

参考文献

[1] 阮礽忠 . 船舶电气设备维修技术 [M]. 北京：机械工业出版社，2013.

[2] 张春来，吴浩峻 . 船舶电气设备维修技术 [M]. 大连：大连海事大学出版社，2011.

[3] 王瑞云 . 船舶电力拖动 [M].2 版 . 北京：人民交通出版社，2013.

[4] 管旭，王宇 . 船舶电力拖动 [M]. 哈尔滨：哈尔滨工程大学出版社，2020.

[5] 孙超 . 轮机自动化 [M]. 北京：北京理工大学出版社，2014.

[6] 渤海船舶重工有限责任公司 . 高级船舶电工操作技能 [M]. 哈尔滨：哈尔滨工程大学出版社，2002.